KB272956

修正 增補

정본만세력

正本萬歲曆

金于齋 編

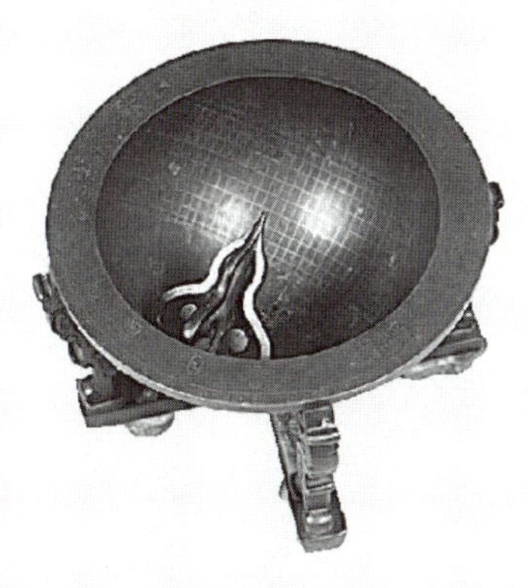

明文堂

음양만세력(陰陽萬歲曆)을 편저(編著)하
는데는 음력을 위주로 하고 양력을 후기
(後記)로 함은 오직 역학을 정통으로 연
구하는데 필요하기 때문이다.

음력에 윤달이 있어 3년에 1윤(閏) 5년
에 재윤(再閏)한 것은 오직 절후(節候)
를 맞추기 위한 것인바 알고 보면 음력에도 양력이 있
다는 것이다.

일자는 음력이고 절후는 양력이다. 언제나 동지(冬至) 후
10일이면 양력 설이 되고, 또는 2월 4일이나 5일이면
입춘(立春)이 되는 것은 만고에 변하지 않는 이치이다.
양력에도 윤 2월이 있으니 신자진년(申子辰年)만 29일인
윤년이 있고, 기타 나머지 해에는 28일 평년이다.

이 책자에는 음력일자가 먼저 나오고 그 다음에 양력일
자와 절기까지 한눈으로 보게 된 것이 특징이다. 그리
고 부록에 사주(四柱)에 관한 신살(神殺)을 조견표로

만들었고, 다음으로 이사(移徙) 생기법(生氣法) 택일법
(擇日法) 성명(姓名)에 관한 수리(數理) 해설과 삼원
(三元) 음오행(音五行)의 풀이, 기타 성별(性別) 작명
(作名) 수리제거(數理除去) 자획(字劃) 옥편(玉篇) 등
을 자세히 기록하였다.
한국 역학계에서 값진 책이니 역학인은 물론이고 일반
가정에서도 필요하게 되어 있기에 많은 애용이 있으시
기 바라는 바이다.

著者 識

4

성명학(姓名學) | 321

만세력

1903년~2050년

월건(月建)-달의 간지(干支) 및 대소(大小)
절기(節氣)-24절기
음력 일자
양력 일자
일진(日辰)-날의 간지(干支)
절입시각-절기 드는 시각

● 월건(月建) 보는 법

월별 節候 年干	1 立春	2 驚蟄	3 淸明	4 立夏	5 芒種	6 小暑	7 立秋	8 白露	9 寒露	10 立冬	11 大雪	12 小寒
甲己	丙寅	丁卯	戊辰	己巳	庚午	辛未	壬申	癸酉	甲戌	乙亥	丙子	丁丑
乙庚	戊寅	己卯	庚辰	辛巳	壬午	癸未	甲申	乙酉	丙戌	丁亥	戊子	己丑
丙辛	庚寅	辛卯	壬辰	癸巳	甲午	乙未	丙申	丁酉	戊戌	己亥	庚子	辛丑
丁壬	壬寅	癸卯	甲辰	乙巳	丙午	丁未	戊申	己酉	庚戌	辛亥	壬子	癸丑
戊癸	甲寅	乙卯	丙辰	丁巳	戊午	己未	庚申	辛酉	壬戌	癸亥	甲子	乙丑

● 시(時) 일으키는 법

시간 日辰	子時	丑時	寅時	卯時	辰時	巳時	午時	未時	申時	酉時	戌時	亥時
甲己日	甲子	乙丑	丙寅	丁卯	戊辰	己巳	庚午	辛未	壬申	癸酉	甲戌	乙亥
乙庚日	丙子	丁丑	戊寅	己卯	庚辰	辛巳	壬午	癸未	甲申	乙酉	丙戌	丁亥
丙辛日	戊子	己丑	庚寅	辛卯	壬辰	癸巳	甲午	乙未	丙申	丁酉	戊戌	己亥
丁壬日	庚子	辛丑	壬寅	癸卯	甲辰	乙巳	丙午	丁未	戊申	己酉	庚戌	辛亥
戊癸日	壬子	癸丑	甲寅	乙卯	丙辰	丁巳	戊午	己未	庚申	辛酉	壬戌	癸亥

● 신구(新舊) 시간 대조표

자시(子時)　오후 11시부터 다음날 오전 1시 전까지

축시(丑時)　오전 1시부터 오전 3시 전까지

인시(寅時)　오전 3시부터 오전 5시 전까지

묘시(卯時)　오전 5시부터 오전 7시 전까지

진시(辰時)　오전 7시부터 오전 9시 전까지

사시(巳時)　오전 9시부터 오전 11시 전까지
오시(午時)　오전 11시부터 오후 1시 전까지
미시(未時)　오후 1시부터 오후 3시 전까지
신시(申時)　오후 3시부터 오후 5시 전까지
유시(酉時)　오후 5시부터 오후 7시 전까지
술시(戌時)　오후 7시부터 오후 9시 전까지
해시(亥時)　오후 9시부터 오후 11시 전까지
(본 표는 중국 시간을 표준함)

● 일광절약시간제

일광절약시간제는 해 뜨는 시각이 계절에 따라 변화하여 낮의 길이가 변하므로, 여름동안 길어진 낮 시간을 활용하기 위하여 임의로 시간을 앞당겨 해 뜨는 시각을 기준으로 생활하게 하는 제도로 현재 세계 여러 나라에서 시행하고 있다. 실시방법은 시작하는 시각을 한 시간 앞당기고 끝나는 시각을 한 시간 늦추는 것이다. 예를 들어 시작 시각이 02시라면 02시를 03시로 앞당기고 끝나는 시각인 03시를 02시로 원상회복한다. 우리나라의 일광절약시간제 실시 연혁은 다음과 같다.

연도	시 작	종 료	연도	시 작	종 료
1948년	6월 1일 0시	9월 13일 0시	1957년	5월 5일 0시	9월 22일 0시
1949년	4월 3일 0시	9월 11일 0시	1958년	5월 4일 0시	9월 21일 0시
1950년	4월 1일 0시	9월 10일 0시	1959년	5월 3일 0시	9월 20일 0시
1951년	5월 6일 0시	9월 9일 0시	1960년	5월 1일 0시	9월 18일 0시
1955년	5월 5일 0시	9월 9일 0시	1987년	5월 10일 02시	10월 11일 03시
1956년	5월 20일 0시	9월 30일 0시	1988년	5월 8일 02시	10월 9일 03시

<table>
<tr><td colspan="2">1903년 | 檀紀 4236년
七月 黑中</td><td colspan="3" align="center">癸卯年</td><td colspan="2">金神　申酉子丑
子 大將軍　申酉戌 三殺　丑 吊客　巳 喪門</td></tr>
</table>

正 月 小　　甲 寅

음력	1	2	3	4	5	6	7	8	9	10	11	12	13	14	15	16	17	18	19	20	21	22	23	24	25	26	27	28	29
절기								立春															雨水						
양력	1/29	30	31	2/1	2	3	4	5	6	7	8	9	10	11	12	13	14	15	16	17	18	19	20	21	22	23	24	25	26
일진	丁巳	戊午	己未	庚申	辛酉	壬戌	癸亥	甲子	乙丑	丙寅	丁卯	戊辰	己巳	庚午	辛未	壬申	癸酉	甲戌	乙亥	丙子	丁丑	戊寅	己卯	庚辰	辛巳	壬午	癸未	甲申	乙酉
절입시각								오전 8시31분															오전 4시41분						

二 月 大　　乙 卯

음력	1	2	3	4	5	6	7	8	9	10	11	12	13	14	15	16	17	18	19	20	21	22	23	24	25	26	27	28	29	30
절기									驚蟄															春分						
양력	2/27	28	3/1	2	3	4	5	6	7	8	9	10	11	12	13	14	15	16	17	18	19	20	21	22	23	24	25	26	27	28
일진	丙戌	丁亥	戊子	己丑	庚寅	辛卯	壬辰	癸巳	甲午	乙未	丙申	丁酉	戊戌	己亥	庚子	辛丑	壬寅	癸卯	甲辰	乙巳	丙午	丁未	戊申	己酉	庚戌	辛亥	壬子	癸丑	甲寅	乙卯
절입시각									오전 2시59분															오전 4시15분						

三 月 小　　丙 辰

음력	1	2	3	4	5	6	7	8	9	10	11	12	13	14	15	16	17	18	19	20	21	22	23	24	25	26	27	28	29
절기									淸明															穀雨					
양력	3/29	30	31	4/1	2	3	4	5	6	7	8	9	10	11	12	13	14	15	16	17	18	19	20	21	22	23	24	25	26
일진	丙辰	丁巳	戊午	己未	庚申	辛酉	壬戌	癸亥	甲子	乙丑	丙寅	丁卯	戊辰	己巳	庚午	辛未	壬申	癸酉	甲戌	乙亥	丙子	丁丑	戊寅	己卯	庚辰	辛巳	壬午	癸未	甲申
절입시각									오전 8시26분															오후 3시59분					

四 月 大　　丁 巳

음력	1	2	3	4	5	6	7	8	9	10	11	12	13	14	15	16	17	18	19	20	21	22	23	24	25	26	27	28	29	30
절기											立夏															小滿				
양력	4/27	28	29	30	5/1	2	3	4	5	6	7	8	9	10	11	12	13	14	15	16	17	18	19	20	21	22	23	24	25	26
일진	乙酉	丙戌	丁亥	戊子	己丑	庚寅	辛卯	壬辰	癸巳	甲午	乙未	丙申	丁酉	戊戌	己亥	庚子	辛丑	壬寅	癸卯	甲辰	乙巳	丙午	丁未	戊申	己酉	庚戌	辛亥	壬子	癸丑	甲寅
절입시각											오전 2시25분															오후 3시45분				

五 月 小　　戊 午

음력	1	2	3	4	5	6	7	8	9	10	11	12	13	14	15	16	17	18	19	20	21	22	23	24	25	26	27	28	29
절기												芒種																夏至	
양력	5/27	28	29	30	31	6/1	2	3	4	5	6	7	8	9	10	11	12	13	14	15	16	17	18	19	20	21	22	23	24
일진	乙卯	丙辰	丁巳	戊午	己未	庚申	辛酉	壬戌	癸亥	甲子	乙丑	丙寅	丁卯	戊辰	己巳	庚午	辛未	壬申	癸酉	甲戌	乙亥	丙子	丁丑	戊寅	己卯	庚辰	辛巳	壬午	癸未
절입시각												오전 7시7분																오전 0시5분	

閏 五 月 小

음력	1	2	3	4	5	6	7	8	9	10	11	12	13	14	15	16	17	18	19	20	21	22	23	24	25	26	27	28	29
절기														小暑															
양력	6/25	26	27	28	29	30	7/1	2	3	4	5	6	7	8	9	10	11	12	13	14	15	16	17	18	19	20	21	22	23
일진	甲申	乙酉	丙戌	丁亥	戊子	己丑	庚寅	辛卯	壬辰	癸巳	甲午	乙未	丙申	丁酉	戊戌	己亥	庚子	辛丑	壬寅	癸卯	甲辰	乙巳	丙午	丁未	戊申	己酉	庚戌	辛亥	壬子
절입시각														오후 5시37분															

月建	六 月 大																													己 未
절기	大暑																立秋													
음력	1	2	3	4	5	6	7	8	9	10	11	12	13	14	15	16	17	18	19	20	21	22	23	24	25	26	27	28	29	30
양력	7/24	25	26	27	28	29	30	31	8/1	2	3	4	5	6	7	8	9	10	11	12	13	14	15	16	17	18	19	20	21	22
일진	癸丑	甲寅	乙卯	丙辰	丁巳	戊午	己未	庚申	辛酉	壬戌	癸亥	甲子	乙丑	丙寅	丁卯	戊辰	己巳	庚午	辛未	壬申	癸酉	甲戌	乙亥	丙子	丁丑	戊寅	己卯	庚辰	辛巳	壬午

절입시각: 오전 10시59분 / 오전 3시16분

月建	七 月 小																												庚 申
절기	處暑																	白露											
음력	1	2	3	4	5	6	7	8	9	10	11	12	13	14	15	16	17	18	19	20	21	22	23	24	25	26	27	28	29
양력	8/23	24	25	26	27	28	29	30	31	9/1	2	3	4	5	6	7	8	9	10	11	12	13	14	15	16	17	18	19	20
일진	癸未	甲申	乙酉	丙戌	丁亥	戊子	己丑	庚寅	辛卯	壬辰	癸巳	甲午	乙未	丙申	丁酉	戊戌	己亥	庚子	辛丑	壬寅	癸卯	甲辰	乙巳	丙午	丁未	戊申	己酉	庚戌	辛亥

절입시각: 오후 5시42분 / 오전 5시42분

月建	八 月 小																												辛 酉
절기				秋分															寒露										
음력	1	2	3	4	5	6	7	8	9	10	11	12	13	14	15	16	17	18	19	20	21	22	23	24	25	26	27	28	29
양력	9/21	22	23	24	25	26	27	28	29	30	10/1	2	3	4	5	6	7	8	9	10	11	12	13	14	15	16	17	18	19
일진	壬子	癸丑	甲寅	乙卯	丙辰	丁巳	戊午	己未	庚申	辛酉	壬戌	癸亥	甲子	乙丑	丙寅	丁卯	戊辰	己巳	庚午	辛未	壬申	癸酉	甲戌	乙亥	丙子	丁丑	戊寅	己卯	庚辰

절입시각: 오후 2시44분 / 오후 8시42분

月建	九 月 大																													壬 戌
절기					霜降															立冬										
음력	1	2	3	4	5	6	7	8	9	10	11	12	13	14	15	16	17	18	19	20	21	22	23	24	25	26	27	28	29	30
양력	10/20	21	22	23	24	25	26	27	28	29	30	31	11/1	2	3	4	5	6	7	8	9	10	11	12	13	14	15	16	17	18
일진	辛巳	壬午	癸未	甲申	乙酉	丙戌	丁亥	戊子	己丑	庚寅	辛卯	壬辰	癸巳	甲午	乙未	丙申	丁酉	戊戌	己亥	庚子	辛丑	壬寅	癸卯	甲辰	乙巳	丙午	丁未	戊申	己酉	庚戌

절입시각: 오후 11시23분 / 오후 11시13분

月建	十 月 大																													癸 亥
절기					小雪															大雪										
음력	1	2	3	4	5	6	7	8	9	10	11	12	13	14	15	16	17	18	19	20	21	22	23	24	25	26	27	28	29	30
양력	11/19	20	21	22	23	24	25	26	27	28	29	30	12/1	2	3	4	5	6	7	8	9	10	11	12	13	14	15	16	17	18
일진	辛亥	壬子	癸丑	甲寅	乙卯	丙辰	丁巳	戊午	己未	庚申	辛酉	壬戌	癸亥	甲子	乙丑	丙寅	丁卯	戊辰	己巳	庚午	辛未	壬申	癸酉	甲戌	乙亥	丙子	丁丑	戊寅	己卯	庚辰

절입시각: 오후 8시22분 / 오후 3시35분

月建	十 一 月 小																												甲 子
절기					冬至															小寒									
음력	1	2	3	4	5	6	7	8	9	10	11	12	13	14	15	16	17	18	19	20	21	22	23	24	25	26	27	28	29
양력	12/19	20	21	22	23	24	25	26	27	28	29	30	31	1/1	2	3	4	5	6	7	8	9	10	11	12	13	14	15	16
일진	辛巳	壬午	癸未	甲申	乙酉	丙戌	丁亥	戊子	己丑	庚寅	辛卯	壬辰	癸巳	甲午	乙未	丙申	丁酉	戊戌	己亥	庚子	辛丑	壬寅	癸卯	甲辰	乙巳	丙午	丁未	戊申	己酉

절입시각: 오전 9시21분 / 오전 2시37분

月建	十 二 月 大																													乙 丑
절기					大寒											立春														
음력	1	2	3	4	5	6	7	8	9	10	11	12	13	14	15	16	17	18	19	20	21	22	23	24	25	26	27	28	29	30
양력	1/17	18	19	20	21	22	23	24	25	26	27	28	29	30	31	2/1	2	3	4	5	6	7	8	9	10	11	12	13	14	15
일진	庚戌	辛亥	壬子	癸丑	甲寅	乙卯	丙辰	丁巳	戊午	己未	庚申	辛酉	壬戌	癸亥	甲子	乙丑	丙寅	丁卯	戊辰	己巳	庚午	辛未	壬申	癸酉	甲戌	乙亥	丙子	丁丑	戊寅	己卯

절입시각: 오후 7시58분 / 오후 2시24분

1904년 | 檀紀 4237년 　甲辰年

四月 黑中　　　金神 午未申酉
子 大將軍　巳午未 三殺　寅 吊客　午 喪門

月建　正　月　大　　丙寅

절기				雨水															驚蟄										
음력	1	2	3	4	5	6	7	8	9	10	11	12	13	14	15	16	17	18	19	20	21	22	23	24	25	26	27	28	29	30
양력	2/16	17	18	19	20	21	22	23	24	25	26	27	28	29	3/1	2	3	4	5	6	7	8	9	10	11	12	13	14	15	16
일진	庚辰	辛巳	壬午	癸未	甲申	乙酉	丙戌	丁亥	戊子	己丑	庚寅	辛卯	壬辰	癸巳	甲午	乙未	丙申	丁酉	戊戌	己亥	庚子	辛丑	壬寅	癸卯	甲辰	乙巳	丙午	丁未	戊申	己酉

절입시각: 오전 10시25분　　오전 8시52분

月建　二　月　大　　丁卯

절기				春分															清明										
음력	1	2	3	4	5	6	7	8	9	10	11	12	13	14	15	16	17	18	19	20	21	22	23	24	25	26	27	28	29	30
양력	3/17	18	19	20	21	22	23	24	25	26	27	28	29	30	31	4/1	2	3	4	5	6	7	8	9	10	11	12	13	14	15
일진	庚戌	辛亥	壬子	癸丑	甲寅	乙卯	丙辰	丁巳	戊午	己未	庚申	辛酉	壬戌	癸亥	甲子	乙丑	丙寅	丁卯	戊辰	己巳	庚午	辛未	壬申	癸酉	甲戌	乙亥	丙子	丁丑	戊寅	己卯

절입시각: 오전 9시59분　　오후 2시19분

月建　三　月　小　　戊辰

절기				穀雨																立夏									
음력	1	2	3	4	5	6	7	8	9	10	11	12	13	14	15	16	17	18	19	20	21	22	23	24	25	26	27	28	29
양력	4/16	17	18	19	20	21	22	23	24	25	26	27	28	29	30	5/1	2	3	4	5	6	7	8	9	10	11	12	13	14
일진	庚辰	辛巳	壬午	癸未	甲申	乙酉	丙戌	丁亥	戊子	己丑	庚寅	辛卯	壬辰	癸巳	甲午	乙未	丙申	丁酉	戊戌	己亥	庚子	辛丑	壬寅	癸卯	甲辰	乙巳	丙午	丁未	戊申

절입시각: 오후 9시42분　　오전 8시19분

月建　四　月　大　　己巳

절기							小滿																芒種							
음력	1	2	3	4	5	6	7	8	9	10	11	12	13	14	15	16	17	18	19	20	21	22	23	24	25	26	27	28	29	30
양력	5/15	16	17	18	19	20	21	22	23	24	25	26	27	28	29	30	31	6/1	2	3	4	5	6	7	8	9	10	11	12	13
일진	己酉	庚戌	辛亥	壬子	癸丑	甲寅	乙卯	丙辰	丁巳	戊午	己未	庚申	辛酉	壬戌	癸亥	甲子	乙丑	丙寅	丁卯	戊辰	己巳	庚午	辛未	壬申	癸酉	甲戌	乙亥	丙子	丁丑	戊寅

절입시각: 오후 9시29분　　오후 1시1분

月建　五　月　小　　庚午

절기									夏至															小暑					
음력	1	2	3	4	5	6	7	8	9	10	11	12	13	14	15	16	17	18	19	20	21	22	23	24	25	26	27	28	29
양력	6/14	15	16	17	18	19	20	21	22	23	24	25	26	27	28	29	30	7/1	2	3	4	5	6	7	8	9	10	11	12
일진	己卯	庚辰	辛巳	壬午	癸未	甲申	乙酉	丙戌	丁亥	戊子	己丑	庚寅	辛卯	壬辰	癸巳	甲午	乙未	丙申	丁酉	戊戌	己亥	庚子	辛丑	壬寅	癸卯	甲辰	乙巳	丙午	丁未

절입시각: 오전 5시51분　　오후 11시32분

月建　六　月　小　　辛未

절기											大暑																立秋		
음력	1	2	3	4	5	6	7	8	9	10	11	12	13	14	15	16	17	18	19	20	21	22	23	24	25	26	27	28	29
양력	7/13	14	15	16	17	18	19	20	21	22	23	24	25	26	27	28	29	30	31	8/1	2	3	4	5	6	7	8	9	10
일진	戊申	己酉	庚戌	辛亥	壬子	癸丑	甲寅	乙卯	丙辰	丁巳	戊午	己未	庚申	辛酉	壬戌	癸亥	甲子	乙丑	丙寅	丁卯	戊辰	己巳	庚午	辛未	壬申	癸酉	甲戌	乙亥	丙子

절입시각: 오후 4시50분　　오전 9시12분

月建	七 月 大																				壬 申									
절기													處暑									白露									
음력	1	2	3	4	5	6	7	8	9	10	11	12	13	14	15	16	17	18	19	20	21	22	23	24	25	26	27	28	29	30
양력	8/11	12	13	14	15	16	17	18	19	20	21	22	23	24	25	26	27	28	29	30	31	9/1	2	3	4	5	6	7	8	9
일진	丁丑	戊寅	己卯	庚辰	辛巳	壬午	癸未	甲申	乙酉	丙戌	丁亥	戊子	己丑	庚寅	辛卯	壬辰	癸巳	甲午	乙未	丙申	丁酉	戊戌	己亥	庚子	辛丑	壬寅	癸卯	甲辰	乙巳	丙午
절입시각											오후 11시36분												오전 11시38분							

月建	八 月 小																				癸 酉								
절기														秋分															
음력	1	2	3	4	5	6	7	8	9	10	11	12	13	14	15	16	17	18	19	20	21	22	23	24	25	26	27	28	29
양력	9/10	11	12	13	14	15	16	17	18	19	20	21	22	23	24	25	26	27	28	29	30	10/1	2	3	4	5	6	7	8
일진	丁未	戊申	己酉	庚戌	辛亥	壬子	癸丑	甲寅	乙卯	丙辰	丁巳	戊午	己未	庚申	辛酉	壬戌	癸亥	甲子	乙丑	丙寅	丁卯	戊辰	己巳	庚午	辛未	壬申	癸酉	甲戌	乙亥
절입시각													오후 8시40분																

月建	九 月 小																				甲 戌								
절기	寒露															霜降													
음력	1	2	3	4	5	6	7	8	9	10	11	12	13	14	15	16	17	18	19	20	21	22	23	24	25	26	27	28	29
양력	10/9	10	11	12	13	14	15	16	17	18	19	20	21	22	23	24	25	26	27	28	29	30	31	11/1	2	3	4	5	6
일진	丙子	丁丑	戊寅	己卯	庚辰	辛巳	壬午	癸未	甲申	乙酉	丙戌	丁亥	戊子	己丑	庚寅	辛卯	壬辰	癸巳	甲午	乙未	丙申	丁酉	戊戌	己亥	庚子	辛丑	壬寅	癸卯	甲辰
절입시각	오전 2시36분												오전 5시19분																

月建	十 月 大																				乙 亥									
절기		立冬															小雪													
음력	1	2	3	4	5	6	7	8	9	10	11	12	13	14	15	16	17	18	19	20	21	22	23	24	25	26	27	28	29	30
양력	11/7	8	9	10	11	12	13	14	15	16	17	18	19	20	21	22	23	24	25	26	27	28	29	30	12/1	2	3	4	5	6
일진	乙巳	丙午	丁未	戊申	己酉	庚戌	辛亥	壬子	癸丑	甲寅	乙卯	丙辰	丁巳	戊午	己未	庚申	辛酉	壬戌	癸亥	甲子	乙丑	丙寅	丁卯	戊辰	己巳	庚午	辛未	壬申	癸酉	甲戌
절입시각	오전 5시5분																오전 2시16분													

月建	十 一 月 大																				丙 子									
절기	大雪															冬至														
음력	1	2	3	4	5	6	7	8	9	10	11	12	13	14	15	16	17	18	19	20	21	22	23	24	25	26	27	28	29	30
양력	12/7	8	9	10	11	12	13	14	15	16	17	18	19	20	21	22	23	24	25	26	27	28	29	30	31	1/1	2	3	4	5
일진	乙亥	丙子	丁丑	戊寅	己卯	庚辰	辛巳	壬午	癸未	甲申	乙酉	丙戌	丁亥	戊子	己丑	庚寅	辛卯	壬辰	癸巳	甲午	乙未	丙申	丁酉	戊戌	己亥	庚子	辛丑	壬寅	癸卯	甲辰
절입시각	오후 9시25분															오후 3시14분														

月建	十 二 月 小																				丁 丑								
절기	小寒															大寒													
음력	1	2	3	4	5	6	7	8	9	10	11	12	13	14	15	16	17	18	19	20	21	22	23	24	25	26	27	28	29
양력	1/6	7	8	9	10	11	12	13	14	15	16	17	18	19	20	21	22	23	24	25	26	27	28	29	30	31	2/1	2	3
일진	乙巳	丙午	丁未	戊申	己酉	庚戌	辛亥	壬子	癸丑	甲寅	乙卯	丙辰	丁巳	戊午	己未	庚申	辛酉	壬戌	癸亥	甲子	乙丑	丙寅	丁卯	戊辰	己巳	庚午	辛未	壬申	癸酉
절입시각	오전 8시27분															오전 1시52분													

正月 十月 黑中　　卯 大將軍　寅卯辰 三殺　卯 吊客　未 喪門

正 月 大　　戊寅

절기	立春															雨水														
음력	1	2	3	4	5	6	7	8	9	10	11	12	13	14	15	16	17	18	19	20	21	22	23	24	25	26	27	28	29	30
양력	2/4	5	6	7	8	9	10	11	12	13	14	15	16	17	18	19	20	21	22	23	24	25	26	27	28	3/1	2	3	4	5
일진	甲戌	乙亥	丙子	丁丑	戊寅	己卯	庚辰	辛巳	壬午	癸未	甲申	乙酉	丙戌	丁亥	戊子	己丑	庚寅	辛卯	壬辰	癸巳	甲午	乙未	丙申	丁酉	戊戌	己亥	庚子	辛丑	壬寅	癸卯

절입시각: 오후 8시16분　　오후 4시21분

二 月 大　　己卯

절기	驚蟄															春分														
음력	1	2	3	4	5	6	7	8	9	10	11	12	13	14	15	16	17	18	19	20	21	22	23	24	25	26	27	28	29	30
양력	3/6	7	8	9	10	11	12	13	14	15	16	17	18	19	20	21	22	23	24	25	26	27	28	29	30	31	4/1	2	3	4
일진	甲辰	乙巳	丙午	丁未	戊申	己酉	庚戌	辛亥	壬子	癸丑	甲寅	乙卯	丙辰	丁巳	戊午	己未	庚申	辛酉	壬戌	癸亥	甲子	乙丑	丙寅	丁卯	戊辰	己巳	庚午	辛未	壬申	癸酉

절입시각: 오후 2시46분　　오후 3시58분

三 月 小　　庚辰

절기	淸明																穀雨												
음력	1	2	3	4	5	6	7	8	9	10	11	12	13	14	15	16	17	18	19	20	21	22	23	24	25	26	27	28	29
양력	4/5	6	7	8	9	10	11	12	13	14	15	16	17	18	19	20	21	22	23	24	25	26	27	28	29	30	5/1	2	3
일진	甲戌	乙亥	丙子	丁丑	戊寅	己卯	庚辰	辛巳	壬午	癸未	甲申	乙酉	丙戌	丁亥	戊子	己丑	庚寅	辛卯	壬辰	癸巳	甲午	乙未	丙申	丁酉	戊戌	己亥	庚子	辛丑	壬寅

절입시각: 오후 8시15분　　오전 3시44분

四 月 大　　辛巳

절기			立夏																小滿											
음력	1	2	3	4	5	6	7	8	9	10	11	12	13	14	15	16	17	18	19	20	21	22	23	24	25	26	27	28	29	30
양력	5/4	5	6	7	8	9	10	11	12	13	14	15	16	17	18	19	20	21	22	23	24	25	26	27	28	29	30	31	6/1	2
일진	癸卯	甲辰	乙巳	丙午	丁未	戊申	己酉	庚戌	辛亥	壬子	癸丑	甲寅	乙卯	丙辰	丁巳	戊午	己未	庚申	辛酉	壬戌	癸亥	甲子	乙丑	丙寅	丁卯	戊辰	己巳	庚午	辛未	壬申

절입시각: 오후 2시14분　　오전 3시31분

五 月 大　　壬午

절기				芒種																夏至										
음력	1	2	3	4	5	6	7	8	9	10	11	12	13	14	15	16	17	18	19	20	21	22	23	24	25	26	27	28	29	30
양력	6/3	4	5	6	7	8	9	10	11	12	13	14	15	16	17	18	19	20	21	22	23	24	25	26	27	28	29	30	7/1	2
일진	癸酉	甲戌	乙亥	丙子	丁丑	戊寅	己卯	庚辰	辛巳	壬午	癸未	甲申	乙酉	丙戌	丁亥	戊子	己丑	庚寅	辛卯	壬辰	癸巳	甲午	乙未	丙申	丁酉	戊戌	己亥	庚子	辛丑	壬寅

절입시각: 오후 6시54분　　오전 11시51분

六 月 小　　癸未

절기						小暑															大暑								
음력	1	2	3	4	5	6	7	8	9	10	11	12	13	14	15	16	17	18	19	20	21	22	23	24	25	26	27	28	29
양력	7/3	4	5	6	7	8	9	10	11	12	13	14	15	16	17	18	19	20	21	22	23	24	25	26	27	28	29	30	31
일진	癸卯	甲辰	乙巳	丙午	丁未	戊申	己酉	庚戌	辛亥	壬子	癸丑	甲寅	乙卯	丙辰	丁巳	戊午	己未	庚申	辛酉	壬戌	癸亥	甲子	乙丑	丙寅	丁卯	戊辰	己巳	庚午	辛未

절입시각: 오전 5시20분　　오후 10시46분

七 月 小　　甲 申

月建	1	2	3	4	5	6	7	8	9	10	11	12	13	14	15	16	17	18	19	20	21	22	23	24	25	26	27	28	29
절기								立秋																處暑					
음력	1	2	3	4	5	6	7	8	9	10	11	12	13	14	15	16	17	18	19	20	21	22	23	24	25	26	27	28	29
양력	8/1	2	3	4	5	6	7	8	9	10	11	12	13	14	15	16	17	18	19	20	21	22	23	24	25	26	27	28	29
일진	壬申	癸酉	甲戌	乙亥	丙子	丁丑	戊寅	己卯	庚辰	辛巳	壬午	癸未	甲申	乙酉	丙戌	丁亥	戊子	己丑	庚寅	辛卯	壬辰	癸巳	甲午	乙未	丙申	丁酉	戊戌	己亥	庚子
절입시각					오후 2시57분																오전 5시29분								

八 月 大　　乙 酉

月建	1	2	3	4	5	6	7	8	9	10	11	12	13	14	15	16	17	18	19	20	21	22	23	24	25	26	27	28	29	30
절기										白露																秋分				
음력	1	2	3	4	5	6	7	8	9	10	11	12	13	14	15	16	17	18	19	20	21	22	23	24	25	26	27	28	29	30
양력	8/30	31	9/1	2	3	4	5	6	7	8	9	10	11	12	13	14	15	16	17	18	19	20	21	22	23	24	25	26	27	28
일진	辛丑	壬寅	癸卯	甲辰	乙巳	丙午	丁未	戊申	己酉	庚戌	辛亥	壬子	癸丑	甲寅	乙卯	丙辰	丁巳	戊午	己未	庚申	辛酉	壬戌	癸亥	甲子	乙丑	丙寅	丁卯	戊辰	己巳	庚午
절입시각					오후 5시22분																오전 2시30분									

九 月 小　　丙 戌

月建	1	2	3	4	5	6	7	8	9	10	11	12	13	14	15	16	17	18	19	20	21	22	23	24	25	26	27	28	29
절기											寒露															霜降			
음력	1	2	3	4	5	6	7	8	9	10	11	12	13	14	15	16	17	18	19	20	21	22	23	24	25	26	27	28	29
양력	9/29	30	10/1	2	3	4	5	6	7	8	9	10	11	12	13	14	15	16	17	18	19	20	21	22	23	24	25	26	27
일진	辛未	壬申	癸酉	甲戌	乙亥	丙子	丁丑	戊寅	己卯	庚辰	辛巳	壬午	癸未	甲申	乙酉	丙戌	丁亥	戊子	己丑	庚寅	辛卯	壬辰	癸巳	甲午	乙未	丙申	丁酉	戊戌	己亥
절입시각					오전 8시20분																오전 11시8분								

十 月 大　　丁 亥

月建	1	2	3	4	5	6	7	8	9	10	11	12	13	14	15	16	17	18	19	20	21	22	23	24	25	26	27	28	29	30
절기												立冬															小雪			
음력	1	2	3	4	5	6	7	8	9	10	11	12	13	14	15	16	17	18	19	20	21	22	23	24	25	26	27	28	29	30
양력	10/28	29	30	31	11/1	2	3	4	5	6	7	8	9	10	11	12	13	14	15	16	17	18	19	20	21	22	23	24	25	26
일진	庚子	辛丑	壬寅	癸卯	甲辰	乙巳	丙午	丁未	戊申	己酉	庚戌	辛亥	壬子	癸丑	甲寅	乙卯	丙辰	丁巳	戊午	己未	庚申	辛酉	壬戌	癸亥	甲子	乙丑	丙寅	丁卯	戊辰	己巳
절입시각					오전 10시50분																오전 8시5분									

十 一 月 小　　戊 子

月建	1	2	3	4	5	6	7	8	9	10	11	12	13	14	15	16	17	18	19	20	21	22	23	24	25	26	27	28	29
절기												大雪														冬至			
음력	1	2	3	4	5	6	7	8	9	10	11	12	13	14	15	16	17	18	19	20	21	22	23	24	25	26	27	28	29
양력	11/27	28	29	30	12/1	2	3	4	5	6	7	8	9	10	11	12	13	14	15	16	17	18	19	20	21	22	23	24	25
일진	庚午	辛未	壬申	癸酉	甲戌	乙亥	丙子	丁丑	戊寅	己卯	庚辰	辛巳	壬午	癸未	甲申	乙酉	丙戌	丁亥	戊子	己丑	庚寅	辛卯	壬辰	癸巳	甲午	乙未	丙申	丁酉	戊戌
절입시각					오전 3시11분																오후 9시4분								

十 二 月 大　　己 丑

月建	1	2	3	4	5	6	7	8	9	10	11	12	13	14	15	16	17	18	19	20	21	22	23	24	25	26	27	28	29	30
절기							小寒																				大寒			
음력	1	2	3	4	5	6	7	8	9	10	11	12	13	14	15	16	17	18	19	20	21	22	23	24	25	26	27	28	29	30
양력	12/26	27	28	29	30	31	1/1	2	3	4	5	6	7	8	9	10	11	12	13	14	15	16	17	18	19	20	21	22	23	24
일진	己亥	庚子	辛丑	壬寅	癸卯	甲辰	乙巳	丙午	丁未	戊申	己酉	庚戌	辛亥	壬子	癸丑	甲寅	乙卯	丙辰	丁巳	戊午	己未	庚申	辛酉	壬戌	癸亥	甲子	乙丑	丙寅	丁卯	戊辰
절입시각					오후 2시14분																오전 7시43분									

1906년 | 檀紀 4239년　丙午年

七月 黑中　　金神 寅卯午未子丑

卯 大將軍　亥子丑 三殺　辰 吊客　申 喪門

月建　正 月 小　　庚 寅

절기: 立春(12), 雨水(26)

음력	1	2	3	4	5	6	7	8	9	10	11	12	13	14	15	16	17	18	19	20	21	22	23	24	25	26	27	28	29
양력	1/25	26	27	28	29	30	31	2/1	2	3	4	5	6	7	8	9	10	11	12	13	14	15	16	17	18	19	20	21	22
일진	己巳	庚午	辛未	壬申	癸酉	甲戌	乙亥	丙子	丁丑	戊寅	己卯	庚辰	辛巳	壬午	癸未	甲申	乙酉	丙戌	丁亥	戊子	己丑	庚寅	辛卯	壬辰	癸巳	甲午	乙未	丙申	丁酉

절입시각: 오전 2시4분　　오후 10시15분

月建　二 月 大　　辛 卯

절기: 驚蟄(12), 春分(27)

음력	1	2	3	4	5	6	7	8	9	10	11	12	13	14	15	16	17	18	19	20	21	22	23	24	25	26	27	28	29	30
양력	2/23	24	25	26	27	28	3/1	2	3	4	5	6	7	8	9	10	11	12	13	14	15	16	17	18	19	20	21	22	23	24
일진	戊戌	己亥	庚子	辛丑	壬寅	癸卯	甲辰	乙巳	丙午	丁未	戊申	己酉	庚戌	辛亥	壬子	癸丑	甲寅	乙卯	丙辰	丁巳	戊午	己未	庚申	辛酉	壬戌	癸亥	甲子	乙丑	丙寅	丁卯

절입시각: 오후 8시36분　　오후 9시53분

月建　三 月 大　　壬 辰

절기: 清明(13), 穀雨(28)

음력	1	2	3	4	5	6	7	8	9	10	11	12	13	14	15	16	17	18	19	20	21	22	23	24	25	26	27	28	29	30
양력	3/25	26	27	28	29	30	31	4/1	2	3	4	5	6	7	8	9	10	11	12	13	14	15	16	17	18	19	20	21	22	23
일진	戊辰	己巳	庚午	辛未	壬申	癸酉	甲戌	乙亥	丙子	丁丑	戊寅	己卯	庚辰	辛巳	壬午	癸未	甲申	乙酉	丙戌	丁亥	戊子	己丑	庚寅	辛卯	壬辰	癸巳	甲午	乙未	丙申	丁酉

절입시각: 오전 2시7분　　오전 9시39분

月建　四 月 小　　癸 巳

절기: 立夏(13), 小滿(29)

음력	1	2	3	4	5	6	7	8	9	10	11	12	13	14	15	16	17	18	19	20	21	22	23	24	25	26	27	28	29
양력	4/24	25	26	27	28	29	30	5/1	2	3	4	5	6	7	8	9	10	11	12	13	14	15	16	17	18	19	20	21	22
일진	戊戌	己亥	庚子	辛丑	壬寅	癸卯	甲辰	乙巳	丙午	丁未	戊申	己酉	庚戌	辛亥	壬子	癸丑	甲寅	乙卯	丙辰	丁巳	戊午	己未	庚申	辛酉	壬戌	癸亥	甲子	乙丑	丙寅

절입시각: 오후 8시9분　　오전 9시25분

月建　閏 四 月 大

절기: 芒種(16)

음력	1	2	3	4	5	6	7	8	9	10	11	12	13	14	15	16	17	18	19	20	21	22	23	24	25	26	27	28	29	30
양력	5/23	24	25	26	27	28	29	30	31	6/1	2	3	4	5	6	7	8	9	10	11	12	13	14	15	16	17	18	19	20	21
일진	丁卯	戊辰	己巳	庚午	辛未	壬申	癸酉	甲戌	乙亥	丙子	丁丑	戊寅	己卯	庚辰	辛巳	壬午	癸未	甲申	乙酉	丙戌	丁亥	戊子	己丑	庚寅	辛卯	壬辰	癸巳	甲午	乙未	丙申

절입시각: 오전 0시49분

月建　五 月 小　　甲 午

절기: 夏至(1), 小暑(17)

음력	1	2	3	4	5	6	7	8	9	10	11	12	13	14	15	16	17	18	19	20	21	22	23	24	25	26	27	28	29
양력	6/22	23	24	25	26	27	28	29	30	7/1	2	3	4	5	6	7	8	9	10	11	12	13	14	15	16	17	18	19	20
일진	丁酉	戊戌	己亥	庚子	辛丑	壬寅	癸卯	甲辰	乙巳	丙午	丁未	戊申	己酉	庚戌	辛亥	壬子	癸丑	甲寅	乙卯	丙辰	丁巳	戊午	己未	庚申	辛酉	壬戌	癸亥	甲子	乙丑

절입시각: 오후 5시42분　　오전 11시15분

六 月 大 ── 乙 未

구분	1	2	3	4	5	6	7	8	9	10	11	12	13	14	15	16	17	18	19	20	21	22	23	24	25	26	27	28	29	30
절기				大暑															立秋											
음력	1	2	3	4	5	6	7	8	9	10	11	12	13	14	15	16	17	18	19	20	21	22	23	24	25	26	27	28	29	30
양력	7/21	22	23	24	25	26	27	28	29	30	31	8/1	2	3	4	5	6	7	8	9	10	11	12	13	14	15	16	17	18	19
일진	丙寅	丁卯	戊辰	己巳	庚午	辛未	壬申	癸酉	甲戌	乙亥	丙子	丁丑	戊寅	己卯	庚辰	辛巳	壬午	癸未	甲申	乙酉	丙戌	丁亥	戊子	己丑	庚寅	辛卯	壬辰	癸巳	甲午	乙未
절입시각				오전 4시33분															오후 8시52분											

七 月 小 ── 丙 申

구분	1	2	3	4	5	6	7	8	9	10	11	12	13	14	15	16	17	18	19	20	21	22	23	24	25	26	27	28	29
절기					處暑															白露									
음력	1	2	3	4	5	6	7	8	9	10	11	12	13	14	15	16	17	18	19	20	21	22	23	24	25	26	27	28	29
양력	8/20	21	22	23	24	25	26	27	28	29	30	31	9/1	2	3	4	5	6	7	8	9	10	11	12	13	14	15	16	17
일진	丙申	丁酉	戊戌	己亥	庚子	辛丑	壬寅	癸卯	甲辰	乙巳	丙午	丁未	戊申	己酉	庚戌	辛亥	壬子	癸丑	甲寅	乙卯	丙辰	丁巳	戊午	己未	庚申	辛酉	壬戌	癸亥	甲子
절입시각					오전 11시14분															오후 11시16분									

八 月 大 ── 丁 酉

구분	1	2	3	4	5	6	7	8	9	10	11	12	13	14	15	16	17	18	19	20	21	22	23	24	25	26	27	28	29	30
절기							秋分															寒露								
음력	1	2	3	4	5	6	7	8	9	10	11	12	13	14	15	16	17	18	19	20	21	22	23	24	25	26	27	28	29	30
양력	9/18	19	20	21	22	23	24	25	26	27	28	29	30	10/1	2	3	4	5	6	7	8	9	10	11	12	13	14	15	16	17
일진	乙丑	丙寅	丁卯	戊辰	己巳	庚午	辛未	壬申	癸酉	甲戌	乙亥	丙子	丁丑	戊寅	己卯	庚辰	辛巳	壬午	癸未	甲申	乙酉	丙戌	丁亥	戊子	己丑	庚寅	辛卯	壬辰	癸巳	甲午
절입시각							오전 8시15분														오후 2시15분									

九 月 小 ── 戊 戌

구분	1	2	3	4	5	6	7	8	9	10	11	12	13	14	15	16	17	18	19	20	21	22	23	24	25	26	27	28	29
절기							霜降															立冬							
음력	1	2	3	4	5	6	7	8	9	10	11	12	13	14	15	16	17	18	19	20	21	22	23	24	25	26	27	28	29
양력	10/18	19	20	21	22	23	24	25	26	27	28	29	30	31	11/1	2	3	4	5	6	7	8	9	10	11	12	13	14	15
일진	乙未	丙申	丁酉	戊戌	己亥	庚子	辛丑	壬寅	癸卯	甲辰	乙巳	丙午	丁未	戊申	己酉	庚戌	辛亥	壬子	癸丑	甲寅	乙卯	丙辰	丁巳	戊午	己未	庚申	辛酉	壬戌	癸亥
절입시각							오후 4시55분															오후 4시47분							

十 月 大 ── 己 亥

구분	1	2	3	4	5	6	7	8	9	10	11	12	13	14	15	16	17	18	19	20	21	22	23	24	25	26	27	28	29	30
절기								小雪															大雪							
음력	1	2	3	4	5	6	7	8	9	10	11	12	13	14	15	16	17	18	19	20	21	22	23	24	25	26	27	28	29	30
양력	11/16	17	18	19	20	21	22	23	24	25	26	27	28	29	30	12/1	2	3	4	5	6	7	8	9	10	11	12	13	14	15
일진	甲子	乙丑	丙寅	丁卯	戊辰	己巳	庚午	辛未	壬申	癸酉	甲戌	乙亥	丙子	丁丑	戊寅	己卯	庚辰	辛巳	壬午	癸未	甲申	乙酉	丙戌	丁亥	戊子	己丑	庚寅	辛卯	壬辰	癸巳
절입시각								오후 1시54분															오전 9시10분							

十 一 月 小 ── 庚 子

구분	1	2	3	4	5	6	7	8	9	10	11	12	13	14	15	16	17	18	19	20	21	22	23	24	25	26	27	28	29
절기								冬至														小寒							
음력	1	2	3	4	5	6	7	8	9	10	11	12	13	14	15	16	17	18	19	20	21	22	23	24	25	26	27	28	29
양력	12/16	17	18	19	20	21	22	23	24	25	26	27	28	29	30	31	1/1	2	3	4	5	6	7	8	9	10	11	12	13
일진	甲午	乙未	丙申	丁酉	戊戌	己亥	庚子	辛丑	壬寅	癸卯	甲辰	乙巳	丙午	丁未	戊申	己酉	庚戌	辛亥	壬子	癸丑	甲寅	乙卯	丙辰	丁巳	戊午	己未	庚申	辛酉	壬戌
절입시각								오전 2시53분														오후 8시11분							

十 二 月 大 ── 辛 丑

구분	1	2	3	4	5	6	7	8	9	10	11	12	13	14	15	16	17	18	19	20	21	22	23	24	25	26	27	28	29	30
절기								大寒											立春											
음력	1	2	3	4	5	6	7	8	9	10	11	12	13	14	15	16	17	18	19	20	21	22	23	24	25	26	27	28	29	30
양력	1/14	15	16	17	18	19	20	21	22	23	24	25	26	27	28	29	30	31	2/1	2	3	4	5	6	7	8	9	10	11	12
일진	癸亥	甲子	乙丑	丙寅	丁卯	戊辰	己巳	庚午	辛未	壬申	癸酉	甲戌	乙亥	丙子	丁丑	戊寅	己卯	庚辰	辛巳	壬午	癸未	甲申	乙酉	丙戌	丁亥	戊子	己丑	庚寅	辛卯	壬辰
절입시각								오후 1시31분											오전 7시59분											

1907년 | 檀紀 4240년　丁未年

四月 黑中

金神　寅卯戌亥

卯 大將軍　申酉戌 三殺　巳 吊客　酉 喪門

月建　正　月　小　　壬寅

절기	음력	양력	일진
	1	2/13	癸巳
	2	14	甲午
	3	15	乙未
	4	16	丙申
	5	17	丁酉
	6	18	戊戌
	7	19	己亥
雨水	8	20	庚子
	9	21	辛丑
	10	22	壬寅
	11	23	癸卯
	12	24	甲辰
	13	25	乙巳
	14	26	丙午
	15	27	丁未
	16	28	戊申
	17	3/1	己酉
	18	2	庚戌
	19	3	辛亥
	20	4	壬子
	21	5	癸丑
	22	6	甲寅
驚蟄	23	7	乙卯
	24	8	丙辰
	25	9	丁巳
	26	10	戊午
	27	11	己未
	28	12	庚申
	29	13	辛酉

절입시각: 雨水 오전 3시58분 / 驚蟄 오전 2시27분

月建　二　月　大　　癸卯

절기	음력	양력	일진
	1	3/14	壬戌
	2	15	癸亥
	3	16	甲子
	4	17	乙丑
	5	18	丙寅
	6	19	丁卯
	7	20	戊辰
	8	21	己巳
春分	9	22	庚午
	10	23	辛未
	11	24	壬申
	12	25	癸酉
	13	26	甲戌
	14	27	乙亥
	15	28	丙子
	16	29	丁丑
	17	30	戊寅
	18	31	己卯
清明	19	4/1	庚辰
	20	2	辛巳
	21	3	壬午
	22	4	癸未
	23	5	甲申
	24	6	乙酉
	25	7	丙戌
	26	8	丁亥
	27	9	戊子
	28	10	己丑
	29	11	庚寅
	30	12	辛卯

절입시각: 春分 오전 3시33분 / 清明 오전 7시55분

月建　三　月　小　　甲辰

절기	음력	양력	일진
	1	4/13	壬辰
	2	14	癸巳
	3	15	甲午
	4	16	乙未
	5	17	丙申
	6	18	丁酉
	7	19	戊戌
	8	20	己亥
穀雨	9	21	庚子
	10	22	辛丑
	11	23	壬寅
	12	24	癸卯
	13	25	甲辰
	14	26	乙巳
	15	27	丙午
	16	28	丁未
	17	29	戊申
	18	30	己酉
立夏	19	5/1	庚戌
	20	2	辛亥
	21	3	壬子
	22	4	癸丑
	23	5	甲寅
	24	6	乙卯
	25	7	丙辰
	26	8	丁巳
	27	9	戊午
	28	10	己未
	29	11	庚申

절입시각: 穀雨 오후 3시17분 / 立夏 오전 1시54분

月建　四　月　大　　乙巳

절기	음력	양력	일진
	1	5/12	辛酉
	2	13	壬戌
	3	14	癸亥
	4	15	甲子
	5	16	乙丑
	6	17	丙寅
	7	18	丁卯
	8	19	戊辰
	9	20	己巳
	10	21	庚午
小滿	11	22	辛未
	12	23	壬申
	13	24	癸酉
	14	25	甲戌
	15	26	乙亥
	16	27	丙子
	17	28	丁丑
	18	29	戊寅
	19	30	己卯
	20	31	庚辰
芒種	21	6/1	辛巳
	22	2	壬午
	23	3	癸未
	24	4	甲申
	25	5	乙酉
	26	6	丙戌
芒種	27	7	丁亥
	28	8	戊子
	29	9	己丑
	30	10	庚寅

절입시각: 小滿 오후 3시3분 / 芒種 오전 6시33분

月建　五　月　小　　丙午

절기	음력	양력	일진
	1	6/11	辛卯
	2	12	壬辰
	3	13	癸巳
	4	14	甲午
	5	15	乙未
	6	16	丙申
	7	17	丁酉
	8	18	戊戌
	9	19	己亥
	10	20	庚子
	11	21	辛丑
夏至	12	22	壬寅
	13	23	癸卯
	14	24	甲辰
	15	25	乙巳
	16	26	丙午
	17	27	丁未
	18	28	戊申
	19	29	己酉
	20	30	庚戌
	21	7/1	辛亥
	22	2	壬子
	23	3	癸丑
	24	4	甲寅
	25	5	乙卯
	26	6	丙辰
	27	7	丁巳
小暑	28	8	戊午
	29	9	己未

절입시각: 夏至 오후 11시23분 / 小暑 오후 4시59분

月建　六　月　大　　丁未

절기	음력	양력	일진
	1	7/10	庚申
	2	11	辛酉
	3	12	壬戌
	4	13	癸亥
	5	14	甲子
	6	15	乙丑
	7	16	丙寅
	8	17	丁卯
	9	18	戊辰
	10	19	己巳
	11	20	庚午
	12	21	辛未
	13	22	壬申
	14	23	癸酉
大暑	15	24	甲戌
	16	25	乙亥
	17	26	丙子
	18	27	丁丑
	19	28	戊寅
	20	29	己卯
	21	30	庚辰
	22	31	辛巳
	23	8/1	壬午
	24	2	癸未
	25	3	甲申
	26	4	乙酉
	27	5	丙戌
	28	6	丁亥
	29	7	戊子
	30	8	己丑

절입시각: 大暑 오전 10시18분

月建	七　月　大																							戊　申						
절기	立秋															處暑														
음력	1	2	3	4	5	6	7	8	9	10	11	12	13	14	15	16	17	18	19	20	21	22	23	24	25	26	27	28	29	30
양력	8/9	10	11	12	13	14	15	16	17	18	19	20	21	22	23	24	25	26	27	28	29	30	31	9/1	2	3	4	5	6	7
일진	庚寅	辛卯	壬辰	癸巳	甲午	乙未	丙申	丁酉	戊戌	己亥	庚子	辛丑	壬寅	癸卯	甲辰	乙巳	丙午	丁未	戊申	己酉	庚戌	辛亥	壬子	癸丑	甲寅	乙卯	丙辰	丁巳	戊午	己未
절입시각	오전 2시36분															오후 5시3분														

月建	八　月　小																							己　酉					
절기		白露															秋分												
음력	1	2	3	4	5	6	7	8	9	10	11	12	13	14	15	16	17	18	19	20	21	22	23	24	25	26	27	28	29
양력	9/8	9	10	11	12	13	14	15	16	17	18	19	20	21	22	23	24	25	26	27	28	29	30	10/1	2	3	4	5	6
일진	庚申	辛酉	壬戌	癸亥	甲子	乙丑	丙寅	丁卯	戊辰	己巳	庚午	辛未	壬申	癸酉	甲戌	乙亥	丙子	丁丑	戊寅	己卯	庚辰	辛巳	壬午	癸未	甲申	乙酉	丙戌	丁亥	戊子
절입시각	오전 5시2분															오후 2시9분													

月建	九　月　大																							庚　戌						
절기			寒露															霜降												
음력	1	2	3	4	5	6	7	8	9	10	11	12	13	14	15	16	17	18	19	20	21	22	23	24	25	26	27	28	29	30
양력	10/7	8	9	10	11	12	13	14	15	16	17	18	19	20	21	22	23	24	25	26	27	28	29	30	31	11/1	2	3	4	5
일진	己丑	庚寅	辛卯	壬辰	癸巳	甲午	乙未	丙申	丁酉	戊戌	己亥	庚子	辛丑	壬寅	癸卯	甲辰	乙巳	丙午	丁未	戊申	己酉	庚戌	辛亥	壬子	癸丑	甲寅	乙卯	丙辰	丁巳	戊午
절입시각	오후 8시3분																오후 10시52분													

月建	十　月　小																							辛　亥					
절기			立冬															小雪											
음력	1	2	3	4	5	6	7	8	9	10	11	12	13	14	15	16	17	18	19	20	21	22	23	24	25	26	27	28	29
양력	11/6	7	8	9	10	11	12	13	14	15	16	17	18	19	20	21	22	23	24	25	26	27	28	29	30	12/1	2	3	4
일진	己未	庚申	辛酉	壬戌	癸亥	甲子	乙丑	丙寅	丁卯	戊辰	己巳	庚午	辛未	壬申	癸酉	甲戌	乙亥	丙子	丁丑	戊寅	己卯	庚辰	辛巳	壬午	癸未	甲申	乙酉	丙戌	丁亥
절입시각	오후 10시36분																오후 7시52분												

月建	十　一　月　大																							壬　子						
절기				大雪															冬至											
음력	1	2	3	4	5	6	7	8	9	10	11	12	13	14	15	16	17	18	19	20	21	22	23	24	25	26	27	28	29	30
양력	12/5	6	7	8	9	10	11	12	13	14	15	16	17	18	19	20	21	22	23	24	25	26	27	28	29	30	31	1/1	2	3
일진	戊子	己丑	庚寅	辛卯	壬辰	癸巳	甲午	乙未	丙申	丁酉	戊戌	己亥	庚子	辛丑	壬寅	癸卯	甲辰	乙巳	丙午	丁未	戊申	己酉	庚戌	辛亥	壬子	癸丑	甲寅	乙卯	丙辰	丁巳
절입시각	오후 3시0분																	오전 8시52분												

月建	十　二　月　小																							癸　丑					
절기				小寒														大寒											
음력	1	2	3	4	5	6	7	8	9	10	11	12	13	14	15	16	17	18	19	20	21	22	23	24	25	26	27	28	29
양력	1/4	5	6	7	8	9	10	11	12	13	14	15	16	17	18	19	20	21	22	23	24	25	26	27	28	29	30	31	2/1
일진	戊午	己未	庚申	辛酉	壬戌	癸亥	甲子	乙丑	丙寅	丁卯	戊辰	己巳	庚午	辛未	壬申	癸酉	甲戌	乙亥	丙子	丁丑	戊寅	己卯	庚辰	辛巳	壬午	癸未	甲申	乙酉	丙戌
절입시각	오전 2시1분																	오후 7시28분											

1908년 | 檀紀 4241년 　戊申年

金神　申酉子丑

正月 十月 黑中　　　午 大將軍　巳午未 三殺　午 吊客　戌 喪門

正　月　大　　　　甲　寅

절기			立春															雨水											
음력	1	2	3	4	5	6	7	8	9	10	11	12	13	14	15	16	17	18	19	20	21	22	23	24	25	26	27	28	29	30
양력	2/2	3	4	5	6	7	8	9	10	11	12	13	14	15	16	17	18	19	20	21	22	23	24	25	26	27	28	29	3/1	2
일진	丁亥	戊子	己丑	庚寅	辛卯	壬辰	癸巳	甲午	乙未	丙申	丁酉	戊戌	己亥	庚子	辛丑	壬寅	癸卯	甲辰	乙巳	丙午	丁未	戊申	己酉	庚戌	辛亥	壬子	癸丑	甲寅	乙卯	丙辰

절입시각: 立春 오후 1시47분　雨水 오전 9시54분

二　月　小　　　　乙　卯

절기			驚蟄															春分										
음력	1	2	3	4	5	6	7	8	9	10	11	12	13	14	15	16	17	18	19	20	21	22	23	24	25	26	27	28	29
양력	3/3	4	5	6	7	8	9	10	11	12	13	14	15	16	17	18	19	20	21	22	23	24	25	26	27	28	29	30	31
일진	丁巳	戊午	己未	庚申	辛酉	壬戌	癸亥	甲子	乙丑	丙寅	丁卯	戊辰	己巳	庚午	辛未	壬申	癸酉	甲戌	乙亥	丙子	丁丑	戊寅	己卯	庚辰	辛巳	壬午	癸未	甲申	乙酉

절입시각: 驚蟄 오전 8시14분　春分 오전 9시27분

三　月　小　　　　丙　辰

절기				清明																穀雨									
음력	1	2	3	4	5	6	7	8	9	10	11	12	13	14	15	16	17	18	19	20	21	22	23	24	25	26	27	28	29
양력	4/1	2	3	4	5	6	7	8	9	10	11	12	13	14	15	16	17	18	19	20	21	22	23	24	25	26	27	28	29
일진	丙戌	丁亥	戊子	己丑	庚寅	辛卯	壬辰	癸巳	甲午	乙未	丙申	丁酉	戊戌	己亥	庚子	辛丑	壬寅	癸卯	甲辰	乙巳	丙午	丁未	戊申	己酉	庚戌	辛亥	壬子	癸丑	甲寅

절입시각: 清明 오후 1시40분　穀雨 오후 9시11분

四　月　大　　　　丁　巳

절기						立夏																小滿								
음력	1	2	3	4	5	6	7	8	9	10	11	12	13	14	15	16	17	18	19	20	21	22	23	24	25	26	27	28	29	30
양력	4/30	5/1	2	3	4	5	6	7	8	9	10	11	12	13	14	15	16	17	18	19	20	21	22	23	24	25	26	27	28	29
일진	乙卯	丙辰	丁巳	戊午	己未	庚申	辛酉	壬戌	癸亥	甲子	乙丑	丙寅	丁卯	戊辰	己巳	庚午	辛未	壬申	癸酉	甲戌	乙亥	丙子	丁丑	戊寅	己卯	庚辰	辛巳	壬午	癸未	甲申

절입시각: 立夏 오전 7시38분　小滿 오후 8시58분

五　月　大　　　　戊　午

절기								芒種																夏至						
음력	1	2	3	4	5	6	7	8	9	10	11	12	13	14	15	16	17	18	19	20	21	22	23	24	25	26	27	28	29	30
양력	5/30	31	6/1	2	3	4	5	6	7	8	9	10	11	12	13	14	15	16	17	18	19	20	21	22	23	24	25	26	27	28
일진	乙酉	丙戌	丁亥	戊子	己丑	庚寅	辛卯	壬辰	癸巳	甲午	乙未	丙申	丁酉	戊戌	己亥	庚子	辛丑	壬寅	癸卯	甲辰	乙巳	丙午	丁未	戊申	己酉	庚戌	辛亥	壬子	癸丑	甲寅

절입시각: 芒種 오후 12시19분　夏至 오전 5시19분

六　月　小　　　　己　未

절기									小暑																大暑				
음력	1	2	3	4	5	6	7	8	9	10	11	12	13	14	15	16	17	18	19	20	21	22	23	24	25	26	27	28	29
양력	6/29	30	7/1	2	3	4	5	6	7	8	9	10	11	12	13	14	15	16	17	18	19	20	21	22	23	24	25	26	27
일진	乙卯	丙辰	丁巳	戊午	己未	庚申	辛酉	壬戌	癸亥	甲子	乙丑	丙寅	丁卯	戊辰	己巳	庚午	辛未	壬申	癸酉	甲戌	乙亥	丙子	丁丑	戊寅	己卯	庚辰	辛巳	壬午	癸未

절입시각: 小暑 오후 10시48분　大暑 오후 4시14분

七 月 大   庚 申

月建	1	2	3	4	5	6	7	8	9	10	11	12	13	14	15	16	17	18	19	20	21	22	23	24	25	26	27	28	29	30
절기												立秋															處暑			
음력	1	2	3	4	5	6	7	8	9	10	11	12	13	14	15	16	17	18	19	20	21	22	23	24	25	26	27	28	29	30
양력	7/28	29	30	31	8/1	2	3	4	5	6	7	8	9	10	11	12	13	14	15	16	17	18	19	20	21	22	23	24	25	26
일진	甲申	乙酉	丙戌	丁亥	戊子	己丑	庚寅	辛卯	壬辰	癸巳	甲午	乙未	丙申	丁酉	戊戌	己亥	庚子	辛丑	壬寅	癸卯	甲辰	乙巳	丙午	丁未	戊申	己酉	庚戌	辛亥	壬子	癸丑

절입시각: 오전 8시27분   오후 10시57분

八 月 小   辛 酉

月建	1	2	3	4	5	6	7	8	9	10	11	12	13	14	15	16	17	18	19	20	21	22	23	24	25	26	27	28	29
절기													白露															秋分	
음력	1	2	3	4	5	6	7	8	9	10	11	12	13	14	15	16	17	18	19	20	21	22	23	24	25	26	27	28	29
양력	8/27	28	29	30	31	9/1	2	3	4	5	6	7	8	9	10	11	12	13	14	15	16	17	18	19	20	21	22	23	24
일진	甲寅	乙卯	丙辰	丁巳	戊午	己未	庚申	辛酉	壬戌	癸亥	甲子	乙丑	丙寅	丁卯	戊辰	己巳	庚午	辛未	壬申	癸酉	甲戌	乙亥	丙子	丁丑	戊寅	己卯	庚辰	辛巳	壬午

절입시각: 오전 10시52분   오후 7시58분

九 月 大   壬 戌

月建	1	2	3	4	5	6	7	8	9	10	11	12	13	14	15	16	17	18	19	20	21	22	23	24	25	26	27	28	29	30
절기															寒露															霜降
음력	1	2	3	4	5	6	7	8	9	10	11	12	13	14	15	16	17	18	19	20	21	22	23	24	25	26	27	28	29	30
양력	9/25	26	27	28	29	30	10/1	2	3	4	5	6	7	8	9	10	11	12	13	14	15	16	17	18	19	20	21	22	23	24
일진	癸未	甲申	乙酉	丙戌	丁亥	戊子	己丑	庚寅	辛卯	壬辰	癸巳	甲午	乙未	丙申	丁酉	戊戌	己亥	庚子	辛丑	壬寅	癸卯	甲辰	乙巳	丙午	丁未	戊申	己酉	庚戌	辛亥	壬子

절입시각: 오전 1시51분   오전 4시37분

十 月 大   癸 亥

月建	1	2	3	4	5	6	7	8	9	10	11	12	13	14	15	16	17	18	19	20	21	22	23	24	25	26	27	28	29	30
절기															立冬															小雪
음력	1	2	3	4	5	6	7	8	9	10	11	12	13	14	15	16	17	18	19	20	21	22	23	24	25	26	27	28	29	30
양력	10/25	26	27	28	29	30	31	11/1	2	3	4	5	6	7	8	9	10	11	12	13	14	15	16	17	18	19	20	21	22	23
일진	癸丑	甲寅	乙卯	丙辰	丁巳	戊午	己未	庚申	辛酉	壬戌	癸亥	甲子	乙丑	丙寅	丁卯	戊辰	己巳	庚午	辛未	壬申	癸酉	甲戌	乙亥	丙子	丁丑	戊寅	己卯	庚辰	辛巳	壬午

절입시각: 오전 4시22분   오전 1시35분

十 一 月 小   甲 子

月建	1	2	3	4	5	6	7	8	9	10	11	12	13	14	15	16	17	18	19	20	21	22	23	24	25	26	27	28	29
절기														大雪															冬至
음력	1	2	3	4	5	6	7	8	9	10	11	12	13	14	15	16	17	18	19	20	21	22	23	24	25	26	27	28	29
양력	11/24	25	26	27	28	29	30	12/1	2	3	4	5	6	7	8	9	10	11	12	13	14	15	16	17	18	19	20	21	22
일진	癸未	甲申	乙酉	丙戌	丁亥	戊子	己丑	庚寅	辛卯	壬辰	癸巳	甲午	乙未	丙申	丁酉	戊戌	己亥	庚子	辛丑	壬寅	癸卯	甲辰	乙巳	丙午	丁未	戊申	己酉	庚戌	辛亥

절입시각: 오후 8시44분   오후 2시34분

十 二 月 大   乙 丑

月建	1	2	3	4	5	6	7	8	9	10	11	12	13	14	15	16	17	18	19	20	21	22	23	24	25	26	27	28	29	30
절기										小寒																				大寒
음력	1	2	3	4	5	6	7	8	9	10	11	12	13	14	15	16	17	18	19	20	21	22	23	24	25	26	27	28	29	30
양력	12/23	24	25	26	27	28	29	30	31	1/1	2	3	4	5	6	7	8	9	10	11	12	13	14	15	16	17	18	19	20	21
일진	壬子	癸丑	甲寅	乙卯	丙辰	丁巳	戊午	己未	庚申	辛酉	壬戌	癸亥	甲子	乙丑	丙寅	丁卯	戊辰	己巳	庚午	辛未	壬申	癸酉	甲戌	乙亥	丙子	丁丑	戊寅	己卯	庚辰	辛巳

절입시각: 오전 7시45분   오전 1시11분

1909년 | 檀紀 4242년　　**己酉年**　　金神　午未申酉

七月　黑中　　　午　大將軍　寅卯辰　三殺　未　吊客　亥　喪門

正月 小　　丙寅

절기														立春															雨水
음력	1	2	3	4	5	6	7	8	9	10	11	12	13	14	15	16	17	18	19	20	21	22	23	24	25	26	27	28	29
양력	1/22	23	24	25	26	27	28	29	30	31	2/1	2	3	4	5	6	7	8	9	10	11	12	13	14	15	16	17	18	19
일진	壬午	癸未	甲申	乙酉	丙戌	丁亥	戊子	己丑	庚寅	辛卯	壬辰	癸巳	甲午	乙未	丙申	丁酉	戊戌	己亥	庚子	辛丑	壬寅	癸卯	甲辰	乙巳	丙午	丁未	戊申	己酉	庚戌
절입시각														오후 7시33분															오후 3시38분

二 月 大　　丁 卯

절기															驚蟄															春分
음력	1	2	3	4	5	6	7	8	9	10	11	12	13	14	15	16	17	18	19	20	21	22	23	24	25	26	27	28	29	30
양력	2/20	21	22	23	24	25	26	27	28	3/1	2	3	4	5	6	7	8	9	10	11	12	13	14	15	16	17	18	19	20	21
일진	辛亥	壬子	癸丑	甲寅	乙卯	丙辰	丁巳	戊午	己未	庚申	辛酉	壬戌	癸亥	甲子	乙丑	丙寅	丁卯	戊辰	己巳	庚午	辛未	壬申	癸酉	甲戌	乙亥	丙子	丁丑	戊寅	己卯	庚辰
절입시각															오후 2시1분															오후 3시13분

閏 二 月 小

절기															淸明														
음력	1	2	3	4	5	6	7	8	9	10	11	12	13	14	15	16	17	18	19	20	21	22	23	24	25	26	27	28	29
양력	3/22	23	24	25	26	27	28	29	30	31	4/1	2	3	4	5	6	7	8	9	10	11	12	13	14	15	16	17	18	19
일진	辛巳	壬午	癸未	甲申	乙酉	丙戌	丁亥	戊子	己丑	庚寅	辛卯	壬辰	癸巳	甲午	乙未	丙申	丁酉	戊戌	己亥	庚子	辛丑	壬寅	癸卯	甲辰	乙巳	丙午	丁未	戊申	己酉
절입시각															오후 7시30분														

三 月 小　　戊 辰

절기		穀雨															立夏												
음력	1	2	3	4	5	6	7	8	9	10	11	12	13	14	15	16	17	18	19	20	21	22	23	24	25	26	27	28	29
양력	4/20	21	22	23	24	25	26	27	28	29	30	5/1	2	3	4	5	6	7	8	9	10	11	12	13	14	15	16	17	18
일진	庚戌	辛亥	壬子	癸丑	甲寅	乙卯	丙辰	丁巳	戊午	己未	庚申	辛酉	壬戌	癸亥	甲子	乙丑	丙寅	丁卯	戊辰	己巳	庚午	辛未	壬申	癸酉	甲戌	乙亥	丙子	丁丑	戊寅
절입시각		오전 2시58분															오후 1시31분												

四 月 大　　己 巳

절기				小滿															芒種											
음력	1	2	3	4	5	6	7	8	9	10	11	12	13	14	15	16	17	18	19	20	21	22	23	24	25	26	27	28	29	30
양력	5/19	20	21	22	23	24	25	26	27	28	29	30	31	6/1	2	3	4	5	6	7	8	9	10	11	12	13	14	15	16	17
일진	己卯	庚辰	辛巳	壬午	癸未	甲申	乙酉	丙戌	丁亥	戊子	己丑	庚寅	辛卯	壬辰	癸巳	甲午	乙未	丙申	丁酉	戊戌	己亥	庚子	辛丑	壬寅	癸卯	甲辰	乙巳	丙午	丁未	戊申
절입시각				오전 2시45분															오후 6시14분											

五 月 小　　庚 午

절기					夏至																小暑								
음력	1	2	3	4	5	6	7	8	9	10	11	12	13	14	15	16	17	18	19	20	21	22	23	24	25	26	27	28	29
양력	6/18	19	20	21	22	23	24	25	26	27	28	29	30	7/1	2	3	4	5	6	7	8	9	10	11	12	13	14	15	16
일진	己酉	庚戌	辛亥	壬子	癸丑	甲寅	乙卯	丙辰	丁巳	戊午	己未	庚申	辛酉	壬戌	癸亥	甲子	乙丑	丙寅	丁卯	戊辰	己巳	庚午	辛未	壬申	癸酉	甲戌	乙亥	丙子	丁丑
절입시각					오전 11시6분																오전 4시44분								

六 月 大　　辛 未

절기						大暑										立秋														
음력	1	2	3	4	5	6	7	8	9	10	11	12	13	14	15	16	17	18	19	20	21	22	23	24	25	26	27	28	29	30
양력	7/17	18	19	20	21	22	23	24	25	26	27	28	29	30	31	8/1	2	3	4	5	6	7	8	9	10	11	12	13	14	15
일진	戊寅	己卯	庚辰	辛巳	壬午	癸未	甲申	乙酉	丙戌	丁亥	戊子	己丑	庚寅	辛卯	壬辰	癸巳	甲午	乙未	丙申	丁酉	戊戌	己亥	庚子	辛丑	壬寅	癸卯	甲辰	乙巳	丙午	丁未

절입시각: 오후 10시1분 / 오후 2시23분

七 月 小　　壬 申

절기								處暑									白露												
음력	1	2	3	4	5	6	7	8	9	10	11	12	13	14	15	16	17	18	19	20	21	22	23	24	25	26	27	28	29
양력	8/16	17	18	19	20	21	22	23	24	25	26	27	28	29	30	31	9/1	2	3	4	5	6	7	8	9	10	11	12	13
일진	戊申	己酉	庚戌	辛亥	壬子	癸丑	甲寅	乙卯	丙辰	丁巳	戊午	己未	庚申	辛酉	壬戌	癸亥	甲子	乙丑	丙寅	丁卯	戊辰	己巳	庚午	辛未	壬申	癸酉	甲戌	乙亥	丙子

절입시각: 오전 4시44분 / 오후 4시47분

八 月 大　　癸 酉

절기									秋分									寒露												
음력	1	2	3	4	5	6	7	8	9	10	11	12	13	14	15	16	17	18	19	20	21	22	23	24	25	26	27	28	29	30
양력	9/14	15	16	17	18	19	20	21	22	23	24	25	26	27	28	29	30	10/1	2	3	4	5	6	7	8	9	10	11	12	13
일진	丁丑	戊寅	己卯	庚辰	辛巳	壬午	癸未	甲申	乙酉	丙戌	丁亥	戊子	己丑	庚寅	辛卯	壬辰	癸巳	甲午	乙未	丙申	丁酉	戊戌	己亥	庚子	辛丑	壬寅	癸卯	甲辰	乙巳	丙午

절입시각: 오전 1시45분 / 오전 7시43분

九 月 大　　甲 戌

절기										霜降								立冬												
음력	1	2	3	4	5	6	7	8	9	10	11	12	13	14	15	16	17	18	19	20	21	22	23	24	25	26	27	28	29	30
양력	10/14	15	16	17	18	19	20	21	22	23	24	25	26	27	28	29	30	31	11/1	2	3	4	5	6	7	8	9	10	11	12
일진	丁未	戊申	己酉	庚戌	辛亥	壬子	癸丑	甲寅	乙卯	丙辰	丁巳	戊午	己未	庚申	辛酉	壬戌	癸亥	甲子	乙丑	丙寅	丁卯	戊辰	己巳	庚午	辛未	壬申	癸酉	甲戌	乙亥	丙子

절입시각: 오전 10시23분 / 오전 10시13분

十 月 大　　乙 亥

절기										小雪								大雪												
음력	1	2	3	4	5	6	7	8	9	10	11	12	13	14	15	16	17	18	19	20	21	22	23	24	25	26	27	28	29	30
양력	11/13	14	15	16	17	18	19	20	21	22	23	24	25	26	27	28	29	30	12/1	2	3	4	5	6	7	8	9	10	11	12
일진	丁丑	戊寅	己卯	庚辰	辛巳	壬午	癸未	甲申	乙酉	丙戌	丁亥	戊子	己丑	庚寅	辛卯	壬辰	癸巳	甲午	乙未	丙申	丁酉	戊戌	己亥	庚子	辛丑	壬寅	癸卯	甲辰	乙巳	丙午

절입시각: 오전 7시20분 / 오전 2시35분

十 一 月 小　　丙 子

절기									冬至										小寒										
음력	1	2	3	4	5	6	7	8	9	10	11	12	13	14	15	16	17	18	19	20	21	22	23	24	25	26	27	28	29
양력	12/13	14	15	16	17	18	19	20	21	22	23	24	25	26	27	28	29	30	31	1/1	2	3	4	5	6	7	8	9	10
일진	丁未	戊申	己酉	庚戌	辛亥	壬子	癸丑	甲寅	乙卯	丙辰	丁巳	戊午	己未	庚申	辛酉	壬戌	癸亥	甲子	乙丑	丙寅	丁卯	戊辰	己巳	庚午	辛未	壬申	癸酉	甲戌	乙亥

절입시각: 오후 8시20분 / 오후 1시38분

十 二 月 大　　丁 丑

절기										大寒											立春									
음력	1	2	3	4	5	6	7	8	9	10	11	12	13	14	15	16	17	18	19	20	21	22	23	24	25	26	27	28	29	30
양력	1/11	12	13	14	15	16	17	18	19	20	21	22	23	24	25	26	27	28	29	30	31	2/1	2	3	4	5	6	7	8	9
일진	丙子	丁丑	戊寅	己卯	庚辰	辛巳	壬午	癸未	甲申	乙酉	丙戌	丁亥	戊子	己丑	庚寅	辛卯	壬辰	癸巳	甲午	乙未	丙申	丁酉	戊戌	己亥	庚子	辛丑	壬寅	癸卯	甲辰	乙巳

절입시각: 오전 6시59분 / 오전 1시27분

1910년 | 檀紀 **4243년**　　**庚戌年**　　　　金神　辰巳

四月 黑中　　　　午 大將軍　亥子丑 三殺　申 吊客　子 喪門

正月 小　戊寅

절기										雨水															驚蟄				
음력	1	2	3	4	5	6	7	8	9	10	11	12	13	14	15	16	17	18	19	20	21	22	23	24	25	26	27	28	29
양력	2/10	11	12	13	14	15	16	17	18	19	20	21	22	23	24	25	26	27	28	3/1	2	3	4	5	6	7	8	9	10
일진	丙午	丁未	戊申	己酉	庚戌	辛亥	壬子	癸丑	甲寅	乙卯	丙辰	丁巳	戊午	己未	庚申	辛酉	壬戌	癸亥	甲子	乙丑	丙寅	丁卯	戊辰	己巳	庚午	辛未	壬申	癸酉	甲戌

절입시각: 오후 9시28분　　오후 7시57분

二月 大　己卯

절기											春分																清明			
음력	1	2	3	4	5	6	7	8	9	10	11	12	13	14	15	16	17	18	19	20	21	22	23	24	25	26	27	28	29	30
양력	3/11	12	13	14	15	16	17	18	19	20	21	22	23	24	25	26	27	28	29	30	31	4/1	2	3	4	5	6	7	8	9
일진	乙亥	丙子	丁丑	戊寅	己卯	庚辰	辛巳	壬午	癸未	甲申	乙酉	丙戌	丁亥	戊子	己丑	庚寅	辛卯	壬辰	癸巳	甲午	乙未	丙申	丁酉	戊戌	己亥	庚子	辛丑	壬寅	癸卯	甲辰

절입시각: 오후 9시3분　　오전 1시23분

三月 小　庚辰

절기												穀雨															立夏		
음력	1	2	3	4	5	6	7	8	9	10	11	12	13	14	15	16	17	18	19	20	21	22	23	24	25	26	27	28	29
양력	4/10	11	12	13	14	15	16	17	18	19	20	21	22	23	24	25	26	27	28	29	30	5/1	2	3	4	5	6	7	8
일진	乙巳	丙午	丁未	戊申	己酉	庚戌	辛亥	壬子	癸丑	甲寅	乙卯	丙辰	丁巳	戊午	己未	庚申	辛酉	壬戌	癸亥	甲子	乙丑	丙寅	丁卯	戊辰	己巳	庚午	辛未	壬申	癸酉

절입시각: 오전 8시46분　　오후 7시19분

四月 小　辛巳

절기														小滿															芒種
음력	1	2	3	4	5	6	7	8	9	10	11	12	13	14	15	16	17	18	19	20	21	22	23	24	25	26	27	28	29
양력	5/9	10	11	12	13	14	15	16	17	18	19	20	21	22	23	24	25	26	27	28	29	30	31	6/1	2	3	4	5	6
일진	甲戌	乙亥	丙子	丁丑	戊寅	己卯	庚辰	辛巳	壬午	癸未	甲申	乙酉	丙戌	丁亥	戊子	己丑	庚寅	辛卯	壬辰	癸巳	甲午	乙未	丙申	丁酉	戊戌	己亥	庚子	辛丑	壬寅

절입시각: 오전 8시30분　　오후 11시56분

五月 大　壬午

절기																夏至														
음력	1	2	3	4	5	6	7	8	9	10	11	12	13	14	15	16	17	18	19	20	21	22	23	24	25	26	27	28	29	30
양력	6/7	8	9	10	11	12	13	14	15	16	17	18	19	20	21	22	23	24	25	26	27	28	29	30	7/1	2	3	4	5	6
일진	癸卯	甲辰	乙巳	丙午	丁未	戊申	己酉	庚戌	辛亥	壬子	癸丑	甲寅	乙卯	丙辰	丁巳	戊午	己未	庚申	辛酉	壬戌	癸亥	甲子	乙丑	丙寅	丁卯	戊辰	己巳	庚午	辛未	壬申

절입시각: 오후 4시49분

六月 小　癸未

절기		小暑																大暑											
음력	1	2	3	4	5	6	7	8	9	10	11	12	13	14	15	16	17	18	19	20	21	22	23	24	25	26	27	28	29
양력	7/7	8	9	10	11	12	13	14	15	16	17	18	19	20	21	22	23	24	25	26	27	28	29	30	31	8/1	2	3	4
일진	癸酉	甲戌	乙亥	丙子	丁丑	戊寅	己卯	庚辰	辛巳	壬午	癸未	甲申	乙酉	丙戌	丁亥	戊子	己丑	庚寅	辛卯	壬辰	癸巳	甲午	乙未	丙申	丁酉	戊戌	己亥	庚子	辛丑

절입시각: 오전 10시21분　　오전 3시43분

月建	七 月 大 甲 申

절기	1	2	3	4	5	6	7	8	9	10	11	12	13	14	15	16	17	18	19	20	21	22	23	24	25	26	27	28	29	30
절기				立秋																處暑										
음력	1	2	3	4	5	6	7	8	9	10	11	12	13	14	15	16	17	18	19	20	21	22	23	24	25	26	27	28	29	30
양력	8/5	6	7	8	9	10	11	12	13	14	15	16	17	18	19	20	21	22	23	24	25	26	27	28	29	30	31	9/1	2	3
일진	壬寅	癸卯	甲辰	乙巳	丙午	丁未	戊申	己酉	庚戌	辛亥	壬子	癸丑	甲寅	乙卯	丙辰	丁巳	戊午	己未	庚申	辛酉	壬戌	癸亥	甲子	乙丑	丙寅	丁卯	戊辰	己巳	庚午	辛未

절입시각: 오후 7시57분 / 오전 10시27분

月建	八 月 小 乙 酉

절기	1	2	3	4	5	6	7	8	9	10	11	12	13	14	15	16	17	18	19	20	21	22	23	24	25	26	27	28	29
절기					白露																秋分								
음력	1	2	3	4	5	6	7	8	9	10	11	12	13	14	15	16	17	18	19	20	21	22	23	24	25	26	27	28	29
양력	9/4	5	6	7	8	9	10	11	12	13	14	15	16	17	18	19	20	21	22	23	24	25	26	27	28	29	30	10/1	2
일진	壬申	癸酉	甲戌	乙亥	丙子	丁丑	戊寅	己卯	庚辰	辛巳	壬午	癸未	甲申	乙酉	丙戌	丁亥	戊子	己丑	庚寅	辛卯	壬辰	癸巳	甲午	乙未	丙申	丁酉	戊戌	己亥	庚子

절입시각: 오후 10시22분 / 오전 7시31분

月建	九 月 大 丙 戌

절기	1	2	3	4	5	6	7	8	9	10	11	12	13	14	15	16	17	18	19	20	21	22	23	24	25	26	27	28	29	30
절기							寒露															霜降								
음력	1	2	3	4	5	6	7	8	9	10	11	12	13	14	15	16	17	18	19	20	21	22	23	24	25	26	27	28	29	30
양력	10/3	4	5	6	7	8	9	10	11	12	13	14	15	16	17	18	19	20	21	22	23	24	25	26	27	28	29	30	31	11/1
일진	辛丑	壬寅	癸卯	甲辰	乙巳	丙午	丁未	戊申	己酉	庚戌	辛亥	壬子	癸丑	甲寅	乙卯	丙辰	丁巳	戊午	己未	庚申	辛酉	壬戌	癸亥	甲子	乙丑	丙寅	丁卯	戊辰	己巳	庚午

절입시각: 오후 1시21분 / 오후 4시11분

月建	十 月 大 丁 亥

절기	1	2	3	4	5	6	7	8	9	10	11	12	13	14	15	16	17	18	19	20	21	22	23	24	25	26	27	28	29	30
절기							立冬															小雪								
음력	1	2	3	4	5	6	7	8	9	10	11	12	13	14	15	16	17	18	19	20	21	22	23	24	25	26	27	28	29	30
양력	11/2	3	4	5	6	7	8	9	10	11	12	13	14	15	16	17	18	19	20	21	22	23	24	25	26	27	28	29	30	12/1
일진	辛未	壬申	癸酉	甲戌	乙亥	丙子	丁丑	戊寅	己卯	庚辰	辛巳	壬午	癸未	甲申	乙酉	丙戌	丁亥	戊子	己丑	庚寅	辛卯	壬辰	癸巳	甲午	乙未	丙申	丁酉	戊戌	己亥	庚子

절입시각: 오후 3시54분 / 오후 1시11분

月建	十 一 月 大 戊 子

절기	1	2	3	4	5	6	7	8	9	10	11	12	13	14	15	16	17	18	19	20	21	22	23	24	25	26	27	28	29	30
절기							大雪															冬至								
음력	1	2	3	4	5	6	7	8	9	10	11	12	13	14	15	16	17	18	19	20	21	22	23	24	25	26	27	28	29	30
양력	12/2	3	4	5	6	7	8	9	10	11	12	13	14	15	16	17	18	19	20	21	22	23	24	25	26	27	28	29	30	31
일진	辛丑	壬寅	癸卯	甲辰	乙巳	丙午	丁未	戊申	己酉	庚戌	辛亥	壬子	癸丑	甲寅	乙卯	丙辰	丁巳	戊午	己未	庚申	辛酉	壬戌	癸亥	甲子	乙丑	丙寅	丁卯	戊辰	己巳	庚午

절입시각: 오전 8시17분 / 오전 2시12분

月建	十 二 月 小 己 丑

절기	1	2	3	4	5	6	7	8	9	10	11	12	13	14	15	16	17	18	19	20	21	22	23	24	25	26	27	28	29
절기						小寒															大寒								
음력	1	2	3	4	5	6	7	8	9	10	11	12	13	14	15	16	17	18	19	20	21	22	23	24	25	26	27	28	29
양력	1/1	2	3	4	5	6	7	8	9	10	11	12	13	14	15	16	17	18	19	20	21	22	23	24	25	26	27	28	29
일진	辛未	壬申	癸酉	甲戌	乙亥	丙子	丁丑	戊寅	己卯	庚辰	辛巳	壬午	癸未	甲申	乙酉	丙戌	丁亥	戊子	己丑	庚寅	辛卯	壬辰	癸巳	甲午	乙未	丙申	丁酉	戊戌	己亥

절입시각: 오후 7시21분 / 오후 12시51분

1911년 | 檀紀 4244년 — 辛亥年

金神 寅卯午未子丑

正月 十月 黑中

酉 大將軍　申酉戌 三殺　酉 吊客　丑 喪門

正 月 大　庚寅

음력	1	2	3	4	5	6	7	8	9	10	11	12	13	14	15	16	17	18	19	20	21	22	23	24	25	26	27	28	29	30
절기							立春															雨水								
양력	1/30	31	2/1	2	3	4	5	6	7	8	9	10	11	12	13	14	15	16	17	18	19	20	21	22	23	24	25	26	27	28
일진	庚子	辛丑	壬寅	癸卯	甲辰	乙巳	丙午	丁未	戊申	己酉	庚戌	辛亥	壬子	癸丑	甲寅	乙卯	丙辰	丁巳	戊午	己未	庚申	辛酉	壬戌	癸亥	甲子	乙丑	丙寅	丁卯	戊辰	己巳

절입시각: 오전 7시10분　오전 3시20분

二 月 小　辛卯

음력	1	2	3	4	5	6	7	8	9	10	11	12	13	14	15	16	17	18	19	20	21	22	23	24	25	26	27	28	29
절기							驚蟄															春分							
양력	3/1	2	3	4	5	6	7	8	9	10	11	12	13	14	15	16	17	18	19	20	21	22	23	24	25	26	27	28	29
일진	庚午	辛未	壬申	癸酉	甲戌	乙亥	丙子	丁丑	戊寅	己卯	庚辰	辛巳	壬午	癸未	甲申	乙酉	丙戌	丁亥	戊子	己丑	庚寅	辛卯	壬辰	癸巳	甲午	乙未	丙申	丁酉	戊戌

절입시각: 오전 1시39분　오전 2시54분

三 月 大　壬辰

음력	1	2	3	4	5	6	7	8	9	10	11	12	13	14	15	16	17	18	19	20	21	22	23	24	25	26	27	28	29	30
절기								清明															穀雨							
양력	3/30	31	4/1	2	3	4	5	6	7	8	9	10	11	12	13	14	15	16	17	18	19	20	21	22	23	24	25	26	27	28
일진	己亥	庚子	辛丑	壬寅	癸卯	甲辰	乙巳	丙午	丁未	戊申	己酉	庚戌	辛亥	壬子	癸丑	甲寅	乙卯	丙辰	丁巳	戊午	己未	庚申	辛酉	壬戌	癸亥	甲子	乙丑	丙寅	丁卯	戊辰

절입시각: 오전 7시5분　오후 2시36분

四 月 小　癸巳

음력	1	2	3	4	5	6	7	8	9	10	11	12	13	14	15	16	17	18	19	20	21	22	23	24	25	26	27	28	29
절기									立夏															小滿					
양력	4/29	30	5/1	2	3	4	5	6	7	8	9	10	11	12	13	14	15	16	17	18	19	20	21	22	23	24	25	26	27
일진	己巳	庚午	辛未	壬申	癸酉	甲戌	乙亥	丙子	丁丑	戊寅	己卯	庚辰	辛巳	壬午	癸未	甲申	乙酉	丙戌	丁亥	戊子	己丑	庚寅	辛卯	壬辰	癸巳	甲午	乙未	丙申	丁酉

절입시각: 오전 1시0분　오후 2시19분

五 月 小　甲午

음력	1	2	3	4	5	6	7	8	9	10	11	12	13	14	15	16	17	18	19	20	21	22	23	24	25	26	27	28	29
절기											芒種															夏至			
양력	5/28	29	30	31	6/1	2	3	4	5	6	7	8	9	10	11	12	13	14	15	16	17	18	19	20	21	22	23	24	25
일진	戊戌	己亥	庚子	辛丑	壬寅	癸卯	甲辰	乙巳	丙午	丁未	戊申	己酉	庚戌	辛亥	壬子	癸丑	甲寅	乙卯	丙辰	丁巳	戊午	己未	庚申	辛酉	壬戌	癸亥	甲子	乙丑	丙寅

절입시각: 오전 5시38분　오후 10시36분

六 月 大　乙未

음력	1	2	3	4	5	6	7	8	9	10	11	12	13	14	15	16	17	18	19	20	21	22	23	24	25	26	27	28	29	30
절기						小暑																							大暑	
양력	6/26	27	28	29	30	7/1	2	3	4	5	6	7	8	9	10	11	12	13	14	15	16	17	18	19	20	21	22	23	24	25
일진	丁卯	戊辰	己巳	庚午	辛未	壬申	癸酉	甲戌	乙亥	丙子	丁丑	戊寅	己卯	庚辰	辛巳	壬午	癸未	甲申	乙酉	丙戌	丁亥	戊子	己丑	庚寅	辛卯	壬辰	癸巳	甲午	乙未	丙申

절입시각: 오후 4시5분　오전 9시29분

月建　閏 六 月　小

절기														立秋														
음력	1	2	3	4	5	6	7	8	9	10	11	12	13	14	15	16	17	18	19	20	21	22	23	24	25	26	27	28	29
양력	7/26	27	28	29	30	31	8/1	2	3	4	5	6	7	8	9	10	11	12	13	14	15	16	17	18	19	20	21	22	23
일진	丁酉	戊戌	己亥	庚子	辛丑	壬寅	癸卯	甲辰	乙巳	丙午	丁未	戊申	己酉	庚戌	辛亥	壬子	癸丑	甲寅	乙卯	丙辰	丁巳	戊午	己未	庚申	辛酉	壬戌	癸亥	甲子	乙丑

절입시각: 오전 1시44분

月建　七 月　小　　丙 申

절기	處暑																白露												
음력	1	2	3	4	5	6	7	8	9	10	11	12	13	14	15	16	17	18	19	20	21	22	23	24	25	26	27	28	29
양력	8/24	25	26	27	28	29	30	31	9/1	2	3	4	5	6	7	8	9	10	11	12	13	14	15	16	17	18	19	20	21
일진	丙寅	丁卯	戊辰	己巳	庚午	辛未	壬申	癸酉	甲戌	乙亥	丙子	丁丑	戊寅	己卯	庚辰	辛巳	壬午	癸未	甲申	乙酉	丙戌	丁亥	戊子	己丑	庚寅	辛卯	壬辰	癸巳	甲午

절입시각: 오후 4시13분　／　오전 4시13분

月建　八 月　大　　丁 酉

절기			秋分															寒露												
음력	1	2	3	4	5	6	7	8	9	10	11	12	13	14	15	16	17	18	19	20	21	22	23	24	25	26	27	28	29	30
양력	9/22	23	24	25	26	27	28	29	30	10/1	2	3	4	5	6	7	8	9	10	11	12	13	14	15	16	17	18	19	20	21
일진	乙未	丙申	丁酉	戊戌	己亥	庚子	辛丑	壬寅	癸卯	甲辰	乙巳	丙午	丁未	戊申	己酉	庚戌	辛亥	壬子	癸丑	甲寅	乙卯	丙辰	丁巳	戊午	己未	庚申	辛酉	壬戌	癸亥	甲子

절입시각: 오후 1시18분　／　오후 7시15분

月建　九 月　大　　戊 戌

절기			霜降															立冬												
음력	1	2	3	4	5	6	7	8	9	10	11	12	13	14	15	16	17	18	19	20	21	22	23	24	25	26	27	28	29	30
양력	10/22	23	24	25	26	27	28	29	30	31	11/1	2	3	4	5	6	7	8	9	10	11	12	13	14	15	16	17	18	19	20
일진	乙丑	丙寅	丁卯	戊辰	己巳	庚午	辛未	壬申	癸酉	甲戌	乙亥	丙子	丁丑	戊寅	己卯	庚辰	辛巳	壬午	癸未	甲申	乙酉	丙戌	丁亥	戊子	己丑	庚寅	辛卯	壬辰	癸巳	甲午

절입시각: 오후 9시58분　／　오후 9시47분

月建　十 月　小　　己 亥

절기			小雪															大雪											
음력	1	2	3	4	5	6	7	8	9	10	11	12	13	14	15	16	17	18	19	20	21	22	23	24	25	26	27	28	29
양력	11/21	22	23	24	25	26	27	28	29	30	12/1	2	3	4	5	6	7	8	9	10	11	12	13	14	15	16	17	18	19
일진	乙未	丙申	丁酉	戊戌	己亥	庚子	辛丑	壬寅	癸卯	甲辰	乙巳	丙午	丁未	戊申	己酉	庚戌	辛亥	壬子	癸丑	甲寅	乙卯	丙辰	丁巳	戊午	己未	庚申	辛酉	壬戌	癸亥

절입시각: 오후 6시56분　／　오후 2시8분

月建　十 一 月　大　　庚 子

절기				冬至															小寒											
음력	1	2	3	4	5	6	7	8	9	10	11	12	13	14	15	16	17	18	19	20	21	22	23	24	25	26	27	28	29	30
양력	12/20	21	22	23	24	25	26	27	28	29	30	31	1/1	2	3	4	5	6	7	8	9	10	11	12	13	14	15	16	17	18
일진	甲子	乙丑	丙寅	丁卯	戊辰	己巳	庚午	辛未	壬申	癸酉	甲戌	乙亥	丙子	丁丑	戊寅	己卯	庚辰	辛巳	壬午	癸未	甲申	乙酉	丙戌	丁亥	戊子	己丑	庚寅	辛卯	壬辰	癸巳

절입시각: 오전 7시53분　／　오전 1시8분

月建　十 二 月　大　　辛 丑

절기			大寒											立春																
음력	1	2	3	4	5	6	7	8	9	10	11	12	13	14	15	16	17	18	19	20	21	22	23	24	25	26	27	28	29	30
양력	1/19	20	21	22	23	24	25	26	27	28	29	30	31	2/1	2	3	4	5	6	7	8	9	10	11	12	13	14	15	16	17
일진	甲午	乙未	丙申	丁酉	戊戌	己亥	庚子	辛丑	壬寅	癸卯	甲辰	乙巳	丙午	丁未	戊申	己酉	庚戌	辛亥	壬子	癸丑	甲寅	乙卯	丙辰	丁巳	戊午	己未	庚申	辛酉	壬戌	癸亥

절입시각: 오후 6시29분　／　오후 12시54분

1912년 | 檀紀 4245년 — 壬子年

金神 寅卯戌亥

七月 黑中　　酉 大將軍　巳午未 三殺　戌 吊客　寅 喪門

正月 大 — 壬寅

구분	1	2	3	4	5	6	7	8	9	10	11	12	13	14	15	16	17	18	19	20	21	22	23	24	25	26	27	28	29	30
절기			雨水															驚蟄												
음력	1	2	3	4	5	6	7	8	9	10	11	12	13	14	15	16	17	18	19	20	21	22	23	24	25	26	27	28	29	30
양력	2/18	19	20	21	22	23	24	25	26	27	28	29	3/1	2	3	4	5	6	7	8	9	10	11	12	13	14	15	16	17	18
일진	甲子	乙丑	丙寅	丁卯	戊辰	己巳	庚午	辛未	壬申	癸酉	甲戌	乙亥	丙子	丁丑	戊寅	己卯	庚辰	辛巳	壬午	癸未	甲申	乙酉	丙戌	丁亥	戊子	己丑	庚寅	辛卯	壬辰	癸巳

절입시각: 오전 8시56분　／　오전 7시21분

二月 小 — 癸卯

구분	1	2	3	4	5	6	7	8	9	10	11	12	13	14	15	16	17	18	19	20	21	22	23	24	25	26	27	28	29
절기			春分															淸明											
음력	1	2	3	4	5	6	7	8	9	10	11	12	13	14	15	16	17	18	19	20	21	22	23	24	25	26	27	28	29
양력	3/19	20	21	22	23	24	25	26	27	28	29	30	31	4/1	2	3	4	5	6	7	8	9	10	11	12	13	14	15	16
일진	甲午	乙未	丙申	丁酉	戊戌	己亥	庚子	辛丑	壬寅	癸卯	甲辰	乙巳	丙午	丁未	戊申	己酉	庚戌	辛亥	壬子	癸丑	甲寅	乙卯	丙辰	丁巳	戊午	己未	庚申	辛酉	壬戌

절입시각: 오전 8시29분　／　오후 12시48분

三月 大 — 甲辰

구분	1	2	3	4	5	6	7	8	9	10	11	12	13	14	15	16	17	18	19	20	21	22	23	24	25	26	27	28	29	30
절기				穀雨																立夏										
음력	1	2	3	4	5	6	7	8	9	10	11	12	13	14	15	16	17	18	19	20	21	22	23	24	25	26	27	28	29	30
양력	4/17	18	19	20	21	22	23	24	25	26	27	28	29	30	5/1	2	3	4	5	6	7	8	9	10	11	12	13	14	15	16
일진	癸亥	甲子	乙丑	丙寅	丁卯	戊辰	己巳	庚午	辛未	壬申	癸酉	甲戌	乙亥	丙子	丁丑	戊寅	己卯	庚辰	辛巳	壬午	癸未	甲申	乙酉	丙戌	丁亥	戊子	己丑	庚寅	辛卯	壬辰

절입시각: 오후 8시12분　／　오전 6시47분

四月 小 — 乙巳

구분	1	2	3	4	5	6	7	8	9	10	11	12	13	14	15	16	17	18	19	20	21	22	23	24	25	26	27	28	29
절기				小滿																	芒種								
음력	1	2	3	4	5	6	7	8	9	10	11	12	13	14	15	16	17	18	19	20	21	22	23	24	25	26	27	28	29
양력	5/17	18	19	20	21	22	23	24	25	26	27	28	29	30	31	6/1	2	3	4	5	6	7	8	9	10	11	12	13	14
일진	癸巳	甲午	乙未	丙申	丁酉	戊戌	己亥	庚子	辛丑	壬寅	癸卯	甲辰	乙巳	丙午	丁未	戊申	己酉	庚戌	辛亥	壬子	癸丑	甲寅	乙卯	丙辰	丁巳	戊午	己未	庚申	辛酉

절입시각: 오후 7시57분　／　오전 11시28분

五月 小 — 丙午

구분	1	2	3	4	5	6	7	8	9	10	11	12	13	14	15	16	17	18	19	20	21	22	23	24	25	26	27	28	29
절기								夏至									小暑												
음력	1	2	3	4	5	6	7	8	9	10	11	12	13	14	15	16	17	18	19	20	21	22	23	24	25	26	27	28	29
양력	6/15	16	17	18	19	20	21	22	23	24	25	26	27	28	29	30	7/1	2	3	4	5	6	7	8	9	10	11	12	13
일진	壬戌	癸亥	甲子	乙丑	丙寅	丁卯	戊辰	己巳	庚午	辛未	壬申	癸酉	甲戌	乙亥	丙子	丁丑	戊寅	己卯	庚辰	辛巳	壬午	癸未	甲申	乙酉	丙戌	丁亥	戊子	己丑	庚寅

절입시각: 오전 4시17분　／　오후 9시57분

六月 大 — 丁未

구분	1	2	3	4	5	6	7	8	9	10	11	12	13	14	15	16	17	18	19	20	21	22	23	24	25	26	27	28	29	30
절기										大暑									立秋											
음력	1	2	3	4	5	6	7	8	9	10	11	12	13	14	15	16	17	18	19	20	21	22	23	24	25	26	27	28	29	30
양력	7/14	15	16	17	18	19	20	21	22	23	24	25	26	27	28	29	30	31	8/1	2	3	4	5	6	7	8	9	10	11	12
일진	辛卯	壬辰	癸巳	甲午	乙未	丙申	丁酉	戊戌	己亥	庚子	辛丑	壬寅	癸卯	甲辰	乙巳	丙午	丁未	戊申	己酉	庚戌	辛亥	壬子	癸丑	甲寅	乙卯	丙辰	丁巳	戊午	己未	庚申

절입시각: 오후 3시14분　／　오전 7시37분

月建 七 月 小　　戊 申

절기										處暑																白露		
음력	1	2	3	4	5	6	7	8	9	10	11	12	13	14	15	16	17	18	19	20	21	22	23	24	25	26	27	28	29
양력	8/13	14	15	16	17	18	19	20	21	22	23	24	25	26	27	28	29	30	31	9/1	2	3	4	5	6	7	8	9	10
일진	辛酉	壬戌	癸亥	甲子	乙丑	丙寅	丁卯	戊辰	己巳	庚午	辛未	壬申	癸酉	甲戌	乙亥	丙子	丁丑	戊寅	己卯	庚辰	辛巳	壬午	癸未	甲申	乙酉	丙戌	丁亥	戊子	己丑

절입시각: 處暑 오후 10시1분 · 白露 오전 10시6분

月建 八 月 小　　己 酉

절기												秋分																寒露
음력	1	2	3	4	5	6	7	8	9	10	11	12	13	14	15	16	17	18	19	20	21	22	23	24	25	26	27	28	29
양력	9/11	12	13	14	15	16	17	18	19	20	21	22	23	24	25	26	27	28	29	30	10/1	2	3	4	5	6	7	8	9
일진	庚寅	辛卯	壬辰	癸巳	甲午	乙未	丙申	丁酉	戊戌	己亥	庚子	辛丑	壬寅	癸卯	甲辰	乙巳	丙午	丁未	戊申	己酉	庚戌	辛亥	壬子	癸丑	甲寅	乙卯	丙辰	丁巳	戊午

절입시각: 秋分 오후 7시8분 · 寒露 오전 1시7분

月建 九 月 大　　庚 戌

절기															霜降															立冬
음력	1	2	3	4	5	6	7	8	9	10	11	12	13	14	15	16	17	18	19	20	21	22	23	24	25	26	27	28	29	30
양력	10/10	11	12	13	14	15	16	17	18	19	20	21	22	23	24	25	26	27	28	29	30	31	11/1	2	3	4	5	6	7	8
일진	己未	庚申	辛酉	壬戌	癸亥	甲子	乙丑	丙寅	丁卯	戊辰	己巳	庚午	辛未	壬申	癸酉	甲戌	乙亥	丙子	丁丑	戊寅	己卯	庚辰	辛巳	壬午	癸未	甲申	乙酉	丙戌	丁亥	戊子

절입시각: 霜降 오전 3시50분 · 立冬 오전 3시39분

月建 十 月 大　　辛 亥

절기															小雪															大雪
음력	1	2	3	4	5	6	7	8	9	10	11	12	13	14	15	16	17	18	19	20	21	22	23	24	25	26	27	28	29	30
양력	11/9	10	11	12	13	14	15	16	17	18	19	20	21	22	23	24	25	26	27	28	29	30	12/1	2	3	4	5	6	7	8
일진	己丑	庚寅	辛卯	壬辰	癸巳	甲午	乙未	丙申	丁酉	戊戌	己亥	庚子	辛丑	壬寅	癸卯	甲辰	乙巳	丙午	丁未	戊申	己酉	庚戌	辛亥	壬子	癸丑	甲寅	乙卯	丙辰	丁巳	戊午

절입시각: 小雪 오전 0시48분 · 大雪 오후 7시59분

月建 十 一 月 小　　壬 子

절기														冬至															小寒
음력	1	2	3	4	5	6	7	8	9	10	11	12	13	14	15	16	17	18	19	20	21	22	23	24	25	26	27	28	29
양력	12/9	10	11	12	13	14	15	16	17	18	19	20	21	22	23	24	25	26	27	28	29	30	31	1/1	2	3	4	5	6
일진	己未	庚申	辛酉	壬戌	癸亥	甲子	乙丑	丙寅	丁卯	戊辰	己巳	庚午	辛未	壬申	癸酉	甲戌	乙亥	丙子	丁丑	戊寅	己卯	庚辰	辛巳	壬午	癸未	甲申	乙酉	丙戌	丁亥

절입시각: 冬至 오후 1시45분 · 小寒 오전 6시58분

月建 十 二 月 大　　癸 丑

절기															大寒											立春				
음력	1	2	3	4	5	6	7	8	9	10	11	12	13	14	15	16	17	18	19	20	21	22	23	24	25	26	27	28	29	30
양력	1/7	8	9	10	11	12	13	14	15	16	17	18	19	20	21	22	23	24	25	26	27	28	29	30	31	2/1	2	3	4	5
일진	戊子	己丑	庚寅	辛卯	壬辰	癸巳	甲午	乙未	丙申	丁酉	戊戌	己亥	庚子	辛丑	壬寅	癸卯	甲辰	乙巳	丙午	丁未	戊申	己酉	庚戌	辛亥	壬子	癸丑	甲寅	乙卯	丙辰	丁巳

절입시각: 大寒 오전 0시19분 · 立春 오후 6시43분

正月 大　　甲寅

음력	1	2	3	4	5	6	7	8	9	10	11	12	13	14	15	16	17	18	19	20	21	22	23	24	25	26	27	28	29	30
절기														雨水															驚蟄	
양력	2/6	7	8	9	10	11	12	13	14	15	16	17	18	19	20	21	22	23	24	25	26	27	28	3/1	2	3	4	5	6	7
일진	戊午	己未	庚申	辛酉	壬戌	癸亥	甲子	乙丑	丙寅	丁卯	戊辰	己巳	庚午	辛未	壬申	癸酉	甲戌	乙亥	丙子	丁丑	戊寅	己卯	庚辰	辛巳	壬午	癸未	甲申	乙酉	丙戌	丁亥

절입시각: 雨水 오후 2시44분　　驚蟄 오후 1시9분

二月 大　　乙卯

음력	1	2	3	4	5	6	7	8	9	10	11	12	13	14	15	16	17	18	19	20	21	22	23	24	25	26	27	28	29	30
절기														春分											清明					
양력	3/8	9	10	11	12	13	14	15	16	17	18	19	20	21	22	23	24	25	26	27	28	29	30	31	4/1	2	3	4	5	6
일진	戊子	己丑	庚寅	辛卯	壬辰	癸巳	甲午	乙未	丙申	丁酉	戊戌	己亥	庚子	辛丑	壬寅	癸卯	甲辰	乙巳	丙午	丁未	戊申	己酉	庚戌	辛亥	壬子	癸丑	甲寅	乙卯	丙辰	丁巳

절입시각: 春分 오후 2시18분　　清明 오후 6시36분

三月 小　　丙辰

음력	1	2	3	4	5	6	7	8	9	10	11	12	13	14	15	16	17	18	19	20	21	22	23	24	25	26	27	28	29
절기															穀雨														
양력	4/7	8	9	10	11	12	13	14	15	16	17	18	19	20	21	22	23	24	25	26	27	28	29	30	5/1	2	3	4	5
일진	戊午	己未	庚申	辛酉	壬戌	癸亥	甲子	乙丑	丙寅	丁卯	戊辰	己巳	庚午	辛未	壬申	癸酉	甲戌	乙亥	丙子	丁丑	戊寅	己卯	庚辰	辛巳	壬午	癸未	甲申	乙酉	丙戌

절입시각: 穀雨 오전 2시3분

四月 大　　丁巳

음력	1	2	3	4	5	6	7	8	9	10	11	12	13	14	15	16	17	18	19	20	21	22	23	24	25	26	27	28	29	30
절기	立夏																小滿													
양력	5/6	7	8	9	10	11	12	13	14	15	16	17	18	19	20	21	22	23	24	25	26	27	28	29	30	31	6/1	2	3	4
일진	丁亥	戊子	己丑	庚寅	辛卯	壬辰	癸巳	甲午	乙未	丙申	丁酉	戊戌	己亥	庚子	辛丑	壬寅	癸卯	甲辰	乙巳	丙午	丁未	戊申	己酉	庚戌	辛亥	壬子	癸丑	甲寅	乙卯	丙辰

절입시각: 立夏 오후 12시35분　　小滿 오전 1시50분

五月 小　　戊午

음력	1	2	3	4	5	6	7	8	9	10	11	12	13	14	15	16	17	18	19	20	21	22	23	24	25	26	27	28	29
절기	芒種																	夏至											
양력	6/5	6	7	8	9	10	11	12	13	14	15	16	17	18	19	20	21	22	23	24	25	26	27	28	29	30	7/1	2	3
일진	丁巳	戊午	己未	庚申	辛酉	壬戌	癸亥	甲子	乙丑	丙寅	丁卯	戊辰	己巳	庚午	辛未	壬申	癸酉	甲戌	乙亥	丙子	丁丑	戊寅	己卯	庚辰	辛巳	壬午	癸未	甲申	乙酉

절입시각: 芒種 오후 5시14분　　夏至 오전 10시10분

六月 小　　己未

음력	1	2	3	4	5	6	7	8	9	10	11	12	13	14	15	16	17	18	19	20	21	22	23	24	25	26	27	28	29
절기				小暑																大暑									
양력	7/4	5	6	7	8	9	10	11	12	13	14	15	16	17	18	19	20	21	22	23	24	25	26	27	28	29	30	31	8/1
일진	丙戌	丁亥	戊子	己丑	庚寅	辛卯	壬辰	癸巳	甲午	乙未	丙申	丁酉	戊戌	己亥	庚子	辛丑	壬寅	癸卯	甲辰	乙巳	丙午	丁未	戊申	己酉	庚戌	辛亥	壬子	癸丑	甲寅

절입시각: 小暑 오전 3시39분　　大暑 오후 9시4분

七 月 大　　　　庚 申

月建	절기	음력	양력	일진
		1	8/2	乙卯
		2	3	丙辰
		3	4	丁巳
		4	5	戊午
		5	6	己未
		6	7	庚申
	立秋	7	8	辛酉
		8	9	壬戌
		9	10	癸亥
		10	11	甲子
		11	12	乙丑
		12	13	丙寅
		13	14	丁卯
		14	15	戊辰
		15	16	己巳
		16	17	庚午
		17	18	辛未
		18	19	壬申
		19	20	癸酉
		20	21	甲戌
		21	22	乙亥
		22	23	丙子
	處暑	23	24	丁丑
		24	25	戊寅
		25	26	己卯
		26	27	庚辰
		27	28	辛巳
		28	29	壬午
		29	30	癸未
		30	31	甲申

절입시각: 오후 1시16분 (立秋) / 오전 3시48분 (處暑)

八 月 小　　　　辛 酉

절기	음력	양력	일진
	1	9/1	乙酉
	2	2	丙戌
	3	3	丁亥
	4	4	戊子
	5	5	己丑
	6	6	庚寅
	7	7	辛卯
白露	8	8	壬辰
	9	9	癸巳
	10	10	甲午
	11	11	乙未
	12	12	丙申
	13	13	丁酉
	14	14	戊戌
	15	15	己亥
	16	16	庚子
	17	17	辛丑
	18	18	壬寅
	19	19	癸卯
	20	20	甲辰
	21	21	乙巳
	22	22	丙午
	23	23	丁未
秋分	24	24	戊申
	25	25	己酉
	26	26	庚戌
	27	27	辛亥
	28	28	壬子
	29	29	癸丑

절입시각: 오후 3시42분 (白露) / 오전 0시53분 (秋分)

九 月 小　　　　壬 戌

절기	음력	양력	일진
	1	9/30	甲寅
	2	10/1	乙卯
	3	2	丙辰
	4	3	丁巳
	5	4	戊午
	6	5	己未
	7	6	庚申
	8	7	辛酉
	9	8	壬戌
寒露	10	9	癸亥
	11	10	甲子
	12	11	乙丑
	13	12	丙寅
	14	13	丁卯
	15	14	戊辰
	16	15	己巳
	17	16	庚午
	18	17	辛未
	19	18	壬申
	20	19	癸酉
	21	20	甲戌
	22	21	乙亥
	23	22	丙子
	24	23	丁丑
霜降	25	24	戊寅
	26	25	己卯
	27	26	庚辰
	28	27	辛巳
	29	28	壬午

절입시각: 오전 6시44분 (寒露) / 오전 9시35분 (霜降)

十 月 大　　　　癸 亥

절기	음력	양력	일진
	1	10/29	癸未
	2	30	甲申
	3	31	乙酉
	4	11/1	丙戌
	5	2	丁亥
	6	3	戊子
	7	4	己丑
	8	5	庚寅
	9	6	辛卯
	10	7	壬辰
立冬	11	8	癸巳
	12	9	甲午
	13	10	乙未
	14	11	丙申
	15	12	丁酉
	16	13	戊戌
	17	14	己亥
	18	15	庚子
	19	16	辛丑
	20	17	壬寅
	21	18	癸卯
	22	19	甲辰
	23	20	乙巳
	24	21	丙午
	25	22	丁未
小雪	26	23	戊申
	27	24	己酉
	28	25	庚戌
	29	26	辛亥
	30	27	壬子

절입시각: 오전 9시18분 (立冬) / 오전 6시35분 (小雪)

十 一 月 小　　　　甲 子

절기	음력	양력	일진
	1	11/28	癸丑
	2	29	甲寅
	3	30	乙卯
	4	12/1	丙辰
	5	2	丁巳
	6	3	戊午
	7	4	己未
	8	5	庚申
	9	6	辛酉
	10	7	壬戌
大雪	11	8	癸亥
	12	9	甲子
	13	10	乙丑
	14	11	丙寅
	15	12	丁卯
	16	13	戊辰
	17	14	己巳
	18	15	庚午
	19	16	辛未
	20	17	壬申
	21	18	癸酉
	22	19	甲戌
	23	20	乙亥
	24	21	丙子
冬至	25	22	丁丑
	26	23	戊寅
	27	24	己卯
	28	25	庚辰
	29	26	辛巳

절입시각: 오전 1시41분 (大雪) / 오후 7시35분 (冬至)

十 二 月 大　　　　乙 丑

절기	음력	양력	일진
	1	12/27	壬午
	2	28	癸未
	3	29	甲申
	4	30	乙酉
	5	31	丙戌
小寒	6	1/1	丁亥
	7	2	戊子
	8	3	己丑
	9	4	庚寅
	10	5	辛卯
	11	6	壬辰
	12	7	癸巳
	13	8	甲午
	14	9	乙未
	15	10	丙申
	16	11	丁酉
	17	12	戊戌
	18	13	己亥
	19	14	庚子
	20	15	辛丑
大寒	21	16	壬寅
	22	17	癸卯
	23	18	甲辰
	24	19	乙巳
	25	20	丙午
	26	21	丁未
	27	22	戊申
	28	23	己酉
	29	24	庚戌
	30	25	辛亥

절입시각: 오후 12시43분 (小寒) / 오전 6시12분 (大寒)

1914년 | 檀紀 4247년　甲寅年

正月 十月 黑中

金神　午未申酉
子 大將軍　亥子丑 三殺　子 吊客　辰 喪門

正 月 大　丙寅

절기: 立春 (음력 7) · 雨水 (음력 25)

음력	1	2	3	4	5	6	7	8	9	10	11	12	13	14	15	16	17	18	19	20	21	22	23	24	25	26	27	28	29	30
양력	1/26	27	28	29	30	31	2/1	2	3	4	5	6	7	8	9	10	11	12	13	14	15	16	17	18	19	20	21	22	23	24
일진	壬子	癸丑	甲寅	乙卯	丙辰	丁巳	戊午	己未	庚申	辛酉	壬戌	癸亥	甲子	乙丑	丙寅	丁卯	戊辰	己巳	庚午	辛未	壬申	癸酉	甲戌	乙亥	丙子	丁丑	戊寅	己卯	庚辰	辛巳

절입시각: 오전 0시29분 · 오후 8시38분

二 月 大　丁卯

절기: 驚蟄 (음력 10) · 春分 (음력 25)

음력	1	2	3	4	5	6	7	8	9	10	11	12	13	14	15	16	17	18	19	20	21	22	23	24	25	26	27	28	29	30
양력	2/25	26	27	28	3/1	2	3	4	5	6	7	8	9	10	11	12	13	14	15	16	17	18	19	20	21	22	23	24	25	26
일진	壬午	癸未	甲申	乙酉	丙戌	丁亥	戊子	己丑	庚寅	辛卯	壬辰	癸巳	甲午	乙未	丙申	丁酉	戊戌	己亥	庚子	辛丑	壬寅	癸卯	甲辰	乙巳	丙午	丁未	戊申	己酉	庚戌	辛亥

절입시각: 오후 6시56분 · 오후 8시11분

三 月 小　戊辰

절기: 清明 (음력 11) · 穀雨 (음력 26)

음력	1	2	3	4	5	6	7	8	9	10	11	12	13	14	15	16	17	18	19	20	21	22	23	24	25	26	27	28	29
양력	3/27	28	29	30	31	4/1	2	3	4	5	6	7	8	9	10	11	12	13	14	15	16	17	18	19	20	21	22	23	24
일진	壬子	癸丑	甲寅	乙卯	丙辰	丁巳	戊午	己未	庚申	辛酉	壬戌	癸亥	甲子	乙丑	丙寅	丁卯	戊辰	己巳	庚午	辛未	壬申	癸酉	甲戌	乙亥	丙子	丁丑	戊寅	己卯	庚辰

절입시각: 오전 0시22분 · 오전 7시53분

四 月 大　己巳

절기: 立夏 (음력 12) · 小滿 (음력 28)

음력	1	2	3	4	5	6	7	8	9	10	11	12	13	14	15	16	17	18	19	20	21	22	23	24	25	26	27	28	29	30
양력	4/25	26	27	28	29	30	5/1	2	3	4	5	6	7	8	9	10	11	12	13	14	15	16	17	18	19	20	21	22	23	24
일진	辛巳	壬午	癸未	甲申	乙酉	丙戌	丁亥	戊子	己丑	庚寅	辛卯	壬辰	癸巳	甲午	乙未	丙申	丁酉	戊戌	己亥	庚子	辛丑	壬寅	癸卯	甲辰	乙巳	丙午	丁未	戊申	己酉	庚戌

절입시각: 오후 6시20분 · 오전 7시38분

五 月 大　庚午

절기: 芒種 (음력 13) · 夏至 (음력 29)

음력	1	2	3	4	5	6	7	8	9	10	11	12	13	14	15	16	17	18	19	20	21	22	23	24	25	26	27	28	29	30
양력	5/25	26	27	28	29	30	31	6/1	2	3	4	5	6	7	8	9	10	11	12	13	14	15	16	17	18	19	20	21	22	23
일진	辛亥	壬子	癸丑	甲寅	乙卯	丙辰	丁巳	戊午	己未	庚申	辛酉	壬戌	癸亥	甲子	乙丑	丙寅	丁卯	戊辰	己巳	庚午	辛未	壬申	癸酉	甲戌	乙亥	丙子	丁丑	戊寅	己卯	庚辰

절입시각: 오후 11시0분 · 오후 3시55분

閏 五 月 小

절기: 小暑 (음력 15)

음력	1	2	3	4	5	6	7	8	9	10	11	12	13	14	15	16	17	18	19	20	21	22	23	24	25	26	27	28	29
양력	6/24	25	26	27	28	29	30	7/1	2	3	4	5	6	7	8	9	10	11	12	13	14	15	16	17	18	19	20	21	22
일진	辛巳	壬午	癸未	甲申	乙酉	丙戌	丁亥	戊子	己丑	庚寅	辛卯	壬辰	癸巳	甲午	乙未	丙申	丁酉	戊戌	己亥	庚子	辛丑	壬寅	癸卯	甲辰	乙巳	丙午	丁未	戊申	己酉

절입시각: 오전 9시27분

六 月 小 — 月建 辛未

절기: 大暑 (음력 1) · 立秋 (음력 17)

음력	1	2	3	4	5	6	7	8	9	10	11	12	13	14	15	16	17	18	19	20	21	22	23	24	25	26	27	28	29
양력	7/23	24	25	26	27	28	29	30	31	8/1	2	3	4	5	6	7	8	9	10	11	12	13	14	15	16	17	18	19	20
일진	庚戌	辛亥	壬子	癸丑	甲寅	乙卯	丙辰	丁巳	戊午	己未	庚申	辛酉	壬戌	癸亥	甲子	乙丑	丙寅	丁卯	戊辰	己巳	庚午	辛未	壬申	癸酉	甲戌	乙亥	丙子	丁丑	戊寅

절입시각: 오전 2시47분 · 오후 7시5분

七 月 大 — 月建 壬申

절기: 處暑 (음력 4) · 白露 (음력 19)

음력	1	2	3	4	5	6	7	8	9	10	11	12	13	14	15	16	17	18	19	20	21	22	23	24	25	26	27	28	29	30
양력	8/21	22	23	24	25	26	27	28	29	30	31	9/1	2	3	4	5	6	7	8	9	10	11	12	13	14	15	16	17	18	19
일진	己卯	庚辰	辛巳	壬午	癸未	甲申	乙酉	丙戌	丁亥	戊子	己丑	庚寅	辛卯	壬辰	癸巳	甲午	乙未	丙申	丁酉	戊戌	己亥	庚子	辛丑	壬寅	癸卯	甲辰	乙巳	丙午	丁未	戊申

절입시각: 오전 9시30분 · 오후 9시33분

八 月 小 — 月建 癸酉

절기: 秋分 (음력 5) · 寒露 (음력 20)

음력	1	2	3	4	5	6	7	8	9	10	11	12	13	14	15	16	17	18	19	20	21	22	23	24	25	26	27	28	29
양력	9/20	21	22	23	24	25	26	27	28	29	30	10/1	2	3	4	5	6	7	8	9	10	11	12	13	14	15	16	17	18
일진	己酉	庚戌	辛亥	壬子	癸丑	甲寅	乙卯	丙辰	丁巳	戊午	己未	庚申	辛酉	壬戌	癸亥	甲子	乙丑	丙寅	丁卯	戊辰	己巳	庚午	辛未	壬申	癸酉	甲戌	乙亥	丙子	丁丑

절입시각: 오전 6시34분 · 오후 12시35분

九 月 大 — 月建 甲戌

절기: 霜降 (음력 6) · 立冬 (음력 21)

음력	1	2	3	4	5	6	7	8	9	10	11	12	13	14	15	16	17	18	19	20	21	22	23	24	25	26	27	28	29	30
양력	10/19	20	21	22	23	24	25	26	27	28	29	30	31	11/1	2	3	4	5	6	7	8	9	10	11	12	13	14	15	16	17
일진	戊寅	己卯	庚辰	辛巳	壬午	癸未	甲申	乙酉	丙戌	丁亥	戊子	己丑	庚寅	辛卯	壬辰	癸巳	甲午	乙未	丙申	丁酉	戊戌	己亥	庚子	辛丑	壬寅	癸卯	甲辰	乙巳	丙午	丁未

절입시각: 오후 3시17분 · 오후 3시11분

十 月 小 — 月建 乙亥

절기: 小雪 (음력 6) · 大雪 (음력 21)

음력	1	2	3	4	5	6	7	8	9	10	11	12	13	14	15	16	17	18	19	20	21	22	23	24	25	26	27	28	29
양력	11/18	19	20	21	22	23	24	25	26	27	28	29	30	12/1	2	3	4	5	6	7	8	9	10	11	12	13	14	15	16
일진	戊申	己酉	庚戌	辛亥	壬子	癸丑	甲寅	乙卯	丙辰	丁巳	戊午	己未	庚申	辛酉	壬戌	癸亥	甲子	乙丑	丙寅	丁卯	戊辰	己巳	庚午	辛未	壬申	癸酉	甲戌	乙亥	丙子

절입시각: 오후 12시20분 · 오전 7시37분

十 一 月 小 — 月建 丙子

절기: 冬至 (음력 7) · 小寒 (음력 21)

음력	1	2	3	4	5	6	7	8	9	10	11	12	13	14	15	16	17	18	19	20	21	22	23	24	25	26	27	28	29
양력	12/17	18	19	20	21	22	23	24	25	26	27	28	29	30	31	1/1	2	3	4	5	6	7	8	9	10	11	12	13	14
일진	丁丑	戊寅	己卯	庚辰	辛巳	壬午	癸未	甲申	乙酉	丙戌	丁亥	戊子	己丑	庚寅	辛卯	壬辰	癸巳	甲午	乙未	丙申	丁酉	戊戌	己亥	庚子	辛丑	壬寅	癸卯	甲辰	乙巳

절입시각: 오전 1시22분 · 오후 6시40분

十 二 月 大 — 月建 丁丑

절기: 大寒 (음력 7) · 立春 (음력 18)

음력	1	2	3	4	5	6	7	8	9	10	11	12	13	14	15	16	17	18	19	20	21	22	23	24	25	26	27	28	29	30
양력	1/15	16	17	18	19	20	21	22	23	24	25	26	27	28	29	30	31	2/1	2	3	4	5	6	7	8	9	10	11	12	13
일진	丙午	丁未	戊申	己酉	庚戌	辛亥	壬子	癸丑	甲寅	乙卯	丙辰	丁巳	戊午	己未	庚申	辛酉	壬戌	癸亥	甲子	乙丑	丙寅	丁卯	戊辰	己巳	庚午	辛未	壬申	癸酉	甲戌	乙亥

절입시각: 오후 12시0분 · 오전 6시25분

月建　正　月　大　　　　　　　　　　戊寅

절기							雨水															驚蟄							
음력	1	2	3	4	5	6	7	8	9	10	11	12	13	14	15	16	17	18	19	20	21	22	23	24	25	26	27	28	29	30
양력	2/14	15	16	17	18	19	20	21	22	23	24	25	26	27	28	3/1	2	3	4	5	6	7	8	9	10	11	12	13	14	15
일진	丙子	丁丑	戊寅	己卯	庚辰	辛巳	壬午	癸未	甲申	乙酉	丙戌	丁亥	戊子	己丑	庚寅	辛卯	壬辰	癸巳	甲午	乙未	丙申	丁酉	戊戌	己亥	庚子	辛丑	壬寅	癸卯	甲辰	乙巳

절입시각　오전 2시23분　　　　　　　　　오전 0시48분

月建　二　月　小　　　　　　　　　　己卯

절기							春分										清明												
음력	1	2	3	4	5	6	7	8	9	10	11	12	13	14	15	16	17	18	19	20	21	22	23	24	25	26	27	28	29
양력	3/16	17	18	19	20	21	22	23	24	25	26	27	28	29	30	31	4/1	2	3	4	5	6	7	8	9	10	11	12	13
일진	丙午	丁未	戊申	己酉	庚戌	辛亥	壬子	癸丑	甲寅	乙卯	丙辰	丁巳	戊午	己未	庚申	辛酉	壬戌	癸亥	甲子	乙丑	丙寅	丁卯	戊辰	己巳	庚午	辛未	壬申	癸酉	甲戌

절입시각　오전 1시51분　　　　　　　　　오전 6시9분

月建　三　月　大　　　　　　　　　　庚辰

절기								穀雨																立夏						
음력	1	2	3	4	5	6	7	8	9	10	11	12	13	14	15	16	17	18	19	20	21	22	23	24	25	26	27	28	29	30
양력	4/14	15	16	17	18	19	20	21	22	23	24	25	26	27	28	29	30	5/1	2	3	4	5	6	7	8	9	10	11	12	13
일진	乙亥	丙子	丁丑	戊寅	己卯	庚辰	辛巳	壬午	癸未	甲申	乙酉	丙戌	丁亥	戊子	己丑	庚寅	辛卯	壬辰	癸巳	甲午	乙未	丙申	丁酉	戊戌	己亥	庚子	辛丑	壬寅	癸卯	甲辰

절입시각　오후 1시29분　　　　　　　　　오전 0시3분

月建　四　月　大　　　　　　　　　　辛巳

절기									小滿																芒種					
음력	1	2	3	4	5	6	7	8	9	10	11	12	13	14	15	16	17	18	19	20	21	22	23	24	25	26	27	28	29	30
양력	5/14	15	16	17	18	19	20	21	22	23	24	25	26	27	28	29	30	31	6/1	2	3	4	5	6	7	8	9	10	11	12
일진	乙巳	丙午	丁未	戊申	己酉	庚戌	辛亥	壬子	癸丑	甲寅	乙卯	丙辰	丁巳	戊午	己未	庚申	辛酉	壬戌	癸亥	甲子	乙丑	丙寅	丁卯	戊辰	己巳	庚午	辛未	壬申	癸酉	甲戌

절입시각　오후 1시10분　　　　　　　　　오전 4시40분

月建　五　月　小　　　　　　　　　　壬午

절기										夏至																小暑			
음력	1	2	3	4	5	6	7	8	9	10	11	12	13	14	15	16	17	18	19	20	21	22	23	24	25	26	27	28	29
양력	6/13	14	15	16	17	18	19	20	21	22	23	24	25	26	27	28	29	30	7/1	2	3	4	5	6	7	8	9	10	11
일진	乙亥	丙子	丁丑	戊寅	己卯	庚辰	辛巳	壬午	癸未	甲申	乙酉	丙戌	丁亥	戊子	己丑	庚寅	辛卯	壬辰	癸巳	甲午	乙未	丙申	丁酉	戊戌	己亥	庚子	辛丑	壬寅	癸卯

절입시각　오후 9시29분　　　　　　　　　오후 3시8분

月建　六　月　大　　　　　　　　　　癸未

절기													大暑																立秋	
음력	1	2	3	4	5	6	7	8	9	10	11	12	13	14	15	16	17	18	19	20	21	22	23	24	25	26	27	28	29	30
양력	7/12	13	14	15	16	17	18	19	20	21	22	23	24	25	26	27	28	29	30	31	8/1	2	3	4	5	6	7	8	9	10
일진	甲辰	乙巳	丙午	丁未	戊申	己酉	庚戌	辛亥	壬子	癸丑	甲寅	乙卯	丙辰	丁巳	戊午	己未	庚申	辛酉	壬戌	癸亥	甲子	乙丑	丙寅	丁卯	戊辰	己巳	庚午	辛未	壬申	癸酉

절입시각　오전 8시26분　　　　　　　　　오전 0시48분

七 月 小　　甲 申

月建	1	2	3	4	5	6	7	8	9	10	11	12	13	14	15	16	17	18	19	20	21	22	23	24	25	26	27	28	29
절기														處暑															
음력	1	2	3	4	5	6	7	8	9	10	11	12	13	14	15	16	17	18	19	20	21	22	23	24	25	26	27	28	29
양력	8/11	12	13	14	15	16	17	18	19	20	21	22	23	24	25	26	27	28	29	30	31	9/1	2	3	4	5	6	7	8
일진	甲戌	乙亥	丙子	丁丑	戊寅	己卯	庚辰	辛巳	壬午	癸未	甲申	乙酉	丙戌	丁亥	戊子	己丑	庚寅	辛卯	壬辰	癸巳	甲午	乙未	丙申	丁酉	戊戌	己亥	庚子	辛丑	壬寅
절입시각														오후 3시15분															

八 月 大　　乙 酉

月建	1	2	3	4	5	6	7	8	9	10	11	12	13	14	15	16	17	18	19	20	21	22	23	24	25	26	27	28	29	30
절기	白露															秋分														
음력	1	2	3	4	5	6	7	8	9	10	11	12	13	14	15	16	17	18	19	20	21	22	23	24	25	26	27	28	29	30
양력	9/9	10	11	12	13	14	15	16	17	18	19	20	21	22	23	24	25	26	27	28	29	30	10/1	2	3	4	5	6	7	8
일진	癸卯	甲辰	乙巳	丙午	丁未	戊申	己酉	庚戌	辛亥	壬子	癸丑	甲寅	乙卯	丙辰	丁巳	戊午	己未	庚申	辛酉	壬戌	癸亥	甲子	乙丑	丙寅	丁卯	戊辰	己巳	庚午	辛未	壬申
절입시각	오전 3시17분															오후 12시24분														

九 月 小　　丙 戌

月建	1	2	3	4	5	6	7	8	9	10	11	12	13	14	15	16	17	18	19	20	21	22	23	24	25	26	27	28	29
절기	寒露															霜降													
음력	1	2	3	4	5	6	7	8	9	10	11	12	13	14	15	16	17	18	19	20	21	22	23	24	25	26	27	28	29
양력	10/9	10	11	12	13	14	15	16	17	18	19	20	21	22	23	24	25	26	27	28	29	30	31	11/1	2	3	4	5	6
일진	癸酉	甲戌	乙亥	丙子	丁丑	戊寅	己卯	庚辰	辛巳	壬午	癸未	甲申	乙酉	丙戌	丁亥	戊子	己丑	庚寅	辛卯	壬辰	癸巳	甲午	乙未	丙申	丁酉	戊戌	己亥	庚子	辛丑
절입시각	오후 6시21분															오후 9시10분													

十 月 大　　丁 亥

月建	1	2	3	4	5	6	7	8	9	10	11	12	13	14	15	16	17	18	19	20	21	22	23	24	25	26	27	28	29	30
절기		立冬															小雪													
음력	1	2	3	4	5	6	7	8	9	10	11	12	13	14	15	16	17	18	19	20	21	22	23	24	25	26	27	28	29	30
양력	11/7	8	9	10	11	12	13	14	15	16	17	18	19	20	21	22	23	24	25	26	27	28	29	30	12/1	2	3	4	5	6
일진	壬寅	癸卯	甲辰	乙巳	丙午	丁未	戊申	己酉	庚戌	辛亥	壬子	癸丑	甲寅	乙卯	丙辰	丁巳	戊午	己未	庚申	辛酉	壬戌	癸亥	甲子	乙丑	丙寅	丁卯	戊辰	己巳	庚午	辛未
절입시각		오후 8시58분															오후 6시14분													

十 一 月 小　　戊 子

月建	1	2	3	4	5	6	7	8	9	10	11	12	13	14	15	16	17	18	19	20	21	22	23	24	25	26	27	28	29
절기		大雪															冬至												
음력	1	2	3	4	5	6	7	8	9	10	11	12	13	14	15	16	17	18	19	20	21	22	23	24	25	26	27	28	29
양력	12/7	8	9	10	11	12	13	14	15	16	17	18	19	20	21	22	23	24	25	26	27	28	29	30	31	1/1	2	3	4
일진	壬申	癸酉	甲戌	乙亥	丙子	丁丑	戊寅	己卯	庚辰	辛巳	壬午	癸未	甲申	乙酉	丙戌	丁亥	戊子	己丑	庚寅	辛卯	壬辰	癸巳	甲午	乙未	丙申	丁酉	戊戌	己亥	庚子
절입시각		오후 1시24분															오전 7시16분												

十 二 月 大　　己 丑

月建	1	2	3	4	5	6	7	8	9	10	11	12	13	14	15	16	17	18	19	20	21	22	23	24	25	26	27	28	29	30
절기			小寒														大寒													
음력	1	2	3	4	5	6	7	8	9	10	11	12	13	14	15	16	17	18	19	20	21	22	23	24	25	26	27	28	29	30
양력	1/5	6	7	8	9	10	11	12	13	14	15	16	17	18	19	20	21	22	23	24	25	26	27	28	29	30	31	2/1	2	3
일진	辛丑	壬寅	癸卯	甲辰	乙巳	丙午	丁未	戊申	己酉	庚戌	辛亥	壬子	癸丑	甲寅	乙卯	丙辰	丁巳	戊午	己未	庚申	辛酉	壬戌	癸亥	甲子	乙丑	丙寅	丁卯	戊辰	己巳	庚午
절입시각			오전 0시28분														오후 5시54분													

1916년 | 檀紀 4249년　**丙辰年**　金神　寅卯午未子丑

四月 黑中　子 大將軍　巳午未 三殺　寅 吊客　午 喪門

正 月 小　　庚 寅

절기: 立春 (음력 1) / 雨水 (음력 17)

음력	1	2	3	4	5	6	7	8	9	10	11	12	13	14	15	16	17	18	19	20	21	22	23	24	25	26	27	28	29
양력	2/4	5	6	7	8	9	10	11	12	13	14	15	16	17	18	19	20	21	22	23	24	25	26	27	28	29	3/1	2	3
일진	辛未	壬申	癸酉	甲戌	乙亥	丙子	丁丑	戊寅	己卯	庚辰	辛巳	壬午	癸未	甲申	乙酉	丙戌	丁亥	戊子	己丑	庚寅	辛卯	壬辰	癸巳	甲午	乙未	丙申	丁酉	戊戌	己亥

절입시각: 오후 12시14분 / 오전 8시18분

二 月 大　　辛 卯

절기: 驚蟄 (음력 3) / 春分 (음력 18)

음력	1	2	3	4	5	6	7	8	9	10	11	12	13	14	15	16	17	18	19	20	21	22	23	24	25	26	27	28	29	30
양력	3/4	5	6	7	8	9	10	11	12	13	14	15	16	17	18	19	20	21	22	23	24	25	26	27	28	29	30	31	4/1	2
일진	庚子	辛丑	壬寅	癸卯	甲辰	乙巳	丙午	丁未	戊申	己酉	庚戌	辛亥	壬子	癸丑	甲寅	乙卯	丙辰	丁巳	戊午	己未	庚申	辛酉	壬戌	癸亥	甲子	乙丑	丙寅	丁卯	戊辰	己巳

절입시각: 오전 6시37분 / 오전 7시47분

三 月 小　　壬 辰

절기: 清明 (음력 3) / 穀雨 (음력 18)

음력	1	2	3	4	5	6	7	8	9	10	11	12	13	14	15	16	17	18	19	20	21	22	23	24	25	26	27	28	29
양력	4/3	4	5	6	7	8	9	10	11	12	13	14	15	16	17	18	19	20	21	22	23	24	25	26	27	28	29	30	5/1
일진	庚午	辛未	壬申	癸酉	甲戌	乙亥	丙子	丁丑	戊寅	己卯	庚辰	辛巳	壬午	癸未	甲申	乙酉	丙戌	丁亥	戊子	己丑	庚寅	辛卯	壬辰	癸巳	甲午	乙未	丙申	丁酉	戊戌

절입시각: 오전 11시58분 / 오후 7시25분

四 月 大　　癸 巳

절기: 立夏 (음력 5) / 小滿 (음력 20)

음력	1	2	3	4	5	6	7	8	9	10	11	12	13	14	15	16	17	18	19	20	21	22	23	24	25	26	27	28	29	30
양력	5/2	3	4	5	6	7	8	9	10	11	12	13	14	15	16	17	18	19	20	21	22	23	24	25	26	27	28	29	30	31
일진	己亥	庚子	辛丑	壬寅	癸卯	甲辰	乙巳	丙午	丁未	戊申	己酉	庚戌	辛亥	壬子	癸丑	甲寅	乙卯	丙辰	丁巳	戊午	己未	庚申	辛酉	壬戌	癸亥	甲子	乙丑	丙寅	丁卯	戊辰

절입시각: 오전 5시50분 / 오후 7시6분

五 月 小　　甲 午

절기: 芒種 (음력 6) / 夏至 (음력 22)

음력	1	2	3	4	5	6	7	8	9	10	11	12	13	14	15	16	17	18	19	20	21	22	23	24	25	26	27	28	29
양력	6/1	2	3	4	5	6	7	8	9	10	11	12	13	14	15	16	17	18	19	20	21	22	23	24	25	26	27	28	29
일진	己巳	庚午	辛未	壬申	癸酉	甲戌	乙亥	丙子	丁丑	戊寅	己卯	庚辰	辛巳	壬午	癸未	甲申	乙酉	丙戌	丁亥	戊子	己丑	庚寅	辛卯	壬辰	癸巳	甲午	乙未	丙申	丁酉

절입시각: 오전 10시26분 / 오전 3시24분

六 月 大　　乙 未

절기: 小暑 (음력 8) / 大暑 (음력 24)

음력	1	2	3	4	5	6	7	8	9	10	11	12	13	14	15	16	17	18	19	20	21	22	23	24	25	26	27	28	29	30
양력	6/30	7/1	2	3	4	5	6	7	8	9	10	11	12	13	14	15	16	17	18	19	20	21	22	23	24	25	26	27	28	29
일진	戊戌	己亥	庚子	辛丑	壬寅	癸卯	甲辰	乙巳	丙午	丁未	戊申	己酉	庚戌	辛亥	壬子	癸丑	甲寅	乙卯	丙辰	丁巳	戊午	己未	庚申	辛酉	壬戌	癸亥	甲子	乙丑	丙寅	丁卯

절입시각: 오후 8시54분 / 오후 2시21분

七 月 大　　丙 申

	1	2	3	4	5	6	7	8	9	10	11	12	13	14	15	16	17	18	19	20	21	22	23	24	25	26	27	28	29	30
절기										立秋															處暑					
음력	1	2	3	4	5	6	7	8	9	10	11	12	13	14	15	16	17	18	19	20	21	22	23	24	25	26	27	28	29	30
양력	7/30	31	8/1	2	3	4	5	6	7	8	9	10	11	12	13	14	15	16	17	18	19	20	21	22	23	24	25	26	27	28
일진	戊辰	己巳	庚午	辛未	壬申	癸酉	甲戌	乙亥	丙子	丁丑	戊寅	己卯	庚辰	辛巳	壬午	癸未	甲申	乙酉	丙戌	丁亥	戊子	己丑	庚寅	辛卯	壬辰	癸巳	甲午	乙未	丙申	丁酉

절입시각: 立秋 오전 6시35분　　處暑 오후 9시9분

八 月 小　　丁 酉

	1	2	3	4	5	6	7	8	9	10	11	12	13	14	15	16	17	18	19	20	21	22	23	24	25	26	27	28	29
절기											白露															秋分			
음력	1	2	3	4	5	6	7	8	9	10	11	12	13	14	15	16	17	18	19	20	21	22	23	24	25	26	27	28	29
양력	8/29	30	31	9/1	2	3	4	5	6	7	8	9	10	11	12	13	14	15	16	17	18	19	20	21	22	23	24	25	26
일진	戊戌	己亥	庚子	辛丑	壬寅	癸卯	甲辰	乙巳	丙午	丁未	戊申	己酉	庚戌	辛亥	壬子	癸丑	甲寅	乙卯	丙辰	丁巳	戊午	己未	庚申	辛酉	壬戌	癸亥	甲子	乙丑	丙寅

절입시각: 白露 오후 9시5분　　秋分 오후 6시15분

九 月 大　　戊 戌

	1	2	3	4	5	6	7	8	9	10	11	12	13	14	15	16	17	18	19	20	21	22	23	24	25	26	27	28	29	30
절기													寒露															霜降		
음력	1	2	3	4	5	6	7	8	9	10	11	12	13	14	15	16	17	18	19	20	21	22	23	24	25	26	27	28	29	30
양력	9/27	28	29	30	10/1	2	3	4	5	6	7	8	9	10	11	12	13	14	15	16	17	18	19	20	21	22	23	24	25	26
일진	丁卯	戊辰	己巳	庚午	辛未	壬申	癸酉	甲戌	乙亥	丙子	丁丑	戊寅	己卯	庚辰	辛巳	壬午	癸未	甲申	乙酉	丙戌	丁亥	戊子	己丑	庚寅	辛卯	壬辰	癸巳	甲午	乙未	丙申

절입시각: 寒露 오전 0시8분　　霜降 오전 2시57분

十 月 小　　己 亥

	1	2	3	4	5	6	7	8	9	10	11	12	13	14	15	16	17	18	19	20	21	22	23	24	25	26	27	28	29
절기													立冬														小雪		
음력	1	2	3	4	5	6	7	8	9	10	11	12	13	14	15	16	17	18	19	20	21	22	23	24	25	26	27	28	29
양력	10/27	28	29	30	31	11/1	2	3	4	5	6	7	8	9	10	11	12	13	14	15	16	17	18	19	20	21	22	23	24
일진	丁酉	戊戌	己亥	庚子	辛丑	壬寅	癸卯	甲辰	乙巳	丙午	丁未	戊申	己酉	庚戌	辛亥	壬子	癸丑	甲寅	乙卯	丙辰	丁巳	戊午	己未	庚申	辛酉	壬戌	癸亥	甲子	乙丑

절입시각: 立冬 오전 2시42분　　小雪 오후 11시58분

十 一 月 大　　庚 子

	1	2	3	4	5	6	7	8	9	10	11	12	13	14	15	16	17	18	19	20	21	22	23	24	25	26	27	28	29	30
절기							大雪																					冬至		
음력	1	2	3	4	5	6	7	8	9	10	11	12	13	14	15	16	17	18	19	20	21	22	23	24	25	26	27	28	29	30
양력	11/25	26	27	28	29	30	12/1	2	3	4	5	6	7	8	9	10	11	12	13	14	15	16	17	18	19	20	21	22	23	24
일진	丙寅	丁卯	戊辰	己巳	庚午	辛未	壬申	癸酉	甲戌	乙亥	丙子	丁丑	戊寅	己卯	庚辰	辛巳	壬午	癸未	甲申	乙酉	丙戌	丁亥	戊子	己丑	庚寅	辛卯	壬辰	癸巳	甲午	乙未

절입시각: 大雪 오후 7시6분　　冬至 오후 12시59분

十 二 月 小　　辛 丑

	1	2	3	4	5	6	7	8	9	10	11	12	13	14	15	16	17	18	19	20	21	22	23	24	25	26	27	28	29
절기								小寒																			大寒		
음력	1	2	3	4	5	6	7	8	9	10	11	12	13	14	15	16	17	18	19	20	21	22	23	24	25	26	27	28	29
양력	12/25	26	27	28	29	30	31	1/1	2	3	4	5	6	7	8	9	10	11	12	13	14	15	16	17	18	19	20	21	22
일진	丙申	丁酉	戊戌	己亥	庚子	辛丑	壬寅	癸卯	甲辰	乙巳	丙午	丁未	戊申	己酉	庚戌	辛亥	壬子	癸丑	甲寅	乙卯	丙辰	丁巳	戊午	己未	庚申	辛酉	壬戌	癸亥	甲子

절입시각: 小寒 오전 6시10분　　大寒 오후 11시37분

丁巳年

正月　十月　黑中　　卯　大將軍　寅卯辰　三殺　卯　吊客　未　喪門

月建　正　月　大　　壬　寅

절기													立春															雨水		
음력	1	2	3	4	5	6	7	8	9	10	11	12	13	14	15	16	17	18	19	20	21	22	23	24	25	26	27	28	29	30
양력	1/23	24	25	26	27	28	29	30	31	2/1	2	3	4	5	6	7	8	9	10	11	12	13	14	15	16	17	18	19	20	21
일진	乙丑	丙寅	丁卯	戊辰	己巳	庚午	辛未	壬申	癸酉	甲戌	乙亥	丙子	丁丑	戊寅	己卯	庚辰	辛巳	壬午	癸未	甲申	乙酉	丙戌	丁亥	戊子	己丑	庚寅	辛卯	壬辰	癸巳	甲午

절입시각　오후 5시58분　　오후 2시5분

月建　二　月　小　　癸　卯

절기													驚蟄														春分	
음력	1	2	3	4	5	6	7	8	9	10	11	12	13	14	15	16	17	18	19	20	21	22	23	24	25	26	27	28	29
양력	2/22	23	24	25	26	27	28	3/1	2	3	4	5	6	7	8	9	10	11	12	13	14	15	16	17	18	19	20	21	22
일진	乙未	丙申	丁酉	戊戌	己亥	庚子	辛丑	壬寅	癸卯	甲辰	乙巳	丙午	丁未	戊申	己酉	庚戌	辛亥	壬子	癸丑	甲寅	乙卯	丙辰	丁巳	戊午	己未	庚申	辛酉	壬戌	癸亥

절입시각　오후 12시25분　　오후 1시37분

月建　閏二月　小

절기														淸明															
음력	1	2	3	4	5	6	7	8	9	10	11	12	13	14	15	16	17	18	19	20	21	22	23	24	25	26	27	28	29
양력	3/23	24	25	26	27	28	29	30	31	4/1	2	3	4	5	6	7	8	9	10	11	12	13	14	15	16	17	18	19	20
일진	甲子	乙丑	丙寅	丁卯	戊辰	己巳	庚午	辛未	壬申	癸酉	甲戌	乙亥	丙子	丁丑	戊寅	己卯	庚辰	辛巳	壬午	癸未	甲申	乙酉	丙戌	丁亥	戊子	己丑	庚寅	辛卯	壬辰

절입시각　오후 5시50분

月建　三　月　大　　甲　辰

절기	穀雨															立夏														
음력	1	2	3	4	5	6	7	8	9	10	11	12	13	14	15	16	17	18	19	20	21	22	23	24	25	26	27	28	29	30
양력	4/21	22	23	24	25	26	27	28	29	30	5/1	2	3	4	5	6	7	8	9	10	11	12	13	14	15	16	17	18	19	20
일진	癸巳	甲午	乙未	丙申	丁酉	戊戌	己亥	庚子	辛丑	壬寅	癸卯	甲辰	乙巳	丙午	丁未	戊申	己酉	庚戌	辛亥	壬子	癸丑	甲寅	乙卯	丙辰	丁巳	戊午	己未	庚申	辛酉	壬戌

절입시각　오전 1시17분　　오전 11시46분

月建　四　月　小　　乙　巳

절기		小滿															芒種												
음력	1	2	3	4	5	6	7	8	9	10	11	12	13	14	15	16	17	18	19	20	21	22	23	24	25	26	27	28	29
양력	5/21	22	23	24	25	26	27	28	29	30	31	6/1	2	3	4	5	6	7	8	9	10	11	12	13	14	15	16	17	18
일진	癸亥	甲子	乙丑	丙寅	丁卯	戊辰	己巳	庚午	辛未	壬申	癸酉	甲戌	乙亥	丙子	丁丑	戊寅	己卯	庚辰	辛巳	壬午	癸未	甲申	乙酉	丙戌	丁亥	戊子	己丑	庚寅	辛卯

절입시각　오전 0시59분　　오후 4시23분

月建　五　月　大　　丙　午

절기				夏至																小暑										
음력	1	2	3	4	5	6	7	8	9	10	11	12	13	14	15	16	17	18	19	20	21	22	23	24	25	26	27	28	29	30
양력	6/19	20	21	22	23	24	25	26	27	28	29	30	7/1	2	3	4	5	6	7	8	9	10	11	12	13	14	15	16	17	18
일진	壬辰	癸巳	甲午	乙未	丙申	丁酉	戊戌	己亥	庚子	辛丑	壬寅	癸卯	甲辰	乙巳	丙午	丁未	戊申	己酉	庚戌	辛亥	壬子	癸丑	甲寅	乙卯	丙辰	丁巳	戊午	己未	庚申	辛酉

절입시각　오전 9시14분　　오전 2시50분

六 月 大　　丁 未

절기					大暑															立秋										
음력	1	2	3	4	5	6	7	8	9	10	11	12	13	14	15	16	17	18	19	20	21	22	23	24	25	26	27	28	29	30
양력	7/19	20	21	22	23	24	25	26	27	28	29	30	31	8/1	2	3	4	5	6	7	8	9	10	11	12	13	14	15	16	17
일진	壬戌	癸亥	甲子	乙丑	丙寅	丁卯	戊辰	己巳	庚午	辛未	壬申	癸酉	甲戌	乙亥	丙子	丁丑	戊寅	己卯	庚辰	辛巳	壬午	癸未	甲申	乙酉	丙戌	丁亥	戊子	己丑	庚寅	辛卯

절입시각: 오후 8시8분　／　오후 12시30분

七 月 小　　戊 申

절기						處暑																白露							
음력	1	2	3	4	5	6	7	8	9	10	11	12	13	14	15	16	17	18	19	20	21	22	23	24	25	26	27	28	29
양력	8/18	19	20	21	22	23	24	25	26	27	28	29	30	31	9/1	2	3	4	5	6	7	8	9	10	11	12	13	14	15
일진	壬辰	癸巳	甲午	乙未	丙申	丁酉	戊戌	己亥	庚子	辛丑	壬寅	癸卯	甲辰	乙巳	丙午	丁未	戊申	己酉	庚戌	辛亥	壬子	癸丑	甲寅	乙卯	丙辰	丁巳	戊午	己未	庚申

절입시각: 오전 2시54분　／　오후 2시59분

八 月 大　　己 酉

절기									秋分							寒露														
음력	1	2	3	4	5	6	7	8	9	10	11	12	13	14	15	16	17	18	19	20	21	22	23	24	25	26	27	28	29	30
양력	9/16	17	18	19	20	21	22	23	24	25	26	27	28	29	30	10/1	2	3	4	5	6	7	8	9	10	11	12	13	14	15
일진	辛酉	壬戌	癸亥	甲子	乙丑	丙寅	丁卯	戊辰	己巳	庚午	辛未	壬申	癸酉	甲戌	乙亥	丙子	丁丑	戊寅	己卯	庚辰	辛巳	壬午	癸未	甲申	乙酉	丙戌	丁亥	戊子	己丑	庚寅

절입시각: 오전 0시0분　／　오전 6시2분

九 月 大　　庚 戌

절기									霜降								立冬													
음력	1	2	3	4	5	6	7	8	9	10	11	12	13	14	15	16	17	18	19	20	21	22	23	24	25	26	27	28	29	30
양력	10/16	17	18	19	20	21	22	23	24	25	26	27	28	29	30	31	11/1	2	3	4	5	6	7	8	9	10	11	12	13	14
일진	辛卯	壬辰	癸巳	甲午	乙未	丙申	丁酉	戊戌	己亥	庚子	辛丑	壬寅	癸卯	甲辰	乙巳	丙午	丁未	戊申	己酉	庚戌	辛亥	壬子	癸丑	甲寅	乙卯	丙辰	丁巳	戊午	己未	庚申

절입시각: 오전 8시44분　／　오전 8시37분

十 月 小　　辛 亥

절기							小雪																	大雪					
음력	1	2	3	4	5	6	7	8	9	10	11	12	13	14	15	16	17	18	19	20	21	22	23	24	25	26	27	28	29
양력	11/15	16	17	18	19	20	21	22	23	24	25	26	27	28	29	30	12/1	2	3	4	5	6	7	8	9	10	11	12	13
일진	辛酉	壬戌	癸亥	甲子	乙丑	丙寅	丁卯	戊辰	己巳	庚午	辛未	壬申	癸酉	甲戌	乙亥	丙子	丁丑	戊寅	己卯	庚辰	辛巳	壬午	癸未	甲申	乙酉	丙戌	丁亥	戊子	己丑

절입시각: 오전 5시45분　／　오전 1시1분

十 一 月 大　　壬 子

절기									冬至								小寒													
음력	1	2	3	4	5	6	7	8	9	10	11	12	13	14	15	16	17	18	19	20	21	22	23	24	25	26	27	28	29	30
양력	12/14	15	16	17	18	19	20	21	22	23	24	25	26	27	28	29	30	31	1/1	2	3	4	5	6	7	8	9	10	11	12
일진	庚寅	辛卯	壬辰	癸巳	甲午	乙未	丙申	丁酉	戊戌	己亥	庚子	辛丑	壬寅	癸卯	甲辰	乙巳	丙午	丁未	戊申	己酉	庚戌	辛亥	壬子	癸丑	甲寅	乙卯	丙辰	丁巳	戊午	己未

절입시각: 오후 6시46분　／　오후 12시4분

十 二 月 小　　癸 丑

절기									大寒											立春									
음력	1	2	3	4	5	6	7	8	9	10	11	12	13	14	15	16	17	18	19	20	21	22	23	24	25	26	27	28	29
양력	1/13	14	15	16	17	18	19	20	21	22	23	24	25	26	27	28	29	30	31	2/1	2	3	4	5	6	7	8	9	10
일진	庚申	辛酉	壬戌	癸亥	甲子	乙丑	丙寅	丁卯	戊辰	己巳	庚午	辛未	壬申	癸酉	甲戌	乙亥	丙子	丁丑	戊寅	己卯	庚辰	辛巳	壬午	癸未	甲申	乙酉	丙戌	丁亥	戊子

절입시각: 오전 5시25분　／　오후 11시53분

戊午年

金神　申酉子丑

卯 大將軍　亥子丑 三殺　辰 吊客　申 喪門

正 月 大　　甲 寅

음력	1	2	3	4	5	6	7	8	9	10	11	12	13	14	15	16	17	18	19	20	21	22	23	24	25	26	27	28	29	30
절기									雨水															驚蟄						
양력	2/11	12	13	14	15	16	17	18	19	20	21	22	23	24	25	26	27	28	3/1	2	3	4	5	6	7	8	9	10	11	12
일진	己丑	庚寅	辛卯	壬辰	癸巳	甲午	乙未	丙申	丁酉	戊戌	己亥	庚子	辛丑	壬寅	癸卯	甲辰	乙巳	丙午	丁未	戊申	己酉	庚戌	辛亥	壬子	癸丑	甲寅	乙卯	丙辰	丁巳	戊午

절입시각: 오후 7시53분　　오후 6시21분

二 月 小　　乙 卯

음력	1	2	3	4	5	6	7	8	9	10	11	12	13	14	15	16	17	18	19	20	21	22	23	24	25	26	27	28	29
절기									春分											淸明									
양력	3/13	14	15	16	17	18	19	20	21	22	23	24	25	26	27	28	29	30	31	4/1	2	3	4	5	6	7	8	9	10
일진	己未	庚申	辛酉	壬戌	癸亥	甲子	乙丑	丙寅	丁卯	戊辰	己巳	庚午	辛未	壬申	癸酉	甲戌	乙亥	丙子	丁丑	戊寅	己卯	庚辰	辛巳	壬午	癸未	甲申	乙酉	丙戌	丁亥

절입시각: 오후 7시26분　　오후 11시45분

三 月 小　　丙 辰

음력	1	2	3	4	5	6	7	8	9	10	11	12	13	14	15	16	17	18	19	20	21	22	23	24	25	26	27	28	29
절기											穀雨										立夏								
양력	4/11	12	13	14	15	16	17	18	19	20	21	22	23	24	25	26	27	28	29	30	5/1	2	3	4	5	6	7	8	9
일진	戊子	己丑	庚寅	辛卯	壬辰	癸巳	甲午	乙未	丙申	丁酉	戊戌	己亥	庚子	辛丑	壬寅	癸卯	甲辰	乙巳	丙午	丁未	戊申	己酉	庚戌	辛亥	壬子	癸丑	甲寅	乙卯	丙辰

절입시각: 오전 7시5분　　오후 5시38분

四 月 大　　丁 巳

음력	1	2	3	4	5	6	7	8	9	10	11	12	13	14	15	16	17	18	19	20	21	22	23	24	25	26	27	28	29	30
절기													小滿										芒種							
양력	5/10	11	12	13	14	15	16	17	18	19	20	21	22	23	24	25	26	27	28	29	30	31	6/1	2	3	4	5	6	7	8
일진	丁巳	戊午	己未	庚申	辛酉	壬戌	癸亥	甲子	乙丑	丙寅	丁卯	戊辰	己巳	庚午	辛未	壬申	癸酉	甲戌	乙亥	丙子	丁丑	戊寅	己卯	庚辰	辛巳	壬午	癸未	甲申	乙酉	丙戌

절입시각: 오전 6시46분　　오후 10시11분

五 月 小　　戊 午

음력	1	2	3	4	5	6	7	8	9	10	11	12	13	14	15	16	17	18	19	20	21	22	23	24	25	26	27	28	29
절기														夏至															
양력	6/9	10	11	12	13	14	15	16	17	18	19	20	21	22	23	24	25	26	27	28	29	30	7/1	2	3	4	5	6	7
일진	丁亥	戊子	己丑	庚寅	辛卯	壬辰	癸巳	甲午	乙未	丙申	丁酉	戊戌	己亥	庚子	辛丑	壬寅	癸卯	甲辰	乙巳	丙午	丁未	戊申	己酉	庚戌	辛亥	壬子	癸丑	甲寅	乙卯

절입시각: 오후 3시0분

六 月 大　　己 未

음력	1	2	3	4	5	6	7	8	9	10	11	12	13	14	15	16	17	18	19	20	21	22	23	24	25	26	27	28	29	30
절기	小暑																大暑													
양력	7/8	9	10	11	12	13	14	15	16	17	18	19	20	21	22	23	24	25	26	27	28	29	30	31	8/1	2	3	4	5	6
일진	丙辰	丁巳	戊午	己未	庚申	辛酉	壬戌	癸亥	甲子	乙丑	丙寅	丁卯	戊辰	己巳	庚午	辛未	壬申	癸酉	甲戌	乙亥	丙子	丁丑	戊寅	己卯	庚辰	辛巳	壬午	癸未	甲申	乙酉

절입시각: 오전 8시32분　　오전 1시51분

月建	七 月 小																											庚 申		
절기		立秋																處暑												
음력	1	2	3	4	5	6	7	8	9	10	11	12	13	14	15	16	17	18	19	20	21	22	23	24	25	26	27	28	29	
양력	8/7	8	9	10	11	12	13	14	15	16	17	18	19	20	21	22	23	24	25	26	27	28	29	30	31	9/1	2	3	4	
일진	丙戌	丁亥	戊子	己丑	庚寅	辛卯	壬辰	癸巳	甲午	乙未	丙申	丁酉	戊戌	己亥	庚子	辛丑	壬寅	癸卯	甲辰	乙巳	丙午	丁未	戊申	己酉	庚戌	辛亥	壬子	癸丑	甲寅	
절입시각	오후 6시8분																오전 8시37분													

月建	八 月 大																											辛 酉		
절기				白露																秋分										
음력	1	2	3	4	5	6	7	8	9	10	11	12	13	14	15	16	17	18	19	20	21	22	23	24	25	26	27	28	29	30
양력	9/5	6	7	8	9	10	11	12	13	14	15	16	17	18	19	20	21	22	23	24	25	26	27	28	29	30	10/1	2	3	4
일진	乙卯	丙辰	丁巳	戊午	己未	庚申	辛酉	壬戌	癸亥	甲子	乙丑	丙寅	丁卯	戊辰	己巳	庚午	辛未	壬申	癸酉	甲戌	乙亥	丙子	丁丑	戊寅	己卯	庚辰	辛巳	壬午	癸未	甲申
절입시각	오후 8시36분																			오전 5시46분										

月建	九 月 大																											壬 戌		
절기					寒露															霜降										
음력	1	2	3	4	5	6	7	8	9	10	11	12	13	14	15	16	17	18	19	20	21	22	23	24	25	26	27	28	29	30
양력	10/5	6	7	8	9	10	11	12	13	14	15	16	17	18	19	20	21	22	23	24	25	26	27	28	29	30	31	11/1	2	3
일진	乙酉	丙戌	丁亥	戊子	己丑	庚寅	辛卯	壬辰	癸巳	甲午	乙未	丙申	丁酉	戊戌	己亥	庚子	辛丑	壬寅	癸卯	甲辰	乙巳	丙午	丁未	戊申	己酉	庚戌	辛亥	壬子	癸丑	甲寅
절입시각	오전 11시40분																			오후 2시33분										

月建	十 月 大																											癸 亥		
절기					立冬															小雪										
음력	1	2	3	4	5	6	7	8	9	10	11	12	13	14	15	16	17	18	19	20	21	22	23	24	25	26	27	28	29	30
양력	11/4	5	6	7	8	9	10	11	12	13	14	15	16	17	18	19	20	21	22	23	24	25	26	27	28	29	30	12/1	2	3
일진	乙卯	丙辰	丁巳	戊午	己未	庚申	辛酉	壬戌	癸亥	甲子	乙丑	丙寅	丁卯	戊辰	己巳	庚午	辛未	壬申	癸酉	甲戌	乙亥	丙子	丁丑	戊寅	己卯	庚辰	辛巳	壬午	癸未	甲申
절입시각	오후 2시19분																			오전 11시38분										

月建	十 一 月 小																											甲 子		
절기					大雪															冬至										
음력	1	2	3	4	5	6	7	8	9	10	11	12	13	14	15	16	17	18	19	20	21	22	23	24	25	26	27	28	29	
양력	12/4	5	6	7	8	9	10	11	12	13	14	15	16	17	18	19	20	21	22	23	24	25	26	27	28	29	30	31	1/1	
일진	乙酉	丙戌	丁亥	戊子	己丑	庚寅	辛卯	壬辰	癸巳	甲午	乙未	丙申	丁酉	戊戌	己亥	庚子	辛丑	壬寅	癸卯	甲辰	乙巳	丙午	丁未	戊申	己酉	庚戌	辛亥	壬子	癸丑	
절입시각	오전 6시47분																			오전 0시42분										

月建	十 二 月 大																											乙 丑		
절기					小寒															大寒										
음력	1	2	3	4	5	6	7	8	9	10	11	12	13	14	15	16	17	18	19	20	21	22	23	24	25	26	27	28	29	30
양력	1/2	3	4	5	6	7	8	9	10	11	12	13	14	15	16	17	18	19	20	21	22	23	24	25	26	27	28	29	30	31
일진	甲寅	乙卯	丙辰	丁巳	戊午	己未	庚申	辛酉	壬戌	癸亥	甲子	乙丑	丙寅	丁卯	戊辰	己巳	庚午	辛未	壬申	癸酉	甲戌	乙亥	丙子	丁丑	戊寅	己卯	庚辰	辛巳	壬午	癸未
절입시각	오후 5시52분																			오전 11시21분										

正月 小　丙寅 (月建)

절기	1	2	3	4	5	6	7	8	9	10	11	12	13	14	15	16	17	18	19	20	21	22	23	24	25	26	27	28	29
음력	1	2	3	4	5	6	7	8	9	10	11	12	13	14	15	16	17	18	19	20	21	22	23	24	25	26	27	28	29
양력	2/1	2	3	4	5	6	7	8	9	10	11	12	13	14	15	16	17	18	19	20	21	22	23	24	25	26	27	28	3/1
일진	甲申	乙酉	丙戌	丁亥	戊子	己丑	庚寅	辛卯	壬辰	癸巳	甲午	乙未	丙申	丁酉	戊戌	己亥	庚子	辛丑	壬寅	癸卯	甲辰	乙巳	丙午	丁未	戊申	己酉	庚戌	辛亥	壬子

절기: 立春(5), 雨水(20)　절입시각: 오전 5시59분 / 오전 1시48분

二月 大　丁卯 (月建)

절기	1	2	3	4	5	6	7	8	9	10	11	12	13	14	15	16	17	18	19	20	21	22	23	24	25	26	27	28	29	30
음력	1	2	3	4	5	6	7	8	9	10	11	12	13	14	15	16	17	18	19	20	21	22	23	24	25	26	27	28	29	30
양력	3/2	3	4	5	6	7	8	9	10	11	12	13	14	15	16	17	18	19	20	21	22	23	24	25	26	27	28	29	30	31
일진	癸丑	甲寅	乙卯	丙辰	丁巳	戊午	己未	庚申	辛酉	壬戌	癸亥	甲子	乙丑	丙寅	丁卯	戊辰	己巳	庚午	辛未	壬申	癸酉	甲戌	乙亥	丙子	丁丑	戊寅	己卯	庚辰	辛巳	壬午

절기: 驚蟄(6), 春分(21)　절입시각: 오전 0시6분 / 오전 1시19분

三月 小　戊辰 (月建)

절기	1	2	3	4	5	6	7	8	9	10	11	12	13	14	15	16	17	18	19	20	21	22	23	24	25	26	27	28	29
음력	1	2	3	4	5	6	7	8	9	10	11	12	13	14	15	16	17	18	19	20	21	22	23	24	25	26	27	28	29
양력	4/1	2	3	4	5	6	7	8	9	10	11	12	13	14	15	16	17	18	19	20	21	22	23	24	25	26	27	28	29
일진	癸未	甲申	乙酉	丙戌	丁亥	戊子	己丑	庚寅	辛卯	壬辰	癸巳	甲午	乙未	丙申	丁酉	戊戌	己亥	庚子	辛丑	壬寅	癸卯	甲辰	乙巳	丙午	丁未	戊申	己酉	庚戌	辛亥

절기: 淸明(6), 穀雨(21)　절입시각: 오전 5시29분 / 오후 12시59분

四月 小　己巳 (月建)

절기	1	2	3	4	5	6	7	8	9	10	11	12	13	14	15	16	17	18	19	20	21	22	23	24	25	26	27	28	29
음력	1	2	3	4	5	6	7	8	9	10	11	12	13	14	15	16	17	18	19	20	21	22	23	24	25	26	27	28	29
양력	4/30	5/1	2	3	4	5	6	7	8	9	10	11	12	13	14	15	16	17	18	19	20	21	22	23	24	25	26	27	28
일진	壬子	癸丑	甲寅	乙卯	丙辰	丁巳	戊午	己未	庚申	辛酉	壬戌	癸亥	甲子	乙丑	丙寅	丁卯	戊辰	己巳	庚午	辛未	壬申	癸酉	甲戌	乙亥	丙子	丁丑	戊寅	己卯	庚辰

절기: 立夏(5), 小滿(23)　절입시각: 오후 11시22분 / 오후 12시39분

五月 大　庚午 (月建)

절기	1	2	3	4	5	6	7	8	9	10	11	12	13	14	15	16	17	18	19	20	21	22	23	24	25	26	27	28	29	30
음력	1	2	3	4	5	6	7	8	9	10	11	12	13	14	15	16	17	18	19	20	21	22	23	24	25	26	27	28	29	30
양력	5/29	30	31	6/1	2	3	4	5	6	7	8	9	10	11	12	13	14	15	16	17	18	19	20	21	22	23	24	25	26	27
일진	辛巳	壬午	癸未	甲申	乙酉	丙戌	丁亥	戊子	己丑	庚寅	辛卯	壬辰	癸巳	甲午	乙未	丙申	丁酉	戊戌	己亥	庚子	辛丑	壬寅	癸卯	甲辰	乙巳	丙午	丁未	戊申	己酉	庚戌

절기: 芒種(10), 夏至(25)　절입시각: 오전 3시57분 / 오후 8시54분

六月 小　辛未 (月建)

절기	1	2	3	4	5	6	7	8	9	10	11	12	13	14	15	16	17	18	19	20	21	22	23	24	25	26	27	28	29
음력	1	2	3	4	5	6	7	8	9	10	11	12	13	14	15	16	17	18	19	20	21	22	23	24	25	26	27	28	29
양력	6/28	29	30	7/1	2	3	4	5	6	7	8	9	10	11	12	13	14	15	16	17	18	19	20	21	22	23	24	25	26
일진	辛亥	壬子	癸丑	甲寅	乙卯	丙辰	丁巳	戊午	己未	庚申	辛酉	壬戌	癸亥	甲子	乙丑	丙寅	丁卯	戊辰	己巳	庚午	辛未	壬申	癸酉	甲戌	乙亥	丙子	丁丑	戊寅	己卯

절기: 小暑(11), 大暑(27)　절입시각: 오후 2시21분 / 오전 7시45분

七 月 大　　壬 申

月建	七 月 大																											壬 申		
절기												立秋																	處暑	
음력	1	2	3	4	5	6	7	8	9	10	11	12	13	14	15	16	17	18	19	20	21	22	23	24	25	26	27	28	29	30
양력	7/27	28	29	30	31	8/1	2	3	4	5	6	7	8	9	10	11	12	13	14	15	16	17	18	19	20	21	22	23	24	25
일진	庚辰	辛巳	壬午	癸未	甲申	乙酉	丙戌	丁亥	戊子	己丑	庚寅	辛卯	壬辰	癸巳	甲午	乙未	丙申	丁酉	戊戌	己亥	庚子	辛丑	壬寅	癸卯	甲辰	乙巳	丙午	丁未	戊申	己酉
절입시각												오후 11시58분																	오후 2시28분	

閏 七 月 小

月建	閏 七 月 小																												
절기															白露														
음력	1	2	3	4	5	6	7	8	9	10	11	12	13	14	15	16	17	18	19	20	21	22	23	24	25	26	27	28	29
양력	8/26	27	28	29	30	31	9/1	2	3	4	5	6	7	8	9	10	11	12	13	14	15	16	17	18	19	20	21	22	23
일진	庚戌	辛亥	壬子	癸丑	甲寅	乙卯	丙辰	丁巳	戊午	己未	庚申	辛酉	壬戌	癸亥	甲子	乙丑	丙寅	丁卯	戊辰	己巳	庚午	辛未	壬申	癸酉	甲戌	乙亥	丙子	丁丑	戊寅
절입시각															오전 2시28분														

八 月 大　　癸 酉

月建	八 月 大																											癸 酉		
절기	秋分															寒露														
음력	1	2	3	4	5	6	7	8	9	10	11	12	13	14	15	16	17	18	19	20	21	22	23	24	25	26	27	28	29	30
양력	9/24	25	26	27	28	29	30	10/1	2	3	4	5	6	7	8	9	10	11	12	13	14	15	16	17	18	19	20	21	22	23
일진	己卯	庚辰	辛巳	壬午	癸未	甲申	乙酉	丙戌	丁亥	戊子	己丑	庚寅	辛卯	壬辰	癸巳	甲午	乙未	丙申	丁酉	戊戌	己亥	庚子	辛丑	壬寅	癸卯	甲辰	乙巳	丙午	丁未	戊申
절입시각	오전 11시35분															오후 5시33분														

九 月 大　　甲 戌

月建	九 月 大																											甲 戌		
절기	霜降															立冬														
음력	1	2	3	4	5	6	7	8	9	10	11	12	13	14	15	16	17	18	19	20	21	22	23	24	25	26	27	28	29	30
양력	10/24	25	26	27	28	29	30	31	11/1	2	3	4	5	6	7	8	9	10	11	12	13	14	15	16	17	18	19	20	21	22
일진	己酉	庚戌	辛亥	壬子	癸丑	甲寅	乙卯	丙辰	丁巳	戊午	己未	庚申	辛酉	壬戌	癸亥	甲子	乙丑	丙寅	丁卯	戊辰	己巳	庚午	辛未	壬申	癸酉	甲戌	乙亥	丙子	丁丑	戊寅
절입시각	오후 8시21분															오후 8시12분														

十 月 小　　乙 亥

月建	十 月 小																											乙 亥	
절기	小雪															大雪													
음력	1	2	3	4	5	6	7	8	9	10	11	12	13	14	15	16	17	18	19	20	21	22	23	24	25	26	27	28	29
양력	11/23	24	25	26	27	28	29	30	12/1	2	3	4	5	6	7	8	9	10	11	12	13	14	15	16	17	18	19	20	21
일진	己卯	庚辰	辛巳	壬午	癸未	甲申	乙酉	丙戌	丁亥	戊子	己丑	庚寅	辛卯	壬辰	癸巳	甲午	乙未	丙申	丁酉	戊戌	己亥	庚子	辛丑	壬寅	癸卯	甲辰	乙巳	丙午	丁未
절입시각	오후 5시25분															오후 12시38분													

十 一 月 大　　丙 子

月建	十 一 月 大																											丙 子		
절기		冬至														小寒														
음력	1	2	3	4	5	6	7	8	9	10	11	12	13	14	15	16	17	18	19	20	21	22	23	24	25	26	27	28	29	30
양력	12/22	23	24	25	26	27	28	29	30	31	1/1	2	3	4	5	6	7	8	9	10	11	12	13	14	15	16	17	18	19	20
일진	戊申	己酉	庚戌	辛亥	壬子	癸丑	甲寅	乙卯	丙辰	丁巳	戊午	己未	庚申	辛酉	壬戌	癸亥	甲子	乙丑	丙寅	丁卯	戊辰	己巳	庚午	辛未	壬申	癸酉	甲戌	乙亥	丙子	丁丑
절입시각		오전 6시27분														오후 11시41분														

十 二 月 大　　丁 丑

月建	十 二 月 大																											丁 丑		
절기	大寒											立春																		
음력	1	2	3	4	5	6	7	8	9	10	11	12	13	14	15	16	17	18	19	20	21	22	23	24	25	26	27	28	29	30
양력	1/21	22	23	24	25	26	27	28	29	30	31	2/1	2	3	4	5	6	7	8	9	10	11	12	13	14	15	16	17	18	19
일진	戊寅	己卯	庚辰	辛巳	壬午	癸未	甲申	乙酉	丙戌	丁亥	戊子	己丑	庚寅	辛卯	壬辰	癸巳	甲午	乙未	丙申	丁酉	戊戌	己亥	庚子	辛丑	壬寅	癸卯	甲辰	乙巳	丙午	丁未
절입시각	오후 5시4분											오전 11시27분																		

正月　十月　黑中　　　午　大將軍　巳午未　三殺　午　吊客　戌　喪門

正月 小　　戊寅

절기	음력	양력	일진
雨水	1	2/20	戊申
	2	21	己酉
	3	22	庚戌
	4	23	辛亥
	5	24	壬子
	6	25	癸丑
	7	26	甲寅
	8	27	乙卯
	9	28	丙辰
	10	29	丁巳
	11	3/1	戊午
	12	2	己未
	13	3	庚申
	14	4	辛酉
	15	5	壬戌
驚蟄	16	6	癸亥
	17	7	甲子
	18	8	乙丑
	19	9	丙寅
	20	10	丁卯
	21	11	戊辰
	22	12	己巳
	23	13	庚午
	24	14	辛未
	25	15	壬申
	26	16	癸酉
	27	17	甲戌
	28	18	乙亥
	29	19	丙子

절입시각: 오전 7시29분　　오전 5시51분

二月 大　　己卯

절기	음력	양력	일진
春分	1	3/20	丁丑
	2	21	戊寅
	3	22	己卯
	4	23	庚辰
	5	24	辛巳
	6	25	壬午
	7	26	癸未
	8	27	甲申
	9	28	乙酉
	10	29	丙戌
	11	30	丁亥
	12	31	戊子
	13	4/1	己丑
	14	2	庚寅
	15	3	辛卯
	16	4	壬辰
淸明	17	5	癸巳
	18	6	甲午
	19	7	乙未
	20	8	丙申
	21	9	丁酉
	22	10	戊戌
	23	11	己亥
	24	12	庚子
	25	13	辛丑
	26	14	壬寅
	27	15	癸卯
	28	16	甲辰
	29	17	乙巳
	30	18	丙午

절입시각: 오전 6시59분　　오전 11시15분

三月 小　　庚辰

절기	음력	양력	일진
	1	4/19	丁未
穀雨	2	20	戊申
	3	21	己酉
	4	22	庚戌
	5	23	辛亥
	6	24	壬子
	7	25	癸丑
	8	26	甲寅
	9	27	乙卯
	10	28	丙辰
	11	29	丁巳
	12	30	戊午
	13	5/1	己未
	14	2	庚申
	15	3	辛酉
	16	4	壬戌
	17	5	癸亥
立夏	18	6	甲子
	19	7	乙丑
	20	8	丙寅
	21	9	丁卯
	22	10	戊辰
	23	11	己巳
	24	12	庚午
	25	13	辛未
	26	14	壬申
	27	15	癸酉
	28	16	甲戌
	29	17	乙亥

절입시각: 오후 6시39분　　오전 5시11분

四月 小　　辛巳

절기	음력	양력	일진
	1	5/18	丙子
	2	19	丁丑
	3	20	戊寅
小滿	4	21	己卯
	5	22	庚辰
	6	23	辛巳
	7	24	壬午
	8	25	癸未
	9	26	甲申
	10	27	乙酉
	11	28	丙戌
	12	29	丁亥
	13	30	戊子
	14	31	己丑
	15	6/1	庚寅
	16	2	辛卯
	17	3	壬辰
	18	4	癸巳
	19	5	甲午
芒種	20	6	乙未
	21	7	丙申
	22	8	丁酉
	23	9	戊戌
	24	10	己亥
	25	11	庚子
	26	12	辛丑
	27	13	壬寅
	28	14	癸卯
	29	15	甲辰

절입시각: 오후 6시22분　　오전 9시50분

五月 大　　壬午

절기	음력	양력	일진
	1	6/16	乙巳
	2	17	丙午
	3	18	丁未
	4	19	戊申
	5	20	己酉
	6	21	庚戌
夏至	7	22	辛亥
	8	23	壬子
	9	24	癸丑
	10	25	甲寅
	11	26	乙卯
	12	27	丙辰
	13	28	丁巳
	14	29	戊午
	15	30	己未
	16	7/1	庚申
	17	2	辛酉
	18	3	壬戌
	19	4	癸亥
	20	5	甲子
	21	6	乙丑
小暑	22	7	丙寅
	23	8	丁卯
	24	9	戊辰
	25	10	己巳
	26	11	庚午
	27	12	辛未
	28	13	壬申
	29	14	癸酉
	30	15	甲戌

절입시각: 오전 2시40분　　오후 8시19분

六月 小　　癸未

절기	음력	양력	일진
	1	7/16	乙亥
	2	17	丙子
	3	18	丁丑
	4	19	戊寅
	5	20	己卯
	6	21	庚辰
	7	22	辛巳
大暑	8	23	壬午
	9	24	癸未
	10	25	甲申
	11	26	乙酉
	12	27	丙戌
	13	28	丁亥
	14	29	戊子
	15	30	己丑
	16	31	庚寅
	17	8/1	辛卯
	18	2	壬辰
	19	3	癸巳
	20	4	甲午
	21	5	乙未
	22	6	丙申
	23	7	丁酉
立秋	24	8	戊戌
	25	9	己亥
	26	10	庚子
	27	11	辛丑
	28	12	壬寅
	29	13	癸卯

절입시각: 오후 1시35분　　오전 5시58분

月建	七 月 小																												甲 申
절기										處暑									白露										
음력	1	2	3	4	5	6	7	8	9	10	11	12	13	14	15	16	17	18	19	20	21	22	23	24	25	26	27	28	29
양력	8/14	15	16	17	18	19	20	21	22	23	24	25	26	27	28	29	30	31	9/1	2	3	4	5	6	7	8	9	10	11
일진	甲辰	乙巳	丙午	丁未	戊申	己酉	庚戌	辛亥	壬子	癸丑	甲寅	乙卯	丙辰	丁巳	戊午	己未	庚申	辛酉	壬戌	癸亥	甲子	乙丑	丙寅	丁卯	戊辰	己巳	庚午	辛未	壬申
절입시각										오후 8시21분									오전 8시27분										

月建	八 月 大																													乙 酉
절기												秋分															寒露			
음력	1	2	3	4	5	6	7	8	9	10	11	12	13	14	15	16	17	18	19	20	21	22	23	24	25	26	27	28	29	30
양력	9/12	13	14	15	16	17	18	19	20	21	22	23	24	25	26	27	28	29	30	10/1	2	3	4	5	6	7	8	9	10	11
일진	癸酉	甲戌	乙亥	丙子	丁丑	戊寅	己卯	庚辰	辛巳	壬午	癸未	甲申	乙酉	丙戌	丁亥	戊子	己丑	庚寅	辛卯	壬辰	癸巳	甲午	乙未	丙申	丁酉	戊戌	己亥	庚子	辛丑	壬寅
절입시각												오후 5시28분															오후 11시29분			

月建	九 月 大																													丙 戌
절기													霜降															立冬		
음력	1	2	3	4	5	6	7	8	9	10	11	12	13	14	15	16	17	18	19	20	21	22	23	24	25	26	27	28	29	30
양력	10/12	13	14	15	16	17	18	19	20	21	22	23	24	25	26	27	28	29	30	31	11/1	2	3	4	5	6	7	8	9	10
일진	癸卯	甲辰	乙巳	丙午	丁未	戊申	己酉	庚戌	辛亥	壬子	癸丑	甲寅	乙卯	丙辰	丁巳	戊午	己未	庚申	辛酉	壬戌	癸亥	甲子	乙丑	丙寅	丁卯	戊辰	己巳	庚午	辛未	壬申
절입시각													오전 2시13분															오전 2시5분		

月建	十 月 小																												丁 亥
절기												小雪															大雪		
음력	1	2	3	4	5	6	7	8	9	10	11	12	13	14	15	16	17	18	19	20	21	22	23	24	25	26	27	28	29
양력	11/11	12	13	14	15	16	17	18	19	20	21	22	23	24	25	26	27	28	29	30	12/1	2	3	4	5	6	7	8	9
일진	癸酉	甲戌	乙亥	丙子	丁丑	戊寅	己卯	庚辰	辛巳	壬午	癸未	甲申	乙酉	丙戌	丁亥	戊子	己丑	庚寅	辛卯	壬辰	癸巳	甲午	乙未	丙申	丁酉	戊戌	己亥	庚子	辛丑
절입시각												오후 11시15분															오후 6시30분		

月建	十 一 月 大																													戊 子
절기													冬至															小寒		
음력	1	2	3	4	5	6	7	8	9	10	11	12	13	14	15	16	17	18	19	20	21	22	23	24	25	26	27	28	29	30
양력	12/10	11	12	13	14	15	16	17	18	19	20	21	22	23	24	25	26	27	28	29	30	31	1/1	2	3	4	5	6	7	8
일진	壬寅	癸卯	甲辰	乙巳	丙午	丁未	戊申	己酉	庚戌	辛亥	壬子	癸丑	甲寅	乙卯	丙辰	丁巳	戊午	己未	庚申	辛酉	壬戌	癸亥	甲子	乙丑	丙寅	丁卯	戊辰	己巳	庚午	辛未
절입시각													오후 12시17분															오전 5시34분		

月建	十 二 月 大																													己 丑
절기												大寒												立春						
음력	1	2	3	4	5	6	7	8	9	10	11	12	13	14	15	16	17	18	19	20	21	22	23	24	25	26	27	28	29	30
양력	1/9	10	11	12	13	14	15	16	17	18	19	20	21	22	23	24	25	26	27	28	29	30	31	2/1	2	3	4	5	6	7
일진	壬申	癸酉	甲戌	乙亥	丙子	丁丑	戊寅	己卯	庚辰	辛巳	壬午	癸未	甲申	乙酉	丙戌	丁亥	戊子	己丑	庚寅	辛卯	壬辰	癸巳	甲午	乙未	丙申	丁酉	戊戌	己亥	庚子	辛丑
절입시각												오후 10시55분												오후 5시20분						

1921년	檀紀 4254년			**辛酉年**		金神　寅卯午未子丑
七月　黑中				午 大將軍　寅卯辰 三殺　未 吊客　亥 喪門		

正　月　大　　庚寅

절기												雨水														驚蟄			
음력	1	2	3	4	5	6	7	8	9	10	11	12	13	14	15	16	17	18	19	20	21	22	23	24	25	26	27	28	29	30
양력	2/8	9	10	11	12	13	14	15	16	17	18	19	20	21	22	23	24	25	26	27	28	3/1	2	3	4	5	6	7	8	9
일진	壬寅	癸卯	甲辰	乙巳	丙午	丁未	戊申	己酉	庚戌	辛亥	壬子	癸丑	甲寅	乙卯	丙辰	丁巳	戊午	己未	庚申	辛酉	壬戌	癸亥	甲子	乙丑	丙寅	丁卯	戊辰	己巳	庚午	辛未

절입시각: 오후 1시20분 (雨水)　오전 11시45분 (驚蟄)

二　月　小　　辛卯

절기												春分												清明					
음력	1	2	3	4	5	6	7	8	9	10	11	12	13	14	15	16	17	18	19	20	21	22	23	24	25	26	27	28	29	
양력	3/10	11	12	13	14	15	16	17	18	19	20	21	22	23	24	25	26	27	28	29	30	31	4/1	2	3	4	5	6	7	
일진	壬申	癸酉	甲戌	乙亥	丙子	丁丑	戊寅	己卯	庚辰	辛巳	壬午	癸未	甲申	乙酉	丙戌	丁亥	戊子	己丑	庚寅	辛卯	壬辰	癸巳	甲午	乙未	丙申	丁酉	戊戌	己亥	庚子	

절입시각: 오후 12시51분 (春分)　오후 5시9분 (清明)

三　月　大　　壬辰

절기														穀雨															立夏	
음력	1	2	3	4	5	6	7	8	9	10	11	12	13	14	15	16	17	18	19	20	21	22	23	24	25	26	27	28	29	30
양력	4/8	9	10	11	12	13	14	15	16	17	18	19	20	21	22	23	24	25	26	27	28	29	30	5/1	2	3	4	5	6	7
일진	辛丑	壬寅	癸卯	甲辰	乙巳	丙午	丁未	戊申	己酉	庚戌	辛亥	壬子	癸丑	甲寅	乙卯	丙辰	丁巳	戊午	己未	庚申	辛酉	壬戌	癸亥	甲子	乙丑	丙寅	丁卯	戊辰	己巳	庚午

절입시각: 오전 0시32분 (穀雨)　오전 11시4분 (立夏)

四　月　小　　癸巳

절기															小滿														
음력	1	2	3	4	5	6	7	8	9	10	11	12	13	14	15	16	17	18	19	20	21	22	23	24	25	26	27	28	29
양력	5/8	9	10	11	12	13	14	15	16	17	18	19	20	21	22	23	24	25	26	27	28	29	30	31	6/1	2	3	4	5
일진	辛未	壬申	癸酉	甲戌	乙亥	丙子	丁丑	戊寅	己卯	庚辰	辛巳	壬午	癸未	甲申	乙酉	丙戌	丁亥	戊子	己丑	庚寅	辛卯	壬辰	癸巳	甲午	乙未	丙申	丁酉	戊戌	己亥

절입시각: 오전 0시17분 (小滿)

五　月　小　　甲午

절기	芒種																夏至										26		
음력	1	2	3	4	5	6	7	8	9	10	11	12	13	14	15	16	17	18	19	20	21	22	23	24	25	26	27	28	29
양력	6/6	7	8	9	10	11	12	13	14	15	16	17	18	19	20	21	22	23	24	25	26	27	28	29	30	7/1	2	3	4
일진	庚子	辛丑	壬寅	癸卯	甲辰	乙巳	丙午	丁未	戊申	己酉	庚戌	辛亥	壬子	癸丑	甲寅	乙卯	丙辰	丁巳	戊午	己未	庚申	辛酉	壬戌	癸亥	甲子	乙丑	丙寅	丁卯	戊辰

절입시각: 오후 3시42분 (芒種)　오전 8시36분 (夏至)

六　月　大　　乙未

절기				小暑															大暑											
음력	1	2	3	4	5	6	7	8	9	10	11	12	13	14	15	16	17	18	19	20	21	22	23	24	25	26	27	28	29	30
양력	7/5	6	7	8	9	10	11	12	13	14	15	16	17	18	19	20	21	22	23	24	25	26	27	28	29	30	31	8/1	2	3
일진	己巳	庚午	辛未	壬申	癸酉	甲戌	乙亥	丙子	丁丑	戊寅	己卯	庚辰	辛巳	壬午	癸未	甲申	乙酉	丙戌	丁亥	戊子	己丑	庚寅	辛卯	壬辰	癸巳	甲午	乙未	丙申	丁酉	戊戌

절입시각: 오전 2시7분 (小暑)　오후 7시30분 (大暑)

48

月建	七　月　小																					丙　申							
절기					立秋																處暑								
음력	1	2	3	4	5	6	7	8	9	10	11	12	13	14	15	16	17	18	19	20	21	22	23	24	25	26	27	28	29
양력	8/4	5	6	7	8	9	10	11	12	13	14	15	16	17	18	19	20	21	22	23	24	25	26	27	28	29	30	31	9/1
일진	己亥	庚子	辛丑	壬寅	癸卯	甲辰	乙巳	丙午	丁未	戊申	己酉	庚戌	辛亥	壬子	癸丑	甲寅	乙卯	丙辰	丁巳	戊午	己未	庚申	辛酉	壬戌	癸亥	甲子	乙丑	丙寅	丁卯
절입시각					오전 11시44분																오전 2시15분								

月建	八　月　小																					丁　酉							
절기							白露															秋分							
음력	1	2	3	4	5	6	7	8	9	10	11	12	13	14	15	16	17	18	19	20	21	22	23	24	25	26	27	28	29
양력	9/2	3	4	5	6	7	8	9	10	11	12	13	14	15	16	17	18	19	20	21	22	23	24	25	26	27	28	29	30
일진	戊辰	己巳	庚午	辛未	壬申	癸酉	甲戌	乙亥	丙子	丁丑	戊寅	己卯	庚辰	辛巳	壬午	癸未	甲申	乙酉	丙戌	丁亥	戊子	己丑	庚寅	辛卯	壬辰	癸巳	甲午	乙未	丙申
절입시각							오후 2시10분															오후 11시20분							

月建	九　月　大																							戊　戌						
절기									寒露															霜降						
음력	1	2	3	4	5	6	7	8	9	10	11	12	13	14	15	16	17	18	19	20	21	22	23	24	25	26	27	28	29	30
양력	10/1	2	3	4	5	6	7	8	9	10	11	12	13	14	15	16	17	18	19	20	21	22	23	24	25	26	27	28	29	30
일진	丁酉	戊戌	己亥	庚子	辛丑	壬寅	癸卯	甲辰	乙巳	丙午	丁未	戊申	己酉	庚戌	辛亥	壬子	癸丑	甲寅	乙卯	丙辰	丁巳	戊午	己未	庚申	辛酉	壬戌	癸亥	甲子	乙丑	丙寅
절입시각									오전 5시11분															오전 8시2분						

月建	十　月　小																							己　亥					
절기									立冬															小雪					
음력	1	2	3	4	5	6	7	8	9	10	11	12	13	14	15	16	17	18	19	20	21	22	23	24	25	26	27	28	29
양력	10/31	11/1	2	3	4	5	6	7	8	9	10	11	12	13	14	15	16	17	18	19	20	21	22	23	24	25	26	27	28
일진	丁卯	戊辰	己巳	庚午	辛未	壬申	癸酉	甲戌	乙亥	丙子	丁丑	戊寅	己卯	庚辰	辛巳	壬午	癸未	甲申	乙酉	丙戌	丁亥	戊子	己丑	庚寅	辛卯	壬辰	癸巳	甲午	乙未
절입시각									오전 7시46분															오전 5시5분					

月建	十　一　月　大																							庚　子						
절기										大雪														冬至						
음력	1	2	3	4	5	6	7	8	9	10	11	12	13	14	15	16	17	18	19	20	21	22	23	24	25	26	27	28	29	30
양력	11/29	30	12/1	2	3	4	5	6	7	8	9	10	11	12	13	14	15	16	17	18	19	20	21	22	23	24	25	26	27	28
일진	丙申	丁酉	戊戌	己亥	庚子	辛丑	壬寅	癸卯	甲辰	乙巳	丙午	丁未	戊申	己酉	庚戌	辛亥	壬子	癸丑	甲寅	乙卯	丙辰	丁巳	戊午	己未	庚申	辛酉	壬戌	癸亥	甲子	乙丑
절입시각										오전 0시12분														오후 6시7분						

月建	十　二　月　大																							辛　丑						
절기									小寒															大寒						
음력	1	2	3	4	5	6	7	8	9	10	11	12	13	14	15	16	17	18	19	20	21	22	23	24	25	26	27	28	29	30
양력	12/29	30	31	1/1	2	3	4	5	6	7	8	9	10	11	12	13	14	15	16	17	18	19	20	21	22	23	24	25	26	27
일진	丙寅	丁卯	戊辰	己巳	庚午	辛未	壬申	癸酉	甲戌	乙亥	丙子	丁丑	戊寅	己卯	庚辰	辛巳	壬午	癸未	甲申	乙酉	丙戌	丁亥	戊子	己丑	庚寅	辛卯	壬辰	癸巳	甲午	乙未
절입시각									오전 11시17분															오전 4시48분						

1922년	檀紀 4255년	**壬戌年**	金神　寅卯戌亥
四月　黑中		午　大將軍　亥子丑　三殺　申　吊客　子　喪門	

正月　大　　　　壬寅

월건	1	2	3	4	5	6	7	8	9	10	11	12	13	14	15	16	17	18	19	20	21	22	23	24	25	26	27	28	29	30
절기								立春															雨水							
음력	1	2	3	4	5	6	7	8	9	10	11	12	13	14	15	16	17	18	19	20	21	22	23	24	25	26	27	28	29	30
양력	1/28	29	30	31	2/1	2	3	4	5	6	7	8	9	10	11	12	13	14	15	16	17	18	19	20	21	22	23	24	25	26
일진	丙申	丁酉	戊戌	己亥	庚子	辛丑	壬寅	癸卯	甲辰	乙巳	丙午	丁未	戊申	己酉	庚戌	辛亥	壬子	癸丑	甲寅	乙卯	丙辰	丁巳	戊午	己未	庚申	辛酉	壬戌	癸亥	甲子	乙丑

절입시각: 오후 11시6분　／　오후 7시16분

二月　小　　　　癸卯

월건	1	2	3	4	5	6	7	8	9	10	11	12	13	14	15	16	17	18	19	20	21	22	23	24	25	26	27	28	29
절기								驚蟄															春分						
음력	1	2	3	4	5	6	7	8	9	10	11	12	13	14	15	16	17	18	19	20	21	22	23	24	25	26	27	28	29
양력	2/27	28	3/1	2	3	4	5	6	7	8	9	10	11	12	13	14	15	16	17	18	19	20	21	22	23	24	25	26	27
일진	丙寅	丁卯	戊辰	己巳	庚午	辛未	壬申	癸酉	甲戌	乙亥	丙子	丁丑	戊寅	己卯	庚辰	辛巳	壬午	癸未	甲申	乙酉	丙戌	丁亥	戊子	己丑	庚寅	辛卯	壬辰	癸巳	甲午

절입시각: 오후 5시34분　／　오후 6시49분

三月　大　　　　甲辰

월건	1	2	3	4	5	6	7	8	9	10	11	12	13	14	15	16	17	18	19	20	21	22	23	24	25	26	27	28	29	30
절기					清明																				穀雨					
음력	1	2	3	4	5	6	7	8	9	10	11	12	13	14	15	16	17	18	19	20	21	22	23	24	25	26	27	28	29	30
양력	3/28	29	30	31	4/1	2	3	4	5	6	7	8	9	10	11	12	13	14	15	16	17	18	19	20	21	22	23	24	25	26
일진	乙未	丙申	丁酉	戊戌	己亥	庚子	辛丑	壬寅	癸卯	甲辰	乙巳	丙午	丁未	戊申	己酉	庚戌	辛亥	壬子	癸丑	甲寅	乙卯	丙辰	丁巳	戊午	己未	庚申	辛酉	壬戌	癸亥	甲子

절입시각: 오후 10시58분　／　오전 6시29분

四月　大　　　　乙巳

월건	1	2	3	4	5	6	7	8	9	10	11	12	13	14	15	16	17	18	19	20	21	22	23	24	25	26	27	28	29	30
절기					立夏																					小滿				
음력	1	2	3	4	5	6	7	8	9	10	11	12	13	14	15	16	17	18	19	20	21	22	23	24	25	26	27	28	29	30
양력	4/27	28	29	30	5/1	2	3	4	5	6	7	8	9	10	11	12	13	14	15	16	17	18	19	20	21	22	23	24	25	26
일진	乙丑	丙寅	丁卯	戊辰	己巳	庚午	辛未	壬申	癸酉	甲戌	乙亥	丙子	丁丑	戊寅	己卯	庚辰	辛巳	壬午	癸未	甲申	乙酉	丙戌	丁亥	戊子	己丑	庚寅	辛卯	壬辰	癸巳	甲午

절입시각: 오후 4시53분　／　오전 6시10분

五月　小　　　　丙午

월건	1	2	3	4	5	6	7	8	9	10	11	12	13	14	15	16	17	18	19	20	21	22	23	24	25	26	27	28	29
절기											芒種																夏至		
음력	1	2	3	4	5	6	7	8	9	10	11	12	13	14	15	16	17	18	19	20	21	22	23	24	25	26	27	28	29
양력	5/27	28	29	30	31	6/1	2	3	4	5	6	7	8	9	10	11	12	13	14	15	16	17	18	19	20	21	22	23	24
일진	乙未	丙申	丁酉	戊戌	己亥	庚子	辛丑	壬寅	癸卯	甲辰	乙巳	丙午	丁未	戊申	己酉	庚戌	辛亥	壬子	癸丑	甲寅	乙卯	丙辰	丁巳	戊午	己未	庚申	辛酉	壬戌	癸亥

절입시각: 오후 9시30분　／　오후 2시27분

閏五月　小

월건	1	2	3	4	5	6	7	8	9	10	11	12	13	14	15	16	17	18	19	20	21	22	23	24	25	26	27	28	29
절기														小暑															
음력	1	2	3	4	5	6	7	8	9	10	11	12	13	14	15	16	17	18	19	20	21	22	23	24	25	26	27	28	29
양력	6/25	26	27	28	29	30	7/1	2	3	4	5	6	7	8	9	10	11	12	13	14	15	16	17	18	19	20	21	22	23
일진	甲子	乙丑	丙寅	丁卯	戊辰	己巳	庚午	辛未	壬申	癸酉	甲戌	乙亥	丙子	丁丑	戊寅	己卯	庚辰	辛巳	壬午	癸未	甲申	乙酉	丙戌	丁亥	戊子	己丑	庚寅	辛卯	壬辰

절입시각: 오전 7시58분

月建	六 月 大																													丁 未
절기	大暑															立秋														
음력	1	2	3	4	5	6	7	8	9	10	11	12	13	14	15	16	17	18	19	20	21	22	23	24	25	26	27	28	29	30
양력	7/24	25	26	27	28	29	30	31	8/1	2	3	4	5	6	7	8	9	10	11	12	13	14	15	16	17	18	19	20	21	22
일진	癸巳	甲午	乙未	丙申	丁酉	戊戌	己亥	庚子	辛丑	壬寅	癸卯	甲辰	乙巳	丙午	丁未	戊申	己酉	庚戌	辛亥	壬子	癸丑	甲寅	乙卯	丙辰	丁巳	戊午	己未	庚申	辛酉	壬戌
절입시각	오전 1시20분															오후 5시37분														

月建	七 月 小																													戊 申
절기		處暑															白露													
음력	1	2	3	4	5	6	7	8	9	10	11	12	13	14	15	16	17	18	19	20	21	22	23	24	25	26	27	28	29	
양력	8/23	24	25	26	27	28	29	30	31	9/1	2	3	4	5	6	7	8	9	10	11	12	13	14	15	16	17	18	19	20	
일진	癸亥	甲子	乙丑	丙寅	丁卯	戊辰	己巳	庚午	辛未	壬申	癸酉	甲戌	乙亥	丙子	丁丑	戊寅	己卯	庚辰	辛巳	壬午	癸未	甲申	乙酉	丙戌	丁亥	戊子	己丑	庚寅	辛卯	
절입시각	오전 8시4분															오후 8시6분														

月建	八 月 小																													己 酉
절기				秋分															寒露											
음력	1	2	3	4	5	6	7	8	9	10	11	12	13	14	15	16	17	18	19	20	21	22	23	24	25	26	27	28	29	
양력	9/21	22	23	24	25	26	27	28	29	30	10/1	2	3	4	5	6	7	8	9	10	11	12	13	14	15	16	17	18	19	
일진	壬辰	癸巳	甲午	乙未	丙申	丁酉	戊戌	己亥	庚子	辛丑	壬寅	癸卯	甲辰	乙巳	丙午	丁未	戊申	己酉	庚戌	辛亥	壬子	癸丑	甲寅	乙卯	丙辰	丁巳	戊午	己未	庚申	
절입시각	오전 5시10분															오전 11시9분														

月建	九 月 大																													庚 戌
절기					霜降															立冬										
음력	1	2	3	4	5	6	7	8	9	10	11	12	13	14	15	16	17	18	19	20	21	22	23	24	25	26	27	28	29	30
양력	10/20	21	22	23	24	25	26	27	28	29	30	31	11/1	2	3	4	5	6	7	8	9	10	11	12	13	14	15	16	17	18
일진	辛酉	壬戌	癸亥	甲子	乙丑	丙寅	丁卯	戊辰	己巳	庚午	辛未	壬申	癸酉	甲戌	乙亥	丙子	丁丑	戊寅	己卯	庚辰	辛巳	壬午	癸未	甲申	乙酉	丙戌	丁亥	戊子	己丑	庚寅
절입시각	오후 1시53분															오전 1시45분														

月建	十 月 小																													辛 亥
절기				小雪															大雪											
음력	1	2	3	4	5	6	7	8	9	10	11	12	13	14	15	16	17	18	19	20	21	22	23	24	25	26	27	28	29	
양력	11/19	20	21	22	23	24	25	26	27	28	29	30	12/1	2	3	4	5	6	7	8	9	10	11	12	13	14	15	16	17	
일진	辛卯	壬辰	癸巳	甲午	乙未	丙申	丁酉	戊戌	己亥	庚子	辛丑	壬寅	癸卯	甲辰	乙巳	丙午	丁未	戊申	己酉	庚戌	辛亥	壬子	癸丑	甲寅	乙卯	丙辰	丁巳	戊午	己未	
절입시각	오전 10시55분															오전 6시11분														

月建	十 一 月 大																													壬 子
절기					冬至															小寒										
음력	1	2	3	4	5	6	7	8	9	10	11	12	13	14	15	16	17	18	19	20	21	22	23	24	25	26	27	28	29	30
양력	12/18	19	20	21	22	23	24	25	26	27	28	29	30	31	1/1	2	3	4	5	6	7	8	9	10	11	12	13	14	15	16
일진	庚申	辛酉	壬戌	癸亥	甲子	乙丑	丙寅	丁卯	戊辰	己巳	庚午	辛未	壬申	癸酉	甲戌	乙亥	丙子	丁丑	戊寅	己卯	庚辰	辛巳	壬午	癸未	甲申	乙酉	丙戌	丁亥	戊子	己丑
절입시각	오후 11시57분															오후 5시14분														

月建	十 二 月 大																													癸 丑
절기					大寒											立春														
음력	1	2	3	4	5	6	7	8	9	10	11	12	13	14	15	16	17	18	19	20	21	22	23	24	25	26	27	28	29	30
양력	1/17	18	19	20	21	22	23	24	25	26	27	28	29	30	31	2/1	2	3	4	5	6	7	8	9	10	11	12	13	14	15
일진	庚寅	辛卯	壬辰	癸巳	甲午	乙未	丙申	丁酉	戊戌	己亥	庚子	辛丑	壬寅	癸卯	甲辰	乙巳	丙午	丁未	戊申	己酉	庚戌	辛亥	壬子	癸丑	甲寅	乙卯	丙辰	丁巳	戊午	己未
절입시각	오전 10시35분															오전 5시0분														

1923년 | 檀紀 4256년 　癸亥年　金神　申酉子丑

正月 十月 黑中　　酉 大將軍　申酉戌 三殺　酉 吊客　丑 喪門

正月 小　甲寅

절기				雨水											驚蟄													
음력	1	2	3	4	5	6	7	8	9	10	11	12	13	14	15	16	17	18	19	20	21	22	23	24	25	26	27	28	29
양력	2/16	17	18	19	20	21	22	23	24	25	26	27	28	3/1	2	3	4	5	6	7	8	9	10	11	12	13	14	15	16
일진	庚申	辛酉	壬戌	癸亥	甲子	乙丑	丙寅	丁卯	戊辰	己巳	庚午	辛未	壬申	癸酉	甲戌	乙亥	丙子	丁丑	戊寅	己卯	庚辰	辛巳	壬午	癸未	甲申	乙酉	丙戌	丁亥	戊子

절입시각: 오전 1시0분　　오후 11시25분

二月 大　乙卯

절기						春分										清明														
음력	1	2	3	4	5	6	7	8	9	10	11	12	13	14	15	16	17	18	19	20	21	22	23	24	25	26	27	28	29	30
양력	3/17	18	19	20	21	22	23	24	25	26	27	28	29	30	31	4/1	2	3	4	5	6	7	8	9	10	11	12	13	14	15
일진	己丑	庚寅	辛卯	壬辰	癸巳	甲午	乙未	丙申	丁酉	戊戌	己亥	庚子	辛丑	壬寅	癸卯	甲辰	乙巳	丙午	丁未	戊申	己酉	庚戌	辛亥	壬子	癸丑	甲寅	乙卯	丙辰	丁巳	戊午

절입시각: 오전 0시29분　　오전 4시46분

三月 大　丙辰

절기						穀雨										立夏														
음력	1	2	3	4	5	6	7	8	9	10	11	12	13	14	15	16	17	18	19	20	21	22	23	24	25	26	27	28	29	30
양력	4/16	17	18	19	20	21	22	23	24	25	26	27	28	29	30	5/1	2	3	4	5	6	7	8	9	10	11	12	13	14	15
일진	己未	庚申	辛酉	壬戌	癸亥	甲子	乙丑	丙寅	丁卯	戊辰	己巳	庚午	辛未	壬申	癸酉	甲戌	乙亥	丙子	丁丑	戊寅	己卯	庚辰	辛巳	壬午	癸未	甲申	乙酉	丙戌	丁亥	戊子

절입시각: 오후 12시6분　　오후 10시38분

四月 小　丁巳

절기							小滿																芒種						
음력	1	2	3	4	5	6	7	8	9	10	11	12	13	14	15	16	17	18	19	20	21	22	23	24	25	26	27	28	29
양력	5/16	17	18	19	20	21	22	23	24	25	26	27	28	29	30	31	6/1	2	3	4	5	6	7	8	9	10	11	12	13
일진	己丑	庚寅	辛卯	壬辰	癸巳	甲午	乙未	丙申	丁酉	戊戌	己亥	庚子	辛丑	壬寅	癸卯	甲辰	乙巳	丙午	丁未	戊申	己酉	庚戌	辛亥	壬子	癸丑	甲寅	乙卯	丙辰	丁巳

절입시각: 오전 11시45분　　오전 3시14분

五月 大　戊午

절기									夏至																小暑					
음력	1	2	3	4	5	6	7	8	9	10	11	12	13	14	15	16	17	18	19	20	21	22	23	24	25	26	27	28	29	30
양력	6/14	15	16	17	18	19	20	21	22	23	24	25	26	27	28	29	30	7/1	2	3	4	5	6	7	8	9	10	11	12	13
일진	戊午	己未	庚申	辛酉	壬戌	癸亥	甲子	乙丑	丙寅	丁卯	戊辰	己巳	庚午	辛未	壬申	癸酉	甲戌	乙亥	丙子	丁丑	戊寅	己卯	庚辰	辛巳	壬午	癸未	甲申	乙酉	丙戌	丁亥

절입시각: 오후 8시3분　　오후 1시42분

六月 小　己未

절기											大暑								立秋										
음력	1	2	3	4	5	6	7	8	9	10	11	12	13	14	15	16	17	18	19	20	21	22	23	24	25	26	27	28	29
양력	7/14	15	16	17	18	19	20	21	22	23	24	25	26	27	28	29	30	31	8/1	2	3	4	5	6	7	8	9	10	11
일진	戊子	己丑	庚寅	辛卯	壬辰	癸巳	甲午	乙未	丙申	丁酉	戊戌	己亥	庚子	辛丑	壬寅	癸卯	甲辰	乙巳	丙午	丁未	戊申	己酉	庚戌	辛亥	壬子	癸丑	甲寅	乙卯	丙辰

절입시각: 오전 7시1분　　오후 11시25분

七　月　大　　　　　　　　　　　庚　申

절기	1	2	3	4	5	6	7	8	9	10	11	12	13	14	15	16	17	18	19	20	21	22	23	24	25	26	27	28	29	30
절기													處暑																白露	
음력	1	2	3	4	5	6	7	8	9	10	11	12	13	14	15	16	17	18	19	20	21	22	23	24	25	26	27	28	29	30
양력	8/12	13	14	15	16	17	18	19	20	21	22	23	24	25	26	27	28	29	30	31	9/1	2	3	4	5	6	7	8	9	10
일진	丁巳	戊午	己未	庚申	辛酉	壬戌	癸亥	甲子	乙丑	丙寅	丁卯	戊辰	己巳	庚午	辛未	壬申	癸酉	甲戌	乙亥	丙子	丁丑	戊寅	己卯	庚辰	辛巳	壬午	癸未	甲申	乙酉	丙戌

절입시각: 處暑 오후 1시52분 · 白露 오전 1시57분

八　月　小　　　　　　　　　　　辛　酉

절기	1	2	3	4	5	6	7	8	9	10	11	12	13	14	15	16	17	18	19	20	21	22	23	24	25	26	27	28	29
절기														秋分															寒露
음력	1	2	3	4	5	6	7	8	9	10	11	12	13	14	15	16	17	18	19	20	21	22	23	24	25	26	27	28	29
양력	9/11	12	13	14	15	16	17	18	19	20	21	22	23	24	25	26	27	28	29	30	10/1	2	3	4	5	6	7	8	9
일진	丁亥	戊子	己丑	庚寅	辛卯	壬辰	癸巳	甲午	乙未	丙申	丁酉	戊戌	己亥	庚子	辛丑	壬寅	癸卯	甲辰	乙巳	丙午	丁未	戊申	己酉	庚戌	辛亥	壬子	癸丑	甲寅	乙卯

절입시각: 秋分 오전 11시4분 · 寒露 오후 5시3분

九　月　大　　　　　　　　　　　壬　戌

절기	1	2	3	4	5	6	7	8	9	10	11	12	13	14	15	16	17	18	19	20	21	22	23	24	25	26	27	28	29	30
절기															霜降															立冬
음력	1	2	3	4	5	6	7	8	9	10	11	12	13	14	15	16	17	18	19	20	21	22	23	24	25	26	27	28	29	30
양력	10/10	11	12	13	14	15	16	17	18	19	20	21	22	23	24	25	26	27	28	29	30	31	11/1	2	3	4	5	6	7	8
일진	丙辰	丁巳	戊午	己未	庚申	辛酉	壬戌	癸亥	甲子	乙丑	丙寅	丁卯	戊辰	己巳	庚午	辛未	壬申	癸酉	甲戌	乙亥	丙子	丁丑	戊寅	己卯	庚辰	辛巳	壬午	癸未	甲申	乙酉

절입시각: 霜降 오후 7시51분 · 立冬 오후 7시40분

十　月　小　　　　　　　　　　　癸　亥

절기	1	2	3	4	5	6	7	8	9	10	11	12	13	14	15	16	17	18	19	20	21	22	23	24	25	26	27	28	29
절기															小雪														
음력	1	2	3	4	5	6	7	8	9	10	11	12	13	14	15	16	17	18	19	20	21	22	23	24	25	26	27	28	29
양력	11/9	10	11	12	13	14	15	16	17	18	19	20	21	22	23	24	25	26	27	28	29	30	12/1	2	3	4	5	6	7
일진	丙戌	丁亥	戊子	己丑	庚寅	辛卯	壬辰	癸巳	甲午	乙未	丙申	丁酉	戊戌	己亥	庚子	辛丑	壬寅	癸卯	甲辰	乙巳	丙午	丁未	戊申	己酉	庚戌	辛亥	壬子	癸丑	甲寅

절입시각: 小雪 오후 4시54분

十　一　月　小　　　　　　　　　甲　子

절기	1	2	3	4	5	6	7	8	9	10	11	12	13	14	15	16	17	18	19	20	21	22	23	24	25	26	27	28	29
절기	大雪															冬至													
음력	1	2	3	4	5	6	7	8	9	10	11	12	13	14	15	16	17	18	19	20	21	22	23	24	25	26	27	28	29
양력	12/8	9	10	11	12	13	14	15	16	17	18	19	20	21	22	23	24	25	26	27	28	29	30	31	1/1	2	3	4	5
일진	乙卯	丙辰	丁巳	戊午	己未	庚申	辛酉	壬戌	癸亥	甲子	乙丑	丙寅	丁卯	戊辰	己巳	庚午	辛未	壬申	癸酉	甲戌	乙亥	丙子	丁丑	戊寅	己卯	庚辰	辛巳	壬午	癸未

절입시각: 大雪 오후 12시5분 · 冬至 오전 5시53분

十　二　月　大　　　　　　　　　乙　丑

절기	1	2	3	4	5	6	7	8	9	10	11	12	13	14	15	16	17	18	19	20	21	22	23	24	25	26	27	28	29	30
절기	小寒															大寒														
음력	1	2	3	4	5	6	7	8	9	10	11	12	13	14	15	16	17	18	19	20	21	22	23	24	25	26	27	28	29	30
양력	1/6	7	8	9	10	11	12	13	14	15	16	17	18	19	20	21	22	23	24	25	26	27	28	29	30	31	2/1	2	3	4
일진	甲申	乙酉	丙戌	丁亥	戊子	己丑	庚寅	辛卯	壬辰	癸巳	甲午	乙未	丙申	丁酉	戊戌	己亥	庚子	辛丑	壬寅	癸卯	甲辰	乙巳	丙午	丁未	戊申	己酉	庚戌	辛亥	壬子	癸丑

절입시각: 小寒 오후 11시6분 · 大寒 오후 4시28분

1924년	檀紀 4257년	**甲子年**	金神　午未申酉
七月 黑中		酉 大將軍　巳午未 三殺　戌 吊客　寅 喪門	

正月 大　　月建 丙寅

절기	음력	양력	일진
立春	1	2/5	甲寅
	2	6	乙卯
	3	7	丙辰
	4	8	丁巳
	5	9	戊午
	6	10	己未
	7	11	庚申
	8	12	辛酉
	9	13	壬戌
	10	14	癸亥
	11	15	甲子
	12	16	乙丑
	13	17	丙寅
	14	18	丁卯
	15	19	戊辰
雨水	16	20	己巳
	17	21	庚午
	18	22	辛未
	19	23	壬申
	20	24	癸酉
	21	25	甲戌
	22	26	乙亥
	23	27	丙子
	24	28	丁丑
	25	29	戊寅
	26	3/1	己卯
	27	2	庚辰
	28	3	辛巳
	29	4	壬午
	30	5	癸未

절입시각: 오전 10시50분　／　오전 6시51분

二月 小　　月建 丁卯

절기	음력	양력	일진
驚蟄	1	3/6	甲申
	2	7	乙酉
	3	8	丙戌
	4	9	丁亥
	5	10	戊子
	6	11	己丑
	7	12	庚寅
	8	13	辛卯
	9	14	壬辰
	10	15	癸巳
	11	16	甲午
	12	17	乙未
	13	18	丙申
	14	19	丁酉
	15	20	戊戌
春分	16	21	己亥
	17	22	庚子
	18	23	辛丑
	19	24	壬寅
	20	25	癸卯
	21	26	甲辰
	22	27	乙巳
	23	28	丙午
	24	29	丁未
	25	30	戊申
	26	31	己酉
	27	4/1	庚戌
	28	2	辛亥
	29	3	壬子

절입시각: 오전 5시12분　／　오전 6시20분

三月 大　　月建 戊辰

절기	음력	양력	일진
	1	4/4	癸丑
清明	2	5	甲寅
	3	6	乙卯
	4	7	丙辰
	5	8	丁巳
	6	9	戊午
	7	10	己未
	8	11	庚申
	9	12	辛酉
	10	13	壬戌
	11	14	癸亥
	12	15	甲子
	13	16	乙丑
	14	17	丙寅
	15	18	丁卯
	16	19	戊辰
穀雨	17	20	己巳
	18	21	庚午
	19	22	辛未
	20	23	壬申
	21	24	癸酉
	22	25	甲戌
	23	26	乙亥
	24	27	丙子
	25	28	丁丑
	26	29	戊寅
	27	30	己卯
	28	5/1	庚辰
	29	2	辛巳
	30	3	壬午

절입시각: 오전 10시33분　／　오후 5시59분

四月 小　　月建 己巳

절기	음력	양력	일진
	1	5/4	癸未
	2	5	甲申
立夏	3	6	乙酉
	4	7	丙戌
	5	8	丁亥
	6	9	戊子
	7	10	己丑
	8	11	庚寅
	9	12	辛卯
	10	13	壬辰
	11	14	癸巳
	12	15	甲午
	13	16	乙未
	14	17	丙申
	15	18	丁酉
	16	19	戊戌
	17	20	己亥
小滿	18	21	庚子
	19	22	辛丑
	20	23	壬寅
	21	24	癸卯
	22	25	甲辰
	23	26	乙巳
	24	27	丙午
	25	28	丁未
	26	29	戊申
	27	30	己酉
	28	31	庚戌
	29	6/1	辛亥

절입시각: 오전 4시26분　／　오후 5시40분

五月 大　　月建 庚午

절기	음력	양력	일진
	1	6/2	壬子
	2	3	癸丑
	3	4	甲寅
	4	5	乙卯
芒種	5	6	丙辰
	6	7	丁巳
	7	8	戊午
	8	9	己未
	9	10	庚申
	10	11	辛酉
	11	12	壬戌
	12	13	癸亥
	13	14	甲子
	14	15	乙丑
	15	16	丙寅
	16	17	丁卯
	17	18	戊辰
	18	19	己巳
	19	20	庚午
	20	21	辛未
夏至	21	22	壬申
	22	23	癸酉
	23	24	甲戌
	24	25	乙亥
	25	26	丙子
	26	27	丁丑
	27	28	戊寅
	28	29	己卯
	29	30	庚辰
	30	7/1	辛巳

절입시각: 오전 9시2분　／　오전 1시59분

六月 大　　月建 辛未

절기	음력	양력	일진
	1	7/2	壬午
	2	3	癸未
	3	4	甲申
	4	5	乙酉
	5	6	丙戌
小暑	6	7	丁亥
	7	8	戊子
	8	9	己丑
	9	10	庚寅
	10	11	辛卯
	11	12	壬辰
	12	13	癸巳
	13	14	甲午
	14	15	乙未
	15	16	丙申
	16	17	丁酉
	17	18	戊戌
	18	19	己亥
	19	20	庚子
	20	21	辛丑
	21	22	壬寅
大暑	22	23	癸卯
	23	24	甲辰
	24	25	乙巳
	25	26	丙午
	26	27	丁未
	27	28	戊申
	28	29	己酉
	29	30	庚戌
	30	31	辛亥

절입시각: 오후 7시30분　／　오후 12시58분

月建	七 月 小																						壬 申						
절기								立秋															處暑							
음력	1	2	3	4	5	6	7	8	9	10	11	12	13	14	15	16	17	18	19	20	21	22	23	24	25	26	27	28	29	
양력	8/1	2	3	4	5	6	7	8	9	10	11	12	13	14	15	16	17	18	19	20	21	22	23	24	25	26	27	28	29	
일진	壬子	癸丑	甲寅	乙卯	丙辰	丁巳	戊午	己未	庚申	辛酉	壬戌	癸亥	甲子	乙丑	丙寅	丁卯	戊辰	己巳	庚午	辛未	壬申	癸酉	甲戌	乙亥	丙子	丁丑	戊寅	己卯	庚辰	
절입시각							立秋 오전 5시12분															處暑 오후 7시48분								

月建	八 月 大																								癸 酉					
절기										白露															秋分					
음력	1	2	3	4	5	6	7	8	9	10	11	12	13	14	15	16	17	18	19	20	21	22	23	24	25	26	27	28	29	30
양력	8/30	31	9/1	2	3	4	5	6	7	8	9	10	11	12	13	14	15	16	17	18	19	20	21	22	23	24	25	26	27	28
일진	辛巳	壬午	癸未	甲申	乙酉	丙戌	丁亥	戊子	己丑	庚寅	辛卯	壬辰	癸巳	甲午	乙未	丙申	丁酉	戊戌	己亥	庚子	辛丑	壬寅	癸卯	甲辰	乙巳	丙午	丁未	戊申	己酉	庚戌
절입시각								白露 오전 7시46분																秋分 오후 4시58분						

月建	九 月 小																							甲 戌						
절기										寒露																霜降				
음력	1	2	3	4	5	6	7	8	9	10	11	12	13	14	15	16	17	18	19	20	21	22	23	24	25	26	27	28	29	
양력	9/29	30	10/1	2	3	4	5	6	7	8	9	10	11	12	13	14	15	16	17	18	19	20	21	22	23	24	25	26	27	
일진	辛亥	壬子	癸丑	甲寅	乙卯	丙辰	丁巳	戊午	己未	庚申	辛酉	壬戌	癸亥	甲子	乙丑	丙寅	丁卯	戊辰	己巳	庚午	辛未	壬申	癸酉	甲戌	乙亥	丙子	丁丑	戊寅	己卯	
절입시각								寒露 오후 10시52분																霜降 오전 1시44분						

月建	十 月 大																								乙 亥					
절기												立冬														小雪				
음력	1	2	3	4	5	6	7	8	9	10	11	12	13	14	15	16	17	18	19	20	21	22	23	24	25	26	27	28	29	30
양력	10/28	29	30	31	11/1	2	3	4	5	6	7	8	9	10	11	12	13	14	15	16	17	18	19	20	21	22	23	24	25	26
일진	庚辰	辛巳	壬午	癸未	甲申	乙酉	丙戌	丁亥	戊子	己丑	庚寅	辛卯	壬辰	癸巳	甲午	乙未	丙申	丁酉	戊戌	己亥	庚子	辛丑	壬寅	癸卯	甲辰	乙巳	丙午	丁未	戊申	己酉
절입시각								立冬 오전 1시29분																小雪 오후 10시46분						

月建	十 一 月 小																							丙 子						
절기											大雪															冬至				
음력	1	2	3	4	5	6	7	8	9	10	11	12	13	14	15	16	17	18	19	20	21	22	23	24	25	26	27	28	29	
양력	11/27	28	29	30	12/1	2	3	4	5	6	7	8	9	10	11	12	13	14	15	16	17	18	19	20	21	22	23	24	25	
일진	庚戌	辛亥	壬子	癸丑	甲寅	乙卯	丙辰	丁巳	戊午	己未	庚申	辛酉	壬戌	癸亥	甲子	乙丑	丙寅	丁卯	戊辰	己巳	庚午	辛未	壬申	癸酉	甲戌	乙亥	丙子	丁丑	戊寅	
절입시각								大雪 오후 5시53분																冬至 오전 11시46분						

月建	十 二 月 小																							丁 丑						
절기							小寒																			大寒				
음력	1	2	3	4	5	6	7	8	9	10	11	12	13	14	15	16	17	18	19	20	21	22	23	24	25	26	27	28	29	
양력	12/26	27	28	29	30	31	1/1	2	3	4	5	6	7	8	9	10	11	12	13	14	15	16	17	18	19	20	21	22	23	
일진	己卯	庚辰	辛巳	壬午	癸未	甲申	乙酉	丙戌	丁亥	戊子	己丑	庚寅	辛卯	壬辰	癸巳	甲午	乙未	丙申	丁酉	戊戌	己亥	庚子	辛丑	壬寅	癸卯	甲辰	乙巳	丙午	丁未	
절입시각								小寒 오전 4시53분																大寒 오후 10시20분						

四月 黑中　　酉 大將軍　寅卯辰 三殺　亥 吊客　卯 喪門

正月大　戊寅

절기												立春															雨水			
음력	1	2	3	4	5	6	7	8	9	10	11	12	13	14	15	16	17	18	19	20	21	22	23	24	25	26	27	28	29	30
양력	1/24	25	26	27	28	29	30	31	2/1	2	3	4	5	6	7	8	9	10	11	12	13	14	15	16	17	18	19	20	21	22
일진	戊申	己酉	庚戌	辛亥	壬子	癸丑	甲寅	乙卯	丙辰	丁巳	戊午	己未	庚申	辛酉	壬戌	癸亥	甲子	乙丑	丙寅	丁卯	戊辰	己巳	庚午	辛未	壬申	癸酉	甲戌	乙亥	丙子	丁丑

절입시각: 立春 오후 4시37분　　雨水 오후 12시43분

二月小　己卯

절기						驚蟄																				春分		
음력	1	2	3	4	5	6	7	8	9	10	11	12	13	14	15	16	17	18	19	20	21	22	23	24	25	26	27	28	29
양력	2/23	24	25	26	27	28	3/1	2	3	4	5	6	7	8	9	10	11	12	13	14	15	16	17	18	19	20	21	22	23
일진	戊寅	己卯	庚辰	辛巳	壬午	癸未	甲申	乙酉	丙戌	丁亥	戊子	己丑	庚寅	辛卯	壬辰	癸巳	甲午	乙未	丙申	丁酉	戊戌	己亥	庚子	辛丑	壬寅	癸卯	甲辰	乙巳	丙午

절입시각: 驚蟄 오전 11시0분　　春分 오후 12시12분

三月大　庚辰

절기													淸明															穀雨		
음력	1	2	3	4	5	6	7	8	9	10	11	12	13	14	15	16	17	18	19	20	21	22	23	24	25	26	27	28	29	30
양력	3/24	25	26	27	28	29	30	31	4/1	2	3	4	5	6	7	8	9	10	11	12	13	14	15	16	17	18	19	20	21	22
일진	丁未	戊申	己酉	庚戌	辛亥	壬子	癸丑	甲寅	乙卯	丙辰	丁巳	戊午	己未	庚申	辛酉	壬戌	癸亥	甲子	乙丑	丙寅	丁卯	戊辰	己巳	庚午	辛未	壬申	癸酉	甲戌	乙亥	丙子

절입시각: 淸明 오후 4시23분　　穀雨 오후 11시51분

四月大　辛巳

절기									立夏																				小滿	
음력	1	2	3	4	5	6	7	8	9	10	11	12	13	14	15	16	17	18	19	20	21	22	23	24	25	26	27	28	29	30
양력	4/23	24	25	26	27	28	29	30	5/1	2	3	4	5	6	7	8	9	10	11	12	13	14	15	16	17	18	19	20	21	22
일진	丁丑	戊寅	己卯	庚辰	辛巳	壬午	癸未	甲申	乙酉	丙戌	丁亥	戊子	己丑	庚寅	辛卯	壬辰	癸巳	甲午	乙未	丙申	丁酉	戊戌	己亥	庚子	辛丑	壬寅	癸卯	甲辰	乙巳	丙午

절입시각: 立夏 오전 10시18분　　小滿 오후 11시33분

閏四月小

절기										芒種																			
음력	1	2	3	4	5	6	7	8	9	10	11	12	13	14	15	16	17	18	19	20	21	22	23	24	25	26	27	28	29
양력	5/23	24	25	26	27	28	29	30	31	6/1	2	3	4	5	6	7	8	9	10	11	12	13	14	15	16	17	18	19	20
일진	丁未	戊申	己酉	庚戌	辛亥	壬子	癸丑	甲寅	乙卯	丙辰	丁巳	戊午	己未	庚申	辛酉	壬戌	癸亥	甲子	乙丑	丙寅	丁卯	戊辰	己巳	庚午	辛未	壬申	癸酉	甲戌	乙亥

절입시각: 芒種 오후 2시56분

五月大　壬午

절기	夏至																	小暑												
음력	1	2	3	4	5	6	7	8	9	10	11	12	13	14	15	16	17	18	19	20	21	22	23	24	25	26	27	28	29	30
양력	6/21	22	23	24	25	26	27	28	29	30	7/1	2	3	4	5	6	7	8	9	10	11	12	13	14	15	16	17	18	19	20
일진	丙子	丁丑	戊寅	己卯	庚辰	辛巳	壬午	癸未	甲申	乙酉	丙戌	丁亥	戊子	己丑	庚寅	辛卯	壬辰	癸巳	甲午	乙未	丙申	丁酉	戊戌	己亥	庚子	辛丑	壬寅	癸卯	甲辰	乙巳

절입시각: 夏至 오전 7시50분　　小暑 오전 1시25분

月建	六　月　小　　　　　　　　癸未																												
절기			大暑																立秋										
음력	1	2	3	4	5	6	7	8	9	10	11	12	13	14	15	16	17	18	19	20	21	22	23	24	25	26	27	28	29
양력	7/21	22	23	24	25	26	27	28	29	30	31	8/1	2	3	4	5	6	7	8	9	10	11	12	13	14	15	16	17	18
일진	丙午	丁未	戊申	己酉	庚戌	辛亥	壬子	癸丑	甲寅	乙卯	丙辰	丁巳	戊午	己未	庚申	辛酉	壬戌	癸亥	甲子	乙丑	丙寅	丁卯	戊辰	己巳	庚午	辛未	壬申	癸酉	甲戌
절입시각			오후 6시45분																오전 11시7분										

月建	七　月　大　　　　　　　　甲申																													
절기						處暑															白露									
음력	1	2	3	4	5	6	7	8	9	10	11	12	13	14	15	16	17	18	19	20	21	22	23	24	25	26	27	28	29	30
양력	8/19	20	21	22	23	24	25	26	27	28	29	30	31	9/1	2	3	4	5	6	7	8	9	10	11	12	13	14	15	16	17
일진	乙亥	丙子	丁丑	戊寅	己卯	庚辰	辛巳	壬午	癸未	甲申	乙酉	丙戌	丁亥	戊子	己丑	庚寅	辛卯	壬辰	癸巳	甲午	乙未	丙申	丁酉	戊戌	己亥	庚子	辛丑	壬寅	癸卯	甲辰
절입시각						오전 1시33분															오후 1시40분									

月建	八　月　大　　　　　　　　乙酉																													
절기						秋分																寒露								
음력	1	2	3	4	5	6	7	8	9	10	11	12	13	14	15	16	17	18	19	20	21	22	23	24	25	26	27	28	29	30
양력	9/18	19	20	21	22	23	24	25	26	27	28	29	30	10/1	2	3	4	5	6	7	8	9	10	11	12	13	14	15	16	17
일진	乙巳	丙午	丁未	戊申	己酉	庚戌	辛亥	壬子	癸丑	甲寅	乙卯	丙辰	丁巳	戊午	己未	庚申	辛酉	壬戌	癸亥	甲子	乙丑	丙寅	丁卯	戊辰	己巳	庚午	辛未	壬申	癸酉	甲戌
절입시각						오후 10시43분																오전 4시47분								

月建	九　月　小　　　　　　　　丙戌																												
절기							霜降															立冬							
음력	1	2	3	4	5	6	7	8	9	10	11	12	13	14	15	16	17	18	19	20	21	22	23	24	25	26	27	28	29
양력	10/18	19	20	21	22	23	24	25	26	27	28	29	30	31	11/1	2	3	4	5	6	7	8	9	10	11	12	13	14	15
일진	乙亥	丙子	丁丑	戊寅	己卯	庚辰	辛巳	壬午	癸未	甲申	乙酉	丙戌	丁亥	戊子	己丑	庚寅	辛卯	壬辰	癸巳	甲午	乙未	丙申	丁酉	戊戌	己亥	庚子	辛丑	壬寅	癸卯
절입시각							오전 7시31분															오전 7시26분							

月建	十　月　大　　　　　　　　丁亥																													
절기								小雪														大雪								
음력	1	2	3	4	5	6	7	8	9	10	11	12	13	14	15	16	17	18	19	20	21	22	23	24	25	26	27	28	29	30
양력	11/16	17	18	19	20	21	22	23	24	25	26	27	28	29	30	12/1	2	3	4	5	6	7	8	9	10	11	12	13	14	15
일진	甲辰	乙巳	丙午	丁未	戊申	己酉	庚戌	辛亥	壬子	癸丑	甲寅	乙卯	丙辰	丁巳	戊午	己未	庚申	辛酉	壬戌	癸亥	甲子	乙丑	丙寅	丁卯	戊辰	己巳	庚午	辛未	壬申	癸酉
절입시각								오전 4시35분														오후 11시52분								

月建	十一　月　小　　　　　　　戊子																												
절기							冬至															小寒							
음력	1	2	3	4	5	6	7	8	9	10	11	12	13	14	15	16	17	18	19	20	21	22	23	24	25	26	27	28	29
양력	12/16	17	18	19	20	21	22	23	24	25	26	27	28	29	30	31	1/1	2	3	4	5	6	7	8	9	10	11	12	13
일진	甲戌	乙亥	丙子	丁丑	戊寅	己卯	庚辰	辛巳	壬午	癸未	甲申	乙酉	丙戌	丁亥	戊子	己丑	庚寅	辛卯	壬辰	癸巳	甲午	乙未	丙申	丁酉	戊戌	己亥	庚子	辛丑	壬寅
절입시각							오후 5시37분															오전 10시54분							

月建	十二　月　大　　　　　　　己丑																													
절기								大寒											立春											
음력	1	2	3	4	5	6	7	8	9	10	11	12	13	14	15	16	17	18	19	20	21	22	23	24	25	26	27	28	29	30
양력	1/14	15	16	17	18	19	20	21	22	23	24	25	26	27	28	29	30	31	2/1	2	3	4	5	6	7	8	9	10	11	12
일진	癸卯	甲辰	乙巳	丙午	丁未	戊申	己酉	庚戌	辛亥	壬子	癸丑	甲寅	乙卯	丙辰	丁巳	戊午	己未	庚申	辛酉	壬戌	癸亥	甲子	乙丑	丙寅	丁卯	戊辰	己巳	庚午	辛未	壬申
절입시각								오전 4시12분											오후 10시38분											

57

1926년 | 檀紀 4259년 — 丙寅年

金神　寅卯午未子丑

正月 十月 黑中　　子 大將軍　亥子丑 三殺　子 吊客　辰 喪門

月建　正 月 小　　庚 寅

절기							雨水										驚蟄											
음력	1	2	3	4	5	6	7	8	9	10	11	12	13	14	15	16	17	18	19	20	21	22	23	24	25	26	27	28	29
양력	2/13	14	15	16	17	18	19	20	21	22	23	24	25	26	27	28	3/1	2	3	4	5	6	7	8	9	10	11	12	13
일진	癸酉	甲戌	乙亥	丙子	丁丑	戊寅	己卯	庚辰	辛巳	壬午	癸未	甲申	乙酉	丙戌	丁亥	戊子	己丑	庚寅	辛卯	壬辰	癸巳	甲午	乙未	丙申	丁酉	戊戌	己亥	庚子	辛丑

절입시각　雨水 오후 6시35분　　驚蟄 오후 5시0분

月建　二 月 小　　辛 卯

절기							春分											清明										
음력	1	2	3	4	5	6	7	8	9	10	11	12	13	14	15	16	17	18	19	20	21	22	23	24	25	26	27	28	29
양력	3/14	15	16	17	18	19	20	21	22	23	24	25	26	27	28	29	30	31	4/1	2	3	4	5	6	7	8	9	10	11
일진	壬寅	癸卯	甲辰	乙巳	丙午	丁未	戊申	己酉	庚戌	辛亥	壬子	癸丑	甲寅	乙卯	丙辰	丁巳	戊午	己未	庚申	辛酉	壬戌	癸亥	甲子	乙丑	丙寅	丁卯	戊辰	己巳	庚午

절입시각　春分 오후 6시1분　　清明 오후 10시18분

月建　三 月 大　　壬 辰

절기										穀雨															立夏					
음력	1	2	3	4	5	6	7	8	9	10	11	12	13	14	15	16	17	18	19	20	21	22	23	24	25	26	27	28	29	30
양력	4/12	13	14	15	16	17	18	19	20	21	22	23	24	25	26	27	28	29	30	5/1	2	3	4	5	6	7	8	9	10	11
일진	辛未	壬申	癸酉	甲戌	乙亥	丙子	丁丑	戊寅	己卯	庚辰	辛巳	壬午	癸未	甲申	乙酉	丙戌	丁亥	戊子	己丑	庚寅	辛卯	壬辰	癸巳	甲午	乙未	丙申	丁酉	戊戌	己亥	庚子

절입시각　穀雨 오전 5시36분　　立夏 오후 4시8분

月建　四 月 小　　癸 巳

절기											小滿															芒種			
음력	1	2	3	4	5	6	7	8	9	10	11	12	13	14	15	16	17	18	19	20	21	22	23	24	25	26	27	28	29
양력	5/12	13	14	15	16	17	18	19	20	21	22	23	24	25	26	27	28	29	30	31	6/1	2	3	4	5	6	7	8	9
일진	辛丑	壬寅	癸卯	甲辰	乙巳	丙午	丁未	戊申	己酉	庚戌	辛亥	壬子	癸丑	甲寅	乙卯	丙辰	丁巳	戊午	己未	庚申	辛酉	壬戌	癸亥	甲子	乙丑	丙寅	丁卯	戊辰	己巳

절입시각　小滿 오전 5시15분　　芒種 오후 8시42분

月建　五 月 大　　甲 午

절기													夏至									小暑								
음력	1	2	3	4	5	6	7	8	9	10	11	12	13	14	15	16	17	18	19	20	21	22	23	24	25	26	27	28	29	30
양력	6/10	11	12	13	14	15	16	17	18	19	20	21	22	23	24	25	26	27	28	29	30	7/1	2	3	4	5	6	7	8	9
일진	庚午	辛未	壬申	癸酉	甲戌	乙亥	丙子	丁丑	戊寅	己卯	庚辰	辛巳	壬午	癸未	甲申	乙酉	丙戌	丁亥	戊子	己丑	庚寅	辛卯	壬辰	癸巳	甲午	乙未	丙申	丁酉	戊戌	己亥

절입시각　夏至 오후 1시30분　　小暑 오전 7시6분

月建　六 月 小　　乙 未

절기															大暑														
음력	1	2	3	4	5	6	7	8	9	10	11	12	13	14	15	16	17	18	19	20	21	22	23	24	25	26	27	28	29
양력	7/10	11	12	13	14	15	16	17	18	19	20	21	22	23	24	25	26	27	28	29	30	31	8/1	2	3	4	5	6	7
일진	庚子	辛丑	壬寅	癸卯	甲辰	乙巳	丙午	丁未	戊申	己酉	庚戌	辛亥	壬子	癸丑	甲寅	乙卯	丙辰	丁巳	戊午	己未	庚申	辛酉	壬戌	癸亥	甲子	乙丑	丙寅	丁卯	戊辰

절입시각　大暑 오전 0시25분

月建	七 月 大																								丙 申					
절기	立秋																處暑													
음력	1	2	3	4	5	6	7	8	9	10	11	12	13	14	15	16	17	18	19	20	21	22	23	24	25	26	27	28	29	30
양력	8/8	9	10	11	12	13	14	15	16	17	18	19	20	21	22	23	24	25	26	27	28	29	30	31	9/1	2	3	4	5	6
일진	己巳	庚午	辛未	壬申	癸酉	甲戌	乙亥	丙子	丁丑	戊寅	己卯	庚辰	辛巳	壬午	癸未	甲申	乙酉	丙戌	丁亥	戊子	己丑	庚寅	辛卯	壬辰	癸巳	甲午	乙未	丙申	丁酉	戊戌
절입시각	오후 4시44분																오전 7시14분													

月建	八 月 大																								丁 酉					
절기		白露																秋分												
음력	1	2	3	4	5	6	7	8	9	10	11	12	13	14	15	16	17	18	19	20	21	22	23	24	25	26	27	28	29	30
양력	9/7	8	9	10	11	12	13	14	15	16	17	18	19	20	21	22	23	24	25	26	27	28	29	30	10/1	2	3	4	5	6
일진	己亥	庚子	辛丑	壬寅	癸卯	甲辰	乙巳	丙午	丁未	戊申	己酉	庚戌	辛亥	壬子	癸丑	甲寅	乙卯	丙辰	丁巳	戊午	己未	庚申	辛酉	壬戌	癸亥	甲子	乙丑	丙寅	丁卯	戊辰
절입시각	오후 7시16분																오전 4시27분													

月建	九 月 小																								戊 戌				
절기			寒露															霜降											
음력	1	2	3	4	5	6	7	8	9	10	11	12	13	14	15	16	17	18	19	20	21	22	23	24	25	26	27	28	29
양력	10/7	8	9	10	11	12	13	14	15	16	17	18	19	20	21	22	23	24	25	26	27	28	29	30	31	11/1	2	3	4
일진	己巳	庚午	辛未	壬申	癸酉	甲戌	乙亥	丙子	丁丑	戊寅	己卯	庚辰	辛巳	壬午	癸未	甲申	乙酉	丙戌	丁亥	戊子	己丑	庚寅	辛卯	壬辰	癸巳	甲午	乙未	丙申	丁酉
절입시각	오전 10시25분																	오후 1시18분											

月建	十 月 大																								己 亥					
절기				立冬															小雪											
음력	1	2	3	4	5	6	7	8	9	10	11	12	13	14	15	16	17	18	19	20	21	22	23	24	25	26	27	28	29	30
양력	11/5	6	7	8	9	10	11	12	13	14	15	16	17	18	19	20	21	22	23	24	25	26	27	28	29	30	12/1	2	3	4
일진	戊戌	己亥	庚子	辛丑	壬寅	癸卯	甲辰	乙巳	丙午	丁未	戊申	己酉	庚戌	辛亥	壬子	癸丑	甲寅	乙卯	丙辰	丁巳	戊午	己未	庚申	辛酉	壬戌	癸亥	甲子	乙丑	丙寅	丁卯
절입시각	오후 1시8분																		오전 10시28분											

月建	十 一 月 大																								庚 子					
절기				大雪														冬至												
음력	1	2	3	4	5	6	7	8	9	10	11	12	13	14	15	16	17	18	19	20	21	22	23	24	25	26	27	28	29	30
양력	12/5	6	7	8	9	10	11	12	13	14	15	16	17	18	19	20	21	22	23	24	25	26	27	28	29	30	31	1/1	2	3
일진	戊辰	己巳	庚午	辛未	壬申	癸酉	甲戌	乙亥	丙子	丁丑	戊寅	己卯	庚辰	辛巳	壬午	癸未	甲申	乙酉	丙戌	丁亥	戊子	己丑	庚寅	辛卯	壬辰	癸巳	甲午	乙未	丙申	丁酉
절입시각	오전 5시39분																	오후 11시33분												

月建	十 二 月 小																								辛 丑				
절기			小寒															大寒											
음력	1	2	3	4	5	6	7	8	9	10	11	12	13	14	15	16	17	18	19	20	21	22	23	24	25	26	27	28	29
양력	1/4	5	6	7	8	9	10	11	12	13	14	15	16	17	18	19	20	21	22	23	24	25	26	27	28	29	30	31	2/1
일진	戊戌	己亥	庚子	辛丑	壬寅	癸卯	甲辰	乙巳	丙午	丁未	戊申	己酉	庚戌	辛亥	壬子	癸丑	甲寅	乙卯	丙辰	丁巳	戊午	己未	庚申	辛酉	壬戌	癸亥	甲子	乙丑	丙寅
절입시각	오후 4시45분																	오전 10시12분											

| 1927년 | 檀紀 4260년 | 丁 卯 年 | 金神　寅卯戌亥 |

七月　黑中　　　子　大將軍　申酉戌　三殺　丑　吊客　巳　喪門

月建　正　月　大　　　壬　寅

절기: 立春(4)　雨水(19)

음력	1	2	3	4	5	6	7	8	9	10	11	12	13	14	15	16	17	18	19	20	21	22	23	24	25	26	27	28	29	30
양력	2/2	3	4	5	6	7	8	9	10	11	12	13	14	15	16	17	18	19	20	21	22	23	24	25	26	27	28	3/1	2	3
일진	丁卯	戊辰	己巳	庚午	辛未	壬申	癸酉	甲戌	乙亥	丙子	丁丑	戊寅	己卯	庚辰	辛巳	壬午	癸未	甲申	乙酉	丙戌	丁亥	戊子	己丑	庚寅	辛卯	壬辰	癸巳	甲午	乙未	丙申

절입시각: 오전 4시30분　　오전 0시34분

月建　二　月　小　　　癸　卯

절기: 驚蟄(3)　春分(18)

음력	1	2	3	4	5	6	7	8	9	10	11	12	13	14	15	16	17	18	19	20	21	22	23	24	25	26	27	28	29
양력	3/4	5	6	7	8	9	10	11	12	13	14	15	16	17	18	19	20	21	22	23	24	25	26	27	28	29	30	31	4/1
일진	丁酉	戊戌	己亥	庚子	辛丑	壬寅	癸卯	甲辰	乙巳	丙午	丁未	戊申	己酉	庚戌	辛亥	壬子	癸丑	甲寅	乙卯	丙辰	丁巳	戊午	己未	庚申	辛酉	壬戌	癸亥	甲子	乙丑

절입시각: 오후 10시50분　　오후 11시59분

月建　三　月　小　　　甲　辰

절기: 淸明(5)　穀雨(20)

음력	1	2	3	4	5	6	7	8	9	10	11	12	13	14	15	16	17	18	19	20	21	22	23	24	25	26	27	28	29
양력	4/2	3	4	5	6	7	8	9	10	11	12	13	14	15	16	17	18	19	20	21	22	23	24	25	26	27	28	29	30
일진	丙寅	丁卯	戊辰	己巳	庚午	辛未	壬申	癸酉	甲戌	乙亥	丙子	丁丑	戊寅	己卯	庚辰	辛巳	壬午	癸未	甲申	乙酉	丙戌	丁亥	戊子	己丑	庚寅	辛卯	壬辰	癸巳	甲午

절입시각: 오전 4시6분　　오전 11시32분

月建　四　月　大　　　乙　巳

절기: 立夏(6)　小滿(22)

음력	1	2	3	4	5	6	7	8	9	10	11	12	13	14	15	16	17	18	19	20	21	22	23	24	25	26	27	28	29	30
양력	5/1	2	3	4	5	6	7	8	9	10	11	12	13	14	15	16	17	18	19	20	21	22	23	24	25	26	27	28	29	30
일진	乙未	丙申	丁酉	戊戌	己亥	庚子	辛丑	壬寅	癸卯	甲辰	乙巳	丙午	丁未	戊申	己酉	庚戌	辛亥	壬子	癸丑	甲寅	乙卯	丙辰	丁巳	戊午	己未	庚申	辛酉	壬戌	癸亥	甲子

절입시각: 오후 9시53분　　오전 11시8분

月建　五　月　小　　　丙　午

절기: 芒種(8)　夏至(23)

음력	1	2	3	4	5	6	7	8	9	10	11	12	13	14	15	16	17	18	19	20	21	22	23	24	25	26	27	28	29
양력	5/31	6/1	2	3	4	5	6	7	8	9	10	11	12	13	14	15	16	17	18	19	20	21	22	23	24	25	26	27	28
일진	乙丑	丙寅	丁卯	戊辰	己巳	庚午	辛未	壬申	癸酉	甲戌	乙亥	丙子	丁丑	戊寅	己卯	庚辰	辛巳	壬午	癸未	甲申	乙酉	丙戌	丁亥	戊子	己丑	庚寅	辛卯	壬辰	癸巳

절입시각: 오전 2시25분　　오후 7시22분

月建　六　月　大　　　丁　未

절기: 小暑(10)　大暑(26)

음력	1	2	3	4	5	6	7	8	9	10	11	12	13	14	15	16	17	18	19	20	21	22	23	24	25	26	27	28	29	30
양력	6/29	30	7/1	2	3	4	5	6	7	8	9	10	11	12	13	14	15	16	17	18	19	20	21	22	23	24	25	26	27	28
일진	甲午	乙未	丙申	丁酉	戊戌	己亥	庚子	辛丑	壬寅	癸卯	甲辰	乙巳	丙午	丁未	戊申	己酉	庚戌	辛亥	壬子	癸丑	甲寅	乙卯	丙辰	丁巳	戊午	己未	庚申	辛酉	壬戌	癸亥

절입시각: 오후 12시50분　　오전 6시17분

月建	七 月 小																											戊 申	
절기											立秋																處暑		
음력	1	2	3	4	5	6	7	8	9	10	11	12	13	14	15	16	17	18	19	20	21	22	23	24	25	26	27	28	29
양력	7/29	30	31	8/1	2	3	4	5	6	7	8	9	10	11	12	13	14	15	16	17	18	19	20	21	22	23	24	25	26
일진	甲子	乙丑	丙寅	丁卯	戊辰	己巳	庚午	辛未	壬申	癸酉	甲戌	乙亥	丙子	丁丑	戊寅	己卯	庚辰	辛巳	壬午	癸未	甲申	乙酉	丙戌	丁亥	戊子	己丑	庚寅	辛卯	壬辰

절입시각: 오후 10시31분(立秋)　오후 1시5분(處暑)

月建	八 月 大																											己 酉		
절기														白露															秋分	
음력	1	2	3	4	5	6	7	8	9	10	11	12	13	14	15	16	17	18	19	20	21	22	23	24	25	26	27	28	29	30
양력	8/27	28	29	30	31	9/1	2	3	4	5	6	7	8	9	10	11	12	13	14	15	16	17	18	19	20	21	22	23	24	25
일진	癸巳	甲午	乙未	丙申	丁酉	戊戌	己亥	庚子	辛丑	壬寅	癸卯	甲辰	乙巳	丙午	丁未	戊申	己酉	庚戌	辛亥	壬子	癸丑	甲寅	乙卯	丙辰	丁巳	戊午	己未	庚申	辛酉	壬戌

절입시각: 오전 1시6분(白露)　오후 10시17분(秋分)

月建	九 月 大																											庚 戌		
절기														寒露															霜降	
음력	1	2	3	4	5	6	7	8	9	10	11	12	13	14	15	16	17	18	19	20	21	22	23	24	25	26	27	28	29	30
양력	9/26	27	28	29	30	10/1	2	3	4	5	6	7	8	9	10	11	12	13	14	15	16	17	18	19	20	21	22	23	24	25
일진	癸亥	甲子	乙丑	丙寅	丁卯	戊辰	己巳	庚午	辛未	壬申	癸酉	甲戌	乙亥	丙子	丁丑	戊寅	己卯	庚辰	辛巳	壬午	癸未	甲申	乙酉	丙戌	丁亥	戊子	己丑	庚寅	辛卯	壬辰

절입시각: 오후 4시15분(寒露)　오후 7시7분(霜降)

月建	十 月 小																											辛 亥	
절기														立冬															小雪
음력	1	2	3	4	5	6	7	8	9	10	11	12	13	14	15	16	17	18	19	20	21	22	23	24	25	26	27	28	29
양력	10/26	27	28	29	30	31	11/1	2	3	4	5	6	7	8	9	10	11	12	13	14	15	16	17	18	19	20	21	22	23
일진	癸巳	甲午	乙未	丙申	丁酉	戊戌	己亥	庚子	辛丑	壬寅	癸卯	甲辰	乙巳	丙午	丁未	戊申	己酉	庚戌	辛亥	壬子	癸丑	甲寅	乙卯	丙辰	丁巳	戊午	己未	庚申	辛酉

절입시각: 오후 6시57분(立冬)　오후 4시14분(小雪)

月建	十 一 月 大																											壬 子		
절기															大雪															冬至
음력	1	2	3	4	5	6	7	8	9	10	11	12	13	14	15	16	17	18	19	20	21	22	23	24	25	26	27	28	29	30
양력	11/24	25	26	27	28	29	30	12/1	2	3	4	5	6	7	8	9	10	11	12	13	14	15	16	17	18	19	20	21	22	23
일진	壬戌	癸亥	甲子	乙丑	丙寅	丁卯	戊辰	己巳	庚午	辛未	壬申	癸酉	甲戌	乙亥	丙子	丁丑	戊寅	己卯	庚辰	辛巳	壬午	癸未	甲申	乙酉	丙戌	丁亥	戊子	己丑	庚寅	辛卯

절입시각: 오전 11시26분(大雪)　오전 5시19분(冬至)

月建	十 二 月 大																											癸 丑		
절기									小寒																				大寒	
음력	1	2	3	4	5	6	7	8	9	10	11	12	13	14	15	16	17	18	19	20	21	22	23	24	25	26	27	28	29	30
양력	12/24	25	26	27	28	29	30	31	1/1	2	3	4	5	6	7	8	9	10	11	12	13	14	15	16	17	18	19	20	21	22
일진	壬辰	癸巳	甲午	乙未	丙申	丁酉	戊戌	己亥	庚子	辛丑	壬寅	癸卯	甲辰	乙巳	丙午	丁未	戊申	己酉	庚戌	辛亥	壬子	癸丑	甲寅	乙卯	丙辰	丁巳	戊午	己未	庚申	辛酉

절입시각: 오후 10시31분(小寒)　오후 3시57분(大寒)

1928년 | 檀紀 4261년　　戊辰年　　　金神　申酉子丑

四月 黑中　　　子 大將軍　巳午未 三殺　寅 吊客　午 喪門

月建　正 月 小　　甲寅

음력	1	2	3	4	5	6	7	8	9	10	11	12	13	14	15	16	17	18	19	20	21	22	23	24	25	26	27	28	29
절기														立春															雨水
양력	1/23	24	25	26	27	28	29	30	31	2/1	2	3	4	5	6	7	8	9	10	11	12	13	14	15	16	17	18	19	20
일진	壬戌	癸亥	甲子	乙丑	丙寅	丁卯	戊辰	己巳	庚午	辛未	壬申	癸酉	甲戌	乙亥	丙子	丁丑	戊寅	己卯	庚辰	辛巳	壬午	癸未	甲申	乙酉	丙戌	丁亥	戊子	己丑	庚寅
절입시각														오전 10시16분															오전 6시19분

月建　二 月 大　　乙卯

음력	1	2	3	4	5	6	7	8	9	10	11	12	13	14	15	16	17	18	19	20	21	22	23	24	25	26	27	28	29	30
절기										驚蟄																				春分
양력	2/21	22	23	24	25	26	27	28	29	3/1	2	3	4	5	6	7	8	9	10	11	12	13	14	15	16	17	18	19	20	21
일진	辛卯	壬辰	癸巳	甲午	乙未	丙申	丁酉	戊戌	己亥	庚子	辛丑	壬寅	癸卯	甲辰	乙巳	丙午	丁未	戊申	己酉	庚戌	辛亥	壬子	癸丑	甲寅	乙卯	丙辰	丁巳	戊午	己未	庚申
절입시각										오전 4시37분																				오전 5시44분

月建　閏 二 月 小

음력	1	2	3	4	5	6	7	8	9	10	11	12	13	14	15	16	17	18	19	20	21	22	23	24	25	26	27	28	29
절기															清明														
양력	3/22	23	24	25	26	27	28	29	30	31	4/1	2	3	4	5	6	7	8	9	10	11	12	13	14	15	16	17	18	19
일진	辛酉	壬戌	癸亥	甲子	乙丑	丙寅	丁卯	戊辰	己巳	庚午	辛未	壬申	癸酉	甲戌	乙亥	丙子	丁丑	戊寅	己卯	庚辰	辛巳	壬午	癸未	甲申	乙酉	丙戌	丁亥	戊子	己丑
절입시각															오전 9시55분														

月建　三 月 小　　丙辰

음력	1	2	3	4	5	6	7	8	9	10	11	12	13	14	15	16	17	18	19	20	21	22	23	24	25	26	27	28	29
절기	穀雨																立夏												
양력	4/20	21	22	23	24	25	26	27	28	29	30	5/1	2	3	4	5	6	7	8	9	10	11	12	13	14	15	16	17	18
일진	庚寅	辛卯	壬辰	癸巳	甲午	乙未	丙申	丁酉	戊戌	己亥	庚子	辛丑	壬寅	癸卯	甲辰	乙巳	丙午	丁未	戊申	己酉	庚戌	辛亥	壬子	癸丑	甲寅	乙卯	丙辰	丁巳	戊午
절입시각	오후 5시17분																오전 3시44분												

月建　四 月 大　　丁巳

음력	1	2	3	4	5	6	7	8	9	10	11	12	13	14	15	16	17	18	19	20	21	22	23	24	25	26	27	28	29	30
절기			小滿																芒種											
양력	5/19	20	21	22	23	24	25	26	27	28	29	30	31	6/1	2	3	4	5	6	7	8	9	10	11	12	13	14	15	16	17
일진	己未	庚申	辛酉	壬戌	癸亥	甲子	乙丑	丙寅	丁卯	戊辰	己巳	庚午	辛未	壬申	癸酉	甲戌	乙亥	丙子	丁丑	戊寅	己卯	庚辰	辛巳	壬午	癸未	甲申	乙酉	丙戌	丁亥	戊子
절입시각			오후 4시52분																오전 8시17분											

月建　五 月 小　　戊午

음력	1	2	3	4	5	6	7	8	9	10	11	12	13	14	15	16	17	18	19	20	21	22	23	24	25	26	27	28	29
절기					夏至															小暑									
양력	6/18	19	20	21	22	23	24	25	26	27	28	29	30	7/1	2	3	4	5	6	7	8	9	10	11	12	13	14	15	16
일진	己丑	庚寅	辛卯	壬辰	癸巳	甲午	乙未	丙申	丁酉	戊戌	己亥	庚子	辛丑	壬寅	癸卯	甲辰	乙巳	丙午	丁未	戊申	己酉	庚戌	辛亥	壬子	癸丑	甲寅	乙卯	丙辰	丁巳
절입시각					오전 1시6분															오후 6시44분									

月建	六　月　小																												己　未
절기							大暑									立秋													
음력	1	2	3	4	5	6	7	8	9	10	11	12	13	14	15	16	17	18	19	20	21	22	23	24	25	26	27	28	29
양력	7/17	18	19	20	21	22	23	24	25	26	27	28	29	30	31	8/1	2	3	4	5	6	7	8	9	10	11	12	13	14
일진	戊午	己未	庚申	辛酉	壬戌	癸亥	甲子	乙丑	丙寅	丁卯	戊辰	己巳	庚午	辛未	壬申	癸酉	甲戌	乙亥	丙子	丁丑	戊寅	己卯	庚辰	辛巳	壬午	癸未	甲申	乙酉	丙戌
절입시각							오후 12시2분									오전 4시28분													

月建	七　月　大																													庚　申
절기									處暑																白露					
음력	1	2	3	4	5	6	7	8	9	10	11	12	13	14	15	16	17	18	19	20	21	22	23	24	25	26	27	28	29	30
양력	8/15	16	17	18	19	20	21	22	23	24	25	26	27	28	29	30	31	9/1	2	3	4	5	6	7	8	9	10	11	12	13
일진	丁亥	戊子	己丑	庚寅	辛卯	壬辰	癸巳	甲午	乙未	丙申	丁酉	戊戌	己亥	庚子	辛丑	壬寅	癸卯	甲辰	乙巳	丙午	丁未	戊申	己酉	庚戌	辛亥	壬子	癸丑	甲寅	乙卯	丙辰
절입시각									오후 6시53분																오전 7시2분					

月建	八　月　大																													辛　酉
절기										秋分															寒露					
음력	1	2	3	4	5	6	7	8	9	10	11	12	13	14	15	16	17	18	19	20	21	22	23	24	25	26	27	28	29	30
양력	9/14	15	16	17	18	19	20	21	22	23	24	25	26	27	28	29	30	10/1	2	3	4	5	6	7	8	9	10	11	12	13
일진	丁巳	戊午	己未	庚申	辛酉	壬戌	癸亥	甲子	乙丑	丙寅	丁卯	戊辰	己巳	庚午	辛未	壬申	癸酉	甲戌	乙亥	丙子	丁丑	戊寅	己卯	庚辰	辛巳	壬午	癸未	甲申	乙酉	丙戌
절입시각										오후 4시6분															오후 10시10분					

月建	九　月　小																													壬　戌
절기											霜降															立冬				
음력	1	2	3	4	5	6	7	8	9	10	11	12	13	14	15	16	17	18	19	20	21	22	23	24	25	26	27	28	29	
양력	10/14	15	16	17	18	19	20	21	22	23	24	25	26	27	28	29	30	31	11/1	2	3	4	5	6	7	8	9	10	11	
일진	丁亥	戊子	己丑	庚寅	辛卯	壬辰	癸巳	甲午	乙未	丙申	丁酉	戊戌	己亥	庚子	辛丑	壬寅	癸卯	甲辰	乙巳	丙午	丁未	戊申	己酉	庚戌	辛亥	壬子	癸丑	甲寅	乙卯	
절입시각											오전 0시55분															오전 0시50분				

月建	十　月　大																													癸　亥
절기											小雪															大雪				
음력	1	2	3	4	5	6	7	8	9	10	11	12	13	14	15	16	17	18	19	20	21	22	23	24	25	26	27	28	29	30
양력	11/12	13	14	15	16	17	18	19	20	21	22	23	24	25	26	27	28	29	30	12/1	2	3	4	5	6	7	8	9	10	11
일진	丙辰	丁巳	戊午	己未	庚申	辛酉	壬戌	癸亥	甲子	乙丑	丙寅	丁卯	戊辰	己巳	庚午	辛未	壬申	癸酉	甲戌	乙亥	丙子	丁丑	戊寅	己卯	庚辰	辛巳	壬午	癸未	甲申	乙酉
절입시각											오후 10시0분															오후 5시17분				

月建	十　一　月　大																													甲　子
절기											冬至															小寒				
음력	1	2	3	4	5	6	7	8	9	10	11	12	13	14	15	16	17	18	19	20	21	22	23	24	25	26	27	28	29	30
양력	12/12	13	14	15	16	17	18	19	20	21	22	23	24	25	26	27	28	29	30	31	1/1	2	3	4	5	6	7	8	9	10
일진	丙戌	丁亥	戊子	己丑	庚寅	辛卯	壬辰	癸巳	甲午	乙未	丙申	丁酉	戊戌	己亥	庚子	辛丑	壬寅	癸卯	甲辰	乙巳	丙午	丁未	戊申	己酉	庚戌	辛亥	壬子	癸丑	甲寅	乙卯
절입시각											오전 11시4분															오전 4시22분				

月建	十　二　月　大																													乙　丑
절기										大寒															立春					
음력	1	2	3	4	5	6	7	8	9	10	11	12	13	14	15	16	17	18	19	20	21	22	23	24	25	26	27	28	29	30
양력	1/11	12	13	14	15	16	17	18	19	20	21	22	23	24	25	26	27	28	29	30	31	2/1	2	3	4	5	6	7	8	9
일진	丙辰	丁巳	戊午	己未	庚申	辛酉	壬戌	癸亥	甲子	乙丑	丙寅	丁卯	戊辰	己巳	庚午	辛未	壬申	癸酉	甲戌	乙亥	丙子	丁丑	戊寅	己卯	庚辰	辛巳	壬午	癸未	甲申	乙酉
절입시각										오후 9시42분															오후 4시9분					

1929년 | 檀紀 4262년 — 己巳年

金神　午未申酉

正月 十月 黑中　　卯 大將軍　寅卯辰 三殺　卯 吊客　未 喪門

正月 小　丙寅

月建 正月 小 丙寅	1	2	3	4	5	6	7	8	9	10	11	12	13	14	15	16	17	18	19	20	21	22	23	24	25	26	27	28	29
절기										雨水															驚蟄				
양력	2/10	11	12	13	14	15	16	17	18	19	20	21	22	23	24	25	26	27	28	3/1	2	3	4	5	6	7	8	9	10
일진	丙戌	丁亥	戊子	己丑	庚寅	辛卯	壬辰	癸巳	甲午	乙未	丙申	丁酉	戊戌	己亥	庚子	辛丑	壬寅	癸卯	甲辰	乙巳	丙午	丁未	戊申	己酉	庚戌	辛亥	壬子	癸丑	甲寅

절입시각: 雨水 오후 12시7분 / 驚蟄 오전 10시32분

二月 大　丁卯

月建 二月 大 丁卯	1	2	3	4	5	6	7	8	9	10	11	12	13	14	15	16	17	18	19	20	21	22	23	24	25	26	27	28	29	30
절기											春分															清明				
양력	3/11	12	13	14	15	16	17	18	19	20	21	22	23	24	25	26	27	28	29	30	31	4/1	2	3	4	5	6	7	8	9
일진	乙卯	丙辰	丁巳	戊午	己未	庚申	辛酉	壬戌	癸亥	甲子	乙丑	丙寅	丁卯	戊辰	己巳	庚午	辛未	壬申	癸酉	甲戌	乙亥	丙子	丁丑	戊寅	己卯	庚辰	辛巳	壬午	癸未	甲申

절입시각: 春分 오전 11시35분 / 清明 오후 3시51분

三月 小　戊辰

月建 三月 小 戊辰	1	2	3	4	5	6	7	8	9	10	11	12	13	14	15	16	17	18	19	20	21	22	23	24	25	26	27	28	29
절기											穀雨																立夏		
양력	4/10	11	12	13	14	15	16	17	18	19	20	21	22	23	24	25	26	27	28	29	30	5/1	2	3	4	5	6	7	8
일진	乙酉	丙戌	丁亥	戊子	己丑	庚寅	辛卯	壬辰	癸巳	甲午	乙未	丙申	丁酉	戊戌	己亥	庚子	辛丑	壬寅	癸卯	甲辰	乙巳	丙午	丁未	戊申	己酉	庚戌	辛亥	壬子	癸丑

절입시각: 穀雨 오후 11시10분 / 立夏 오전 9시40분

四月 小　己巳

月建 四月 小 己巳	1	2	3	4	5	6	7	8	9	10	11	12	13	14	15	16	17	18	19	20	21	22	23	24	25	26	27	28	29
절기													小滿																芒種
양력	5/9	10	11	12	13	14	15	16	17	18	19	20	21	22	23	24	25	26	27	28	29	30	31	6/1	2	3	4	5	6
일진	甲寅	乙卯	丙辰	丁巳	戊午	己未	庚申	辛酉	壬戌	癸亥	甲子	乙丑	丙寅	丁卯	戊辰	己巳	庚午	辛未	壬申	癸酉	甲戌	乙亥	丙子	丁丑	戊寅	己卯	庚辰	辛巳	壬午

절입시각: 小滿 오후 10시48분 / 芒種 오후 2시11분

五月 大　庚午

月建 五月 大 庚午	1	2	3	4	5	6	7	8	9	10	11	12	13	14	15	16	17	18	19	20	21	22	23	24	25	26	27	28	29	30
절기																夏至														
양력	6/7	8	9	10	11	12	13	14	15	16	17	18	19	20	21	22	23	24	25	26	27	28	29	30	7/1	2	3	4	5	6
일진	癸未	甲申	乙酉	丙戌	丁亥	戊子	己丑	庚寅	辛卯	壬辰	癸巳	甲午	乙未	丙申	丁酉	戊戌	己亥	庚子	辛丑	壬寅	癸卯	甲辰	乙巳	丙午	丁未	戊申	己酉	庚戌	辛亥	壬子

절입시각: 夏至 오전 7시1분

六月 小　辛未

月建 六月 小 辛未	1	2	3	4	5	6	7	8	9	10	11	12	13	14	15	16	17	18	19	20	21	22	23	24	25	26	27	28	29
절기	小暑																大暑												
양력	7/7	8	9	10	11	12	13	14	15	16	17	18	19	20	21	22	23	24	25	26	27	28	29	30	31	8/1	2	3	4
일진	癸丑	甲寅	乙卯	丙辰	丁巳	戊午	己未	庚申	辛酉	壬戌	癸亥	甲子	乙丑	丙寅	丁卯	戊辰	己巳	庚午	辛未	壬申	癸酉	甲戌	乙亥	丙子	丁丑	戊寅	己卯	庚辰	辛巳

절입시각: 小暑 오전 0시32분 / 大暑 오후 5시53분

七 月 小　　　壬 申

절기			立秋																處暑									
음력	1	2	3	4	5	6	7	8	9	10	11	12	13	14	15	16	17	18	19	20	21	22	23	24	25	26	27	28	29
양력	8/5	6	7	8	9	10	11	12	13	14	15	16	17	18	19	20	21	22	23	24	25	26	27	28	29	30	31	9/1	2
일진	壬午	癸未	甲申	乙酉	丙戌	丁亥	戊子	己丑	庚寅	辛卯	壬辰	癸巳	甲午	乙未	丙申	丁酉	戊戌	己亥	庚子	辛丑	壬寅	癸卯	甲辰	乙巳	丙午	丁未	戊申	己酉	庚戌

절입시각: 오전 10시9분　　오전 0시41분

八 月 大　　　癸 酉

절기					白露															秋分										
음력	1	2	3	4	5	6	7	8	9	10	11	12	13	14	15	16	17	18	19	20	21	22	23	24	25	26	27	28	29	30
양력	9/3	4	5	6	7	8	9	10	11	12	13	14	15	16	17	18	19	20	21	22	23	24	25	26	27	28	29	30	10/1	2
일진	辛亥	壬子	癸丑	甲寅	乙卯	丙辰	丁巳	戊午	己未	庚申	辛酉	壬戌	癸亥	甲子	乙丑	丙寅	丁卯	戊辰	己巳	庚午	辛未	壬申	癸酉	甲戌	乙亥	丙子	丁丑	戊寅	己卯	庚辰

절입시각: 오후 12시40분　　오후 9시52분

九 月 小　　　甲 戌

절기						寒露																霜降							
음력	1	2	3	4	5	6	7	8	9	10	11	12	13	14	15	16	17	18	19	20	21	22	23	24	25	26	27	28	29
양력	10/3	4	5	6	7	8	9	10	11	12	13	14	15	16	17	18	19	20	21	22	23	24	25	26	27	28	29	30	31
일진	辛巳	壬午	癸未	甲申	乙酉	丙戌	丁亥	戊子	己丑	庚寅	辛卯	壬辰	癸巳	甲午	乙未	丙申	丁酉	戊戌	己亥	庚子	辛丑	壬寅	癸卯	甲辰	乙巳	丙午	丁未	戊申	己酉

절입시각: 오전 3시47분　　오전 6시41분

十 月 大　　　乙 亥

절기								立冬															小雪							
음력	1	2	3	4	5	6	7	8	9	10	11	12	13	14	15	16	17	18	19	20	21	22	23	24	25	26	27	28	29	30
양력	11/1	2	3	4	5	6	7	8	9	10	11	12	13	14	15	16	17	18	19	20	21	22	23	24	25	26	27	28	29	30
일진	庚戌	辛亥	壬子	癸丑	甲寅	乙卯	丙辰	丁巳	戊午	己未	庚申	辛酉	壬戌	癸亥	甲子	乙丑	丙寅	丁卯	戊辰	己巳	庚午	辛未	壬申	癸酉	甲戌	乙亥	丙子	丁丑	戊寅	己卯

절입시각: 오전 6시28분　　오전 3시48분

十 一 月 大　　　丙 子

절기							大雪															冬至								
음력	1	2	3	4	5	6	7	8	9	10	11	12	13	14	15	16	17	18	19	20	21	22	23	24	25	26	27	28	29	30
양력	12/1	2	3	4	5	6	7	8	9	10	11	12	13	14	15	16	17	18	19	20	21	22	23	24	25	26	27	28	29	30
일진	庚辰	辛巳	壬午	癸未	甲申	乙酉	丙戌	丁亥	戊子	己丑	庚寅	辛卯	壬辰	癸巳	甲午	乙未	丙申	丁酉	戊戌	己亥	庚子	辛丑	壬寅	癸卯	甲辰	乙巳	丙午	丁未	戊申	己酉

절입시각: 오후 10시56분　　오후 4시53분

十 二 月 大　　　丁 丑

절기		小寒																				大寒								
음력	1	2	3	4	5	6	7	8	9	10	11	12	13	14	15	16	17	18	19	20	21	22	23	24	25	26	27	28	29	30
양력	12/31	1/1	2	3	4	5	6	7	8	9	10	11	12	13	14	15	16	17	18	19	20	21	22	23	24	25	26	27	28	29
일진	庚戌	辛亥	壬子	癸丑	甲寅	乙卯	丙辰	丁巳	戊午	己未	庚申	辛酉	壬戌	癸亥	甲子	乙丑	丙寅	丁卯	戊辰	己巳	庚午	辛未	壬申	癸酉	甲戌	乙亥	丙子	丁丑	戊寅	己卯

절입시각: 오전 10시3분　　오전 3시33분

1930년 | 檀紀 4263년　庚午年　　金神　辰巳

七月 黑中　　卯 大將軍　亥子丑 三殺　辰 吊客　申 喪門

正 月 小　　戊 寅

	1	2	3	4	5	6	7	8	9	10	11	12	13	14	15	16	17	18	19	20	21	22	23	24	25	26	27	28	29
절기						立春															雨水								
음력	1	2	3	4	5	6	7	8	9	10	11	12	13	14	15	16	17	18	19	20	21	22	23	24	25	26	27	28	29
양력	1/30	31	2/1	2	3	4	5	6	7	8	9	10	11	12	13	14	15	16	17	18	19	20	21	22	23	24	25	26	27
일진	庚辰	辛巳	壬午	癸未	甲申	乙酉	丙戌	丁亥	戊子	己丑	庚寅	辛卯	壬辰	癸巳	甲午	乙未	丙申	丁酉	戊戌	己亥	庚子	辛丑	壬寅	癸卯	甲辰	乙巳	丙午	丁未	戊申
절입시각						오후 9시51분															오후 6시0분								

二 月 大　　己 卯

	1	2	3	4	5	6	7	8	9	10	11	12	13	14	15	16	17	18	19	20	21	22	23	24	25	26	27	28	29	30
절기							驚蟄															春分								
음력	1	2	3	4	5	6	7	8	9	10	11	12	13	14	15	16	17	18	19	20	21	22	23	24	25	26	27	28	29	30
양력	2/28	3/1	2	3	4	5	6	7	8	9	10	11	12	13	14	15	16	17	18	19	20	21	22	23	24	25	26	27	28	29
일진	己酉	庚戌	辛亥	壬子	癸丑	甲寅	乙卯	丙辰	丁巳	戊午	己未	庚申	辛酉	壬戌	癸亥	甲子	乙丑	丙寅	丁卯	戊辰	己巳	庚午	辛未	壬申	癸酉	甲戌	乙亥	丙子	丁丑	戊寅
절입시각							오후 4시17분															오후 5시30분								

三 月 大　　庚 辰

	1	2	3	4	5	6	7	8	9	10	11	12	13	14	15	16	17	18	19	20	21	22	23	24	25	26	27	28	29	30
절기							清明																穀雨							
음력	1	2	3	4	5	6	7	8	9	10	11	12	13	14	15	16	17	18	19	20	21	22	23	24	25	26	27	28	29	30
양력	3/30	31	4/1	2	3	4	5	6	7	8	9	10	11	12	13	14	15	16	17	18	19	20	21	22	23	24	25	26	27	28
일진	己卯	庚辰	辛巳	壬午	癸未	甲申	乙酉	丙戌	丁亥	戊子	己丑	庚寅	辛卯	壬辰	癸巳	甲午	乙未	丙申	丁酉	戊戌	己亥	庚子	辛丑	壬寅	癸卯	甲辰	乙巳	丙午	丁未	戊申
절입시각							오후 9시37분																오전 5시6분							

四 月 小　　辛 巳

	1	2	3	4	5	6	7	8	9	10	11	12	13	14	15	16	17	18	19	20	21	22	23	24	25	26	27	28	29
절기								立夏																小滿					
음력	1	2	3	4	5	6	7	8	9	10	11	12	13	14	15	16	17	18	19	20	21	22	23	24	25	26	27	28	29
양력	4/29	30	5/1	2	3	4	5	6	7	8	9	10	11	12	13	14	15	16	17	18	19	20	21	22	23	24	25	26	27
일진	己酉	庚戌	辛亥	壬子	癸丑	甲寅	乙卯	丙辰	丁巳	戊午	己未	庚申	辛酉	壬戌	癸亥	甲子	乙丑	丙寅	丁卯	戊辰	己巳	庚午	辛未	壬申	癸酉	甲戌	乙亥	丙子	丁丑
절입시각								오후 3시27분																오전 4시42분					

五 月 小　　壬 午

	1	2	3	4	5	6	7	8	9	10	11	12	13	14	15	16	17	18	19	20	21	22	23	24	25	26	27	28	29
절기										芒種																夏至			
음력	1	2	3	4	5	6	7	8	9	10	11	12	13	14	15	16	17	18	19	20	21	22	23	24	25	26	27	28	29
양력	5/28	29	30	31	6/1	2	3	4	5	6	7	8	9	10	11	12	13	14	15	16	17	18	19	20	21	22	23	24	25
일진	戊寅	己卯	庚辰	辛巳	壬午	癸未	甲申	乙酉	丙戌	丁亥	戊子	己丑	庚寅	辛卯	壬辰	癸巳	甲午	乙未	丙申	丁酉	戊戌	己亥	庚子	辛丑	壬寅	癸卯	甲辰	乙巳	丙午
절입시각										오후 7시58분																오후 12시53분			

六 月 大　　癸 未

	1	2	3	4	5	6	7	8	9	10	11	12	13	14	15	16	17	18	19	20	21	22	23	24	25	26	27	28	29	30
절기													小暑															大暑		
음력	1	2	3	4	5	6	7	8	9	10	11	12	13	14	15	16	17	18	19	20	21	22	23	24	25	26	27	28	29	30
양력	6/26	27	28	29	30	7/1	2	3	4	5	6	7	8	9	10	11	12	13	14	15	16	17	18	19	20	21	22	23	24	25
일진	丁未	戊申	己酉	庚戌	辛亥	壬子	癸丑	甲寅	乙卯	丙辰	丁巳	戊午	己未	庚申	辛酉	壬戌	癸亥	甲子	乙丑	丙寅	丁卯	戊辰	己巳	庚午	辛未	壬申	癸酉	甲戌	乙亥	丙子
절입시각													오전 6시20분															오후 11시42분		

月建	閏 六 月 小																												
절기														立秋															
음력	1	2	3	4	5	6	7	8	9	10	11	12	13	14	15	16	17	18	19	20	21	22	23	24	25	26	27	28	29
양력	7/26	27	28	29	30	31	8/1	2	3	4	5	6	7	8	9	10	11	12	13	14	15	16	17	18	19	20	21	22	23
일진	丁丑	戊寅	己卯	庚辰	辛巳	壬午	癸未	甲申	乙酉	丙戌	丁亥	戊子	己丑	庚寅	辛卯	壬辰	癸巳	甲午	乙未	丙申	丁酉	戊戌	己亥	庚子	辛丑	壬寅	癸卯	甲辰	乙巳
절입시각														오후 3시57분															

月建	七 月 小																甲 申												
절기	處暑								白露																				
음력	1	2	3	4	5	6	7	8	9	10	11	12	13	14	15	16	17	18	19	20	21	22	23	24	25	26	27	28	29
양력	8/24	25	26	27	28	29	30	31	9/1	2	3	4	5	6	7	8	9	10	11	12	13	14	15	16	17	18	19	20	21
일진	丙午	丁未	戊申	己酉	庚戌	辛亥	壬子	癸丑	甲寅	乙卯	丙辰	丁巳	戊午	己未	庚申	辛酉	壬戌	癸亥	甲子	乙丑	丙寅	丁卯	戊辰	己巳	庚午	辛未	壬申	癸酉	甲戌
절입시각	오전 6시26분															오후 6시28분													

月建	八 月 大																	乙 酉												
절기			秋分														寒露													
음력	1	2	3	4	5	6	7	8	9	10	11	12	13	14	15	16	17	18	19	20	21	22	23	24	25	26	27	28	29	30
양력	9/22	23	24	25	26	27	28	29	30	10/1	2	3	4	5	6	7	8	9	10	11	12	13	14	15	16	17	18	19	20	21
일진	乙亥	丙子	丁丑	戊寅	己卯	庚辰	辛巳	壬午	癸未	甲申	乙酉	丙戌	丁亥	戊子	己丑	庚寅	辛卯	壬辰	癸巳	甲午	乙未	丙申	丁酉	戊戌	己亥	庚子	辛丑	壬寅	癸卯	甲辰
절입시각			오전 3시36분														오전 9시38분													

月建	九 月 小																	丙 戌												
절기			霜降														立冬													
음력	1	2	3	4	5	6	7	8	9	10	11	12	13	14	15	16	17	18	19	20	21	22	23	24	25	26	27	28	29
양력	10/22	23	24	25	26	27	28	29	30	31	11/1	2	3	4	5	6	7	8	9	10	11	12	13	14	15	16	17	18	19
일진	乙巳	丙午	丁未	戊申	己酉	庚戌	辛亥	壬子	癸丑	甲寅	乙卯	丙辰	丁巳	戊午	己未	庚申	辛酉	壬戌	癸亥	甲子	乙丑	丙寅	丁卯	戊辰	己巳	庚午	辛未	壬申	癸酉
절입시각			오후 12시26분														오후 12시20분												

月建	十 月 大																	丁 亥												
절기				小雪															大雪											
음력	1	2	3	4	5	6	7	8	9	10	11	12	13	14	15	16	17	18	19	20	21	22	23	24	25	26	27	28	29	30
양력	11/20	21	22	23	24	25	26	27	28	29	30	12/1	2	3	4	5	6	7	8	9	10	11	12	13	14	15	16	17	18	19
일진	甲戌	乙亥	丙子	丁丑	戊寅	己卯	庚辰	辛巳	壬午	癸未	甲申	乙酉	丙戌	丁亥	戊子	己丑	庚寅	辛卯	壬辰	癸巳	甲午	乙未	丙申	丁酉	戊戌	己亥	庚子	辛丑	壬寅	癸卯
절입시각			오전 9시34분																오전 4시51분											

月建	十 一 月 大																	戊 子												
절기			冬至																小寒											
음력	1	2	3	4	5	6	7	8	9	10	11	12	13	14	15	16	17	18	19	20	21	22	23	24	25	26	27	28	29	30
양력	12/20	21	22	23	24	25	26	27	28	29	30	31	1/1	2	3	4	5	6	7	8	9	10	11	12	13	14	15	16	17	18
일진	甲辰	乙巳	丙午	丁未	戊申	己酉	庚戌	辛亥	壬子	癸丑	甲寅	乙卯	丙辰	丁巳	戊午	己未	庚申	辛酉	壬戌	癸亥	甲子	乙丑	丙寅	丁卯	戊辰	己巳	庚午	辛未	壬申	癸酉
절입시각			오후 10시40분																오후 3시56분											

月建	十 二 月 小																	己 丑											
절기			大寒																立春										
음력	1	2	3	4	5	6	7	8	9	10	11	12	13	14	15	16	17	18	19	20	21	22	23	24	25	26	27	28	29
양력	1/19	20	21	22	23	24	25	26	27	28	29	30	31	2/1	2	3	4	5	6	7	8	9	10	11	12	13	14	15	16
일진	甲戌	乙亥	丙子	丁丑	戊寅	己卯	庚辰	辛巳	壬午	癸未	甲申	乙酉	丙戌	丁亥	戊子	己丑	庚寅	辛卯	壬辰	癸巳	甲午	乙未	丙申	丁酉	戊戌	己亥	庚子	辛丑	壬寅
절입시각			오전 9시18분																오전 3시41분										

四月 黑中   卯 大將軍   申酉戌 三殺   巳 吊客   酉 喪門

月建 正 月 大 — 庚寅

음력	1	2	3	4	5	6	7	8	9	10	11	12	13	14	15	16	17	18	19	20	21	22	23	24	25	26	27	28	29	30
절기			雨水															驚蟄												
양력	2/17	18	19	20	21	22	23	24	25	26	27	28	3/1	2	3	4	5	6	7	8	9	10	11	12	13	14	15	16	17	18
일진	癸卯	甲辰	乙巳	丙午	丁未	戊申	己酉	庚戌	辛亥	壬子	癸丑	甲寅	乙卯	丙辰	丁巳	戊午	己未	庚申	辛酉	壬戌	癸亥	甲子	乙丑	丙寅	丁卯	戊辰	己巳	庚午	辛未	壬申

절입시각: 오후 11시40분 / 오후 10시2분

月建 二 月 大 — 辛卯

음력	1	2	3	4	5	6	7	8	9	10	11	12	13	14	15	16	17	18	19	20	21	22	23	24	25	26	27	28	29	30
절기			春分																清明											
양력	3/19	20	21	22	23	24	25	26	27	28	29	30	31	4/1	2	3	4	5	6	7	8	9	10	11	12	13	14	15	16	17
일진	癸酉	甲戌	乙亥	丙子	丁丑	戊寅	己卯	庚辰	辛巳	壬午	癸未	甲申	乙酉	丙戌	丁亥	戊子	己丑	庚寅	辛卯	壬辰	癸巳	甲午	乙未	丙申	丁酉	戊戌	己亥	庚子	辛丑	壬寅

절입시각: 오후 11시6분 / 오전 3시20분

月建 三 月 大 — 壬辰

음력	1	2	3	4	5	6	7	8	9	10	11	12	13	14	15	16	17	18	19	20	21	22	23	24	25	26	27	28	29	30
절기				穀雨															立夏											
양력	4/18	19	20	21	22	23	24	25	26	27	28	29	30	5/1	2	3	4	5	6	7	8	9	10	11	12	13	14	15	16	17
일진	癸卯	甲辰	乙巳	丙午	丁未	戊申	己酉	庚戌	辛亥	壬子	癸丑	甲寅	乙卯	丙辰	丁巳	戊午	己未	庚申	辛酉	壬戌	癸亥	甲子	乙丑	丙寅	丁卯	戊辰	己巳	庚午	辛未	壬申

절입시각: 오전 10시40분 / 오후 9시10분

月建 四 月 小 — 癸巳

음력	1	2	3	4	5	6	7	8	9	10	11	12	13	14	15	16	17	18	19	20	21	22	23	24	25	26	27	28	29
절기					小滿																芒種								
양력	5/18	19	20	21	22	23	24	25	26	27	28	29	30	31	6/1	2	3	4	5	6	7	8	9	10	11	12	13	14	15
일진	癸酉	甲戌	乙亥	丙子	丁丑	戊寅	己卯	庚辰	辛巳	壬午	癸未	甲申	乙酉	丙戌	丁亥	戊子	己丑	庚寅	辛卯	壬辰	癸巳	甲午	乙未	丙申	丁酉	戊戌	己亥	庚子	辛丑

절입시각: 오전 10시15분 / 오전 1시42분

月建 五 月 小 — 甲午

음력	1	2	3	4	5	6	7	8	9	10	11	12	13	14	15	16	17	18	19	20	21	22	23	24	25	26	27	28	29
절기							夏至																小暑						
양력	6/16	17	18	19	20	21	22	23	24	25	26	27	28	29	30	7/1	2	3	4	5	6	7	8	9	10	11	12	13	14
일진	壬寅	癸卯	甲辰	乙巳	丙午	丁未	戊申	己酉	庚戌	辛亥	壬子	癸丑	甲寅	乙卯	丙辰	丁巳	戊午	己未	庚申	辛酉	壬戌	癸亥	甲子	乙丑	丙寅	丁卯	戊辰	己巳	庚午

절입시각: 오후 6시28분 / 오후 12시6분

月建 六 月 大 — 乙未

음력	1	2	3	4	5	6	7	8	9	10	11	12	13	14	15	16	17	18	19	20	21	22	23	24	25	26	27	28	29	30
절기										大暑															立秋					
양력	7/15	16	17	18	19	20	21	22	23	24	25	26	27	28	29	30	31	8/1	2	3	4	5	6	7	8	9	10	11	12	13
일진	辛未	壬申	癸酉	甲戌	乙亥	丙子	丁丑	戊寅	己卯	庚辰	辛巳	壬午	癸未	甲申	乙酉	丙戌	丁亥	戊子	己丑	庚寅	辛卯	壬辰	癸巳	甲午	乙未	丙申	丁酉	戊戌	己亥	庚子

절입시각: 오전 5시21분 / 오후 9시45분

月建	七 月 小																												丙 申
절기											處暑																白露			
음력	1	2	3	4	5	6	7	8	9	10	11	12	13	14	15	16	17	18	19	20	21	22	23	24	25	26	27	28	29
양력	8/14	15	16	17	18	19	20	21	22	23	24	25	26	27	28	29	30	31	9/1	2	3	4	5	6	7	8	9	10	11
일진	辛丑	壬寅	癸卯	甲辰	乙巳	丙午	丁未	戊申	己酉	庚戌	辛亥	壬子	癸丑	甲寅	乙卯	丙辰	丁巳	戊午	己未	庚申	辛酉	壬戌	癸亥	甲子	乙丑	丙寅	丁卯	戊辰	己巳
절입시각											오후 12시10분																오전 0시17분		

月建	八 月 小																												丁 酉
절기													秋分															寒露		
음력	1	2	3	4	5	6	7	8	9	10	11	12	13	14	15	16	17	18	19	20	21	22	23	24	25	26	27	28	29
양력	9/12	13	14	15	16	17	18	19	20	21	22	23	24	25	26	27	28	29	30	10/1	2	3	4	5	6	7	8	9	10
일진	庚午	辛未	壬申	癸酉	甲戌	乙亥	丙子	丁丑	戊寅	己卯	庚辰	辛巳	壬午	癸未	甲申	乙酉	丙戌	丁亥	戊子	己丑	庚寅	辛卯	壬辰	癸巳	甲午	乙未	丙申	丁酉	戊戌
절입시각													오전 9시23분															오후 3시27분		

月建	九 月 大																													戊 戌
절기														霜降															立冬	
음력	1	2	3	4	5	6	7	8	9	10	11	12	13	14	15	16	17	18	19	20	21	22	23	24	25	26	27	28	29	30
양력	10/11	12	13	14	15	16	17	18	19	20	21	22	23	24	25	26	27	28	29	30	31	11/1	2	3	4	5	6	7	8	9
일진	己亥	庚子	辛丑	壬寅	癸卯	甲辰	乙巳	丙午	丁未	戊申	己酉	庚戌	辛亥	壬子	癸丑	甲寅	乙卯	丙辰	丁巳	戊午	己未	庚申	辛酉	壬戌	癸亥	甲子	乙丑	丙寅	丁卯	戊辰
절입시각														오후 6시16분															오후 6시10분	

月建	十 月 小																												己 亥
절기														小雪															大雪
음력	1	2	3	4	5	6	7	8	9	10	11	12	13	14	15	16	17	18	19	20	21	22	23	24	25	26	27	28	29
양력	11/10	11	12	13	14	15	16	17	18	19	20	21	22	23	24	25	26	27	28	29	30	12/1	2	3	4	5	6	7	8
일진	己巳	庚午	辛未	壬申	癸酉	甲戌	乙亥	丙子	丁丑	戊寅	己卯	庚辰	辛巳	壬午	癸未	甲申	乙酉	丙戌	丁亥	戊子	己丑	庚寅	辛卯	壬辰	癸巳	甲午	乙未	丙申	丁酉
절입시각														오후 3시25분															오전 10시40분

月建	十 一 月 大																													庚 子
절기															冬至														小寒	
음력	1	2	3	4	5	6	7	8	9	10	11	12	13	14	15	16	17	18	19	20	21	22	23	24	25	26	27	28	29	30
양력	12/9	10	11	12	13	14	15	16	17	18	19	20	21	22	23	24	25	26	27	28	29	30	31	1/1	2	3	4	5	6	7
일진	戊戌	己亥	庚子	辛丑	壬寅	癸卯	甲辰	乙巳	丙午	丁未	戊申	己酉	庚戌	辛亥	壬子	癸丑	甲寅	乙卯	丙辰	丁巳	戊午	己未	庚申	辛酉	壬戌	癸亥	甲子	乙丑	丙寅	丁卯
절입시각															오전 4시30분														오후 9시45분	

月建	十 二 月 小																												辛 丑
절기														大寒											立春				
음력	1	2	3	4	5	6	7	8	9	10	11	12	13	14	15	16	17	18	19	20	21	22	23	24	25	26	27	28	29
양력	1/8	9	10	11	12	13	14	15	16	17	18	19	20	21	22	23	24	25	26	27	28	29	30	31	2/1	2	3	4	5
일진	戊辰	己巳	庚午	辛未	壬申	癸酉	甲戌	乙亥	丙子	丁丑	戊寅	己卯	庚辰	辛巳	壬午	癸未	甲申	乙酉	丙戌	丁亥	戊子	己丑	庚寅	辛卯	壬辰	癸巳	甲午	乙未	丙申
절입시각														오후 3시7분											오전 9시29분				

1932년 | 檀紀 4265년 壬申年 金神 寅卯戌亥

正月 十月 黑中 午 大將軍 巳午未 三殺 午 吊客 戌 喪門

正 月 大 — 月建 壬寅

절기: 15 雨水, 30 驚蟄

음력	1	2	3	4	5	6	7	8	9	10	11	12	13	14	15	16	17	18	19	20	21	22	23	24	25	26	27	28	29	30
양력	2/6	7	8	9	10	11	12	13	14	15	16	17	18	19	20	21	22	23	24	25	26	27	28	29	3/1	2	3	4	5	6
일진	丁酉	戊戌	己亥	庚子	辛丑	壬寅	癸卯	甲辰	乙巳	丙午	丁未	戊申	己酉	庚戌	辛亥	壬子	癸丑	甲寅	乙卯	丙辰	丁巳	戊午	己未	庚申	辛酉	壬戌	癸亥	甲子	乙丑	丙寅

절입시각: 雨水 오전 5시28분, 驚蟄 오전 3시49분

二 月 大 — 月建 癸卯

절기: 15 春分, 30 清明

음력	1	2	3	4	5	6	7	8	9	10	11	12	13	14	15	16	17	18	19	20	21	22	23	24	25	26	27	28	29	30
양력	3/7	8	9	10	11	12	13	14	15	16	17	18	19	20	21	22	23	24	25	26	27	28	29	30	31	4/1	2	3	4	5
일진	丁卯	戊辰	己巳	庚午	辛未	壬申	癸酉	甲戌	乙亥	丙子	丁丑	戊寅	己卯	庚辰	辛巳	壬午	癸未	甲申	乙酉	丙戌	丁亥	戊子	己丑	庚寅	辛卯	壬辰	癸巳	甲午	乙未	丙申

절입시각: 春分 오전 4시54분, 清明 오전 9시6분

三 月 大 — 月建 甲辰

절기: 15 穀雨

음력	1	2	3	4	5	6	7	8	9	10	11	12	13	14	15	16	17	18	19	20	21	22	23	24	25	26	27	28	29	30
양력	4/6	7	8	9	10	11	12	13	14	15	16	17	18	19	20	21	22	23	24	25	26	27	28	29	30	5/1	2	3	4	5
일진	丁酉	戊戌	己亥	庚子	辛丑	壬寅	癸卯	甲辰	乙巳	丙午	丁未	戊申	己酉	庚戌	辛亥	壬子	癸丑	甲寅	乙卯	丙辰	丁巳	戊午	己未	庚申	辛酉	壬戌	癸亥	甲子	乙丑	丙寅

절입시각: 穀雨 오후 4시28분

四 月 小 — 月建 乙巳

절기: 1 立夏, 16 小滿

음력	1	2	3	4	5	6	7	8	9	10	11	12	13	14	15	16	17	18	19	20	21	22	23	24	25	26	27	28	29
양력	5/6	7	8	9	10	11	12	13	14	15	16	17	18	19	20	21	22	23	24	25	26	27	28	29	30	31	6/1	2	3
일진	丁卯	戊辰	己巳	庚午	辛未	壬申	癸酉	甲戌	乙亥	丙子	丁丑	戊寅	己卯	庚辰	辛巳	壬午	癸未	甲申	乙酉	丙戌	丁亥	戊子	己丑	庚寅	辛卯	壬辰	癸巳	甲午	乙未

절입시각: 立夏 오전 2시55분, 小滿 오후 4시7분

五 月 大 — 月建 丙午

절기: 3 芒種, 19 夏至

음력	1	2	3	4	5	6	7	8	9	10	11	12	13	14	15	16	17	18	19	20	21	22	23	24	25	26	27	28	29	30
양력	6/4	5	6	7	8	9	10	11	12	13	14	15	16	17	18	19	20	21	22	23	24	25	26	27	28	29	30	7/1	2	3
일진	丙申	丁酉	戊戌	己亥	庚子	辛丑	壬寅	癸卯	甲辰	乙巳	丙午	丁未	戊申	己酉	庚戌	辛亥	壬子	癸丑	甲寅	乙卯	丙辰	丁巳	戊午	己未	庚申	辛酉	壬戌	癸亥	甲子	乙丑

절입시각: 芒種 오전 7시28분, 夏至 오전 0시23분

六 月 小 — 月建 丁未

절기: 3 小暑, 20 大暑

음력	1	2	3	4	5	6	7	8	9	10	11	12	13	14	15	16	17	18	19	20	21	22	23	24	25	26	27	28	29
양력	7/4	5	6	7	8	9	10	11	12	13	14	15	16	17	18	19	20	21	22	23	24	25	26	27	28	29	30	31	8/1
일진	丙寅	丁卯	戊辰	己巳	庚午	辛未	壬申	癸酉	甲戌	乙亥	丙子	丁丑	戊寅	己卯	庚辰	辛巳	壬午	癸未	甲申	乙酉	丙戌	丁亥	戊子	己丑	庚寅	辛卯	壬辰	癸巳	甲午

절입시각: 小暑 오후 5시52분, 大暑 오전 11시18분

月建	七 月 大																					戊 申								
절기							立秋															處暑								
음력	1	2	3	4	5	6	7	8	9	10	11	12	13	14	15	16	17	18	19	20	21	22	23	24	25	26	27	28	29	30
양력	8/2	3	4	5	6	7	8	9	10	11	12	13	14	15	16	17	18	19	20	21	22	23	24	25	26	27	28	29	30	31
일진	乙未	丙申	丁酉	戊戌	己亥	庚子	辛丑	壬寅	癸卯	甲辰	乙巳	丙午	丁未	戊申	己酉	庚戌	辛亥	壬子	癸丑	甲寅	乙卯	丙辰	丁巳	戊午	己未	庚申	辛酉	壬戌	癸亥	甲子
절입시각						오전 3시32분																오후 6시6분								

月建	八 月 小																					己 酉							
절기								白露															秋分						
음력	1	2	3	4	5	6	7	8	9	10	11	12	13	14	15	16	17	18	19	20	21	22	23	24	25	26	27	28	29
양력	9/1	2	3	4	5	6	7	8	9	10	11	12	13	14	15	16	17	18	19	20	21	22	23	24	25	26	27	28	29
일진	乙丑	丙寅	丁卯	戊辰	己巳	庚午	辛未	壬申	癸酉	甲戌	乙亥	丙子	丁丑	戊寅	己卯	庚辰	辛巳	壬午	癸未	甲申	乙酉	丙戌	丁亥	戊子	己丑	庚寅	辛卯	壬辰	癸巳
절입시각							오전 6시3분																오후 3시16분						

月建	九 月 小																					庚 戌							
절기									寒露																霜降				
음력	1	2	3	4	5	6	7	8	9	10	11	12	13	14	15	16	17	18	19	20	21	22	23	24	25	26	27	28	29
양력	9/30	10/1	2	3	4	5	6	7	8	9	10	11	12	13	14	15	16	17	18	19	20	21	22	23	24	25	26	27	28
일진	甲午	乙未	丙申	丁酉	戊戌	己亥	庚子	辛丑	壬寅	癸卯	甲辰	乙巳	丙午	丁未	戊申	己酉	庚戌	辛亥	壬子	癸丑	甲寅	乙卯	丙辰	丁巳	戊午	己未	庚申	辛酉	壬戌
절입시각								오후 9시10분																	오전 0시4분				

月建	十 月 大																					辛 亥								
절기										立冬															小雪					
음력	1	2	3	4	5	6	7	8	9	10	11	12	13	14	15	16	17	18	19	20	21	22	23	24	25	26	27	28	29	30
양력	10/29	30	31	11/1	2	3	4	5	6	7	8	9	10	11	12	13	14	15	16	17	18	19	20	21	22	23	24	25	26	27
일진	癸亥	甲子	乙丑	丙寅	丁卯	戊辰	己巳	庚午	辛未	壬申	癸酉	甲戌	乙亥	丙子	丁丑	戊寅	己卯	庚辰	辛巳	壬午	癸未	甲申	乙酉	丙戌	丁亥	戊子	己丑	庚寅	辛卯	壬辰
절입시각									오후 11시50분															오후 9시10분						

月建	十 一 月 小																					壬 子							
절기										大雪															冬至				
음력	1	2	3	4	5	6	7	8	9	10	11	12	13	14	15	16	17	18	19	20	21	22	23	24	25	26	27	28	29
양력	11/28	29	30	12/1	2	3	4	5	6	7	8	9	10	11	12	13	14	15	16	17	18	19	20	21	22	23	24	25	26
일진	癸巳	甲午	乙未	丙申	丁酉	戊戌	己亥	庚子	辛丑	壬寅	癸卯	甲辰	乙巳	丙午	丁未	戊申	己酉	庚戌	辛亥	壬子	癸丑	甲寅	乙卯	丙辰	丁巳	戊午	己未	庚申	辛酉
절입시각									오후 4시18분															오전 10시14분					

月建	十 二 月 大																					癸 丑								
절기											小寒														大寒					
음력	1	2	3	4	5	6	7	8	9	10	11	12	13	14	15	16	17	18	19	20	21	22	23	24	25	26	27	28	29	30
양력	12/27	28	29	30	31	1/1	2	3	4	5	6	7	8	9	10	11	12	13	14	15	16	17	18	19	20	21	22	23	24	25
일진	壬戌	癸亥	甲子	乙丑	丙寅	丁卯	戊辰	己巳	庚午	辛未	壬申	癸酉	甲戌	乙亥	丙子	丁丑	戊寅	己卯	庚辰	辛巳	壬午	癸未	甲申	乙酉	丙戌	丁亥	戊子	己丑	庚寅	辛卯
절입시각									오전 3시23분															오후 8시53분						

月建　正 月 小　　甲 寅

	1	2	3	4	5	6	7	8	9	10	11	12	13	14	15	16	17	18	19	20	21	22	23	24	25	26	27	28	29
절기										立春															雨水				
음력	1	2	3	4	5	6	7	8	9	10	11	12	13	14	15	16	17	18	19	20	21	22	23	24	25	26	27	28	29
양력	1/26	27	28	29	30	31	2/1	2	3	4	5	6	7	8	9	10	11	12	13	14	15	16	17	18	19	20	21	22	23
일진	壬辰	癸巳	甲午	乙未	丙申	丁酉	戊戌	己亥	庚子	辛丑	壬寅	癸卯	甲辰	乙巳	丙午	丁未	戊申	己酉	庚戌	辛亥	壬子	癸丑	甲寅	乙卯	丙辰	丁巳	戊午	己未	庚申

절입시각: 立春 오후 3시9분 / 雨水 오전 11시16분

月建　二 月 大　　乙 卯

	1	2	3	4	5	6	7	8	9	10	11	12	13	14	15	16	17	18	19	20	21	22	23	24	25	26	27	28	29	30
절기											驚蟄															春分				
음력	1	2	3	4	5	6	7	8	9	10	11	12	13	14	15	16	17	18	19	20	21	22	23	24	25	26	27	28	29	30
양력	2/24	25	26	27	28	3/1	2	3	4	5	6	7	8	9	10	11	12	13	14	15	16	17	18	19	20	21	22	23	24	25
일진	辛酉	壬戌	癸亥	甲子	乙丑	丙寅	丁卯	戊辰	己巳	庚午	辛未	壬申	癸酉	甲戌	乙亥	丙子	丁丑	戊寅	己卯	庚辰	辛巳	壬午	癸未	甲申	乙酉	丙戌	丁亥	戊子	己丑	庚寅

절입시각: 驚蟄 오전 9시31분 / 春分 오전 10시43분

月建　三 月 大　　丙 辰

	1	2	3	4	5	6	7	8	9	10	11	12	13	14	15	16	17	18	19	20	21	22	23	24	25	26	27	28	29	30
절기											清明															穀雨				
음력	1	2	3	4	5	6	7	8	9	10	11	12	13	14	15	16	17	18	19	20	21	22	23	24	25	26	27	28	29	30
양력	3/26	27	28	29	30	31	4/1	2	3	4	5	6	7	8	9	10	11	12	13	14	15	16	17	18	19	20	21	22	23	24
일진	辛卯	壬辰	癸巳	甲午	乙未	丙申	丁酉	戊戌	己亥	庚子	辛丑	壬寅	癸卯	甲辰	乙巳	丙午	丁未	戊申	己酉	庚戌	辛亥	壬子	癸丑	甲寅	乙卯	丙辰	丁巳	戊午	己未	庚申

절입시각: 清明 오후 2시51분 / 穀雨 오후 10시18분

月建　四 月 小　　丁 巳

	1	2	3	4	5	6	7	8	9	10	11	12	13	14	15	16	17	18	19	20	21	22	23	24	25	26	27	28	29
절기												立夏															小滿		
음력	1	2	3	4	5	6	7	8	9	10	11	12	13	14	15	16	17	18	19	20	21	22	23	24	25	26	27	28	29
양력	4/25	26	27	28	29	30	5/1	2	3	4	5	6	7	8	9	10	11	12	13	14	15	16	17	18	19	20	21	22	23
일진	辛酉	壬戌	癸亥	甲子	乙丑	丙寅	丁卯	戊辰	己巳	庚午	辛未	壬申	癸酉	甲戌	乙亥	丙子	丁丑	戊寅	己卯	庚辰	辛巳	壬午	癸未	甲申	乙酉	丙戌	丁亥	戊子	己丑

절입시각: 立夏 오전 8시42분 / 小滿 오후 9시57분

月建　五 月 大　　戊 午

	1	2	3	4	5	6	7	8	9	10	11	12	13	14	15	16	17	18	19	20	21	22	23	24	25	26	27	28	29	30
절기														芒種																夏至
음력	1	2	3	4	5	6	7	8	9	10	11	12	13	14	15	16	17	18	19	20	21	22	23	24	25	26	27	28	29	30
양력	5/24	25	26	27	28	29	30	31	6/1	2	3	4	5	6	7	8	9	10	11	12	13	14	15	16	17	18	19	20	21	22
일진	庚寅	辛卯	壬辰	癸巳	甲午	乙未	丙申	丁酉	戊戌	己亥	庚子	辛丑	壬寅	癸卯	甲辰	乙巳	丙午	丁未	戊申	己酉	庚戌	辛亥	壬子	癸丑	甲寅	乙卯	丙辰	丁巳	戊午	己未

절입시각: 芒種 오후 1시17분 / 夏至 오전 6시12분

月建　閏 五 月 大

	1	2	3	4	5	6	7	8	9	10	11	12	13	14	15	16	17	18	19	20	21	22	23	24	25	26	27	28	29	30
절기															小暑															
음력	1	2	3	4	5	6	7	8	9	10	11	12	13	14	15	16	17	18	19	20	21	22	23	24	25	26	27	28	29	30
양력	6/23	24	25	26	27	28	29	30	7/1	2	3	4	5	6	7	8	9	10	11	12	13	14	15	16	17	18	19	20	21	22
일진	庚申	辛酉	壬戌	癸亥	甲子	乙丑	丙寅	丁卯	戊辰	己巳	庚午	辛未	壬申	癸酉	甲戌	乙亥	丙子	丁丑	戊寅	己卯	庚辰	辛巳	壬午	癸未	甲申	乙酉	丙戌	丁亥	戊子	己丑

절입시각: 小暑 오후 11시44분

月建	六 月 小																												己 未
절기	大暑																立秋												
음력	1	2	3	4	5	6	7	8	9	10	11	12	13	14	15	16	17	18	19	20	21	22	23	24	25	26	27	28	29
양력	7/23	24	25	26	27	28	29	30	31	8/1	2	3	4	5	6	7	8	9	10	11	12	13	14	15	16	17	18	19	20
일진	庚寅	辛卯	壬辰	癸巳	甲午	乙未	丙申	丁酉	戊戌	己亥	庚子	辛丑	壬寅	癸卯	甲辰	乙巳	丙午	丁未	戊申	己酉	庚戌	辛亥	壬子	癸丑	甲寅	乙卯	丙辰	丁巳	戊午
절입시각	오후 5시5분																오전 9시26분												

月建	七 月 大																													庚 申
절기			處暑																白露											
음력	1	2	3	4	5	6	7	8	9	10	11	12	13	14	15	16	17	18	19	20	21	22	23	24	25	26	27	28	29	30
양력	8/21	22	23	24	25	26	27	28	29	30	31	9/1	2	3	4	5	6	7	8	9	10	11	12	13	14	15	16	17	18	19
일진	己未	庚申	辛酉	壬戌	癸亥	甲子	乙丑	丙寅	丁卯	戊辰	己巳	庚午	辛未	壬申	癸酉	甲戌	乙亥	丙子	丁丑	戊寅	己卯	庚辰	辛巳	壬午	癸未	甲申	乙酉	丙戌	丁亥	戊子
절입시각			오후 11시52분																오전 11시58분											

月建	八 月 小																												辛 酉
절기				秋分																寒露									
음력	1	2	3	4	5	6	7	8	9	10	11	12	13	14	15	16	17	18	19	20	21	22	23	24	25	26	27	28	29
양력	9/20	21	22	23	24	25	26	27	28	29	30	10/1	2	3	4	5	6	7	8	9	10	11	12	13	14	15	16	17	18
일진	己丑	庚寅	辛卯	壬辰	癸巳	甲午	乙未	丙申	丁酉	戊戌	己亥	庚子	辛丑	壬寅	癸卯	甲辰	乙巳	丙午	丁未	戊申	己酉	庚戌	辛亥	壬子	癸丑	甲寅	乙卯	丙辰	丁巳
절입시각				오후 9시1분																오전 3시4분									

月建	九 月 大																													壬 戌
절기						霜降															立冬									
음력	1	2	3	4	5	6	7	8	9	10	11	12	13	14	15	16	17	18	19	20	21	22	23	24	25	26	27	28	29	30
양력	10/19	20	21	22	23	24	25	26	27	28	29	30	31	11/1	2	3	4	5	6	7	8	9	10	11	12	13	14	15	16	17
일진	戊午	己未	庚申	辛酉	壬戌	癸亥	甲子	乙丑	丙寅	丁卯	戊辰	己巳	庚午	辛未	壬申	癸酉	甲戌	乙亥	丙子	丁丑	戊寅	己卯	庚辰	辛巳	壬午	癸未	甲申	乙酉	丙戌	丁亥
절입시각						오전 5시48분															오전 5시43분									

月建	十 月 小																												癸 亥
절기						小雪														大雪									
음력	1	2	3	4	5	6	7	8	9	10	11	12	13	14	15	16	17	18	19	20	21	22	23	24	25	26	27	28	29
양력	11/18	19	20	21	22	23	24	25	26	27	28	29	30	12/1	2	3	4	5	6	7	8	9	10	11	12	13	14	15	16
일진	戊子	己丑	庚寅	辛卯	壬辰	癸巳	甲午	乙未	丙申	丁酉	戊戌	己亥	庚子	辛丑	壬寅	癸卯	甲辰	乙巳	丙午	丁未	戊申	己酉	庚戌	辛亥	壬子	癸丑	甲寅	乙卯	丙辰
절입시각						오전 2시53분														오후 10시11분									

月建	十 一 月 小																												甲 子
절기						冬至										小寒													
음력	1	2	3	4	5	6	7	8	9	10	11	12	13	14	15	16	17	18	19	20	21	22	23	24	25	26	27	28	29
양력	12/17	18	19	20	21	22	23	24	25	26	27	28	29	30	31	1/1	2	3	4	5	6	7	8	9	10	11	12	13	14
일진	丁巳	戊午	己未	庚申	辛酉	壬戌	癸亥	甲子	乙丑	丙寅	丁卯	戊辰	己巳	庚午	辛未	壬申	癸酉	甲戌	乙亥	丙子	丁丑	戊寅	己卯	庚辰	辛巳	壬午	癸未	甲申	乙酉
절입시각						오후 3시58분										오전 9시17분													

月建	十 二 月 大																													乙 丑
절기							大寒											立春												
음력	1	2	3	4	5	6	7	8	9	10	11	12	13	14	15	16	17	18	19	20	21	22	23	24	25	26	27	28	29	30
양력	1/15	16	17	18	19	20	21	22	23	24	25	26	27	28	29	30	31	2/1	2	3	4	5	6	7	8	9	10	11	12	13
일진	丙戌	丁亥	戊子	己丑	庚寅	辛卯	壬辰	癸巳	甲午	乙未	丙申	丁酉	戊戌	己亥	庚子	辛丑	壬寅	癸卯	甲辰	乙巳	丙午	丁未	戊申	己酉	庚戌	辛亥	壬子	癸丑	甲寅	乙卯
절입시각							오전 2시37분											오후 9시4분												

1934년 | 檀紀 4267년 甲戌年

四月 黑中

金神 午未申酉
午 大將軍　亥子丑 三殺　申 吊客　子 喪門

月建　正月小　丙寅

절기: 雨水(6), 驚蟄(21)

음력	1	2	3	4	5	6	7	8	9	10	11	12	13	14	15	16	17	18	19	20	21	22	23	24	25	26	27	28	29
양력	2/14	15	16	17	18	19	20	21	22	23	24	25	26	27	28	3/1	2	3	4	5	6	7	8	9	10	11	12	13	14
일진	丙辰	丁巳	戊午	己未	庚申	辛酉	壬戌	癸亥	甲子	乙丑	丙寅	丁卯	戊辰	己巳	庚午	辛未	壬申	癸酉	甲戌	乙亥	丙子	丁丑	戊寅	己卯	庚辰	辛巳	壬午	癸未	甲申

절입시각: 오후 5시2분　오후 3시26분

月建　二月大　丁卯

절기: 春分(7), 清明(22)

음력	1	2	3	4	5	6	7	8	9	10	11	12	13	14	15	16	17	18	19	20	21	22	23	24	25	26	27	28	29	30
양력	3/15	16	17	18	19	20	21	22	23	24	25	26	27	28	29	30	31	4/1	2	3	4	5	6	7	8	9	10	11	12	13
일진	乙酉	丙戌	丁亥	戊子	己丑	庚寅	辛卯	壬辰	癸巳	甲午	乙未	丙申	丁酉	戊戌	己亥	庚子	辛丑	壬寅	癸卯	甲辰	乙巳	丙午	丁未	戊申	己酉	庚戌	辛亥	壬子	癸丑	甲寅

절입시각: 오후 4시28분　오후 8시44분

月建　三月小　戊辰

절기: 穀雨(8), 立夏(23)

음력	1	2	3	4	5	6	7	8	9	10	11	12	13	14	15	16	17	18	19	20	21	22	23	24	25	26	27	28	29
양력	4/14	15	16	17	18	19	20	21	22	23	24	25	26	27	28	29	30	5/1	2	3	4	5	6	7	8	9	10	11	12
일진	乙卯	丙辰	丁巳	戊午	己未	庚申	辛酉	壬戌	癸亥	甲子	乙丑	丙寅	丁卯	戊辰	己巳	庚午	辛未	壬申	癸酉	甲戌	乙亥	丙子	丁丑	戊寅	己卯	庚辰	辛巳	壬午	癸未

절입시각: 오전 4시0분　오후 2시31분

月建　四月大　己巳

절기: 小滿(10), 芒種(25)

음력	1	2	3	4	5	6	7	8	9	10	11	12	13	14	15	16	17	18	19	20	21	22	23	24	25	26	27	28	29	30
양력	5/13	14	15	16	17	18	19	20	21	22	23	24	25	26	27	28	29	30	31	6/1	2	3	4	5	6	7	8	9	10	11
일진	甲申	乙酉	丙戌	丁亥	戊子	己丑	庚寅	辛卯	壬辰	癸巳	甲午	乙未	丙申	丁酉	戊戌	己亥	庚子	辛丑	壬寅	癸卯	甲辰	乙巳	丙午	丁未	戊申	己酉	庚戌	辛亥	壬子	癸丑

절입시각: 오전 3시35분　오후 7시1분

月建　五月大　庚午

절기: 夏至(11), 小暑(27)

음력	1	2	3	4	5	6	7	8	9	10	11	12	13	14	15	16	17	18	19	20	21	22	23	24	25	26	27	28	29	30
양력	6/12	13	14	15	16	17	18	19	20	21	22	23	24	25	26	27	28	29	30	7/1	2	3	4	5	6	7	8	9	10	11
일진	甲寅	乙卯	丙辰	丁巳	戊午	己未	庚申	辛酉	壬戌	癸亥	甲子	乙丑	丙寅	丁卯	戊辰	己巳	庚午	辛未	壬申	癸酉	甲戌	乙亥	丙子	丁丑	戊寅	己卯	庚辰	辛巳	壬午	癸未

절입시각: 오전 11시48분　오전 5시24분

月建　六月小　辛未

절기: 大暑(12), 立秋(28)

음력	1	2	3	4	5	6	7	8	9	10	11	12	13	14	15	16	17	18	19	20	21	22	23	24	25	26	27	28	29
양력	7/12	13	14	15	16	17	18	19	20	21	22	23	24	25	26	27	28	29	30	31	8/1	2	3	4	5	6	7	8	9
일진	甲申	乙酉	丙戌	丁亥	戊子	己丑	庚寅	辛卯	壬辰	癸巳	甲午	乙未	丙申	丁酉	戊戌	己亥	庚子	辛丑	壬寅	癸卯	甲辰	乙巳	丙午	丁未	戊申	己酉	庚戌	辛亥	壬子

절입시각: 오후 10시42분　오후 3시4분

七 月 大　　　　壬 申

음력	1	2	3	4	5	6	7	8	9	10	11	12	13	14	15	16	17	18	19	20	21	22	23	24	25	26	27	28	29	30
절기															處暑															白露
양력	8/10	11	12	13	14	15	16	17	18	19	20	21	22	23	24	25	26	27	28	29	30	31	9/1	2	3	4	5	6	7	8
일진	癸丑	甲寅	乙卯	丙辰	丁巳	戊午	己未	庚申	辛酉	壬戌	癸亥	甲子	乙丑	丙寅	丁卯	戊辰	己巳	庚午	辛未	壬申	癸酉	甲戌	乙亥	丙子	丁丑	戊寅	己卯	庚辰	辛巳	壬午

절입시각: 오전 5시32분　　오후 5시36분

八 月 大　　　　癸 酉

음력	1	2	3	4	5	6	7	8	9	10	11	12	13	14	15	16	17	18	19	20	21	22	23	24	25	26	27	28	29	30
절기																秋分														
양력	9/9	10	11	12	13	14	15	16	17	18	19	20	21	22	23	24	25	26	27	28	29	30	10/1	2	3	4	5	6	7	8
일진	癸未	甲申	乙酉	丙戌	丁亥	戊子	己丑	庚寅	辛卯	壬辰	癸巳	甲午	乙未	丙申	丁酉	戊戌	己亥	庚子	辛丑	壬寅	癸卯	甲辰	乙巳	丙午	丁未	戊申	己酉	庚戌	辛亥	壬子

절입시각: 오전 2시45분

九 月 小　　　　甲 戌

음력	1	2	3	4	5	6	7	8	9	10	11	12	13	14	15	16	17	18	19	20	21	22	23	24	25	26	27	28	29
절기	寒露															霜降													
양력	10/9	10	11	12	13	14	15	16	17	18	19	20	21	22	23	24	25	26	27	28	29	30	31	11/1	2	3	4	5	6
일진	癸丑	甲寅	乙卯	丙辰	丁巳	戊午	己未	庚申	辛酉	壬戌	癸亥	甲子	乙丑	丙寅	丁卯	戊辰	己巳	庚午	辛未	壬申	癸酉	甲戌	乙亥	丙子	丁丑	戊寅	己卯	庚辰	辛巳

절입시각: 오전 8시45분　　오전 11시36분

十 月 大　　　　乙 亥

음력	1	2	3	4	5	6	7	8	9	10	11	12	13	14	15	16	17	18	19	20	21	22	23	24	25	26	27	28	29	30
절기		立冬															小雪													
양력	11/7	8	9	10	11	12	13	14	15	16	17	18	19	20	21	22	23	24	25	26	27	28	29	30	12/1	2	3	4	5	6
일진	壬午	癸未	甲申	乙酉	丙戌	丁亥	戊子	己丑	庚寅	辛卯	壬辰	癸巳	甲午	乙未	丙申	丁酉	戊戌	己亥	庚子	辛丑	壬寅	癸卯	甲辰	乙巳	丙午	丁未	戊申	己酉	庚戌	辛亥

절입시각: 오전 11시27분　　오전 8시44분

十 一 月 小　　　　丙 子

음력	1	2	3	4	5	6	7	8	9	10	11	12	13	14	15	16	17	18	19	20	21	22	23	24	25	26	27	28	29
절기		大雪														冬至													
양력	12/7	8	9	10	11	12	13	14	15	16	17	18	19	20	21	22	23	24	25	26	27	28	29	30	31	1/1	2	3	4
일진	壬子	癸丑	甲寅	乙卯	丙辰	丁巳	戊午	己未	庚申	辛酉	壬戌	癸亥	甲子	乙丑	丙寅	丁卯	戊辰	己巳	庚午	辛未	壬申	癸酉	甲戌	乙亥	丙子	丁丑	戊寅	己卯	庚辰

절입시각: 오전 3시57분　　오후 9시49분

十 二 月 大　　　　丁 丑

음력	1	2	3	4	5	6	7	8	9	10	11	12	13	14	15	16	17	18	19	20	21	22	23	24	25	26	27	28	29	30
절기		小寒															大寒													
양력	1/5	6	7	8	9	10	11	12	13	14	15	16	17	18	19	20	21	22	23	24	25	26	27	28	29	30	31	2/1	2	3
일진	辛巳	壬午	癸未	甲申	乙酉	丙戌	丁亥	戊子	己丑	庚寅	辛卯	壬辰	癸巳	甲午	乙未	丙申	丁酉	戊戌	己亥	庚子	辛丑	壬寅	癸卯	甲辰	乙巳	丙午	丁未	戊申	己酉	庚戌

절입시각: 오후 3시2분　　오전 8시28분

1935년 | 檀紀 4268년　　乙亥年　　　金神　辰巳

正月　十月　黑中　　　酉 大將軍　申酉戌 三殺　酉 弔客　丑 喪門

正　月　小　　　　　戊寅

절기	음력	양력	일진	절입시각
立春	1	2/4	辛亥	오전 2시49분
	2	5	壬子	
	3	6	癸丑	
	4	7	甲寅	
	5	8	乙卯	
	6	9	丙辰	
	7	10	丁巳	
	8	11	戊午	
	9	12	己未	
	10	13	庚申	
	11	14	辛酉	
	12	15	壬戌	
	13	16	癸亥	
	14	17	甲子	
	15	18	乙丑	
雨水	16	19	丙寅	오후 10시52분
	17	20	丁卯	
	18	21	戊辰	
	19	22	己巳	
	20	23	庚午	
	21	24	辛未	
	22	25	壬申	
	23	26	癸酉	
	24	27	甲戌	
	25	28	乙亥	
	26	3/1	丙子	
	27	2	丁丑	
	28	3	戊寅	
	29	4	己卯	

二　月　小　　　　　己卯

절기	음력	양력	일진	절입시각
驚蟄	1	3/5	庚辰	오후 9시10분
	2	6	辛巳	
	3	7	壬午	
	4	8	癸未	
	5	9	甲申	
	6	10	乙酉	
	7	11	丙戌	
	8	12	丁亥	
	9	13	戊子	
	10	14	己丑	
	11	15	庚寅	
	12	16	辛卯	
	13	17	壬辰	
	14	18	癸巳	
	15	19	甲午	
	16	20	乙未	
春分	17	21	丙申	오후 10시18분
	18	22	丁酉	
	19	23	戊戌	
	20	24	己亥	
	21	25	庚子	
	22	26	辛丑	
	23	27	壬寅	
	24	28	癸卯	
	25	29	甲辰	
	26	30	乙巳	
	27	31	丙午	
	28	4/1	丁未	
	29	2	戊申	

三　月　大　　　　　庚辰

절기	음력	양력	일진	절입시각
	1	4/3	己酉	
	2	4	庚戌	
	3	5	辛亥	
淸明	4	6	壬子	오전 2시26분
	5	7	癸丑	
	6	8	甲寅	
	7	9	乙卯	
	8	10	丙辰	
	9	11	丁巳	
	10	12	戊午	
	11	13	己未	
	12	14	庚申	
	13	15	辛酉	
	14	16	壬戌	
	15	17	癸亥	
	16	18	甲子	
	17	19	乙丑	
	18	20	丙寅	
穀雨	19	21	丁卯	오전 9시50분
	20	22	戊辰	
	21	23	己巳	
	22	24	庚午	
	23	25	辛未	
	24	26	壬申	
	25	27	癸酉	
	26	28	甲戌	
	27	29	乙亥	
	28	30	丙子	
	29	5/1	丁丑	
	30	2	戊寅	

四　月　小　　　　　辛巳

절기	음력	양력	일진	절입시각
	1	5/3	己卯	
	2	4	庚辰	
	3	5	辛巳	
立夏	4	6	壬午	오후 8시12분
	5	7	癸未	
	6	8	甲申	
	7	9	乙酉	
	8	10	丙戌	
	9	11	丁亥	
	10	12	戊子	
	11	13	己丑	
	12	14	庚寅	
	13	15	辛卯	
	14	16	壬辰	
	15	17	癸巳	
	16	18	甲午	
	17	19	乙未	
	18	20	丙申	
	19	21	丁酉	
小滿	20	22	戊戌	오전 9시25분
	21	23	己亥	
	22	24	庚子	
	23	25	辛丑	
	24	26	壬寅	
	25	27	癸卯	
	26	28	甲辰	
	27	29	乙巳	
	28	30	丙午	
	29	31	丁未	

五　月　大　　　　　壬午

절기	음력	양력	일진	절입시각
	1	6/1	戊申	
	2	2	己酉	
	3	3	庚戌	
	4	4	辛亥	
	5	5	壬子	
	6	6	癸丑	
芒種	7	7	甲寅	오전 0시42분
	8	8	乙卯	
	9	9	丙辰	
	10	10	丁巳	
	11	11	戊午	
	12	12	己未	
	13	13	庚申	
	14	14	辛酉	
	15	15	壬戌	
	16	16	癸亥	
	17	17	甲子	
	18	18	乙丑	
	19	19	丙寅	
	20	20	丁卯	
	21	21	戊辰	
夏至	22	22	己巳	오후 5시38분
	23	23	庚午	
	24	24	辛未	
	25	25	壬申	
	26	26	癸酉	
	27	27	甲戌	
	28	28	乙亥	
	29	29	丙子	
	30	30	丁丑	

六　月　小　　　　　癸未

절기	음력	양력	일진	절입시각
	1	7/1	戊寅	
	2	2	己卯	
	3	3	庚辰	
	4	4	辛巳	
	5	5	壬午	
	6	6	癸未	
	7	7	甲申	
小暑	8	8	乙酉	오전 11시6분
	9	9	丙戌	
	10	10	丁亥	
	11	11	戊子	
	12	12	己丑	
	13	13	庚寅	
	14	14	辛卯	
	15	15	壬辰	
	16	16	癸巳	
	17	17	甲午	
	18	18	乙未	
	19	19	丙申	
	20	20	丁酉	
	21	21	戊戌	
	22	22	己亥	
	23	23	庚子	
大暑	24	24	辛丑	오전 4시33분
	25	25	壬寅	
	26	26	癸卯	
	27	27	甲辰	
	28	28	乙巳	
	29	29	丙午	

七 月 大　　甲 申

月建																														
절기									立秋																處暑					
음력	1	2	3	4	5	6	7	8	9	10	11	12	13	14	15	16	17	18	19	20	21	22	23	24	25	26	27	28	29	30
양력	7/30	31	8/1	2	3	4	5	6	7	8	9	10	11	12	13	14	15	16	17	18	19	20	21	22	23	24	25	26	27	28
일진	丁未	戊申	己酉	庚戌	辛亥	壬子	癸丑	甲寅	乙卯	丙辰	丁巳	戊午	己未	庚申	辛酉	壬戌	癸亥	甲子	乙丑	丙寅	丁卯	戊辰	己巳	庚午	辛未	壬申	癸酉	甲戌	乙亥	丙子
절입시각									오후 8시48분																오전 11시24분					

八 月 大　　乙 酉

月建																														
절기											白露																秋分				
음력	1	2	3	4	5	6	7	8	9	10	11	12	13	14	15	16	17	18	19	20	21	22	23	24	25	26	27	28	29	30
양력	8/29	30	31	9/1	2	3	4	5	6	7	8	9	10	11	12	13	14	15	16	17	18	19	20	21	22	23	24	25	26	27
일진	丁丑	戊寅	己卯	庚辰	辛巳	壬午	癸未	甲申	乙酉	丙戌	丁亥	戊子	己丑	庚寅	辛卯	壬辰	癸巳	甲午	乙未	丙申	丁酉	戊戌	己亥	庚子	辛丑	壬寅	癸卯	甲辰	乙巳	丙午
절입시각											오후 11시24분																오전 8시38분			

九 月 小　　丙 戌

月建																													
절기												寒露															霜降		
음력	1	2	3	4	5	6	7	8	9	10	11	12	13	14	15	16	17	18	19	20	21	22	23	24	25	26	27	28	29
양력	9/28	29	30	10/1	2	3	4	5	6	7	8	9	10	11	12	13	14	15	16	17	18	19	20	21	22	23	24	25	26
일진	丁未	戊申	己酉	庚戌	辛亥	壬子	癸丑	甲寅	乙卯	丙辰	丁巳	戊午	己未	庚申	辛酉	壬戌	癸亥	甲子	乙丑	丙寅	丁卯	戊辰	己巳	庚午	辛未	壬申	癸酉	甲戌	乙亥
절입시각												오후 2시36분															오후 5시29분		

十 月 大　　丁 亥

月建																														
절기													立冬															小雪			
음력	1	2	3	4	5	6	7	8	9	10	11	12	13	14	15	16	17	18	19	20	21	22	23	24	25	26	27	28	29	30
양력	10/27	28	29	30	31	11/1	2	3	4	5	6	7	8	9	10	11	12	13	14	15	16	17	18	19	20	21	22	23	24	25
일진	丙子	丁丑	戊寅	己卯	庚辰	辛巳	壬午	癸未	甲申	乙酉	丙戌	丁亥	戊子	己丑	庚寅	辛卯	壬辰	癸巳	甲午	乙未	丙申	丁酉	戊戌	己亥	庚子	辛丑	壬寅	癸卯	甲辰	乙巳
절입시각													오후 5시18분															오후 2시35분			

十 一 月 大　　戊 子

月建																														
절기													大雪															冬至			
음력	1	2	3	4	5	6	7	8	9	10	11	12	13	14	15	16	17	18	19	20	21	22	23	24	25	26	27	28	29	30
양력	11/26	27	28	29	30	12/1	2	3	4	5	6	7	8	9	10	11	12	13	14	15	16	17	18	19	20	21	22	23	24	25
일진	丙午	丁未	戊申	己酉	庚戌	辛亥	壬子	癸丑	甲寅	乙卯	丙辰	丁巳	戊午	己未	庚申	辛酉	壬戌	癸亥	甲子	乙丑	丙寅	丁卯	戊辰	己巳	庚午	辛未	壬申	癸酉	甲戌	乙亥
절입시각													오전 9시45분															오전 3시37분			

十 二 月 小　　己 丑

月建																													
절기							小寒																				大寒		
음력	1	2	3	4	5	6	7	8	9	10	11	12	13	14	15	16	17	18	19	20	21	22	23	24	25	26	27	28	29
양력	12/26	27	28	29	30	31	1/1	2	3	4	5	6	7	8	9	10	11	12	13	14	15	16	17	18	19	20	21	22	23
일진	丙子	丁丑	戊寅	己卯	庚辰	辛巳	壬午	癸未	甲申	乙酉	丙戌	丁亥	戊子	己丑	庚寅	辛卯	壬辰	癸巳	甲午	乙未	丙申	丁酉	戊戌	己亥	庚子	辛丑	壬寅	癸卯	甲辰
절입시각							오후 8시47분																				오후 2시12분		

月建　正　月　大　　　　庚寅

절기: 立春(음력 13), 雨水(음력 28)

음력	1	2	3	4	5	6	7	8	9	10	11	12	13	14	15	16	17	18	19	20	21	22	23	24	25	26	27	28	29	30
양력	1/24	25	26	27	28	29	30	31	2/1	2	3	4	5	6	7	8	9	10	11	12	13	14	15	16	17	18	19	20	21	22
일진	乙巳	丙午	丁未	戊申	己酉	庚戌	辛亥	壬子	癸丑	甲寅	乙卯	丙辰	丁巳	戊午	己未	庚申	辛酉	壬戌	癸亥	甲子	乙丑	丙寅	丁卯	戊辰	己巳	庚午	辛未	壬申	癸酉	甲戌

절입시각: 오전 8시29분　　오전 4시33분

月建　二　月　小　　　　辛卯

절기: 驚蟄(음력 13), 春分(음력 28)

음력	1	2	3	4	5	6	7	8	9	10	11	12	13	14	15	16	17	18	19	20	21	22	23	24	25	26	27	28	29
양력	2/23	24	25	26	27	28	29	3/1	2	3	4	5	6	7	8	9	10	11	12	13	14	15	16	17	18	19	20	21	22
일진	乙亥	丙子	丁丑	戊寅	己卯	庚辰	辛巳	壬午	癸未	甲申	乙酉	丙戌	丁亥	戊子	己丑	庚寅	辛卯	壬辰	癸巳	甲午	乙未	丙申	丁酉	戊戌	己亥	庚子	辛丑	壬寅	癸卯

절입시각: 오전 2시49분　　오전 3시58분

月建　三　月　小　　　　壬辰

절기: 淸明(음력 14), 穀雨(음력 29)

음력	1	2	3	4	5	6	7	8	9	10	11	12	13	14	15	16	17	18	19	20	21	22	23	24	25	26	27	28	29
양력	3/23	24	25	26	27	28	29	30	31	4/1	2	3	4	5	6	7	8	9	10	11	12	13	14	15	16	17	18	19	20
일진	甲辰	乙巳	丙午	丁未	戊申	己酉	庚戌	辛亥	壬子	癸丑	甲寅	乙卯	丙辰	丁巳	戊午	己未	庚申	辛酉	壬戌	癸亥	甲子	乙丑	丙寅	丁卯	戊辰	己巳	庚午	辛未	壬申

절입시각: 오전 8시7분　　오후 3시31분

月建　閏 三 月　大

절기: 立夏(음력 16)

음력	1	2	3	4	5	6	7	8	9	10	11	12	13	14	15	16	17	18	19	20	21	22	23	24	25	26	27	28	29	30
양력	4/21	22	23	24	25	26	27	28	29	30	5/1	2	3	4	5	6	7	8	9	10	11	12	13	14	15	16	17	18	19	20
일진	癸酉	甲戌	乙亥	丙子	丁丑	戊寅	己卯	庚辰	辛巳	壬午	癸未	甲申	乙酉	丙戌	丁亥	戊子	己丑	庚寅	辛卯	壬辰	癸巳	甲午	乙未	丙申	丁酉	戊戌	己亥	庚子	辛丑	壬寅

절입시각: 오전 1시57분

月建　四　月　小　　　　癸巳

절기: 小滿(음력 1), 芒種(음력 17)

음력	1	2	3	4	5	6	7	8	9	10	11	12	13	14	15	16	17	18	19	20	21	22	23	24	25	26	27	28	29
양력	5/21	22	23	24	25	26	27	28	29	30	31	6/1	2	3	4	5	6	7	8	9	10	11	12	13	14	15	16	17	18
일진	癸卯	甲辰	乙巳	丙午	丁未	戊申	己酉	庚戌	辛亥	壬子	癸丑	甲寅	乙卯	丙辰	丁巳	戊午	己未	庚申	辛酉	壬戌	癸亥	甲子	乙丑	丙寅	丁卯	戊辰	己巳	庚午	辛未

절입시각: 오후 3시7분　　오전 6시31분

月建　五　月　大　　　　甲午

절기: 夏至(음력 3), 小暑(음력 19)

음력	1	2	3	4	5	6	7	8	9	10	11	12	13	14	15	16	17	18	19	20	21	22	23	24	25	26	27	28	29	30
양력	6/19	20	21	22	23	24	25	26	27	28	29	30	7/1	2	3	4	5	6	7	8	9	10	11	12	13	14	15	16	17	18
일진	壬申	癸酉	甲戌	乙亥	丙子	丁丑	戊寅	己卯	庚辰	辛巳	壬午	癸未	甲申	乙酉	丙戌	丁亥	戊子	己丑	庚寅	辛卯	壬辰	癸巳	甲午	乙未	丙申	丁酉	戊戌	己亥	庚子	辛丑

절입시각: 오후 11시22분　　오후 4시58분

六 月 小　　乙 未

절기	1	2	3	4	5	6	7	8	9	10	11	12	13	14	15	16	17	18	19	20	21	22	23	24	25	26	27	28	29
					大暑															立秋									
음력	1	2	3	4	5	6	7	8	9	10	11	12	13	14	15	16	17	18	19	20	21	22	23	24	25	26	27	28	29
양력	7/19	20	21	22	23	24	25	26	27	28	29	30	31	8/1	2	3	4	5	6	7	8	9	10	11	12	13	14	15	16
일진	壬寅	癸卯	甲辰	乙巳	丙午	丁未	戊申	己酉	庚戌	辛亥	壬子	癸丑	甲寅	乙卯	丙辰	丁巳	戊午	己未	庚申	辛酉	壬戌	癸亥	甲子	乙丑	丙寅	丁卯	戊辰	己巳	庚午

절입시각: 오전 10시18분　／　오전 2시43분

七 月 大　　丙 申

절기	1	2	3	4	5	6	7	8	9	10	11	12	13	14	15	16	17	18	19	20	21	22	23	24	25	26	27	28	29	30
							處暑																白露							
음력	1	2	3	4	5	6	7	8	9	10	11	12	13	14	15	16	17	18	19	20	21	22	23	24	25	26	27	28	29	30
양력	8/17	18	19	20	21	22	23	24	25	26	27	28	29	30	31	9/1	2	3	4	5	6	7	8	9	10	11	12	13	14	15
일진	辛未	壬申	癸酉	甲戌	乙亥	丙子	丁丑	戊寅	己卯	庚辰	辛巳	壬午	癸未	甲申	乙酉	丙戌	丁亥	戊子	己丑	庚寅	辛卯	壬辰	癸巳	甲午	乙未	丙申	丁酉	戊戌	己亥	庚子

절입시각: 오후 5시11분　／　오전 5시21분

八 月 小　　丁 酉

절기	1	2	3	4	5	6	7	8	9	10	11	12	13	14	15	16	17	18	19	20	21	22	23	24	25	26	27	28	29
								秋分															寒露						
음력	1	2	3	4	5	6	7	8	9	10	11	12	13	14	15	16	17	18	19	20	21	22	23	24	25	26	27	28	29
양력	9/16	17	18	19	20	21	22	23	24	25	26	27	28	29	30	10/1	2	3	4	5	6	7	8	9	10	11	12	13	14
일진	辛丑	壬寅	癸卯	甲辰	乙巳	丙午	丁未	戊申	己酉	庚戌	辛亥	壬子	癸丑	甲寅	乙卯	丙辰	丁巳	戊午	己未	庚申	辛酉	壬戌	癸亥	甲子	乙丑	丙寅	丁卯	戊辰	己巳

절입시각: 오후 2시26분　／　오후 8시32분

九 月 大　　戊 戌

절기	1	2	3	4	5	6	7	8	9	10	11	12	13	14	15	16	17	18	19	20	21	22	23	24	25	26	27	28	29	30
									霜降															立冬						
음력	1	2	3	4	5	6	7	8	9	10	11	12	13	14	15	16	17	18	19	20	21	22	23	24	25	26	27	28	29	30
양력	10/15	16	17	18	19	20	21	22	23	24	25	26	27	28	29	30	31	11/1	2	3	4	5	6	7	8	9	10	11	12	13
일진	庚午	辛未	壬申	癸酉	甲戌	乙亥	丙子	丁丑	戊寅	己卯	庚辰	辛巳	壬午	癸未	甲申	乙酉	丙戌	丁亥	戊子	己丑	庚寅	辛卯	壬辰	癸巳	甲午	乙未	丙申	丁酉	戊戌	己亥

절입시각: 오후 11시18분　／　오후 11시15분

十 月 大　　己 亥

절기	1	2	3	4	5	6	7	8	9	10	11	12	13	14	15	16	17	18	19	20	21	22	23	24	25	26	27	28	29	30
									小雪															大雪						
음력	1	2	3	4	5	6	7	8	9	10	11	12	13	14	15	16	17	18	19	20	21	22	23	24	25	26	27	28	29	30
양력	11/14	15	16	17	18	19	20	21	22	23	24	25	26	27	28	29	30	12/1	2	3	4	5	6	7	8	9	10	11	12	13
일진	庚子	辛丑	壬寅	癸卯	甲辰	乙巳	丙午	丁未	戊申	己酉	庚戌	辛亥	壬子	癸丑	甲寅	乙卯	丙辰	丁巳	戊午	己未	庚申	辛酉	壬戌	癸亥	甲子	乙丑	丙寅	丁卯	戊辰	己巳

절입시각: 오후 8시25분　／　오후 3시42분

十 一 月 大　　庚 子

절기	1	2	3	4	5	6	7	8	9	10	11	12	13	14	15	16	17	18	19	20	21	22	23	24	25	26	27	28	29	30
									冬至															小寒						
음력	1	2	3	4	5	6	7	8	9	10	11	12	13	14	15	16	17	18	19	20	21	22	23	24	25	26	27	28	29	30
양력	12/14	15	16	17	18	19	20	21	22	23	24	25	26	27	28	29	30	31	1/1	2	3	4	5	6	7	8	9	10	11	12
일진	庚午	辛未	壬申	癸酉	甲戌	乙亥	丙子	丁丑	戊寅	己卯	庚辰	辛巳	壬午	癸未	甲申	乙酉	丙戌	丁亥	戊子	己丑	庚寅	辛卯	壬辰	癸巳	甲午	乙未	丙申	丁酉	戊戌	己亥

절입시각: 오전 9시27분　／　오전 2시44분

十 二 月 小　　辛 丑

절기	1	2	3	4	5	6	7	8	9	10	11	12	13	14	15	16	17	18	19	20	21	22	23	24	25	26	27	28	29
								大寒												立春									
음력	1	2	3	4	5	6	7	8	9	10	11	12	13	14	15	16	17	18	19	20	21	22	23	24	25	26	27	28	29
양력	1/13	14	15	16	17	18	19	20	21	22	23	24	25	26	27	28	29	30	31	2/1	2	3	4	5	6	7	8	9	10
일진	庚子	辛丑	壬寅	癸卯	甲辰	乙巳	丙午	丁未	戊申	己酉	庚戌	辛亥	壬子	癸丑	甲寅	乙卯	丙辰	丁巳	戊午	己未	庚申	辛酉	壬戌	癸亥	甲子	乙丑	丙寅	丁卯	戊辰

절입시각: 오후 8시1분　／　오후 2시26분

四月 黑中　　酉 大將軍　寅卯辰 三殺　亥 吊客　卯 喪門

正月 大　　壬寅

절기: 雨水 (9) · 驚蟄 (19)

음력	1	2	3	4	5	6	7	8	9	10	11	12	13	14	15	16	17	18	19	20	21	22	23	24	25	26	27	28	29	30
양력	2/11	12	13	14	15	16	17	18	19	20	21	22	23	24	25	26	27	28	3/1	2	3	4	5	6	7	8	9	10	11	12
일진	己巳	庚午	辛未	壬申	癸酉	甲戌	乙亥	丙子	丁丑	戊寅	己卯	庚辰	辛巳	壬午	癸未	甲申	乙酉	丙戌	丁亥	戊子	己丑	庚寅	辛卯	壬辰	癸巳	甲午	乙未	丙申	丁酉	戊戌

절입시각: 오전 10시21분 · 오전 8시44분

二月 小　　癸卯

절기: 春分 (9) · 清明 (20)

음력	1	2	3	4	5	6	7	8	9	10	11	12	13	14	15	16	17	18	19	20	21	22	23	24	25	26	27	28	29
양력	3/13	14	15	16	17	18	19	20	21	22	23	24	25	26	27	28	29	30	31	4/1	2	3	4	5	6	7	8	9	10
일진	己亥	庚子	辛丑	壬寅	癸卯	甲辰	乙巳	丙午	丁未	戊申	己酉	庚戌	辛亥	壬子	癸丑	甲寅	乙卯	丙辰	丁巳	戊午	己未	庚申	辛酉	壬戌	癸亥	甲子	乙丑	丙寅	丁卯

절입시각: 오전 9시45분 · 오후 2시1분

三月 小　　甲辰

절기: 穀雨 (10) · 立夏 (21)

음력	1	2	3	4	5	6	7	8	9	10	11	12	13	14	15	16	17	18	19	20	21	22	23	24	25	26	27	28	29
양력	4/11	12	13	14	15	16	17	18	19	20	21	22	23	24	25	26	27	28	29	30	5/1	2	3	4	5	6	7	8	9
일진	戊辰	己巳	庚午	辛未	壬申	癸酉	甲戌	乙亥	丙子	丁丑	戊寅	己卯	庚辰	辛巳	壬午	癸未	甲申	乙酉	丙戌	丁亥	戊子	己丑	庚寅	辛卯	壬辰	癸巳	甲午	乙未	丙申

절입시각: 오후 9시19분 · 오전 7시51분

四月 大　　乙巳

절기: 小滿 (12) · 芒種 (23)

음력	1	2	3	4	5	6	7	8	9	10	11	12	13	14	15	16	17	18	19	20	21	22	23	24	25	26	27	28	29	30
양력	5/10	11	12	13	14	15	16	17	18	19	20	21	22	23	24	25	26	27	28	29	30	31	6/1	2	3	4	5	6	7	8
일진	丁酉	戊戌	己亥	庚子	辛丑	壬寅	癸卯	甲辰	乙巳	丙午	丁未	戊申	己酉	庚戌	辛亥	壬子	癸丑	甲寅	乙卯	丙辰	丁巳	戊午	己未	庚申	辛酉	壬戌	癸亥	甲子	乙丑	丙寅

절입시각: 오후 8시57분 · 오후 12시23분

五月 小　　丙午

절기: 夏至 (14) · 小暑 (25)

음력	1	2	3	4	5	6	7	8	9	10	11	12	13	14	15	16	17	18	19	20	21	22	23	24	25	26	27	28	29
양력	6/9	10	11	12	13	14	15	16	17	18	19	20	21	22	23	24	25	26	27	28	29	30	7/1	2	3	4	5	6	7
일진	丁卯	戊辰	己巳	庚午	辛未	壬申	癸酉	甲戌	乙亥	丙子	丁丑	戊寅	己卯	庚辰	辛巳	壬午	癸未	甲申	乙酉	丙戌	丁亥	戊子	己丑	庚寅	辛卯	壬辰	癸巳	甲午	乙未

절입시각: 오전 5시12분 · 오후 10시46분

六月 小　　丁未

절기: 大暑 (16)

음력	1	2	3	4	5	6	7	8	9	10	11	12	13	14	15	16	17	18	19	20	21	22	23	24	25	26	27	28	29
양력	7/8	9	10	11	12	13	14	15	16	17	18	19	20	21	22	23	24	25	26	27	28	29	30	31	8/1	2	3	4	5
일진	丙申	丁酉	戊戌	己亥	庚子	辛丑	壬寅	癸卯	甲辰	乙巳	丙午	丁未	戊申	己酉	庚戌	辛亥	壬子	癸丑	甲寅	乙卯	丙辰	丁巳	戊午	己未	庚申	辛酉	壬戌	癸亥	甲子

절입시각: 오후 4시7분

七 月 大 — 月建 戊申

절기	음력	양력	일진
立秋 (음력 3일)	1	8/6	乙丑
	2	7	丙寅
	3	8	丁卯
	4	9	戊辰
	5	10	己巳
	6	11	庚午
	7	12	辛未
	8	13	壬申
	9	14	癸酉
	10	15	甲戌
	11	16	乙亥
	12	17	丙子
	13	18	丁丑
	14	19	戊寅
	15	20	己卯
	16	21	庚辰
	17	22	辛巳
處暑 (음력 18일)	18	23	壬午
	19	24	癸未
	20	25	甲申
	21	26	乙酉
	22	27	丙戌
	23	28	丁亥
	24	29	戊子
	25	30	己丑
	26	31	庚寅
	27	9/1	辛卯
	28	2	壬辰
	29	3	癸巳
	30	4	甲午

절입시각: 立秋 오전 8시25분 / 處暑 오후 10시58분

八 月 小 — 月建 己酉

절기	음력	양력	일진
	1	9/5	乙未
	2	6	丙申
	3	7	丁酉
白露 (음력 4일)	4	8	戊戌
	5	9	己亥
	6	10	庚子
	7	11	辛丑
	8	12	壬寅
	9	13	癸卯
	10	14	甲辰
	11	15	乙巳
	12	16	丙午
	13	17	丁未
	14	18	戊申
	15	19	己酉
	16	20	庚戌
	17	21	辛亥
	18	22	壬子
秋分 (음력 19일)	19	23	癸丑
	20	24	甲寅
	21	25	乙卯
	22	26	丙辰
	23	27	丁巳
	24	28	戊午
	25	29	己未
	26	30	庚申
	27	10/1	辛酉
	28	2	壬戌
	29	3	癸亥

절입시각: 白露 오전 10시59분 / 秋分 오후 8시13분

九 月 大 — 月建 庚戌

절기	음력	양력	일진
	1	10/4	甲子
	2	5	乙丑
	3	6	丙寅
	4	7	丁卯
	5	8	戊辰
寒露 (음력 6일)	6	9	己巳
	7	10	庚午
	8	11	辛未
	9	12	壬申
	10	13	癸酉
	11	14	甲戌
	12	15	乙亥
	13	16	丙子
	14	17	丁丑
	15	18	戊寅
	16	19	己卯
	17	20	庚辰
	18	21	辛巳
	19	22	壬午
	20	23	癸未
霜降 (음력 21일)	21	24	甲申
	22	25	乙酉
	23	26	丙戌
	24	27	丁亥
	25	28	戊子
	26	29	己丑
	27	30	庚寅
	28	31	辛卯
	29	11/1	壬辰
	30	2	癸巳

절입시각: 寒露 오전 2시11분 / 霜降 오전 5시7분

十 月 大 — 月建 辛亥

절기	음력	양력	일진
	1	11/3	甲午
	2	4	乙未
	3	5	丙申
	4	6	丁酉
	5	7	戊戌
立冬 (음력 6일)	6	8	己亥
	7	9	庚子
	8	10	辛丑
	9	11	壬寅
	10	12	癸卯
	11	13	甲辰
	12	14	乙巳
	13	15	丙午
	14	16	丁未
	15	17	戊申
	16	18	己酉
	17	19	庚戌
	18	20	辛亥
	19	21	壬子
	20	22	癸丑
小雪 (음력 21일)	21	23	甲寅
	22	24	乙卯
	23	25	丙辰
	24	26	丁巳
	25	27	戊午
	26	28	己未
	27	29	庚申
	28	30	辛酉
	29	12/1	壬戌
	30	2	癸亥

절입시각: 立冬 오전 4시55분 / 小雪 오전 2시17분

十 一 月 大 — 月建 壬子

절기	음력	양력	일진
	1	12/3	甲子
	2	4	乙丑
	3	5	丙寅
	4	6	丁卯
大雪 (음력 5일)	5	7	戊辰
	6	8	己巳
	7	9	庚午
	8	10	辛未
	9	11	壬申
	10	12	癸酉
	11	13	甲戌
	12	14	乙亥
	13	15	丙子
	14	16	丁丑
	15	17	戊寅
	16	18	己卯
	17	19	庚辰
	18	20	辛巳
	19	21	壬午
冬至 (음력 20일)	20	22	癸未
	21	23	甲申
	22	24	乙酉
	23	25	丙戌
	24	26	丁亥
	25	27	戊子
	26	28	己丑
	27	29	庚寅
	28	30	辛卯
	29	31	壬辰
	30	1/1	癸巳

절입시각: 大雪 오후 9시26분 / 冬至 오후 3시22분

十 二 月 小 — 月建 癸丑

절기	음력	양력	일진
	1	1/2	甲午
	2	3	乙未
	3	4	丙申
	4	5	丁酉
小寒 (음력 5일)	5	6	戊戌
	6	7	己亥
	7	8	庚子
	8	9	辛丑
	9	10	壬寅
	10	11	癸卯
	11	12	甲辰
	12	13	乙巳
	13	14	丙午
	14	15	丁未
	15	16	戊申
	16	17	己酉
	17	18	庚戌
	18	19	辛亥
	19	20	壬子
大寒 (음력 20일)	20	21	癸丑
	21	22	甲寅
	22	23	乙卯
	23	24	丙辰
	24	25	丁巳
	25	26	戊午
	26	27	己未
	27	28	庚申
	28	29	辛酉
	29	30	壬戌

절입시각: 小寒 오전 8시31분 / 大寒 오전 1시59분

1938년 | 檀紀 4271년　　戊寅年　　金神　申酉子丑

正月　十月　黑中　　　　子　大將軍　　亥子丑　三殺　　子　吊客　　辰　喪門

月建　正　月　大　　　甲　寅

절기: 立春(음력 5), 雨水(음력 20)

음력	1	2	3	4	5	6	7	8	9	10	11	12	13	14	15	16	17	18	19	20	21	22	23	24	25	26	27	28	29	30
양력	1/31	2/1	2	3	4	5	6	7	8	9	10	11	12	13	14	15	16	17	18	19	20	21	22	23	24	25	26	27	28	3/1
일진	癸亥	甲子	乙丑	丙寅	丁卯	戊辰	己巳	庚午	辛未	壬申	癸酉	甲戌	乙亥	丙子	丁丑	戊寅	己卯	庚辰	辛巳	壬午	癸未	甲申	乙酉	丙戌	丁亥	戊子	己丑	庚寅	辛卯	壬辰

절입시각: 立春 오후 8시15분　　雨水 오후 4시20분

月建　二　月　大　　　乙　卯

절기: 驚蟄(음력 5), 春分(음력 20)

음력	1	2	3	4	5	6	7	8	9	10	11	12	13	14	15	16	17	18	19	20	21	22	23	24	25	26	27	28	29	30
양력	3/2	3	4	5	6	7	8	9	10	11	12	13	14	15	16	17	18	19	20	21	22	23	24	25	26	27	28	29	30	31
일진	癸巳	甲午	乙未	丙申	丁酉	戊戌	己亥	庚子	辛丑	壬寅	癸卯	甲辰	乙巳	丙午	丁未	戊申	己酉	庚戌	辛亥	壬子	癸丑	甲寅	乙卯	丙辰	丁巳	戊午	己未	庚申	辛酉	壬戌

절입시각: 驚蟄 오후 2시34분　　春分 오후 3시43분

月建　三　月　小　　　丙　辰

절기: 清明(음력 5), 穀雨(음력 21)

음력	1	2	3	4	5	6	7	8	9	10	11	12	13	14	15	16	17	18	19	20	21	22	23	24	25	26	27	28	29
양력	4/1	2	3	4	5	6	7	8	9	10	11	12	13	14	15	16	17	18	19	20	21	22	23	24	25	26	27	28	29
일진	癸亥	甲子	乙丑	丙寅	丁卯	戊辰	己巳	庚午	辛未	壬申	癸酉	甲戌	乙亥	丙子	丁丑	戊寅	己卯	庚辰	辛巳	壬午	癸未	甲申	乙酉	丙戌	丁亥	戊子	己丑	庚寅	辛卯

절입시각: 清明 오후 7시49분　　穀雨 오전 3시15분

月建　四　月　小　　　丁　巳

절기: 立夏(음력 7), 小滿(음력 23)

음력	1	2	3	4	5	6	7	8	9	10	11	12	13	14	15	16	17	18	19	20	21	22	23	24	25	26	27	28	29
양력	4/30	5/1	2	3	4	5	6	7	8	9	10	11	12	13	14	15	16	17	18	19	20	21	22	23	24	25	26	27	28
일진	壬辰	癸巳	甲午	乙未	丙申	丁酉	戊戌	己亥	庚子	辛丑	壬寅	癸卯	甲辰	乙巳	丙午	丁未	戊申	己酉	庚戌	辛亥	壬子	癸丑	甲寅	乙卯	丙辰	丁巳	戊午	己未	庚申

절입시각: 立夏 오후 1시35분　　小滿 오전 2시50분

月建　五　月　大　　　戊　午

절기: 芒種(음력 4), 夏至(음력 25)

음력	1	2	3	4	5	6	7	8	9	10	11	12	13	14	15	16	17	18	19	20	21	22	23	24	25	26	27	28	29	30
양력	5/29	30	31	6/1	2	3	4	5	6	7	8	9	10	11	12	13	14	15	16	17	18	19	20	21	22	23	24	25	26	27
일진	辛酉	壬戌	癸亥	甲子	乙丑	丙寅	丁卯	戊辰	己巳	庚午	辛未	壬申	癸酉	甲戌	乙亥	丙子	丁丑	戊寅	己卯	庚辰	辛巳	壬午	癸未	甲申	乙酉	丙戌	丁亥	戊子	己丑	庚寅

절입시각: 芒種 오후 6시7분　　夏至 오전 11시4분

月建　六　月　小　　　己　未

절기: 小暑(음력 4), 大暑(음력 26)

음력	1	2	3	4	5	6	7	8	9	10	11	12	13	14	15	16	17	18	19	20	21	22	23	24	25	26	27	28	29
양력	6/28	29	30	7/1	2	3	4	5	6	7	8	9	10	11	12	13	14	15	16	17	18	19	20	21	22	23	24	25	26
일진	辛卯	壬辰	癸巳	甲午	乙未	丙申	丁酉	戊戌	己亥	庚子	辛丑	壬寅	癸卯	甲辰	乙巳	丙午	丁未	戊申	己酉	庚戌	辛亥	壬子	癸丑	甲寅	乙卯	丙辰	丁巳	戊午	己未

절입시각: 小暑 오전 4시31분　　大暑 오후 9시57분

月建	七　月　小																												庚　申
절기													立秋																處暑
음력	1	2	3	4	5	6	7	8	9	10	11	12	13	14	15	16	17	18	19	20	21	22	23	24	25	26	27	28	29
양력	7/27	28	29	30	31	8/1	2	3	4	5	6	7	8	9	10	11	12	13	14	15	16	17	18	19	20	21	22	23	24
일진	庚申	辛酉	壬戌	癸亥	甲子	乙丑	丙寅	丁卯	戊辰	己巳	庚午	辛未	壬申	癸酉	甲戌	乙亥	丙子	丁丑	戊寅	己卯	庚辰	辛巳	壬午	癸未	甲申	乙酉	丙戌	丁亥	戊子
절입시각													오후 2시13분																오전 4시46분

月建	閏　七　月　大																													
절기															白露															
음력	1	2	3	4	5	6	7	8	9	10	11	12	13	14	15	16	17	18	19	20	21	22	23	24	25	26	27	28	29	30
양력	8/25	26	27	28	29	30	31	9/1	2	3	4	5	6	7	8	9	10	11	12	13	14	15	16	17	18	19	20	21	22	23
일진	己丑	庚寅	辛卯	壬辰	癸巳	甲午	乙未	丙申	丁酉	戊戌	己亥	庚子	辛丑	壬寅	癸卯	甲辰	乙巳	丙午	丁未	戊申	己酉	庚戌	辛亥	壬子	癸丑	甲寅	乙卯	丙辰	丁巳	戊午
절입시각															오후 4시48분															

月建	八　月　小																												辛　酉
절기	秋分															寒露													
음력	1	2	3	4	5	6	7	8	9	10	11	12	13	14	15	16	17	18	19	20	21	22	23	24	25	26	27	28	29
양력	9/24	25	26	27	28	29	30	10/1	2	3	4	5	6	7	8	9	10	11	12	13	14	15	16	17	18	19	20	21	22
일진	己未	庚申	辛酉	壬戌	癸亥	甲子	乙丑	丙寅	丁卯	戊辰	己巳	庚午	辛未	壬申	癸酉	甲戌	乙亥	丙子	丁丑	戊寅	己卯	庚辰	辛巳	壬午	癸未	甲申	乙酉	丙戌	丁亥
절입시각	오전 2시0분															오전 8시1분													

月建	九　月　大																													壬　戌
절기		霜降															立冬													
음력	1	2	3	4	5	6	7	8	9	10	11	12	13	14	15	16	17	18	19	20	21	22	23	24	25	26	27	28	29	30
양력	10/23	24	25	26	27	28	29	30	31	11/1	2	3	4	5	6	7	8	9	10	11	12	13	14	15	16	17	18	19	20	21
일진	戊子	己丑	庚寅	辛卯	壬辰	癸巳	甲午	乙未	丙申	丁酉	戊戌	己亥	庚子	辛丑	壬寅	癸卯	甲辰	乙巳	丙午	丁未	戊申	己酉	庚戌	辛亥	壬子	癸丑	甲寅	乙卯	丙辰	丁巳
절입시각	오전 10시54분																오전 10시48분													

月建	十　月　大																													癸　亥
절기		小雪															大雪													
음력	1	2	3	4	5	6	7	8	9	10	11	12	13	14	15	16	17	18	19	20	21	22	23	24	25	26	27	28	29	30
양력	11/22	23	24	25	26	27	28	29	30	12/1	2	3	4	5	6	7	8	9	10	11	12	13	14	15	16	17	18	19	20	21
일진	戊午	己未	庚申	辛酉	壬戌	癸亥	甲子	乙丑	丙寅	丁卯	戊辰	己巳	庚午	辛未	壬申	癸酉	甲戌	乙亥	丙子	丁丑	戊寅	己卯	庚辰	辛巳	壬午	癸未	甲申	乙酉	丙戌	丁亥
절입시각	오전 8시6분																오전 3시22분													

月建	十　一　月　小																												甲　子
절기	冬至															小寒													
음력	1	2	3	4	5	6	7	8	9	10	11	12	13	14	15	16	17	18	19	20	21	22	23	24	25	26	27	28	29
양력	12/22	23	24	25	26	27	28	29	30	31	1/1	2	3	4	5	6	7	8	9	10	11	12	13	14	15	16	17	18	19
일진	戊子	己丑	庚寅	辛卯	壬辰	癸巳	甲午	乙未	丙申	丁酉	戊戌	己亥	庚子	辛丑	壬寅	癸卯	甲辰	乙巳	丙午	丁未	戊申	己酉	庚戌	辛亥	壬子	癸丑	甲寅	乙卯	丙辰
절입시각	오후 9시13분															오후 2시28분													

月建	十　二　月　大																													乙　丑
절기		大寒											立春																	
음력	1	2	3	4	5	6	7	8	9	10	11	12	13	14	15	16	17	18	19	20	21	22	23	24	25	26	27	28	29	30
양력	1/20	21	22	23	24	25	26	27	28	29	30	31	2/1	2	3	4	5	6	7	8	9	10	11	12	13	14	15	16	17	18
일진	丁巳	戊午	己未	庚申	辛酉	壬戌	癸亥	甲子	乙丑	丙寅	丁卯	戊辰	己巳	庚午	辛未	壬申	癸酉	甲戌	乙亥	丙子	丁丑	戊寅	己卯	庚辰	辛巳	壬午	癸未	甲申	乙酉	丙戌
절입시각	오전 7시51분												오전 2시10분																	

1939년 | 檀紀 4272년　　己卯年

金神　午未申酉

七月 黑中　　子 大將軍　申酉戌 三殺　丑 吊客　巳 喪門

正月 大　　丙寅

절기: 雨水 … 驚蟄

음력	1	2	3	4	5	6	7	8	9	10	11	12	13	14	15	16	17	18	19	20	21	22	23	24	25	26	27	28	29	30
양력	2/19	20	21	22	23	24	25	26	27	28	3/1	2	3	4	5	6	7	8	9	10	11	12	13	14	15	16	17	18	19	20
일진	丁亥	戊子	己丑	庚寅	辛卯	壬辰	癸巳	甲午	乙未	丙申	丁酉	戊戌	己亥	庚子	辛丑	壬寅	癸卯	甲辰	乙巳	丙午	丁未	戊申	己酉	庚戌	辛亥	壬子	癸丑	甲寅	乙卯	丙辰

절입시각: 오후 10시9분　　오후 8시26분

二月 大　　丁卯

절기: 春分 … 清明

음력	1	2	3	4	5	6	7	8	9	10	11	12	13	14	15	16	17	18	19	20	21	22	23	24	25	26	27	28	29	30
양력	3/21	22	23	24	25	26	27	28	29	30	31	4/1	2	3	4	5	6	7	8	9	10	11	12	13	14	15	16	17	18	19
일진	丁巳	戊午	己未	庚申	辛酉	壬戌	癸亥	甲子	乙丑	丙寅	丁卯	戊辰	己巳	庚午	辛未	壬申	癸酉	甲戌	乙亥	丙子	丁丑	戊寅	己卯	庚辰	辛巳	壬午	癸未	甲申	乙酉	丙戌

절입시각: 오후 9시28분　　오전 1시37분

三月 小　　戊辰

절기: 穀雨 … 立夏

음력	1	2	3	4	5	6	7	8	9	10	11	12	13	14	15	16	17	18	19	20	21	22	23	24	25	26	27	28	29
양력	4/20	21	22	23	24	25	26	27	28	29	30	5/1	2	3	4	5	6	7	8	9	10	11	12	13	14	15	16	17	18
일진	丁亥	戊子	己丑	庚寅	辛卯	壬辰	癸巳	甲午	乙未	丙申	丁酉	戊戌	己亥	庚子	辛丑	壬寅	癸卯	甲辰	乙巳	丙午	丁未	戊申	己酉	庚戌	辛亥	壬子	癸丑	甲寅	乙卯

절입시각: 오전 8시55분　　오후 7시21분

四月 小　　己巳

절기: 小滿 … 芒種

음력	1	2	3	4	5	6	7	8	9	10	11	12	13	14	15	16	17	18	19	20	21	22	23	24	25	26	27	28	29
양력	5/19	20	21	22	23	24	25	26	27	28	29	30	31	6/1	2	3	4	5	6	7	8	9	10	11	12	13	14	15	16
일진	丙辰	丁巳	戊午	己未	庚申	辛酉	壬戌	癸亥	甲子	乙丑	丙寅	丁卯	戊辰	己巳	庚午	辛未	壬申	癸酉	甲戌	乙亥	丙子	丁丑	戊寅	己卯	庚辰	辛巳	壬午	癸未	甲申

절입시각: 오전 8시27분　　오후 11시52분

五月 大　　庚午

절기: 夏至 … 小暑

음력	1	2	3	4	5	6	7	8	9	10	11	12	13	14	15	16	17	18	19	20	21	22	23	24	25	26	27	28	29	30
양력	6/17	18	19	20	21	22	23	24	25	26	27	28	29	30	7/1	2	3	4	5	6	7	8	9	10	11	12	13	14	15	16
일진	乙酉	丙戌	丁亥	戊子	己丑	庚寅	辛卯	壬辰	癸巳	甲午	乙未	丙申	丁酉	戊戌	己亥	庚子	辛丑	壬寅	癸卯	甲辰	乙巳	丙午	丁未	戊申	己酉	庚戌	辛亥	壬子	癸丑	甲寅

절입시각: 오후 4시39분　　오전 10시18분

六月 小　　辛未

절기: 大暑 … 立秋

음력	1	2	3	4	5	6	7	8	9	10	11	12	13	14	15	16	17	18	19	20	21	22	23	24	25	26	27	28	29
양력	7/17	18	19	20	21	22	23	24	25	26	27	28	29	30	31	8/1	2	3	4	5	6	7	8	9	10	11	12	13	14
일진	乙卯	丙辰	丁巳	戊午	己未	庚申	辛酉	壬戌	癸亥	甲子	乙丑	丙寅	丁卯	戊辰	己巳	庚午	辛未	壬申	癸酉	甲戌	乙亥	丙子	丁丑	戊寅	己卯	庚辰	辛巳	壬午	癸未

절입시각: 오전 3시37분　　오후 8시4분

月建	七 月 小																									壬 申			
절기										處暑															白露				
음력	1	2	3	4	5	6	7	8	9	10	11	12	13	14	15	16	17	18	19	20	21	22	23	24	25	26	27	28	29
양력	8/15	16	17	18	19	20	21	22	23	24	25	26	27	28	29	30	31	9/1	2	3	4	5	6	7	8	9	10	11	12
일진	甲申	乙酉	丙戌	丁亥	戊子	己丑	庚寅	辛卯	壬辰	癸巳	甲午	乙未	丙申	丁酉	戊戌	己亥	庚子	辛丑	壬寅	癸卯	甲辰	乙巳	丙午	丁未	戊申	己酉	庚戌	辛亥	壬子
절입시각										오전 10시31분														오후 10시42분				

月建	八 月 大																											癸 酉		
절기												秋分															寒露			
음력	1	2	3	4	5	6	7	8	9	10	11	12	13	14	15	16	17	18	19	20	21	22	23	24	25	26	27	28	29	30
양력	9/13	14	15	16	17	18	19	20	21	22	23	24	25	26	27	28	29	30	10/1	2	3	4	5	6	7	8	9	10	11	12
일진	癸丑	甲寅	乙卯	丙辰	丁巳	戊午	己未	庚申	辛酉	壬戌	癸亥	甲子	乙丑	丙寅	丁卯	戊辰	己巳	庚午	辛未	壬申	癸酉	甲戌	乙亥	丙子	丁丑	戊寅	己卯	庚辰	辛巳	壬午
절입시각												오전 7시49분															오후 1시57분			

月建	九 月 小																										甲 戌		
절기												霜降															立冬		
음력	1	2	3	4	5	6	7	8	9	10	11	12	13	14	15	16	17	18	19	20	21	22	23	24	25	26	27	28	29
양력	10/13	14	15	16	17	18	19	20	21	22	23	24	25	26	27	28	29	30	31	11/1	2	3	4	5	6	7	8	9	10
일진	癸未	甲申	乙酉	丙戌	丁亥	戊子	己丑	庚寅	辛卯	壬辰	癸巳	甲午	乙未	丙申	丁酉	戊戌	己亥	庚子	辛丑	壬寅	癸卯	甲辰	乙巳	丙午	丁未	戊申	己酉	庚戌	辛亥
절입시각												오후 4시46분															오후 4시44분		

月建	十 月 大																											乙 亥		
절기													小雪															大雪		
음력	1	2	3	4	5	6	7	8	9	10	11	12	13	14	15	16	17	18	19	20	21	22	23	24	25	26	27	28	29	30
양력	11/11	12	13	14	15	16	17	18	19	20	21	22	23	24	25	26	27	28	29	30	12/1	2	3	4	5	6	7	8	9	10
일진	壬子	癸丑	甲寅	乙卯	丙辰	丁巳	戊午	己未	庚申	辛酉	壬戌	癸亥	甲子	乙丑	丙寅	丁卯	戊辰	己巳	庚午	辛未	壬申	癸酉	甲戌	乙亥	丙子	丁丑	戊寅	己卯	庚辰	辛巳
절입시각													오후 1시59분															오전 9시17분		

月建	十 一 月 小																										丙 子		
절기													冬至														小寒		
음력	1	2	3	4	5	6	7	8	9	10	11	12	13	14	15	16	17	18	19	20	21	22	23	24	25	26	27	28	29
양력	12/11	12	13	14	15	16	17	18	19	20	21	22	23	24	25	26	27	28	29	30	31	1/1	2	3	4	5	6	7	8
일진	壬午	癸未	甲申	乙酉	丙戌	丁亥	戊子	己丑	庚寅	辛卯	壬辰	癸巳	甲午	乙未	丙申	丁酉	戊戌	己亥	庚子	辛丑	壬寅	癸卯	甲辰	乙巳	丙午	丁未	戊申	己酉	庚戌
절입시각													오전 3시6분														오후 8시24분		

月建	十 二 月 大																											丁 丑		
절기													大寒											立春						
음력	1	2	3	4	5	6	7	8	9	10	11	12	13	14	15	16	17	18	19	20	21	22	23	24	25	26	27	28	29	30
양력	1/9	10	11	12	13	14	15	16	17	18	19	20	21	22	23	24	25	26	27	28	29	30	31	2/1	2	3	4	5	6	7
일진	辛亥	壬子	癸丑	甲寅	乙卯	丙辰	丁巳	戊午	己未	庚申	辛酉	壬戌	癸亥	甲子	乙丑	丙寅	丁卯	戊辰	己巳	庚午	辛未	壬申	癸酉	甲戌	乙亥	丙子	丁丑	戊寅	己卯	庚辰
절입시각													오후 1시44분											오전 8시8분						

1940년 | 檀紀 4273년 　庚辰年　　金神　辰巳

四月 黑中　　　子 大將軍　巳午未 三殺　寅 吊客　午 喪門

月建　正 月 大　　戊 寅

음력	1	2	3	4	5	6	7	8	9	10	11	12	13	14	15	16	17	18	19	20	21	22	23	24	25	26	27	28	29	30
절기													雨水															驚蟄		
양력	2/8	9	10	11	12	13	14	15	16	17	18	19	20	21	22	23	24	25	26	27	28	29	3/1	2	3	4	5	6	7	8
일진	辛巳	壬午	癸未	甲申	乙酉	丙戌	丁亥	戊子	己丑	庚寅	辛卯	壬辰	癸巳	甲午	乙未	丙申	丁酉	戊戌	己亥	庚子	辛丑	壬寅	癸卯	甲辰	乙巳	丙午	丁未	戊申	己酉	庚戌
절입시각													오전 4시4분														오전 2시24분			

月建　二 月 大　　己 卯

음력	1	2	3	4	5	6	7	8	9	10	11	12	13	14	15	16	17	18	19	20	21	22	23	24	25	26	27	28	29	30
절기													春分															清明		
양력	3/9	10	11	12	13	14	15	16	17	18	19	20	21	22	23	24	25	26	27	28	29	30	31	4/1	2	3	4	5	6	7
일진	辛亥	壬子	癸丑	甲寅	乙卯	丙辰	丁巳	戊午	己未	庚申	辛酉	壬戌	癸亥	甲子	乙丑	丙寅	丁卯	戊辰	己巳	庚午	辛未	壬申	癸酉	甲戌	乙亥	丙子	丁丑	戊寅	己卯	庚辰
절입시각													오전 3시24분															오전 7시35분		

月建　三 月 小　　庚 辰

음력	1	2	3	4	5	6	7	8	9	10	11	12	13	14	15	16	17	18	19	20	21	22	23	24	25	26	27	28	29
절기													穀雨											立夏					
양력	4/8	9	10	11	12	13	14	15	16	17	18	19	20	21	22	23	24	25	26	27	28	29	30	5/1	2	3	4	5	6
일진	辛巳	壬午	癸未	甲申	乙酉	丙戌	丁亥	戊子	己丑	庚寅	辛卯	壬辰	癸巳	甲午	乙未	丙申	丁酉	戊戌	己亥	庚子	辛丑	壬寅	癸卯	甲辰	乙巳	丙午	丁未	戊申	己酉
절입시각													오후 2시51분											오전 1시16분					

月建　四 月 大　　辛 巳

음력	1	2	3	4	5	6	7	8	9	10	11	12	13	14	15	16	17	18	19	20	21	22	23	24	25	26	27	28	29	30
절기															小滿															
양력	5/7	8	9	10	11	12	13	14	15	16	17	18	19	20	21	22	23	24	25	26	27	28	29	30	31	6/1	2	3	4	5
일진	庚戌	辛亥	壬子	癸丑	甲寅	乙卯	丙辰	丁巳	戊午	己未	庚申	辛酉	壬戌	癸亥	甲子	乙丑	丙寅	丁卯	戊辰	己巳	庚午	辛未	壬申	癸酉	甲戌	乙亥	丙子	丁丑	戊寅	己卯
절입시각															오후 2시23분															

月建　五 月 小　　壬 午

음력	1	2	3	4	5	6	7	8	9	10	11	12	13	14	15	16	17	18	19	20	21	22	23	24	25	26	27	28	29
절기	芒種															夏至													
양력	6/6	7	8	9	10	11	12	13	14	15	16	17	18	19	20	21	22	23	24	25	26	27	28	29	30	7/1	2	3	4
일진	庚辰	辛巳	壬午	癸未	甲申	乙酉	丙戌	丁亥	戊子	己丑	庚寅	辛卯	壬辰	癸巳	甲午	乙未	丙申	丁酉	戊戌	己亥	庚子	辛丑	壬寅	癸卯	甲辰	乙巳	丙午	丁未	戊申
절입시각	오전 5시44분															오후 10시36분													

月建　六 月 大　　癸 未

음력	1	2	3	4	5	6	7	8	9	10	11	12	13	14	15	16	17	18	19	20	21	22	23	24	25	26	27	28	29	30
절기			小暑																大暑											
양력	7/5	6	7	8	9	10	11	12	13	14	15	16	17	18	19	20	21	22	23	24	25	26	27	28	29	30	31	8/1	2	3
일진	己酉	庚戌	辛亥	壬子	癸丑	甲寅	乙卯	丙辰	丁巳	戊午	己未	庚申	辛酉	壬戌	癸亥	甲子	乙丑	丙寅	丁卯	戊辰	己巳	庚午	辛未	壬申	癸酉	甲戌	乙亥	丙子	丁丑	戊寅
절입시각			오후 4시8분																오전 9시34분											

月建	七　月　小																											甲　申	
절기					立秋															處暑									
음력	1	2	3	4	5	6	7	8	9	10	11	12	13	14	15	16	17	18	19	20	21	22	23	24	25	26	27	28	29
양력	8/4	5	6	7	8	9	10	11	12	13	14	15	16	17	18	19	20	21	22	23	24	25	26	27	28	29	30	31	9/1
일진	己卯	庚辰	辛巳	壬午	癸未	甲申	乙酉	丙戌	丁亥	戊子	己丑	庚寅	辛卯	壬辰	癸巳	甲午	乙未	丙申	丁酉	戊戌	己亥	庚子	辛丑	壬寅	癸卯	甲辰	乙巳	丙午	丁未
절입시각				오전 1시52분														오후 4시29분											

月建	八　月　小																											乙　酉	
절기							白露															秋分							
음력	1	2	3	4	5	6	7	8	9	10	11	12	13	14	15	16	17	18	19	20	21	22	23	24	25	26	27	28	29
양력	9/2	3	4	5	6	7	8	9	10	11	12	13	14	15	16	17	18	19	20	21	22	23	24	25	26	27	28	29	30
일진	戊申	己酉	庚戌	辛亥	壬子	癸丑	甲寅	乙卯	丙辰	丁巳	戊午	己未	庚申	辛酉	壬戌	癸亥	甲子	乙丑	丙寅	丁卯	戊辰	己巳	庚午	辛未	壬申	癸酉	甲戌	乙亥	丙子
절입시각				오전 4시29분														오후 1시46분											

月建	九　月　大																												丙　戌	
절기								寒露															霜降							
음력	1	2	3	4	5	6	7	8	9	10	11	12	13	14	15	16	17	18	19	20	21	22	23	24	25	26	27	28	29	30
양력	10/1	2	3	4	5	6	7	8	9	10	11	12	13	14	15	16	17	18	19	20	21	22	23	24	25	26	27	28	29	30
일진	丁丑	戊寅	己卯	庚辰	辛巳	壬午	癸未	甲申	乙酉	丙戌	丁亥	戊子	己丑	庚寅	辛卯	壬辰	癸巳	甲午	乙未	丙申	丁酉	戊戌	己亥	庚子	辛丑	壬寅	癸卯	甲辰	乙巳	丙午
절입시각				오후 7시42분														오후 10시39분												

月建	十　月　小																											丁　亥	
절기								立冬															小雪						
음력	1	2	3	4	5	6	7	8	9	10	11	12	13	14	15	16	17	18	19	20	21	22	23	24	25	26	27	28	29
양력	10/31	11/1	2	3	4	5	6	7	8	9	10	11	12	13	14	15	16	17	18	19	20	21	22	23	24	25	26	27	28
일진	丁未	戊申	己酉	庚戌	辛亥	壬子	癸丑	甲寅	乙卯	丙辰	丁巳	戊午	己未	庚申	辛酉	壬戌	癸亥	甲子	乙丑	丙寅	丁卯	戊辰	己巳	庚午	辛未	壬申	癸酉	甲戌	乙亥
절입시각				오후 10시27분														오후 7시49분											

月建	十　一　月　大																												戊　子	
절기									大雪															冬至						
음력	1	2	3	4	5	6	7	8	9	10	11	12	13	14	15	16	17	18	19	20	21	22	23	24	25	26	27	28	29	30
양력	11/29	30	12/1	2	3	4	5	6	7	8	9	10	11	12	13	14	15	16	17	18	19	20	21	22	23	24	25	26	27	28
일진	丙子	丁丑	戊寅	己卯	庚辰	辛巳	壬午	癸未	甲申	乙酉	丙戌	丁亥	戊子	己丑	庚寅	辛卯	壬辰	癸巳	甲午	乙未	丙申	丁酉	戊戌	己亥	庚子	辛丑	壬寅	癸卯	甲辰	乙巳
절입시각				오후 2시58분														오전 8시55분												

月建	十　二　月　小																											己　丑	
절기									小寒														大寒						
음력	1	2	3	4	5	6	7	8	9	10	11	12	13	14	15	16	17	18	19	20	21	22	23	24	25	26	27	28	29
양력	12/29	30	31	1/1	2	3	4	5	6	7	8	9	10	11	12	13	14	15	16	17	18	19	20	21	22	23	24	25	26
일진	丙午	丁未	戊申	己酉	庚戌	辛亥	壬子	癸丑	甲寅	乙卯	丙辰	丁巳	戊午	己未	庚申	辛酉	壬戌	癸亥	甲子	乙丑	丙寅	丁卯	戊辰	己巳	庚午	辛未	壬申	癸酉	甲戌
절입시각				오전 2시4분														오후 7시34분											

1941년 | 檀紀 4274년

正月 十月 黑中

辛巳年

金神　寅卯午未子丑

卯 大將軍　寅卯辰 三殺　卯 吊客　未 喪門

正 月 大　　庚寅

절기									立春															雨水						
음력	1	2	3	4	5	6	7	8	9	10	11	12	13	14	15	16	17	18	19	20	21	22	23	24	25	26	27	28	29	30
양력	1/27	28	29	30	31	2/1	2	3	4	5	6	7	8	9	10	11	12	13	14	15	16	17	18	19	20	21	22	23	24	25
일진	乙亥	丙子	丁丑	戊寅	己卯	庚辰	辛巳	壬午	癸未	甲申	乙酉	丙戌	丁亥	戊子	己丑	庚寅	辛卯	壬辰	癸巳	甲午	乙未	丙申	丁酉	戊戌	己亥	庚子	辛丑	壬寅	癸卯	甲辰

절입시각: 오후 1시50분 / 오전 9시56분

二 月 大　　辛卯

절기									驚蟄															春分						
음력	1	2	3	4	5	6	7	8	9	10	11	12	13	14	15	16	17	18	19	20	21	22	23	24	25	26	27	28	29	30
양력	2/26	27	28	3/1	2	3	4	5	6	7	8	9	10	11	12	13	14	15	16	17	18	19	20	21	22	23	24	25	26	27
일진	乙巳	丙午	丁未	戊申	己酉	庚戌	辛亥	壬子	癸丑	甲寅	乙卯	丙辰	丁巳	戊午	己未	庚申	辛酉	壬戌	癸亥	甲子	乙丑	丙寅	丁卯	戊辰	己巳	庚午	辛未	壬申	癸酉	甲戌

절입시각: 오전 8시10분 / 오전 9시20분

三 月 小　　壬辰

절기									淸明															穀雨					
음력	1	2	3	4	5	6	7	8	9	10	11	12	13	14	15	16	17	18	19	20	21	22	23	24	25	26	27	28	29
양력	3/28	29	30	31	4/1	2	3	4	5	6	7	8	9	10	11	12	13	14	15	16	17	18	19	20	21	22	23	24	25
일진	乙亥	丙子	丁丑	戊寅	己卯	庚辰	辛巳	壬午	癸未	甲申	乙酉	丙戌	丁亥	戊子	己丑	庚寅	辛卯	壬辰	癸巳	甲午	乙未	丙申	丁酉	戊戌	己亥	庚子	辛丑	壬寅	癸卯

절입시각: 오후 1시25분 / 오후 8시50분

四 月 大　　癸巳

절기											立夏															小滿				
음력	1	2	3	4	5	6	7	8	9	10	11	12	13	14	15	16	17	18	19	20	21	22	23	24	25	26	27	28	29	30
양력	4/26	27	28	29	30	5/1	2	3	4	5	6	7	8	9	10	11	12	13	14	15	16	17	18	19	20	21	22	23	24	25
일진	甲辰	乙巳	丙午	丁未	戊申	己酉	庚戌	辛亥	壬子	癸丑	甲寅	乙卯	丙辰	丁巳	戊午	己未	庚申	辛酉	壬戌	癸亥	甲子	乙丑	丙寅	丁卯	戊辰	己巳	庚午	辛未	壬申	癸酉

절입시각: 오전 7시10분 / 오후 8시23분

五 月 大　　甲午

절기								芒種																				夏至		
음력	1	2	3	4	5	6	7	8	9	10	11	12	13	14	15	16	17	18	19	20	21	22	23	24	25	26	27	28	29	30
양력	5/26	27	28	29	30	31	6/1	2	3	4	5	6	7	8	9	10	11	12	13	14	15	16	17	18	19	20	21	22	23	24
일진	甲戌	乙亥	丙子	丁丑	戊寅	己卯	庚辰	辛巳	壬午	癸未	甲申	乙酉	丙戌	丁亥	戊子	己丑	庚寅	辛卯	壬辰	癸巳	甲午	乙未	丙申	丁酉	戊戌	己亥	庚子	辛丑	壬寅	癸卯

절입시각: 오전 11시39분 / 오전 4시33분

六 月 小　　乙未

절기									小暑																				大暑
음력	1	2	3	4	5	6	7	8	9	10	11	12	13	14	15	16	17	18	19	20	21	22	23	24	25	26	27	28	29
양력	6/25	26	27	28	29	30	7/1	2	3	4	5	6	7	8	9	10	11	12	13	14	15	16	17	18	19	20	21	22	23
일진	甲辰	乙巳	丙午	丁未	戊申	己酉	庚戌	辛亥	壬子	癸丑	甲寅	乙卯	丙辰	丁巳	戊午	己未	庚申	辛酉	壬戌	癸亥	甲子	乙丑	丙寅	丁卯	戊辰	己巳	庚午	辛未	壬申

절입시각: 오후 10시3분 / 오후 3시26분

閏 六 月 大

月建	1	2	3	4	5	6	7	8	9	10	11	12	13	14	15	16	17	18	19	20	21	22	23	24	25	26	27	28	29	30
절기																立秋														
음력	1	2	3	4	5	6	7	8	9	10	11	12	13	14	15	16	17	18	19	20	21	22	23	24	25	26	27	28	29	30
양력	7/24	25	26	27	28	29	30	31	8/1	2	3	4	5	6	7	8	9	10	11	12	13	14	15	16	17	18	19	20	21	22
일진	癸酉	甲戌	乙亥	丙子	丁丑	戊寅	己卯	庚辰	辛巳	壬午	癸未	甲申	乙酉	丙戌	丁亥	戊子	己丑	庚寅	辛卯	壬辰	癸巳	甲午	乙未	丙申	丁酉	戊戌	己亥	庚子	辛丑	壬寅
절입시각																오전 7시46분														

七 月 小 　　　丙 申

月建	1	2	3	4	5	6	7	8	9	10	11	12	13	14	15	16	17	18	19	20	21	22	23	24	25	26	27	28	29
절기	處暑																白露												
음력	1	2	3	4	5	6	7	8	9	10	11	12	13	14	15	16	17	18	19	20	21	22	23	24	25	26	27	28	29
양력	8/23	24	25	26	27	28	29	30	31	9/1	2	3	4	5	6	7	8	9	10	11	12	13	14	15	16	17	18	19	20
일진	癸卯	甲辰	乙巳	丙午	丁未	戊申	己酉	庚戌	辛亥	壬子	癸丑	甲寅	乙卯	丙辰	丁巳	戊午	己未	庚申	辛酉	壬戌	癸亥	甲子	乙丑	丙寅	丁卯	戊辰	己巳	庚午	辛未
절입시각	오후 10시17분																오전 10시24분												

八 月 小 　　　丁 酉

月建	1	2	3	4	5	6	7	8	9	10	11	12	13	14	15	16	17	18	19	20	21	22	23	24	25	26	27	28	29
절기			秋分																寒露										
음력	1	2	3	4	5	6	7	8	9	10	11	12	13	14	15	16	17	18	19	20	21	22	23	24	25	26	27	28	29
양력	9/21	22	23	24	25	26	27	28	29	30	10/1	2	3	4	5	6	7	8	9	10	11	12	13	14	15	16	17	18	19
일진	壬申	癸酉	甲戌	乙亥	丙子	丁丑	戊寅	己卯	庚辰	辛巳	壬午	癸未	甲申	乙酉	丙戌	丁亥	戊子	己丑	庚寅	辛卯	壬辰	癸巳	甲午	乙未	丙申	丁酉	戊戌	己亥	庚子
절입시각			오후 7시33분																오전 1시38분										

九 月 大 　　　戊 戌

月建	1	2	3	4	5	6	7	8	9	10	11	12	13	14	15	16	17	18	19	20	21	22	23	24	25	26	27	28	29	30
절기					霜降															立冬										
음력	1	2	3	4	5	6	7	8	9	10	11	12	13	14	15	16	17	18	19	20	21	22	23	24	25	26	27	28	29	30
양력	10/20	21	22	23	24	25	26	27	28	29	30	31	11/1	2	3	4	5	6	7	8	9	10	11	12	13	14	15	16	17	18
일진	辛丑	壬寅	癸卯	甲辰	乙巳	丙午	丁未	戊申	己酉	庚戌	辛亥	壬子	癸丑	甲寅	乙卯	丙辰	丁巳	戊午	己未	庚申	辛酉	壬戌	癸亥	甲子	乙丑	丙寅	丁卯	戊辰	己巳	庚午
절입시각					오전 4시27분															오전 4시24분										

十 月 小 　　　己 亥

月建	1	2	3	4	5	6	7	8	9	10	11	12	13	14	15	16	17	18	19	20	21	22	23	24	25	26	27	28	29
절기					小雪								大雪																
음력	1	2	3	4	5	6	7	8	9	10	11	12	13	14	15	16	17	18	19	20	21	22	23	24	25	26	27	28	29
양력	11/19	20	21	22	23	24	25	26	27	28	29	30	12/1	2	3	4	5	6	7	8	9	10	11	12	13	14	15	16	17
일진	辛未	壬申	癸酉	甲戌	乙亥	丙子	丁丑	戊寅	己卯	庚辰	辛巳	壬午	癸未	甲申	乙酉	丙戌	丁亥	戊子	己丑	庚寅	辛卯	壬辰	癸巳	甲午	乙未	丙申	丁酉	戊戌	己亥
절입시각					오전 1시38분								오후 8시56분																

十 一 月 大 　　　庚 子

月建	1	2	3	4	5	6	7	8	9	10	11	12	13	14	15	16	17	18	19	20	21	22	23	24	25	26	27	28	29	30
절기					冬至										小寒															
음력	1	2	3	4	5	6	7	8	9	10	11	12	13	14	15	16	17	18	19	20	21	22	23	24	25	26	27	28	29	30
양력	12/18	19	20	21	22	23	24	25	26	27	28	29	30	31	1/1	2	3	4	5	6	7	8	9	10	11	12	13	14	15	16
일진	庚子	辛丑	壬寅	癸卯	甲辰	乙巳	丙午	丁未	戊申	己酉	庚戌	辛亥	壬子	癸丑	甲寅	乙卯	丙辰	丁巳	戊午	己未	庚申	辛酉	壬戌	癸亥	甲子	乙丑	丙寅	丁卯	戊辰	己巳
절입시각					오후 2시44분										오전 8시2분															

十 二 月 小 　　　辛 丑

月建	1	2	3	4	5	6	7	8	9	10	11	12	13	14	15	16	17	18	19	20	21	22	23	24	25	26	27	28	29
절기					大寒														立春										
음력	1	2	3	4	5	6	7	8	9	10	11	12	13	14	15	16	17	18	19	20	21	22	23	24	25	26	27	28	29
양력	1/17	18	19	20	21	22	23	24	25	26	27	28	29	30	31	2/1	2	3	4	5	6	7	8	9	10	11	12	13	14
일진	庚午	辛未	壬申	癸酉	甲戌	乙亥	丙子	丁丑	戊寅	己卯	庚辰	辛巳	壬午	癸未	甲申	乙酉	丙戌	丁亥	戊子	己丑	庚寅	辛卯	壬辰	癸巳	甲午	乙未	丙申	丁酉	戊戌
절입시각					오전 1시24분														오후 7시49분										

1942년 | 檀紀 4275년　　壬午年

七月 黑中　　　　金神　寅卯戌亥

卯 大將軍　亥子丑 三殺　辰 吊客　申 喪門

正月 大　壬寅

절기				雨水											驚蟄														
음력	1	2	3	4	5	6	7	8	9	10	11	12	13	14	15	16	17	18	19	20	21	22	23	24	25	26	27	28	29	30
양력	2/15	16	17	18	19	20	21	22	23	24	25	26	27	28	3/1	2	3	4	5	6	7	8	9	10	11	12	13	14	15	16
일진	己亥	庚子	辛丑	壬寅	癸卯	甲辰	乙巳	丙午	丁未	戊申	己酉	庚戌	辛亥	壬子	癸丑	甲寅	乙卯	丙辰	丁巳	戊午	己未	庚申	辛酉	壬戌	癸亥	甲子	乙丑	丙寅	丁卯	戊辰

절입시각: 오후 3시47분　　오후 2시9분

二月 小　癸卯

절기				春分											清明													
음력	1	2	3	4	5	6	7	8	9	10	11	12	13	14	15	16	17	18	19	20	21	22	23	24	25	26	27	28	29
양력	3/17	18	19	20	21	22	23	24	25	26	27	28	29	30	31	4/1	2	3	4	5	6	7	8	9	10	11	12	13	14
일진	己巳	庚午	辛未	壬申	癸酉	甲戌	乙亥	丙子	丁丑	戊寅	己卯	庚辰	辛巳	壬午	癸未	甲申	乙酉	丙戌	丁亥	戊子	己丑	庚寅	辛卯	壬辰	癸巳	甲午	乙未	丙申	丁酉

절입시각: 오후 3시11분　　오후 7시24분

三月 大　甲辰

절기						穀雨											立夏													
음력	1	2	3	4	5	6	7	8	9	10	11	12	13	14	15	16	17	18	19	20	21	22	23	24	25	26	27	28	29	30
양력	4/15	16	17	18	19	20	21	22	23	24	25	26	27	28	29	30	5/1	2	3	4	5	6	7	8	9	10	11	12	13	14
일진	戊戌	己亥	庚子	辛丑	壬寅	癸卯	甲辰	乙巳	丙午	丁未	戊申	己酉	庚戌	辛亥	壬子	癸丑	甲寅	乙卯	丙辰	丁巳	戊午	己未	庚申	辛酉	壬戌	癸亥	甲子	乙丑	丙寅	丁卯

절입시각: 오전 2시39분　　오후 1시7분

四月 大　乙巳

절기						小滿												芒種												
음력	1	2	3	4	5	6	7	8	9	10	11	12	13	14	15	16	17	18	19	20	21	22	23	24	25	26	27	28	29	30
양력	5/15	16	17	18	19	20	21	22	23	24	25	26	27	28	29	30	31	6/1	2	3	4	5	6	7	8	9	10	11	12	13
일진	戊辰	己巳	庚午	辛未	壬申	癸酉	甲戌	乙亥	丙子	丁丑	戊寅	己卯	庚辰	辛巳	壬午	癸未	甲申	乙酉	丙戌	丁亥	戊子	己丑	庚寅	辛卯	壬辰	癸巳	甲午	乙未	丙申	丁酉

절입시각: 오전 2시9분　　오후 5시33분

五月 小　丙午

절기									夏至																小暑				
음력	1	2	3	4	5	6	7	8	9	10	11	12	13	14	15	16	17	18	19	20	21	22	23	24	25	26	27	28	29
양력	6/14	15	16	17	18	19	20	21	22	23	24	25	26	27	28	29	30	7/1	2	3	4	5	6	7	8	9	10	11	12
일진	戊戌	己亥	庚子	辛丑	壬寅	癸卯	甲辰	乙巳	丙午	丁未	戊申	己酉	庚戌	辛亥	壬子	癸丑	甲寅	乙卯	丙辰	丁巳	戊午	己未	庚申	辛酉	壬戌	癸亥	甲子	乙丑	丙寅

절입시각: 오전 10시16분　　오전 3시52분

六月 大　丁未

절기											大暑																立秋			
음력	1	2	3	4	5	6	7	8	9	10	11	12	13	14	15	16	17	18	19	20	21	22	23	24	25	26	27	28	29	30
양력	7/13	14	15	16	17	18	19	20	21	22	23	24	25	26	27	28	29	30	31	8/1	2	3	4	5	6	7	8	9	10	11
일진	丁卯	戊辰	己巳	庚午	辛未	壬申	癸酉	甲戌	乙亥	丙子	丁丑	戊寅	己卯	庚辰	辛巳	壬午	癸未	甲申	乙酉	丙戌	丁亥	戊子	己丑	庚寅	辛卯	壬辰	癸巳	甲午	乙未	丙申

절입시각: 오후 9시7분　　오후 1시30분

七 月 大　　　　戊 申

月建	七 月 大																				戊 申									
절기													處暑															白露			
음력	1	2	3	4	5	6	7	8	9	10	11	12	13	14	15	16	17	18	19	20	21	22	23	24	25	26	27	28	29	30
양력	8/12	13	14	15	16	17	18	19	20	21	22	23	24	25	26	27	28	29	30	31	9/1	2	3	4	5	6	7	8	9	10
일진	丁酉	戊戌	己亥	庚子	辛丑	壬寅	癸卯	甲辰	乙巳	丙午	丁未	戊申	己酉	庚戌	辛亥	壬子	癸丑	甲寅	乙卯	丙辰	丁巳	戊午	己未	庚申	辛酉	壬戌	癸亥	甲子	乙丑	丙寅

절입시각: 오전 3시58분　　　오후 4시6분

八 月 小　　　　己 酉

月建	八 月 小																				己 酉								
절기														秋分															寒露
음력	1	2	3	4	5	6	7	8	9	10	11	12	13	14	15	16	17	18	19	20	21	22	23	24	25	26	27	28	29
양력	9/11	12	13	14	15	16	17	18	19	20	21	22	23	24	25	26	27	28	29	30	10/1	2	3	4	5	6	7	8	9
일진	丁卯	戊辰	己巳	庚午	辛未	壬申	癸酉	甲戌	乙亥	丙子	丁丑	戊寅	己卯	庚辰	辛巳	壬午	癸未	甲申	乙酉	丙戌	丁亥	戊子	己丑	庚寅	辛卯	壬辰	癸巳	甲午	乙未

절입시각: 오전 1시16분　　　오전 7시22분

九 月 大　　　　庚 戌

月建	九 月 大																				庚 戌									
절기															霜降															立冬
음력	1	2	3	4	5	6	7	8	9	10	11	12	13	14	15	16	17	18	19	20	21	22	23	24	25	26	27	28	29	30
양력	10/10	11	12	13	14	15	16	17	18	19	20	21	22	23	24	25	26	27	28	29	30	31	11/1	2	3	4	5	6	7	8
일진	丙申	丁酉	戊戌	己亥	庚子	辛丑	壬寅	癸卯	甲辰	乙巳	丙午	丁未	戊申	己酉	庚戌	辛亥	壬子	癸丑	甲寅	乙卯	丙辰	丁巳	戊午	己未	庚申	辛酉	壬戌	癸亥	甲子	乙丑

절입시각: 오전 10시15분　　　오전 10시11분

十 月 小　　　　辛 亥

月建	十 月 小																				辛 亥								
절기															小雪														
음력	1	2	3	4	5	6	7	8	9	10	11	12	13	14	15	16	17	18	19	20	21	22	23	24	25	26	27	28	29
양력	11/9	10	11	12	13	14	15	16	17	18	19	20	21	22	23	24	25	26	27	28	29	30	12/1	2	3	4	5	6	7
일진	丙寅	丁卯	戊辰	己巳	庚午	辛未	壬申	癸酉	甲戌	乙亥	丙子	丁丑	戊寅	己卯	庚辰	辛巳	壬午	癸未	甲申	乙酉	丙戌	丁亥	戊子	己丑	庚寅	辛卯	壬辰	癸巳	甲午

절입시각: 오전 7시30분

十 一 月 小　　　　壬 子

月建	十 一 月 小																				壬 子								
절기	大雪														冬至														
음력	1	2	3	4	5	6	7	8	9	10	11	12	13	14	15	16	17	18	19	20	21	22	23	24	25	26	27	28	29
양력	12/8	9	10	11	12	13	14	15	16	17	18	19	20	21	22	23	24	25	26	27	28	29	30	31	1/1	2	3	4	5
일진	乙未	丙申	丁酉	戊戌	己亥	庚子	辛丑	壬寅	癸卯	甲辰	乙巳	丙午	丁未	戊申	己酉	庚戌	辛亥	壬子	癸丑	甲寅	乙卯	丙辰	丁巳	戊午	己未	庚申	辛酉	壬戌	癸亥

절입시각: 오전 2시47분　　　오후 8시40분

十 二 月 大　　　　癸 丑

月建	十 二 月 大																				癸 丑									
절기	小寒															大寒														
음력	1	2	3	4	5	6	7	8	9	10	11	12	13	14	15	16	17	18	19	20	21	22	23	24	25	26	27	28	29	30
양력	1/6	7	8	9	10	11	12	13	14	15	16	17	18	19	20	21	22	23	24	25	26	27	28	29	30	31	2/1	2	3	4
일진	甲子	乙丑	丙寅	丁卯	戊辰	己巳	庚午	辛未	壬申	癸酉	甲戌	乙亥	丙子	丁丑	戊寅	己卯	庚辰	辛巳	壬午	癸未	甲申	乙酉	丙戌	丁亥	戊子	己丑	庚寅	辛卯	壬辰	癸巳

절입시각: 오후 1시55분　　　오전 7시19분

1943년 | 檀紀 4276년　　癸未年

四月 黑中

金神　申酉子丑
卯 大將軍　申酉戌 三殺　巳 吊客　酉 喪門

月建　正　月　小　　甲寅

절기: 立春 (음력 1) / 雨水 (음력 15)

음력	1	2	3	4	5	6	7	8	9	10	11	12	13	14	15	16	17	18	19	20	21	22	23	24	25	26	27	28	29
양력	2/5	6	7	8	9	10	11	12	13	14	15	16	17	18	19	20	21	22	23	24	25	26	27	28	3/1	2	3	4	5
일진	甲午	乙未	丙申	丁酉	戊戌	己亥	庚子	辛丑	壬寅	癸卯	甲辰	乙巳	丙午	丁未	戊申	己酉	庚戌	辛亥	壬子	癸丑	甲寅	乙卯	丙辰	丁巳	戊午	己未	庚申	辛酉	壬戌

절입시각: 오전 1시40분 / 오후 9시40분

月建　二　月　大　　乙卯

절기: 驚蟄 (음력 1) / 春分 (음력 16)

음력	1	2	3	4	5	6	7	8	9	10	11	12	13	14	15	16	17	18	19	20	21	22	23	24	25	26	27	28	29	30
양력	3/6	7	8	9	10	11	12	13	14	15	16	17	18	19	20	21	22	23	24	25	26	27	28	29	30	31	4/1	2	3	4
일진	癸亥	甲子	乙丑	丙寅	丁卯	戊辰	己巳	庚午	辛未	壬申	癸酉	甲戌	乙亥	丙子	丁丑	戊寅	己卯	庚辰	辛巳	壬午	癸未	甲申	乙酉	丙戌	丁亥	戊子	己丑	庚寅	辛卯	壬辰

절입시각: 오후 7시59분 / 오후 9시3분

月建　三　月　小　　丙辰

절기: 清明 (음력 2) / 穀雨 (음력 17)

음력	1	2	3	4	5	6	7	8	9	10	11	12	13	14	15	16	17	18	19	20	21	22	23	24	25	26	27	28	29
양력	4/5	6	7	8	9	10	11	12	13	14	15	16	17	18	19	20	21	22	23	24	25	26	27	28	29	30	5/1	2	3
일진	癸巳	甲午	乙未	丙申	丁酉	戊戌	己亥	庚子	辛丑	壬寅	癸卯	甲辰	乙巳	丙午	丁未	戊申	己酉	庚戌	辛亥	壬子	癸丑	甲寅	乙卯	丙辰	丁巳	戊午	己未	庚申	辛酉

절입시각: 오전 1시11분 / 오전 8시32분

月建　四　月　大　　丁巳

절기: 立夏 (음력 3) / 小滿 (음력 19)

음력	1	2	3	4	5	6	7	8	9	10	11	12	13	14	15	16	17	18	19	20	21	22	23	24	25	26	27	28	29	30
양력	5/4	5	6	7	8	9	10	11	12	13	14	15	16	17	18	19	20	21	22	23	24	25	26	27	28	29	30	31	6/1	2
일진	壬戌	癸亥	甲子	乙丑	丙寅	丁卯	戊辰	己巳	庚午	辛未	壬申	癸酉	甲戌	乙亥	丙子	丁丑	戊寅	己卯	庚辰	辛巳	壬午	癸未	甲申	乙酉	丙戌	丁亥	戊子	己丑	庚寅	辛卯

절입시각: 오후 6시53분 / 오전 8시3분

月建　五　月　小　　戊午

절기: 芒種 (음력 4) / 夏至 (음력 20)

음력	1	2	3	4	5	6	7	8	9	10	11	12	13	14	15	16	17	18	19	20	21	22	23	24	25	26	27	28	29
양력	6/3	4	5	6	7	8	9	10	11	12	13	14	15	16	17	18	19	20	21	22	23	24	25	26	27	28	29	30	7/1
일진	壬辰	癸巳	甲午	乙未	丙申	丁酉	戊戌	己亥	庚子	辛丑	壬寅	癸卯	甲辰	乙巳	丙午	丁未	戊申	己酉	庚戌	辛亥	壬子	癸丑	甲寅	乙卯	丙辰	丁巳	戊午	己未	庚申

절입시각: 오후 11시19분 / 오후 4시12분

月建　六　月　大　　己未

절기: 小暑 (음력 7) / 大暑 (음력 23)

음력	1	2	3	4	5	6	7	8	9	10	11	12	13	14	15	16	17	18	19	20	21	22	23	24	25	26	27	28	29	30
양력	7/2	3	4	5	6	7	8	9	10	11	12	13	14	15	16	17	18	19	20	21	22	23	24	25	26	27	28	29	30	31
일진	辛酉	壬戌	癸亥	甲子	乙丑	丙寅	丁卯	戊辰	己巳	庚午	辛未	壬申	癸酉	甲戌	乙亥	丙子	丁丑	戊寅	己卯	庚辰	辛巳	壬午	癸未	甲申	乙酉	丙戌	丁亥	戊子	己丑	庚寅

절입시각: 오전 9시39분 / 오전 3시5분

七 月 大　　　庚申

음력	1	2	3	4	5	6	7	8	9	10	11	12	13	14	15	16	17	18	19	20	21	22	23	24	25	26	27	28	29	30
절기								立秋																處暑						
양력	8/1	2	3	4	5	6	7	8	9	10	11	12	13	14	15	16	17	18	19	20	21	22	23	24	25	26	27	28	29	30
일진	辛卯	壬辰	癸巳	甲午	乙未	丙申	丁酉	戊戌	己亥	庚子	辛丑	壬寅	癸卯	甲辰	乙巳	丙午	丁未	戊申	己酉	庚戌	辛亥	壬子	癸丑	甲寅	乙卯	丙辰	丁巳	戊午	己未	庚申

절입시각: 立秋 오후 7시19분　處暑 오전 9시55분

八 月 小　　　辛酉

음력	1	2	3	4	5	6	7	8	9	10	11	12	13	14	15	16	17	18	19	20	21	22	23	24	25	26	27	28	29
절기									白露																秋分				
양력	8/31	9/1	2	3	4	5	6	7	8	9	10	11	12	13	14	15	16	17	18	19	20	21	22	23	24	25	26	27	28
일진	辛酉	壬戌	癸亥	甲子	乙丑	丙寅	丁卯	戊辰	己巳	庚午	辛未	壬申	癸酉	甲戌	乙亥	丙子	丁丑	戊寅	己卯	庚辰	辛巳	壬午	癸未	甲申	乙酉	丙戌	丁亥	戊子	己丑

절입시각: 白露 오후 9시55분　秋分 오전 7시12분

九 月 大　　　壬戌

음력	1	2	3	4	5	6	7	8	9	10	11	12	13	14	15	16	17	18	19	20	21	22	23	24	25	26	27	28	29	30
절기											寒露															霜降				
양력	9/29	30	10/1	2	3	4	5	6	7	8	9	10	11	12	13	14	15	16	17	18	19	20	21	22	23	24	25	26	27	28
일진	庚寅	辛卯	壬辰	癸巳	甲午	乙未	丙申	丁酉	戊戌	己亥	庚子	辛丑	壬寅	癸卯	甲辰	乙巳	丙午	丁未	戊申	己酉	庚戌	辛亥	壬子	癸丑	甲寅	乙卯	丙辰	丁巳	戊午	己未

절입시각: 寒露 오후 1시11분　霜降 오후 4시8분

十 月 大　　　癸亥

음력	1	2	3	4	5	6	7	8	9	10	11	12	13	14	15	16	17	18	19	20	21	22	23	24	25	26	27	28	29	30
절기											立冬															小雪				
양력	10/29	30	31	11/1	2	3	4	5	6	7	8	9	10	11	12	13	14	15	16	17	18	19	20	21	22	23	24	25	26	27
일진	庚申	辛酉	壬戌	癸亥	甲子	乙丑	丙寅	丁卯	戊辰	己巳	庚午	辛未	壬申	癸酉	甲戌	乙亥	丙子	丁丑	戊寅	己卯	庚辰	辛巳	壬午	癸未	甲申	乙酉	丙戌	丁亥	戊子	己丑

절입시각: 立冬 오후 3시59분　小雪 오후 1시22분

十 一 月 小　　　甲子

음력	1	2	3	4	5	6	7	8	9	10	11	12	13	14	15	16	17	18	19	20	21	22	23	24	25	26	27	28	29
절기											大雪															冬至			
양력	11/28	29	30	12/1	2	3	4	5	6	7	8	9	10	11	12	13	14	15	16	17	18	19	20	21	22	23	24	25	26
일진	庚寅	辛卯	壬辰	癸巳	甲午	乙未	丙申	丁酉	戊戌	己亥	庚子	辛丑	壬寅	癸卯	甲辰	乙巳	丙午	丁未	戊申	己酉	庚戌	辛亥	壬子	癸丑	甲寅	乙卯	丙辰	丁巳	戊午

절입시각: 大雪 오전 8시33분　冬至 오전 2시29분

十 二 月 大　　　乙丑

음력	1	2	3	4	5	6	7	8	9	10	11	12	13	14	15	16	17	18	19	20	21	22	23	24	25	26	27	28	29	30
절기						小寒															大寒									
양력	12/27	28	29	30	31	1/1	2	3	4	5	6	7	8	9	10	11	12	13	14	15	16	17	18	19	20	21	22	23	24	25
일진	己未	庚申	辛酉	壬戌	癸亥	甲子	乙丑	丙寅	丁卯	戊辰	己巳	庚午	辛未	壬申	癸酉	甲戌	乙亥	丙子	丁丑	戊寅	己卯	庚辰	辛巳	壬午	癸未	甲申	乙酉	丙戌	丁亥	戊子

절입시각: 小寒 오후 7시39분　大寒 오후 1시7분

1944년 | 檀紀 4277년 — 甲申年

正月 十月 黑中

金神 午未申酉
午 大將軍　巳午未 三殺　午 吊客　戌 喪門

正月 小 — 月建 丙寅

절기: 立春 (음력 11) · 雨水 (음력 26)

음력	1	2	3	4	5	6	7	8	9	10	11	12	13	14	15	16	17	18	19	20	21	22	23	24	25	26	27	28	29
양력	1/26	27	28	29	30	31	2/1	2	3	4	5	6	7	8	9	10	11	12	13	14	15	16	17	18	19	20	21	22	23
일진	己丑	庚寅	辛卯	壬辰	癸巳	甲午	乙未	丙申	丁酉	戊戌	己亥	庚子	辛丑	壬寅	癸卯	甲辰	乙巳	丙午	丁未	戊申	己酉	庚戌	辛亥	壬子	癸丑	甲寅	乙卯	丙辰	丁巳

절입시각: 立春 오전 7시23분 · 雨水 오전 3시27분

二月 小 — 月建 丁卯

절기: 驚蟄 (음력 12) · 春分 (음력 27)

음력	1	2	3	4	5	6	7	8	9	10	11	12	13	14	15	16	17	18	19	20	21	22	23	24	25	26	27	28	29
양력	2/24	25	26	27	28	29	3/1	2	3	4	5	6	7	8	9	10	11	12	13	14	15	16	17	18	19	20	21	22	23
일진	戊午	己未	庚申	辛酉	壬戌	癸亥	甲子	乙丑	丙寅	丁卯	戊辰	己巳	庚午	辛未	壬申	癸酉	甲戌	乙亥	丙子	丁丑	戊寅	己卯	庚辰	辛巳	壬午	癸未	甲申	乙酉	丙戌

절입시각: 驚蟄 오전 1시40분 · 春分 오전 2시49분

三月 大 — 月建 戊辰

절기: 清明 (음력 13) · 穀雨 (음력 28)

음력	1	2	3	4	5	6	7	8	9	10	11	12	13	14	15	16	17	18	19	20	21	22	23	24	25	26	27	28	29	30
양력	3/24	25	26	27	28	29	30	31	4/1	2	3	4	5	6	7	8	9	10	11	12	13	14	15	16	17	18	19	20	21	22
일진	丁亥	戊子	己丑	庚寅	辛卯	壬辰	癸巳	甲午	乙未	丙申	丁酉	戊戌	己亥	庚子	辛丑	壬寅	癸卯	甲辰	乙巳	丙午	丁未	戊申	己酉	庚戌	辛亥	壬子	癸丑	甲寅	乙卯	丙辰

절입시각: 清明 오전 6시54분 · 穀雨 오후 2시18분

四月 小 — 月建 己巳

절기: 立夏 (음력 14) · 小滿 (음력 29)

음력	1	2	3	4	5	6	7	8	9	10	11	12	13	14	15	16	17	18	19	20	21	22	23	24	25	26	27	28	29
양력	4/23	24	25	26	27	28	29	30	5/1	2	3	4	5	6	7	8	9	10	11	12	13	14	15	16	17	18	19	20	21
일진	丁巳	戊午	己未	庚申	辛酉	壬戌	癸亥	甲子	乙丑	丙寅	丁卯	戊辰	己巳	庚午	辛未	壬申	癸酉	甲戌	乙亥	丙子	丁丑	戊寅	己卯	庚辰	辛巳	壬午	癸未	甲申	乙酉

절입시각: 立夏 오전 0시40분 · 小滿 오후 1시51분

閏 四月 大

절기: 芒種 (음력 16)

음력	1	2	3	4	5	6	7	8	9	10	11	12	13	14	15	16	17	18	19	20	21	22	23	24	25	26	27	28	29	30
양력	5/22	23	24	25	26	27	28	29	30	31	6/1	2	3	4	5	6	7	8	9	10	11	12	13	14	15	16	17	18	19	20
일진	丙戌	丁亥	戊子	己丑	庚寅	辛卯	壬辰	癸巳	甲午	乙未	丙申	丁酉	戊戌	己亥	庚子	辛丑	壬寅	癸卯	甲辰	乙巳	丙午	丁未	戊申	己酉	庚戌	辛亥	壬子	癸丑	甲寅	乙卯

절입시각: 芒種 오전 5시11분

五月 小 — 月建 庚午

절기: 夏至 (음력 1) · 小暑 (음력 17)

음력	1	2	3	4	5	6	7	8	9	10	11	12	13	14	15	16	17	18	19	20	21	22	23	24	25	26	27	28	29
양력	6/21	22	23	24	25	26	27	28	29	30	7/1	2	3	4	5	6	7	8	9	10	11	12	13	14	15	16	17	18	19
일진	丙辰	丁巳	戊午	己未	庚申	辛酉	壬戌	癸亥	甲子	乙丑	丙寅	丁卯	戊辰	己巳	庚午	辛未	壬申	癸酉	甲戌	乙亥	丙子	丁丑	戊寅	己卯	庚辰	辛巳	壬午	癸未	甲申

절입시각: 夏至 오후 10시2분 · 小暑 오후 3시36분

六 月 大　　辛 未

	1	2	3	4	5	6	7	8	9	10	11	12	13	14	15	16	17	18	19	20	21	22	23	24	25	26	27	28	29	30
절기				大暑																立秋										
음력	1	2	3	4	5	6	7	8	9	10	11	12	13	14	15	16	17	18	19	20	21	22	23	24	25	26	27	28	29	30
양력	7/20	21	22	23	24	25	26	27	28	29	30	31	8/1	2	3	4	5	6	7	8	9	10	11	12	13	14	15	16	17	18
일진	乙酉	丙戌	丁亥	戊子	己丑	庚寅	辛卯	壬辰	癸巳	甲午	乙未	丙申	丁酉	戊戌	己亥	庚子	辛丑	壬寅	癸卯	甲辰	乙巳	丙午	丁未	戊申	己酉	庚戌	辛亥	壬子	癸丑	甲寅

절입시각　大暑 오전 8시56분　　立秋 오전 1시19분

七 月 小　　壬 申

	1	2	3	4	5	6	7	8	9	10	11	12	13	14	15	16	17	18	19	20	21	22	23	24	25	26	27	28	29
절기					處暑																白露								
음력	1	2	3	4	5	6	7	8	9	10	11	12	13	14	15	16	17	18	19	20	21	22	23	24	25	26	27	28	29
양력	8/19	20	21	22	23	24	25	26	27	28	29	30	31	9/1	2	3	4	5	6	7	8	9	10	11	12	13	14	15	16
일진	乙卯	丙辰	丁巳	戊午	己未	庚申	辛酉	壬戌	癸亥	甲子	乙丑	丙寅	丁卯	戊辰	己巳	庚午	辛未	壬申	癸酉	甲戌	乙亥	丙子	丁丑	戊寅	己卯	庚辰	辛巳	壬午	癸未

절입시각　處暑 오후 3시46분　　白露 오전 3시56분

八 月 大　　癸 酉

	1	2	3	4	5	6	7	8	9	10	11	12	13	14	15	16	17	18	19	20	21	22	23	24	25	26	27	28	29	30
절기							秋分															寒露								
음력	1	2	3	4	5	6	7	8	9	10	11	12	13	14	15	16	17	18	19	20	21	22	23	24	25	26	27	28	29	30
양력	9/17	18	19	20	21	22	23	24	25	26	27	28	29	30	10/1	2	3	4	5	6	7	8	9	10	11	12	13	14	15	16
일진	甲申	乙酉	丙戌	丁亥	戊子	己丑	庚寅	辛卯	壬辰	癸巳	甲午	乙未	丙申	丁酉	戊戌	己亥	庚子	辛丑	壬寅	癸卯	甲辰	乙巳	丙午	丁未	戊申	己酉	庚戌	辛亥	壬子	癸丑

절입시각　秋分 오후 1시2분　　寒露 오후 7시9분

九 月 大　　甲 戌

	1	2	3	4	5	6	7	8	9	10	11	12	13	14	15	16	17	18	19	20	21	22	23	24	25	26	27	28	29	30
절기							霜降															立冬								
음력	1	2	3	4	5	6	7	8	9	10	11	12	13	14	15	16	17	18	19	20	21	22	23	24	25	26	27	28	29	30
양력	10/17	18	19	20	21	22	23	24	25	26	27	28	29	30	31	11/1	2	3	4	5	6	7	8	9	10	11	12	13	14	15
일진	甲寅	乙卯	丙辰	丁巳	戊午	己未	庚申	辛酉	壬戌	癸亥	甲子	乙丑	丙寅	丁卯	戊辰	己巳	庚午	辛未	壬申	癸酉	甲戌	乙亥	丙子	丁丑	戊寅	己卯	庚辰	辛巳	壬午	癸未

절입시각　霜降 오후 9시56분　　立冬 오후 9시55분

十 月 小　　乙 亥

	1	2	3	4	5	6	7	8	9	10	11	12	13	14	15	16	17	18	19	20	21	22	23	24	25	26	27	28	29
절기							小雪															大雪							
음력	1	2	3	4	5	6	7	8	9	10	11	12	13	14	15	16	17	18	19	20	21	22	23	24	25	26	27	28	29
양력	11/16	17	18	19	20	21	22	23	24	25	26	27	28	29	30	12/1	2	3	4	5	6	7	8	9	10	11	12	13	14
일진	甲申	乙酉	丙戌	丁亥	戊子	己丑	庚寅	辛卯	壬辰	癸巳	甲午	乙未	丙申	丁酉	戊戌	己亥	庚子	辛丑	壬寅	癸卯	甲辰	乙巳	丙午	丁未	戊申	己酉	庚戌	辛亥	壬子

절입시각　小雪 오후 7시8분　　大雪 오후 2시28분

十 一 月 大　　丙 子

	1	2	3	4	5	6	7	8	9	10	11	12	13	14	15	16	17	18	19	20	21	22	23	24	25	26	27	28	29	30
절기								冬至															小寒							
음력	1	2	3	4	5	6	7	8	9	10	11	12	13	14	15	16	17	18	19	20	21	22	23	24	25	26	27	28	29	30
양력	12/15	16	17	18	19	20	21	22	23	24	25	26	27	28	29	30	31	1/1	2	3	4	5	6	7	8	9	10	11	12	13
일진	癸丑	甲寅	乙卯	丙辰	丁巳	戊午	己未	庚申	辛酉	壬戌	癸亥	甲子	乙丑	丙寅	丁卯	戊辰	己巳	庚午	辛未	壬申	癸酉	甲戌	乙亥	丙子	丁丑	戊寅	己卯	庚辰	辛巳	壬午

절입시각　冬至 오전 8시15분　　小寒 오전 1시34분

十 二 月 大　　丁 丑

	1	2	3	4	5	6	7	8	9	10	11	12	13	14	15	16	17	18	19	20	21	22	23	24	25	26	27	28	29	30
절기							大寒												立春											
음력	1	2	3	4	5	6	7	8	9	10	11	12	13	14	15	16	17	18	19	20	21	22	23	24	25	26	27	28	29	30
양력	1/14	15	16	17	18	19	20	21	22	23	24	25	26	27	28	29	30	31	2/1	2	3	4	5	6	7	8	9	10	11	12
일진	癸未	甲申	乙酉	丙戌	丁亥	戊子	己丑	庚寅	辛卯	壬辰	癸巳	甲午	乙未	丙申	丁酉	戊戌	己亥	庚子	辛丑	壬寅	癸卯	甲辰	乙巳	丙午	丁未	戊申	己酉	庚戌	辛亥	壬子

절입시각　大寒 오후 6시54분　　立春 오후 1시19분

正月　小　　戊寅

절기							雨水										驚蟄											
음력	1	2	3	4	5	6	7	8	9	10	11	12	13	14	15	16	17	18	19	20	21	22	23	24	25	26	27	28	29
양력	2/13	14	15	16	17	18	19	20	21	22	23	24	25	26	27	28	3/1	2	3	4	5	6	7	8	9	10	11	12	13
일진	癸丑	甲寅	乙卯	丙辰	丁巳	戊午	己未	庚申	辛酉	壬戌	癸亥	甲子	乙丑	丙寅	丁卯	戊辰	己巳	庚午	辛未	壬申	癸酉	甲戌	乙亥	丙子	丁丑	戊寅	己卯	庚辰	辛巳

절입시각: 오전 9시15분　　오전 7시38분

二月　小　　己卯

절기								春分											清明										
음력	1	2	3	4	5	6	7	8	9	10	11	12	13	14	15	16	17	18	19	20	21	22	23	24	25	26	27	28	29
양력	3/14	15	16	17	18	19	20	21	22	23	24	25	26	27	28	29	30	31	4/1	2	3	4	5	6	7	8	9	10	11
일진	壬午	癸未	甲申	乙酉	丙戌	丁亥	戊子	己丑	庚寅	辛卯	壬辰	癸巳	甲午	乙未	丙申	丁酉	戊戌	己亥	庚子	辛丑	壬寅	癸卯	甲辰	乙巳	丙午	丁未	戊申	己酉	庚戌

절입시각: 오전 8시37분　　오후 12시52분

三月　大　　庚辰

절기									穀雨																立夏					
음력	1	2	3	4	5	6	7	8	9	10	11	12	13	14	15	16	17	18	19	20	21	22	23	24	25	26	27	28	29	30
양력	4/12	13	14	15	16	17	18	19	20	21	22	23	24	25	26	27	28	29	30	5/1	2	3	4	5	6	7	8	9	10	11
일진	辛亥	壬子	癸丑	甲寅	乙卯	丙辰	丁巳	戊午	己未	庚申	辛酉	壬戌	癸亥	甲子	乙丑	丙寅	丁卯	戊辰	己巳	庚午	辛未	壬申	癸酉	甲戌	乙亥	丙子	丁丑	戊寅	己卯	庚辰

절입시각: 오후 8시7분　　오전 6시37분

四月　小　　辛巳

절기										小滿											芒種								
음력	1	2	3	4	5	6	7	8	9	10	11	12	13	14	15	16	17	18	19	20	21	22	23	24	25	26	27	28	29
양력	5/12	13	14	15	16	17	18	19	20	21	22	23	24	25	26	27	28	29	30	31	6/1	2	3	4	5	6	7	8	9
일진	辛巳	壬午	癸未	甲申	乙酉	丙戌	丁亥	戊子	己丑	庚寅	辛卯	壬辰	癸巳	甲午	乙未	丙申	丁酉	戊戌	己亥	庚子	辛丑	壬寅	癸卯	甲辰	乙巳	丙午	丁未	戊申	己酉

절입시각: 오후 7시40분　　오전 11시5분

五月　小　　壬午

절기													夏至															小暑	
음력	1	2	3	4	5	6	7	8	9	10	11	12	13	14	15	16	17	18	19	20	21	22	23	24	25	26	27	28	29
양력	6/10	11	12	13	14	15	16	17	18	19	20	21	22	23	24	25	26	27	28	29	30	7/1	2	3	4	5	6	7	8
일진	庚戌	辛亥	壬子	癸丑	甲寅	乙卯	丙辰	丁巳	戊午	己未	庚申	辛酉	壬戌	癸亥	甲子	乙丑	丙寅	丁卯	戊辰	己巳	庚午	辛未	壬申	癸酉	甲戌	乙亥	丙子	丁丑	戊寅

절입시각: 오전 3시52분　　오후 9시27분

六月　大　　癸未

절기															大暑															
음력	1	2	3	4	5	6	7	8	9	10	11	12	13	14	15	16	17	18	19	20	21	22	23	24	25	26	27	28	29	30
양력	7/9	10	11	12	13	14	15	16	17	18	19	20	21	22	23	24	25	26	27	28	29	30	31	8/1	2	3	4	5	6	7
일진	己卯	庚辰	辛巳	壬午	癸未	甲申	乙酉	丙戌	丁亥	戊子	己丑	庚寅	辛卯	壬辰	癸巳	甲午	乙未	丙申	丁酉	戊戌	己亥	庚子	辛丑	壬寅	癸卯	甲辰	乙巳	丙午	丁未	戊申

절입시각: 오후 2시45분

七 月 小　　　甲 申

월건	1	2	3	4	5	6	7	8	9	10	11	12	13	14	15	16	17	18	19	20	21	22	23	24	25	26	27	28	29
절기	立秋															處暑													
음력	1	2	3	4	5	6	7	8	9	10	11	12	13	14	15	16	17	18	19	20	21	22	23	24	25	26	27	28	29
양력	8/8	9	10	11	12	13	14	15	16	17	18	19	20	21	22	23	24	25	26	27	28	29	30	31	9/1	2	3	4	5
일진	己酉	庚戌	辛亥	壬子	癸丑	甲寅	乙卯	丙辰	丁巳	戊午	己未	庚申	辛酉	壬戌	癸亥	甲子	乙丑	丙寅	丁卯	戊辰	己巳	庚午	辛未	壬申	癸酉	甲戌	乙亥	丙子	丁丑

절입시각　오전 7시5분　　오후 9시35분

八 月 大　　　乙 酉

월건	1	2	3	4	5	6	7	8	9	10	11	12	13	14	15	16	17	18	19	20	21	22	23	24	25	26	27	28	29	30
절기			白露															秋分												
음력	1	2	3	4	5	6	7	8	9	10	11	12	13	14	15	16	17	18	19	20	21	22	23	24	25	26	27	28	29	30
양력	9/6	7	8	9	10	11	12	13	14	15	16	17	18	19	20	21	22	23	24	25	26	27	28	29	30	10/1	2	3	4	5
일진	戊寅	己卯	庚辰	辛巳	壬午	癸未	甲申	乙酉	丙戌	丁亥	戊子	己丑	庚寅	辛卯	壬辰	癸巳	甲午	乙未	丙申	丁酉	戊戌	己亥	庚子	辛丑	壬寅	癸卯	甲辰	乙巳	丙午	丁未

절입시각　오전 9시38분　　오후 6시50분

九 月 大　　　丙 戌

월건	1	2	3	4	5	6	7	8	9	10	11	12	13	14	15	16	17	18	19	20	21	22	23	24	25	26	27	28	29	30
절기				寒露															霜降											
음력	1	2	3	4	5	6	7	8	9	10	11	12	13	14	15	16	17	18	19	20	21	22	23	24	25	26	27	28	29	30
양력	10/6	7	8	9	10	11	12	13	14	15	16	17	18	19	20	21	22	23	24	25	26	27	28	29	30	31	11/1	2	3	4
일진	戊申	己酉	庚戌	辛亥	壬子	癸丑	甲寅	乙卯	丙辰	丁巳	戊午	己未	庚申	辛酉	壬戌	癸亥	甲子	乙丑	丙寅	丁卯	戊辰	己巳	庚午	辛未	壬申	癸酉	甲戌	乙亥	丙子	丁丑

절입시각　오전 0시49분　　오전 3시44분

十 月 大　　　丁 亥

월건	1	2	3	4	5	6	7	8	9	10	11	12	13	14	15	16	17	18	19	20	21	22	23	24	25	26	27	28	29	30
절기				立冬															小雪											
음력	1	2	3	4	5	6	7	8	9	10	11	12	13	14	15	16	17	18	19	20	21	22	23	24	25	26	27	28	29	30
양력	11/5	6	7	8	9	10	11	12	13	14	15	16	17	18	19	20	21	22	23	24	25	26	27	28	29	30	12/1	2	3	4
일진	戊寅	己卯	庚辰	辛巳	壬午	癸未	甲申	乙酉	丙戌	丁亥	戊子	己丑	庚寅	辛卯	壬辰	癸巳	甲午	乙未	丙申	丁酉	戊戌	己亥	庚子	辛丑	壬寅	癸卯	甲辰	乙巳	丙午	丁未

절입시각　오전 3시34분　　오전 0시55분

十 一 月 小　　　戊 子

월건	1	2	3	4	5	6	7	8	9	10	11	12	13	14	15	16	17	18	19	20	21	22	23	24	25	26	27	28	29
절기			大雪															冬至											
음력	1	2	3	4	5	6	7	8	9	10	11	12	13	14	15	16	17	18	19	20	21	22	23	24	25	26	27	28	29
양력	12/5	6	7	8	9	10	11	12	13	14	15	16	17	18	19	20	21	22	23	24	25	26	27	28	29	30	31	1/1	2
일진	戊申	己酉	庚戌	辛亥	壬子	癸丑	甲寅	乙卯	丙辰	丁巳	戊午	己未	庚申	辛酉	壬戌	癸亥	甲子	乙丑	丙寅	丁卯	戊辰	己巳	庚午	辛未	壬申	癸酉	甲戌	乙亥	丙子

절입시각　오후 8시8분　　오후 2시4분

十 二 月 大　　　己 丑

월건	1	2	3	4	5	6	7	8	9	10	11	12	13	14	15	16	17	18	19	20	21	22	23	24	25	26	27	28	29	30
절기				小寒															大寒											
음력	1	2	3	4	5	6	7	8	9	10	11	12	13	14	15	16	17	18	19	20	21	22	23	24	25	26	27	28	29	30
양력	1/3	4	5	6	7	8	9	10	11	12	13	14	15	16	17	18	19	20	21	22	23	24	25	26	27	28	29	30	31	2/1
일진	丁丑	戊寅	己卯	庚辰	辛巳	壬午	癸未	甲申	乙酉	丙戌	丁亥	戊子	己丑	庚寅	辛卯	壬辰	癸巳	甲午	乙未	丙申	丁酉	戊戌	己亥	庚子	辛丑	壬寅	癸卯	甲辰	乙巳	丙午

절입시각　오전 7시16분　　오전 0시45분

1946년 | 檀紀 4279년　丙戌年

金神　寅卯午未子丑

四月　黑中

午　大將軍　亥子丑　三殺　申　吊客　子　喪門

月建　正　月　大　　庚寅

절기																	雨水												
立春																													
음력	1	2	3	4	5	6	7	8	9	10	11	12	13	14	15	16	17	18	19	20	21	22	23	24	25	26	27	28	29	30
양력	2/2	3	4	5	6	7	8	9	10	11	12	13	14	15	16	17	18	19	20	21	22	23	24	25	26	27	28	3/1	2	3
일진	丁未	戊申	己酉	庚戌	辛亥	壬子	癸丑	甲寅	乙卯	丙辰	丁巳	戊午	己未	庚申	辛酉	壬戌	癸亥	甲子	乙丑	丙寅	丁卯	戊辰	己巳	庚午	辛未	壬申	癸酉	甲戌	乙亥	丙子

절입시각: 立春 오후 7시4분　雨水 오후 3시9분

月建　二　月　小　　辛卯

절기: 驚蟄(3)　春分(18)

음력	1	2	3	4	5	6	7	8	9	10	11	12	13	14	15	16	17	18	19	20	21	22	23	24	25	26	27	28	29
양력	3/4	5	6	7	8	9	10	11	12	13	14	15	16	17	18	19	20	21	22	23	24	25	26	27	28	29	30	31	4/1
일진	丁丑	戊寅	己卯	庚辰	辛巳	壬午	癸未	甲申	乙酉	丙戌	丁亥	戊子	己丑	庚寅	辛卯	壬辰	癸巳	甲午	乙未	丙申	丁酉	戊戌	己亥	庚子	辛丑	壬寅	癸卯	甲辰	乙巳

절입시각: 驚蟄 오후 1시25분　春分 오후 2시33분

月建　三　月　小　　壬辰

절기: 淸明(4)　穀雨(20)

음력	1	2	3	4	5	6	7	8	9	10	11	12	13	14	15	16	17	18	19	20	21	22	23	24	25	26	27	28	29
양력	4/2	3	4	5	6	7	8	9	10	11	12	13	14	15	16	17	18	19	20	21	22	23	24	25	26	27	28	29	30
일진	丙午	丁未	戊申	己酉	庚戌	辛亥	壬子	癸丑	甲寅	乙卯	丙辰	丁巳	戊午	己未	庚申	辛酉	壬戌	癸亥	甲子	乙丑	丙寅	丁卯	戊辰	己巳	庚午	辛未	壬申	癸酉	甲戌

절입시각: 淸明 오후 6시39분　穀雨 오전 2시2분

月建　四　月　大　　癸巳

절기: 立夏(6)　小滿(22)

음력	1	2	3	4	5	6	7	8	9	10	11	12	13	14	15	16	17	18	19	20	21	22	23	24	25	26	27	28	29	30
양력	5/1	2	3	4	5	6	7	8	9	10	11	12	13	14	15	16	17	18	19	20	21	22	23	24	25	26	27	28	29	30
일진	乙亥	丙子	丁丑	戊寅	己卯	庚辰	辛巳	壬午	癸未	甲申	乙酉	丙戌	丁亥	戊子	己丑	庚寅	辛卯	壬辰	癸巳	甲午	乙未	丙申	丁酉	戊戌	己亥	庚子	辛丑	壬寅	癸卯	甲辰

절입시각: 立夏 오후 12시22분　小滿 오전 1시34분

月建　五　月　小　　甲午

절기: 芒種(7)　夏至(23)

음력	1	2	3	4	5	6	7	8	9	10	11	12	13	14	15	16	17	18	19	20	21	22	23	24	25	26	27	28	29
양력	5/31	6/1	2	3	4	5	6	7	8	9	10	11	12	13	14	15	16	17	18	19	20	21	22	23	24	25	26	27	28
일진	乙巳	丙午	丁未	戊申	己酉	庚戌	辛亥	壬子	癸丑	甲寅	乙卯	丙辰	丁巳	戊午	己未	庚申	辛酉	壬戌	癸亥	甲子	乙丑	丙寅	丁卯	戊辰	己巳	庚午	辛未	壬申	癸酉

절입시각: 芒種 오후 4시49분　夏至 오전 9시44분

月建　六　月　小　　乙未

절기: 小暑(10)　大暑(25)

음력	1	2	3	4	5	6	7	8	9	10	11	12	13	14	15	16	17	18	19	20	21	22	23	24	25	26	27	28	29
양력	6/29	30	7/1	2	3	4	5	6	7	8	9	10	11	12	13	14	15	16	17	18	19	20	21	22	23	24	25	26	27
일진	甲戌	乙亥	丙子	丁丑	戊寅	己卯	庚辰	辛巳	壬午	癸未	甲申	乙酉	丙戌	丁亥	戊子	己丑	庚寅	辛卯	壬辰	癸巳	甲午	乙未	丙申	丁酉	戊戌	己亥	庚子	辛丑	壬寅

절입시각: 小暑 오전 3시11분　大暑 오후 8시37분

月建　七　月　大　　丙　申

절기	1	2	3	4	5	6	7	8	9	10	11	12	13	14	15	16	17	18	19	20	21	22	23	24	25	26	27	28	29	30
절기												立秋																處暑		
음력	1	2	3	4	5	6	7	8	9	10	11	12	13	14	15	16	17	18	19	20	21	22	23	24	25	26	27	28	29	30
양력	7/28	29	30	31	8/1	2	3	4	5	6	7	8	9	10	11	12	13	14	15	16	17	18	19	20	21	22	23	24	25	26
일진	癸卯	甲辰	乙巳	丙午	丁未	戊申	己酉	庚戌	辛亥	壬子	癸丑	甲寅	乙卯	丙辰	丁巳	戊午	己未	庚申	辛酉	壬戌	癸亥	甲子	乙丑	丙寅	丁卯	戊辰	己巳	庚午	辛未	壬申
절입시각												오후 12시52분																오전 3시26분		

月建　八　月　小　　丁　酉

절기	1	2	3	4	5	6	7	8	9	10	11	12	13	14	15	16	17	18	19	20	21	22	23	24	25	26	27	28	29
절기													白露																秋分
음력	1	2	3	4	5	6	7	8	9	10	11	12	13	14	15	16	17	18	19	20	21	22	23	24	25	26	27	28	29
양력	8/27	28	29	30	31	9/1	2	3	4	5	6	7	8	9	10	11	12	13	14	15	16	17	18	19	20	21	22	23	24
일진	癸酉	甲戌	乙亥	丙子	丁丑	戊寅	己卯	庚辰	辛巳	壬午	癸未	甲申	乙酉	丙戌	丁亥	戊子	己丑	庚寅	辛卯	壬辰	癸巳	甲午	乙未	丙申	丁酉	戊戌	己亥	庚子	辛丑
절입시각													오후 3시27분																오전 0시41분

月建　九　月　大　　戊　戌

절기	1	2	3	4	5	6	7	8	9	10	11	12	13	14	15	16	17	18	19	20	21	22	23	24	25	26	27	28	29	30
절기															寒露															霜降
음력	1	2	3	4	5	6	7	8	9	10	11	12	13	14	15	16	17	18	19	20	21	22	23	24	25	26	27	28	29	30
양력	9/25	26	27	28	29	30	10/1	2	3	4	5	6	7	8	9	10	11	12	13	14	15	16	17	18	19	20	21	22	23	24
일진	壬寅	癸卯	甲辰	乙巳	丙午	丁未	戊申	己酉	庚戌	辛亥	壬子	癸丑	甲寅	乙卯	丙辰	丁巳	戊午	己未	庚申	辛酉	壬戌	癸亥	甲子	乙丑	丙寅	丁卯	戊辰	己巳	庚午	辛未
절입시각															오전 6시41분															오전 9시35분

月建　十　月　大　　己　亥

절기	1	2	3	4	5	6	7	8	9	10	11	12	13	14	15	16	17	18	19	20	21	22	23	24	25	26	27	28	29	30
절기															立冬															小雪
음력	1	2	3	4	5	6	7	8	9	10	11	12	13	14	15	16	17	18	19	20	21	22	23	24	25	26	27	28	29	30
양력	10/25	26	27	28	29	30	31	11/1	2	3	4	5	6	7	8	9	10	11	12	13	14	15	16	17	18	19	20	21	22	23
일진	壬申	癸酉	甲戌	乙亥	丙子	丁丑	戊寅	己卯	庚辰	辛巳	壬午	癸未	甲申	乙酉	丙戌	丁亥	戊子	己丑	庚寅	辛卯	壬辰	癸巳	甲午	乙未	丙申	丁酉	戊戌	己亥	庚子	辛丑
절입시각															오전 9시27분															오전 6시46분

月建　十　一　月　小　　庚　子

절기	1	2	3	4	5	6	7	8	9	10	11	12	13	14	15	16	17	18	19	20	21	22	23	24	25	26	27	28	29	30
절기															大雪														冬至	
음력	1	2	3	4	5	6	7	8	9	10	11	12	13	14	15	16	17	18	19	20	21	22	23	24	25	26	27	28	29	3
양력	11/24	25	26	27	28	29	30	12/1	2	3	4	5	6	7	8	9	10	11	12	13	14	15	16	17	18	19	20	21	22	
일진	壬寅	癸卯	甲辰	乙巳	丙午	丁未	戊申	己酉	庚戌	辛亥	壬子	癸丑	甲寅	乙卯	丙辰	丁巳	戊午	己未	庚申	辛酉	壬戌	癸亥	甲子	乙丑	丙寅	丁卯	戊辰	己巳	庚午	
절입시각															오전 2시0분														오후 7시53분	

月建　十　二　月　大　　辛　丑

절기	1	2	3	4	5	6	7	8	9	10	11	12	13	14	15	16	17	18	19	20	21	22	23	24	25	26	27	28	29	30
절기										小寒																				大寒
음력	1	2	3	4	5	6	7	8	9	10	11	12	13	14	15	16	17	18	19	20	21	22	23	24	25	26	27	28	29	30
양력	12/23	24	25	26	27	28	29	30	31	1/1	2	3	4	5	6	7	8	9	10	11	12	13	14	15	16	17	18	19	20	21
일진	辛未	壬申	癸酉	甲戌	乙亥	丙子	丁丑	戊寅	己卯	庚辰	辛巳	壬午	癸未	甲申	乙酉	丙戌	丁亥	戊子	己丑	庚寅	辛卯	壬辰	癸巳	甲午	乙未	丙申	丁酉	戊戌	己亥	庚子
절입시각										오후 1시6분																				오전 6시32분

正月 大　　壬寅

절기											立春																		雨水	
음력	1	2	3	4	5	6	7	8	9	10	11	12	13	14	15	16	17	18	19	20	21	22	23	24	25	26	27	28	29	30
양력	1/22	23	24	25	26	27	28	29	30	31	2/1	2	3	4	5	6	7	8	9	10	11	12	13	14	15	16	17	18	19	20
일진	辛丑	壬寅	癸卯	甲辰	乙巳	丙午	丁未	戊申	己酉	庚戌	辛亥	壬子	癸丑	甲寅	乙卯	丙辰	丁巳	戊午	己未	庚申	辛酉	壬戌	癸亥	甲子	乙丑	丙寅	丁卯	戊辰	己巳	庚午

절입시각: 오전 0시50분 / 오후 8시52분

二 月 大　　癸卯

절기									驚蟄																				春分	
음력	1	2	3	4	5	6	7	8	9	10	11	12	13	14	15	16	17	18	19	20	21	22	23	24	25	26	27	28	29	30
양력	2/21	22	23	24	25	26	27	28	3/1	2	3	4	5	6	7	8	9	10	11	12	13	14	15	16	17	18	19	20	21	22
일진	辛未	壬申	癸酉	甲戌	乙亥	丙子	丁丑	戊寅	己卯	庚辰	辛巳	壬午	癸未	甲申	乙酉	丙戌	丁亥	戊子	己丑	庚寅	辛卯	壬辰	癸巳	甲午	乙未	丙申	丁酉	戊戌	己亥	庚子

절입시각: 오후 7시8분 / 오후 8시13분

閏 二 月 小

절기										淸明																			
음력	1	2	3	4	5	6	7	8	9	10	11	12	13	14	15	16	17	18	19	20	21	22	23	24	25	26	27	28	29
양력	3/23	24	25	26	27	28	29	30	31	4/1	2	3	4	5	6	7	8	9	10	11	12	13	14	15	16	17	18	19	20
일진	辛丑	壬寅	癸卯	甲辰	乙巳	丙午	丁未	戊申	己酉	庚戌	辛亥	壬子	癸丑	甲寅	乙卯	丙辰	丁巳	戊午	己未	庚申	辛酉	壬戌	癸亥	甲子	乙丑	丙寅	丁卯	戊辰	己巳

절입시각: 오전 0시20분

三 月 小　　甲辰

절기	穀雨															立夏													
음력	1	2	3	4	5	6	7	8	9	10	11	12	13	14	15	16	17	18	19	20	21	22	23	24	25	26	27	28	29
양력	4/21	22	23	24	25	26	27	28	29	30	5/1	2	3	4	5	6	7	8	9	10	11	12	13	14	15	16	17	18	19
일진	庚午	辛未	壬申	癸酉	甲戌	乙亥	丙子	丁丑	戊寅	己卯	庚辰	辛巳	壬午	癸未	甲申	乙酉	丙戌	丁亥	戊子	己丑	庚寅	辛卯	壬辰	癸巳	甲午	乙未	丙申	丁酉	戊戌

절입시각: 오전 7시39분 / 오후 6시3분

四 月 大　　乙巳

절기			小滿															芒種												
음력	1	2	3	4	5	6	7	8	9	10	11	12	13	14	15	16	17	18	19	20	21	22	23	24	25	26	27	28	29	30
양력	5/20	21	22	23	24	25	26	27	28	29	30	31	6/1	2	3	4	5	6	7	8	9	10	11	12	13	14	15	16	17	18
일진	己亥	庚子	辛丑	壬寅	癸卯	甲辰	乙巳	丙午	丁未	戊申	己酉	庚戌	辛亥	壬子	癸丑	甲寅	乙卯	丙辰	丁巳	戊午	己未	庚申	辛酉	壬戌	癸亥	甲子	乙丑	丙寅	丁卯	戊辰

절입시각: 오전 7시9분 / 오후 10시31분

五 月 小　　丙午

절기				夏至																小暑									
음력	1	2	3	4	5	6	7	8	9	10	11	12	13	14	15	16	17	18	19	20	21	22	23	24	25	26	27	28	29
양력	6/19	20	21	22	23	24	25	26	27	28	29	30	7/1	2	3	4	5	6	7	8	9	10	11	12	13	14	15	16	17
일진	己巳	庚午	辛未	壬申	癸酉	甲戌	乙亥	丙子	丁丑	戊寅	己卯	庚辰	辛巳	壬午	癸未	甲申	乙酉	丙戌	丁亥	戊子	己丑	庚寅	辛卯	壬辰	癸巳	甲午	乙未	丙申	丁酉

절입시각: 오후 3시19분 / 오전 8시56분

月建	六 月 小																													丁 未
절기							大暑														立秋									
음력	1	2	3	4	5	6	7	8	9	10	11	12	13	14	15	16	17	18	19	20	21	22	23	24	25	26	27	28	29	
양력	7/18	19	20	21	22	23	24	25	26	27	28	29	30	31	8/1	2	3	4	5	6	7	8	9	10	11	12	13	14	15	
일진	戊戌	己亥	庚子	辛丑	壬寅	癸卯	甲辰	乙巳	丙午	丁未	戊申	己酉	庚戌	辛亥	壬子	癸丑	甲寅	乙卯	丙辰	丁巳	戊午	己未	庚申	辛酉	壬戌	癸亥	甲子	乙丑	丙寅	
절입시각							오전 2시14분														오후 6시41분									

月建	七 月 大																														戊 申
절기								處暑										白露													
음력	1	2	3	4	5	6	7	8	9	10	11	12	13	14	15	16	17	18	19	20	21	22	23	24	25	26	27	28	29	30
양력	8/16	17	18	19	20	21	22	23	24	25	26	27	28	29	30	31	9/1	2	3	4	5	6	7	8	9	10	11	12	13	14
일진	丁卯	戊辰	己巳	庚午	辛未	壬申	癸酉	甲戌	乙亥	丙子	丁丑	戊寅	己卯	庚辰	辛巳	壬午	癸未	甲申	乙酉	丙戌	丁亥	戊子	己丑	庚寅	辛卯	壬辰	癸巳	甲午	乙未	丙申
절입시각								오전 9시9분										오후 9시21분												

月建	八 月 小																													己 酉
절기									秋分								寒露													
음력	1	2	3	4	5	6	7	8	9	10	11	12	13	14	15	16	17	18	19	20	21	22	23	24	25	26	27	28	29	
양력	9/15	16	17	18	19	20	21	22	23	24	25	26	27	28	29	30	10/1	2	3	4	5	6	7	8	9	10	11	12	13	
일진	丁酉	戊戌	己亥	庚子	辛丑	壬寅	癸卯	甲辰	乙巳	丙午	丁未	戊申	己酉	庚戌	辛亥	壬子	癸丑	甲寅	乙卯	丙辰	丁巳	戊午	己未	庚申	辛酉	壬戌	癸亥	甲子	乙丑	
절입시각									오전 6시29분								오후 12시37분													

月建	九 月 大																														庚 戌
절기										霜降									立冬												
음력	1	2	3	4	5	6	7	8	9	10	11	12	13	14	15	16	17	18	19	20	21	22	23	24	25	26	27	28	29	30
양력	10/14	15	16	17	18	19	20	21	22	23	24	25	26	27	28	29	30	31	11/1	2	3	4	5	6	7	8	9	10	11	12
일진	丙寅	丁卯	戊辰	己巳	庚午	辛未	壬申	癸酉	甲戌	乙亥	丙子	丁丑	戊寅	己卯	庚辰	辛巳	壬午	癸未	甲申	乙酉	丙戌	丁亥	戊子	己丑	庚寅	辛卯	壬辰	癸巳	甲午	乙未
절입시각										오후 3시26분									오후 3시24분											

月建	十 月 小																													辛 亥
절기										小雪									大雪											
음력	1	2	3	4	5	6	7	8	9	10	11	12	13	14	15	16	17	18	19	20	21	22	23	24	25	26	27	28	29	
양력	11/13	14	15	16	17	18	19	20	21	22	23	24	25	26	27	28	29	30	12/1	2	3	4	5	6	7	8	9	10	11	
일진	丙申	丁酉	戊戌	己亥	庚子	辛丑	壬寅	癸卯	甲辰	乙巳	丙午	丁未	戊申	己酉	庚戌	辛亥	壬子	癸丑	甲寅	乙卯	丙辰	丁巳	戊午	己未	庚申	辛酉	壬戌	癸亥	甲子	
절입시각										오후 12시38분									오전 7시56분											

月建	十 一 月 大																														壬 子
절기											冬至										小寒										
음력	1	2	3	4	5	6	7	8	9	10	11	12	13	14	15	16	17	18	19	20	21	22	23	24	25	26	27	28	29	30
양력	12/12	13	14	15	16	17	18	19	20	21	22	23	24	25	26	27	28	29	30	31	1/1	2	3	4	5	6	7	8	9	10
일진	乙丑	丙寅	丁卯	戊辰	己巳	庚午	辛未	壬申	癸酉	甲戌	乙亥	丙子	丁丑	戊寅	己卯	庚辰	辛巳	壬午	癸未	甲申	乙酉	丙戌	丁亥	戊子	己丑	庚寅	辛卯	壬辰	癸巳	甲午
절입시각											오전 1시43분										오후 7시0분									

月建	十 二 月 大																														癸 丑
절기											大寒										立春										
음력	1	2	3	4	5	6	7	8	9	10	11	12	13	14	15	16	17	18	19	20	21	22	23	24	25	26	27	28	29	30
양력	1/11	12	13	14	15	16	17	18	19	20	21	22	23	24	25	26	27	28	29	30	31	2/1	2	3	4	5	6	7	8	9
일진	乙未	丙申	丁酉	戊戌	己亥	庚子	辛丑	壬寅	癸卯	甲辰	乙巳	丙午	丁未	戊申	己酉	庚戌	辛亥	壬子	癸丑	甲寅	乙卯	丙辰	丁巳	戊午	己未	庚申	辛酉	壬戌	癸亥	甲子
절입시각											오후 12시18분										오전 6시42분									

1948년 | 檀紀 4281년　　戊子年

七月 黑中　　酉 大將軍　巳午未 三殺　戌 吊客　寅 喪門

正 月 大　　甲 寅

절기											雨水										驚蟄								
음력	1	2	3	4	5	6	7	8	9	10	11	12	13	14	15	16	17	18	19	20	21	22	23	24	25	26	27	28	29	30
양력	2/10	11	12	13	14	15	16	17	18	19	20	21	22	23	24	25	26	27	28	29	3/1	2	3	4	5	6	7	8	9	10
일진	乙丑	丙寅	丁卯	戊辰	己巳	庚午	辛未	壬申	癸酉	甲戌	乙亥	丙子	丁丑	戊寅	己卯	庚辰	辛巳	壬午	癸未	甲申	乙酉	丙戌	丁亥	戊子	己丑	庚寅	辛卯	壬辰	癸巳	甲午

절입시각: 雨水 오전 2시37분　　驚蟄 오전 0시58분

二 月 小　　乙 卯

절기											春分											淸明						
음력	1	2	3	4	5	6	7	8	9	10	11	12	13	14	15	16	17	18	19	20	21	22	23	24	25	26	27	28	29
양력	3/11	12	13	14	15	16	17	18	19	20	21	22	23	24	25	26	27	28	29	30	31	4/1	2	3	4	5	6	7	8
일진	乙未	丙申	丁酉	戊戌	己亥	庚子	辛丑	壬寅	癸卯	甲辰	乙巳	丙午	丁未	戊申	己酉	庚戌	辛亥	壬子	癸丑	甲寅	乙卯	丙辰	丁巳	戊午	己未	庚申	辛酉	壬戌	癸亥

절입시각: 오전 1시57분　　오전 6시9분

三 月 大　　丙 辰

절기												穀雨											立夏							
음력	1	2	3	4	5	6	7	8	9	10	11	12	13	14	15	16	17	18	19	20	21	22	23	24	25	26	27	28	29	30
양력	4/9	10	11	12	13	14	15	16	17	18	19	20	21	22	23	24	25	26	27	28	29	30	5/1	2	3	4	5	6	7	8
일진	甲子	乙丑	丙寅	丁卯	戊辰	己巳	庚午	辛未	壬申	癸酉	甲戌	乙亥	丙子	丁丑	戊寅	己卯	庚辰	辛巳	壬午	癸未	甲申	乙酉	丙戌	丁亥	戊子	己丑	庚寅	辛卯	壬辰	癸巳

절입시각: 오후 1시25분　　오후 11시52분

四 月 小　　丁 巳

절기													小滿												芒種
음력	1	2	3	4	5	6	7	8	9	10	11	12	13	14	15	16	17	18	19	20	21	22	23	24	25	26	27	28	29
양력	5/9	10	11	12	13	14	15	16	17	18	19	20	21	22	23	24	25	26	27	28	29	30	31	6/1	2	3	4	5	6
일진	甲午	乙未	丙申	丁酉	戊戌	己亥	庚子	辛丑	壬寅	癸卯	甲辰	乙巳	丙午	丁未	戊申	己酉	庚戌	辛亥	壬子	癸丑	甲寅	乙卯	丙辰	丁巳	戊午	己未	庚申	辛酉	壬戌

절입시각: 오후 12시58분　　오전 4시20분

五 月 大　　戊 午

절기															夏至															
음력	1	2	3	4	5	6	7	8	9	10	11	12	13	14	15	16	17	18	19	20	21	22	23	24	25	26	27	28	29	30
양력	6/7	8	9	10	11	12	13	14	15	16	17	18	19	20	21	22	23	24	25	26	27	28	29	30	7/1	2	3	4	5	6
일진	癸亥	甲子	乙丑	丙寅	丁卯	戊辰	己巳	庚午	辛未	壬申	癸酉	甲戌	乙亥	丙子	丁丑	戊寅	己卯	庚辰	辛巳	壬午	癸未	甲申	乙酉	丙戌	丁亥	戊子	己丑	庚寅	辛卯	壬辰

절입시각: 오후 9시11분

六 月 小　　己 未

절기	小暑																大暑												
음력	1	2	3	4	5	6	7	8	9	10	11	12	13	14	15	16	17	18	19	20	21	22	23	24	25	26	27	28	29
양력	7/7	8	9	10	11	12	13	14	15	16	17	18	19	20	21	22	23	24	25	26	27	28	29	30	31	8/1	2	3	4
일진	癸巳	甲午	乙未	丙申	丁酉	戊戌	己亥	庚子	辛丑	壬寅	癸卯	甲辰	乙巳	丙午	丁未	戊申	己酉	庚戌	辛亥	壬子	癸丑	甲寅	乙卯	丙辰	丁巳	戊午	己未	庚申	辛酉

절입시각: 小暑 오후 2시44분　　大暑 오전 8시8분

月建	七 月 小																											庚 申	
절기				立秋															處暑										
음력	1	2	3	4	5	6	7	8	9	10	11	12	13	14	15	16	17	18	19	20	21	22	23	24	25	26	27	28	29
양력	8/5	6	7	8	9	10	11	12	13	14	15	16	17	18	19	20	21	22	23	24	25	26	27	28	29	30	31	9/1	2
일진	壬戌	癸亥	甲子	乙丑	丙寅	丁卯	戊辰	己巳	庚午	辛未	壬申	癸酉	甲戌	乙亥	丙子	丁丑	戊寅	己卯	庚辰	辛巳	壬午	癸未	甲申	乙酉	丙戌	丁亥	戊子	己丑	庚寅
절입시각	오전 0시26분													오후 3시3분															

月建	八 月 大																												辛 酉	
절기						白露															秋分									
음력	1	2	3	4	5	6	7	8	9	10	11	12	13	14	15	16	17	18	19	20	21	22	23	24	25	26	27	28	29	30
양력	9/3	4	5	6	7	8	9	10	11	12	13	14	15	16	17	18	19	20	21	22	23	24	25	26	27	28	29	30	10/1	2
일진	辛卯	壬辰	癸巳	甲午	乙未	丙申	丁酉	戊戌	己亥	庚子	辛丑	壬寅	癸卯	甲辰	乙巳	丙午	丁未	戊申	己酉	庚戌	辛亥	壬子	癸丑	甲寅	乙卯	丙辰	丁巳	戊午	己未	庚申
절입시각	오전 3시5분													오후 12시22분																

月建	九 月 小																											壬 戌	
절기						寒露															霜降								
음력	1	2	3	4	5	6	7	8	9	10	11	12	13	14	15	16	17	18	19	20	21	22	23	24	25	26	27	28	29
양력	10/3	4	5	6	7	8	9	10	11	12	13	14	15	16	17	18	19	20	21	22	23	24	25	26	27	28	29	30	31
일진	辛酉	壬戌	癸亥	甲子	乙丑	丙寅	丁卯	戊辰	己巳	庚午	辛未	壬申	癸酉	甲戌	乙亥	丙子	丁丑	戊寅	己卯	庚辰	辛巳	壬午	癸未	甲申	乙酉	丙戌	丁亥	戊子	己丑
절입시각	오후 6시20분													오후 9시18분															

月建	十 月 大																												癸 亥	
절기							立冬															小雪								
음력	1	2	3	4	5	6	7	8	9	10	11	12	13	14	15	16	17	18	19	20	21	22	23	24	25	26	27	28	29	30
양력	11/1	2	3	4	5	6	7	8	9	10	11	12	13	14	15	16	17	18	19	20	21	22	23	24	25	26	27	28	29	30
일진	庚寅	辛卯	壬辰	癸巳	甲午	乙未	丙申	丁酉	戊戌	己亥	庚子	辛丑	壬寅	癸卯	甲辰	乙巳	丙午	丁未	戊申	己酉	庚戌	辛亥	壬子	癸丑	甲寅	乙卯	丙辰	丁巳	戊午	己未
절입시각	오후 9시7분													오후 6시29분																

月建	十 一 月 小																											甲 子	
절기							大雪															冬至							
음력	1	2	3	4	5	6	7	8	9	10	11	12	13	14	15	16	17	18	19	20	21	22	23	24	25	26	27	28	29
양력	12/1	2	3	4	5	6	7	8	9	10	11	12	13	14	15	16	17	18	19	20	21	22	23	24	25	26	27	28	29
일진	庚申	辛酉	壬戌	癸亥	甲子	乙丑	丙寅	丁卯	戊辰	己巳	庚午	辛未	壬申	癸酉	甲戌	乙亥	丙子	丁丑	戊寅	己卯	庚辰	辛巳	壬午	癸未	甲申	乙酉	丙戌	丁亥	戊子
절입시각	오후 1시38분													오전 7시33분															

月建	十 二 月 大																												乙 丑	
절기							小寒															大寒								
음력	1	2	3	4	5	6	7	8	9	10	11	12	13	14	15	16	17	18	19	20	21	22	23	24	25	26	27	28	29	30
양력	12/30	31	1/1	2	3	4	5	6	7	8	9	10	11	12	13	14	15	16	17	18	19	20	21	22	23	24	25	26	27	28
일진	己丑	庚寅	辛卯	壬辰	癸巳	甲午	乙未	丙申	丁酉	戊戌	己亥	庚子	辛丑	壬寅	癸卯	甲辰	乙巳	丙午	丁未	戊申	己酉	庚戌	辛亥	壬子	癸丑	甲寅	乙卯	丙辰	丁巳	戊午
절입시각	오전 0시41분													오후 6시9분																

己丑年

四月 黑中

金神　午未申酉

酉　大將軍　寅卯辰　三殺　亥　吊客　卯　喪門

正月 大　（月建 丙寅）

음력	1	2	3	4	5	6	7	8	9	10	11	12	13	14	15	16	17	18	19	20	21	22	23	24	25	26	27	28	29	30
절기							立春															雨水								
양력	1/29	30	31	2/1	2	3	4	5	6	7	8	9	10	11	12	13	14	15	16	17	18	19	20	21	22	23	24	25	26	27
일진	己未	庚申	辛酉	壬戌	癸亥	甲子	乙丑	丙寅	丁卯	戊辰	己巳	庚午	辛未	壬申	癸酉	甲戌	乙亥	丙子	丁丑	戊寅	己卯	庚辰	辛巳	壬午	癸未	甲申	乙酉	丙戌	丁亥	戊子

절입시각: 立春 오후 12시23분　雨水 오전 8시27분

二月 大　（月建 丁卯）

음력	1	2	3	4	5	6	7	8	9	10	11	12	13	14	15	16	17	18	19	20	21	22	23	24	25	26	27	28	29	30
절기							驚蟄															春分								
양력	2/28	3/1	2	3	4	5	6	7	8	9	10	11	12	13	14	15	16	17	18	19	20	21	22	23	24	25	26	27	28	29
일진	己丑	庚寅	辛卯	壬辰	癸巳	甲午	乙未	丙申	丁酉	戊戌	己亥	庚子	辛丑	壬寅	癸卯	甲辰	乙巳	丙午	丁未	戊申	己酉	庚戌	辛亥	壬子	癸丑	甲寅	乙卯	丙辰	丁巳	戊午

절입시각: 驚蟄 오전 6시39분　春分 오전 7시48분

三月 小　（月建 戊辰）

음력	1	2	3	4	5	6	7	8	9	10	11	12	13	14	15	16	17	18	19	20	21	22	23	24	25	26	27	28	29
절기							清明															穀雨							
양력	3/30	31	4/1	2	3	4	5	6	7	8	9	10	11	12	13	14	15	16	17	18	19	20	21	22	23	24	25	26	27
일진	己未	庚申	辛酉	壬戌	癸亥	甲子	乙丑	丙寅	丁卯	戊辰	己巳	庚午	辛未	壬申	癸酉	甲戌	乙亥	丙子	丁丑	戊寅	己卯	庚辰	辛巳	壬午	癸未	甲申	乙酉	丙戌	丁亥

절입시각: 清明 오전 11시52분　穀雨 오후 7시17분

四月 大　（月建 己巳）

음력	1	2	3	4	5	6	7	8	9	10	11	12	13	14	15	16	17	18	19	20	21	22	23	24	25	26	27	28	29	30
절기							立夏																	小滿						
양력	4/28	29	30	5/1	2	3	4	5	6	7	8	9	10	11	12	13	14	15	16	17	18	19	20	21	22	23	24	25	26	27
일진	戊子	己丑	庚寅	辛卯	壬辰	癸巳	甲午	乙未	丙申	丁酉	戊戌	己亥	庚子	辛丑	壬寅	癸卯	甲辰	乙巳	丙午	丁未	戊申	己酉	庚戌	辛亥	壬子	癸丑	甲寅	乙卯	丙辰	丁巳

절입시각: 立夏 오전 5시37분　小滿 오후 6시51분

五月 小　（月建 庚午）

음력	1	2	3	4	5	6	7	8	9	10	11	12	13	14	15	16	17	18	19	20	21	22	23	24	25	26	27	28	29
절기										芒種																夏至			
양력	5/28	29	30	31	6/1	2	3	4	5	6	7	8	9	10	11	12	13	14	15	16	17	18	19	20	21	22	23	24	25
일진	戊午	己未	庚申	辛酉	壬戌	癸亥	甲子	乙丑	丙寅	丁卯	戊辰	己巳	庚午	辛未	壬申	癸酉	甲戌	乙亥	丙子	丁丑	戊寅	己卯	庚辰	辛巳	壬午	癸未	甲申	乙酉	丙戌

절입시각: 芒種 오전 10시7분　夏至 오전 3시3분

六月 大　（月建 辛未）

음력	1	2	3	4	5	6	7	8	9	10	11	12	13	14	15	16	17	18	19	20	21	22	23	24	25	26	27	28	29	30
절기												小暑																大暑		
양력	6/26	27	28	29	30	7/1	2	3	4	5	6	7	8	9	10	11	12	13	14	15	16	17	18	19	20	21	22	23	24	25
일진	丁亥	戊子	己丑	庚寅	辛卯	壬辰	癸巳	甲午	乙未	丙申	丁酉	戊戌	己亥	庚子	辛丑	壬寅	癸卯	甲辰	乙巳	丙午	丁未	戊申	己酉	庚戌	辛亥	壬子	癸丑	甲寅	乙卯	丙辰

절입시각: 小暑 오후 8시32분　大暑 오후 1시57분

月建	七 月 小													壬 申															
절기														立秋															處暑
음력	1	2	3	4	5	6	7	8	9	10	11	12	13	14	15	16	17	18	19	20	21	22	23	24	25	26	27	28	29
양력	7/26	27	28	29	30	31	8/1	2	3	4	5	6	7	8	9	10	11	12	13	14	15	16	17	18	19	20	21	22	23
일진	丁巳	戊午	己未	庚申	辛酉	壬戌	癸亥	甲子	乙丑	丙寅	丁卯	戊辰	己巳	庚午	辛未	壬申	癸酉	甲戌	乙亥	丙子	丁丑	戊寅	己卯	庚辰	辛巳	壬午	癸未	甲申	乙酉

절입시각: 오전 6시15분 (立秋) / 오후 8시48분 (處暑)

月建	閏 七 月 小																												
절기																白露													
음력	1	2	3	4	5	6	7	8	9	10	11	12	13	14	15	16	17	18	19	20	21	22	23	24	25	26	27	28	29
양력	8/24	25	26	27	28	29	30	31	9/1	2	3	4	5	6	7	8	9	10	11	12	13	14	15	16	17	18	19	20	21
일진	丙戌	丁亥	戊子	己丑	庚寅	辛卯	壬辰	癸巳	甲午	乙未	丙申	丁酉	戊戌	己亥	庚子	辛丑	壬寅	癸卯	甲辰	乙巳	丙午	丁未	戊申	己酉	庚戌	辛亥	壬子	癸丑	甲寅

절입시각: 오전 8시54분 (白露)

月建	八 月 大																	癸 酉												
절기		秋分																寒露												
음력	1	2	3	4	5	6	7	8	9	10	11	12	13	14	15	16	17	18	19	20	21	22	23	24	25	26	27	28	29	30
양력	9/22	23	24	25	26	27	28	29	30	10/1	2	3	4	5	6	7	8	9	10	11	12	13	14	15	16	17	18	19	20	21
일진	乙卯	丙辰	丁巳	戊午	己未	庚申	辛酉	壬戌	癸亥	甲子	乙丑	丙寅	丁卯	戊辰	己巳	庚午	辛未	壬申	癸酉	甲戌	乙亥	丙子	丁丑	戊寅	己卯	庚辰	辛巳	壬午	癸未	甲申

절입시각: 오후 6시6분 (秋分) / 오전 0시11분 (寒露)

月建	九 月 小																	甲 戌											
절기			霜降															立冬											
음력	1	2	3	4	5	6	7	8	9	10	11	12	13	14	15	16	17	18	19	20	21	22	23	24	25	26	27	28	29
양력	10/22	23	24	25	26	27	28	29	30	31	11/1	2	3	4	5	6	7	8	9	10	11	12	13	14	15	16	17	18	19
일진	乙酉	丙戌	丁亥	戊子	己丑	庚寅	辛卯	壬辰	癸巳	甲午	乙未	丙申	丁酉	戊戌	己亥	庚子	辛丑	壬寅	癸卯	甲辰	乙巳	丙午	丁未	戊申	己酉	庚戌	辛亥	壬子	癸丑

절입시각: 오전 3시3분 (霜降) / 오전 3시0분 (立冬)

月建	十 月 大																	乙 亥												
절기			小雪															大雪												
음력	1	2	3	4	5	6	7	8	9	10	11	12	13	14	15	16	17	18	19	20	21	22	23	24	25	26	27	28	29	30
양력	11/20	21	22	23	24	25	26	27	28	29	30	12/1	2	3	4	5	6	7	8	9	10	11	12	13	14	15	16	17	18	19
일진	甲寅	乙卯	丙辰	丁巳	戊午	己未	庚申	辛酉	壬戌	癸亥	甲子	乙丑	丙寅	丁卯	戊辰	己巳	庚午	辛未	壬申	癸酉	甲戌	乙亥	丙子	丁丑	戊寅	己卯	庚辰	辛巳	壬午	癸未

절입시각: 오전 0시16분 (小雪) / 오후 7시33분 (大雪)

月建	十 一 月 小																	丙 子											
절기			冬至															小寒											
음력	1	2	3	4	5	6	7	8	9	10	11	12	13	14	15	16	17	18	19	20	21	22	23	24	25	26	27	28	29
양력	12/20	21	22	23	24	25	26	27	28	29	30	31	1/1	2	3	4	5	6	7	8	9	10	11	12	13	14	15	16	17
일진	甲申	乙酉	丙戌	丁亥	戊子	己丑	庚寅	辛卯	壬辰	癸巳	甲午	乙未	丙申	丁酉	戊戌	己亥	庚子	辛丑	壬寅	癸卯	甲辰	乙巳	丙午	丁未	戊申	己酉	庚戌	辛亥	壬子

절입시각: 오후 1시23분 (冬至) / 오전 6시39분 (小寒)

月建	十 二 月 大																	丁 丑												
절기			大寒												立春															
음력	1	2	3	4	5	6	7	8	9	10	11	12	13	14	15	16	17	18	19	20	21	22	23	24	25	26	27	28	29	30
양력	1/18	19	20	21	22	23	24	25	26	27	28	29	30	31	2/1	2	3	4	5	6	7	8	9	10	11	12	13	14	15	16
일진	癸丑	甲寅	乙卯	丙辰	丁巳	戊午	己未	庚申	辛酉	壬戌	癸亥	甲子	乙丑	丙寅	丁卯	戊辰	己巳	庚午	辛未	壬申	癸酉	甲戌	乙亥	丙子	丁丑	戊寅	己卯	庚辰	辛巳	壬午

절입시각: 오전 0시0분 (大寒) / 오후 6시21분 (立春)

正月 大　　戊寅

月建	正 月 大																													戊寅
절기		雨水																驚蟄												
음력	1	2	3	4	5	6	7	8	9	10	11	12	13	14	15	16	17	18	19	20	21	22	23	24	25	26	27	28	29	30
양력	2/17	18	19	20	21	22	23	24	25	26	27	28	3/1	2	3	4	5	6	7	8	9	10	11	12	13	14	15	16	17	18
일진	癸未	甲申	乙酉	丙戌	丁亥	戊子	己丑	庚寅	辛卯	壬辰	癸巳	甲午	乙未	丙申	丁酉	戊戌	己亥	庚子	辛丑	壬寅	癸卯	甲辰	乙巳	丙午	丁未	戊申	己酉	庚戌	辛亥	壬子
절입시각		오후 2시18분															오후 12시35분													

二月 小　　己卯

月建	二 月 小																												己卯
절기		春分																淸明											
음력	1	2	3	4	5	6	7	8	9	10	11	12	13	14	15	16	17	18	19	20	21	22	23	24	25	26	27	28	29
양력	3/19	20	21	22	23	24	25	26	27	28	29	30	31	4/1	2	3	4	5	6	7	8	9	10	11	12	13	14	15	16
일진	癸丑	甲寅	乙卯	丙辰	丁巳	戊午	己未	庚申	辛酉	壬戌	癸亥	甲子	乙丑	丙寅	丁卯	戊辰	己巳	庚午	辛未	壬申	癸酉	甲戌	乙亥	丙子	丁丑	戊寅	己卯	庚辰	辛巳
절입시각		오후 1시35분															오후 5시44분												

三月 大　　庚辰

月建	三 月 大																													庚辰
절기					穀雨															立夏										
음력	1	2	3	4	5	6	7	8	9	10	11	12	13	14	15	16	17	18	19	20	21	22	23	24	25	26	27	28	29	30
양력	4/17	18	19	20	21	22	23	24	25	26	27	28	29	30	5/1	2	3	4	5	6	7	8	9	10	11	12	13	14	15	16
일진	壬午	癸未	甲申	乙酉	丙戌	丁亥	戊子	己丑	庚寅	辛卯	壬辰	癸巳	甲午	乙未	丙申	丁酉	戊戌	己亥	庚子	辛丑	壬寅	癸卯	甲辰	乙巳	丙午	丁未	戊申	己酉	庚戌	辛亥
절입시각		오전 0시59분															오전 11시25분													

四月 大　　辛巳

月建	四 月 大																													辛巳
절기					小滿																芒種									
음력	1	2	3	4	5	6	7	8	9	10	11	12	13	14	15	16	17	18	19	20	21	22	23	24	25	26	27	28	29	30
양력	5/17	18	19	20	21	22	23	24	25	26	27	28	29	30	31	6/1	2	3	4	5	6	7	8	9	10	11	12	13	14	15
일진	壬子	癸丑	甲寅	乙卯	丙辰	丁巳	戊午	己未	庚申	辛酉	壬戌	癸亥	甲子	乙丑	丙寅	丁卯	戊辰	己巳	庚午	辛未	壬申	癸酉	甲戌	乙亥	丙子	丁丑	戊寅	己卯	庚辰	辛巳
절입시각		오전 0시27분															오후 3시51분													

五月 小　　壬午

月建	五 月 小																												壬午
절기							夏至																小暑						
음력	1	2	3	4	5	6	7	8	9	10	11	12	13	14	15	16	17	18	19	20	21	22	23	24	25	26	27	28	29
양력	6/16	17	18	19	20	21	22	23	24	25	26	27	28	29	30	7/1	2	3	4	5	6	7	8	9	10	11	12	13	14
일진	壬午	癸未	甲申	乙酉	丙戌	丁亥	戊子	己丑	庚寅	辛卯	壬辰	癸巳	甲午	乙未	丙申	丁酉	戊戌	己亥	庚子	辛丑	壬寅	癸卯	甲辰	乙巳	丙午	丁未	戊申	己酉	庚戌
절입시각		오전 8시36분															오전 2시13분												

六月 大　　癸未

月建	六 月 大																													癸未
절기									大暑																立秋					
음력	1	2	3	4	5	6	7	8	9	10	11	12	13	14	15	16	17	18	19	20	21	22	23	24	25	26	27	28	29	30
양력	7/15	16	17	18	19	20	21	22	23	24	25	26	27	28	29	30	31	8/1	2	3	4	5	6	7	8	9	10	11	12	13
일진	辛亥	壬子	癸丑	甲寅	乙卯	丙辰	丁巳	戊午	己未	庚申	辛酉	壬戌	癸亥	甲子	乙丑	丙寅	丁卯	戊辰	己巳	庚午	辛未	壬申	癸酉	甲戌	乙亥	丙子	丁丑	戊寅	己卯	庚辰
절입시각		오후 7시30분															오전 11시55분													

七 月 小　　甲 申

月建	1	2	3	4	5	6	7	8	9	10	11	12	13	14	15	16	17	18	19	20	21	22	23	24	25	26	27	28	29
절기											處暑															白露			
음력	1	2	3	4	5	6	7	8	9	10	11	12	13	14	15	16	17	18	19	20	21	22	23	24	25	26	27	28	29
양력	8/14	15	16	17	18	19	20	21	22	23	24	25	26	27	28	29	30	31	9/1	2	3	4	5	6	7	8	9	10	11
일진	辛巳	壬午	癸未	甲申	乙酉	丙戌	丁亥	戊子	己丑	庚寅	辛卯	壬辰	癸巳	甲午	乙未	丙申	丁酉	戊戌	己亥	庚子	辛丑	壬寅	癸卯	甲辰	乙巳	丙午	丁未	戊申	己酉
절입시각											오전 2시23분															오후 2시34분			

八 月 小　　乙 酉

月建	1	2	3	4	5	6	7	8	9	10	11	12	13	14	15	16	17	18	19	20	21	22	23	24	25	26	27	28	29
절기												秋分																寒露	
음력	1	2	3	4	5	6	7	8	9	10	11	12	13	14	15	16	17	18	19	20	21	22	23	24	25	26	27	28	29
양력	9/12	13	14	15	16	17	18	19	20	21	22	23	24	25	26	27	28	29	30	10/1	2	3	4	5	6	7	8	9	10
일진	庚戌	辛亥	壬子	癸丑	甲寅	乙卯	丙辰	丁巳	戊午	己未	庚申	辛酉	壬戌	癸亥	甲子	乙丑	丙寅	丁卯	戊辰	己巳	庚午	辛未	壬申	癸酉	甲戌	乙亥	丙子	丁丑	戊寅
절입시각												오후 11시44분																오전 5시52분	

九 月 大　　丙 戌

月建	1	2	3	4	5	6	7	8	9	10	11	12	13	14	15	16	17	18	19	20	21	22	23	24	25	26	27	28	29	30
절기														霜降															立冬	
음력	1	2	3	4	5	6	7	8	9	10	11	12	13	14	15	16	17	18	19	20	21	22	23	24	25	26	27	28	29	30
양력	10/11	12	13	14	15	16	17	18	19	20	21	22	23	24	25	26	27	28	29	30	31	11/1	2	3	4	5	6	7	8	9
일진	己卯	庚辰	辛巳	壬午	癸未	甲申	乙酉	丙戌	丁亥	戊子	己丑	庚寅	辛卯	壬辰	癸巳	甲午	乙未	丙申	丁酉	戊戌	己亥	庚子	辛丑	壬寅	癸卯	甲辰	乙巳	丙午	丁未	戊申
절입시각														오전 8시45분															오전 8시44분	

十 月 小　　丁 亥

月建	1	2	3	4	5	6	7	8	9	10	11	12	13	14	15	16	17	18	19	20	21	22	23	24	25	26	27	28	29
절기														小雪															大雪
음력	1	2	3	4	5	6	7	8	9	10	11	12	13	14	15	16	17	18	19	20	21	22	23	24	25	26	27	28	29
양력	11/10	11	12	13	14	15	16	17	18	19	20	21	22	23	24	25	26	27	28	29	30	12/1	2	3	4	5	6	7	8
일진	己酉	庚戌	辛亥	壬子	癸丑	甲寅	乙卯	丙辰	丁巳	戊午	己未	庚申	辛酉	壬戌	癸亥	甲子	乙丑	丙寅	丁卯	戊辰	己巳	庚午	辛未	壬申	癸酉	甲戌	乙亥	丙子	丁丑
절입시각														오전 6시3분															오전 1시22분

十 一 月 大　　戊 子

月建	1	2	3	4	5	6	7	8	9	10	11	12	13	14	15	16	17	18	19	20	21	22	23	24	25	26	27	28	29	30
절기														冬至															小寒	
음력	1	2	3	4	5	6	7	8	9	10	11	12	13	14	15	16	17	18	19	20	21	22	23	24	25	26	27	28	29	30
양력	12/9	10	11	12	13	14	15	16	17	18	19	20	21	22	23	24	25	26	27	28	29	30	31	1/1	2	3	4	5	6	7
일진	戊寅	己卯	庚辰	辛巳	壬午	癸未	甲申	乙酉	丙戌	丁亥	戊子	己丑	庚寅	辛卯	壬辰	癸巳	甲午	乙未	丙申	丁酉	戊戌	己亥	庚子	辛丑	壬寅	癸卯	甲辰	乙巳	丙午	丁未
절입시각														오후 7시13분															오후 12시30분	

十 二 月 小　　己 丑

月建	1	2	3	4	5	6	7	8	9	10	11	12	13	14	15	16	17	18	19	20	21	22	23	24	25	26	27	28	29
절기														大寒															立春
음력	1	2	3	4	5	6	7	8	9	10	11	12	13	14	15	16	17	18	19	20	21	22	23	24	25	26	27	28	29
양력	1/8	9	10	11	12	13	14	15	16	17	18	19	20	21	22	23	24	25	26	27	28	29	30	31	2/1	2	3	4	5
일진	戊申	己酉	庚戌	辛亥	壬子	癸丑	甲寅	乙卯	丙辰	丁巳	戊午	己未	庚申	辛酉	壬戌	癸亥	甲子	乙丑	丙寅	丁卯	戊辰	己巳	庚午	辛未	壬申	癸酉	甲戌	乙亥	丙子
절입시각														오전 5시52분															오전 0시13분

1951년 | 檀紀 4284년

七月 黑中

辛卯年

金神　寅卯午未子丑

卯 大將軍　申酉戌 三殺　丑 吊客　巳 喪門

月建　正　月　大　　庚　寅

절기: 雨水(14), 驚蟄(29)

음력	1	2	3	4	5	6	7	8	9	10	11	12	13	14	15	16	17	18	19	20	21	22	23	24	25	26	27	28	29	30
양력	2/6	7	8	9	10	11	12	13	14	15	16	17	18	19	20	21	22	23	24	25	26	27	3/1	2	3	4	5	6	7	
일진	丁丑	戊寅	己卯	庚辰	辛巳	壬午	癸未	甲申	乙酉	丙戌	丁亥	戊子	己丑	庚寅	辛卯	壬辰	癸巳	甲午	乙未	丙申	丁酉	戊戌	己亥	庚子	辛丑	壬寅	癸卯	甲辰	乙巳	丙午

절입시각: 오후 8시10분 / 오후 6시27분

月建　二　月　小　　辛　卯

절기: 春分(14), 清明(25)

음력	1	2	3	4	5	6	7	8	9	10	11	12	13	14	15	16	17	18	19	20	21	22	23	24	25	26	27	28	29
양력	3/8	9	10	11	12	13	14	15	16	17	18	19	20	21	22	23	24	25	26	27	28	29	30	31	4/1	2	3	4	5
일진	丁未	戊申	己酉	庚戌	辛亥	壬子	癸丑	甲寅	乙卯	丙辰	丁巳	戊午	己未	庚申	辛酉	壬戌	癸亥	甲子	乙丑	丙寅	丁卯	戊辰	己巳	庚午	辛未	壬申	癸酉	甲戌	乙亥

절입시각: 오후 7시26분 / 오후 11시33분

月建　三　月　大　　壬　辰

절기: 穀雨(16)

음력	1	2	3	4	5	6	7	8	9	10	11	12	13	14	15	16	17	18	19	20	21	22	23	24	25	26	27	28	29	30
양력	4/6	7	8	9	10	11	12	13	14	15	16	17	18	19	20	21	22	23	24	25	26	27	28	29	30	5/1	2	3	4	5
일진	丙子	丁丑	戊寅	己卯	庚辰	辛巳	壬午	癸未	甲申	乙酉	丙戌	丁亥	戊子	己丑	庚寅	辛卯	壬辰	癸巳	甲午	乙未	丙申	丁酉	戊戌	己亥	庚子	辛丑	壬寅	癸卯	甲辰	乙巳

절입시각: 오전 6시48분

月建　四　月　大　　癸　巳

절기: 立夏(1), 小滿(17)

음력	1	2	3	4	5	6	7	8	9	10	11	12	13	14	15	16	17	18	19	20	21	22	23	24	25	26	27	28	29	30
양력	5/6	7	8	9	10	11	12	13	14	15	16	17	18	19	20	21	22	23	24	25	26	27	28	29	30	31	6/1	2	3	4
일진	丙午	丁未	戊申	己酉	庚戌	辛亥	壬子	癸丑	甲寅	乙卯	丙辰	丁巳	戊午	己未	庚申	辛酉	壬戌	癸亥	甲子	乙丑	丙寅	丁卯	戊辰	己巳	庚午	辛未	壬申	癸酉	甲戌	乙亥

절입시각: 오후 5시9분 / 오전 6시15분

月建　五　月　小　　甲　午

절기: 芒種(2), 夏至(18)

음력	1	2	3	4	5	6	7	8	9	10	11	12	13	14	15	16	17	18	19	20	21	22	23	24	25	26	27	28	29
양력	6/5	6	7	8	9	10	11	12	13	14	15	16	17	18	19	20	21	22	23	24	25	26	27	28	29	30	7/1	2	3
일진	丙子	丁丑	戊寅	己卯	庚辰	辛巳	壬午	癸未	甲申	乙酉	丙戌	丁亥	戊子	己丑	庚寅	辛卯	壬辰	癸巳	甲午	乙未	丙申	丁酉	戊戌	己亥	庚子	辛丑	壬寅	癸卯	甲辰

절입시각: 오후 9시33분 / 오후 2시25분

月建　六　月　大　　乙　未

절기: 小暑(5), 大暑(21)

음력	1	2	3	4	5	6	7	8	9	10	11	12	13	14	15	16	17	18	19	20	21	22	23	24	25	26	27	28	29	30
양력	7/4	5	6	7	8	9	10	11	12	13	14	15	16	17	18	19	20	21	22	23	24	25	26	27	28	29	30	31	8/1	2
일진	乙巳	丙午	丁未	戊申	己酉	庚戌	辛亥	壬子	癸丑	甲寅	乙卯	丙辰	丁巳	戊午	己未	庚申	辛酉	壬戌	癸亥	甲子	乙丑	丙寅	丁卯	戊辰	己巳	庚午	辛未	壬申	癸酉	甲戌

절입시각: 오전 7시54분 / 오전 1시21분

月建	七 月 小																				丙 申							
절기					立秋																處暑							
음력	1	2	3	4	5	6	7	8	9	10	11	12	13	14	15	16	17	18	19	20	21	22	23	24	25	26	27	28	29
양력	8/3	4	5	6	7	8	9	10	11	12	13	14	15	16	17	18	19	20	21	22	23	24	25	26	27	28	29	30	31
일진	乙亥	丙子	丁丑	戊寅	己卯	庚辰	辛巳	壬午	癸未	甲申	乙酉	丙戌	丁亥	戊子	己丑	庚寅	辛卯	壬辰	癸巳	甲午	乙未	丙申	丁酉	戊戌	己亥	庚子	辛丑	壬寅	癸卯
절입시각	오후 5시37분														오전 8시16분														

月建	八 月 大																				丁 酉								
절기								白露																秋分						
음력	1	2	3	4	5	6	7	8	9	10	11	12	13	14	15	16	17	18	19	20	21	22	23	24	25	26	27	28	29	30
양력	9/1	2	3	4	5	6	7	8	9	10	11	12	13	14	15	16	17	18	19	20	21	22	23	24	25	26	27	28	29	30
일진	甲辰	乙巳	丙午	丁未	戊申	己酉	庚戌	辛亥	壬子	癸丑	甲寅	乙卯	丙辰	丁巳	戊午	己未	庚申	辛酉	壬戌	癸亥	甲子	乙丑	丙寅	丁卯	戊辰	己巳	庚午	辛未	壬申	癸酉
절입시각	오후 8시18분														오전 5시37분															

月建	九 月 小																				戊 戌							
절기									寒露															霜降					
음력	1	2	3	4	5	6	7	8	9	10	11	12	13	14	15	16	17	18	19	20	21	22	23	24	25	26	27	28	29
양력	10/1	2	3	4	5	6	7	8	9	10	11	12	13	14	15	16	17	18	19	20	21	22	23	24	25	26	27	28	29
일진	甲戌	乙亥	丙子	丁丑	戊寅	己卯	庚辰	辛巳	壬午	癸未	甲申	乙酉	丙戌	丁亥	戊子	己丑	庚寅	辛卯	壬辰	癸巳	甲午	乙未	丙申	丁酉	戊戌	己亥	庚子	辛丑	壬寅
절입시각	오전 11시36분														오후 2시36분														

月建	十 月 大																				己 亥								
절기										立冬															小雪					
음력	1	2	3	4	5	6	7	8	9	10	11	12	13	14	15	16	17	18	19	20	21	22	23	24	25	26	27	28	29	30
양력	10/30	31	11/1	2	3	4	5	6	7	8	9	10	11	12	13	14	15	16	17	18	19	20	21	22	23	24	25	26	27	28
일진	癸卯	甲辰	乙巳	丙午	丁未	戊申	己酉	庚戌	辛亥	壬子	癸丑	甲寅	乙卯	丙辰	丁巳	戊午	己未	庚申	辛酉	壬戌	癸亥	甲子	乙丑	丙寅	丁卯	戊辰	己巳	庚午	辛未	壬申
절입시각	오후 2시27분														오전 11시51분															

月建	十 一 月 小																				庚 子							
절기										大雪															冬至				
음력	1	2	3	4	5	6	7	8	9	10	11	12	13	14	15	16	17	18	19	20	21	22	23	24	25	26	27	28	29
양력	11/29	30	12/1	2	3	4	5	6	7	8	9	10	11	12	13	14	15	16	17	18	19	20	21	22	23	24	25	26	27
일진	癸酉	甲戌	乙亥	丙子	丁丑	戊寅	己卯	庚辰	辛巳	壬午	癸未	甲申	乙酉	丙戌	丁亥	戊子	己丑	庚寅	辛卯	壬辰	癸巳	甲午	乙未	丙申	丁酉	戊戌	己亥	庚子	辛丑
절입시각	오전 7시2분														오전 1시0분														

月建	十 二 月 大																				辛 丑								
절기										小寒															大寒					
음력	1	2	3	4	5	6	7	8	9	10	11	12	13	14	15	16	17	18	19	20	21	22	23	24	25	26	27	28	29	30
양력	12/28	29	30	31	1/1	2	3	4	5	6	7	8	9	10	11	12	13	14	15	16	17	18	19	20	21	22	23	24	25	26
일진	壬寅	癸卯	甲辰	乙巳	丙午	丁未	戊申	己酉	庚戌	辛亥	壬子	癸丑	甲寅	乙卯	丙辰	丁巳	戊午	己未	庚申	辛酉	壬戌	癸亥	甲子	乙丑	丙寅	丁卯	戊辰	己巳	庚午	辛未
절입시각	오후 6시10분														오전 11시38분															

正月 小 ‧ 壬寅

절기	1	2	3	4	5	6	7	8	9	10	11	12	13	14	15	16	17	18	19	20	21	22	23	24	25	26	27	28	29
절기										立春															雨水				
음력	1	2	3	4	5	6	7	8	9	10	11	12	13	14	15	16	17	18	19	20	21	22	23	24	25	26	27	28	29
양력	1/27	28	29	30	31	2/1	2	3	4	5	6	7	8	9	10	11	12	13	14	15	16	17	18	19	20	21	22	23	24
일진	壬申	癸酉	甲戌	乙亥	丙子	丁丑	戊寅	己卯	庚辰	辛巳	壬午	癸未	甲申	乙酉	丙戌	丁亥	戊子	己丑	庚寅	辛卯	壬辰	癸巳	甲午	乙未	丙申	丁酉	戊戌	己亥	庚子

절입시각: 立春 오전 5시53분 ‧ 雨水 오전 1시57분

二月 大 ‧ 癸卯

절기	1	2	3	4	5	6	7	8	9	10	11	12	13	14	15	16	17	18	19	20	21	22	23	24	25	26	27	28	29	30
절기											驚蟄															春分				
음력	1	2	3	4	5	6	7	8	9	10	11	12	13	14	15	16	17	18	19	20	21	22	23	24	25	26	27	28	29	30
양력	2/25	26	27	28	29	3/1	2	3	4	5	6	7	8	9	10	11	12	13	14	15	16	17	18	19	20	21	22	23	24	25
일진	辛丑	壬寅	癸卯	甲辰	乙巳	丙午	丁未	戊申	己酉	庚戌	辛亥	壬子	癸丑	甲寅	乙卯	丙辰	丁巳	戊午	己未	庚申	辛酉	壬戌	癸亥	甲子	乙丑	丙寅	丁卯	戊辰	己巳	庚午

절입시각: 驚蟄 오전 0시7분 ‧ 春分 오전 1시14분

三月 小 ‧ 甲辰

절기	1	2	3	4	5	6	7	8	9	10	11	12	13	14	15	16	17	18	19	20	21	22	23	24	25	26	27	28	29
절기											清明															穀雨			
음력	1	2	3	4	5	6	7	8	9	10	11	12	13	14	15	16	17	18	19	20	21	22	23	24	25	26	27	28	29
양력	3/26	27	28	29	30	31	4/1	2	3	4	5	6	7	8	9	10	11	12	13	14	15	16	17	18	19	20	21	22	23
일진	辛未	壬申	癸酉	甲戌	乙亥	丙子	丁丑	戊寅	己卯	庚辰	辛巳	壬午	癸未	甲申	乙酉	丙戌	丁亥	戊子	己丑	庚寅	辛卯	壬辰	癸巳	甲午	乙未	丙申	丁酉	戊戌	己亥

절입시각: 清明 오전 5시15분 ‧ 穀雨 오후 12시37분

四月 大 ‧ 乙巳

절기	1	2	3	4	5	6	7	8	9	10	11	12	13	14	15	16	17	18	19	20	21	22	23	24	25	26	27	28	29	30
절기								立夏																				小滿		
음력	1	2	3	4	5	6	7	8	9	10	11	12	13	14	15	16	17	18	19	20	21	22	23	24	25	26	27	28	29	30
양력	4/24	25	26	27	28	29	30	5/1	2	3	4	5	6	7	8	9	10	11	12	13	14	15	16	17	18	19	20	21	22	23
일진	庚子	辛丑	壬寅	癸卯	甲辰	乙巳	丙午	丁未	戊申	己酉	庚戌	辛亥	壬子	癸丑	甲寅	乙卯	丙辰	丁巳	戊午	己未	庚申	辛酉	壬戌	癸亥	甲子	乙丑	丙寅	丁卯	戊辰	己巳

절입시각: 立夏 오후 10시54분 ‧ 小滿 오후 12시4분

五月 小 ‧ 丙午

절기	1	2	3	4	5	6	7	8	9	10	11	12	13	14	15	16	17	18	19	20	21	22	23	24	25	26	27	28	29
절기									芒種																				夏至
음력	1	2	3	4	5	6	7	8	9	10	11	12	13	14	15	16	17	18	19	20	21	22	23	24	25	26	27	28	29
양력	5/24	25	26	27	28	29	30	31	6/1	2	3	4	5	6	7	8	9	10	11	12	13	14	15	16	17	18	19	20	21
일진	庚午	辛未	壬申	癸酉	甲戌	乙亥	丙子	丁丑	戊寅	己卯	庚辰	辛巳	壬午	癸未	甲申	乙酉	丙戌	丁亥	戊子	己丑	庚寅	辛卯	壬辰	癸巳	甲午	乙未	丙申	丁酉	戊戌

절입시각: 芒種 오전 3시20분 ‧ 夏至 오후 8시13분

閏 五月 大

절기	1	2	3	4	5	6	7	8	9	10	11	12	13	14	15	16	17	18	19	20	21	22	23	24	25	26	27	28	29	30
절기										小暑																				
음력	1	2	3	4	5	6	7	8	9	10	11	12	13	14	15	16	17	18	19	20	21	22	23	24	25	26	27	28	29	30
양력	6/22	23	24	25	26	27	28	29	30	7/1	2	3	4	5	6	7	8	9	10	11	12	13	14	15	16	17	18	19	20	21
일진	己亥	庚子	辛丑	壬寅	癸卯	甲辰	乙巳	丙午	丁未	戊申	己酉	庚戌	辛亥	壬子	癸丑	甲寅	乙卯	丙辰	丁巳	戊午	己未	庚申	辛酉	壬戌	癸亥	甲子	乙丑	丙寅	丁卯	戊辰

절입시각: 小暑 오후 1시45분

月建	六 月 大																丁 未													
절기		大暑															立秋													
음력	1	2	3	4	5	6	7	8	9	10	11	12	13	14	15	16	17	18	19	20	21	22	23	24	25	26	27	28	29	30
양력	7/22	23	24	25	26	27	28	29	30	31	8/1	2	3	4	5	6	7	8	9	10	11	12	13	14	15	16	17	18	19	20
일진	己巳	庚午	辛未	壬申	癸酉	甲戌	乙亥	丙子	丁丑	戊寅	己卯	庚辰	辛巳	壬午	癸未	甲申	乙酉	丙戌	丁亥	戊子	己丑	庚寅	辛卯	壬辰	癸巳	甲午	乙未	丙申	丁酉	戊戌
절입시각	오전 7시7분															오후 11시31분														

月建	七 月 小																戊 申												
절기		處暑																白露											
음력	1	2	3	4	5	6	7	8	9	10	11	12	13	14	15	16	17	18	19	20	21	22	23	24	25	26	27	28	29
양력	8/21	22	23	24	25	26	27	28	29	30	31	9/1	2	3	4	5	6	7	8	9	10	11	12	13	14	15	16	17	18
일진	己亥	庚子	辛丑	壬寅	癸卯	甲辰	乙巳	丙午	丁未	戊申	己酉	庚戌	辛亥	壬子	癸丑	甲寅	乙卯	丙辰	丁巳	戊午	己未	庚申	辛酉	壬戌	癸亥	甲子	乙丑	丙寅	丁卯
절입시각	오후 2시3분																	오전 2시14분											

月建	八 月 大																			己 酉										
절기					秋分															寒露										
음력	1	2	3	4	5	6	7	8	9	10	11	12	13	14	15	16	17	18	19	20	21	22	23	24	25	26	27	28	29	30
양력	9/19	20	21	22	23	24	25	26	27	28	29	30	10/1	2	3	4	5	6	7	8	9	10	11	12	13	14	15	16	17	18
일진	戊辰	己巳	庚午	辛未	壬申	癸酉	甲戌	乙亥	丙子	丁丑	戊寅	己卯	庚辰	辛巳	壬午	癸未	甲申	乙酉	丙戌	丁亥	戊子	己丑	庚寅	辛卯	壬辰	癸巳	甲午	乙未	丙申	丁酉
절입시각	오전 11시24분																			오후 5시32분										

月建	九 月 小																庚 戌												
절기					霜降															立冬									
음력	1	2	3	4	5	6	7	8	9	10	11	12	13	14	15	16	17	18	19	20	21	22	23	24	25	26	27	28	29
양력	10/19	20	21	22	23	24	25	26	27	28	29	30	31	11/1	2	3	4	5	6	7	8	9	10	11	12	13	14	15	16
일진	戊戌	己亥	庚子	辛丑	壬寅	癸卯	甲辰	乙巳	丙午	丁未	戊申	己酉	庚戌	辛亥	壬子	癸丑	甲寅	乙卯	丙辰	丁巳	戊午	己未	庚申	辛酉	壬戌	癸亥	甲子	乙丑	丙寅
절입시각	오후 8시22분																			오후 8시22분									

月建	十 月 大																			辛 亥										
절기						小雪															大雪									
음력	1	2	3	4	5	6	7	8	9	10	11	12	13	14	15	16	17	18	19	20	21	22	23	24	25	26	27	28	29	30
양력	11/17	18	19	20	21	22	23	24	25	26	27	28	29	30	12/1	2	3	4	5	6	7	8	9	10	11	12	13	14	15	16
일진	丁卯	戊辰	己巳	庚午	辛未	壬申	癸酉	甲戌	乙亥	丙子	丁丑	戊寅	己卯	庚辰	辛巳	壬午	癸未	甲申	乙酉	丙戌	丁亥	戊子	己丑	庚寅	辛卯	壬辰	癸巳	甲午	乙未	丙申
절입시각	오후 5시36분																			오후 12시56분										

月建	十 一 月 小																壬 子												
절기						冬至															小寒								
음력	1	2	3	4	5	6	7	8	9	10	11	12	13	14	15	16	17	18	19	20	21	22	23	24	25	26	27	28	29
양력	12/17	18	19	20	21	22	23	24	25	26	27	28	29	30	31	1/1	2	3	4	5	6	7	8	9	10	11	12	13	14
일진	丁酉	戊戌	己亥	庚子	辛丑	壬寅	癸卯	甲辰	乙巳	丙午	丁未	戊申	己酉	庚戌	辛亥	壬子	癸丑	甲寅	乙卯	丙辰	丁巳	戊午	己未	庚申	辛酉	壬戌	癸亥	甲子	乙丑
절입시각	오전 6시43분																				오전 0시2분								

月建	十 二 月 大																	癸 丑												
절기						大寒												立春												
음력	1	2	3	4	5	6	7	8	9	10	11	12	13	14	15	16	17	18	19	20	21	22	23	24	25	26	27	28	29	30
양력	1/15	16	17	18	19	20	21	22	23	24	25	26	27	28	29	30	31	2/1	2	3	4	5	6	7	8	9	10	11	12	13
일진	丙寅	丁卯	戊辰	己巳	庚午	辛未	壬申	癸酉	甲戌	乙亥	丙子	丁丑	戊寅	己卯	庚辰	辛巳	壬午	癸未	甲申	乙酉	丙戌	丁亥	戊子	己丑	庚寅	辛卯	壬辰	癸巳	甲午	乙未
절입시각	오후 5시21분																	오전 11시46분												

1953년 | 檀紀 4286년　　癸巳年

金神　申酉子丑

正月 十月 黑中　　卯 大將軍　寅卯辰 三殺　卯 吊客　未 喪門

月建　正 月 小　　甲寅

절기: 雨水 (음력 6), 驚蟄 (음력 21)

음력	1	2	3	4	5	6	7	8	9	10	11	12	13	14	15	16	17	18	19	20	21	22	23	24	25	26	27	28	29
양력	2/14	15	16	17	18	19	20	21	22	23	24	25	26	27	28	3/1	2	3	4	5	6	7	8	9	10	11	12	13	14
일진	丙申	丁酉	戊戌	己亥	庚子	辛丑	壬寅	癸卯	甲辰	乙巳	丙午	丁未	戊申	己酉	庚戌	辛亥	壬子	癸丑	甲寅	乙卯	丙辰	丁巳	戊午	己未	庚申	辛酉	壬戌	癸亥	甲子

절입시각: 오전 7시41분　오전 6시2분

月建　二 月 大　　乙卯

절기: 春分 (음력 7), 清明 (음력 22)

음력	1	2	3	4	5	6	7	8	9	10	11	12	13	14	15	16	17	18	19	20	21	22	23	24	25	26	27	28	29	30
양력	3/15	16	17	18	19	20	21	22	23	24	25	26	27	28	29	30	31	4/1	2	3	4	5	6	7	8	9	10	11	12	13
일진	乙丑	丙寅	丁卯	戊辰	己巳	庚午	辛未	壬申	癸酉	甲戌	乙亥	丙子	丁丑	戊寅	己卯	庚辰	辛巳	壬午	癸未	甲申	乙酉	丙戌	丁亥	戊子	己丑	庚寅	辛卯	壬辰	癸巳	甲午

절입시각: 오전 7시1분　오전 11시13분

月建　三 月 小　　丙辰

절기: 穀雨 (음력 7), 立夏 (음력 23)

음력	1	2	3	4	5	6	7	8	9	10	11	12	13	14	15	16	17	18	19	20	21	22	23	24	25	26	27	28	29
양력	4/14	15	16	17	18	19	20	21	22	23	24	25	26	27	28	29	30	5/1	2	3	4	5	6	7	8	9	10	11	12
일진	乙未	丙申	丁酉	戊戌	己亥	庚子	辛丑	壬寅	癸卯	甲辰	乙巳	丙午	丁未	戊申	己酉	庚戌	辛亥	壬子	癸丑	甲寅	乙卯	丙辰	丁巳	戊午	己未	庚申	辛酉	壬戌	癸亥

절입시각: 오후 6시25분　오전 4시52분

月建　四 月 小　　丁巳

절기: 小滿 (음력 9), 芒種 (음력 20)

음력	1	2	3	4	5	6	7	8	9	10	11	12	13	14	15	16	17	18	19	20	21	22	23	24	25	26	27	28	29
양력	5/13	14	15	16	17	18	19	20	21	22	23	24	25	26	27	28	29	30	31	6/1	2	3	4	5	6	7	8	9	10
일진	甲子	乙丑	丙寅	丁卯	戊辰	己巳	庚午	辛未	壬申	癸酉	甲戌	乙亥	丙子	丁丑	戊寅	己卯	庚辰	辛巳	壬午	癸未	甲申	乙酉	丙戌	丁亥	戊子	己丑	庚寅	辛卯	壬辰

절입시각: 오후 5시53분　오전 9시16분

月建　五 月 大　　戊午

절기: 夏至 (음력 12), 小暑 (음력 27)

음력	1	2	3	4	5	6	7	8	9	10	11	12	13	14	15	16	17	18	19	20	21	22	23	24	25	26	27	28	29	30
양력	6/11	12	13	14	15	16	17	18	19	20	21	22	23	24	25	26	27	28	29	30	7/1	2	3	4	5	6	7	8	9	10
일진	癸巳	甲午	乙未	丙申	丁酉	戊戌	己亥	庚子	辛丑	壬寅	癸卯	甲辰	乙巳	丙午	丁未	戊申	己酉	庚戌	辛亥	壬子	癸丑	甲寅	乙卯	丙辰	丁巳	戊午	己未	庚申	辛酉	壬戌

절입시각: 오전 2시0분　오후 7시35분

月建　六 月 大　　己未

절기: 大暑 (음력 13), 立秋 (음력 29)

음력	1	2	3	4	5	6	7	8	9	10	11	12	13	14	15	16	17	18	19	20	21	22	23	24	25	26	27	28	29	30
양력	7/11	12	13	14	15	16	17	18	19	20	21	22	23	24	25	26	27	28	29	30	31	8/1	2	3	4	5	6	7	8	9
일진	癸亥	甲子	乙丑	丙寅	丁卯	戊辰	己巳	庚午	辛未	壬申	癸酉	甲戌	乙亥	丙子	丁丑	戊寅	己卯	庚辰	辛巳	壬午	癸未	甲申	乙酉	丙戌	丁亥	戊子	己丑	庚寅	辛卯	壬辰

절입시각: 오후 12시52분　오전 5시15분

月建	七 月 小													庚 申															
절기														處暑															
음력	1	2	3	4	5	6	7	8	9	10	11	12	13	14	15	16	17	18	19	20	21	22	23	24	25	26	27	28	29
양력	8/10	11	12	13	14	15	16	17	18	19	20	21	22	23	24	25	26	27	28	29	30	31	9/1	2	3	4	5	6	7
일진	癸巳	甲午	乙未	丙申	丁酉	戊戌	己亥	庚子	辛丑	壬寅	癸卯	甲辰	乙巳	丙午	丁未	戊申	己酉	庚戌	辛亥	壬子	癸丑	甲寅	乙卯	丙辰	丁巳	戊午	己未	庚申	辛酉
절입시각	오후 7시45분																												

月建	八 月 大														辛 酉															
절기	白露															秋分														
음력	1	2	3	4	5	6	7	8	9	10	11	12	13	14	15	16	17	18	19	20	21	22	23	24	25	26	27	28	29	30
양력	9/8	9	10	11	12	13	14	15	16	17	18	19	20	21	22	23	24	25	26	27	28	29	30	10/1	2	3	4	5	6	7
일진	壬戌	癸亥	甲子	乙丑	丙寅	丁卯	戊辰	己巳	庚午	辛未	壬申	癸酉	甲戌	乙亥	丙子	丁丑	戊寅	己卯	庚辰	辛巳	壬午	癸未	甲申	乙酉	丙戌	丁亥	戊子	己丑	庚寅	辛卯
절입시각	오전 7시53분															오후 5시6분														

月建	九 月 大														壬 戌															
절기	寒露																霜降													
음력	1	2	3	4	5	6	7	8	9	10	11	12	13	14	15	16	17	18	19	20	21	22	23	24	25	26	27	28	29	30
양력	10/8	9	10	11	12	13	14	15	16	17	18	19	20	21	22	23	24	25	26	27	28	29	30	31	11/1	2	3	4	5	6
일진	壬辰	癸巳	甲午	乙未	丙申	丁酉	戊戌	己亥	庚子	辛丑	壬寅	癸卯	甲辰	乙巳	丙午	丁未	戊申	己酉	庚戌	辛亥	壬子	癸丑	甲寅	乙卯	丙辰	丁巳	戊午	己未	庚申	辛酉
절입시각	오후 11시10분															오전 2시6분														

月建	十 月 小														癸 亥															
절기		立冬														小雪														
음력	1	2	3	4	5	6	7	8	9	10	11	12	13	14	15	16	17	18	19	20	21	22	23	24	25	26	27	28	29
양력	11/7	8	9	10	11	12	13	14	15	16	17	18	19	20	21	22	23	24	25	26	27	28	29	30	12/1	2	3	4	5
일진	壬戌	癸亥	甲子	乙丑	丙寅	丁卯	戊辰	己巳	庚午	辛未	壬申	癸酉	甲戌	乙亥	丙子	丁丑	戊寅	己卯	庚辰	辛巳	壬午	癸未	甲申	乙酉	丙戌	丁亥	戊子	己丑	庚寅
절입시각	오전 2시1분															오후 11시22분													

月建	十 一 月 大														甲 子															
절기		大雪														冬至														
음력	1	2	3	4	5	6	7	8	9	10	11	12	13	14	15	16	17	18	19	20	21	22	23	24	25	26	27	28	29	30
양력	12/6	7	8	9	10	11	12	13	14	15	16	17	18	19	20	21	22	23	24	25	26	27	28	29	30	31	1/1	2	3	4
일진	辛卯	壬辰	癸巳	甲午	乙未	丙申	丁酉	戊戌	己亥	庚子	辛丑	壬寅	癸卯	甲辰	乙巳	丙午	丁未	戊申	己酉	庚戌	辛亥	壬子	癸丑	甲寅	乙卯	丙辰	丁巳	戊午	己未	庚申
절입시각	오후 6시37분															오후 12시31분														

月建	十 二 月 大														乙 丑															
절기		小寒														大寒														
음력	1	2	3	4	5	6	7	8	9	10	11	12	13	14	15	16	17	18	19	20	21	22	23	24	25	26	27	28	29	30
양력	1/5	6	7	8	9	10	11	12	13	14	15	16	17	18	19	20	21	22	23	24	25	26	27	28	29	30	31	2/1	2	3
일진	辛酉	壬戌	癸亥	甲子	乙丑	丙寅	丁卯	戊辰	己巳	庚午	辛未	壬申	癸酉	甲戌	乙亥	丙子	丁丑	戊寅	己卯	庚辰	辛巳	壬午	癸未	甲申	乙酉	丙戌	丁亥	戊子	己丑	庚寅
절입시각	오전 5시45분															오후 11시11분														

1954년 | 檀紀 4287년　　甲午年

七月 黑中

金神　午未申酉

卯 大將軍　亥子丑 三殺　辰 吊客　申 喪門

正月 小　丙寅

월건	절기	음력	양력	일진
	立春	1	2/4	辛卯
		2	5	壬辰
		3	6	癸巳
		4	7	甲午
		5	8	乙未
		6	9	丙申
		7	10	丁酉
		8	11	戊戌
		9	12	己亥
		10	13	庚子
		11	14	辛丑
		12	15	壬寅
		13	16	癸卯
		14	17	甲辰
		15	18	乙巳
	雨水	16	19	丙午
		17	20	丁未
		18	21	戊申
		19	22	己酉
		20	23	庚戌
		21	24	辛亥
		22	25	壬子
		23	26	癸丑
		24	27	甲寅
		25	28	乙卯
		26	3/1	丙辰
		27	2	丁巳
		28	3	戊午
		29	4	己未

절입시각: 立春 오후 5시31분 · 雨水 오후 1시32분

二月 小　丁卯

월건	절기	음력	양력	일진
	驚蟄	2	3/6	辛酉
		1	3/5	庚申
		2	6	辛酉
		3	7	壬戌
		4	8	癸亥
		5	9	甲子
		6	10	乙丑
		7	11	丙寅
		8	12	丁卯
		9	13	戊辰
		10	14	己巳
		11	15	庚午
		12	16	辛未
		13	17	壬申
		14	18	癸酉
		15	19	甲戌
		16	20	乙亥
	春分	17	21	丙子
		18	22	丁丑
		19	23	戊寅
		20	24	己卯
		21	25	庚辰
		22	26	辛巳
		23	27	壬午
		24	28	癸未
		25	29	甲申
		26	30	乙酉
		27	31	丙戌
		28	4/1	丁亥
		29	2	戊子

절입시각: 驚蟄 오전 11시49분 · 春分 오후 12시53분

三月 大　戊辰

월건	절기	음력	양력	일진
	清明	3	4/5	辛卯
		1	4/3	己丑
		2	4	庚寅
		3	5	辛卯
		4	6	壬辰
		5	7	癸巳
		6	8	甲午
		7	9	乙未
		8	10	丙申
		9	11	丁酉
		10	12	戊戌
		11	13	己亥
		12	14	庚子
		13	15	辛丑
		14	16	壬寅
		15	17	癸卯
		16	18	甲辰
		17	19	乙巳
		18	20	丙午
	穀雨	19	21	丁未
		20	22	戊申
		21	23	己酉
		22	24	庚戌
		23	25	辛亥
		24	26	壬子
		25	27	癸丑
		26	28	甲寅
		27	29	乙卯
		28	30	丙辰
		29	5/1	丁巳
		30	2	戊午

절입시각: 清明 오후 4시59분 · 穀雨 오전 0시20분

四月 小　己巳

월건	절기	음력	양력	일진
	立夏	4	5/6	壬戌
		1	5/3	己未
		2	4	庚申
		3	5	辛酉
		4	6	壬戌
		5	7	癸亥
		6	8	甲子
		7	9	乙丑
		8	10	丙寅
		9	11	丁卯
		10	12	戊辰
		11	13	己巳
		12	14	庚午
		13	15	辛未
		14	16	壬申
		15	17	癸酉
		16	18	甲戌
		17	19	乙亥
		18	20	丙子
	小滿	19	21	丁丑
		20	22	戊寅
		21	23	己卯
		22	24	庚辰
		23	25	辛巳
		24	26	壬午
		25	27	癸未
		26	28	甲申
		27	29	乙酉
		28	30	丙戌
		29	31	丁亥

절입시각: 立夏 오전 10시38분 · 小滿 오후 11시47분

五月 小　庚午

월건	절기	음력	양력	일진
		1	6/1	戊子
		2	2	己丑
		3	3	庚寅
		4	4	辛卯
		5	5	壬辰
	芒種	6	6	癸巳
		7	7	甲午
		8	8	乙未
		9	9	丙申
		10	10	丁酉
		11	11	戊戌
		12	12	己亥
		13	13	庚子
		14	14	辛丑
		15	15	壬寅
		16	16	癸卯
		17	17	甲辰
		18	18	乙巳
		19	19	丙午
		20	20	丁未
		21	21	戊申
	夏至	22	22	己酉
		23	23	庚戌
		24	24	辛亥
		25	25	壬子
		26	26	癸丑
		27	27	甲寅
		28	28	乙卯
		29	29	丙辰

절입시각: 芒種 오후 3시1분 · 夏至 오전 7시54분

六月 大　辛未

월건	절기	음력	양력	일진
		1	6/30	丁巳
		2	7/1	戊午
		3	2	己未
		4	3	庚申
		5	4	辛酉
	小暑	6	5	壬戌
		7	6	癸亥
		8	7	甲子
		9	8	乙丑
		10	9	丙寅
		11	10	丁卯
		12	11	戊辰
		13	12	己巳
		14	13	庚午
		15	14	辛未
		16	15	壬申
		17	16	癸酉
		18	17	甲戌
		19	18	乙亥
		20	19	丙子
		21	20	丁丑
		22	21	戊寅
		23	22	己卯
	大暑	24	23	庚辰
		25	24	辛巳
		26	25	壬午
		27	26	癸未
		28	27	甲申
		29	28	乙酉
		30	29	丙戌

절입시각: 小暑 오전 1시19분 · 大暑 오후 6시45분

月建	七　月　小																												壬　申
절기										立秋																處暑			
음력	1	2	3	4	5	6	7	8	9	10	11	12	13	14	15	16	17	18	19	20	21	22	23	24	25	26	27	28	29
양력	7/30	31	8/1	2	3	4	5	6	7	8	9	10	11	12	13	14	15	16	17	18	19	20	21	22	23	24	25	26	27
일진	丁亥	戊子	己丑	庚寅	辛卯	壬辰	癸巳	甲午	乙未	丙申	丁酉	戊戌	己亥	庚子	辛丑	壬寅	癸卯	甲辰	乙巳	丙午	丁未	戊申	己酉	庚戌	辛亥	壬子	癸丑	甲寅	乙卯

절입시각: 오전 10시59분　　　오전 1시36분

月建	八　月　大																													癸　酉
절기												白露															秋分			
음력	1	2	3	4	5	6	7	8	9	10	11	12	13	14	15	16	17	18	19	20	21	22	23	24	25	26	27	28	29	30
양력	8/28	29	30	31	9/1	2	3	4	5	6	7	8	9	10	11	12	13	14	15	16	17	18	19	20	21	22	23	24	25	26
일진	丙辰	丁巳	戊午	己未	庚申	辛酉	壬戌	癸亥	甲子	乙丑	丙寅	丁卯	戊辰	己巳	庚午	辛未	壬申	癸酉	甲戌	乙亥	丙子	丁丑	戊寅	己卯	庚辰	辛巳	壬午	癸未	甲申	乙酉

절입시각: 오후 1시38분　　　오후 10시55분

月建	九　月　大																													甲　戌
절기													寒露															霜降		
음력	1	2	3	4	5	6	7	8	9	10	11	12	13	14	15	16	17	18	19	20	21	22	23	24	25	26	27	28	29	30
양력	9/27	28	29	30	10/1	2	3	4	5	6	7	8	9	10	11	12	13	14	15	16	17	18	19	20	21	22	23	24	25	26
일진	丙戌	丁亥	戊子	己丑	庚寅	辛卯	壬辰	癸巳	甲午	乙未	丙申	丁酉	戊戌	己亥	庚子	辛丑	壬寅	癸卯	甲辰	乙巳	丙午	丁未	戊申	己酉	庚戌	辛亥	壬子	癸丑	甲寅	乙卯

절입시각: 오전 4시57분　　　오전 7시56분

月建	十　月　小																												乙　亥
절기												立冬															小雪			
음력	1	2	3	4	5	6	7	8	9	10	11	12	13	14	15	16	17	18	19	20	21	22	23	24	25	26	27	28	29
양력	10/27	28	29	30	31	11/1	2	3	4	5	6	7	8	9	10	11	12	13	14	15	16	17	18	19	20	21	22	23	24
일진	丙辰	丁巳	戊午	己未	庚申	辛酉	壬戌	癸亥	甲子	乙丑	丙寅	丁卯	戊辰	己巳	庚午	辛未	壬申	癸酉	甲戌	乙亥	丙子	丁丑	戊寅	己卯	庚辰	辛巳	壬午	癸未	甲申

절입시각: 오전 7시51분　　　오전 5시14분

月建	十　一　月　大																													丙　子
절기														大雪														冬至		
음력	1	2	3	4	5	6	7	8	9	10	11	12	13	14	15	16	17	18	19	20	21	22	23	24	25	26	27	28	29	30
양력	11/25	26	27	28	29	30	12/1	2	3	4	5	6	7	8	9	10	11	12	13	14	15	16	17	18	19	20	21	22	23	24
일진	乙酉	丙戌	丁亥	戊子	己丑	庚寅	辛卯	壬辰	癸巳	甲午	乙未	丙申	丁酉	戊戌	己亥	庚子	辛丑	壬寅	癸卯	甲辰	乙巳	丙午	丁未	戊申	己酉	庚戌	辛亥	壬子	癸丑	甲寅

절입시각: 오전 0시29분　　　오후 6시24분

月建	十　二　月　大																													丁　丑
절기													小寒															大寒		
음력	1	2	3	4	5	6	7	8	9	10	11	12	13	14	15	16	17	18	19	20	21	22	23	24	25	26	27	28	29	30
양력	12/25	26	27	28	29	30	31	1/1	2	3	4	5	6	7	8	9	10	11	12	13	14	15	16	17	18	19	20	21	22	23
일진	乙卯	丙辰	丁巳	戊午	己未	庚申	辛酉	壬戌	癸亥	甲子	乙丑	丙寅	丁卯	戊辰	己巳	庚午	辛未	壬申	癸酉	甲戌	乙亥	丙子	丁丑	戊寅	己卯	庚辰	辛巳	壬午	癸未	甲申

절입시각: 오전 11시36분　　　오전 5시2분

1955년 | 檀紀 **4288**년　　乙未年　　　金神　辰巳

四月 黑中　　　卯 大將軍　申酉戌 三殺　巳 吊客　酉 喪門

月建　正　月　大　　　　　　　　　　戊寅

절기												立春														雨水			
음력	1	2	3	4	5	6	7	8	9	10	11	12	13	14	15	16	17	18	19	20	21	22	23	24	25	26	27	28	29	30
양력	1/24	25	26	27	28	29	30	31	2/1	2	3	4	5	6	7	8	9	10	11	12	13	14	15	16	17	18	19	20	21	22
일진	乙酉	丙戌	丁亥	戊子	己丑	庚寅	辛卯	壬辰	癸巳	甲午	乙未	丙申	丁酉	戊戌	己亥	庚子	辛丑	壬寅	癸卯	甲辰	乙巳	丙午	丁未	戊申	己酉	庚戌	辛亥	壬子	癸丑	甲寅

절입시각: 오후 11시18분 (立春)　　오후 7시19분 (雨水)

月建　二　月　小　　　　　　　　　　己卯

절기												驚蟄														春分		
음력	1	2	3	4	5	6	7	8	9	10	11	12	13	14	15	16	17	18	19	20	21	22	23	24	25	26	27	28	29
양력	2/23	24	25	26	27	28	3/1	2	3	4	5	6	7	8	9	10	11	12	13	14	15	16	17	18	19	20	21	22	23
일진	乙卯	丙辰	丁巳	戊午	己未	庚申	辛酉	壬戌	癸亥	甲子	乙丑	丙寅	丁卯	戊辰	己巳	庚午	辛未	壬申	癸酉	甲戌	乙亥	丙子	丁丑	戊寅	己卯	庚辰	辛巳	壬午	癸未

절입시각: 오후 5시31분 (驚蟄)　　오후 6시35분 (春分)

月建　三　月　小　　　　　　　　　　庚辰

절기													淸明																穀雨
음력	1	2	3	4	5	6	7	8	9	10	11	12	13	14	15	16	17	18	19	20	21	22	23	24	25	26	27	28	29
양력	3/24	25	26	27	28	29	30	31	4/1	2	3	4	5	6	7	8	9	10	11	12	13	14	15	16	17	18	19	20	21
일진	甲申	乙酉	丙戌	丁亥	戊子	己丑	庚寅	辛卯	壬辰	癸巳	甲午	乙未	丙申	丁酉	戊戌	己亥	庚子	辛丑	壬寅	癸卯	甲辰	乙巳	丙午	丁未	戊申	己酉	庚戌	辛亥	壬子

절입시각: 오후 10시39분 (淸明)　　오전 5시58분 (穀雨)

月建　閏 三 月　大　　　　　　　　　　

절기															立夏															
음력	1	2	3	4	5	6	7	8	9	10	11	12	13	14	15	16	17	18	19	20	21	22	23	24	25	26	27	28	29	30
양력	4/22	23	24	25	26	27	28	29	30	5/1	2	3	4	5	6	7	8	9	10	11	12	13	14	15	16	17	18	19	20	21
일진	癸丑	甲寅	乙卯	丙辰	丁巳	戊午	己未	庚申	辛酉	壬戌	癸亥	甲子	乙丑	丙寅	丁卯	戊辰	己巳	庚午	辛未	壬申	癸酉	甲戌	乙亥	丙子	丁丑	戊寅	己卯	庚辰	辛巳	壬午

절입시각: 오후 4시18분 (立夏)

月建　四　月　小　　　　　　　　　　辛巳

절기	小滿															芒種													
음력	1	2	3	4	5	6	7	8	9	10	11	12	13	14	15	16	17	18	19	20	21	22	23	24	25	26	27	28	29
양력	5/22	23	24	25	26	27	28	29	30	31	6/1	2	3	4	5	6	7	8	9	10	11	12	13	14	15	16	17	18	19
일진	癸未	甲申	乙酉	丙戌	丁亥	戊子	己丑	庚寅	辛卯	壬辰	癸巳	甲午	乙未	丙申	丁酉	戊戌	己亥	庚子	辛丑	壬寅	癸卯	甲辰	乙巳	丙午	丁未	戊申	己酉	庚戌	辛亥

절입시각: 오전 5시24분 (小滿)　　오후 8시43분 (芒種)

月建　五　月　小　　　　　　　　　　壬午

절기			夏至																小暑										
음력	1	2	3	4	5	6	7	8	9	10	11	12	13	14	15	16	17	18	19	20	21	22	23	24	25	26	27	28	29
양력	6/20	21	22	23	24	25	26	27	28	29	30	7/1	2	3	4	5	6	7	8	9	10	11	12	13	14	15	16	17	18
일진	壬子	癸丑	甲寅	乙卯	丙辰	丁巳	戊午	己未	庚申	辛酉	壬戌	癸亥	甲子	乙丑	丙寅	丁卯	戊辰	己巳	庚午	辛未	壬申	癸酉	甲戌	乙亥	丙子	丁丑	戊寅	己卯	庚辰

절입시각: 오후 1시31분 (夏至)　　오전 7시6분 (小暑)

月建　六　月　大　　　癸　未

	1	2	3	4	5	6	7	8	9	10	11	12	13	14	15	16	17	18	19	20	21	22	23	24	25	26	27	28	29	30
절기						大暑															立秋									
음력	1	2	3	4	5	6	7	8	9	10	11	12	13	14	15	16	17	18	19	20	21	22	23	24	25	26	27	28	29	30
양력	7/19	20	21	22	23	24	25	26	27	28	29	30	31	8/1	2	3	4	5	6	7	8	9	10	11	12	13	14	15	16	17
일진	辛巳	壬午	癸未	甲申	乙酉	丙戌	丁亥	戊子	己丑	庚寅	辛卯	壬辰	癸巳	甲午	乙未	丙申	丁酉	戊戌	己亥	庚子	辛丑	壬寅	癸卯	甲辰	乙巳	丙午	丁未	戊申	己酉	庚戌
절입시각						오전 0시25분															오후 4시50분									

月建　七　月　小　　　甲　申

	1	2	3	4	5	6	7	8	9	10	11	12	13	14	15	16	17	18	19	20	21	22	23	24	25	26	27	28	29
절기							處暑															白露							
음력	1	2	3	4	5	6	7	8	9	10	11	12	13	14	15	16	17	18	19	20	21	22	23	24	25	26	27	28	29
양력	8/18	19	20	21	22	23	24	25	26	27	28	29	30	31	9/1	2	3	4	5	6	7	8	9	10	11	12	13	14	15
일진	辛亥	壬子	癸丑	甲寅	乙卯	丙辰	丁巳	戊午	己未	庚申	辛酉	壬戌	癸亥	甲子	乙丑	丙寅	丁卯	戊辰	己巳	庚午	辛未	壬申	癸酉	甲戌	乙亥	丙子	丁丑	戊寅	己卯
절입시각							오전 7시19분															오후 7시32분							

月建　八　月　大　　　乙　酉

	1	2	3	4	5	6	7	8	9	10	11	12	13	14	15	16	17	18	19	20	21	22	23	24	25	26	27	28	29	30
절기									秋分															寒露						
음력	1	2	3	4	5	6	7	8	9	10	11	12	13	14	15	16	17	18	19	20	21	22	23	24	25	26	27	28	29	30
양력	9/16	17	18	19	20	21	22	23	24	25	26	27	28	29	30	10/1	2	3	4	5	6	7	8	9	10	11	12	13	14	15
일진	庚辰	辛巳	壬午	癸未	甲申	乙酉	丙戌	丁亥	戊子	己丑	庚寅	辛卯	壬辰	癸巳	甲午	乙未	丙申	丁酉	戊戌	己亥	庚子	辛丑	壬寅	癸卯	甲辰	乙巳	丙午	丁未	戊申	己酉
절입시각									오전 4시41분														오전 10시52분							

月建　九　月　小　　　丙　戌

	1	2	3	4	5	6	7	8	9	10	11	12	13	14	15	16	17	18	19	20	21	22	23	24	25	26	27	28	29
절기									霜降															立冬					
음력	1	2	3	4	5	6	7	8	9	10	11	12	13	14	15	16	17	18	19	20	21	22	23	24	25	26	27	28	29
양력	10/16	17	18	19	20	21	22	23	24	25	26	27	28	29	30	31	11/1	2	3	4	5	6	7	8	9	10	11	12	13
일진	庚戌	辛亥	壬子	癸丑	甲寅	乙卯	丙辰	丁巳	戊午	己未	庚申	辛酉	壬戌	癸亥	甲子	乙丑	丙寅	丁卯	戊辰	己巳	庚午	辛未	壬申	癸酉	甲戌	乙亥	丙子	丁丑	戊寅
절입시각									오후 1시43분														오후 1시45분						

月建　十　月　大　　　丁　亥

	1	2	3	4	5	6	7	8	9	10	11	12	13	14	15	16	17	18	19	20	21	22	23	24	25	26	27	28	29	30
절기									小雪															大雪						
음력	1	2	3	4	5	6	7	8	9	10	11	12	13	14	15	16	17	18	19	20	21	22	23	24	25	26	27	28	29	30
양력	11/14	15	16	17	18	19	20	21	22	23	24	25	26	27	28	29	30	12/1	2	3	4	5	6	7	8	9	10	11	12	13
일진	己卯	庚辰	辛巳	壬午	癸未	甲申	乙酉	丙戌	丁亥	戊子	己丑	庚寅	辛卯	壬辰	癸巳	甲午	乙未	丙申	丁酉	戊戌	己亥	庚子	辛丑	壬寅	癸卯	甲辰	乙巳	丙午	丁未	戊申
절입시각									오전 11시1분														오전 6시23분							

月建　十　一　月　大　　　戊　子

	1	2	3	4	5	6	7	8	9	10	11	12	13	14	15	16	17	18	19	20	21	22	23	24	25	26	27	28	29	30
절기									冬至															小寒						
음력	1	2	3	4	5	6	7	8	9	10	11	12	13	14	15	16	17	18	19	20	21	22	23	24	25	26	27	28	29	30
양력	12/14	15	16	17	18	19	20	21	22	23	24	25	26	27	28	29	30	31	1/1	2	3	4	5	6	7	8	9	10	11	12
일진	己酉	庚戌	辛亥	壬子	癸丑	甲寅	乙卯	丙辰	丁巳	戊午	己未	庚申	辛酉	壬戌	癸亥	甲子	乙丑	丙寅	丁卯	戊辰	己巳	庚午	辛未	壬申	癸酉	甲戌	乙亥	丙子	丁丑	戊寅
절입시각									오전 0시11분														오후 5시30분							

月建　十　二　月　大　　　己　丑

	1	2	3	4	5	6	7	8	9	10	11	12	13	14	15	16	17	18	19	20	21	22	23	24	25	26	27	28	29	30
절기									大寒															立春						
음력	1	2	3	4	5	6	7	8	9	10	11	12	13	14	15	16	17	18	19	20	21	22	23	24	25	26	27	28	29	30
양력	1/13	14	15	16	17	18	19	20	21	22	23	24	25	26	27	28	29	30	31	2/1	2	3	4	5	6	7	8	9	10	11
일진	己卯	庚辰	辛巳	壬午	癸未	甲申	乙酉	丙戌	丁亥	戊子	己丑	庚寅	辛卯	壬辰	癸巳	甲午	乙未	丙申	丁酉	戊戌	己亥	庚子	辛丑	壬寅	癸卯	甲辰	乙巳	丙午	丁未	戊申
절입시각									오전 10시48분														오전 5시12분							

1956년 | 檀紀 4289년   丙申年

正月 十月 黑中

金神 寅卯午未子丑   午 大將軍   巳午未 三殺   午 吊客   戌 喪門

月建 正 月 小 — 庚寅

	1	2	3	4	5	6	7	8	9	10	11	12	13	14	15	16	17	18	19	20	21	22	23	24	25	26	27	28	29
절기									雨水														驚蟄						
음력	1	2	3	4	5	6	7	8	9	10	11	12	13	14	15	16	17	18	19	20	21	22	23	24	25	26	27	28	29
양력	2/12	13	14	15	16	17	18	19	20	21	22	23	24	25	26	27	28	29	3/1	2	3	4	5	6	7	8	9	10	11
일진	己酉	庚戌	辛亥	壬子	癸丑	甲寅	乙卯	丙辰	丁巳	戊午	己未	庚申	辛酉	壬戌	癸亥	甲子	乙丑	丙寅	丁卯	戊辰	己巳	庚午	辛未	壬申	癸酉	甲戌	乙亥	丙子	丁丑
절입시각									오전 1시5분														오후 11시24분						

月建 二 月 大 — 辛卯

	1	2	3	4	5	6	7	8	9	10	11	12	13	14	15	16	17	18	19	20	21	22	23	24	25	26	27	28	29	30
절기										春分															清明					
음력	1	2	3	4	5	6	7	8	9	10	11	12	13	14	15	16	17	18	19	20	21	22	23	24	25	26	27	28	29	30
양력	3/12	13	14	15	16	17	18	19	20	21	22	23	24	25	26	27	28	29	30	31	4/1	2	3	4	5	6	7	8	9	10
일진	戊寅	己卯	庚辰	辛巳	壬午	癸未	甲申	乙酉	丙戌	丁亥	戊子	己丑	庚寅	辛卯	壬辰	癸巳	甲午	乙未	丙申	丁酉	戊戌	己亥	庚子	辛丑	壬寅	癸卯	甲辰	乙巳	丙午	丁未
절입시각										오전 0시20분															오전 4시31분					

月建 三 月 小 — 壬辰

	1	2	3	4	5	6	7	8	9	10	11	12	13	14	15	16	17	18	19	20	21	22	23	24	25	26	27	28	29
절기										穀雨															立夏				
음력	1	2	3	4	5	6	7	8	9	10	11	12	13	14	15	16	17	18	19	20	21	22	23	24	25	26	27	28	29
양력	4/11	12	13	14	15	16	17	18	19	20	21	22	23	24	25	26	27	28	29	30	5/1	2	3	4	5	6	7	8	9
일진	戊申	己酉	庚戌	辛亥	壬子	癸丑	甲寅	乙卯	丙辰	丁巳	戊午	己未	庚申	辛酉	壬戌	癸亥	甲子	乙丑	丙寅	丁卯	戊辰	己巳	庚午	辛未	壬申	癸酉	甲戌	乙亥	丙子
절입시각										오전 11시43분															오후 10시10분				

月建 四 月 大 — 癸巳

	1	2	3	4	5	6	7	8	9	10	11	12	13	14	15	16	17	18	19	20	21	22	23	24	25	26	27	28	29	30
절기												小滿																芒種		
음력	1	2	3	4	5	6	7	8	9	10	11	12	13	14	15	16	17	18	19	20	21	22	23	24	25	26	27	28	29	30
양력	5/10	11	12	13	14	15	16	17	18	19	20	21	22	23	24	25	26	27	28	29	30	31	6/1	2	3	4	5	6	7	8
일진	丁丑	戊寅	己卯	庚辰	辛巳	壬午	癸未	甲申	乙酉	丙戌	丁亥	戊子	己丑	庚寅	辛卯	壬辰	癸巳	甲午	乙未	丙申	丁酉	戊戌	己亥	庚子	辛丑	壬寅	癸卯	甲辰	乙巳	丙午
절입시각												오전 11시13분																오전 2시36분		

月建 五 月 小 — 甲午

	1	2	3	4	5	6	7	8	9	10	11	12	13	14	15	16	17	18	19	20	21	22	23	24	25	26	27	28	29
절기													夏至																小暑
음력	1	2	3	4	5	6	7	8	9	10	11	12	13	14	15	16	17	18	19	20	21	22	23	24	25	26	27	28	29
양력	6/9	10	11	12	13	14	15	16	17	18	19	20	21	22	23	24	25	26	27	28	29	30	7/1	2	3	4	5	6	7
일진	丁未	戊申	己酉	庚戌	辛亥	壬子	癸丑	甲寅	乙卯	丙辰	丁巳	戊午	己未	庚申	辛酉	壬戌	癸亥	甲子	乙丑	丙寅	丁卯	戊辰	己巳	庚午	辛未	壬申	癸酉	甲戌	乙亥
절입시각													오후 7시24분																오후 12시58분

月建 六 月 小 — 乙未

	1	2	3	4	5	6	7	8	9	10	11	12	13	14	15	16	17	18	19	20	21	22	23	24	25	26	27	28	29
절기																大暑													
음력	1	2	3	4	5	6	7	8	9	10	11	12	13	14	15	16	17	18	19	20	21	22	23	24	25	26	27	28	29
양력	7/8	9	10	11	12	13	14	15	16	17	18	19	20	21	22	23	24	25	26	27	28	29	30	31	8/1	2	3	4	5
일진	丙子	丁丑	戊寅	己卯	庚辰	辛巳	壬午	癸未	甲申	乙酉	丙戌	丁亥	戊子	己丑	庚寅	辛卯	壬辰	癸巳	甲午	乙未	丙申	丁酉	戊戌	己亥	庚子	辛丑	壬寅	癸卯	甲辰
절입시각																오전 6시20분													

七 月 大 — 月建 丙 申

절기	음력	양력	일진
立秋	1	8/6	乙巳
	2	7	丙午
	3	8	丁未
	4	9	戊申
	5	10	己酉
	6	11	庚戌
	7	12	辛亥
	8	13	壬子
	9	14	癸丑
	10	15	甲寅
	11	16	乙卯
	12	17	丙辰
	13	18	丁巳
	14	19	戊午
	15	20	己未
	16	21	庚申
	17	22	辛酉
處暑	18	23	壬戌
	19	24	癸亥
	20	25	甲子
	21	26	乙丑
	22	27	丙寅
	23	28	丁卯
	24	29	戊辰
	25	30	己巳
	26	31	庚午
	27	9/1	辛未
	28	2	壬申
	29	3	癸酉
	30	4	甲戌

절입시각: 立秋 오후 10시40분 · 處暑 오후 1시15분

八 月 小 — 月建 丁 酉

절기	음력	양력	일진
	1	9/5	乙亥
	2	6	丙子
	3	7	丁丑
白露	4	8	戊寅
	5	9	己卯
	6	10	庚辰
	7	11	辛巳
	8	12	壬午
	9	13	癸未
	10	14	甲申
	11	15	乙酉
	12	16	丙戌
	13	17	丁亥
	14	18	戊子
	15	19	己丑
	16	20	庚寅
	17	21	辛卯
	18	22	壬辰
秋分	19	23	癸巳
	20	24	甲午
	21	25	乙未
	22	26	丙申
	23	27	丁酉
	24	28	戊戌
	25	29	己亥
	26	30	庚子
	27	10/1	辛丑
	28	2	壬寅
	29	3	癸卯

절입시각: 白露 오전 1시19분 · 秋分 오전 10시35분

九 月 大 — 月建 戊 戌

절기	음력	양력	일진
	1	10/4	甲辰
	2	5	乙巳
	3	6	丙午
	4	7	丁未
寒露	5	8	戊申
	6	9	己酉
	7	10	庚戌
	8	11	辛亥
	9	12	壬子
	10	13	癸丑
	11	14	甲寅
	12	15	乙卯
	13	16	丙辰
	14	17	丁巳
	15	18	戊午
	16	19	己未
	17	20	庚申
	18	21	辛酉
	19	22	壬戌
霜降	20	23	癸亥
	21	24	甲子
	22	25	乙丑
	23	26	丙寅
	24	27	丁卯
	25	28	戊辰
	26	29	己巳
	27	30	庚午
	28	31	辛未
	29	11/1	壬申
	30	2	癸酉

절입시각: 寒露 오후 4시36분 · 霜降 오후 7시34분

十 月 小 — 月建 己 亥

절기	음력	양력	일진
	1	11/3	甲戌
	2	4	乙亥
	3	5	丙子
	4	6	丁丑
立冬	5	7	戊寅
	6	8	己卯
	7	9	庚辰
	8	10	辛巳
	9	11	壬午
	10	12	癸未
	11	13	甲申
	12	14	乙酉
	13	15	丙戌
	14	16	丁亥
	15	17	戊子
	16	18	己丑
	17	19	庚寅
	18	20	辛卯
	19	21	壬辰
小雪	20	22	癸巳
	21	23	甲午
	22	24	乙未
	23	25	丙申
	24	26	丁酉
	25	27	戊戌
	26	28	己亥
	27	29	庚子
	28	30	辛丑
	29	12/1	壬寅

절입시각: 立冬 오후 7시26분 · 小雪 오후 4시50분

十 一 月 大 — 月建 庚 子

절기	음력	양력	일진
	1	12/2	癸卯
	2	3	甲辰
	3	4	乙巳
	4	5	丙午
	5	6	丁未
大雪	6	7	戊申
	7	8	己酉
	8	9	庚戌
	9	10	辛亥
	10	11	壬子
	11	12	癸丑
	12	13	甲寅
	13	14	乙卯
	14	15	丙辰
	15	16	丁巳
	16	17	戊午
	17	18	己未
	18	19	庚申
	19	20	辛酉
	20	21	壬戌
冬至	21	22	癸亥
	22	23	甲子
	23	24	乙丑
	24	25	丙寅
	25	26	丁卯
	26	27	戊辰
	27	28	己巳
	28	29	庚午
	29	30	辛未
	30	31	壬申

절입시각: 大雪 오후 12시2분 · 冬至 오전 5시59분

十 二 月 大 — 月建 辛 丑

절기	음력	양력	일진
	1	1/1	癸酉
	2	2	甲戌
	3	3	乙亥
	4	4	丙子
小寒	5	5	丁丑
	6	6	戊寅
	7	7	己卯
	8	8	庚辰
	9	9	辛巳
	10	10	壬午
	11	11	癸未
	12	12	甲申
	13	13	乙酉
	14	14	丙戌
	15	15	丁亥
	16	16	戊子
	17	17	己丑
	18	18	庚寅
	19	19	辛卯
大寒	20	20	壬辰
	21	21	癸巳
	22	22	甲午
	23	23	乙未
	24	24	丙申
	25	25	丁酉
	26	26	戊戌
	27	27	己亥
	28	28	庚子
	29	29	辛丑
	30	30	壬寅

절입시각: 小寒 오후 11시10분 · 大寒 오후 4시39분

1957년 | 檀紀 4290년　丁酉年

七月 黑中　　午 大將軍　寅卯辰 三殺　未 吊客　亥 喪門　　金神 寅卯戌亥

月建　正　月　大　　壬寅

절기				立春															雨水										
음력	1	2	3	4	5	6	7	8	9	10	11	12	13	14	15	16	17	18	19	20	21	22	23	24	25	26	27	28	29	30
양력	1/31	2/1	2	3	4	5	6	7	8	9	10	11	12	13	14	15	16	17	18	19	20	21	22	23	24	25	26	27	28	3/1
일진	癸卯	甲辰	乙巳	丙午	丁未	戊申	己酉	庚戌	辛亥	壬子	癸丑	甲寅	乙卯	丙辰	丁巳	戊午	己未	庚申	辛酉	壬戌	癸亥	甲子	乙丑	丙寅	丁卯	戊辰	己巳	庚午	辛未	壬申

절입시각: 오전 10시55분　　오전 6시58분

月建　二　月　小　　癸卯

절기				驚蟄															春分									
음력	1	2	3	4	5	6	7	8	9	10	11	12	13	14	15	16	17	18	19	20	21	22	23	24	25	26	27	28	29
양력	3/2	3	4	5	6	7	8	9	10	11	12	13	14	15	16	17	18	19	20	21	22	23	24	25	26	27	28	29	30
일진	癸酉	甲戌	乙亥	丙子	丁丑	戊寅	己卯	庚辰	辛巳	壬午	癸未	甲申	乙酉	丙戌	丁亥	戊子	己丑	庚寅	辛卯	壬辰	癸巳	甲午	乙未	丙申	丁酉	戊戌	己亥	庚子	辛丑

절입시각: 오전 5시10분　　오전 6시16분

月建　三　月　大　　甲辰

절기					淸明																穀雨									
음력	1	2	3	4	5	6	7	8	9	10	11	12	13	14	15	16	17	18	19	20	21	22	23	24	25	26	27	28	29	30
양력	3/31	4/1	2	3	4	5	6	7	8	9	10	11	12	13	14	15	16	17	18	19	20	21	22	23	24	25	26	27	28	29
일진	壬寅	癸卯	甲辰	乙巳	丙午	丁未	戊申	己酉	庚戌	辛亥	壬子	癸丑	甲寅	乙卯	丙辰	丁巳	戊午	己未	庚申	辛酉	壬戌	癸亥	甲子	乙丑	丙寅	丁卯	戊辰	己巳	庚午	辛未

절입시각: 오전 10시19분　　오후 5시41분

月建　四　月　小　　乙巳

절기						立夏															小滿								
음력	1	2	3	4	5	6	7	8	9	10	11	12	13	14	15	16	17	18	19	20	21	22	23	24	25	26	27	28	29
양력	4/30	5/1	2	3	4	5	6	7	8	9	10	11	12	13	14	15	16	17	18	19	20	21	22	23	24	25	26	27	28
일진	壬申	癸酉	甲戌	乙亥	丙子	丁丑	戊寅	己卯	庚辰	辛巳	壬午	癸未	甲申	乙酉	丙戌	丁亥	戊子	己丑	庚寅	辛卯	壬辰	癸巳	甲午	乙未	丙申	丁酉	戊戌	己亥	庚子

절입시각: 오전 3시58분　　오후 5시10분

月建　五　月　大　　丙午

절기									芒種																夏至					
음력	1	2	3	4	5	6	7	8	9	10	11	12	13	14	15	16	17	18	19	20	21	22	23	24	25	26	27	28	29	30
양력	5/29	30	31	6/1	2	3	4	5	6	7	8	9	10	11	12	13	14	15	16	17	18	19	20	21	22	23	24	25	26	27
일진	辛丑	壬寅	癸卯	甲辰	乙巳	丙午	丁未	戊申	己酉	庚戌	辛亥	壬子	癸丑	甲寅	乙卯	丙辰	丁巳	戊午	己未	庚申	辛酉	壬戌	癸亥	甲子	乙丑	丙寅	丁卯	戊辰	己巳	庚午

절입시각: 오전 8시25분　　오전 1시21분

月建　六　月　小　　丁未

절기										小暑																大暑			
음력	1	2	3	4	5	6	7	8	9	10	11	12	13	14	15	16	17	18	19	20	21	22	23	24	25	26	27	28	29
양력	6/28	29	30	7/1	2	3	4	5	6	7	8	9	10	11	12	13	14	15	16	17	18	19	20	21	22	23	24	25	26
일진	辛未	壬申	癸酉	甲戌	乙亥	丙子	丁丑	戊寅	己卯	庚辰	辛巳	壬午	癸未	甲申	乙酉	丙戌	丁亥	戊子	己丑	庚寅	辛卯	壬辰	癸巳	甲午	乙未	丙申	丁酉	戊戌	己亥

절입시각: 오후 6시48분　　오후 12시15분

月建　七　月　小　　　　戊　申

	1	2	3	4	5	6	7	8	9	10	11	12	13	14	15	16	17	18	19	20	21	22	23	24	25	26	27	28	29
절기													立秋															處暑	
음력	1	2	3	4	5	6	7	8	9	10	11	12	13	14	15	16	17	18	19	20	21	22	23	24	25	26	27	28	29
양력	7/27	28	29	30	31	8/1	2	3	4	5	6	7	8	9	10	11	12	13	14	15	16	17	18	19	20	21	22	23	24
일진	庚子	辛丑	壬寅	癸卯	甲辰	乙巳	丙午	丁未	戊申	己酉	庚戌	辛亥	壬子	癸丑	甲寅	乙卯	丙辰	丁巳	戊午	己未	庚申	辛酉	壬戌	癸亥	甲子	乙丑	丙寅	丁卯	戊辰
절입시각													오전 4시32분															오후 7시8분	

月建　八　月　大　　　　己　酉

	1	2	3	4	5	6	7	8	9	10	11	12	13	14	15	16	17	18	19	20	21	22	23	24	25	26	27	28	29	30
절기															白露															秋分
음력	1	2	3	4	5	6	7	8	9	10	11	12	13	14	15	16	17	18	19	20	21	22	23	24	25	26	27	28	29	30
양력	8/25	26	27	28	29	30	31	9/1	2	3	4	5	6	7	8	9	10	11	12	13	14	15	16	17	18	19	20	21	22	23
일진	己巳	庚午	辛未	壬申	癸酉	甲戌	乙亥	丙子	丁丑	戊寅	己卯	庚辰	辛巳	壬午	癸未	甲申	乙酉	丙戌	丁亥	戊子	己丑	庚寅	辛卯	壬辰	癸巳	甲午	乙未	丙申	丁酉	戊戌
절입시각															오전 7시12분															오후 4시26분

月建　閏　八　月　小

	1	2	3	4	5	6	7	8	9	10	11	12	13	14	15	16	17	18	19	20	21	22	23	24	25	26	27	28	29
절기															寒露														
음력	1	2	3	4	5	6	7	8	9	10	11	12	13	14	15	16	17	18	19	20	21	22	23	24	25	26	27	28	29
양력	9/24	25	26	27	28	29	30	10/1	2	3	4	5	6	7	8	9	10	11	12	13	14	15	16	17	18	19	20	21	22
일진	己亥	庚子	辛丑	壬寅	癸卯	甲辰	乙巳	丙午	丁未	戊申	己酉	庚戌	辛亥	壬子	癸丑	甲寅	乙卯	丙辰	丁巳	戊午	己未	庚申	辛酉	壬戌	癸亥	甲子	乙丑	丙寅	丁卯
절입시각															오후 10시30분														

月建　九　月　大　　　　庚　戌

	1	2	3	4	5	6	7	8	9	10	11	12	13	14	15	16	17	18	19	20	21	22	23	24	25	26	27	28	29	30
절기		霜降															立冬													
음력	1	2	3	4	5	6	7	8	9	10	11	12	13	14	15	16	17	18	19	20	21	22	23	24	25	26	27	28	29	30
양력	10/23	24	25	26	27	28	29	30	31	11/1	2	3	4	5	6	7	8	9	10	11	12	13	14	15	16	17	18	19	20	21
일진	戊辰	己巳	庚午	辛未	壬申	癸酉	甲戌	乙亥	丙子	丁丑	戊寅	己卯	庚辰	辛巳	壬午	癸未	甲申	乙酉	丙戌	丁亥	戊子	己丑	庚寅	辛卯	壬辰	癸巳	甲午	乙未	丙申	丁酉
절입시각	오전 1시24분																오전 1시20분													

月建　十　月　小　　　　辛　亥

	1	2	3	4	5	6	7	8	9	10	11	12	13	14	15	16	17	18	19	20	21	22	23	24	25	26	27	28	29
절기	小雪															大雪													
음력	1	2	3	4	5	6	7	8	9	10	11	12	13	14	15	16	17	18	19	20	21	22	23	24	25	26	27	28	29
양력	11/22	23	24	25	26	27	28	29	30	12/1	2	3	4	5	6	7	8	9	10	11	12	13	14	15	16	17	18	19	20
일진	戊戌	己亥	庚子	辛丑	壬寅	癸卯	甲辰	乙巳	丙午	丁未	戊申	己酉	庚戌	辛亥	壬子	癸丑	甲寅	乙卯	丙辰	丁巳	戊午	己未	庚申	辛酉	壬戌	癸亥	甲子	乙丑	丙寅
절입시각	오후 10시39분															오후 5시56분													

月建　十　一　月　大　　　　壬　子

	1	2	3	4	5	6	7	8	9	10	11	12	13	14	15	16	17	18	19	20	21	22	23	24	25	26	27	28	29	30
절기		冬至															小寒													
음력	1	2	3	4	5	6	7	8	9	10	11	12	13	14	15	16	17	18	19	20	21	22	23	24	25	26	27	28	29	30
양력	12/21	22	23	24	25	26	27	28	29	30	31	1/1	2	3	4	5	6	7	8	9	10	11	12	13	14	15	16	17	18	19
일진	丁卯	戊辰	己巳	庚午	辛未	壬申	癸酉	甲戌	乙亥	丙子	丁丑	戊寅	己卯	庚辰	辛巳	壬午	癸未	甲申	乙酉	丙戌	丁亥	戊子	己丑	庚寅	辛卯	壬辰	癸巳	甲午	乙未	丙申
절입시각	오전 11시49분																오전 5시4분													

月建　十　二　月　大　　　　癸　丑

	1	2	3	4	5	6	7	8	9	10	11	12	13	14	15	16	17	18	19	20	21	22	23	24	25	26	27	28	29	30
절기	大寒															立春														
음력	1	2	3	4	5	6	7	8	9	10	11	12	13	14	15	16	17	18	19	20	21	22	23	24	25	26	27	28	29	30
양력	1/20	21	22	23	24	25	26	27	28	29	30	31	2/1	2	3	4	5	6	7	8	9	10	11	12	13	14	15	16	17	18
일진	丁酉	戊戌	己亥	庚子	辛丑	壬寅	癸卯	甲辰	乙巳	丙午	丁未	戊申	己酉	庚戌	辛亥	壬子	癸丑	甲寅	乙卯	丙辰	丁巳	戊午	己未	庚申	辛酉	壬戌	癸亥	甲子	乙丑	丙寅
절입시각	오후 10시28분															오후 4시49분														

1958년 | 檀紀 4291년 — 戊戌年

四月 黑中

金神　申酉子丑　　午 大將軍　亥子丑 三殺　申 吊客　子 喪門

正 月 小　甲寅

음력	1	2	3	4	5	6	7	8	9	10	11	12	13	14	15	16	17	18	19	20	21	22	23	24	25	26	27	28	29
절기	雨水										驚蟄																		
양력	2/19	20	21	22	23	24	25	26	27	28	3/1	2	3	4	5	6	7	8	9	10	11	12	13	14	15	16	17	18	19
일진	丁卯	戊辰	己巳	庚午	辛未	壬申	癸酉	甲戌	乙亥	丙子	丁丑	戊寅	己卯	庚辰	辛巳	壬午	癸未	甲申	乙酉	丙戌	丁亥	戊子	己丑	庚寅	辛卯	壬辰	癸巳	甲午	乙未

절입시각　오후 12시48분　　오전 11시5분

二 月 大　乙卯

음력	1	2	3	4	5	6	7	8	9	10	11	12	13	14	15	16	17	18	19	20	21	22	23	24	25	26	27	28	29	30
절기	春分												清明																	
양력	3/20	21	22	23	24	25	26	27	28	29	30	31	4/1	2	3	4	5	6	7	8	9	10	11	12	13	14	15	16	17	18
일진	丙申	丁酉	戊戌	己亥	庚子	辛丑	壬寅	癸卯	甲辰	乙巳	丙午	丁未	戊申	己酉	庚戌	辛亥	壬子	癸丑	甲寅	乙卯	丙辰	丁巳	戊午	己未	庚申	辛酉	壬戌	癸亥	甲子	乙丑

절입시각　오후 12시6분　　오후 4시12분

三 月 大　丙辰

음력	1	2	3	4	5	6	7	8	9	10	11	12	13	14	15	16	17	18	19	20	21	22	23	24	25	26	27	28	29	30
절기	穀雨													立夏																
양력	4/19	20	21	22	23	24	25	26	27	28	29	30	5/1	2	3	4	5	6	7	8	9	10	11	12	13	14	15	16	17	18
일진	丙寅	丁卯	戊辰	己巳	庚午	辛未	壬申	癸酉	甲戌	乙亥	丙子	丁丑	戊寅	己卯	庚辰	辛巳	壬午	癸未	甲申	乙酉	丙戌	丁亥	戊子	己丑	庚寅	辛卯	壬辰	癸巳	甲午	乙未

절입시각　오후 11시27분　　오전 9시49분

四 月 小　丁巳

음력	1	2	3	4	5	6	7	8	9	10	11	12	13	14	15	16	17	18	19	20	21	22	23	24	25	26	27	28	29
절기			小滿																芒種										
양력	5/19	20	21	22	23	24	25	26	27	28	29	30	31	6/1	2	3	4	5	6	7	8	9	10	11	12	13	14	15	16
일진	丙申	丁酉	戊戌	己亥	庚子	辛丑	壬寅	癸卯	甲辰	乙巳	丙午	丁未	戊申	己酉	庚戌	辛亥	壬子	癸丑	甲寅	乙卯	丙辰	丁巳	戊午	己未	庚申	辛酉	壬戌	癸亥	甲子

절입시각　오후 10시51분　　오후 2시12분

五 月 大　戊午

음력	1	2	3	4	5	6	7	8	9	10	11	12	13	14	15	16	17	18	19	20	21	22	23	24	25	26	27	28	29	30
절기						夏至																小暑								
양력	6/17	18	19	20	21	22	23	24	25	26	27	28	29	30	7/1	2	3	4	5	6	7	8	9	10	11	12	13	14	15	16
일진	乙丑	丙寅	丁卯	戊辰	己巳	庚午	辛未	壬申	癸酉	甲戌	乙亥	丙子	丁丑	戊寅	己卯	庚辰	辛巳	壬午	癸未	甲申	乙酉	丙戌	丁亥	戊子	己丑	庚寅	辛卯	壬辰	癸巳	甲午

절입시각　오전 6시57분　　오전 0시33분

六 月 小　己未

음력	1	2	3	4	5	6	7	8	9	10	11	12	13	14	15	16	17	18	19	20	21	22	23	24	25	26	27	28	29
절기							大暑									立秋													
양력	7/17	18	19	20	21	22	23	24	25	26	27	28	29	30	31	8/1	2	3	4	5	6	7	8	9	10	11	12	13	14
일진	乙未	丙申	丁酉	戊戌	己亥	庚子	辛丑	壬寅	癸卯	甲辰	乙巳	丙午	丁未	戊申	己酉	庚戌	辛亥	壬子	癸丑	甲寅	乙卯	丙辰	丁巳	戊午	己未	庚申	辛酉	壬戌	癸亥

절입시각　오후 5시50분　　오전 10시17분

月建	七　月　小																													庚　申
절기										處暑															白露				
음력	1	2	3	4	5	6	7	8	9	10	11	12	13	14	15	16	17	18	19	20	21	22	23	24	25	26	27	28	29
양력	8/15	16	17	18	19	20	21	22	23	24	25	26	27	28	29	30	31	9/1	2	3	4	5	6	7	8	9	10	11	12
일진	甲子	乙丑	丙寅	丁卯	戊辰	己巳	庚午	辛未	壬申	癸酉	甲戌	乙亥	丙子	丁丑	戊寅	己卯	庚辰	辛巳	壬午	癸未	甲申	乙酉	丙戌	丁亥	戊子	己丑	庚寅	辛卯	壬辰
절입시각									오전 0시46분																오후 12시59분				

月建	八　月　大																														辛　酉
절기											秋分																寒露			
음력	1	2	3	4	5	6	7	8	9	10	11	12	13	14	15	16	17	18	19	20	21	22	23	24	25	26	27	28	29	30
양력	9/13	14	15	16	17	18	19	20	21	22	23	24	25	26	27	28	29	30	10/1	2	3	4	5	6	7	8	9	10	11	12
일진	癸巳	甲午	乙未	丙申	丁酉	戊戌	己亥	庚子	辛丑	壬寅	癸卯	甲辰	乙巳	丙午	丁未	戊申	己酉	庚戌	辛亥	壬子	癸丑	甲寅	乙卯	丙辰	丁巳	戊午	己未	庚申	辛酉	壬戌
절입시각										오후 10시9분																오전 4시19분				

月建	九　月　小																													壬　戌
절기												霜降															立冬		
음력	1	2	3	4	5	6	7	8	9	10	11	12	13	14	15	16	17	18	19	20	21	22	23	24	25	26	27	28	29
양력	10/13	14	15	16	17	18	19	20	21	22	23	24	25	26	27	28	29	30	31	11/1	2	3	4	5	6	7	8	9	10
일진	癸亥	甲子	乙丑	丙寅	丁卯	戊辰	己巳	庚午	辛未	壬申	癸酉	甲戌	乙亥	丙子	丁丑	戊寅	己卯	庚辰	辛巳	壬午	癸未	甲申	乙酉	丙戌	丁亥	戊子	己丑	庚寅	辛卯
절입시각											오전 7시11분															오전 7시12분			

月建	十　月　大																														癸　亥
절기													小雪														大雪			
음력	1	2	3	4	5	6	7	8	9	10	11	12	13	14	15	16	17	18	19	20	21	22	23	24	25	26	27	28	29	30
양력	11/11	12	13	14	15	16	17	18	19	20	21	22	23	24	25	26	27	28	29	30	12/1	2	3	4	5	6	7	8	9	10
일진	壬辰	癸巳	甲午	乙未	丙申	丁酉	戊戌	己亥	庚子	辛丑	壬寅	癸卯	甲辰	乙巳	丙午	丁未	戊申	己酉	庚戌	辛亥	壬子	癸丑	甲寅	乙卯	丙辰	丁巳	戊午	己未	庚申	辛酉
절입시각												오전 4시29분															오후 11시50분			

月建	十 一 月　小																													甲　子
절기												冬至															小寒		
음력	1	2	3	4	5	6	7	8	9	10	11	12	13	14	15	16	17	18	19	20	21	22	23	24	25	26	27	28	29
양력	12/11	12	13	14	15	16	17	18	19	20	21	22	23	24	25	26	27	28	29	30	31	1/1	2	3	4	5	6	7	8
일진	壬戌	癸亥	甲子	乙丑	丙寅	丁卯	戊辰	己巳	庚午	辛未	壬申	癸酉	甲戌	乙亥	丙子	丁丑	戊寅	己卯	庚辰	辛巳	壬午	癸未	甲申	乙酉	丙戌	丁亥	戊子	己丑	庚寅
절입시각											오후 5시40분															오전 10시58분			

月建	十 二 月　大																														乙　丑
절기													大寒											立春						
음력	1	2	3	4	5	6	7	8	9	10	11	12	13	14	15	16	17	18	19	20	21	22	23	24	25	26	27	28	29	30
양력	1/9	10	11	12	13	14	15	16	17	18	19	20	21	22	23	24	25	26	27	28	29	30	31	2/1	2	3	4	5	6	7
일진	辛卯	壬辰	癸巳	甲午	乙未	丙申	丁酉	戊戌	己亥	庚子	辛丑	壬寅	癸卯	甲辰	乙巳	丙午	丁未	戊申	己酉	庚戌	辛亥	壬子	癸丑	甲寅	乙卯	丙辰	丁巳	戊午	己未	庚申
절입시각												오전 4시19분												오후 10시42분						

1959년 | 檀紀 4292년　己亥年

正月 十月 黑中　　金神　午未申酉
酉　大將軍　　申酉戌　三殺　　酉　吊客　　丑　喪門

正月 小　丙寅

절기												雨水														驚蟄			
음력	1	2	3	4	5	6	7	8	9	10	11	12	13	14	15	16	17	18	19	20	21	22	23	24	25	26	27	28	29
양력	2/8	9	10	11	12	13	14	15	16	17	18	19	20	21	22	23	24	25	26	27	28	3/1	2	3	4	5	6	7	8
일진	辛酉	壬戌	癸亥	甲子	乙丑	丙寅	丁卯	戊辰	己巳	庚午	辛未	壬申	癸酉	甲戌	乙亥	丙子	丁丑	戊寅	己卯	庚辰	辛巳	壬午	癸未	甲申	乙酉	丙戌	丁亥	戊子	己丑

절입시각: 雨水 오후 6시38분　驚蟄 오후 4시57분

二月 大　丁卯

절기												春分												清明						
음력	1	2	3	4	5	6	7	8	9	10	11	12	13	14	15	16	17	18	19	20	21	22	23	24	25	26	27	28	29	30
양력	3/9	10	11	12	13	14	15	16	17	18	19	20	21	22	23	24	25	26	27	28	29	30	31	4/1	2	3	4	5	6	7
일진	庚寅	辛卯	壬辰	癸巳	甲午	乙未	丙申	丁酉	戊戌	己亥	庚子	辛丑	壬寅	癸卯	甲辰	乙巳	丙午	丁未	戊申	己酉	庚戌	辛亥	壬子	癸丑	甲寅	乙卯	丙辰	丁巳	戊午	己未

절입시각: 오후 5시55분　오후 10시3분

三月 大　戊辰

절기														穀雨										立夏						
음력	1	2	3	4	5	6	7	8	9	10	11	12	13	14	15	16	17	18	19	20	21	22	23	24	25	26	27	28	29	30
양력	4/8	9	10	11	12	13	14	15	16	17	18	19	20	21	22	23	24	25	26	27	28	29	30	5/1	2	3	4	5	6	7
일진	庚申	辛酉	壬戌	癸亥	甲子	乙丑	丙寅	丁卯	戊辰	己巳	庚午	辛未	壬申	癸酉	甲戌	乙亥	丙子	丁丑	戊寅	己卯	庚辰	辛巳	壬午	癸未	甲申	乙酉	丙戌	丁亥	戊子	己丑

절입시각: 오전 5시16분　오후 3시39분

四月 小　己巳

절기														小滿															
음력	1	2	3	4	5	6	7	8	9	10	11	12	13	14	15	16	17	18	19	20	21	22	23	24	25	26	27	28	29
양력	5/8	9	10	11	12	13	14	15	16	17	18	19	20	21	22	23	24	25	26	27	28	29	30	31	6/1	2	3	4	5
일진	庚寅	辛卯	壬辰	癸巳	甲午	乙未	丙申	丁酉	戊戌	己亥	庚子	辛丑	壬寅	癸卯	甲辰	乙巳	丙午	丁未	戊申	己酉	庚戌	辛亥	壬子	癸丑	甲寅	乙卯	丙辰	丁巳	戊午

절입시각: 오전 4시42분

五月 大　庚午

절기	芒種																夏至													
음력	1	2	3	4	5	6	7	8	9	10	11	12	13	14	15	16	17	18	19	20	21	22	23	24	25	26	27	28	29	30
양력	6/6	7	8	9	10	11	12	13	14	15	16	17	18	19	20	21	22	23	24	25	26	27	28	29	30	7/1	2	3	4	5
일진	己未	庚申	辛酉	壬戌	癸亥	甲子	乙丑	丙寅	丁卯	戊辰	己巳	庚午	辛未	壬申	癸酉	甲戌	乙亥	丙子	丁丑	戊寅	己卯	庚辰	辛巳	壬午	癸未	甲申	乙酉	丙戌	丁亥	戊子

절입시각: 오후 8시0분　오후 12시50분

六月 小　辛未

절기			小暑															大暑											
음력	1	2	3	4	5	6	7	8	9	10	11	12	13	14	15	16	17	18	19	20	21	22	23	24	25	26	27	28	29
양력	7/6	7	8	9	10	11	12	13	14	15	16	17	18	19	20	21	22	23	24	25	26	27	28	29	30	31	8/1	2	3
일진	己丑	庚寅	辛卯	壬辰	癸巳	甲午	乙未	丙申	丁酉	戊戌	己亥	庚子	辛丑	壬寅	癸卯	甲辰	乙巳	丙午	丁未	戊申	己酉	庚戌	辛亥	壬子	癸丑	甲寅	乙卯	丙辰	丁巳

절입시각: 오전 6시20분　오후 11시45분

七 月 大　　　　壬 申

절기				立秋																處暑									
음력	1	2	3	4	5	6	7	8	9	10	11	12	13	14	15	16	17	18	19	20	21	22	23	24	25	26	27	28	29	30
양력	8/4	5	6	7	8	9	10	11	12	13	14	15	16	17	18	19	20	21	22	23	24	25	26	27	28	29	30	31	9/1	2
일진	戊午	己未	庚申	辛酉	壬戌	癸亥	甲子	乙丑	丙寅	丁卯	戊辰	己巳	庚午	辛未	壬申	癸酉	甲戌	乙亥	丙子	丁丑	戊寅	己卯	庚辰	辛巳	壬午	癸未	甲申	乙酉	丙戌	丁亥

절입시각: 오후 4시4분 / 오전 6시44분

八 月 小　　　　癸 酉

절기					白露																秋分								
음력	1	2	3	4	5	6	7	8	9	10	11	12	13	14	15	16	17	18	19	20	21	22	23	24	25	26	27	28	29
양력	9/3	4	5	6	7	8	9	10	11	12	13	14	15	16	17	18	19	20	21	22	23	24	25	26	27	28	29	30	10/1
일진	戊子	己丑	庚寅	辛卯	壬辰	癸巳	甲午	乙未	丙申	丁酉	戊戌	己亥	庚子	辛丑	壬寅	癸卯	甲辰	乙巳	丙午	丁未	戊申	己酉	庚戌	辛亥	壬子	癸丑	甲寅	乙卯	丙辰

절입시각: 오후 6시48분 / 오전 4시8분

九 月 大　　　　甲 戌

절기								寒露															霜降							
음력	1	2	3	4	5	6	7	8	9	10	11	12	13	14	15	16	17	18	19	20	21	22	23	24	25	26	27	28	29	30
양력	10/2	3	4	5	6	7	8	9	10	11	12	13	14	15	16	17	18	19	20	21	22	23	24	25	26	27	28	29	30	31
일진	丁巳	戊午	己未	庚申	辛酉	壬戌	癸亥	甲子	乙丑	丙寅	丁卯	戊辰	己巳	庚午	辛未	壬申	癸酉	甲戌	乙亥	丙子	丁丑	戊寅	己卯	庚辰	辛巳	壬午	癸未	甲申	乙酉	丙戌

절입시각: 오전 10시10분 / 오후 1시11분

十 月 小　　　　乙 亥

절기								立冬														小雪							
음력	1	2	3	4	5	6	7	8	9	10	11	12	13	14	15	16	17	18	19	20	21	22	23	24	25	26	27	28	29
양력	11/1	2	3	4	5	6	7	8	9	10	11	12	13	14	15	16	17	18	19	20	21	22	23	24	25	26	27	28	29
일진	丁亥	戊子	己丑	庚寅	辛卯	壬辰	癸巳	甲午	乙未	丙申	丁酉	戊戌	己亥	庚子	辛丑	壬寅	癸卯	甲辰	乙巳	丙午	丁未	戊申	己酉	庚戌	辛亥	壬子	癸丑	甲寅	乙卯

절입시각: 오후 1시2분 / 오전 10시27분

十 一 月 大　　　　丙 子

절기								大雪															冬至							
음력	1	2	3	4	5	6	7	8	9	10	11	12	13	14	15	16	17	18	19	20	21	22	23	24	25	26	27	28	29	30
양력	11/30	12/1	2	3	4	5	6	7	8	9	10	11	12	13	14	15	16	17	18	19	20	21	22	23	24	25	26	27	28	29
일진	丙辰	丁巳	戊午	己未	庚申	辛酉	壬戌	癸亥	甲子	乙丑	丙寅	丁卯	戊辰	己巳	庚午	辛未	壬申	癸酉	甲戌	乙亥	丙子	丁丑	戊寅	己卯	庚辰	辛巳	壬午	癸未	甲申	乙酉

절입시각: 오전 5시37분 / 오후 11시34분

十 二 月 小　　　　丁 丑

절기								小寒															大寒						
음력	1	2	3	4	5	6	7	8	9	10	11	12	13	14	15	16	17	18	19	20	21	22	23	24	25	26	27	28	29
양력	12/30	31	1/1	2	3	4	5	6	7	8	9	10	11	12	13	14	15	16	17	18	19	20	21	22	23	24	25	26	27
일진	丙戌	丁亥	戊子	己丑	庚寅	辛卯	壬辰	癸巳	甲午	乙未	丙申	丁酉	戊戌	己亥	庚子	辛丑	壬寅	癸卯	甲辰	乙巳	丙午	丁未	戊申	己酉	庚戌	辛亥	壬子	癸丑	甲寅

절입시각: 오후 4시42분 / 오전 10시10분

1960년 | 檀紀 4293년　庚子年

七月 黑中

金神 辰巳

酉 大將軍　巳午未 三殺　戌 吊客　寅 喪門

正月 大　戊寅

	1	2	3	4	5	6	7	8	9	10	11	12	13	14	15	16	17	18	19	20	21	22	23	24	25	26	27	28	29	30
절기									立春															雨水						
음력	1	2	3	4	5	6	7	8	9	10	11	12	13	14	15	16	17	18	19	20	21	22	23	24	25	26	27	28	29	30
양력	1/28	29	30	31	2/1	2	3	4	5	6	7	8	9	10	11	12	13	14	15	16	17	18	19	20	21	22	23	24	25	26
일진	乙卯	丙辰	丁巳	戊午	己未	庚申	辛酉	壬戌	癸亥	甲子	乙丑	丙寅	丁卯	戊辰	己巳	庚午	辛未	壬申	癸酉	甲戌	乙亥	丙子	丁丑	戊寅	己卯	庚辰	辛巳	壬午	癸未	甲申

절입시각: 오전 4시23분　　오전 0시26분

二月 小　己卯

	1	2	3	4	5	6	7	8	9	10	11	12	13	14	15	16	17	18	19	20	21	22	23	24	25	26	27	28	29
절기								驚蟄															春分						
음력	1	2	3	4	5	6	7	8	9	10	11	12	13	14	15	16	17	18	19	20	21	22	23	24	25	26	27	28	29
양력	2/27	28	29	3/1	2	3	4	5	6	7	8	9	10	11	12	13	14	15	16	17	18	19	20	21	22	23	24	25	26
일진	乙酉	丙戌	丁亥	戊子	己丑	庚寅	辛卯	壬辰	癸巳	甲午	乙未	丙申	丁酉	戊戌	己亥	庚子	辛丑	壬寅	癸卯	甲辰	乙巳	丙午	丁未	戊申	己酉	庚戌	辛亥	壬子	癸丑

절입시각: 오후 10시36분　　오후 11시43분

三月 大　庚辰

	1	2	3	4	5	6	7	8	9	10	11	12	13	14	15	16	17	18	19	20	21	22	23	24	25	26	27	28	29	30
절기										淸明															穀雨					
음력	1	2	3	4	5	6	7	8	9	10	11	12	13	14	15	16	17	18	19	20	21	22	23	24	25	26	27	28	29	30
양력	3/27	28	29	30	31	4/1	2	3	4	5	6	7	8	9	10	11	12	13	14	15	16	17	18	19	20	21	22	23	24	25
일진	甲寅	乙卯	丙辰	丁巳	戊午	己未	庚申	辛酉	壬戌	癸亥	甲子	乙丑	丙寅	丁卯	戊辰	己巳	庚午	辛未	壬申	癸酉	甲戌	乙亥	丙子	丁丑	戊寅	己卯	庚辰	辛巳	壬午	癸未

절입시각: 오전 3시44분　　오전 11시6분

四月 小　辛巳

	1	2	3	4	5	6	7	8	9	10	11	12	13	14	15	16	17	18	19	20	21	22	23	24	25	26	27	28	29
절기										立夏																小滿			
음력	1	2	3	4	5	6	7	8	9	10	11	12	13	14	15	16	17	18	19	20	21	22	23	24	25	26	27	28	29
양력	4/26	27	28	29	30	5/1	2	3	4	5	6	7	8	9	10	11	12	13	14	15	16	17	18	19	20	21	22	23	24
일진	甲申	乙酉	丙戌	丁亥	戊子	己丑	庚寅	辛卯	壬辰	癸巳	甲午	乙未	丙申	丁酉	戊戌	己亥	庚子	辛丑	壬寅	癸卯	甲辰	乙巳	丙午	丁未	戊申	己酉	庚戌	辛亥	壬子

절입시각: 오후 9시23분　　오전 10시34분

五月 大　壬午

	1	2	3	4	5	6	7	8	9	10	11	12	13	14	15	16	17	18	19	20	21	22	23	24	25	26	27	28	29	30
절기													芒種															夏至		
음력	1	2	3	4	5	6	7	8	9	10	11	12	13	14	15	16	17	18	19	20	21	22	23	24	25	26	27	28	29	30
양력	5/25	26	27	28	29	30	31	6/1	2	3	4	5	6	7	8	9	10	11	12	13	14	15	16	17	18	19	20	21	22	23
일진	癸丑	甲寅	乙卯	丙辰	丁巳	戊午	己未	庚申	辛酉	壬戌	癸亥	甲子	乙丑	丙寅	丁卯	戊辰	己巳	庚午	辛未	壬申	癸酉	甲戌	乙亥	丙子	丁丑	戊寅	己卯	庚辰	辛巳	壬午

절입시각: 오전 1시49분　　오후 6시42분

六月 大　癸未

	1	2	3	4	5	6	7	8	9	10	11	12	13	14	15	16	17	18	19	20	21	22	23	24	25	26	27	28	29	30
절기														小暑																大暑
음력	1	2	3	4	5	6	7	8	9	10	11	12	13	14	15	16	17	18	19	20	21	22	23	24	25	26	27	28	29	30
양력	6/24	25	26	27	28	29	30	7/1	2	3	4	5	6	7	8	9	10	11	12	13	14	15	16	17	18	19	20	21	22	23
일진	癸未	甲申	乙酉	丙戌	丁亥	戊子	己丑	庚寅	辛卯	壬辰	癸巳	甲午	乙未	丙申	丁酉	戊戌	己亥	庚子	辛丑	壬寅	癸卯	甲辰	乙巳	丙午	丁未	戊申	己酉	庚戌	辛亥	壬子

절입시각: 오후 12시13분　　오전 5시37분

閏 六 月 小

月建	1	2	3	4	5	6	7	8	9	10	11	12	13	14	15	16	17	18	19	20	21	22	23	24	25	26	27	28	29
절기															立秋														
음력	1	2	3	4	5	6	7	8	9	10	11	12	13	14	15	16	17	18	19	20	21	22	23	24	25	26	27	28	29
양력	7/24	25	26	27	28	29	30	31	8/1	2	3	4	5	6	7	8	9	10	11	12	13	14	15	16	17	18	19	20	21
일진	癸丑	甲寅	乙卯	丙辰	丁巳	戊午	己未	庚申	辛酉	壬戌	癸亥	甲子	乙丑	丙寅	丁卯	戊辰	己巳	庚午	辛未	壬申	癸酉	甲戌	乙亥	丙子	丁丑	戊寅	己卯	庚辰	辛巳

절입시각: 오후 10시0분 (立秋)

七 月 大 ─ 甲 申

月建	1	2	3	4	5	6	7	8	9	10	11	12	13	14	15	16	17	18	19	20	21	22	23	24	25	26	27	28	29	30
절기		處暑																白露												
음력	1	2	3	4	5	6	7	8	9	10	11	12	13	14	15	16	17	18	19	20	21	22	23	24	25	26	27	28	29	30
양력	8/22	23	24	25	26	27	28	29	30	31	9/1	2	3	4	5	6	7	8	9	10	11	12	13	14	15	16	17	18	19	20
일진	壬午	癸未	甲申	乙酉	丙戌	丁亥	戊子	己丑	庚寅	辛卯	壬辰	癸巳	甲午	乙未	丙申	丁酉	戊戌	己亥	庚子	辛丑	壬寅	癸卯	甲辰	乙巳	丙午	丁未	戊申	己酉	庚戌	辛亥

절입시각: 오후 12시34분 (處暑), 오전 0시45분 (白露)

八 月 小 ─ 乙 酉

月建	1	2	3	4	5	6	7	8	9	10	11	12	13	14	15	16	17	18	19	20	21	22	23	24	25	26	27	28	29
절기			秋分															寒露											
음력	1	2	3	4	5	6	7	8	9	10	11	12	13	14	15	16	17	18	19	20	21	22	23	24	25	26	27	28	29
양력	9/21	22	23	24	25	26	27	28	29	30	10/1	2	3	4	5	6	7	8	9	10	11	12	13	14	15	16	17	18	19
일진	壬子	癸丑	甲寅	乙卯	丙辰	丁巳	戊午	己未	庚申	辛酉	壬戌	癸亥	甲子	乙丑	丙寅	丁卯	戊辰	己巳	庚午	辛未	壬申	癸酉	甲戌	乙亥	丙子	丁丑	戊寅	己卯	庚辰

절입시각: 오전 9시59분 (秋分), 오후 4시9분 (寒露)

九 月 大 ─ 丙 戌

月建	1	2	3	4	5	6	7	8	9	10	11	12	13	14	15	16	17	18	19	20	21	22	23	24	25	26	27	28	29	30
절기				霜降															立冬											
음력	1	2	3	4	5	6	7	8	9	10	11	12	13	14	15	16	17	18	19	20	21	22	23	24	25	26	27	28	29	30
양력	10/20	21	22	23	24	25	26	27	28	29	30	31	11/1	2	3	4	5	6	7	8	9	10	11	12	13	14	15	16	17	18
일진	辛巳	壬午	癸未	甲申	乙酉	丙戌	丁亥	戊子	己丑	庚寅	辛卯	壬辰	癸巳	甲午	乙未	丙申	丁酉	戊戌	己亥	庚子	辛丑	壬寅	癸卯	甲辰	乙巳	丙午	丁未	戊申	己酉	庚戌

절입시각: 오후 7시2분 (霜降), 오후 7시2분 (立冬)

十 月 小 ─ 丁 亥

月建	1	2	3	4	5	6	7	8	9	10	11	12	13	14	15	16	17	18	19	20	21	22	23	24	25	26	27	28	29
절기				小雪															大雪										
음력	1	2	3	4	5	6	7	8	9	10	11	12	13	14	15	16	17	18	19	20	21	22	23	24	25	26	27	28	29
양력	11/19	20	21	22	23	24	25	26	27	28	29	30	12/1	2	3	4	5	6	7	8	9	10	11	12	13	14	15	16	17
일진	辛亥	壬子	癸丑	甲寅	乙卯	丙辰	丁巳	戊午	己未	庚申	辛酉	壬戌	癸亥	甲子	乙丑	丙寅	丁卯	戊辰	己巳	庚午	辛未	壬申	癸酉	甲戌	乙亥	丙子	丁丑	戊寅	己卯

절입시각: 오후 4시18분 (小雪), 오전 11시38분 (大雪)

十 一 月 大 ─ 戊 子

月建	1	2	3	4	5	6	7	8	9	10	11	12	13	14	15	16	17	18	19	20	21	22	23	24	25	26	27	28	29	30
절기					冬至														小寒											
음력	1	2	3	4	5	6	7	8	9	10	11	12	13	14	15	16	17	18	19	20	21	22	23	24	25	26	27	28	29	30
양력	12/18	19	20	21	22	23	24	25	26	27	28	29	30	31	1/1	2	3	4	5	6	7	8	9	10	11	12	13	14	15	16
일진	庚辰	辛巳	壬午	癸未	甲申	乙酉	丙戌	丁亥	戊子	己丑	庚寅	辛卯	壬辰	癸巳	甲午	乙未	丙申	丁酉	戊戌	己亥	庚子	辛丑	壬寅	癸卯	甲辰	乙巳	丙午	丁未	戊申	己酉

절입시각: 오전 5시26분 (冬至), 오후 10시43분 (小寒)

十 二 月 小 ─ 己 丑

月建	1	2	3	4	5	6	7	8	9	10	11	12	13	14	15	16	17	18	19	20	21	22	23	24	25	26	27	28	29
절기				大寒												立春													
음력	1	2	3	4	5	6	7	8	9	10	11	12	13	14	15	16	17	18	19	20	21	22	23	24	25	26	27	28	29
양력	1/17	18	19	20	21	22	23	24	25	26	27	28	29	30	31	2/1	2	3	4	5	6	7	8	9	10	11	12	13	14
일진	庚戌	辛亥	壬子	癸丑	甲寅	乙卯	丙辰	丁巳	戊午	己未	庚申	辛酉	壬戌	癸亥	甲子	乙丑	丙寅	丁卯	戊辰	己巳	庚午	辛未	壬申	癸酉	甲戌	乙亥	丙子	丁丑	戊寅

절입시각: 오후 4시1분 (大寒), 오전 10시22분 (立春)

1961년 | 檀紀 4294년　辛丑年

四月 黑中　　金神 寅卯午未子丑

酉 大將軍　寅卯辰 三殺　亥 吊客　卯 喪門

正月 大　庚寅

절기: 雨水 (음력 5)　驚蟄 (음력 20)

음력	1	2	3	4	5	6	7	8	9	10	11	12	13	14	15	16	17	18	19	20	21	22	23	24	25	26	27	28	29	30
양력	2/15	16	17	18	19	20	21	22	23	24	25	26	27	28	3/1	2	3	4	5	6	7	8	9	10	11	12	13	14	15	16
일진	己卯	庚辰	辛巳	壬午	癸未	甲申	乙酉	丙戌	丁亥	戊子	己丑	庚寅	辛卯	壬辰	癸巳	甲午	乙未	丙申	丁酉	戊戌	己亥	庚子	辛丑	壬寅	癸卯	甲辰	乙巳	丙午	丁未	戊申

절입시각: 오전 6시16분　오전 4시35분

二月 小　辛卯

절기: 春分 (음력 5)　清明 (음력 20)

음력	1	2	3	4	5	6	7	8	9	10	11	12	13	14	15	16	17	18	19	20	21	22	23	24	25	26	27	28	29
양력	3/17	18	19	20	21	22	23	24	25	26	27	28	29	30	31	4/1	2	3	4	5	6	7	8	9	10	11	12	13	14
일진	己酉	庚戌	辛亥	壬子	癸丑	甲寅	乙卯	丙辰	丁巳	戊午	己未	庚申	辛酉	壬戌	癸亥	甲子	乙丑	丙寅	丁卯	戊辰	己巳	庚午	辛未	壬申	癸酉	甲戌	乙亥	丙子	丁丑

절입시각: 오전 5시32분　오전 9시42분

三月 大　壬辰

절기: 穀雨 (음력 6)　立夏 (음력 17)

음력	1	2	3	4	5	6	7	8	9	10	11	12	13	14	15	16	17	18	19	20	21	22	23	24	25	26	27	28	29	30
양력	4/15	16	17	18	19	20	21	22	23	24	25	26	27	28	29	30	5/1	2	3	4	5	6	7	8	9	10	11	12	13	14
일진	戊寅	己卯	庚辰	辛巳	壬午	癸未	甲申	乙酉	丙戌	丁亥	戊子	己丑	庚寅	辛卯	壬辰	癸巳	甲午	乙未	丙申	丁酉	戊戌	己亥	庚子	辛丑	壬寅	癸卯	甲辰	乙巳	丙午	丁未

절입시각: 오후 4시55분　오전 3시21분

四月 小　癸巳

절기: 小滿 (음력 5)　芒種 (음력 18)

음력	1	2	3	4	5	6	7	8	9	10	11	12	13	14	15	16	17	18	19	20	21	22	23	24	25	26	27	28	29
양력	5/15	16	17	18	19	20	21	22	23	24	25	26	27	28	29	30	31	6/1	2	3	4	5	6	7	8	9	10	11	12
일진	戊申	己酉	庚戌	辛亥	壬子	癸丑	甲寅	乙卯	丙辰	丁巳	戊午	己未	庚申	辛酉	壬戌	癸亥	甲子	乙丑	丙寅	丁卯	戊辰	己巳	庚午	辛未	壬申	癸酉	甲戌	乙亥	丙子

절입시각: 오후 4시22분　오전 7시46분

五月 大　甲午

절기: 夏至 (음력 10)　小暑 (음력 25)

음력	1	2	3	4	5	6	7	8	9	10	11	12	13	14	15	16	17	18	19	20	21	22	23	24	25	26	27	28	29	30
양력	6/13	14	15	16	17	18	19	20	21	22	23	24	25	26	27	28	29	30	7/1	2	3	4	5	6	7	8	9	10	11	12
일진	丁丑	戊寅	己卯	庚辰	辛巳	壬午	癸未	甲申	乙酉	丙戌	丁亥	戊子	己丑	庚寅	辛卯	壬辰	癸巳	甲午	乙未	丙申	丁酉	戊戌	己亥	庚子	辛丑	壬寅	癸卯	甲辰	乙巳	丙午

절입시각: 오전 0시30분　오후 6시7분

六月 小　乙未

절기: 大暑 (음력 11)　立秋 (음력 27)

음력	1	2	3	4	5	6	7	8	9	10	11	12	13	14	15	16	17	18	19	20	21	22	23	24	25	26	27	28	29
양력	7/13	14	15	16	17	18	19	20	21	22	23	24	25	26	27	28	29	30	31	8/1	2	3	4	5	6	7	8	9	10
일진	丁未	戊申	己酉	庚戌	辛亥	壬子	癸丑	甲寅	乙卯	丙辰	丁巳	戊午	己未	庚申	辛酉	壬戌	癸亥	甲子	乙丑	丙寅	丁卯	戊辰	己巳	庚午	辛未	壬申	癸酉	甲戌	乙亥

절입시각: 오전 11시24분　오전 3시48분

月建	七 月 大																				丙 申									
절기													處暑																白露	
음력	1	2	3	4	5	6	7	8	9	10	11	12	13	14	15	16	17	18	19	20	21	22	23	24	25	26	27	28	29	30
양력	8/11	12	13	14	15	16	17	18	19	20	21	22	23	24	25	26	27	28	29	30	31	9/1	2	3	4	5	6	7	8	9
일진	丙子	丁丑	戊寅	己卯	庚辰	辛巳	壬午	癸未	甲申	乙酉	丙戌	丁亥	戊子	己丑	庚寅	辛卯	壬辰	癸巳	甲午	乙未	丙申	丁酉	戊戌	己亥	庚子	辛丑	壬寅	癸卯	甲辰	乙巳

절입시각: 오후 6시19분　　오전 6시29분

月建	八 月 大																				丁 酉									
절기														秋分															寒露	
음력	1	2	3	4	5	6	7	8	9	10	11	12	13	14	15	16	17	18	19	20	21	22	23	24	25	26	27	28	29	30
양력	9/10	11	12	13	14	15	16	17	18	19	20	21	22	23	24	25	26	27	28	29	30	10/1	2	3	4	5	6	7	8	9
일진	丙午	丁未	戊申	己酉	庚戌	辛亥	壬子	癸丑	甲寅	乙卯	丙辰	丁巳	戊午	己未	庚申	辛酉	壬戌	癸亥	甲子	乙丑	丙寅	丁卯	戊辰	己巳	庚午	辛未	壬申	癸酉	甲戌	乙亥

절입시각: 오후 3시42분　　오후 9시51분

月建	九 月 小																				戊 戌								
절기															霜降														
음력	1	2	3	4	5	6	7	8	9	10	11	12	13	14	15	16	17	18	19	20	21	22	23	24	25	26	27	28	29
양력	10/10	11	12	13	14	15	16	17	18	19	20	21	22	23	24	25	26	27	28	29	30	31	11/1	2	3	4	5	6	7
일진	丙子	丁丑	戊寅	己卯	庚辰	辛巳	壬午	癸未	甲申	乙酉	丙戌	丁亥	戊子	己丑	庚寅	辛卯	壬辰	癸巳	甲午	乙未	丙申	丁酉	戊戌	己亥	庚子	辛丑	壬寅	癸卯	甲辰

절입시각: 오전 0시47분

月建	十 月 大																				己 亥									
절기	立冬														小雪															大雪
음력	1	2	3	4	5	6	7	8	9	10	11	12	13	14	15	16	17	18	19	20	21	22	23	24	25	26	27	28	29	30
양력	11/8	9	10	11	12	13	14	15	16	17	18	19	20	21	22	23	24	25	26	27	28	29	30	12/1	2	3	4	5	6	7
일진	乙巳	丙午	丁未	戊申	己酉	庚戌	辛亥	壬子	癸丑	甲寅	乙卯	丙辰	丁巳	戊午	己未	庚申	辛酉	壬戌	癸亥	甲子	乙丑	丙寅	丁卯	戊辰	己巳	庚午	辛未	壬申	癸酉	甲戌

절입시각: 오전 0시46분　　오후 10시8분　　오후 5시26분

月建	十 一 月 小																				庚 子								
절기															冬至														
음력	1	2	3	4	5	6	7	8	9	10	11	12	13	14	15	16	17	18	19	20	21	22	23	24	25	26	27	28	29
양력	12/8	9	10	11	12	13	14	15	16	17	18	19	20	21	22	23	24	25	26	27	28	29	30	31	1/1	2	3	4	5
일진	乙亥	丙子	丁丑	戊寅	己卯	庚辰	辛巳	壬午	癸未	甲申	乙酉	丙戌	丁亥	戊子	己丑	庚寅	辛卯	壬辰	癸巳	甲午	乙未	丙申	丁酉	戊戌	己亥	庚子	辛丑	壬寅	癸卯

절입시각: 오전 11시19분

月建	十 二 月 大																				辛 丑									
절기	小寒														大寒															立春
음력	1	2	3	4	5	6	7	8	9	10	11	12	13	14	15	16	17	18	19	20	21	22	23	24	25	26	27	28	29	30
양력	1/6	7	8	9	10	11	12	13	14	15	16	17	18	19	20	21	22	23	24	25	26	27	28	29	30	31	2/1	2	3	4
일진	甲辰	乙巳	丙午	丁未	戊申	己酉	庚戌	辛亥	壬子	癸丑	甲寅	乙卯	丙辰	丁巳	戊午	己未	庚申	辛酉	壬戌	癸亥	甲子	乙丑	丙寅	丁卯	戊辰	己巳	庚午	辛未	壬申	癸酉

절입시각: 오전 4시35분　　오후 9시58분　　오후 4시17분

1962년 | 檀紀 4295년　壬寅年　　金神　寅卯戌亥

正月 十月 黑中　　子 大將軍　亥子丑 三殺　子 吊客　辰 喪門

正月 小　　壬寅

절기															雨水														
음력	1	2	3	4	5	6	7	8	9	10	11	12	13	14	15	16	17	18	19	20	21	22	23	24	25	26	27	28	29
양력	2/5	6	7	8	9	10	11	12	13	14	15	16	17	18	19	20	21	22	23	24	25	26	27	28	3/1	2	3	4	5
일진	甲戌	乙亥	丙子	丁丑	戊寅	己卯	庚辰	辛巳	壬午	癸未	甲申	乙酉	丙戌	丁亥	戊子	己丑	庚寅	辛卯	壬辰	癸巳	甲午	乙未	丙申	丁酉	戊戌	己亥	庚子	辛丑	壬寅

절입시각: 오후 12시15분

二 月 大　　癸卯

절기	驚蟄															春分														
음력	1	2	3	4	5	6	7	8	9	10	11	12	13	14	15	16	17	18	19	20	21	22	23	24	25	26	27	28	29	30
양력	3/6	7	8	9	10	11	12	13	14	15	16	17	18	19	20	21	22	23	24	25	26	27	28	29	30	31	4/1	2	3	4
일진	癸卯	甲辰	乙巳	丙午	丁未	戊申	己酉	庚戌	辛亥	壬子	癸丑	甲寅	乙卯	丙辰	丁巳	戊午	己未	庚申	辛酉	壬戌	癸亥	甲子	乙丑	丙寅	丁卯	戊辰	己巳	庚午	辛未	壬申

절입시각: 오전 10시30분　　오전 11시30분

三 月 小　　甲辰

절기	清明															穀雨													
음력	1	2	3	4	5	6	7	8	9	10	11	12	13	14	15	16	17	18	19	20	21	22	23	24	25	26	27	28	29
양력	4/5	6	7	8	9	10	11	12	13	14	15	16	17	18	19	20	21	22	23	24	25	26	27	28	29	30	5/1	2	3
일진	癸酉	甲戌	乙亥	丙子	丁丑	戊寅	己卯	庚辰	辛巳	壬午	癸未	甲申	乙酉	丙戌	丁亥	戊子	己丑	庚寅	辛卯	壬辰	癸巳	甲午	乙未	丙申	丁酉	戊戌	己亥	庚子	辛丑

절입시각: 오후 3시34분　　오후 10시51분

四 月 小　　乙巳

절기			立夏															小滿											
음력	1	2	3	4	5	6	7	8	9	10	11	12	13	14	15	16	17	18	19	20	21	22	23	24	25	26	27	28	29
양력	5/4	5	6	7	8	9	10	11	12	13	14	15	16	17	18	19	20	21	22	23	24	25	26	27	28	29	30	31	6/1
일진	壬寅	癸卯	甲辰	乙巳	丙午	丁未	戊申	己酉	庚戌	辛亥	壬子	癸丑	甲寅	乙卯	丙辰	丁巳	戊午	己未	庚申	辛酉	壬戌	癸亥	甲子	乙丑	丙寅	丁卯	戊辰	己巳	庚午

절입시각: 오전 9시10분　　오후 10시17분

五 月 大　　丙午

절기					芒種																夏至									
음력	1	2	3	4	5	6	7	8	9	10	11	12	13	14	15	16	17	18	19	20	21	22	23	24	25	26	27	28	29	30
양력	6/2	3	4	5	6	7	8	9	10	11	12	13	14	15	16	17	18	19	20	21	22	23	24	25	26	27	28	29	30	7/1
일진	辛未	壬申	癸酉	甲戌	乙亥	丙子	丁丑	戊寅	己卯	庚辰	辛巳	壬午	癸未	甲申	乙酉	丙戌	丁亥	戊子	己丑	庚寅	辛卯	壬辰	癸巳	甲午	乙未	丙申	丁酉	戊戌	己亥	庚子

절입시각: 오후 1시31분　　오전 6시24분

六 月 小　　丁未

절기						小暑																大暑							
음력	1	2	3	4	5	6	7	8	9	10	11	12	13	14	15	16	17	18	19	20	21	22	23	24	25	26	27	28	29
양력	7/2	3	4	5	6	7	8	9	10	11	12	13	14	15	16	17	18	19	20	21	22	23	24	25	26	27	28	29	30
일진	辛丑	壬寅	癸卯	甲辰	乙巳	丙午	丁未	戊申	己酉	庚戌	辛亥	壬子	癸丑	甲寅	乙卯	丙辰	丁巳	戊午	己未	庚申	辛酉	壬戌	癸亥	甲子	乙丑	丙寅	丁卯	戊辰	己巳

절입시각: 오후 11시51분　　오후 5시18분

七 月 大　　戊 申

月建	1	2	3	4	5	6	7	8	9	10	11	12	13	14	15	16	17	18	19	20	21	22	23	24	25	26	27	28	29	30
절기									立秋																處暑					
음력	1	2	3	4	5	6	7	8	9	10	11	12	13	14	15	16	17	18	19	20	21	22	23	24	25	26	27	28	29	30
양력	7/31	8/1	2	3	4	5	6	7	8	9	10	11	12	13	14	15	16	17	18	19	20	21	22	23	24	25	26	27	28	29
일진	庚午	辛未	壬申	癸酉	甲戌	乙亥	丙子	丁丑	戊寅	己卯	庚辰	辛巳	壬午	癸未	甲申	乙酉	丙戌	丁亥	戊子	己丑	庚寅	辛卯	壬辰	癸巳	甲午	乙未	丙申	丁酉	戊戌	己亥

절입시각: 오전 9시34분　　오전 0시12분

八 月 大　　己 酉

月建	1	2	3	4	5	6	7	8	9	10	11	12	13	14	15	16	17	18	19	20	21	22	23	24	25	26	27	28	29	30
절기										白露															秋分					
음력	1	2	3	4	5	6	7	8	9	10	11	12	13	14	15	16	17	18	19	20	21	22	23	24	25	26	27	28	29	30
양력	8/30	31	9/1	2	3	4	5	6	7	8	9	10	11	12	13	14	15	16	17	18	19	20	21	22	23	24	25	26	27	28
일진	庚子	辛丑	壬寅	癸卯	甲辰	乙巳	丙午	丁未	戊申	己酉	庚戌	辛亥	壬子	癸丑	甲寅	乙卯	丙辰	丁巳	戊午	己未	庚申	辛酉	壬戌	癸亥	甲子	乙丑	丙寅	丁卯	戊辰	己巳

절입시각: 오후 12시15분　　오후 9시35분

九 月 小　　庚 戌

月建	1	2	3	4	5	6	7	8	9	10	11	12	13	14	15	16	17	18	19	20	21	22	23	24	25	26	27	28	29
절기											寒露															霜降			
음력	1	2	3	4	5	6	7	8	9	10	11	12	13	14	15	16	17	18	19	20	21	22	23	24	25	26	27	28	29
양력	9/29	30	10/1	2	3	4	5	6	7	8	9	10	11	12	13	14	15	16	17	18	19	20	21	22	23	24	25	26	27
일진	庚午	辛未	壬申	癸酉	甲戌	乙亥	丙子	丁丑	戊寅	己卯	庚辰	辛巳	壬午	癸未	甲申	乙酉	丙戌	丁亥	戊子	己丑	庚寅	辛卯	壬辰	癸巳	甲午	乙未	丙申	丁酉	戊戌

절입시각: 오전 3시38분　　오전 6시40분

十 月 大　　辛 亥

月建	1	2	3	4	5	6	7	8	9	10	11	12	13	14	15	16	17	18	19	20	21	22	23	24	25	26	27	28	29	30
절기												立冬															小雪			
음력	1	2	3	4	5	6	7	8	9	10	11	12	13	14	15	16	17	18	19	20	21	22	23	24	25	26	27	28	29	30
양력	10/28	29	30	31	11/1	2	3	4	5	6	7	8	9	10	11	12	13	14	15	16	17	18	19	20	21	22	23	24	25	26
일진	己亥	庚子	辛丑	壬寅	癸卯	甲辰	乙巳	丙午	丁未	戊申	己酉	庚戌	辛亥	壬子	癸丑	甲寅	乙卯	丙辰	丁巳	戊午	己未	庚申	辛酉	壬戌	癸亥	甲子	乙丑	丙寅	丁卯	戊辰

절입시각: 오전 6시35분　　오전 4시2분

十 一 月 大　　壬 子

月建	1	2	3	4	5	6	7	8	9	10	11	12	13	14	15	16	17	18	19	20	21	22	23	24	25	26	27	28	29	30
절기											大雪															冬至				
음력	1	2	3	4	5	6	7	8	9	10	11	12	13	14	15	16	17	18	19	20	21	22	23	24	25	26	27	28	29	30
양력	11/27	28	29	30	12/1	2	3	4	5	6	7	8	9	10	11	12	13	14	15	16	17	18	19	20	21	22	23	24	25	26
일진	己巳	庚午	辛未	壬申	癸酉	甲戌	乙亥	丙子	丁丑	戊寅	己卯	庚辰	辛巳	壬午	癸未	甲申	乙酉	丙戌	丁亥	戊子	己丑	庚寅	辛卯	壬辰	癸巳	甲午	乙未	丙申	丁酉	戊戌

절입시각: 오후 11시17분　　오후 5시15분

十 二 月 小　　癸 丑

月建	1	2	3	4	5	6	7	8	9	10	11	12	13	14	15	16	17	18	19	20	21	22	23	24	25	26	27	28	29
절기											小寒															大寒			
음력	1	2	3	4	5	6	7	8	9	10	11	12	13	14	15	16	17	18	19	20	21	22	23	24	25	26	27	28	29
양력	12/27	28	29	30	31	1/1	2	3	4	5	6	7	8	9	10	11	12	13	14	15	16	17	18	19	20	21	22	23	24
일진	己亥	庚子	辛丑	壬寅	癸卯	甲辰	乙巳	丙午	丁未	戊申	己酉	庚戌	辛亥	壬子	癸丑	甲寅	乙卯	丙辰	丁巳	戊午	己未	庚申	辛酉	壬戌	癸亥	甲子	乙丑	丙寅	丁卯

절입시각: 오전 10시26분　　오전 3시54분

1963년 | 檀紀 **4296년**　　　　　　**癸卯年**　　　　　金神　申酉子丑

七月 黑中　　　　　　　子 大將軍　申酉戌 三殺　丑 吊客　巳 喪門

月建　正 月 大　　　甲寅

절기: 立春(음력 11)　雨水(음력 26)

음력	1	2	3	4	5	6	7	8	9	10	11	12	13	14	15	16	17	18	19	20	21	22	23	24	25	26	27	28	29	30
양력	1/25	26	27	28	29	30	31	2/1	2	3	4	5	6	7	8	9	10	11	12	13	14	15	16	17	18	19	20	21	22	23
일진	戊辰	己巳	庚午	辛未	壬申	癸酉	甲戌	乙亥	丙子	丁丑	戊寅	己卯	庚辰	辛巳	壬午	癸未	甲申	乙酉	丙戌	丁亥	戊子	己丑	庚寅	辛卯	壬辰	癸巳	甲午	乙未	丙申	丁酉

절입시각: 오후 10시8분　　오후 6시9분

月建　二 月 小　　　乙卯

절기: 驚蟄(음력 11)　春分(음력 26)

음력	1	2	3	4	5	6	7	8	9	10	11	12	13	14	15	16	17	18	19	20	21	22	23	24	25	26	27	28	29
양력	2/24	25	26	27	28	3/1	2	3	4	5	6	7	8	9	10	11	12	13	14	15	16	17	18	19	20	21	22	23	24
일진	戊戌	己亥	庚子	辛丑	壬寅	癸卯	甲辰	乙巳	丙午	丁未	戊申	己酉	庚戌	辛亥	壬子	癸丑	甲寅	乙卯	丙辰	丁巳	戊午	己未	庚申	辛酉	壬戌	癸亥	甲子	乙丑	丙寅

절입시각: 오후 4시17분　　오후 5시20분

月建　三 月 大　　　丙辰

절기: 清明(음력 12)　穀雨(음력 28)

음력	1	2	3	4	5	6	7	8	9	10	11	12	13	14	15	16	17	18	19	20	21	22	23	24	25	26	27	28	29	30
양력	3/25	26	27	28	29	30	31	4/1	2	3	4	5	6	7	8	9	10	11	12	13	14	15	16	17	18	19	20	21	22	23
일진	丁卯	戊辰	己巳	庚午	辛未	壬申	癸酉	甲戌	乙亥	丙子	丁丑	戊寅	己卯	庚辰	辛巳	壬午	癸未	甲申	乙酉	丙戌	丁亥	戊子	己丑	庚寅	辛卯	壬辰	癸巳	甲午	乙未	丙申

절입시각: 오후 9시19분　　오전 4시36분

月建　四 月 小　　　丁巳

절기: 立夏(음력 13)　小滿(음력 29)

음력	1	2	3	4	5	6	7	8	9	10	11	12	13	14	15	16	17	18	19	20	21	22	23	24	25	26	27	28	29
양력	4/24	25	26	27	28	29	30	5/1	2	3	4	5	6	7	8	9	10	11	12	13	14	15	16	17	18	19	20	21	22
일진	丁酉	戊戌	己亥	庚子	辛丑	壬寅	癸卯	甲辰	乙巳	丙午	丁未	戊申	己酉	庚戌	辛亥	壬子	癸丑	甲寅	乙卯	丙辰	丁巳	戊午	己未	庚申	辛酉	壬戌	癸亥	甲子	乙丑

절입시각: 오후 2시52분　　오전 3시58분

月建　閏 四 月 小

절기: 芒種(음력 15)

음력	1	2	3	4	5	6	7	8	9	10	11	12	13	14	15	16	17	18	19	20	21	22	23	24	25	26	27	28	29
양력	5/23	24	25	26	27	28	29	30	31	6/1	2	3	4	5	6	7	8	9	10	11	12	13	14	15	16	17	18	19	20
일진	丙寅	丁卯	戊辰	己巳	庚午	辛未	壬申	癸酉	甲戌	乙亥	丙子	丁丑	戊寅	己卯	庚辰	辛巳	壬午	癸未	甲申	乙酉	丙戌	丁亥	戊子	己丑	庚寅	辛卯	壬辰	癸巳	甲午

절입시각: 오후 7시14분

月建　五 月 大　　　戊午

절기: 夏至(음력 2)　小暑(음력 18)

음력	1	2	3	4	5	6	7	8	9	10	11	12	13	14	15	16	17	18	19	20	21	22	23	24	25	26	27	28	29	30
양력	6/21	22	23	24	25	26	27	28	29	30	7/1	2	3	4	5	6	7	8	9	10	11	12	13	14	15	16	17	18	19	20
일진	乙未	丙申	丁酉	戊戌	己亥	庚子	辛丑	壬寅	癸卯	甲辰	乙巳	丙午	丁未	戊申	己酉	庚戌	辛亥	壬子	癸丑	甲寅	乙卯	丙辰	丁巳	戊午	己未	庚申	辛酉	壬戌	癸亥	甲子

절입시각: 오후 12시4분　　오전 5시38분

月建　六　月　小　　己未

음력	1	2	3	4	5	6	7	8	9	10	11	12	13	14	15	16	17	18	19	20	21	22	23	24	25	26	27	28	29
절기			大暑																立秋										
양력	7/21	22	23	24	25	26	27	28	29	30	31	8/1	2	3	4	5	6	7	8	9	10	11	12	13	14	15	16	17	18
일진	乙丑	丙寅	丁卯	戊辰	己巳	庚午	辛未	壬申	癸酉	甲戌	乙亥	丙子	丁丑	戊寅	己卯	庚辰	辛巳	壬午	癸未	甲申	乙酉	丙戌	丁亥	戊子	己丑	庚寅	辛卯	壬辰	癸巳
절입시각			오후 10시59분																오후 3시25분										

月建　七　月　大　　庚申

음력	1	2	3	4	5	6	7	8	9	10	11	12	13	14	15	16	17	18	19	20	21	22	23	24	25	26	27	28	29	30
절기						處暑															白露									
양력	8/19	20	21	22	23	24	25	26	27	28	29	30	31	9/1	2	3	4	5	6	7	8	9	10	11	12	13	14	15	16	17
일진	甲午	乙未	丙申	丁酉	戊戌	己亥	庚子	辛丑	壬寅	癸卯	甲辰	乙巳	丙午	丁未	戊申	己酉	庚戌	辛亥	壬子	癸丑	甲寅	乙卯	丙辰	丁巳	戊午	己未	庚申	辛酉	壬戌	癸亥
절입시각						오전 5시58분															오후 6시12분									

月建　八　月　小　　辛酉

음력	1	2	3	4	5	6	7	8	9	10	11	12	13	14	15	16	17	18	19	20	21	22	23	24	25	26	27	28	29
절기							秋分															寒露							
양력	9/18	19	20	21	22	23	24	25	26	27	28	29	30	10/1	2	3	4	5	6	7	8	9	10	11	12	13	14	15	16
일진	甲子	乙丑	丙寅	丁卯	戊辰	己巳	庚午	辛未	壬申	癸酉	甲戌	乙亥	丙子	丁丑	戊寅	己卯	庚辰	辛巳	壬午	癸未	甲申	乙酉	丙戌	丁亥	戊子	己丑	庚寅	辛卯	壬辰
절입시각							오전 3시24분															오전 9시36분							

月建　九　月　大　　壬戌

음력	1	2	3	4	5	6	7	8	9	10	11	12	13	14	15	16	17	18	19	20	21	22	23	24	25	26	27	28	29	30
절기								霜降															立冬							
양력	10/17	18	19	20	21	22	23	24	25	26	27	28	29	30	31	11/1	2	3	4	5	6	7	8	9	10	11	12	13	14	15
일진	癸巳	甲午	乙未	丙申	丁酉	戊戌	己亥	庚子	辛丑	壬寅	癸卯	甲辰	乙巳	丙午	丁未	戊申	己酉	庚戌	辛亥	壬子	癸丑	甲寅	乙卯	丙辰	丁巳	戊午	己未	庚申	辛酉	壬戌
절입시각								오후 12시29분															오후 12시32분							

月建　十　月　大　　癸亥

음력	1	2	3	4	5	6	7	8	9	10	11	12	13	14	15	16	17	18	19	20	21	22	23	24	25	26	27	28	29	30
절기								小雪															大雪							
양력	11/16	17	18	19	20	21	22	23	24	25	26	27	28	29	30	12/1	2	3	4	5	6	7	8	9	10	11	12	13	14	15
일진	癸亥	甲子	乙丑	丙寅	丁卯	戊辰	己巳	庚午	辛未	壬申	癸酉	甲戌	乙亥	丙子	丁丑	戊寅	己卯	庚辰	辛巳	壬午	癸未	甲申	乙酉	丙戌	丁亥	戊子	己丑	庚寅	辛卯	壬辰
절입시각								오전 9시49분															오전 5시13분							

月建　十一　月　大　　甲子

음력	1	2	3	4	5	6	7	8	9	10	11	12	13	14	15	16	17	18	19	20	21	22	23	24	25	26	27	28	29	30
절기							冬至															小寒								
양력	12/16	17	18	19	20	21	22	23	24	25	26	27	28	29	30	31	1/1	2	3	4	5	6	7	8	9	10	11	12	13	14
일진	癸巳	甲午	乙未	丙申	丁酉	戊戌	己亥	庚子	辛丑	壬寅	癸卯	甲辰	乙巳	丙午	丁未	戊申	己酉	庚戌	辛亥	壬子	癸丑	甲寅	乙卯	丙辰	丁巳	戊午	己未	庚申	辛酉	壬戌
절입시각							오후 11시2분															오후 4시22분								

月建　十二　月　小　　乙丑

음력	1	2	3	4	5	6	7	8	9	10	11	12	13	14	15	16	17	18	19	20	21	22	23	24	25	26	27	28	29
절기							大寒											立春											
양력	1/15	16	17	18	19	20	21	22	23	24	25	26	27	28	29	30	31	2/1	2	3	4	5	6	7	8	9	10	11	12
일진	癸亥	甲子	乙丑	丙寅	丁卯	戊辰	己巳	庚午	辛未	壬申	癸酉	甲戌	乙亥	丙子	丁丑	戊寅	己卯	庚辰	辛巳	壬午	癸未	甲申	乙酉	丙戌	丁亥	戊子	己丑	庚寅	辛卯
절입시각							오전 9시41분											오전 4시5분											

正 月 大 — 丙寅

절기	음력	양력	일진
	1	2/13	壬辰
	2	14	癸巳
	3	15	甲午
	4	16	乙未
	5	17	丙申
	6	18	丁酉
雨水	7	19	戊戌
	8	20	己亥
	9	21	庚子
	10	22	辛丑
	11	23	壬寅
	12	24	癸卯
	13	25	甲辰
	14	26	乙巳
	15	27	丙午
	16	28	丁未
	17	29	戊申
	18	3/1	己酉
	19	2	庚戌
	20	3	辛亥
	21	4	壬子
驚蟄	22	5	癸丑
	23	6	甲寅
	24	7	乙卯
	25	8	丙辰
	26	9	丁巳
	27	10	戊午
	28	11	己未
	29	12	庚申
	30	13	辛酉

절입시각: 雨水 오후 11시57분 · 驚蟄 오후 10시16분

二 月 小 — 丁卯

절기	음력	양력	일진
	1	3/14	壬戌
	2	15	癸亥
	3	16	甲子
	4	17	乙丑
	5	18	丙寅
	6	19	丁卯
春分	7	20	戊辰
	8	21	己巳
	9	22	庚午
	10	23	辛未
	11	24	壬申
	12	25	癸酉
	13	26	甲戌
	14	27	乙亥
	15	28	丙子
	16	29	丁丑
	17	30	戊寅
	18	31	己卯
清明	19	4/1	庚辰
	20	2	辛巳
	21	3	壬午
	22	4	癸未
	23	5	甲申
	24	6	乙酉
	25	7	丙戌
	26	8	丁亥
	27	9	戊子
	28	10	己丑
	29	11	庚寅

절입시각: 春分 오후 11시10분 · 清明 오전 3시18분

三 月 大 — 戊辰

절기	음력	양력	일진
	1	4/12	辛卯
	2	13	壬辰
	3	14	癸巳
	4	15	甲午
	5	16	乙未
	6	17	丙申
	7	18	丁酉
	8	19	戊戌
穀雨	9	20	己亥
	10	21	庚子
	11	22	辛丑
	12	23	壬寅
	13	24	癸卯
	14	25	甲辰
	15	26	乙巳
	16	27	丙午
	17	28	丁未
	18	29	戊申
	19	30	己酉
立夏	20	5/1	庚戌
	21	2	辛亥
	22	3	壬子
	23	4	癸丑
	24	5	甲寅
	25	6	乙卯
	26	7	丙辰
	27	8	丁巳
	28	9	戊午
	29	10	己未
	30	11	庚申

절입시각: 穀雨 오전 10시27분 · 立夏 오후 8시51분

四 月 小 — 己巳

절기	음력	양력	일진
	1	5/12	辛酉
	2	13	壬戌
	3	14	癸亥
	4	15	甲子
	5	16	乙丑
	6	17	丙寅
	7	18	丁卯
	8	19	戊辰
	9	20	己巳
小滿	10	21	庚午
	11	22	辛未
	12	23	壬申
	13	24	癸酉
	14	25	甲戌
	15	26	乙亥
	16	27	丙子
	17	28	丁丑
	18	29	戊寅
	19	30	己卯
	20	31	庚辰
	21	6/1	辛巳
	22	2	壬午
	23	3	癸未
	24	4	甲申
	25	5	乙酉
芒種	26	6	丙戌
	27	7	丁亥
	28	8	戊子
	29	9	己丑

절입시각: 小滿 오전 9시50분 · 芒種 오전 1시12분

五 月 小 — 庚午

절기	음력	양력	일진
	1	6/10	庚寅
	2	11	辛卯
	3	12	壬辰
	4	13	癸巳
	5	14	甲午
	6	15	乙未
	7	16	丙申
	8	17	丁酉
	9	18	戊戌
	10	19	己亥
	11	20	庚子
夏至	12	21	辛丑
	13	22	壬寅
	14	23	癸卯
	15	24	甲辰
	16	25	乙巳
	17	26	丙午
	18	27	丁未
	19	28	戊申
	20	29	己酉
	21	30	庚戌
小暑	22	7/1	辛亥
	23	2	壬子
	24	3	癸丑
	25	4	甲寅
	26	5	乙卯
	27	6	丙辰
	28	7	丁巳
	29	8	戊午

절입시각: 夏至 오후 5시57분 · 小暑 오전 11시32분

六 月 大 — 辛未

절기	음력	양력	일진
	1	7/9	己未
	2	10	庚申
	3	11	辛酉
	4	12	壬戌
	5	13	癸亥
	6	14	甲子
	7	15	乙丑
	8	16	丙寅
	9	17	丁卯
	10	18	戊辰
	11	19	己巳
	12	20	庚午
	13	21	辛未
	14	22	壬申
大暑	15	23	癸酉
	16	24	甲戌
	17	25	乙亥
	18	26	丙子
	19	27	丁丑
	20	28	戊寅
	21	29	己卯
	22	30	庚辰
	23	31	辛巳
	24	8/1	壬午
	25	2	癸未
	26	3	甲申
	27	4	乙酉
	28	5	丙戌
	29	6	丁亥
立秋	30	7	戊子

절입시각: 大暑 오전 4시53분 · 立秋 오후 9시16분

七 月 小　　　壬 申

月建	七 月 小																								壬 申				
절기															處暑														
음력	1	2	3	4	5	6	7	8	9	10	11	12	13	14	15	16	17	18	19	20	21	22	23	24	25	26	27	28	29
양력	8/8	9	10	11	12	13	14	15	16	17	18	19	20	21	22	23	24	25	26	27	28	29	30	31	9/1	2	3	4	5
일진	己丑	庚寅	辛卯	壬辰	癸巳	甲午	乙未	丙申	丁酉	戊戌	己亥	庚子	辛丑	壬寅	癸卯	甲辰	乙巳	丙午	丁未	戊申	己酉	庚戌	辛亥	壬子	癸丑	甲寅	乙卯	丙辰	丁巳

절입시각: 處暑 오전 11시51분

八 月 大　　　癸 酉

月建	八 月 大																									癸 酉				
절기	白露																	秋分												
음력	1	2	3	4	5	6	7	8	9	10	11	12	13	14	15	16	17	18	19	20	21	22	23	24	25	26	27	28	29	30
양력	9/6	7	8	9	10	11	12	13	14	15	16	17	18	19	20	21	22	23	24	25	26	27	28	29	30	10/1	2	3	4	5
일진	戊午	己未	庚申	辛酉	壬戌	癸亥	甲子	乙丑	丙寅	丁卯	戊辰	己巳	庚午	辛未	壬申	癸酉	甲戌	乙亥	丙子	丁丑	戊寅	己卯	庚辰	辛巳	壬午	癸未	甲申	乙酉	丙戌	丁亥

절입시각: 白露 오후 11시59분　秋分 오전 9시17분

九 月 小　　　甲 戌

月建	九 月 小																								甲 戌				
절기			寒露															霜降											
음력	1	2	3	4	5	6	7	8	9	10	11	12	13	14	15	16	17	18	19	20	21	22	23	24	25	26	27	28	29
양력	10/6	7	8	9	10	11	12	13	14	15	16	17	18	19	20	21	22	23	24	25	26	27	28	29	30	31	11/1	2	3
일진	戊子	己丑	庚寅	辛卯	壬辰	癸巳	甲午	乙未	丙申	丁酉	戊戌	己亥	庚子	辛丑	壬寅	癸卯	甲辰	乙巳	丙午	丁未	戊申	己酉	庚戌	辛亥	壬子	癸丑	甲寅	乙卯	丙辰

절입시각: 寒露 오후 3시22분　霜降 오후 6시21분

十 月 大　　　乙 亥

月建	十 月 大																									乙 亥				
절기			立冬																小雪											
음력	1	2	3	4	5	6	7	8	9	10	11	12	13	14	15	16	17	18	19	20	21	22	23	24	25	26	27	28	29	30
양력	11/4	5	6	7	8	9	10	11	12	13	14	15	16	17	18	19	20	21	22	23	24	25	26	27	28	29	30	12/1	2	3
일진	丁巳	戊午	己未	庚申	辛酉	壬戌	癸亥	甲子	乙丑	丙寅	丁卯	戊辰	己巳	庚午	辛未	壬申	癸酉	甲戌	乙亥	丙子	丁丑	戊寅	己卯	庚辰	辛巳	壬午	癸未	甲申	乙酉	丙戌

절입시각: 立冬 오후 6시15분　小雪 오후 3시39분

十 一 月 大　　　丙 子

月建	十 一 月 大																									丙 子				
절기			大雪																冬至											
음력	1	2	3	4	5	6	7	8	9	10	11	12	13	14	15	16	17	18	19	20	21	22	23	24	25	26	27	28	29	30
양력	12/4	5	6	7	8	9	10	11	12	13	14	15	16	17	18	19	20	21	22	23	24	25	26	27	28	29	30	31	1/1	2
일진	丁亥	戊子	己丑	庚寅	辛卯	壬辰	癸巳	甲午	乙未	丙申	丁酉	戊戌	己亥	庚子	辛丑	壬寅	癸卯	甲辰	乙巳	丙午	丁未	戊申	己酉	庚戌	辛亥	壬子	癸丑	甲寅	乙卯	丙辰

절입시각: 大雪 오전 10시53분　冬至 오전 4시50분

十 二 月 大　　　丁 丑

月建	十 二 月 大																									丁 丑				
절기			小寒															大寒												
음력	1	2	3	4	5	6	7	8	9	10	11	12	13	14	15	16	17	18	19	20	21	22	23	24	25	26	27	28	29	30
양력	1/3	4	5	6	7	8	9	10	11	12	13	14	15	16	17	18	19	20	21	22	23	24	25	26	27	28	29	30	31	2/1
일진	丁巳	戊午	己未	庚申	辛酉	壬戌	癸亥	甲子	乙丑	丙寅	丁卯	戊辰	己巳	庚午	辛未	壬申	癸酉	甲戌	乙亥	丙子	丁丑	戊寅	己卯	庚辰	辛巳	壬午	癸未	甲申	乙酉	丙戌

절입시각: 小寒 오후 10시2분　大寒 오후 3시29분

1965년 | 檀紀 4298년 乙巳年

金神 辰巳

正月 十月 黑中　　卯 大將軍　寅卯辰 三殺　卯 吊客　未 喪門

月建　正　月　小　　戊寅

절기	음력	양력	일진
立春	3	4	己丑
雨水	18	19	甲辰

절입시각: 立春 오전 9시46분　雨水 오전 5시48분

음력	1	2	3	4	5	6	7	8	9	10	11	12	13	14	15	16	17	18	19	20	21	22	23	24	25	26	27	28	29
양력	2/2	3	4	5	6	7	8	9	10	11	12	13	14	15	16	17	18	19	20	21	22	23	24	25	26	27	28	3/1	2
일진	丁亥	戊子	己丑	庚寅	辛卯	壬辰	癸巳	甲午	乙未	丙申	丁酉	戊戌	己亥	庚子	辛丑	壬寅	癸卯	甲辰	乙巳	丙午	丁未	戊申	己酉	庚戌	辛亥	壬子	癸丑	甲寅	乙卯

月建　二　月　大　　己卯

절기: 驚蟄 3, 春分 19

절입시각: 驚蟄 오전 4시1분　春分 오전 5시5분

음력	1	2	3	4	5	6	7	8	9	10	11	12	13	14	15	16	17	18	19	20	21	22	23	24	25	26	27	28	29	30
양력	3/3	4	5	6	7	8	9	10	11	12	13	14	15	16	17	18	19	20	21	22	23	24	25	26	27	28	29	30	31	4/1
일진	丙辰	丁巳	戊午	己未	庚申	辛酉	壬戌	癸亥	甲子	乙丑	丙寅	丁卯	戊辰	己巳	庚午	辛未	壬申	癸酉	甲戌	乙亥	丙子	丁丑	戊寅	己卯	庚辰	辛巳	壬午	癸未	甲申	乙酉

月建　三　月　小　　庚辰

절기: 清明 4, 穀雨 19

절입시각: 清明 오전 9시7분　穀雨 오후 4시26분

음력	1	2	3	4	5	6	7	8	9	10	11	12	13	14	15	16	17	18	19	20	21	22	23	24	25	26	27	28	29
양력	4/2	3	4	5	6	7	8	9	10	11	12	13	14	15	16	17	18	19	20	21	22	23	24	25	26	27	28	29	30
일진	丙戌	丁亥	戊子	己丑	庚寅	辛卯	壬辰	癸巳	甲午	乙未	丙申	丁酉	戊戌	己亥	庚子	辛丑	壬寅	癸卯	甲辰	乙巳	丙午	丁未	戊申	己酉	庚戌	辛亥	壬子	癸丑	甲寅

月建　四　月　大　　辛巳

절기: 立夏 6, 小滿 21

절입시각: 立夏 오전 2시42분　小滿 오후 3시50분

음력	1	2	3	4	5	6	7	8	9	10	11	12	13	14	15	16	17	18	19	20	21	22	23	24	25	26	27	28	29	30
양력	5/1	2	3	4	5	6	7	8	9	10	11	12	13	14	15	16	17	18	19	20	21	22	23	24	25	26	27	28	29	30
일진	乙卯	丙辰	丁巳	戊午	己未	庚申	辛酉	壬戌	癸亥	甲子	乙丑	丙寅	丁卯	戊辰	己巳	庚午	辛未	壬申	癸酉	甲戌	乙亥	丙子	丁丑	戊寅	己卯	庚辰	辛巳	壬午	癸未	甲申

月建　五　月　小　　壬午

절기: 芒種 7, 夏至 22

절입시각: 芒種 오전 7시2분　夏至 오후 11시56분

음력	1	2	3	4	5	6	7	8	9	10	11	12	13	14	15	16	17	18	19	20	21	22	23	24	25	26	27	28	29
양력	5/31	6/1	2	3	4	5	6	7	8	9	10	11	12	13	14	15	16	17	18	19	20	21	22	23	24	25	26	27	28
일진	乙酉	丙戌	丁亥	戊子	己丑	庚寅	辛卯	壬辰	癸巳	甲午	乙未	丙申	丁酉	戊戌	己亥	庚子	辛丑	壬寅	癸卯	甲辰	乙巳	丙午	丁未	戊申	己酉	庚戌	辛亥	壬子	癸丑

月建　六　月　小　　癸未

절기: 小暑 3, 大暑 25

절입시각: 小暑 오후 5시21분　大暑 오전 10시48분

음력	1	2	3	4	5	6	7	8	9	10	11	12	13	14	15	16	17	18	19	20	21	22	23	24	25	26	27	28	29
양력	6/29	30	7/1	2	3	4	5	6	7	8	9	10	11	12	13	14	15	16	17	18	19	20	21	22	23	24	25	26	27
일진	甲寅	乙卯	丙辰	丁巳	戊午	己未	庚申	辛酉	壬戌	癸亥	甲子	乙丑	丙寅	丁卯	戊辰	己巳	庚午	辛未	壬申	癸酉	甲戌	乙亥	丙子	丁丑	戊寅	己卯	庚辰	辛巳	壬午

七 月 大　　甲 申

월건	1	2	3	4	5	6	7	8	9	10	11	12	13	14	15	16	17	18	19	20	21	22	23	24	25	26	27	28	29	30
절기												立秋															處暑			
음력	1	2	3	4	5	6	7	8	9	10	11	12	13	14	15	16	17	18	19	20	21	22	23	24	25	26	27	28	29	30
양력	7/28	29	30	31	8/1	2	3	4	5	6	7	8	9	10	11	12	13	14	15	16	17	18	19	20	21	22	23	24	25	26
일진	癸未	甲申	乙酉	丙戌	丁亥	戊子	己丑	庚寅	辛卯	壬辰	癸巳	甲午	乙未	丙申	丁酉	戊戌	己亥	庚子	辛丑	壬寅	癸卯	甲辰	乙巳	丙午	丁未	戊申	己酉	庚戌	辛亥	壬子

절입시각: 오전 3시5분 （立秋）　　오후 5시43분 （處暑）

八 月 小　　乙 酉

월건	1	2	3	4	5	6	7	8	9	10	11	12	13	14	15	16	17	18	19	20	21	22	23	24	25	26	27	28	29
절기						白露																						秋分	
음력	1	2	3	4	5	6	7	8	9	10	11	12	13	14	15	16	17	18	19	20	21	22	23	24	25	26	27	28	29
양력	8/27	28	29	30	31	9/1	2	3	4	5	6	7	8	9	10	11	12	13	14	15	16	17	18	19	20	21	22	23	24
일진	癸丑	甲寅	乙卯	丙辰	丁巳	戊午	己未	庚申	辛酉	壬戌	癸亥	甲子	乙丑	丙寅	丁卯	戊辰	己巳	庚午	辛未	壬申	癸酉	甲戌	乙亥	丙子	丁丑	戊寅	己卯	庚辰	辛巳

절입시각: 오전 5시48분 （白露）　　오후 3시6분 （秋分）

九 月 小　　丙 戌

월건	1	2	3	4	5	6	7	8	9	10	11	12	13	14	15	16	17	18	19	20	21	22	23	24	25	26	27	28	29
절기							寒露																						
음력	1	2	3	4	5	6	7	8	9	10	11	12	13	14	15	16	17	18	19	20	21	22	23	24	25	26	27	28	29
양력	9/25	26	27	28	29	30	10/1	2	3	4	5	6	7	8	9	10	11	12	13	14	15	16	17	18	19	20	21	22	23
일진	壬午	癸未	甲申	乙酉	丙戌	丁亥	戊子	己丑	庚寅	辛卯	壬辰	癸巳	甲午	乙未	丙申	丁酉	戊戌	己亥	庚子	辛丑	壬寅	癸卯	甲辰	乙巳	丙午	丁未	戊申	己酉	庚戌

절입시각: 오후 9시11분 （寒露）

十 月 大　　丁 亥

월건	1	2	3	4	5	6	7	8	9	10	11	12	13	14	15	16	17	18	19	20	21	22	23	24	25	26	27	28	29	30
절기	霜降															立冬														小雪
음력	1	2	3	4	5	6	7	8	9	10	11	12	13	14	15	16	17	18	19	20	21	22	23	24	25	26	27	28	29	30
양력	10/24	25	26	27	28	29	30	31	11/1	2	3	4	5	6	7	8	9	10	11	12	13	14	15	16	17	18	19	20	21	22
일진	辛亥	壬子	癸丑	甲寅	乙卯	丙辰	丁巳	戊午	己未	庚申	辛酉	壬戌	癸亥	甲子	乙丑	丙寅	丁卯	戊辰	己巳	庚午	辛未	壬申	癸酉	甲戌	乙亥	丙子	丁丑	戊寅	己卯	庚辰

절입시각: 오전 0시10분 （霜降）　　오전 0시7분 （立冬）　　오후 9시29분 （小雪）

十 一 月 大　　戊 子

월건	1	2	3	4	5	6	7	8	9	10	11	12	13	14	15	16	17	18	19	20	21	22	23	24	25	26	27	28	29	30
절기															大雪															冬至
음력	1	2	3	4	5	6	7	8	9	10	11	12	13	14	15	16	17	18	19	20	21	22	23	24	25	26	27	28	29	30
양력	11/23	24	25	26	27	28	29	30	12/1	2	3	4	5	6	7	8	9	10	11	12	13	14	15	16	17	18	19	20	21	22
일진	辛巳	壬午	癸未	甲申	乙酉	丙戌	丁亥	戊子	己丑	庚寅	辛卯	壬辰	癸巳	甲午	乙未	丙申	丁酉	戊戌	己亥	庚子	辛丑	壬寅	癸卯	甲辰	乙巳	丙午	丁未	戊申	己酉	庚戌

절입시각: 오후 4시46분 （大雪）　　오전 10시40분 （冬至）

十 二 月 大　　己 丑

월건	1	2	3	4	5	6	7	8	9	10	11	12	13	14	15	16	17	18	19	20	21	22	23	24	25	26	27	28	29	30
절기										小寒																			大寒	
음력	1	2	3	4	5	6	7	8	9	10	11	12	13	14	15	16	17	18	19	20	21	22	23	24	25	26	27	28	29	30
양력	12/23	24	25	26	27	28	29	30	31	1/1	2	3	4	5	6	7	8	9	10	11	12	13	14	15	16	17	18	19	20	21
일진	辛亥	壬子	癸丑	甲寅	乙卯	丙辰	丁巳	戊午	己未	庚申	辛酉	壬戌	癸亥	甲子	乙丑	丙寅	丁卯	戊辰	己巳	庚午	辛未	壬申	癸酉	甲戌	乙亥	丙子	丁丑	戊寅	己卯	庚辰

절입시각: 오전 3시54분 （小寒）　　오후 9시20분 （大寒）

1966년 | 檀紀 4299년 丙午年

七月 黑中

金神 寅卯午未子丑
卯 大將軍　亥子丑 三殺　辰 吊客　申 喪門

正月 小　月建 庚寅

절기: 立春(음력 14)　雨水(음력 29)

음력	1	2	3	4	5	6	7	8	9	10	11	12	13	14	15	16	17	18	19	20	21	22	23	24	25	26	27	28	29
양력	1/22	23	24	25	26	27	28	29	30	31	2/1	2	3	4	5	6	7	8	9	10	11	12	13	14	15	16	17	18	19
일진	辛巳	壬午	癸未	甲申	乙酉	丙戌	丁亥	戊子	己丑	庚寅	辛卯	壬辰	癸巳	甲午	乙未	丙申	丁酉	戊戌	己亥	庚子	辛丑	壬寅	癸卯	甲辰	乙巳	丙午	丁未	戊申	己酉

절입시각: 오후 3시38분　오전 11시38분

二月 大　月建 辛卯

절기: 驚蟄(음력 15)　春分(음력 30)

음력	1	2	3	4	5	6	7	8	9	10	11	12	13	14	15	16	17	18	19	20	21	22	23	24	25	26	27	28	29	30
양력	2/20	21	22	23	24	25	26	27	28	3/1	2	3	4	5	6	7	8	9	10	11	12	13	14	15	16	17	18	19	20	21
일진	庚戌	辛亥	壬子	癸丑	甲寅	乙卯	丙辰	丁巳	戊午	己未	庚申	辛酉	壬戌	癸亥	甲子	乙丑	丙寅	丁卯	戊辰	己巳	庚午	辛未	壬申	癸酉	甲戌	乙亥	丙子	丁丑	戊寅	己卯

절입시각: 오전 9시51분　오전 10시53분

三月 大　月建 壬辰

절기: 清明(음력 11)　穀雨(음력 30)

음력	1	2	3	4	5	6	7	8	9	10	11	12	13	14	15	16	17	18	19	20	21	22	23	24	25	26	27	28	29	30
양력	3/22	23	24	25	26	27	28	29	30	31	4/1	2	3	4	5	6	7	8	9	10	11	12	13	14	15	16	17	18	19	20
일진	庚辰	辛巳	壬午	癸未	甲申	乙酉	丙戌	丁亥	戊子	己丑	庚寅	辛卯	壬辰	癸巳	甲午	乙未	丙申	丁酉	戊戌	己亥	庚子	辛丑	壬寅	癸卯	甲辰	乙巳	丙午	丁未	戊申	己酉

절입시각: 오후 2시57분　오후 10시12분

閏三月 小

절기: 立夏(음력 16)

음력	1	2	3	4	5	6	7	8	9	10	11	12	13	14	15	16	17	18	19	20	21	22	23	24	25	26	27	28	29
양력	4/21	22	23	24	25	26	27	28	29	30	5/1	2	3	4	5	6	7	8	9	10	11	12	13	14	15	16	17	18	19
일진	庚戌	辛亥	壬子	癸丑	甲寅	乙卯	丙辰	丁巳	戊午	己未	庚申	辛酉	壬戌	癸亥	甲子	乙丑	丙寅	丁卯	戊辰	己巳	庚午	辛未	壬申	癸酉	甲戌	乙亥	丙子	丁丑	戊寅

절입시각: 오전 8시30분

四月 大　月建 癸巳

절기: 小滿(음력 2)　芒種(음력 18)

음력	1	2	3	4	5	6	7	8	9	10	11	12	13	14	15	16	17	18	19	20	21	22	23	24	25	26	27	28	29	30
양력	5/20	21	22	23	24	25	26	27	28	29	30	31	6/1	2	3	4	5	6	7	8	9	10	11	12	13	14	15	16	17	18
일진	己卯	庚辰	辛巳	壬午	癸未	甲申	乙酉	丙戌	丁亥	戊子	己丑	庚寅	辛卯	壬辰	癸巳	甲午	乙未	丙申	丁酉	戊戌	己亥	庚子	辛丑	壬寅	癸卯	甲辰	乙巳	丙午	丁未	戊申

절입시각: 오후 9시32분　오후 12시50분

五月 小　月建 甲午

절기: 夏至(음력 4)　小暑(음력 19)

음력	1	2	3	4	5	6	7	8	9	10	11	12	13	14	15	16	17	18	19	20	21	22	23	24	25	26	27	28	29
양력	6/19	20	21	22	23	24	25	26	27	28	29	30	7/1	2	3	4	5	6	7	8	9	10	11	12	13	14	15	16	17
일진	己酉	庚戌	辛亥	壬子	癸丑	甲寅	乙卯	丙辰	丁巳	戊午	己未	庚申	辛酉	壬戌	癸亥	甲子	乙丑	丙寅	丁卯	戊辰	己巳	庚午	辛未	壬申	癸酉	甲戌	乙亥	丙子	丁丑

절입시각: 오전 5시33분　오후 11시7분

月建	六　月　小																					乙　未							
절기						大暑																立秋							
음력	1	2	3	4	5	6	7	8	9	10	11	12	13	14	15	16	17	18	19	20	21	22	23	24	25	26	27	28	29
양력	7/18	19	20	21	22	23	24	25	26	27	28	29	30	31	8/1	2	3	4	5	6	7	8	9	10	11	12	13	14	15
일진	戊寅	己卯	庚辰	辛巳	壬午	癸未	甲申	乙酉	丙戌	丁亥	戊子	己丑	庚寅	辛卯	壬辰	癸巳	甲午	乙未	丙申	丁酉	戊戌	己亥	庚子	辛丑	壬寅	癸卯	甲辰	乙巳	丙午
절입시각					오후 4시23분																오전 8시49분								

月建	七　月　大																					丙　申								
절기								處暑																白露						
음력	1	2	3	4	5	6	7	8	9	10	11	12	13	14	15	16	17	18	19	20	21	22	23	24	25	26	27	28	29	30
양력	8/16	17	18	19	20	21	22	23	24	25	26	27	28	29	30	31	9/1	2	3	4	5	6	7	8	9	10	11	12	13	14
일진	丁未	戊申	己酉	庚戌	辛亥	壬子	癸丑	甲寅	乙卯	丙辰	丁巳	戊午	己未	庚申	辛酉	壬戌	癸亥	甲子	乙丑	丙寅	丁卯	戊辰	己巳	庚午	辛未	壬申	癸酉	甲戌	乙亥	丙子
절입시각					오후 11시18분																오전 11시32분									

月建	八　月　小																					丁　酉							
절기									秋分																寒露				
음력	1	2	3	4	5	6	7	8	9	10	11	12	13	14	15	16	17	18	19	20	21	22	23	24	25	26	27	28	29
양력	9/15	16	17	18	19	20	21	22	23	24	25	26	27	28	29	30	10/1	2	3	4	5	6	7	8	9	10	11	12	13
일진	丁丑	戊寅	己卯	庚辰	辛巳	壬午	癸未	甲申	乙酉	丙戌	丁亥	戊子	己丑	庚寅	辛卯	壬辰	癸巳	甲午	乙未	丙申	丁酉	戊戌	己亥	庚子	辛丑	壬寅	癸卯	甲辰	乙巳
절입시각					오후 8시43분																오전 2시57분								

月建	九　月　小																					戊　戌							
절기											霜降															立冬			
음력	1	2	3	4	5	6	7	8	9	10	11	12	13	14	15	16	17	18	19	20	21	22	23	24	25	26	27	28	29
양력	10/14	15	16	17	18	19	20	21	22	23	24	25	26	27	28	29	30	31	11/1	2	3	4	5	6	7	8	9	10	11
일진	丙午	丁未	戊申	己酉	庚戌	辛亥	壬子	癸丑	甲寅	乙卯	丙辰	丁巳	戊午	己未	庚申	辛酉	壬戌	癸亥	甲子	乙丑	丙寅	丁卯	戊辰	己巳	庚午	辛未	壬申	癸酉	甲戌
절입시각					오전 5시51분																오전 5시55분								

月建	十　月　大																					己　亥								
절기											小雪									大雪										
음력	1	2	3	4	5	6	7	8	9	10	11	12	13	14	15	16	17	18	19	20	21	22	23	24	25	26	27	28	29	30
양력	11/12	13	14	15	16	17	18	19	20	21	22	23	24	25	26	27	28	29	30	12/1	2	3	4	5	6	7	8	9	10	11
일진	乙亥	丙子	丁丑	戊寅	己卯	庚辰	辛巳	壬午	癸未	甲申	乙酉	丙戌	丁亥	戊子	己丑	庚寅	辛卯	壬辰	癸巳	甲午	乙未	丙申	丁酉	戊戌	己亥	庚子	辛丑	壬寅	癸卯	甲辰
절입시각					오전 3시14분																오후 10시38분									

月建	十 一 月　大																					庚　子								
절기											冬至															小寒				
음력	1	2	3	4	5	6	7	8	9	10	11	12	13	14	15	16	17	18	19	20	21	22	23	24	25	26	27	28	29	30
양력	12/12	13	14	15	16	17	18	19	20	21	22	23	24	25	26	27	28	29	30	31	1/1	2	3	4	5	6	7	8	9	10
일진	乙巳	丙午	丁未	戊申	己酉	庚戌	辛亥	壬子	癸丑	甲寅	乙卯	丙辰	丁巳	戊午	己未	庚申	辛酉	壬戌	癸亥	甲子	乙丑	丙寅	丁卯	戊辰	己巳	庚午	辛未	壬申	癸酉	甲戌
절입시각					오후 4시28분																오전 9시48분									

月建	十 二 月　小																					辛　丑							
절기											大寒											立春							
음력	1	2	3	4	5	6	7	8	9	10	11	12	13	14	15	16	17	18	19	20	21	22	23	24	25	26	27	28	29
양력	1/11	12	13	14	15	16	17	18	19	20	21	22	23	24	25	26	27	28	29	30	31	2/1	2	3	4	5	6	7	8
일진	乙亥	丙子	丁丑	戊寅	己卯	庚辰	辛巳	壬午	癸未	甲申	乙酉	丙戌	丁亥	戊子	己丑	庚寅	辛卯	壬辰	癸巳	甲午	乙未	丙申	丁酉	戊戌	己亥	庚子	辛丑	壬寅	癸卯
절입시각					오전 3시8분																오후 9시31분								

1967년 | 檀紀 4300년　　丁未年　　金神　寅卯戌亥

四月　黑中　　卯　大將軍　　申酉戌　三殺　　巳　弔客　　酉　喪門

月建　正　月　大　　　　壬　寅

	1	2	3	4	5	6	7	8	9	10	11	12	13	14	15	16	17	18	19	20	21	22	23	24	25	26	27	28	29	30
절기											雨水															驚蟄				
음력	1	2	3	4	5	6	7	8	9	10	11	12	13	14	15	16	17	18	19	20	21	22	23	24	25	26	27	28	29	30
양력	2/9	10	11	12	13	14	15	16	17	18	19	20	21	22	23	24	25	26	27	28	3/1	2	3	4	5	6	7	8	9	10
일진	甲辰	乙巳	丙午	丁未	戊申	己酉	庚戌	辛亥	壬子	癸丑	甲寅	乙卯	丙辰	丁巳	戊午	己未	庚申	辛酉	壬戌	癸亥	甲子	乙丑	丙寅	丁卯	戊辰	己巳	庚午	辛未	壬申	癸酉
절입시각											오후 5시24분															오후 3시42분				

月建　二　月　大　　　　癸　卯

	1	2	3	4	5	6	7	8	9	10	11	12	13	14	15	16	17	18	19	20	21	22	23	24	25	26	27	28	29	30
절기											春分															清明				
음력	1	2	3	4	5	6	7	8	9	10	11	12	13	14	15	16	17	18	19	20	21	22	23	24	25	26	27	28	29	30
양력	3/11	12	13	14	15	16	17	18	19	20	21	22	23	24	25	26	27	28	29	30	31	4/1	2	3	4	5	6	7	8	9
일진	甲戌	乙亥	丙子	丁丑	戊寅	己卯	庚辰	辛巳	壬午	癸未	甲申	乙酉	丙戌	丁亥	戊子	己丑	庚寅	辛卯	壬辰	癸巳	甲午	乙未	丙申	丁酉	戊戌	己亥	庚子	辛丑	壬寅	癸卯
절입시각											오후 4시37분															오후 8시45분				

月建　三　月　小　　　　甲　辰

	1	2	3	4	5	6	7	8	9	10	11	12	13	14	15	16	17	18	19	20	21	22	23	24	25	26	27	28	29
절기												穀雨															立夏		
음력	1	2	3	4	5	6	7	8	9	10	11	12	13	14	15	16	17	18	19	20	21	22	23	24	25	26	27	28	29
양력	4/10	11	12	13	14	15	16	17	18	19	20	21	22	23	24	25	26	27	28	29	30	5/1	2	3	4	5	6	7	8
일진	甲辰	乙巳	丙午	丁未	戊申	己酉	庚戌	辛亥	壬子	癸丑	甲寅	乙卯	丙辰	丁巳	戊午	己未	庚申	辛酉	壬戌	癸亥	甲子	乙丑	丙寅	丁卯	戊辰	己巳	庚午	辛未	壬申
절입시각												오전 3시55분															오후 2시17분		

月建　四　月　大　　　　乙　巳

	1	2	3	4	5	6	7	8	9	10	11	12	13	14	15	16	17	18	19	20	21	22	23	24	25	26	27	28	29	30
절기														小滿															芒種	
음력	1	2	3	4	5	6	7	8	9	10	11	12	13	14	15	16	17	18	19	20	21	22	23	24	25	26	27	28	29	30
양력	5/9	10	11	12	13	14	15	16	17	18	19	20	21	22	23	24	25	26	27	28	29	30	31	6/1	2	3	4	5	6	7
일진	癸酉	甲戌	乙亥	丙子	丁丑	戊寅	己卯	庚辰	辛巳	壬午	癸未	甲申	乙酉	丙戌	丁亥	戊子	己丑	庚寅	辛卯	壬辰	癸巳	甲午	乙未	丙申	丁酉	戊戌	己亥	庚子	辛丑	壬寅
절입시각														오전 3시18분															오후 6시36분	

月建　五　月　大　　　　丙　午

	1	2	3	4	5	6	7	8	9	10	11	12	13	14	15	16	17	18	19	20	21	22	23	24	25	26	27	28	29	30
절기															夏至															
음력	1	2	3	4	5	6	7	8	9	10	11	12	13	14	15	16	17	18	19	20	21	22	23	24	25	26	27	28	29	30
양력	6/8	9	10	11	12	13	14	15	16	17	18	19	20	21	22	23	24	25	26	27	28	29	30	7/1	2	3	4	5	6	7
일진	癸卯	甲辰	乙巳	丙午	丁未	戊申	己酉	庚戌	辛亥	壬子	癸丑	甲寅	乙卯	丙辰	丁巳	戊午	己未	庚申	辛酉	壬戌	癸亥	甲子	乙丑	丙寅	丁卯	戊辰	己巳	庚午	辛未	壬申
절입시각															오전 11시23분															

月建　六　月　小　　　　丁　未

	1	2	3	4	5	6	7	8	9	10	11	12	13	14	15	16	17	18	19	20	21	22	23	24	25	26	27	28	29
절기	小暑															大暑													
음력	1	2	3	4	5	6	7	8	9	10	11	12	13	14	15	16	17	18	19	20	21	22	23	24	25	26	27	28	29
양력	7/8	9	10	11	12	13	14	15	16	17	18	19	20	21	22	23	24	25	26	27	28	29	30	31	8/1	2	3	4	5
일진	癸酉	甲戌	乙亥	丙子	丁丑	戊寅	己卯	庚辰	辛巳	壬午	癸未	甲申	乙酉	丙戌	丁亥	戊子	己丑	庚寅	辛卯	壬辰	癸巳	甲午	乙未	丙申	丁酉	戊戌	己亥	庚子	辛丑
절입시각	오전 4시53분															오후 10시16분													

七　月　小　　　　　　　　　　戊　申

月建	1	2	3	4	5	6	7	8	9	10	11	12	13	14	15	16	17	18	19	20	21	22	23	24	25	26	27	28	29
절기			立秋																處暑										
음력	1	2	3	4	5	6	7	8	9	10	11	12	13	14	15	16	17	18	19	20	21	22	23	24	25	26	27	28	29
양력	8/6	7	8	9	10	11	12	13	14	15	16	17	18	19	20	21	22	23	24	25	26	27	28	29	30	31	9/1	2	3
일진	壬寅	癸卯	甲辰	乙巳	丙午	丁未	戊申	己酉	庚戌	辛亥	壬子	癸丑	甲寅	乙卯	丙辰	丁巳	戊午	己未	庚申	辛酉	壬戌	癸亥	甲子	乙丑	丙寅	丁卯	戊辰	己巳	庚午

절입시각: 오후 2시35분　　오전 5시12분

八　月　大　　　　　　　　　　己　酉

月建	1	2	3	4	5	6	7	8	9	10	11	12	13	14	15	16	17	18	19	20	21	22	23	24	25	26	27	28	29	30
절기					白露																秋分									
음력	1	2	3	4	5	6	7	8	9	10	11	12	13	14	15	16	17	18	19	20	21	22	23	24	25	26	27	28	29	30
양력	9/4	5	6	7	8	9	10	11	12	13	14	15	16	17	18	19	20	21	22	23	24	25	26	27	28	29	30	10/1	2	3
일진	辛未	壬申	癸酉	甲戌	乙亥	丙子	丁丑	戊寅	己卯	庚辰	辛巳	壬午	癸未	甲申	乙酉	丙戌	丁亥	戊子	己丑	庚寅	辛卯	壬辰	癸巳	甲午	乙未	丙申	丁酉	戊戌	己亥	庚子

절입시각: 오후 5시18분　　오전 2시38분

九　月　小　　　　　　　　　　庚　戌

月建	1	2	3	4	5	6	7	8	9	10	11	12	13	14	15	16	17	18	19	20	21	22	23	24	25	26	27	28	29
절기						寒露															霜降								
음력	1	2	3	4	5	6	7	8	9	10	11	12	13	14	15	16	17	18	19	20	21	22	23	24	25	26	27	28	29
양력	10/4	5	6	7	8	9	10	11	12	13	14	15	16	17	18	19	20	21	22	23	24	25	26	27	28	29	30	31	11/1
일진	辛丑	壬寅	癸卯	甲辰	乙巳	丙午	丁未	戊申	己酉	庚戌	辛亥	壬子	癸丑	甲寅	乙卯	丙辰	丁巳	戊午	己未	庚申	辛酉	壬戌	癸亥	甲子	乙丑	丙寅	丁卯	戊辰	己巳

절입시각: 오전 8시41분　　오전 11시44분

十　月　大　　　　　　　　　　辛　亥

月建	1	2	3	4	5	6	7	8	9	10	11	12	13	14	15	16	17	18	19	20	21	22	23	24	25	26	27	28	29	30
절기							立冬															小雪								
음력	1	2	3	4	5	6	7	8	9	10	11	12	13	14	15	16	17	18	19	20	21	22	23	24	25	26	27	28	29	30
양력	11/2	3	4	5	6	7	8	9	10	11	12	13	14	15	16	17	18	19	20	21	22	23	24	25	26	27	28	29	30	12/1
일진	庚午	辛未	壬申	癸酉	甲戌	乙亥	丙子	丁丑	戊寅	己卯	庚辰	辛巳	壬午	癸未	甲申	乙酉	丙戌	丁亥	戊子	己丑	庚寅	辛卯	壬辰	癸巳	甲午	乙未	丙申	丁酉	戊戌	己亥

절입시각: 오전 11시37분　　오전 9시4분

十　一　月　小　　　　　　　　　壬　子

月建	1	2	3	4	5	6	7	8	9	10	11	12	13	14	15	16	17	18	19	20	21	22	23	24	25	26	27	28	29
절기							大雪														冬至								
음력	1	2	3	4	5	6	7	8	9	10	11	12	13	14	15	16	17	18	19	20	21	22	23	24	25	26	27	28	29
양력	12/2	3	4	5	6	7	8	9	10	11	12	13	14	15	16	17	18	19	20	21	22	23	24	25	26	27	28	29	30
일진	庚子	辛丑	壬寅	癸卯	甲辰	乙巳	丙午	丁未	戊申	己酉	庚戌	辛亥	壬子	癸丑	甲寅	乙卯	丙辰	丁巳	戊午	己未	庚申	辛酉	壬戌	癸亥	甲子	乙丑	丙寅	丁卯	戊辰

절입시각: 오전 4시18분　　오후 10시16분

十　二　月　大　　　　　　　　　癸　丑

月建	1	2	3	4	5	6	7	8	9	10	11	12	13	14	15	16	17	18	19	20	21	22	23	24	25	26	27	28	29	30
절기							小寒															大寒								
음력	1	2	3	4	5	6	7	8	9	10	11	12	13	14	15	16	17	18	19	20	21	22	23	24	25	26	27	28	29	30
양력	12/31	1/1	2	3	4	5	6	7	8	9	10	11	12	13	14	15	16	17	18	19	20	21	22	23	24	25	26	27	28	29
일진	己巳	庚午	辛未	壬申	癸酉	甲戌	乙亥	丙子	丁丑	戊寅	己卯	庚辰	辛巳	壬午	癸未	甲申	乙酉	丙戌	丁亥	戊子	己丑	庚寅	辛卯	壬辰	癸巳	甲午	乙未	丙申	丁酉	戊戌

절입시각: 오후 3시26분　　오전 8시54분

正月 小 — 甲寅

음력	1	2	3	4	5	6	7	8	9	10	11	12	13	14	15	16	17	18	19	20	21	22	23	24	25	26	27	28	29
절기							立春														雨水								
양력	1/30	31	2/1	2	3	4	5	6	7	8	9	10	11	12	13	14	15	16	17	18	19	20	21	22	23	24	25	26	27
일진	己亥	庚子	辛丑	壬寅	癸卯	甲辰	乙巳	丙午	丁未	戊申	己酉	庚戌	辛亥	壬子	癸丑	甲寅	乙卯	丙辰	丁巳	戊午	己未	庚申	辛酉	壬戌	癸亥	甲子	乙丑	丙寅	丁卯

절입시각: 立春 오전 3시7분　／　雨水 오후 11시9분

二月 大 — 乙卯

음력	1	2	3	4	5	6	7	8	9	10	11	12	13	14	15	16	17	18	19	20	21	22	23	24	25	26	27	28	29	30
절기							驚蟄															春分								
양력	2/28	29	3/1	2	3	4	5	6	7	8	9	10	11	12	13	14	15	16	17	18	19	20	21	22	23	24	25	26	27	28
일진	戊辰	己巳	庚午	辛未	壬申	癸酉	甲戌	乙亥	丙子	丁丑	戊寅	己卯	庚辰	辛巳	壬午	癸未	甲申	乙酉	丙戌	丁亥	戊子	己丑	庚寅	辛卯	壬辰	癸巳	甲午	乙未	丙申	丁酉

절입시각: 驚蟄 오후 9시18분　／　春分 오후 10시22분

三月 大 — 丙辰

음력	1	2	3	4	5	6	7	8	9	10	11	12	13	14	15	16	17	18	19	20	21	22	23	24	25	26	27	28	29	30
절기								清明															穀雨							
양력	3/29	30	31	4/1	2	3	4	5	6	7	8	9	10	11	12	13	14	15	16	17	18	19	20	21	22	23	24	25	26	27
일진	戊戌	己亥	庚子	辛丑	壬寅	癸卯	甲辰	乙巳	丙午	丁未	戊申	己酉	庚戌	辛亥	壬子	癸丑	甲寅	乙卯	丙辰	丁巳	戊午	己未	庚申	辛酉	壬戌	癸亥	甲子	乙丑	丙寅	丁卯

절입시각: 清明 오전 2시21분　／　穀雨 오전 9시41분

四月 小 — 丁巳

음력	1	2	3	4	5	6	7	8	9	10	11	12	13	14	15	16	17	18	19	20	21	22	23	24	25	26	27	28	29
절기								立夏																小滿					
양력	4/28	29	30	5/1	2	3	4	5	6	7	8	9	10	11	12	13	14	15	16	17	18	19	20	21	22	23	24	25	26
일진	戊辰	己巳	庚午	辛未	壬申	癸酉	甲戌	乙亥	丙子	丁丑	戊寅	己卯	庚辰	辛巳	壬午	癸未	甲申	乙酉	丙戌	丁亥	戊子	己丑	庚寅	辛卯	壬辰	癸巳	甲午	乙未	丙申

절입시각: 立夏 오후 7시56분　／　小滿 오전 9시6분

五月 大 — 戊午

음력	1	2	3	4	5	6	7	8	9	10	11	12	13	14	15	16	17	18	19	20	21	22	23	24	25	26	27	28	29	30
절기											芒種															夏至				
양력	5/27	28	29	30	31	6/1	2	3	4	5	6	7	8	9	10	11	12	13	14	15	16	17	18	19	20	21	22	23	24	25
일진	丁酉	戊戌	己亥	庚子	辛丑	壬寅	癸卯	甲辰	乙巳	丙午	丁未	戊申	己酉	庚戌	辛亥	壬子	癸丑	甲寅	乙卯	丙辰	丁巳	戊午	己未	庚申	辛酉	壬戌	癸亥	甲子	乙丑	丙寅

절입시각: 芒種 오전 0시19분　／　夏至 오후 5시13분

六月 小 — 己未

음력	1	2	3	4	5	6	7	8	9	10	11	12	13	14	15	16	17	18	19	20	21	22	23	24	25	26	27	28	29
절기						小暑																						大暑	
양력	6/26	27	28	29	30	7/1	2	3	4	5	6	7	8	9	10	11	12	13	14	15	16	17	18	19	20	21	22	23	24
일진	丁卯	戊辰	己巳	庚午	辛未	壬申	癸酉	甲戌	乙亥	丙子	丁丑	戊寅	己卯	庚辰	辛巳	壬午	癸未	甲申	乙酉	丙戌	丁亥	戊子	己丑	庚寅	辛卯	壬辰	癸巳	甲午	乙未

절입시각: 小暑 오전 10시42분　／　大暑 오전 4시7분

七 月 大　　庚 申

月建	1	2	3	4	5	6	7	8	9	10	11	12	13	14	15	16	17	18	19	20	21	22	23	24	25	26	27	28	29	30
절기														立秋																處暑
음력	1	2	3	4	5	6	7	8	9	10	11	12	13	14	15	16	17	18	19	20	21	22	23	24	25	26	27	28	29	30
양력	7/25	26	27	28	29	30	31	8/1	2	3	4	5	6	7	8	9	10	11	12	13	14	15	16	17	18	19	20	21	22	23
일진	丙申	丁酉	戊戌	己亥	庚子	辛丑	壬寅	癸卯	甲辰	乙巳	丙午	丁未	戊申	己酉	庚戌	辛亥	壬子	癸丑	甲寅	乙卯	丙辰	丁巳	戊午	己未	庚申	辛酉	壬戌	癸亥	甲子	乙丑
절입시각													立秋 오후 8시27분															處暑 오전 11시3분		

閏 七 月 小

月建	1	2	3	4	5	6	7	8	9	10	11	12	13	14	15	16	17	18	19	20	21	22	23	24	25	26	27	28	29
절기															白露														
음력	1	2	3	4	5	6	7	8	9	10	11	12	13	14	15	16	17	18	19	20	21	22	23	24	25	26	27	28	29
양력	8/24	25	26	27	28	29	30	31	9/1	2	3	4	5	6	7	8	9	10	11	12	13	14	15	16	17	18	19	20	21
일진	丙寅	丁卯	戊辰	己巳	庚午	辛未	壬申	癸酉	甲戌	乙亥	丙子	丁丑	戊寅	己卯	庚辰	辛巳	壬午	癸未	甲申	乙酉	丙戌	丁亥	戊子	己丑	庚寅	辛卯	壬辰	癸巳	甲午
절입시각														白露 오후 11시11분															

八 月 大　　辛 酉

月建	1	2	3	4	5	6	7	8	9	10	11	12	13	14	15	16	17	18	19	20	21	22	23	24	25	26	27	28	29	30
절기		秋分															寒露													
음력	1	2	3	4	5	6	7	8	9	10	11	12	13	14	15	16	17	18	19	20	21	22	23	24	25	26	27	28	29	30
양력	9/22	23	24	25	26	27	28	29	30	10/1	2	3	4	5	6	7	8	9	10	11	12	13	14	15	16	17	18	19	20	21
일진	乙未	丙申	丁酉	戊戌	己亥	庚子	辛丑	壬寅	癸卯	甲辰	乙巳	丙午	丁未	戊申	己酉	庚戌	辛亥	壬子	癸丑	甲寅	乙卯	丙辰	丁巳	戊午	己未	庚申	辛酉	壬戌	癸亥	甲子
절입시각	秋分 오전 8시26분															寒露 오후 2시34분														

九 月 小　　壬 戌

月建	1	2	3	4	5	6	7	8	9	10	11	12	13	14	15	16	17	18	19	20	21	22	23	24	25	26	27	28	29
절기		霜降															立冬												
음력	1	2	3	4	5	6	7	8	9	10	11	12	13	14	15	16	17	18	19	20	21	22	23	24	25	26	27	28	29
양력	10/22	23	24	25	26	27	28	29	30	31	11/1	2	3	4	5	6	7	8	9	10	11	12	13	14	15	16	17	18	19
일진	乙丑	丙寅	丁卯	戊辰	己巳	庚午	辛未	壬申	癸酉	甲戌	乙亥	丙子	丁丑	戊寅	己卯	庚辰	辛巳	壬午	癸未	甲申	乙酉	丙戌	丁亥	戊子	己丑	庚寅	辛卯	壬辰	癸巳
절입시각	霜降 오후 5시30분															立冬 오후 5시29분													

十 月 大　　癸 亥

月建	1	2	3	4	5	6	7	8	9	10	11	12	13	14	15	16	17	18	19	20	21	22	23	24	25	26	27	28	29	30
절기			小雪															大雪												
음력	1	2	3	4	5	6	7	8	9	10	11	12	13	14	15	16	17	18	19	20	21	22	23	24	25	26	27	28	29	30
양력	11/20	21	22	23	24	25	26	27	28	29	30	12/1	2	3	4	5	6	7	8	9	10	11	12	13	14	15	16	17	18	19
일진	甲午	乙未	丙申	丁酉	戊戌	己亥	庚子	辛丑	壬寅	癸卯	甲辰	乙巳	丙午	丁未	戊申	己酉	庚戌	辛亥	壬子	癸丑	甲寅	乙卯	丙辰	丁巳	戊午	己未	庚申	辛酉	壬戌	癸亥
절입시각			小雪 오후 2시49분															大雪 오전 10시8분												

十 一 月 小　　甲 子

月建	1	2	3	4	5	6	7	8	9	10	11	12	13	14	15	16	17	18	19	20	21	22	23	24	25	26	27	28	29
절기			冬至														小寒												
음력	1	2	3	4	5	6	7	8	9	10	11	12	13	14	15	16	17	18	19	20	21	22	23	24	25	26	27	28	29
양력	12/20	21	22	23	24	25	26	27	28	29	30	31	1/1	2	3	4	5	6	7	8	9	10	11	12	13	14	15	16	17
일진	甲子	乙丑	丙寅	丁卯	戊辰	己巳	庚午	辛未	壬申	癸酉	甲戌	乙亥	丙子	丁丑	戊寅	己卯	庚辰	辛巳	壬午	癸未	甲申	乙酉	丙戌	丁亥	戊子	己丑	庚寅	辛卯	壬辰
절입시각			冬至 오전 4시0분														小寒 오후 9시17분												

十 二 月 大　　乙 丑

月建	1	2	3	4	5	6	7	8	9	10	11	12	13	14	15	16	17	18	19	20	21	22	23	24	25	26	27	28	29	30
절기			大寒															立春												
음력	1	2	3	4	5	6	7	8	9	10	11	12	13	14	15	16	17	18	19	20	21	22	23	24	25	26	27	28	29	30
양력	1/18	19	20	21	22	23	24	25	26	27	28	29	30	31	2/1	2	3	4	5	6	7	8	9	10	11	12	13	14	15	16
일진	癸巳	甲午	乙未	丙申	丁酉	戊戌	己亥	庚子	辛丑	壬寅	癸卯	甲辰	乙巳	丙午	丁未	戊申	己酉	庚戌	辛亥	壬子	癸丑	甲寅	乙卯	丙辰	丁巳	戊午	己未	庚申	辛酉	壬戌
절입시각			大寒 오후 2시38분															立春 오전 8시59분												

正月　小　　丙寅

月建	正月 小																												丙寅
절기			雨水															驚蟄											
음력	1	2	3	4	5	6	7	8	9	10	11	12	13	14	15	16	17	18	19	20	21	22	23	24	25	26	27	28	29
양력	2/17	18	19	20	21	22	23	24	25	26	27	28	3/1	2	3	4	5	6	7	8	9	10	11	12	13	14	15	16	17
일진	癸亥	甲子	乙丑	丙寅	丁卯	戊辰	己巳	庚午	辛未	壬申	癸酉	甲戌	乙亥	丙子	丁丑	戊寅	己卯	庚辰	辛巳	壬午	癸未	甲申	乙酉	丙戌	丁亥	戊子	己丑	庚寅	辛卯
절입시각			오전 4시55분															오전 3시11분											

二月　大　　丁卯

月建	二月 大																													丁卯
절기				春分															淸明											
음력	1	2	3	4	5	6	7	8	9	10	11	12	13	14	15	16	17	18	19	20	21	22	23	24	25	26	27	28	29	30
양력	3/18	19	20	21	22	23	24	25	26	27	28	29	30	31	4/1	2	3	4	5	6	7	8	9	10	11	12	13	14	15	16
일진	壬辰	癸巳	甲午	乙未	丙申	丁酉	戊戌	己亥	庚子	辛丑	壬寅	癸卯	甲辰	乙巳	丙午	丁未	戊申	己酉	庚戌	辛亥	壬子	癸丑	甲寅	乙卯	丙辰	丁巳	戊午	己未	庚申	辛酉
절입시각				오전 4시8분															오전 8시15분											

三月　小　　戊辰

月建	三月 小																												戊辰
절기				穀雨																立夏									
음력	1	2	3	4	5	6	7	8	9	10	11	12	13	14	15	16	17	18	19	20	21	22	23	24	25	26	27	28	29
양력	4/17	18	19	20	21	22	23	24	25	26	27	28	29	30	5/1	2	3	4	5	6	7	8	9	10	11	12	13	14	15
일진	壬戌	癸亥	甲子	乙丑	丙寅	丁卯	戊辰	己巳	庚午	辛未	壬申	癸酉	甲戌	乙亥	丙子	丁丑	戊寅	己卯	庚辰	辛巳	壬午	癸未	甲申	乙酉	丙戌	丁亥	戊子	己丑	庚寅
절입시각				오후 3시27분																오전 1시50분									

四月　大　　己巳

月建	四月 大																													己巳
절기					小滿																	芒種								
음력	1	2	3	4	5	6	7	8	9	10	11	12	13	14	15	16	17	18	19	20	21	22	23	24	25	26	27	28	29	30
양력	5/16	17	18	19	20	21	22	23	24	25	26	27	28	29	30	31	6/1	2	3	4	5	6	7	8	9	10	11	12	13	14
일진	辛卯	壬辰	癸巳	甲午	乙未	丙申	丁酉	戊戌	己亥	庚子	辛丑	壬寅	癸卯	甲辰	乙巳	丙午	丁未	戊申	己酉	庚戌	辛亥	壬子	癸丑	甲寅	乙卯	丙辰	丁巳	戊午	己未	庚申
절입시각					오후 2시50분																	오전 6시12분								

五月　小　　庚午

月建	五月 小																												庚午
절기							夏至																小暑						
음력	1	2	3	4	5	6	7	8	9	10	11	12	13	14	15	16	17	18	19	20	21	22	23	24	25	26	27	28	29
양력	6/15	16	17	18	19	20	21	22	23	24	25	26	27	28	29	30	7/1	2	3	4	5	6	7	8	9	10	11	12	13
일진	辛酉	壬戌	癸亥	甲子	乙丑	丙寅	丁卯	戊辰	己巳	庚午	辛未	壬申	癸酉	甲戌	乙亥	丙子	丁丑	戊寅	己卯	庚辰	辛巳	壬午	癸未	甲申	乙酉	丙戌	丁亥	戊子	己丑
절입시각							오후 10시55분																오후 4시32분						

六月　大　　辛未

月建	六月 大																													辛未
절기										大暑																立秋				
음력	1	2	3	4	5	6	7	8	9	10	11	12	13	14	15	16	17	18	19	20	21	22	23	24	25	26	27	28	29	30
양력	7/14	15	16	17	18	19	20	21	22	23	24	25	26	27	28	29	30	31	8/1	2	3	4	5	6	7	8	9	10	11	12
일진	庚寅	辛卯	壬辰	癸巳	甲午	乙未	丙申	丁酉	戊戌	己亥	庚子	辛丑	壬寅	癸卯	甲辰	乙巳	丙午	丁未	戊申	己酉	庚戌	辛亥	壬子	癸丑	甲寅	乙卯	丙辰	丁巳	戊午	己未
절입시각										오전 9시48분																오전 2시14분				

月建	七 月 大																				壬 申									
절기											處暑																白露			
음력	1	2	3	4	5	6	7	8	9	10	11	12	13	14	15	16	17	18	19	20	21	22	23	24	25	26	27	28	29	30
양력	8/13	14	15	16	17	18	19	20	21	22	23	24	25	26	27	28	29	30	31	9/1	2	3	4	5	6	7	8	9	10	11
일진	庚申	辛酉	壬戌	癸亥	甲子	乙丑	丙寅	丁卯	戊辰	己巳	庚午	辛未	壬申	癸酉	甲戌	乙亥	丙子	丁丑	戊寅	己卯	庚辰	辛巳	壬午	癸未	甲申	乙酉	丙戌	丁亥	戊子	己丑
절입시각											오후 4시43분																오전 4시55분			

月建	八 月 小																				癸 酉								
절기												秋分															寒露		
음력	1	2	3	4	5	6	7	8	9	10	11	12	13	14	15	16	17	18	19	20	21	22	23	24	25	26	27	28	29
양력	9/12	13	14	15	16	17	18	19	20	21	22	23	24	25	26	27	28	29	30	10/1	2	3	4	5	6	7	8	9	10
일진	庚寅	辛卯	壬辰	癸巳	甲午	乙未	丙申	丁酉	戊戌	己亥	庚子	辛丑	壬寅	癸卯	甲辰	乙巳	丙午	丁未	戊申	己酉	庚戌	辛亥	壬子	癸丑	甲寅	乙卯	丙辰	丁巳	戊午
절입시각												오후 2시7분															오후 8시17분		

月建	九 月 大																				甲 戌									
절기													霜降															立冬		
음력	1	2	3	4	5	6	7	8	9	10	11	12	13	14	15	16	17	18	19	20	21	22	23	24	25	26	27	28	29	30
양력	10/11	12	13	14	15	16	17	18	19	20	21	22	23	24	25	26	27	28	29	30	31	11/1	2	3	4	5	6	7	8	9
일진	己未	庚申	辛酉	壬戌	癸亥	甲子	乙丑	丙寅	丁卯	戊辰	己巳	庚午	辛未	壬申	癸酉	甲戌	乙亥	丙子	丁丑	戊寅	己卯	庚辰	辛巳	壬午	癸未	甲申	乙酉	丙戌	丁亥	戊子
절입시각													오후 11시11분															오후 11시11분		

月建	十 月 小																				乙 亥								
절기													小雪															大雪		
음력	1	2	3	4	5	6	7	8	9	10	11	12	13	14	15	16	17	18	19	20	21	22	23	24	25	26	27	28	29
양력	11/10	11	12	13	14	15	16	17	18	19	20	21	22	23	24	25	26	27	28	29	30	12/1	2	3	4	5	6	7	8
일진	己丑	庚寅	辛卯	壬辰	癸巳	甲午	乙未	丙申	丁酉	戊戌	己亥	庚子	辛丑	壬寅	癸卯	甲辰	乙巳	丙午	丁未	戊申	己酉	庚戌	辛亥	壬子	癸丑	甲寅	乙卯	丙辰	丁巳
절입시각													오후 8시31분															오후 3시51분		

月建	十 一 月 大																				丙 子									
절기														冬至															小寒	
음력	1	2	3	4	5	6	7	8	9	10	11	12	13	14	15	16	17	18	19	20	21	22	23	24	25	26	27	28	29	30
양력	12/9	10	11	12	13	14	15	16	17	18	19	20	21	22	23	24	25	26	27	28	29	30	31	1/1	2	3	4	5	6	7
일진	戊午	己未	庚申	辛酉	壬戌	癸亥	甲子	乙丑	丙寅	丁卯	戊辰	己巳	庚午	辛未	壬申	癸酉	甲戌	乙亥	丙子	丁丑	戊寅	己卯	庚辰	辛巳	壬午	癸未	甲申	乙酉	丙戌	丁亥
절입시각														오전 9시44분															오전 3시2분	

月建	十 二 月 小																				丁 丑								
절기													大寒															立春		
음력	1	2	3	4	5	6	7	8	9	10	11	12	13	14	15	16	17	18	19	20	21	22	23	24	25	26	27	28	29
양력	1/8	9	10	11	12	13	14	15	16	17	18	19	20	21	22	23	24	25	26	27	28	29	30	31	2/1	2	3	4	5
일진	戊子	己丑	庚寅	辛卯	壬辰	癸巳	甲午	乙未	丙申	丁酉	戊戌	己亥	庚子	辛丑	壬寅	癸卯	甲辰	乙巳	丙午	丁未	戊申	己酉	庚戌	辛亥	壬子	癸丑	甲寅	乙卯	丙辰
절입시각													오후 8시24분															오후 2시46분		

1970년 | 檀紀 **4303년** **庚戌年** 金神　辰巳

四月 黑中　　午 大將軍　亥子丑 三殺　申 吊客　子 喪門

月建　正　月　大　　　戊寅

절기														雨水											驚蟄					
음력	1	2	3	4	5	6	7	8	9	10	11	12	13	14	15	16	17	18	19	20	21	22	23	24	25	26	27	28	29	30
양력	2/6	7	8	9	10	11	12	13	14	15	16	17	18	19	20	21	22	23	24	25	26	27	28	3/1	2	3	4	5	6	7
일진	丁巳	戊午	己未	庚申	辛酉	壬戌	癸亥	甲子	乙丑	丙寅	丁卯	戊辰	己巳	庚午	辛未	壬申	癸酉	甲戌	乙亥	丙子	丁丑	戊寅	己卯	庚辰	辛巳	壬午	癸未	甲申	乙酉	丙戌

절입시각: 雨水 오전 10시42분　驚蟄 오전 8시58분

月建　二　月　小　　　己卯

절기														春分											淸明				
음력	1	2	3	4	5	6	7	8	9	10	11	12	13	14	15	16	17	18	19	20	21	22	23	24	25	26	27	28	29
양력	3/8	9	10	11	12	13	14	15	16	17	18	19	20	21	22	23	24	25	26	27	28	29	30	31	4/1	2	3	4	5
일진	丁亥	戊子	己丑	庚寅	辛卯	壬辰	癸巳	甲午	乙未	丙申	丁酉	戊戌	己亥	庚子	辛丑	壬寅	癸卯	甲辰	乙巳	丙午	丁未	戊申	己酉	庚戌	辛亥	壬子	癸丑	甲寅	乙卯

절입시각: 春分 오전 9시56분　淸明 오후 2시2분

月建　三　月　小　　　庚辰

절기															穀雨														
음력	1	2	3	4	5	6	7	8	9	10	11	12	13	14	15	16	17	18	19	20	21	22	23	24	25	26	27	28	29
양력	4/6	7	8	9	10	11	12	13	14	15	16	17	18	19	20	21	22	23	24	25	26	27	28	29	30	5/1	2	3	4
일진	丙辰	丁巳	戊午	己未	庚申	辛酉	壬戌	癸亥	甲子	乙丑	丙寅	丁卯	戊辰	己巳	庚午	辛未	壬申	癸酉	甲戌	乙亥	丙子	丁丑	戊寅	己卯	庚辰	辛巳	壬午	癸未	甲申

절입시각: 穀雨 오후 9시15분

月建　四　月　大　　　辛巳

절기		立夏															小滿													
음력	1	2	3	4	5	6	7	8	9	10	11	12	13	14	15	16	17	18	19	20	21	22	23	24	25	26	27	28	29	30
양력	5/5	6	7	8	9	10	11	12	13	14	15	16	17	18	19	20	21	22	23	24	25	26	27	28	29	30	31	6/1	2	3
일진	乙酉	丙戌	丁亥	戊子	己丑	庚寅	辛卯	壬辰	癸巳	甲午	乙未	丙申	丁酉	戊戌	己亥	庚子	辛丑	壬寅	癸卯	甲辰	乙巳	丙午	丁未	戊申	己酉	庚戌	辛亥	壬子	癸丑	甲寅

절입시각: 立夏 오전 7시34분　小滿 오후 8시37분

月建　五　月　大　　　壬午

절기			芒種																夏至											
음력	1	2	3	4	5	6	7	8	9	10	11	12	13	14	15	16	17	18	19	20	21	22	23	24	25	26	27	28	29	30
양력	6/4	5	6	7	8	9	10	11	12	13	14	15	16	17	18	19	20	21	22	23	24	25	26	27	28	29	30	7/1	2	3
일진	乙卯	丙辰	丁巳	戊午	己未	庚申	辛酉	壬戌	癸亥	甲子	乙丑	丙寅	丁卯	戊辰	己巳	庚午	辛未	壬申	癸酉	甲戌	乙亥	丙子	丁丑	戊寅	己卯	庚辰	辛巳	壬午	癸未	甲申

절입시각: 芒種 오전 11시52분　夏至 오전 4시43분

月建　六　月　小　　　癸未

절기				小暑																大暑									
음력	1	2	3	4	5	6	7	8	9	10	11	12	13	14	15	16	17	18	19	20	21	22	23	24	25	26	27	28	29
양력	7/4	5	6	7	8	9	10	11	12	13	14	15	16	17	18	19	20	21	22	23	24	25	26	27	28	29	30	31	8/1
일진	乙酉	丙戌	丁亥	戊子	己丑	庚寅	辛卯	壬辰	癸巳	甲午	乙未	丙申	丁酉	戊戌	己亥	庚子	辛丑	壬寅	癸卯	甲辰	乙巳	丙午	丁未	戊申	己酉	庚戌	辛亥	壬子	癸丑

절입시각: 小暑 오후 10시11분　大暑 오후 3시37분

七 月 大　　甲 申

절기	1	2	3	4	5	6	7	8	9	10	11	12	13	14	15	16	17	18	19	20	21	22	23	24	25	26	27	28	29	30
절기							立秋															處暑								
음력	1	2	3	4	5	6	7	8	9	10	11	12	13	14	15	16	17	18	19	20	21	22	23	24	25	26	27	28	29	30
양력	8/2	3	4	5	6	7	8	9	10	11	12	13	14	15	16	17	18	19	20	21	22	23	24	25	26	27	28	29	30	31
일진	甲寅	乙卯	丙辰	丁巳	戊午	己未	庚申	辛酉	壬戌	癸亥	甲子	乙丑	丙寅	丁卯	戊辰	己巳	庚午	辛未	壬申	癸酉	甲戌	乙亥	丙子	丁丑	戊寅	己卯	庚辰	辛巳	壬午	癸未

절입시각: 오전 7시54분　　오후 10시34분

八 月 小　　乙 酉

절기	1	2	3	4	5	6	7	8	9	10	11	12	13	14	15	16	17	18	19	20	21	22	23	24	25	26	27	28	29
절기								白露															秋分						
음력	1	2	3	4	5	6	7	8	9	10	11	12	13	14	15	16	17	18	19	20	21	22	23	24	25	26	27	28	29
양력	9/1	2	3	4	5	6	7	8	9	10	11	12	13	14	15	16	17	18	19	20	21	22	23	24	25	26	27	28	29
일진	甲申	乙酉	丙戌	丁亥	戊子	己丑	庚寅	辛卯	壬辰	癸巳	甲午	乙未	丙申	丁酉	戊戌	己亥	庚子	辛丑	壬寅	癸卯	甲辰	乙巳	丙午	丁未	戊申	己酉	庚戌	辛亥	壬子

절입시각: 오전 10시38분　　오후 7시59분

九 月 大　　丙 戌

절기	1	2	3	4	5	6	7	8	9	10	11	12	13	14	15	16	17	18	19	20	21	22	23	24	25	26	27	28	29	30
절기										寒露															霜降					
음력	1	2	3	4	5	6	7	8	9	10	11	12	13	14	15	16	17	18	19	20	21	22	23	24	25	26	27	28	29	30
양력	9/30	10/1	2	3	4	5	6	7	8	9	10	11	12	13	14	15	16	17	18	19	20	21	22	23	24	25	26	27	28	29
일진	癸丑	甲寅	乙卯	丙辰	丁巳	戊午	己未	庚申	辛酉	壬戌	癸亥	甲子	乙丑	丙寅	丁卯	戊辰	己巳	庚午	辛未	壬申	癸酉	甲戌	乙亥	丙子	丁丑	戊寅	己卯	庚辰	辛巳	壬午

절입시각: 오전 2시2분　　오전 5시4분

十 月 大　　丁 亥

절기	1	2	3	4	5	6	7	8	9	10	11	12	13	14	15	16	17	18	19	20	21	22	23	24	25	26	27	28	29	30
절기										立冬															小雪					
음력	1	2	3	4	5	6	7	8	9	10	11	12	13	14	15	16	17	18	19	20	21	22	23	24	25	26	27	28	29	30
양력	10/30	31	11/1	2	3	4	5	6	7	8	9	10	11	12	13	14	15	16	17	18	19	20	21	22	23	24	25	26	27	28
일진	癸未	甲申	乙酉	丙戌	丁亥	戊子	己丑	庚寅	辛卯	壬辰	癸巳	甲午	乙未	丙申	丁酉	戊戌	己亥	庚子	辛丑	壬寅	癸卯	甲辰	乙巳	丙午	丁未	戊申	己酉	庚戌	辛亥	壬子

절입시각: 오전 4시58분　　오전 2시25분

十 一 月 小　　戊 子

절기	1	2	3	4	5	6	7	8	9	10	11	12	13	14	15	16	17	18	19	20	21	22	23	24	25	26	27	28	29
절기									大雪															冬至					
음력	1	2	3	4	5	6	7	8	9	10	11	12	13	14	15	16	17	18	19	20	21	22	23	24	25	26	27	28	29
양력	11/29	30	12/1	2	3	4	5	6	7	8	9	10	11	12	13	14	15	16	17	18	19	20	21	22	23	24	25	26	27
일진	癸丑	甲寅	乙卯	丙辰	丁巳	戊午	己未	庚申	辛酉	壬戌	癸亥	甲子	乙丑	丙寅	丁卯	戊辰	己巳	庚午	辛未	壬申	癸酉	甲戌	乙亥	丙子	丁丑	戊寅	己卯	庚辰	辛巳

절입시각: 오후 9시37분　　오후 3시36분

十 二 月 大　　己 丑

절기	1	2	3	4	5	6	7	8	9	10	11	12	13	14	15	16	17	18	19	20	21	22	23	24	25	26	27	28	29	30
절기										小寒															大寒					
음력	1	2	3	4	5	6	7	8	9	10	11	12	13	14	15	16	17	18	19	20	21	22	23	24	25	26	27	28	29	30
양력	12/28	29	30	31	1/1	2	3	4	5	6	7	8	9	10	11	12	13	14	15	16	17	18	19	20	21	22	23	24	25	26
일진	壬午	癸未	甲申	乙酉	丙戌	丁亥	戊子	己丑	庚寅	辛卯	壬辰	癸巳	甲午	乙未	丙申	丁酉	戊戌	己亥	庚子	辛丑	壬寅	癸卯	甲辰	乙巳	丙午	丁未	戊申	己酉	庚戌	辛亥

절입시각: 오전 8시45분　　오전 2시13분

1971년 | 檀紀 4304년　辛亥年

金神　寅卯午未子丑

正月　十月　黑中　　　　酉　大將軍　　申酉戌　三殺　　酉　吊客　　丑　喪門

正月 小　　月建 庚寅

절기	1	2	3	4	5	6	7	8	9	10	11	12	13	14	15	16	17	18	19	20	21	22	23	24	25	26	27	28	29
									立春															雨水					
음력	1	2	3	4	5	6	7	8	9	10	11	12	13	14	15	16	17	18	19	20	21	22	23	24	25	26	27	28	29
양력	1/27	28	29	30	31	2/1	2	3	4	5	6	7	8	9	10	11	12	13	14	15	16	17	18	19	20	21	22	23	24
일진	壬子	癸丑	甲寅	乙卯	丙辰	丁巳	戊午	己未	庚申	辛酉	壬戌	癸亥	甲子	乙丑	丙寅	丁卯	戊辰	己巳	庚午	辛未	壬申	癸酉	甲戌	乙亥	丙子	丁丑	戊寅	己卯	庚辰

절입시각: 立春 오후 8시25분　　雨水 오후 4시27분

二月 大　　月建 辛卯

절기	1	2	3	4	5	6	7	8	9	10	11	12	13	14	15	16	17	18	19	20	21	22	23	24	25	26	27	28	29	30
										驚蟄															春分					
음력	1	2	3	4	5	6	7	8	9	10	11	12	13	14	15	16	17	18	19	20	21	22	23	24	25	26	27	28	29	30
양력	2/25	26	27	28	3/1	2	3	4	5	6	7	8	9	10	11	12	13	14	15	16	17	18	19	20	21	22	23	24	25	26
일진	辛巳	壬午	癸未	甲申	乙酉	丙戌	丁亥	戊子	己丑	庚寅	辛卯	壬辰	癸巳	甲午	乙未	丙申	丁酉	戊戌	己亥	庚子	辛丑	壬寅	癸卯	甲辰	乙巳	丙午	丁未	戊申	己酉	庚戌

절입시각: 驚蟄 오후 2시35분　　春分 오후 3시38분

三月 小　　月建 壬辰

절기	1	2	3	4	5	6	7	8	9	10	11	12	13	14	15	16	17	18	19	20	21	22	23	24	25	26	27	28	29
										清明																穀雨			
음력	1	2	3	4	5	6	7	8	9	10	11	12	13	14	15	16	17	18	19	20	21	22	23	24	25	26	27	28	29
양력	3/27	28	29	30	31	4/1	2	3	4	5	6	7	8	9	10	11	12	13	14	15	16	17	18	19	20	21	22	23	24
일진	辛亥	壬子	癸丑	甲寅	乙卯	丙辰	丁巳	戊午	己未	庚申	辛酉	壬戌	癸亥	甲子	乙丑	丙寅	丁卯	戊辰	己巳	庚午	辛未	壬申	癸酉	甲戌	乙亥	丙子	丁丑	戊寅	己卯

절입시각: 清明 오후 7시36분　　穀雨 오전 2시54분

四月 小　　月建 癸巳

절기	1	2	3	4	5	6	7	8	9	10	11	12	13	14	15	16	17	18	19	20	21	22	23	24	25	26	27	28	29
												立夏																小滿	
음력	1	2	3	4	5	6	7	8	9	10	11	12	13	14	15	16	17	18	19	20	21	22	23	24	25	26	27	28	29
양력	4/25	26	27	28	29	30	5/1	2	3	4	5	6	7	8	9	10	11	12	13	14	15	16	17	18	19	20	21	22	23
일진	庚辰	辛巳	壬午	癸未	甲申	乙酉	丙戌	丁亥	戊子	己丑	庚寅	辛卯	壬辰	癸巳	甲午	乙未	丙申	丁酉	戊戌	己亥	庚子	辛丑	壬寅	癸卯	甲辰	乙巳	丙午	丁未	戊申

절입시각: 立夏 오후 1시8분　　小滿 오전 2시15분

五月 大　　月建 甲午

절기	1	2	3	4	5	6	7	8	9	10	11	12	13	14	15	16	17	18	19	20	21	22	23	24	25	26	27	28	29	30
														芒種																夏至
음력	1	2	3	4	5	6	7	8	9	10	11	12	13	14	15	16	17	18	19	20	21	22	23	24	25	26	27	28	29	30
양력	5/24	25	26	27	28	29	30	31	6/1	2	3	4	5	6	7	8	9	10	11	12	13	14	15	16	17	18	19	20	21	22
일진	己酉	庚戌	辛亥	壬子	癸丑	甲寅	乙卯	丙辰	丁巳	戊午	己未	庚申	辛酉	壬戌	癸亥	甲子	乙丑	丙寅	丁卯	戊辰	己巳	庚午	辛未	壬申	癸酉	甲戌	乙亥	丙子	丁丑	戊寅

절입시각: 芒種 오후 5시29분　　夏至 오전 10시20분

閏 五月 小

절기	1	2	3	4	5	6	7	8	9	10	11	12	13	14	15	16	17	18	19	20	21	22	23	24	25	26	27	28	29
																小暑													
음력	1	2	3	4	5	6	7	8	9	10	11	12	13	14	15	16	17	18	19	20	21	22	23	24	25	26	27	28	29
양력	6/23	24	25	26	27	28	29	30	7/1	2	3	4	5	6	7	8	9	10	11	12	13	14	15	16	17	18	19	20	21
일진	己卯	庚辰	辛巳	壬午	癸未	甲申	乙酉	丙戌	丁亥	戊子	己丑	庚寅	辛卯	壬辰	癸巳	甲午	乙未	丙申	丁酉	戊戌	己亥	庚子	辛丑	壬寅	癸卯	甲辰	乙巳	丙午	丁未

절입시각: 小暑 오전 3시51분

六 月 大　　　　乙 未

절기	1	2	3	4	5	6	7	8	9	10	11	12	13	14	15	16	17	18	19	20	21	22	23	24	25	26	27	28	29	30
	大暑																立秋													
음력	1	2	3	4	5	6	7	8	9	10	11	12	13	14	15	16	17	18	19	20	21	22	23	24	25	26	27	28	29	30
양력	7/22	23	24	25	26	27	28	29	30	31	8/1	2	3	4	5	6	7	8	9	10	11	12	13	14	15	16	17	18	19	20
일진	戊申	己酉	庚戌	辛亥	壬子	癸丑	甲寅	乙卯	丙辰	丁巳	戊午	己未	庚申	辛酉	壬戌	癸亥	甲子	乙丑	丙寅	丁卯	戊辰	己巳	庚午	辛未	壬申	癸酉	甲戌	乙亥	丙子	丁丑

절입시각: 오후 9시15분　　오후 1시40분

七 月 小　　　　丙 申

절기	1	2	3	4	5	6	7	8	9	10	11	12	13	14	15	16	17	18	19	20	21	22	23	24	25	26	27	28	29
				處暑														白露											
음력	1	2	3	4	5	6	7	8	9	10	11	12	13	14	15	16	17	18	19	20	21	22	23	24	25	26	27	28	29
양력	8/21	22	23	24	25	26	27	28	29	30	31	9/1	2	3	4	5	6	7	8	9	10	11	12	13	14	15	16	17	18
일진	戊寅	己卯	庚辰	辛巳	壬午	癸未	甲申	乙酉	丙戌	丁亥	戊子	己丑	庚寅	辛卯	壬辰	癸巳	甲午	乙未	丙申	丁酉	戊戌	己亥	庚子	辛丑	壬寅	癸卯	甲辰	乙巳	丙午

절입시각: 오전 4시15분　　오후 4시30분

八 月 大　　　　丁 酉

절기	1	2	3	4	5	6	7	8	9	10	11	12	13	14	15	16	17	18	19	20	21	22	23	24	25	26	27	28	29	30
						秋分															寒露									
음력	1	2	3	4	5	6	7	8	9	10	11	12	13	14	15	16	17	18	19	20	21	22	23	24	25	26	27	28	29	30
양력	9/19	20	21	22	23	24	25	26	27	28	29	30	10/1	2	3	4	5	6	7	8	9	10	11	12	13	14	15	16	17	18
일진	丁未	戊申	己酉	庚戌	辛亥	壬子	癸丑	甲寅	乙卯	丙辰	丁巳	戊午	己未	庚申	辛酉	壬戌	癸亥	甲子	乙丑	丙寅	丁卯	戊辰	己巳	庚午	辛未	壬申	癸酉	甲戌	乙亥	丙子

절입시각: 오전 1시45분　　오전 7시59분

九 月 大　　　　戊 戌

절기	1	2	3	4	5	6	7	8	9	10	11	12	13	14	15	16	17	18	19	20	21	22	23	24	25	26	27	28	29	30
						霜降															立冬									
음력	1	2	3	4	5	6	7	8	9	10	11	12	13	14	15	16	17	18	19	20	21	22	23	24	25	26	27	28	29	30
양력	10/19	20	21	22	23	24	25	26	27	28	29	30	31	11/1	2	3	4	5	6	7	8	9	10	11	12	13	14	15	16	17
일진	丁丑	戊寅	己卯	庚辰	辛巳	壬午	癸未	甲申	乙酉	丙戌	丁亥	戊子	己丑	庚寅	辛卯	壬辰	癸巳	甲午	乙未	丙申	丁酉	戊戌	己亥	庚子	辛丑	壬寅	癸卯	甲辰	乙巳	丙午

절입시각: 오전 10시53분　　오전 10시57분

十 月 大　　　　己 亥

절기	1	2	3	4	5	6	7	8	9	10	11	12	13	14	15	16	17	18	19	20	21	22	23	24	25	26	27	28	29	30
						小雪															大雪									
음력	1	2	3	4	5	6	7	8	9	10	11	12	13	14	15	16	17	18	19	20	21	22	23	24	25	26	27	28	29	30
양력	11/18	19	20	21	22	23	24	25	26	27	28	29	30	12/1	2	3	4	5	6	7	8	9	10	11	12	13	14	15	16	17
일진	丁未	戊申	己酉	庚戌	辛亥	壬子	癸丑	甲寅	乙卯	丙辰	丁巳	戊午	己未	庚申	辛酉	壬戌	癸亥	甲子	乙丑	丙寅	丁卯	戊辰	己巳	庚午	辛未	壬申	癸酉	甲戌	乙亥	丙子

절입시각: 오전 8시14분　　오전 3시36분

十 一 月 小　　　　庚 子

절기	1	2	3	4	5	6	7	8	9	10	11	12	13	14	15	16	17	18	19	20	21	22	23	24	25	26	27	28	29
					冬至															小寒									
음력	1	2	3	4	5	6	7	8	9	10	11	12	13	14	15	16	17	18	19	20	21	22	23	24	25	26	27	28	29
양력	12/18	19	20	21	22	23	24	25	26	27	28	29	30	31	1/1	2	3	4	5	6	7	8	9	10	11	12	13	14	15
일진	丁丑	戊寅	己卯	庚辰	辛巳	壬午	癸未	甲申	乙酉	丙戌	丁亥	戊子	己丑	庚寅	辛卯	壬辰	癸巳	甲午	乙未	丙申	丁酉	戊戌	己亥	庚子	辛丑	壬寅	癸卯	甲辰	乙巳

절입시각: 오후 9시24분　　오후 2시42분

十 二 月 大　　　　辛 丑

절기	1	2	3	4	5	6	7	8	9	10	11	12	13	14	15	16	17	18	19	20	21	22	23	24	25	26	27	28	29	30
						大寒											立春													
음력	1	2	3	4	5	6	7	8	9	10	11	12	13	14	15	16	17	18	19	20	21	22	23	24	25	26	27	28	29	30
양력	1/16	17	18	19	20	21	22	23	24	25	26	27	28	29	30	31	2/1	2	3	4	5	6	7	8	9	10	11	12	13	14
일진	丙午	丁未	戊申	己酉	庚戌	辛亥	壬子	癸丑	甲寅	乙卯	丙辰	丁巳	戊午	己未	庚申	辛酉	壬戌	癸亥	甲子	乙丑	丙寅	丁卯	戊辰	己巳	庚午	辛未	壬申	癸酉	甲戌	乙亥

절입시각: 오전 7시59분　　오전 2시20분

正月　小　　壬寅

절기: 雨水(5) · 驚蟄(20)

음력	1	2	3	4	5	6	7	8	9	10	11	12	13	14	15	16	17	18	19	20	21	22	23	24	25	26	27	28	29
양력	2/15	16	17	18	19	20	21	22	23	24	25	26	27	28	29	3/1	2	3	4	5	6	7	8	9	10	11	12	13	14
일진	丙子	丁丑	戊寅	己卯	庚辰	辛巳	壬午	癸未	甲申	乙酉	丙戌	丁亥	戊子	己丑	庚寅	辛卯	壬辰	癸巳	甲午	乙未	丙申	丁酉	戊戌	己亥	庚子	辛丑	壬寅	癸卯	甲辰

절입시각: 雨水 오후 10시11분 · 驚蟄 오후 8시28분

二月　大　　癸卯

절기: 春分(6) · 淸明(18)

음력	1	2	3	4	5	6	7	8	9	10	11	12	13	14	15	16	17	18	19	20	21	22	23	24	25	26	27	28	29	30
양력	3/15	16	17	18	19	20	21	22	23	24	25	26	27	28	29	30	31	4/1	2	3	4	5	6	7	8	9	10	11	12	13
일진	乙巳	丙午	丁未	戊申	己酉	庚戌	辛亥	壬子	癸丑	甲寅	乙卯	丙辰	丁巳	戊午	己未	庚申	辛酉	壬戌	癸亥	甲子	乙丑	丙寅	丁卯	戊辰	己巳	庚午	辛未	壬申	癸酉	甲戌

절입시각: 春分 오후 9시21분 · 淸明 오전 1시29분

三月　小　　甲辰

절기: 穀雨(7) · 立夏(18)

음력	1	2	3	4	5	6	7	8	9	10	11	12	13	14	15	16	17	18	19	20	21	22	23	24	25	26	27	28	29
양력	4/14	15	16	17	18	19	20	21	22	23	24	25	26	27	28	29	30	5/1	2	3	4	5	6	7	8	9	10	11	12
일진	乙亥	丙子	丁丑	戊寅	己卯	庚辰	辛巳	壬午	癸未	甲申	乙酉	丙戌	丁亥	戊子	己丑	庚寅	辛卯	壬辰	癸巳	甲午	乙未	丙申	丁酉	戊戌	己亥	庚子	辛丑	壬寅	癸卯

절입시각: 穀雨 오전 8시37분 · 立夏 오후 7시1분

四月　小　　乙巳

절기: 小滿(9) · 芒種(20)

음력	1	2	3	4	5	6	7	8	9	10	11	12	13	14	15	16	17	18	19	20	21	22	23	24	25	26	27	28	29
양력	5/13	14	15	16	17	18	19	20	21	22	23	24	25	26	27	28	29	30	31	6/1	2	3	4	5	6	7	8	9	10
일진	甲辰	乙巳	丙午	丁未	戊申	己酉	庚戌	辛亥	壬子	癸丑	甲寅	乙卯	丙辰	丁巳	戊午	己未	庚申	辛酉	壬戌	癸亥	甲子	乙丑	丙寅	丁卯	戊辰	己巳	庚午	辛未	壬申

절입시각: 小滿 오전 8시0분 · 芒種 오후 11시22분

五月　大　　丙午

절기: 夏至(11) · 小暑(27)

음력	1	2	3	4	5	6	7	8	9	10	11	12	13	14	15	16	17	18	19	20	21	22	23	24	25	26	27	28	29	30
양력	6/11	12	13	14	15	16	17	18	19	20	21	22	23	24	25	26	27	28	29	30	7/1	2	3	4	5	6	7	8	9	10
일진	癸酉	甲戌	乙亥	丙子	丁丑	戊寅	己卯	庚辰	辛巳	壬午	癸未	甲申	乙酉	丙戌	丁亥	戊子	己丑	庚寅	辛卯	壬辰	癸巳	甲午	乙未	丙申	丁酉	戊戌	己亥	庚子	辛丑	壬寅

절입시각: 夏至 오후 4시6분 · 小暑 오전 9시43분

六月　小　　丁未

절기: 大暑(13) · 立秋(28)

음력	1	2	3	4	5	6	7	8	9	10	11	12	13	14	15	16	17	18	19	20	21	22	23	24	25	26	27	28	29
양력	7/11	12	13	14	15	16	17	18	19	20	21	22	23	24	25	26	27	28	29	30	31	8/1	2	3	4	5	6	7	8
일진	癸卯	甲辰	乙巳	丙午	丁未	戊申	己酉	庚戌	辛亥	壬子	癸丑	甲寅	乙卯	丙辰	丁巳	戊午	己未	庚申	辛酉	壬戌	癸亥	甲子	乙丑	丙寅	丁卯	戊辰	己巳	庚午	辛未

절입시각: 大暑 오전 3시3분 · 立秋 오후 7시29분

七 月 大 — 戊 申

月建	七 月 大																							戊 申						
절기															處暑															白露
음력	1	2	3	4	5	6	7	8	9	10	11	12	13	14	15	16	17	18	19	20	21	22	23	24	25	26	27	28	29	30
양력	8/9	10	11	12	13	14	15	16	17	18	19	20	21	22	23	24	25	26	27	28	29	30	31	9/1	2	3	4	5	6	7
일진	壬申	癸酉	甲戌	乙亥	丙子	丁丑	戊寅	己卯	庚辰	辛巳	壬午	癸未	甲申	乙酉	丙戌	丁亥	戊子	己丑	庚寅	辛卯	壬辰	癸巳	甲午	乙未	丙申	丁酉	戊戌	己亥	庚子	辛丑
절입시각															오전 10시3분															오후 10시15분

八 月 小 — 己 酉

月建	八 月 小																							己 酉					
절기																秋分													
음력	1	2	3	4	5	6	7	8	9	10	11	12	13	14	15	16	17	18	19	20	21	22	23	24	25	26	27	28	29
양력	9/8	9	10	11	12	13	14	15	16	17	18	19	20	21	22	23	24	25	26	27	28	29	30	10/1	2	3	4	5	6
일진	壬寅	癸卯	甲辰	乙巳	丙午	丁未	戊申	己酉	庚戌	辛亥	壬子	癸丑	甲寅	乙卯	丙辰	丁巳	戊午	己未	庚申	辛酉	壬戌	癸亥	甲子	乙丑	丙寅	丁卯	戊辰	己巳	庚午
절입시각																오전 7시33분													

九 月 大 — 庚 戌

月建	九 月 大																							庚 戌						
절기		寒露															霜降													
음력	1	2	3	4	5	6	7	8	9	10	11	12	13	14	15	16	17	18	19	20	21	22	23	24	25	26	27	28	29	30
양력	10/7	8	9	10	11	12	13	14	15	16	17	18	19	20	21	22	23	24	25	26	27	28	29	30	31	11/1	2	3	4	5
일진	辛未	壬申	癸酉	甲戌	乙亥	丙子	丁丑	戊寅	己卯	庚辰	辛巳	壬午	癸未	甲申	乙酉	丙戌	丁亥	戊子	己丑	庚寅	辛卯	壬辰	癸巳	甲午	乙未	丙申	丁酉	戊戌	己亥	庚子
절입시각		오후 1시42분															오후 4시41분													

十 月 大 — 辛 亥

月建	十 月 大																							辛 亥						
절기		立冬															小雪													
음력	1	2	3	4	5	6	7	8	9	10	11	12	13	14	15	16	17	18	19	20	21	22	23	24	25	26	27	28	29	30
양력	11/6	7	8	9	10	11	12	13	14	15	16	17	18	19	20	21	22	23	24	25	26	27	28	29	30	12/1	2	3	4	5
일진	辛丑	壬寅	癸卯	甲辰	乙巳	丙午	丁未	戊申	己酉	庚戌	辛亥	壬子	癸丑	甲寅	乙卯	丙辰	丁巳	戊午	己未	庚申	辛酉	壬戌	癸亥	甲子	乙丑	丙寅	丁卯	戊辰	己巳	庚午
절입시각		오후 4시39분															오후 2시3분													

十 一 月 大 — 壬 子

月建	十 一 月 大																							壬 子						
절기		大雪															冬至													
음력	1	2	3	4	5	6	7	8	9	10	11	12	13	14	15	16	17	18	19	20	21	22	23	24	25	26	27	28	29	30
양력	12/6	7	8	9	10	11	12	13	14	15	16	17	18	19	20	21	22	23	24	25	26	27	28	29	30	31	1/1	2	3	4
일진	辛未	壬申	癸酉	甲戌	乙亥	丙子	丁丑	戊寅	己卯	庚辰	辛巳	壬午	癸未	甲申	乙酉	丙戌	丁亥	戊子	己丑	庚寅	辛卯	壬辰	癸巳	甲午	乙未	丙申	丁酉	戊戌	己亥	庚子
절입시각		오전 9시19분															오전 3시13분													

十 二 月 小 — 癸 丑

月建	十 二 月 小																							癸 丑					
절기	小寒															大寒													
음력	1	2	3	4	5	6	7	8	9	10	11	12	13	14	15	16	17	18	19	20	21	22	23	24	25	26	27	28	29
양력	1/5	6	7	8	9	10	11	12	13	14	15	16	17	18	19	20	21	22	23	24	25	26	27	28	29	30	31	2/1	2
일진	辛丑	壬寅	癸卯	甲辰	乙巳	丙午	丁未	戊申	己酉	庚戌	辛亥	壬子	癸丑	甲寅	乙卯	丙辰	丁巳	戊午	己未	庚申	辛酉	壬戌	癸亥	甲子	乙丑	丙寅	丁卯	戊辰	己巳
절입시각	오후 8시25분															오후 1시48분													

1973년 | 檀紀 4306년　癸丑年

四月 黑中　　　金神　申酉子丑

酉 大將軍　寅卯辰 三殺　亥 吊客　卯 喪門

正　月　大　　甲寅

절기	立春															雨水														
음력	1	2	3	4	5	6	7	8	9	10	11	12	13	14	15	16	17	18	19	20	21	22	23	24	25	26	27	28	29	30
양력	2/3	4	5	6	7	8	9	10	11	12	13	14	15	16	17	18	19	20	21	22	23	24	25	26	27	28	3/1	2	3	4
일진	庚午	辛未	壬申	癸酉	甲戌	乙亥	丙子	丁丑	戊寅	己卯	庚辰	辛巳	壬午	癸未	甲申	乙酉	丙戌	丁亥	戊子	己丑	庚寅	辛卯	壬辰	癸巳	甲午	乙未	丙申	丁酉	戊戌	己亥

절입시각　오전 8시4분　　오전 4시1분

二　月　小　　乙卯

절기	驚蟄															春分												
음력	1	2	3	4	5	6	7	8	9	10	11	12	13	14	15	16	17	18	19	20	21	22	23	24	25	26	27	28	29
양력	3/5	6	7	8	9	10	11	12	13	14	15	16	17	18	19	20	21	22	23	24	25	26	27	28	29	30	31	4/1	2
일진	庚子	辛丑	壬寅	癸卯	甲辰	乙巳	丙午	丁未	戊申	己酉	庚戌	辛亥	壬子	癸丑	甲寅	乙卯	丙辰	丁巳	戊午	己未	庚申	辛酉	壬戌	癸亥	甲子	乙丑	丙寅	丁卯	戊辰

절입시각　오전 2시13분　　오전 3시12분

三　月　大　　丙辰

절기			淸明															穀雨												
음력	1	2	3	4	5	6	7	8	9	10	11	12	13	14	15	16	17	18	19	20	21	22	23	24	25	26	27	28	29	30
양력	4/3	4	5	6	7	8	9	10	11	12	13	14	15	16	17	18	19	20	21	22	23	24	25	26	27	28	29	30	5/1	2
일진	己巳	庚午	辛未	壬申	癸酉	甲戌	乙亥	丙子	丁丑	戊寅	己卯	庚辰	辛巳	壬午	癸未	甲申	乙酉	丙戌	丁亥	戊子	己丑	庚寅	辛卯	壬辰	癸巳	甲午	乙未	丙申	丁酉	戊戌

절입시각　오전 7시14분　　오후 2시30분

四　月　小　　丁巳

절기			立夏																小滿										
음력	1	2	3	4	5	6	7	8	9	10	11	12	13	14	15	16	17	18	19	20	21	22	23	24	25	26	27	28	29
양력	5/3	4	5	6	7	8	9	10	11	12	13	14	15	16	17	18	19	20	21	22	23	24	25	26	27	28	29	30	31
일진	己亥	庚子	辛丑	壬寅	癸卯	甲辰	乙巳	丙午	丁未	戊申	己酉	庚戌	辛亥	壬子	癸丑	甲寅	乙卯	丙辰	丁巳	戊午	己未	庚申	辛酉	壬戌	癸亥	甲子	乙丑	丙寅	丁卯

절입시각　오전 0시46분　　오후 1시54분

五　月　小　　戊午

절기					芒種																夏至								
음력	1	2	3	4	5	6	7	8	9	10	11	12	13	14	15	16	17	18	19	20	21	22	23	24	25	26	27	28	29
양력	6/1	2	3	4	5	6	7	8	9	10	11	12	13	14	15	16	17	18	19	20	21	22	23	24	25	26	27	28	29
일진	戊辰	己巳	庚午	辛未	壬申	癸酉	甲戌	乙亥	丙子	丁丑	戊寅	己卯	庚辰	辛巳	壬午	癸未	甲申	乙酉	丙戌	丁亥	戊子	己丑	庚寅	辛卯	壬辰	癸巳	甲午	乙未	丙申

절입시각　오전 5시7분　　오후 10시1분

六　月　大　　己未

절기								小暑																大暑						
음력	1	2	3	4	5	6	7	8	9	10	11	12	13	14	15	16	17	18	19	20	21	22	23	24	25	26	27	28	29	30
양력	6/30	7/1	2	3	4	5	6	7	8	9	10	11	12	13	14	15	16	17	18	19	20	21	22	23	24	25	26	27	28	29
일진	丁酉	戊戌	己亥	庚子	辛丑	壬寅	癸卯	甲辰	乙巳	丙午	丁未	戊申	己酉	庚戌	辛亥	壬子	癸丑	甲寅	乙卯	丙辰	丁巳	戊午	己未	庚申	辛酉	壬戌	癸亥	甲子	乙丑	丙寅

절입시각　오후 3시27분　　오전 8시56분

月建	七 月 小																								庚 申				
절기										立秋															處暑				
음력	1	2	3	4	5	6	7	8	9	10	11	12	13	14	15	16	17	18	19	20	21	22	23	24	25	26	27	28	29
양력	7/30	31	8/1	2	3	4	5	6	7	8	9	10	11	12	13	14	15	16	17	18	19	20	21	22	23	24	25	26	27
일진	丁卯	戊辰	己巳	庚午	辛未	壬申	癸酉	甲戌	乙亥	丙子	丁丑	戊寅	己卯	庚辰	辛巳	壬午	癸未	甲申	乙酉	丙戌	丁亥	戊子	己丑	庚寅	辛卯	壬辰	癸巳	甲午	乙未
절입시각								오전 1시13분																	오후 3시53분				

月建	八 月 小																								辛 酉				
절기					白露																						秋分		
음력	1	2	3	4	5	6	7	8	9	10	11	12	13	14	15	16	17	18	19	20	21	22	23	24	25	26	27	28	29
양력	8/28	29	30	31	9/1	2	3	4	5	6	7	8	9	10	11	12	13	14	15	16	17	18	19	20	21	22	23	24	25
일진	丙申	丁酉	戊戌	己亥	庚子	辛丑	壬寅	癸卯	甲辰	乙巳	丙午	丁未	戊申	己酉	庚戌	辛亥	壬子	癸丑	甲寅	乙卯	丙辰	丁巳	戊午	己未	庚申	辛酉	壬戌	癸亥	甲子
절입시각							오전 3시59분																			오후 1시21분			

月建	九 月 大																								壬 戌					
절기													寒露															霜降		
음력	1	2	3	4	5	6	7	8	9	10	11	12	13	14	15	16	17	18	19	20	21	22	23	24	25	26	27	28	29	30
양력	9/26	27	28	29	30	10/1	2	3	4	5	6	7	8	9	10	11	12	13	14	15	16	17	18	19	20	21	22	23	24	25
일진	乙丑	丙寅	丁卯	戊辰	己巳	庚午	辛未	壬申	癸酉	甲戌	乙亥	丙子	丁丑	戊寅	己卯	庚辰	辛巳	壬午	癸未	甲申	乙酉	丙戌	丁亥	戊子	己丑	庚寅	辛卯	壬辰	癸巳	甲午
절입시각													오후 7시27분															오후 10시30분		

月建	十 月 大																								癸 亥					
절기													立冬															小雪		
음력	1	2	3	4	5	6	7	8	9	10	11	12	13	14	15	16	17	18	19	20	21	22	23	24	25	26	27	28	29	30
양력	10/26	27	28	29	30	31	11/1	2	3	4	5	6	7	8	9	10	11	12	13	14	15	16	17	18	19	20	21	22	23	24
일진	乙未	丙申	丁酉	戊戌	己亥	庚子	辛丑	壬寅	癸卯	甲辰	乙巳	丙午	丁未	戊申	己酉	庚戌	辛亥	壬子	癸丑	甲寅	乙卯	丙辰	丁巳	戊午	己未	庚申	辛酉	壬戌	癸亥	甲子
절입시각													오후 10시28분															오후 7시54분		

月建	十 一 月 大																								甲 子					
절기													大雪															冬至		
음력	1	2	3	4	5	6	7	8	9	10	11	12	13	14	15	16	17	18	19	20	21	22	23	24	25	26	27	28	29	30
양력	11/25	26	27	28	29	30	12/1	2	3	4	5	6	7	8	9	10	11	12	13	14	15	16	17	18	19	20	21	22	23	24
일진	乙丑	丙寅	丁卯	戊辰	己巳	庚午	辛未	壬申	癸酉	甲戌	乙亥	丙子	丁丑	戊寅	己卯	庚辰	辛巳	壬午	癸未	甲申	乙酉	丙戌	丁亥	戊子	己丑	庚寅	辛卯	壬辰	癸巳	甲午
절입시각													오후 3시10분															오전 9시8분		

月建	十 二 月 小																								乙 丑				
절기								小寒																			大寒		
음력	1	2	3	4	5	6	7	8	9	10	11	12	13	14	15	16	17	18	19	20	21	22	23	24	25	26	27	28	29
양력	12/25	26	27	28	29	30	31	1/1	2	3	4	5	6	7	8	9	10	11	12	13	14	15	16	17	18	19	20	21	22
일진	乙未	丙申	丁酉	戊戌	己亥	庚子	辛丑	壬寅	癸卯	甲辰	乙巳	丙午	丁未	戊申	己酉	庚戌	辛亥	壬子	癸丑	甲寅	乙卯	丙辰	丁巳	戊午	己未	庚申	辛酉	壬戌	癸亥
절입시각								오전 2시20분																			오후 7시46분		

1974년 | 檀紀 4307년 甲寅年

正月 十月 黑中　　　　金神　午未申酉
　　　　　　　　　子 大將軍　亥子丑 三殺　子 吊客　辰 喪門

正 月 大　丙寅

월건	1	2	3	4	5	6	7	8	9	10	11	12	13	14	15	16	17	18	19	20	21	22	23	24	25	26	27	28	29	30
절기													立春															雨水		
음력	1	2	3	4	5	6	7	8	9	10	11	12	13	14	15	16	17	18	19	20	21	22	23	24	25	26	27	28	29	30
양력	1/23	24	25	26	27	28	29	30	31	2/1	2	3	4	5	6	7	8	9	10	11	12	13	14	15	16	17	18	19	20	21
일진	甲子	乙丑	丙寅	丁卯	戊辰	己巳	庚午	辛未	壬申	癸酉	甲戌	乙亥	丙子	丁丑	戊寅	己卯	庚辰	辛巳	壬午	癸未	甲申	乙酉	丙戌	丁亥	戊子	己丑	庚寅	辛卯	壬辰	癸巳

절입시각: 立春 오후 2시0분　／　雨水 오전 9시59분

二 月 大　丁卯

월건	1	2	3	4	5	6	7	8	9	10	11	12	13	14	15	16	17	18	19	20	21	22	23	24	25	26	27	28	29	30
절기													驚蟄															春分		
음력	1	2	3	4	5	6	7	8	9	10	11	12	13	14	15	16	17	18	19	20	21	22	23	24	25	26	27	28	29	30
양력	2/22	23	24	25	26	27	28	3/1	2	3	4	5	6	7	8	9	10	11	12	13	14	15	16	17	18	19	20	21	22	23
일진	甲午	乙未	丙申	丁酉	戊戌	己亥	庚子	辛丑	壬寅	癸卯	甲辰	乙巳	丙午	丁未	戊申	己酉	庚戌	辛亥	壬子	癸丑	甲寅	乙卯	丙辰	丁巳	戊午	己未	庚申	辛酉	壬戌	癸亥

절입시각: 驚蟄 오전 8시7분　／　春分 오전 9시7분

三 月 小　戊辰

월건	1	2	3	4	5	6	7	8	9	10	11	12	13	14	15	16	17	18	19	20	21	22	23	24	25	26	27	28	29
절기									清明																			穀雨	
음력	1	2	3	4	5	6	7	8	9	10	11	12	13	14	15	16	17	18	19	20	21	22	23	24	25	26	27	28	29
양력	3/24	25	26	27	28	29	30	31	4/1	2	3	4	5	6	7	8	9	10	11	12	13	14	15	16	17	18	19	20	21
일진	甲子	乙丑	丙寅	丁卯	戊辰	己巳	庚午	辛未	壬申	癸酉	甲戌	乙亥	丙子	丁丑	戊寅	己卯	庚辰	辛巳	壬午	癸未	甲申	乙酉	丙戌	丁亥	戊子	己丑	庚寅	辛卯	壬辰

절입시각: 清明 오후 1시5분　／　穀雨 오후 8시19분

四 月 大　己巳

월건	1	2	3	4	5	6	7	8	9	10	11	12	13	14	15	16	17	18	19	20	21	22	23	24	25	26	27	28	29	30
절기															立夏															小滿
음력	1	2	3	4	5	6	7	8	9	10	11	12	13	14	15	16	17	18	19	20	21	22	23	24	25	26	27	28	29	30
양력	4/22	23	24	25	26	27	28	29	30	5/1	2	3	4	5	6	7	8	9	10	11	12	13	14	15	16	17	18	19	20	21
일진	癸巳	甲午	乙未	丙申	丁酉	戊戌	己亥	庚子	辛丑	壬寅	癸卯	甲辰	乙巳	丙午	丁未	戊申	己酉	庚戌	辛亥	壬子	癸丑	甲寅	乙卯	丙辰	丁巳	戊午	己未	庚申	辛酉	壬戌

절입시각: 立夏 오전 6시34분　／　小滿 오후 7시36분

閏 四 月 小

월건	1	2	3	4	5	6	7	8	9	10	11	12	13	14	15	16	17	18	19	20	21	22	23	24	25	26	27	28	29
절기																芒種													
음력	1	2	3	4	5	6	7	8	9	10	11	12	13	14	15	16	17	18	19	20	21	22	23	24	25	26	27	28	29
양력	5/22	23	24	25	26	27	28	29	30	31	6/1	2	3	4	5	6	7	8	9	10	11	12	13	14	15	16	17	18	19
일진	癸亥	甲子	乙丑	丙寅	丁卯	戊辰	己巳	庚午	辛未	壬申	癸酉	甲戌	乙亥	丙子	丁丑	戊寅	己卯	庚辰	辛巳	壬午	癸未	甲申	乙酉	丙戌	丁亥	戊子	己丑	庚寅	辛卯

절입시각: 芒種 오전 10시52분

五 月 小　庚午

월건	1	2	3	4	5	6	7	8	9	10	11	12	13	14	15	16	17	18	19	20	21	22	23	24	25	26	27	28	29
절기			夏至															小暑											
음력	1	2	3	4	5	6	7	8	9	10	11	12	13	14	15	16	17	18	19	20	21	22	23	24	25	26	27	28	29
양력	6/20	21	22	23	24	25	26	27	28	29	30	7/1	2	3	4	5	6	7	8	9	10	11	12	13	14	15	16	17	18
일진	壬辰	癸巳	甲午	乙未	丙申	丁酉	戊戌	己亥	庚子	辛丑	壬寅	癸卯	甲辰	乙巳	丙午	丁未	戊申	己酉	庚戌	辛亥	壬子	癸丑	甲寅	乙卯	丙辰	丁巳	戊午	己未	庚申

절입시각: 夏至 오전 3시38분　／　小暑 오후 9시11분

六 月 大　　　辛 未

절기	1	2	3	4	5	6	7	8	9	10	11	12	13	14	15	16	17	18	19	20	21	22	23	24	25	26	27	28	29	30
절기					大暑																立秋									
음력	1	2	3	4	5	6	7	8	9	10	11	12	13	14	15	16	17	18	19	20	21	22	23	24	25	26	27	28	29	30
양력	7/19	20	21	22	23	24	25	26	27	28	29	30	31	8/1	2	3	4	5	6	7	8	9	10	11	12	13	14	15	16	17
일진	辛酉	壬戌	癸亥	甲子	乙丑	丙寅	丁卯	戊辰	己巳	庚午	辛未	壬申	癸酉	甲戌	乙亥	丙子	丁丑	戊寅	己卯	庚辰	辛巳	壬午	癸未	甲申	乙酉	丙戌	丁亥	戊子	己丑	庚寅

절입시각: 大暑 오후 2시30분 / 立秋 오전 6시57분

七 月 小　　　壬 申

절기	1	2	3	4	5	6	7	8	9	10	11	12	13	14	15	16	17	18	19	20	21	22	23	24	25	26	27	28	29
절기						處暑																白露							
음력	1	2	3	4	5	6	7	8	9	10	11	12	13	14	15	16	17	18	19	20	21	22	23	24	25	26	27	28	29
양력	8/18	19	20	21	22	23	24	25	26	27	28	29	30	31	9/1	2	3	4	5	6	7	8	9	10	11	12	13	14	15
일진	辛卯	壬辰	癸巳	甲午	乙未	丙申	丁酉	戊戌	己亥	庚子	辛丑	壬寅	癸卯	甲辰	乙巳	丙午	丁未	戊申	己酉	庚戌	辛亥	壬子	癸丑	甲寅	乙卯	丙辰	丁巳	戊午	己未

절입시각: 處暑 오후 9시29분 / 白露 오전 9시45분

八 月 小　　　癸 酉

절기	1	2	3	4	5	6	7	8	9	10	11	12	13	14	15	16	17	18	19	20	21	22	23	24	25	26	27	28	29
절기								秋分																寒露					
음력	1	2	3	4	5	6	7	8	9	10	11	12	13	14	15	16	17	18	19	20	21	22	23	24	25	26	27	28	29
양력	9/16	17	18	19	20	21	22	23	24	25	26	27	28	29	30	10/1	2	3	4	5	6	7	8	9	10	11	12	13	14
일진	庚申	辛酉	壬戌	癸亥	甲子	乙丑	丙寅	丁卯	戊辰	己巳	庚午	辛未	壬申	癸酉	甲戌	乙亥	丙子	丁丑	戊寅	己卯	庚辰	辛巳	壬午	癸未	甲申	乙酉	丙戌	丁亥	戊子

절입시각: 秋分 오후 6시58분 / 寒露 오전 1시15분

九 月 大　　　甲 戌

절기	1	2	3	4	5	6	7	8	9	10	11	12	13	14	15	16	17	18	19	20	21	22	23	24	25	26	27	28	29	30
절기										霜降								立冬												
음력	1	2	3	4	5	6	7	8	9	10	11	12	13	14	15	16	17	18	19	20	21	22	23	24	25	26	27	28	29	30
양력	10/15	16	17	18	19	20	21	22	23	24	25	26	27	28	29	30	31	11/1	2	3	4	5	6	7	8	9	10	11	12	13
일진	己丑	庚寅	辛卯	壬辰	癸巳	甲午	乙未	丙申	丁酉	戊戌	己亥	庚子	辛丑	壬寅	癸卯	甲辰	乙巳	丙午	丁未	戊申	己酉	庚戌	辛亥	壬子	癸丑	甲寅	乙卯	丙辰	丁巳	戊午

절입시각: 霜降 오전 4시11분 / 立冬 오전 4시18분

十 月 大　　　乙 亥

절기	1	2	3	4	5	6	7	8	9	10	11	12	13	14	15	16	17	18	19	20	21	22	23	24	25	26	27	28	29	30
절기										小雪														大雪						
음력	1	2	3	4	5	6	7	8	9	10	11	12	13	14	15	16	17	18	19	20	21	22	23	24	25	26	27	28	29	30
양력	11/14	15	16	17	18	19	20	21	22	23	24	25	26	27	28	29	30	12/1	2	3	4	5	6	7	8	9	10	11	12	13
일진	己未	庚申	辛酉	壬戌	癸亥	甲子	乙丑	丙寅	丁卯	戊辰	己巳	庚午	辛未	壬申	癸酉	甲戌	乙亥	丙子	丁丑	戊寅	己卯	庚辰	辛巳	壬午	癸未	甲申	乙酉	丙戌	丁亥	戊子

절입시각: 小雪 오전 1시38분 / 大雪 오후 9시5분

十 一 月 小　　　丙 子

절기	1	2	3	4	5	6	7	8	9	10	11	12	13	14	15	16	17	18	19	20	21	22	23	24	25	26	27	28	29
절기									冬至										小寒										
음력	1	2	3	4	5	6	7	8	9	10	11	12	13	14	15	16	17	18	19	20	21	22	23	24	25	26	27	28	29
양력	12/14	15	16	17	18	19	20	21	22	23	24	25	26	27	28	29	30	31	1/1	2	3	4	5	6	7	8	9	10	11
일진	己丑	庚寅	辛卯	壬辰	癸巳	甲午	乙未	丙申	丁酉	戊戌	己亥	庚子	辛丑	壬寅	癸卯	甲辰	乙巳	丙午	丁未	戊申	己酉	庚戌	辛亥	壬子	癸丑	甲寅	乙卯	丙辰	丁巳

절입시각: 冬至 오후 2시56분 / 小寒 오전 8시18분

十 二 月 大　　　丁 丑

절기	1	2	3	4	5	6	7	8	9	10	11	12	13	14	15	16	17	18	19	20	21	22	23	24	25	26	27	28	29	30
절기										大寒											立春									
음력	1	2	3	4	5	6	7	8	9	10	11	12	13	14	15	16	17	18	19	20	21	22	23	24	25	26	27	28	29	30
양력	1/12	13	14	15	16	17	18	19	20	21	22	23	24	25	26	27	28	29	30	31	2/1	2	3	4	5	6	7	8	9	10
일진	戊午	己未	庚申	辛酉	壬戌	癸亥	甲子	乙丑	丙寅	丁卯	戊辰	己巳	庚午	辛未	壬申	癸酉	甲戌	乙亥	丙子	丁丑	戊寅	己卯	庚辰	辛巳	壬午	癸未	甲申	乙酉	丙戌	丁亥

절입시각: 大寒 오전 1시36분 / 立春 오후 7시59분

1975년 | 檀紀 4308년   乙卯 年   金神 辰巳

七月 黑中   子 大將軍   申酉戌 三殺   丑 吊客   巳 喪門

月建 正 月 大 — 戊寅

음력	1	2	3	4	5	6	7	8	9	10	11	12	13	14	15	16	17	18	19	20	21	22	23	24	25	26	27	28	29	30
절기									雨水															驚蟄						
양력	2/11	12	13	14	15	16	17	18	19	20	21	22	23	24	25	26	27	28	3/1	2	3	4	5	6	7	8	9	10	11	12
일진	戊子	己丑	庚寅	辛卯	壬辰	癸巳	甲午	乙未	丙申	丁酉	戊戌	己亥	庚子	辛丑	壬寅	癸卯	甲辰	乙巳	丙午	丁未	戊申	己酉	庚戌	辛亥	壬子	癸丑	甲寅	乙卯	丙辰	丁巳
절입시각									오후 3시50분															오후 2시6분						

月建 二 月 大 — 己卯

음력	1	2	3	4	5	6	7	8	9	10	11	12	13	14	15	16	17	18	19	20	21	22	23	24	25	26	27	28	29	30
절기									春分															淸明						
양력	3/13	14	15	16	17	18	19	20	21	22	23	24	25	26	27	28	29	30	31	4/1	2	3	4	5	6	7	8	9	10	11
일진	戊午	己未	庚申	辛酉	壬戌	癸亥	甲子	乙丑	丙寅	丁卯	戊辰	己巳	庚午	辛未	壬申	癸酉	甲戌	乙亥	丙子	丁丑	戊寅	己卯	庚辰	辛巳	壬午	癸未	甲申	乙酉	丙戌	丁亥
절입시각									오후 2시57분															오후 7시2분						

月建 三 月 小 — 庚辰

음력	1	2	3	4	5	6	7	8	9	10	11	12	13	14	15	16	17	18	19	20	21	22	23	24	25	26	27	28	29
절기										穀雨										立夏									
양력	4/12	13	14	15	16	17	18	19	20	21	22	23	24	25	26	27	28	29	30	5/1	2	3	4	5	6	7	8	9	10
일진	戊子	己丑	庚寅	辛卯	壬辰	癸巳	甲午	乙未	丙申	丁酉	戊戌	己亥	庚子	辛丑	壬寅	癸卯	甲辰	乙巳	丙午	丁未	戊申	己酉	庚戌	辛亥	壬子	癸丑	甲寅	乙卯	丙辰
절입시각										오전 2시7분										오후 12시27분									

月建 四 月 大 — 辛巳

음력	1	2	3	4	5	6	7	8	9	10	11	12	13	14	15	16	17	18	19	20	21	22	23	24	25	26	27	28	29	30
절기												小滿															芒種			
양력	5/11	12	13	14	15	16	17	18	19	20	21	22	23	24	25	26	27	28	29	30	31	6/1	2	3	4	5	6	7	8	9
일진	丁巳	戊午	己未	庚申	辛酉	壬戌	癸亥	甲子	乙丑	丙寅	丁卯	戊辰	己巳	庚午	辛未	壬申	癸酉	甲戌	乙亥	丙子	丁丑	戊寅	己卯	庚辰	辛巳	壬午	癸未	甲申	乙酉	丙戌
절입시각												오전 1시24분															오후 4시42분			

月建 五 月 小 — 壬午

음력	1	2	3	4	5	6	7	8	9	10	11	12	13	14	15	16	17	18	19	20	21	22	23	24	25	26	27	28	29
절기													夏至																小暑
양력	6/10	11	12	13	14	15	16	17	18	19	20	21	22	23	24	25	26	27	28	29	30	7/1	2	3	4	5	6	7	8
일진	丁亥	戊子	己丑	庚寅	辛卯	壬辰	癸巳	甲午	乙未	丙申	丁酉	戊戌	己亥	庚子	辛丑	壬寅	癸卯	甲辰	乙巳	丙午	丁未	戊申	己酉	庚戌	辛亥	壬子	癸丑	甲寅	乙卯
절입시각													오전 9시26분															오전 2시59분	

月建 六 月 小 — 癸未

음력	1	2	3	4	5	6	7	8	9	10	11	12	13	14	15	16	17	18	19	20	21	22	23	24	25	26	27	28	29
절기															大暑														
양력	7/9	10	11	12	13	14	15	16	17	18	19	20	21	22	23	24	25	26	27	28	29	30	31	8/1	2	3	4	5	6
일진	丙辰	丁巳	戊午	己未	庚申	辛酉	壬戌	癸亥	甲子	乙丑	丙寅	丁卯	戊辰	己巳	庚午	辛未	壬申	癸酉	甲戌	乙亥	丙子	丁丑	戊寅	己卯	庚辰	辛巳	壬午	癸未	甲申
절입시각												오후 8시22분																	

七 月 大　甲 申

月建	1	2	3	4	5	6	7	8	9	10	11	12	13	14	15	16	17	18	19	20	21	22	23	24	25	26	27	28	29	30
절기		立秋																處暑												
음력	1	2	3	4	5	6	7	8	9	10	11	12	13	14	15	16	17	18	19	20	21	22	23	24	25	26	27	28	29	30
양력	8/7	8	9	10	11	12	13	14	15	16	17	18	19	20	21	22	23	24	25	26	27	28	29	30	31	9/1	2	3	4	5
일진	乙酉	丙戌	丁亥	戊子	己丑	庚寅	辛卯	壬辰	癸巳	甲午	乙未	丙申	丁酉	戊戌	己亥	庚子	辛丑	壬寅	癸卯	甲辰	乙巳	丙午	丁未	戊申	己酉	庚戌	辛亥	壬子	癸丑	甲寅

절입시각: 立秋 오후 12시45분　處暑 오전 3시24분

八 月 小　乙 酉

月建	1	2	3	4	5	6	7	8	9	10	11	12	13	14	15	16	17	18	19	20	21	22	23	24	25	26	27	28	29
절기			白露																秋分										
음력	1	2	3	4	5	6	7	8	9	10	11	12	13	14	15	16	17	18	19	20	21	22	23	24	25	26	27	28	29
양력	9/6	7	8	9	10	11	12	13	14	15	16	17	18	19	20	21	22	23	24	25	26	27	28	29	30	10/1	2	3	4
일진	乙卯	丙辰	丁巳	戊午	己未	庚申	辛酉	壬戌	癸亥	甲子	乙丑	丙寅	丁卯	戊辰	己巳	庚午	辛未	壬申	癸酉	甲戌	乙亥	丙子	丁丑	戊寅	己卯	庚辰	辛巳	壬午	癸未

절입시각: 白露 오후 3시33분　秋分 오전 0시55분

九 月 小　丙 戌

月建	1	2	3	4	5	6	7	8	9	10	11	12	13	14	15	16	17	18	19	20	21	22	23	24	25	26	27	28	29
절기					寒露															霜降									
음력	1	2	3	4	5	6	7	8	9	10	11	12	13	14	15	16	17	18	19	20	21	22	23	24	25	26	27	28	29
양력	10/5	6	7	8	9	10	11	12	13	14	15	16	17	18	19	20	21	22	23	24	25	26	27	28	29	30	31	11/1	2
일진	甲申	乙酉	丙戌	丁亥	戊子	己丑	庚寅	辛卯	壬辰	癸巳	甲午	乙未	丙申	丁酉	戊戌	己亥	庚子	辛丑	壬寅	癸卯	甲辰	乙巳	丙午	丁未	戊申	己酉	庚戌	辛亥	壬子

절입시각: 寒露 오전 7시2분　霜降 오전 10시6분

十 月 大　丁 亥

月建	1	2	3	4	5	6	7	8	9	10	11	12	13	14	15	16	17	18	19	20	21	22	23	24	25	26	27	28	29	30
절기						立冬															小雪									
음력	1	2	3	4	5	6	7	8	9	10	11	12	13	14	15	16	17	18	19	20	21	22	23	24	25	26	27	28	29	30
양력	11/3	4	5	6	7	8	9	10	11	12	13	14	15	16	17	18	19	20	21	22	23	24	25	26	27	28	29	30	12/1	2
일진	癸丑	甲寅	乙卯	丙辰	丁巳	戊午	己未	庚申	辛酉	壬戌	癸亥	甲子	乙丑	丙寅	丁卯	戊辰	己巳	庚午	辛未	壬申	癸酉	甲戌	乙亥	丙子	丁丑	戊寅	己卯	庚辰	辛巳	壬午

절입시각: 立冬 오전 10시3분　小雪 오전 7시31분

十 一 月 小　戊 子

月建	1	2	3	4	5	6	7	8	9	10	11	12	13	14	15	16	17	18	19	20	21	22	23	24	25	26	27	28	29
절기						大雪														冬至									
음력	1	2	3	4	5	6	7	8	9	10	11	12	13	14	15	16	17	18	19	20	21	22	23	24	25	26	27	28	29
양력	12/3	4	5	6	7	8	9	10	11	12	13	14	15	16	17	18	19	20	21	22	23	24	25	26	27	28	29	30	31
일진	癸未	甲申	乙酉	丙戌	丁亥	戊子	己丑	庚寅	辛卯	壬辰	癸巳	甲午	乙未	丙申	丁酉	戊戌	己亥	庚子	辛丑	壬寅	癸卯	甲辰	乙巳	丙午	丁未	戊申	己酉	庚戌	辛亥

절입시각: 大雪 오전 2시46분　冬至 오후 8시46분

十 二 月 大　己 丑

月建	1	2	3	4	5	6	7	8	9	10	11	12	13	14	15	16	17	18	19	20	21	22	23	24	25	26	27	28	29	30
절기						小寒															大寒									
음력	1	2	3	4	5	6	7	8	9	10	11	12	13	14	15	16	17	18	19	20	21	22	23	24	25	26	27	28	29	30
양력	1/1	2	3	4	5	6	7	8	9	10	11	12	13	14	15	16	17	18	19	20	21	22	23	24	25	26	27	28	29	30
일진	壬子	癸丑	甲寅	乙卯	丙辰	丁巳	戊午	己未	庚申	辛酉	壬戌	癸亥	甲子	乙丑	丙寅	丁卯	戊辰	己巳	庚午	辛未	壬申	癸酉	甲戌	乙亥	丙子	丁丑	戊寅	己卯	庚辰	辛巳

절입시각: 小寒 오후 1시57분　大寒 오전 7시25분

1976년 | 檀紀 4309년

丙辰年

金神 寅卯午未子丑

四月 黑中　　子 大將軍　巳午未 三殺　寅 弔客　午 喪門

正月 大　　庚寅

절기						立春														雨水										
음력	1	2	3	4	5	6	7	8	9	10	11	12	13	14	15	16	17	18	19	20	21	22	23	24	25	26	27	28	29	30
양력	1/31	2/1	2	3	4	5	6	7	8	9	10	11	12	13	14	15	16	17	18	19	20	21	22	23	24	25	26	27	28	29
일진	壬午	癸未	甲申	乙酉	丙戌	丁亥	戊子	己丑	庚寅	辛卯	壬辰	癸巳	甲午	乙未	丙申	丁酉	戊戌	己亥	庚子	辛丑	壬寅	癸卯	甲辰	乙巳	丙午	丁未	戊申	己酉	庚戌	辛亥

절입시각: 오전 1시39분　　오후 9시40분

二月 大　　辛卯

절기					驚蟄															春分										
음력	1	2	3	4	5	6	7	8	9	10	11	12	13	14	15	16	17	18	19	20	21	22	23	24	25	26	27	28	29	30
양력	3/1	2	3	4	5	6	7	8	9	10	11	12	13	14	15	16	17	18	19	20	21	22	23	24	25	26	27	28	29	30
일진	壬子	癸丑	甲寅	乙卯	丙辰	丁巳	戊午	己未	庚申	辛酉	壬戌	癸亥	甲子	乙丑	丙寅	丁卯	戊辰	己巳	庚午	辛未	壬申	癸酉	甲戌	乙亥	丙子	丁丑	戊寅	己卯	庚辰	辛巳

절입시각: 오후 7시48분　　오후 8시50분

三月 小　　壬辰

절기						清明															穀雨								
음력	1	2	3	4	5	6	7	8	9	10	11	12	13	14	15	16	17	18	19	20	21	22	23	24	25	26	27	28	29
양력	3/31	4/1	2	3	4	5	6	7	8	9	10	11	12	13	14	15	16	17	18	19	20	21	22	23	24	25	26	27	28
일진	壬午	癸未	甲申	乙酉	丙戌	丁亥	戊子	己丑	庚寅	辛卯	壬辰	癸巳	甲午	乙未	丙申	丁酉	戊戌	己亥	庚子	辛丑	壬寅	癸卯	甲辰	乙巳	丙午	丁未	戊申	己酉	庚戌

절입시각: 오전 0시46분　　오전 8시3분

四月 大　　癸巳

절기							立夏																小滿							
음력	1	2	3	4	5	6	7	8	9	10	11	12	13	14	15	16	17	18	19	20	21	22	23	24	25	26	27	28	29	30
양력	4/29	30	5/1	2	3	4	5	6	7	8	9	10	11	12	13	14	15	16	17	18	19	20	21	22	23	24	25	26	27	28
일진	辛亥	壬子	癸丑	甲寅	乙卯	丙辰	丁巳	戊午	己未	庚申	辛酉	壬戌	癸亥	甲子	乙丑	丙寅	丁卯	戊辰	己巳	庚午	辛未	壬申	癸酉	甲戌	乙亥	丙子	丁丑	戊寅	己卯	庚辰

절입시각: 오후 6시14분　　오전 7시21분

五月 小　　甲午

절기								芒種																夏至					
음력	1	2	3	4	5	6	7	8	9	10	11	12	13	14	15	16	17	18	19	20	21	22	23	24	25	26	27	28	29
양력	5/29	30	31	6/1	2	3	4	5	6	7	8	9	10	11	12	13	14	15	16	17	18	19	20	21	22	23	24	25	26
일진	辛巳	壬午	癸未	甲申	乙酉	丙戌	丁亥	戊子	己丑	庚寅	辛卯	壬辰	癸巳	甲午	乙未	丙申	丁酉	戊戌	己亥	庚子	辛丑	壬寅	癸卯	甲辰	乙巳	丙午	丁未	戊申	己酉

절입시각: 오후 10시31분　　오후 3시24분

六月 大　　乙未

절기											小暑																大暑			
음력	1	2	3	4	5	6	7	8	9	10	11	12	13	14	15	16	17	18	19	20	21	22	23	24	25	26	27	28	29	30
양력	6/27	28	29	30	7/1	2	3	4	5	6	7	8	9	10	11	12	13	14	15	16	17	18	19	20	21	22	23	24	25	26
일진	庚戌	辛亥	壬子	癸丑	甲寅	乙卯	丙辰	丁巳	戊午	己未	庚申	辛酉	壬戌	癸亥	甲子	乙丑	丙寅	丁卯	戊辰	己巳	庚午	辛未	壬申	癸酉	甲戌	乙亥	丙子	丁丑	戊寅	己卯

절입시각: 오전 8시51분　　오전 2시18분

七 月 小　　　丙 申

월건	절기	음력	양력	일진	절입시각
七月小 丙申	立秋(12) / 處暑(28)	1~29	7/27~8/24	庚辰 辛巳 壬午 癸未 甲申 乙酉 丙戌 丁亥 戊子 己丑 庚寅 辛卯 壬辰 癸巳 甲午 乙未 丙申 丁酉 戊戌 己亥 庚子 辛丑 壬寅 癸卯 甲辰 乙巳 丙午 丁未 戊申	오후 6시38분 / 오전 9시18분

음력	1	2	3	4	5	6	7	8	9	10	11	12	13	14	15	16	17	18	19	20	21	22	23	24	25	26	27	28	29
절기												立秋																處暑	
양력	7/27	28	29	30	31	8/1	2	3	4	5	6	7	8	9	10	11	12	13	14	15	16	17	18	19	20	21	22	23	24
일진	庚辰	辛巳	壬午	癸未	甲申	乙酉	丙戌	丁亥	戊子	己丑	庚寅	辛卯	壬辰	癸巳	甲午	乙未	丙申	丁酉	戊戌	己亥	庚子	辛丑	壬寅	癸卯	甲辰	乙巳	丙午	丁未	戊申

절입시각: 오후 6시38분 (立秋) / 오전 9시18분 (處暑)

八 月 大　　　丁 酉

음력	1	2	3	4	5	6	7	8	9	10	11	12	13	14	15	16	17	18	19	20	21	22	23	24	25	26	27	28	29	30
절기								白露																						秋分
양력	8/25	26	27	28	29	30	31	9/1	2	3	4	5	6	7	8	9	10	11	12	13	14	15	16	17	18	19	20	21	22	23
일진	己酉	庚戌	辛亥	壬子	癸丑	甲寅	乙卯	丙辰	丁巳	戊午	己未	庚申	辛酉	壬戌	癸亥	甲子	乙丑	丙寅	丁卯	戊辰	己巳	庚午	辛未	壬申	癸酉	甲戌	乙亥	丙子	丁丑	戊寅

절입시각: 오후 9시28분 (白露) / 오전 6시48분 (秋分)

閏 八 月 小

음력	1	2	3	4	5	6	7	8	9	10	11	12	13	14	15	16	17	18	19	20	21	22	23	24	25	26	27	28	29
절기															寒露														
양력	9/24	25	26	27	28	29	30	10/1	2	3	4	5	6	7	8	9	10	11	12	13	14	15	16	17	18	19	20	21	22
일진	己卯	庚辰	辛巳	壬午	癸未	甲申	乙酉	丙戌	丁亥	戊子	己丑	庚寅	辛卯	壬辰	癸巳	甲午	乙未	丙申	丁酉	戊戌	己亥	庚子	辛丑	壬寅	癸卯	甲辰	乙巳	丙午	丁未

절입시각: 오후 12시58분 (寒露)

九 月 大　　　戊 戌

음력	1	2	3	4	5	6	7	8	9	10	11	12	13	14	15	16	17	18	19	20	21	22	23	24	25	26	27	28	29	30
절기	霜降									立冬																				
양력	10/23	24	25	26	27	28	29	30	31	11/1	2	3	4	5	6	7	8	9	10	11	12	13	14	15	16	17	18	19	20	21
일진	戊申	己酉	庚戌	辛亥	壬子	癸丑	甲寅	乙卯	丙辰	丁巳	戊午	己未	庚申	辛酉	壬戌	癸亥	甲子	乙丑	丙寅	丁卯	戊辰	己巳	庚午	辛未	壬申	癸酉	甲戌	乙亥	丙子	丁丑

절입시각: 오후 3시58분 (霜降) / 오후 3시59분 (立冬)

十 月 小　　　己 亥

음력	1	2	3	4	5	6	7	8	9	10	11	12	13	14	15	16	17	18	19	20	21	22	23	24	25	26	27	28	29
절기	小雪									大雪																			
양력	11/22	23	24	25	26	27	28	29	30	12/1	2	3	4	5	6	7	8	9	10	11	12	13	14	15	16	17	18	19	20
일진	戊寅	己卯	庚辰	辛巳	壬午	癸未	甲申	乙酉	丙戌	丁亥	戊子	己丑	庚寅	辛卯	壬辰	癸巳	甲午	乙未	丙申	丁酉	戊戌	己亥	庚子	辛丑	壬寅	癸卯	甲辰	乙巳	丙午

절입시각: 오후 1시22분 (小雪) / 오전 8시41분 (大雪)

十 一 月 小　　　庚 子

음력	1	2	3	4	5	6	7	8	9	10	11	12	13	14	15	16	17	18	19	20	21	22	23	24	25	26	27	28	29
절기		冬至														小寒													
양력	12/21	22	23	24	25	26	27	28	29	30	31	1/1	2	3	4	5	6	7	8	9	10	11	12	13	14	15	16	17	18
일진	丁未	戊申	己酉	庚戌	辛亥	壬子	癸丑	甲寅	乙卯	丙辰	丁巳	戊午	己未	庚申	辛酉	壬戌	癸亥	甲子	乙丑	丙寅	丁卯	戊辰	己巳	庚午	辛未	壬申	癸酉	甲戌	乙亥

절입시각: 오전 2시35분 (冬至) / 오후 7시51분 (小寒)

十 二 月 大　　　辛 丑

음력	1	2	3	4	5	6	7	8	9	10	11	12	13	14	15	16	17	18	19	20	21	22	23	24	25	26	27	28	29	30
절기		大寒															立春													
양력	1/19	20	21	22	23	24	25	26	27	28	29	30	31	2/1	2	3	4	5	6	7	8	9	10	11	12	13	14	15	16	17
일진	丙子	丁丑	戊寅	己卯	庚辰	辛巳	壬午	癸未	甲申	乙酉	丙戌	丁亥	戊子	己丑	庚寅	辛卯	壬辰	癸巳	甲午	乙未	丙申	丁酉	戊戌	己亥	庚子	辛丑	壬寅	癸卯	甲辰	乙巳

절입시각: 오후 1시14분 (大寒) / 오전 7시33분 (立春)

1977년 | 檀紀 4310년 丁巳年

金神　寅卯戌亥

正月　十月　黑中

卯　大將軍　寅卯辰　三殺　卯　吊客　未　喪門

正月 大 — 月建 壬寅

음력	1	2	3	4	5	6	7	8	9	10	11	12	13	14	15	16	17	18	19	20	21	22	23	24	25	26	27	28	29	30
절기		雨水															驚蟄													
양력	2/18	19	20	21	22	23	24	25	26	27	28	3/1	2	3	4	5	6	7	8	9	10	11	12	13	14	15	16	17	18	19
일진	丙午	丁未	戊申	己酉	庚戌	辛亥	壬子	癸丑	甲寅	乙卯	丙辰	丁巳	戊午	己未	庚申	辛酉	壬戌	癸亥	甲子	乙丑	丙寅	丁卯	戊辰	己巳	庚午	辛未	壬申	癸酉	甲戌	乙亥

절입시각: 오전 3시30분　　오전 1시44분

二月 小 — 月建 癸卯

음력	1	2	3	4	5	6	7	8	9	10	11	12	13	14	15	16	17	18	19	20	21	22	23	24	25	26	27	28	29
절기		春分											清明																
양력	3/20	21	22	23	24	25	26	27	28	29	30	31	4/1	2	3	4	5	6	7	8	9	10	11	12	13	14	15	16	17
일진	丙子	丁丑	戊寅	己卯	庚辰	辛巳	壬午	癸未	甲申	乙酉	丙戌	丁亥	戊子	己丑	庚寅	辛卯	壬辰	癸巳	甲午	乙未	丙申	丁酉	戊戌	己亥	庚子	辛丑	壬寅	癸卯	甲辰

절입시각: 오전 2시42분　　오전 6시46분

三月 大 — 月建 甲辰

음력	1	2	3	4	5	6	7	8	9	10	11	12	13	14	15	16	17	18	19	20	21	22	23	24	25	26	27	28	29	30
절기			穀雨																立夏											
양력	4/18	19	20	21	22	23	24	25	26	27	28	29	30	5/1	2	3	4	5	6	7	8	9	10	11	12	13	14	15	16	17
일진	乙巳	丙午	丁未	戊申	己酉	庚戌	辛亥	壬子	癸丑	甲寅	乙卯	丙辰	丁巳	戊午	己未	庚申	辛酉	壬戌	癸亥	甲子	乙丑	丙寅	丁卯	戊辰	己巳	庚午	辛未	壬申	癸酉	甲戌

절입시각: 오후 1시57분　　오전 0시16분

四月 大 — 月建 乙巳

음력	1	2	3	4	5	6	7	8	9	10	11	12	13	14	15	16	17	18	19	20	21	22	23	24	25	26	27	28	29	30
절기				小滿															芒種											
양력	5/18	19	20	21	22	23	24	25	26	27	28	29	30	31	6/1	2	3	4	5	6	7	8	9	10	11	12	13	14	15	16
일진	乙亥	丙子	丁丑	戊寅	己卯	庚辰	辛巳	壬午	癸未	甲申	乙酉	丙戌	丁亥	戊子	己丑	庚寅	辛卯	壬辰	癸巳	甲午	乙未	丙申	丁酉	戊戌	己亥	庚子	辛丑	壬寅	癸卯	甲辰

절입시각: 오후 1시14분　　오전 4시32분

五月 小 — 月建 丙午

음력	1	2	3	4	5	6	7	8	9	10	11	12	13	14	15	16	17	18	19	20	21	22	23	24	25	26	27	28	29
절기					夏至																小暑								
양력	6/17	18	19	20	21	22	23	24	25	26	27	28	29	30	7/1	2	3	4	5	6	7	8	9	10	11	12	13	14	15
일진	乙巳	丙午	丁未	戊申	己酉	庚戌	辛亥	壬子	癸丑	甲寅	乙卯	丙辰	丁巳	戊午	己未	庚申	辛酉	壬戌	癸亥	甲子	乙丑	丙寅	丁卯	戊辰	己巳	庚午	辛未	壬申	癸酉

절입시각: 오후 9시14분　　오후 2시48분

六月 大 — 月建 丁未

음력	1	2	3	4	5	6	7	8	9	10	11	12	13	14	15	16	17	18	19	20	21	22	23	24	25	26	27	28	29	30
절기								大暑																立秋						
양력	7/16	17	18	19	20	21	22	23	24	25	26	27	28	29	30	31	8/1	2	3	4	5	6	7	8	9	10	11	12	13	14
일진	甲戌	乙亥	丙子	丁丑	戊寅	己卯	庚辰	辛巳	壬午	癸未	甲申	乙酉	丙戌	丁亥	戊子	己丑	庚寅	辛卯	壬辰	癸巳	甲午	乙未	丙申	丁酉	戊戌	己亥	庚子	辛丑	壬寅	癸卯

절입시각: 오전 8시4분　　오전 0시30분

月建	七 月 小																							戊 申					
절기									處暑										白露										
음력	1	2	3	4	5	6	7	8	9	10	11	12	13	14	15	16	17	18	19	20	21	22	23	24	25	26	27	28	29
양력	8/15	16	17	18	19	20	21	22	23	24	25	26	27	28	29	30	31	9/1	2	3	4	5	6	7	8	9	10	11	12
일진	甲辰	乙巳	丙午	丁未	戊申	己酉	庚戌	辛亥	壬子	癸丑	甲寅	乙卯	丙辰	丁巳	戊午	己未	庚申	辛酉	壬戌	癸亥	甲子	乙丑	丙寅	丁卯	戊辰	己巳	庚午	辛未	壬申
절입시각	오후 3시0분																		오전 3시16분										

月建	八 月 大																								己 酉					
절기											秋分															寒露				
음력	1	2	3	4	5	6	7	8	9	10	11	12	13	14	15	16	17	18	19	20	21	22	23	24	25	26	27	28	29	30
양력	9/13	14	15	16	17	18	19	20	21	22	23	24	25	26	27	28	29	30	10/1	2	3	4	5	6	7	8	9	10	11	12
일진	癸酉	甲戌	乙亥	丙子	丁丑	戊寅	己卯	庚辰	辛巳	壬午	癸未	甲申	乙酉	丙戌	丁亥	戊子	己丑	庚寅	辛卯	壬辰	癸巳	甲午	乙未	丙申	丁酉	戊戌	己亥	庚子	辛丑	壬寅
절입시각	오후 12시29분																		오후 6시44분											

月建	九 月 小																							庚 戌					
절기											霜降															立冬			
음력	1	2	3	4	5	6	7	8	9	10	11	12	13	14	15	16	17	18	19	20	21	22	23	24	25	26	27	28	29
양력	10/13	14	15	16	17	18	19	20	21	22	23	24	25	26	27	28	29	30	31	11/1	2	3	4	5	6	7	8	9	10
일진	癸卯	甲辰	乙巳	丙午	丁未	戊申	己酉	庚戌	辛亥	壬子	癸丑	甲寅	乙卯	丙辰	丁巳	戊午	己未	庚申	辛酉	壬戌	癸亥	甲子	乙丑	丙寅	丁卯	戊辰	己巳	庚午	辛未
절입시각	오후 9시41분																		오후 9시46분										

月建	十 月 大																								辛 亥					
절기												小雪															大雪			
음력	1	2	3	4	5	6	7	8	9	10	11	12	13	14	15	16	17	18	19	20	21	22	23	24	25	26	27	28	29	30
양력	11/11	12	13	14	15	16	17	18	19	20	21	22	23	24	25	26	27	28	29	30	12/1	2	3	4	5	6	7	8	9	10
일진	壬申	癸酉	甲戌	乙亥	丙子	丁丑	戊寅	己卯	庚辰	辛巳	壬午	癸未	甲申	乙酉	丙戌	丁亥	戊子	己丑	庚寅	辛卯	壬辰	癸巳	甲午	乙未	丙申	丁酉	戊戌	己亥	庚子	辛丑
절입시각	오후 7시7분																		오후 2시31분											

月建	十 一 月 小																							壬 子					
절기												冬至															小寒		
음력	1	2	3	4	5	6	7	8	9	10	11	12	13	14	15	16	17	18	19	20	21	22	23	24	25	26	27	28	29
양력	12/11	12	13	14	15	16	17	18	19	20	21	22	23	24	25	26	27	28	29	30	31	1/1	2	3	4	5	6	7	8
일진	壬寅	癸卯	甲辰	乙巳	丙午	丁未	戊申	己酉	庚戌	辛亥	壬子	癸丑	甲寅	乙卯	丙辰	丁巳	戊午	己未	庚申	辛酉	壬戌	癸亥	甲子	乙丑	丙寅	丁卯	戊辰	己巳	庚午
절입시각	오전 8시23분																		오전 1시43분										

月建	十 二 月 小																							癸 丑					
절기												大寒												立春					
음력	1	2	3	4	5	6	7	8	9	10	11	12	13	14	15	16	17	18	19	20	21	22	23	24	25	26	27	28	29
양력	1/9	10	11	12	13	14	15	16	17	18	19	20	21	22	23	24	25	26	27	28	29	30	31	2/1	2	3	4	5	6
일진	辛未	壬申	癸酉	甲戌	乙亥	丙子	丁丑	戊寅	己卯	庚辰	辛巳	壬午	癸未	甲申	乙酉	丙戌	丁亥	戊子	己丑	庚寅	辛卯	壬辰	癸巳	甲午	乙未	丙申	丁酉	戊戌	己亥
절입시각	오후 7시4분																		오후 1시27분										

1978년 | 檀紀 **4311년**　　　**戊午年**　　　四　金神

七月 黑中　　　東 大將軍　北 三殺　辰 吊客　申 喪門

正月 大　　甲寅

절기: 雨水(음력13)　驚蟄(음력28)

음력	1	2	3	4	5	6	7	8	9	10	11	12	13	14	15	16	17	18	19	20	21	22	23	24	25	26	27	28	29	30
양력	2/7	8	9	10	11	12	13	14	15	16	17	18	19	20	21	22	23	24	25	26	27	28	3/1	2	3	4	5	6	7	8
일진	庚子	辛丑	壬寅	癸卯	甲辰	乙巳	丙午	丁未	戊申	己酉	庚戌	辛亥	壬子	癸丑	甲寅	乙卯	丙辰	丁巳	戊午	己未	庚申	辛酉	壬戌	癸亥	甲子	乙丑	丙寅	丁卯	戊辰	己巳

절입시각: 오전 9시21분　　오전 7시38분

二月 大　　乙卯

절기: 春分(음력13)　清明(음력28)

음력	1	2	3	4	5	6	7	8	9	10	11	12	13	14	15	16	17	18	19	20	21	22	23	24	25	26	27	28	29	30
양력	3/9	10	11	12	13	14	15	16	17	18	19	20	21	22	23	24	25	26	27	28	29	30	31	4/1	2	3	4	5	6	7
일진	庚午	辛未	壬申	癸酉	甲戌	乙亥	丙子	丁丑	戊寅	己卯	庚辰	辛巳	壬午	癸未	甲申	乙酉	丙戌	丁亥	戊子	己丑	庚寅	辛卯	壬辰	癸巳	甲午	乙未	丙申	丁酉	戊戌	己亥

절입시각: 오전 8시34분　　오후 12시39분

三月 小　　丙辰

절기: 穀雨(음력13)　立夏(음력28)

음력	1	2	3	4	5	6	7	8	9	10	11	12	13	14	15	16	17	18	19	20	21	22	23	24	25	26	27	28	29
양력	4/8	9	10	11	12	13	14	15	16	17	18	19	20	21	22	23	24	25	26	27	28	29	30	5/1	2	3	4	5	6
일진	庚子	辛丑	壬寅	癸卯	甲辰	乙巳	丙午	丁未	戊申	己酉	庚戌	辛亥	壬子	癸丑	甲寅	乙卯	丙辰	丁巳	戊午	己未	庚申	辛酉	壬戌	癸亥	甲子	乙丑	丙寅	丁卯	戊辰

절입시각: 오후 7시50분　　오전 6시9분

四月 大　　丁巳

절기: 小滿(음력15)

음력	1	2	3	4	5	6	7	8	9	10	11	12	13	14	15	16	17	18	19	20	21	22	23	24	25	26	27	28	29	30
양력	5/7	8	9	10	11	12	13	14	15	16	17	18	19	20	21	22	23	24	25	26	27	28	29	30	31	6/1	2	3	4	5
일진	己巳	庚午	辛未	壬申	癸酉	甲戌	乙亥	丙子	丁丑	戊寅	己卯	庚辰	辛巳	壬午	癸未	甲申	乙酉	丙戌	丁亥	戊子	己丑	庚寅	辛卯	壬辰	癸巳	甲午	乙未	丙申	丁酉	戊戌

절입시각: 오후 7시8분

五月 小　　戊午

절기: 芒種(음력1)　夏至(음력17)

음력	1	2	3	4	5	6	7	8	9	10	11	12	13	14	15	16	17	18	19	20	21	22	23	24	25	26	27	28	29
양력	6/6	7	8	9	10	11	12	13	14	15	16	17	18	19	20	21	22	23	24	25	26	27	28	29	30	7/1	2	3	4
일진	己亥	庚子	辛丑	壬寅	癸卯	甲辰	乙巳	丙午	丁未	戊申	己酉	庚戌	辛亥	壬子	癸丑	甲寅	乙卯	丙辰	丁巳	戊午	己未	庚申	辛酉	壬戌	癸亥	甲子	乙丑	丙寅	丁卯

절입시각: 오전 10시23분　　오전 3시10분

六月 大　　己未

절기: 小暑(음력3)　大暑(음력19)

음력	1	2	3	4	5	6	7	8	9	10	11	12	13	14	15	16	17	18	19	20	21	22	23	24	25	26	27	28	29	30
양력	7/5	6	7	8	9	10	11	12	13	14	15	16	17	18	19	20	21	22	23	24	25	26	27	28	29	30	31	8/1	2	3
일진	戊辰	己巳	庚午	辛未	壬申	癸酉	甲戌	乙亥	丙子	丁丑	戊寅	己卯	庚辰	辛巳	壬午	癸未	甲申	乙酉	丙戌	丁亥	戊子	己丑	庚寅	辛卯	壬辰	癸巳	甲午	乙未	丙申	丁酉

절입시각: 오후 8시37분　　오후 2시0분

月建　七　月　大　　庚申

음력	1	2	3	4	5	6	7	8	9	10	11	12	13	14	15	16	17	18	19	20	21	22	23	24	25	26	27	28	29	30
절기					立秋															處暑										
양력	8/4	5	6	7	8	9	10	11	12	13	14	15	16	17	18	19	20	21	22	23	24	25	26	27	28	29	30	31	9/1	2
일진	戊戌	己亥	庚子	辛丑	壬寅	癸卯	甲辰	乙巳	丙午	丁未	戊申	己酉	庚戌	辛亥	壬子	癸丑	甲寅	乙卯	丙辰	丁巳	戊午	己未	庚申	辛酉	壬戌	癸亥	甲子	乙丑	丙寅	丁卯
절입시각					오전 6시18분															오후 8시57분										

月建　八　月　小　　辛酉

음력	1	2	3	4	5	6	7	8	9	10	11	12	13	14	15	16	17	18	19	20	21	22	23	24	25	26	27	28	29
절기						白露															秋分								
양력	9/3	4	5	6	7	8	9	10	11	12	13	14	15	16	17	18	19	20	21	22	23	24	25	26	27	28	29	30	10/1
일진	戊辰	己巳	庚午	辛未	壬申	癸酉	甲戌	乙亥	丙子	丁丑	戊寅	己卯	庚辰	辛巳	壬午	癸未	甲申	乙酉	丙戌	丁亥	戊子	己丑	庚寅	辛卯	壬辰	癸巳	甲午	乙未	丙申
절입시각						오전 9시2분															오후 6시25분								

月建　九　月　大　　壬戌

음력	1	2	3	4	5	6	7	8	9	10	11	12	13	14	15	16	17	18	19	20	21	22	23	24	25	26	27	28	29	30
절기								寒露															霜降							
양력	10/2	3	4	5	6	7	8	9	10	11	12	13	14	15	16	17	18	19	20	21	22	23	24	25	26	27	28	29	30	31
일진	丁酉	戊戌	己亥	庚子	辛丑	壬寅	癸卯	甲辰	乙巳	丙午	丁未	戊申	己酉	庚戌	辛亥	壬子	癸丑	甲寅	乙卯	丙辰	丁巳	戊午	己未	庚申	辛酉	壬戌	癸亥	甲子	乙丑	丙寅
절입시각								오전 0시31분															오전 3시37분							

月建　十　月　小　　癸亥

음력	1	2	3	4	5	6	7	8	9	10	11	12	13	14	15	16	17	18	19	20	21	22	23	24	25	26	27	28	29	0
절기								立冬															小雪							
양력	11/1	2	3	4	5	6	7	8	9	10	11	12	13	14	15	16	17	18	19	20	21	22	23	24	25	26	27	28	29	
일진	丁卯	戊辰	己巳	庚午	辛未	壬申	癸酉	甲戌	乙亥	丙子	丁丑	戊寅	己卯	庚辰	辛巳	壬午	癸未	甲申	乙酉	丙戌	丁亥	戊子	己丑	庚寅	辛卯	壬辰	癸巳	甲午	乙未	
절입시각								오전 3시34분															오전 1시5분							

月建　十　一　月　大　　甲子

음력	1	2	3	4	5	6	7	8	9	10	11	12	13	14	15	16	17	18	19	20	21	22	23	24	25	26	27	28	29	30
절기								大雪															冬至							
양력	11/30	12/1	2	3	4	5	6	7	8	9	10	11	12	13	14	15	16	17	18	19	20	21	22	23	24	25	26	27	28	29
일진	丙申	丁酉	戊戌	己亥	庚子	辛丑	壬寅	癸卯	甲辰	乙巳	丙午	丁未	戊申	己酉	庚戌	辛亥	壬子	癸丑	甲寅	乙卯	丙辰	丁巳	戊午	己未	庚申	辛酉	壬戌	癸亥	甲子	乙丑
절입시각								오후 8시20분															오후 2시21분							

月建　十　二　月　小　　乙丑

음력	1	2	3	4	5	6	7	8	9	10	11	12	13	14	15	16	17	18	19	20	21	22	23	24	25	26	27	28	29
절기								小寒															大寒						
양력	12/30	31	1/1	2	3	4	5	6	7	8	9	10	11	12	13	14	15	16	17	18	19	20	21	22	23	24	25	26	27
일진	丙寅	丁卯	戊辰	己巳	庚午	辛未	壬申	癸酉	甲戌	乙亥	丙子	丁丑	戊寅	己卯	庚辰	辛巳	壬午	癸未	甲申	乙酉	丙戌	丁亥	戊子	己丑	庚寅	辛卯	壬辰	癸巳	甲午
절입시각								오전 7시32분															오전 1시0분						

1979년 | 檀紀 4312년　　己未年　　四　金神

四月 黑中　　東 大將軍　西 三殺　巳 吊客　酉 喪門

月建　正 月 大　　丙 寅

절기: 立春(음력 8), 雨水(음력 23)

음력	1	2	3	4	5	6	7	8	9	10	11	12	13	14	15	16	17	18	19	20	21	22	23	24	25	26	27	28	29	30
양력	1/28	29	30	31	2/1	2	3	4	5	6	7	8	9	10	11	12	13	14	15	16	17	18	19	20	21	22	23	24	25	26
일진	乙未	丙申	丁酉	戊戌	己亥	庚子	辛丑	壬寅	癸卯	甲辰	乙巳	丙午	丁未	戊申	己酉	庚戌	辛亥	壬子	癸丑	甲寅	乙卯	丙辰	丁巳	戊午	己未	庚申	辛酉	壬戌	癸亥	甲子

절입시각: 立春 오후 7시12분 / 雨水 오후 3시13분

月建　二 月 小　　丁 卯

절기: 驚蟄(음력 8), 春分(음력 23)

음력	1	2	3	4	5	6	7	8	9	10	11	12	13	14	15	16	17	18	19	20	21	22	23	24	25	26	27	28	29
양력	2/27	28	3/1	2	3	4	5	6	7	8	9	10	11	12	13	14	15	16	17	18	19	20	21	22	23	24	25	26	27
일진	乙丑	丙寅	丁卯	戊辰	己巳	庚午	辛未	壬申	癸酉	甲戌	乙亥	丙子	丁丑	戊寅	己卯	庚辰	辛巳	壬午	癸未	甲申	乙酉	丙戌	丁亥	戊子	己丑	庚寅	辛卯	壬辰	癸巳

절입시각: 驚蟄 오후 1시20분 / 春分 오후 2시22분

月建　三 月 小　　戊 辰

절기: 淸明(음력 9), 穀雨(음력 25)

음력	1	2	3	4	5	6	7	8	9	10	11	12	13	14	15	16	17	18	19	20	21	22	23	24	25	26	27	28	29
양력	3/28	29	30	31	4/1	2	3	4	5	6	7	8	9	10	11	12	13	14	15	16	17	18	19	20	21	22	23	24	25
일진	甲午	乙未	丙申	丁酉	戊戌	己亥	庚子	辛丑	壬寅	癸卯	甲辰	乙巳	丙午	丁未	戊申	己酉	庚戌	辛亥	壬子	癸丑	甲寅	乙卯	丙辰	丁巳	戊午	己未	庚申	辛酉	壬戌

절입시각: 淸明 오후 6시18분 / 穀雨 오전 1시35분

月建　四 月 大　　己 巳

절기: 立夏(음력 11), 小滿(음력 27)

음력	1	2	3	4	5	6	7	8	9	10	11	12	13	14	15	16	17	18	19	20	21	22	23	24	25	26	27	28	29	30
양력	4/26	27	28	29	30	5/1	2	3	4	5	6	7	8	9	10	11	12	13	14	15	16	17	18	19	20	21	22	23	24	25
일진	癸亥	甲子	乙丑	丙寅	丁卯	戊辰	己巳	庚午	辛未	壬申	癸酉	甲戌	乙亥	丙子	丁丑	戊寅	己卯	庚辰	辛巳	壬午	癸未	甲申	乙酉	丙戌	丁亥	戊子	己丑	庚寅	辛卯	壬辰

절입시각: 立夏 오전 11시47분 / 小滿 오전 0시54분

月建　五 月 小　　庚 午

절기: 芒種(음력 12), 夏至(음력 28)

음력	1	2	3	4	5	6	7	8	9	10	11	12	13	14	15	16	17	18	19	20	21	22	23	24	25	26	27	28	29
양력	5/26	27	28	29	30	31	6/1	2	3	4	5	6	7	8	9	10	11	12	13	14	15	16	17	18	19	20	21	22	23
일진	癸巳	甲午	乙未	丙申	丁酉	戊戌	己亥	庚子	辛丑	壬寅	癸卯	甲辰	乙巳	丙午	丁未	戊申	己酉	庚戌	辛亥	壬子	癸丑	甲寅	乙卯	丙辰	丁巳	戊午	己未	庚申	辛酉

절입시각: 芒種 오후 4시5분 / 夏至 오전 8시56분

月建　六 月 大　　辛 未

절기: 小暑(음력 15), 大暑(음력 30)

음력	1	2	3	4	5	6	7	8	9	10	11	12	13	14	15	16	17	18	19	20	21	22	23	24	25	26	27	28	29	30
양력	6/24	25	26	27	28	29	30	7/1	2	3	4	5	6	7	8	9	10	11	12	13	14	15	16	17	18	19	20	21	22	23
일진	壬戌	癸亥	甲子	乙丑	丙寅	丁卯	戊辰	己巳	庚午	辛未	壬申	癸酉	甲戌	乙亥	丙子	丁丑	戊寅	己卯	庚辰	辛巳	壬午	癸未	甲申	乙酉	丙戌	丁亥	戊子	己丑	庚寅	辛卯

절입시각: 小暑 오전 2시25분 / 大暑 오후 7시49분

月建	閏 六 月 大																													
절기																立秋														
음력	1	2	3	4	5	6	7	8	9	10	11	12	13	14	15	16	17	18	19	20	21	22	23	24	25	26	27	28	29	30
양력	7/24	25	26	27	28	29	30	31	8/1	2	3	4	5	6	7	8	9	10	11	12	13	14	15	16	17	18	19	20	21	22
일진	壬辰	癸巳	甲午	乙未	丙申	丁酉	戊戌	己亥	庚子	辛丑	壬寅	癸卯	甲辰	乙巳	丙午	丁未	戊申	己酉	庚戌	辛亥	壬子	癸丑	甲寅	乙卯	丙辰	丁巳	戊午	己未	庚申	辛酉
절입시각																오후 12시11분														

月建	七 月 小																								壬 申				
절기		處暑															白露												
음력	1	2	3	4	5	6	7	8	9	10	11	12	13	14	15	16	17	18	19	20	21	22	23	24	25	26	27	28	29
양력	8/23	24	25	26	27	28	29	30	31	9/1	2	3	4	5	6	7	8	9	10	11	12	13	14	15	16	17	18	19	20
일진	壬戌	癸亥	甲子	乙丑	丙寅	丁卯	戊辰	己巳	庚午	辛未	壬申	癸酉	甲戌	乙亥	丙子	丁丑	戊寅	己卯	庚辰	辛巳	壬午	癸未	甲申	乙酉	丙戌	丁亥	戊子	己丑	庚寅
절입시각		오전 2시47분															오후 3시0분												

月建	八 月 大																								癸 酉					
절기		秋分																	寒露											
음력	1	2	3	4	5	6	7	8	9	10	11	12	13	14	15	16	17	18	19	20	21	22	23	24	25	26	27	28	29	30
양력	9/21	22	23	24	25	26	27	28	29	30	10/1	2	3	4	5	6	7	8	9	10	11	12	13	14	15	16	17	18	19	20
일진	辛卯	壬辰	癸巳	甲午	乙未	丙申	丁酉	戊戌	己亥	庚子	辛丑	壬寅	癸卯	甲辰	乙巳	丙午	丁未	戊申	己酉	庚戌	辛亥	壬子	癸丑	甲寅	乙卯	丙辰	丁巳	戊午	己未	庚申
절입시각		오전 0시16분																	오전 6시30분											

月建	九 月 大																								甲 戌					
절기				霜降															立冬											
음력	1	2	3	4	5	6	7	8	9	10	11	12	13	14	15	16	17	18	19	20	21	22	23	24	25	26	27	28	29	30
양력	10/21	22	23	24	25	26	27	28	29	30	31	11/1	2	3	4	5	6	7	8	9	10	11	12	13	14	15	16	17	18	19
일진	辛酉	壬戌	癸亥	甲子	乙丑	丙寅	丁卯	戊辰	己巳	庚午	辛未	壬申	癸酉	甲戌	乙亥	丙子	丁丑	戊寅	己卯	庚辰	辛巳	壬午	癸未	甲申	乙酉	丙戌	丁亥	戊子	己丑	庚寅
절입시각				오전 9시28분															오전 9시33분											

月建	十 月 小																								乙 亥				
절기				小雪															大雪										
음력	1	2	3	4	5	6	7	8	9	10	11	12	13	14	15	16	17	18	19	20	21	22	23	24	25	26	27	28	29
양력	11/20	21	22	23	24	25	26	27	28	29	30	12/1	2	3	4	5	6	7	8	9	10	11	12	13	14	15	16	17	18
일진	辛卯	壬辰	癸巳	甲午	乙未	丙申	丁酉	戊戌	己亥	庚子	辛丑	壬寅	癸卯	甲辰	乙巳	丙午	丁未	戊申	己酉	庚戌	辛亥	壬子	癸丑	甲寅	乙卯	丙辰	丁巳	戊午	己未
절입시각				오전 6시54분															오전 2시18분										

月建	十 一 月 大																								丙 子					
절기				冬至															小寒											
음력	1	2	3	4	5	6	7	8	9	10	11	12	13	14	15	16	17	18	19	20	21	22	23	24	25	26	27	28	29	30
양력	12/19	20	21	22	23	24	25	26	27	28	29	30	31	1/1	2	3	4	5	6	7	8	9	10	11	12	13	14	15	16	17
일진	庚申	辛酉	壬戌	癸亥	甲子	乙丑	丙寅	丁卯	戊辰	己巳	庚午	辛未	壬申	癸酉	甲戌	乙亥	丙子	丁丑	戊寅	己卯	庚辰	辛巳	壬午	癸未	甲申	乙酉	丙戌	丁亥	戊子	己丑
절입시각				오후 8시10분															오후 1시29분											

月建	十 二 月 小																								丁 丑				
절기				大寒															立春										
음력	1	2	3	4	5	6	7	8	9	10	11	12	13	14	15	16	17	18	19	20	21	22	23	24	25	26	27	28	29
양력	1/18	19	20	21	22	23	24	25	26	27	28	29	30	31	2/1	2	3	4	5	6	7	8	9	10	11	12	13	14	15
일진	庚寅	辛卯	壬辰	癸巳	甲午	乙未	丙申	丁酉	戊戌	己亥	庚子	辛丑	壬寅	癸卯	甲辰	乙巳	丙午	丁未	戊申	己酉	庚戌	辛亥	壬子	癸丑	甲寅	乙卯	丙辰	丁巳	戊午
절입시각				오전 6시49분															오전 1시9분										

1980년 | 檀紀 4313년　　庚申年　　二　金神

正月 十月 黑中　　　南 大將軍　南 三殺　午 吊客　戌 喪門

正月 大　戊寅

月建 正月 大 戊寅																													
절기			雨水																驚蟄										
음력	1	2	3	4	5	6	7	8	9	10	11	12	13	14	15	16	17	18	19	20	21	22	23	24	25	26	27	28	29	30
양력	2/16	17	18	19	20	21	22	23	24	25	26	27	28	29	3/1	2	3	4	5	6	7	8	9	10	11	12	13	14	15	16
일진	己未	庚申	辛酉	壬戌	癸亥	甲子	乙丑	丙寅	丁卯	戊辰	己巳	庚午	辛未	壬申	癸酉	甲戌	乙亥	丙子	丁丑	戊寅	己卯	庚辰	辛巳	壬午	癸未	甲申	乙酉	丙戌	丁亥	戊子

절입시각: 오후 9시2분　　오후 7시17분

二月 小　己卯

月建 二月 小 己卯																												
절기			春分													清明												
음력	1	2	3	4	5	6	7	8	9	10	11	12	13	14	15	16	17	18	19	20	21	22	23	24	25	26	27	28	29
양력	3/17	18	19	20	21	22	23	24	25	26	27	28	29	30	31	4/1	2	3	4	5	6	7	8	9	10	11	12	13	14
일진	己丑	庚寅	辛卯	壬辰	癸巳	甲午	乙未	丙申	丁酉	戊戌	己亥	庚子	辛丑	壬寅	癸卯	甲辰	乙巳	丙午	丁未	戊申	己酉	庚戌	辛亥	壬子	癸丑	甲寅	乙卯	丙辰	丁巳

절입시각: 오후 8시10분　　오전 0시15분

三月 小　庚辰

月建 三月 小 庚辰																												
절기						穀雨											立夏												
음력	1	2	3	4	5	6	7	8	9	10	11	12	13	14	15	16	17	18	19	20	21	22	23	24	25	26	27	28	29
양력	4/15	16	17	18	19	20	21	22	23	24	25	26	27	28	29	30	5/1	2	3	4	5	6	7	8	9	10	11	12	13
일진	戊午	己未	庚申	辛酉	壬戌	癸亥	甲子	乙丑	丙寅	丁卯	戊辰	己巳	庚午	辛未	壬申	癸酉	甲戌	乙亥	丙子	丁丑	戊寅	己卯	庚辰	辛巳	壬午	癸未	甲申	乙酉	丙戌

절입시각: 오전 7시23분　　오후 5시45분

四月 大　辛巳

月建 四月 大 辛巳																													
절기								小滿											芒種											
음력	1	2	3	4	5	6	7	8	9	10	11	12	13	14	15	16	17	18	19	20	21	22	23	24	25	26	27	28	29	30
양력	5/14	15	16	17	18	19	20	21	22	23	24	25	26	27	28	29	30	31	6/1	2	3	4	5	6	7	8	9	10	11	12
일진	丁亥	戊子	己丑	庚寅	辛卯	壬辰	癸巳	甲午	乙未	丙申	丁酉	戊戌	己亥	庚子	辛丑	壬寅	癸卯	甲辰	乙巳	丙午	丁未	戊申	己酉	庚戌	辛亥	壬子	癸丑	甲寅	乙卯	丙辰

절입시각: 오전 6시42분　　오후 10시4분

五月 小　壬午

月建 五月 小 壬午																												
절기									夏至																小暑				
음력	1	2	3	4	5	6	7	8	9	10	11	12	13	14	15	16	17	18	19	20	21	22	23	24	25	26	27	28	29
양력	6/13	14	15	16	17	18	19	20	21	22	23	24	25	26	27	28	29	30	7/1	2	3	4	5	6	7	8	9	10	11
일진	丁巳	戊午	己未	庚申	辛酉	壬戌	癸亥	甲子	乙丑	丙寅	丁卯	戊辰	己巳	庚午	辛未	壬申	癸酉	甲戌	乙亥	丙子	丁丑	戊寅	己卯	庚辰	辛巳	壬午	癸未	甲申	乙酉

절입시각: 오후 2시47분　　오전 8시24분

六月 大　癸未

月建 六月 大 癸未																													
절기												大暑															立秋			
음력	1	2	3	4	5	6	7	8	9	10	11	12	13	14	15	16	17	18	19	20	21	22	23	24	25	26	27	28	29	30
양력	7/12	13	14	15	16	17	18	19	20	21	22	23	24	25	26	27	28	29	30	31	8/1	2	3	4	5	6	7	8	9	10
일진	丙戌	丁亥	戊子	己丑	庚寅	辛卯	壬辰	癸巳	甲午	乙未	丙申	丁酉	戊戌	己亥	庚子	辛丑	壬寅	癸卯	甲辰	乙巳	丙午	丁未	戊申	己酉	庚戌	辛亥	壬子	癸丑	甲寅	乙卯

절입시각: 오전 1시42분　　오후 6시9분

月建	七 月 小																										甲 申		
절기													處暑									白露								
음력	1	2	3	4	5	6	7	8	9	10	11	12	13	14	15	16	17	18	19	20	21	22	23	24	25	26	27	28	29
양력	8/11	12	13	14	15	16	17	18	19	20	21	22	23	24	25	26	27	28	29	30	31	9/1	2	3	4	5	6	7	8
일진	丙辰	丁巳	戊午	己未	庚申	辛酉	壬戌	癸亥	甲子	乙丑	丙寅	丁卯	戊辰	己巳	庚午	辛未	壬申	癸酉	甲戌	乙亥	丙子	丁丑	戊寅	己卯	庚辰	辛巳	壬午	癸未	甲申

절입시각: 處暑 오전 8시41분 / 白露 오후 8시53분

月建	八 月 大																											乙 酉		
절기															秋分															寒露
음력	1	2	3	4	5	6	7	8	9	10	11	12	13	14	15	16	17	18	19	20	21	22	23	24	25	26	27	28	29	30
양력	9/9	10	11	12	13	14	15	16	17	18	19	20	21	22	23	24	25	26	27	28	29	30	10/1	2	3	4	5	6	7	8
일진	乙酉	丙戌	丁亥	戊子	己丑	庚寅	辛卯	壬辰	癸巳	甲午	乙未	丙申	丁酉	戊戌	己亥	庚子	辛丑	壬寅	癸卯	甲辰	乙巳	丙午	丁未	戊申	己酉	庚戌	辛亥	壬子	癸丑	甲寅

절입시각: 秋分 오전 6시9분 / 寒露 오후 12시19분

月建	九 月 大																											丙 戌		
절기															霜降															立冬
음력	1	2	3	4	5	6	7	8	9	10	11	12	13	14	15	16	17	18	19	20	21	22	23	24	25	26	27	28	29	30
양력	10/9	10	11	12	13	14	15	16	17	18	19	20	21	22	23	24	25	26	27	28	29	30	31	11/1	2	3	4	5	6	7
일진	乙卯	丙辰	丁巳	戊午	己未	庚申	辛酉	壬戌	癸亥	甲子	乙丑	丙寅	丁卯	戊辰	己巳	庚午	辛未	壬申	癸酉	甲戌	乙亥	丙子	丁丑	戊寅	己卯	庚辰	辛巳	壬午	癸未	甲申

절입시각: 霜降 오후 3시18분 / 立冬 오후 3시18분

月建	十 月 小																											丁 亥		
절기															小雪														
음력	1	2	3	4	5	6	7	8	9	10	11	12	13	14	15	16	17	18	19	20	21	22	23	24	25	26	27	28	29
양력	11/8	9	10	11	12	13	14	15	16	17	18	19	20	21	22	23	24	25	26	27	28	29	30	12/1	2	3	4	5	6
일진	乙酉	丙戌	丁亥	戊子	己丑	庚寅	辛卯	壬辰	癸巳	甲午	乙未	丙申	丁酉	戊戌	己亥	庚子	辛丑	壬寅	癸卯	甲辰	乙巳	丙午	丁未	戊申	己酉	庚戌	辛亥	壬子	癸丑

절입시각: 小雪 오후 12시41분

月建	十 一 月 大																											戊 子		
절기	大雪															冬至														小寒
음력	1	2	3	4	5	6	7	8	9	10	11	12	13	14	15	16	17	18	19	20	21	22	23	24	25	26	27	28	29	30
양력	12/7	8	9	10	11	12	13	14	15	16	17	18	19	20	21	22	23	24	25	26	27	28	29	30	31	1/1	2	3	4	5
일진	甲寅	乙卯	丙辰	丁巳	戊午	己未	庚申	辛酉	壬戌	癸亥	甲子	乙丑	丙寅	丁卯	戊辰	己巳	庚午	辛未	壬申	癸酉	甲戌	乙亥	丙子	丁丑	戊寅	己卯	庚辰	辛巳	壬午	癸未

절입시각: 大雪 오전 8시1분 / 冬至 오전 1시56분 / 小寒 오후 7시13분

月建	十 二 月 大																											己 丑		
절기															大寒															立春
음력	1	2	3	4	5	6	7	8	9	10	11	12	13	14	15	16	17	18	19	20	21	22	23	24	25	26	27	28	29	30
양력	1/6	7	8	9	10	11	12	13	14	15	16	17	18	19	20	21	22	23	24	25	26	27	28	29	30	31	2/1	2	3	4
일진	甲申	乙酉	丙戌	丁亥	戊子	己丑	庚寅	辛卯	壬辰	癸巳	甲午	乙未	丙申	丁酉	戊戌	己亥	庚子	辛丑	壬寅	癸卯	甲辰	乙巳	丙午	丁未	戊申	己酉	庚戌	辛亥	壬子	癸丑

절입시각: 大寒 오후 12시36분 / 立春 오전 6시55분

辛酉年

六　金神

七月 黑中　　午 大將軍　東 三殺　未 吊客　亥 喪門

月建　正 月 小　　庚寅

구분	1	2	3	4	5	6	7	8	9	10	11	12	13	14	15	16	17	18	19	20	21	22	23	24	25	26	27	28	29
절기															雨水														
음력	1	2	3	4	5	6	7	8	9	10	11	12	13	14	15	16	17	18	19	20	21	22	23	24	25	26	27	28	29
양력	2/5	6	7	8	9	10	11	12	13	14	15	16	17	18	19	20	21	22	23	24	25	26	27	28	3/1	2	3	4	5
일진	甲寅	乙卯	丙辰	丁巳	戊午	己未	庚申	辛酉	壬戌	癸亥	甲子	乙丑	丙寅	丁卯	戊辰	己巳	庚午	辛未	壬申	癸酉	甲戌	乙亥	丙子	丁丑	戊寅	己卯	庚辰	辛巳	壬午
절입시각															오전 2시52분														

月建　二 月 大　　辛卯

구분	1	2	3	4	5	6	7	8	9	10	11	12	13	14	15	16	17	18	19	20	21	22	23	24	25	26	27	28	29	30
절기	驚蟄															春分														
음력	1	2	3	4	5	6	7	8	9	10	11	12	13	14	15	16	17	18	19	20	21	22	23	24	25	26	27	28	29	30
양력	3/6	7	8	9	10	11	12	13	14	15	16	17	18	19	20	21	22	23	24	25	26	27	28	29	30	31	4/1	2	3	4
일진	癸未	甲申	乙酉	丙戌	丁亥	戊子	己丑	庚寅	辛卯	壬辰	癸巳	甲午	乙未	丙申	丁酉	戊戌	己亥	庚子	辛丑	壬寅	癸卯	甲辰	乙巳	丙午	丁未	戊申	己酉	庚戌	辛亥	壬子
절입시각	오전 1시5분															오전 2시3분														

月建　三 月 小　　壬辰

구분	1	2	3	4	5	6	7	8	9	10	11	12	13	14	15	16	17	18	19	20	21	22	23	24	25	26	27	28	29
절기	清明															穀雨													
음력	1	2	3	4	5	6	7	8	9	10	11	12	13	14	15	16	17	18	19	20	21	22	23	24	25	26	27	28	29
양력	4/5	6	7	8	9	10	11	12	13	14	15	16	17	18	19	20	21	22	23	24	25	26	27	28	29	30	5/1	2	3
일진	癸丑	甲寅	乙卯	丙辰	丁巳	戊午	己未	庚申	辛酉	壬戌	癸亥	甲子	乙丑	丙寅	丁卯	戊辰	己巳	庚午	辛未	壬申	癸酉	甲戌	乙亥	丙子	丁丑	戊寅	己卯	庚辰	辛巳
절입시각	오전 6시5분															오후 1시19분													

月建　四 月 小　　癸巳

구분	1	2	3	4	5	6	7	8	9	10	11	12	13	14	15	16	17	18	19	20	21	22	23	24	25	26	27	28	29
절기		立夏																小滿											
음력	1	2	3	4	5	6	7	8	9	10	11	12	13	14	15	16	17	18	19	20	21	22	23	24	25	26	27	28	29
양력	5/4	5	6	7	8	9	10	11	12	13	14	15	16	17	18	19	20	21	22	23	24	25	26	27	28	29	30	31	6/1
일진	壬午	癸未	甲申	乙酉	丙戌	丁亥	戊子	己丑	庚寅	辛卯	壬辰	癸巳	甲午	乙未	丙申	丁酉	戊戌	己亥	庚子	辛丑	壬寅	癸卯	甲辰	乙巳	丙午	丁未	戊申	己酉	庚戌
절입시각		오후 11시35분																오후 12시39분											

月建　五 月 大　　甲午

구분	1	2	3	4	5	6	7	8	9	10	11	12	13	14	15	16	17	18	19	20	21	22	23	24	25	26	27	28	29	30
절기					芒種															夏至										
음력	1	2	3	4	5	6	7	8	9	10	11	12	13	14	15	16	17	18	19	20	21	22	23	24	25	26	27	28	29	30
양력	6/2	3	4	5	6	7	8	9	10	11	12	13	14	15	16	17	18	19	20	21	22	23	24	25	26	27	28	29	30	7/1
일진	辛亥	壬子	癸丑	甲寅	乙卯	丙辰	丁巳	戊午	己未	庚申	辛酉	壬戌	癸亥	甲子	乙丑	丙寅	丁卯	戊辰	己巳	庚午	辛未	壬申	癸酉	甲戌	乙亥	丙子	丁丑	戊寅	己卯	庚辰
절입시각					오전 3시53분															오후 8시45분										

月建　六 月 小　　乙未

구분	1	2	3	4	5	6	7	8	9	10	11	12	13	14	15	16	17	18	19	20	21	22	23	24	25	26	27	28	29
절기						小暑																大暑							
음력	1	2	3	4	5	6	7	8	9	10	11	12	13	14	15	16	17	18	19	20	21	22	23	24	25	26	27	28	29
양력	7/2	3	4	5	6	7	8	9	10	11	12	13	14	15	16	17	18	19	20	21	22	23	24	25	26	27	28	29	30
일진	辛巳	壬午	癸未	甲申	乙酉	丙戌	丁亥	戊子	己丑	庚寅	辛卯	壬辰	癸巳	甲午	乙未	丙申	丁酉	戊戌	己亥	庚子	辛丑	壬寅	癸卯	甲辰	乙巳	丙午	丁未	戊申	己酉
절입시각						오후 2시12분																오전 7시40분							

月建	七　月　小																										丙　申		
절기								立秋																處暑					
음력	1	2	3	4	5	6	7	8	9	10	11	12	13	14	15	16	17	18	19	20	21	22	23	24	25	26	27	28	29
양력	7/31	8/1	2	3	4	5	6	7	8	9	10	11	12	13	14	15	16	17	18	19	20	21	22	23	24	25	26	27	28
일진	庚戌	辛亥	壬子	癸丑	甲寅	乙卯	丙辰	丁巳	戊午	己未	庚申	辛酉	壬戌	癸亥	甲子	乙丑	丙寅	丁卯	戊辰	己巳	庚午	辛未	壬申	癸酉	甲戌	乙亥	丙子	丁丑	戊寅
절입시각	오후 11시57분													오후 2시38분															

月建	八　月　大																										丁　酉			
절기											白露															秋分				
음력	1	2	3	4	5	6	7	8	9	10	11	12	13	14	15	16	17	18	19	20	21	22	23	24	25	26	27	28	29	30
양력	8/29	30	31	9/1	2	3	4	5	6	7	8	9	10	11	12	13	14	15	16	17	18	19	20	21	22	23	24	25	26	27
일진	己卯	庚辰	辛巳	壬午	癸未	甲申	乙酉	丙戌	丁亥	戊子	己丑	庚寅	辛卯	壬辰	癸巳	甲午	乙未	丙申	丁酉	戊戌	己亥	庚子	辛丑	壬寅	癸卯	甲辰	乙巳	丙午	丁未	戊申
절입시각	오전 2시43분													오후 12시5분																

月建	九　月　大																										戊　戌			
절기											寒露															霜降				
음력	1	2	3	4	5	6	7	8	9	10	11	12	13	14	15	16	17	18	19	20	21	22	23	24	25	26	27	28	29	30
양력	9/28	29	30	10/1	2	3	4	5	6	7	8	9	10	11	12	13	14	15	16	17	18	19	20	21	22	23	24	25	26	27
일진	己酉	庚戌	辛亥	壬子	癸丑	甲寅	乙卯	丙辰	丁巳	戊午	己未	庚申	辛酉	壬戌	癸亥	甲子	乙丑	丙寅	丁卯	戊辰	己巳	庚午	辛未	壬申	癸酉	甲戌	乙亥	丙子	丁丑	戊寅
절입시각	오후 6시10분													오후 9시13분																

月建	十　月　小																										己　亥		
절기					立冬																					小雪			
음력	1	2	3	4	5	6	7	8	9	10	11	12	13	14	15	16	17	18	19	20	21	22	23	24	25	26	27	28	29
양력	10/28	29	30	31	11/1	2	3	4	5	6	7	8	9	10	11	12	13	14	15	16	17	18	19	20	21	22	23	24	25
일진	己卯	庚辰	辛巳	壬午	癸未	甲申	乙酉	丙戌	丁亥	戊子	己丑	庚寅	辛卯	壬辰	癸巳	甲午	乙未	丙申	丁酉	戊戌	己亥	庚子	辛丑	壬寅	癸卯	甲辰	乙巳	丙午	丁未
절입시각	오후 9시9분													오후 6시36분															

月建	十　一　月　大																										庚　子			
절기						大雪																					冬至			
음력	1	2	3	4	5	6	7	8	9	10	11	12	13	14	15	16	17	18	19	20	21	22	23	24	25	26	27	28	29	30
양력	11/26	27	28	29	30	12/1	2	3	4	5	6	7	8	9	10	11	12	13	14	15	16	17	18	19	20	21	22	23	24	25
일진	戊申	己酉	庚戌	辛亥	壬子	癸丑	甲寅	乙卯	丙辰	丁巳	戊午	己未	庚申	辛酉	壬戌	癸亥	甲子	乙丑	丙寅	丁卯	戊辰	己巳	庚午	辛未	壬申	癸酉	甲戌	乙亥	丙子	丁丑
절입시각	오후 1시51분													오전 7시51분																

月建	十　二　月　大																										辛　丑			
절기							小寒																			大寒				
음력	1	2	3	4	5	6	7	8	9	10	11	12	13	14	15	16	17	18	19	20	21	22	23	24	25	26	27	28	29	30
양력	12/26	27	28	29	30	31	1/1	2	3	4	5	6	7	8	9	10	11	12	13	14	15	16	17	18	19	20	21	22	23	24
일진	戊寅	己卯	庚辰	辛巳	壬午	癸未	甲申	乙酉	丙戌	丁亥	戊子	己丑	庚寅	辛卯	壬辰	癸巳	甲午	乙未	丙申	丁酉	戊戌	己亥	庚子	辛丑	壬寅	癸卯	甲辰	乙巳	丙午	丁未
절입시각	오전 1시3분													오후 6시31분																

月建　正　月　大　　壬寅

음력	1	2	3	4	5	6	7	8	9	10	11	12	13	14	15	16	17	18	19	20	21	22	23	24	25	26	27	28	29	30
절기											立春															雨水				
양력	1/25	26	27	28	29	30	31	2/1	2	3	4	5	6	7	8	9	10	11	12	13	14	15	16	17	18	19	20	21	22	23
일진	戊申	己酉	庚戌	辛亥	壬子	癸丑	甲寅	乙卯	丙辰	丁巳	戊午	己未	庚申	辛酉	壬戌	癸亥	甲子	乙丑	丙寅	丁卯	戊辰	己巳	庚午	辛未	壬申	癸酉	甲戌	乙亥	丙子	丁丑

절입시각: 오후 12시45분　　오전 8시47분

月建　二　月　小　　癸卯

음력	1	2	3	4	5	6	7	8	9	10	11	12	13	14	15	16	17	18	19	20	21	22	23	24	25	26	27	28	29
절기											驚蟄															春分			
양력	2/24	25	26	27	28	3/1	2	3	4	5	6	7	8	9	10	11	12	13	14	15	16	17	18	19	20	21	22	23	24
일진	戊寅	己卯	庚辰	辛巳	壬午	癸未	甲申	乙酉	丙戌	丁亥	戊子	己丑	庚寅	辛卯	壬辰	癸巳	甲午	乙未	丙申	丁酉	戊戌	己亥	庚子	辛丑	壬寅	癸卯	甲辰	乙巳	丙午

절입시각: 오전 6시55분　　오전 7시56분

月建　三　月　大　　甲辰

음력	1	2	3	4	5	6	7	8	9	10	11	12	13	14	15	16	17	18	19	20	21	22	23	24	25	26	27	28	29	30
절기												淸明															穀雨			
양력	3/25	26	27	28	29	30	31	4/1	2	3	4	5	6	7	8	9	10	11	12	13	14	15	16	17	18	19	20	21	22	23
일진	丁未	戊申	己酉	庚戌	辛亥	壬子	癸丑	甲寅	乙卯	丙辰	丁巳	戊午	己未	庚申	辛酉	壬戌	癸亥	甲子	乙丑	丙寅	丁卯	戊辰	己巳	庚午	辛未	壬申	癸酉	甲戌	乙亥	丙子

절입시각: 오전 11시53분　　오후 7시7분

月建　四　月　小　　乙巳

음력	1	2	3	4	5	6	7	8	9	10	11	12	13	14	15	16	17	18	19	20	21	22	23	24	25	26	27	28	29
절기													立夏															小滿	
양력	4/24	25	26	27	28	29	30	5/1	2	3	4	5	6	7	8	9	10	11	12	13	14	15	16	17	18	19	20	21	22
일진	丁丑	戊寅	己卯	庚辰	辛巳	壬午	癸未	甲申	乙酉	丙戌	丁亥	戊子	己丑	庚寅	辛卯	壬辰	癸巳	甲午	乙未	丙申	丁酉	戊戌	己亥	庚子	辛丑	壬寅	癸卯	甲辰	乙巳

절입시각: 오전 5시20분　　오후 6시23분

月建　閏 四 月　小

음력	1	2	3	4	5	6	7	8	9	10	11	12	13	14	15	16	17	18	19	20	21	22	23	24	25	26	27	28	29
절기										芒種																			
양력	5/23	24	25	26	27	28	29	30	31	6/1	2	3	4	5	6	7	8	9	10	11	12	13	14	15	16	17	18	19	20
일진	丙午	丁未	戊申	己酉	庚戌	辛亥	壬子	癸丑	甲寅	乙卯	丙辰	丁巳	戊午	己未	庚申	辛酉	壬戌	癸亥	甲子	乙丑	丙寅	丁卯	戊辰	己巳	庚午	辛未	壬申	癸酉	甲戌

절입시각: 오전 9시36분

月建　五　月　大　　丙午

음력	1	2	3	4	5	6	7	8	9	10	11	12	13	14	15	16	17	18	19	20	21	22	23	24	25	26	27	28	29	30
절기		夏至															小暑													
양력	6/21	22	23	24	25	26	27	28	29	30	7/1	2	3	4	5	6	7	8	9	10	11	12	13	14	15	16	17	18	19	20
일진	乙亥	丙子	丁丑	戊寅	己卯	庚辰	辛巳	壬午	癸未	甲申	乙酉	丙戌	丁亥	戊子	己丑	庚寅	辛卯	壬辰	癸巳	甲午	乙未	丙申	丁酉	戊戌	己亥	庚子	辛丑	壬寅	癸卯	甲辰

절입시각: 오전 2시23분　　오후 7시55분

六 月 小　　丁未

절기	1	2	3	4	5	6	7	8	9	10	11	12	13	14	15	16	17	18	19	20	21	22	23	24	25	26	27	28	29
			大暑																立秋										
음력	1	2	3	4	5	6	7	8	9	10	11	12	13	14	15	16	17	18	19	20	21	22	23	24	25	26	27	28	29
양력	7/21	22	23	24	25	26	27	28	29	30	31	8/1	2	3	4	5	6	7	8	9	10	11	12	13	14	15	16	17	18
일진	乙巳	丙午	丁未	戊申	己酉	庚戌	辛亥	壬子	癸丑	甲寅	乙卯	丙辰	丁巳	戊午	己未	庚申	辛酉	壬戌	癸亥	甲子	乙丑	丙寅	丁卯	戊辰	己巳	庚午	辛未	壬申	癸酉

절입시각: 大暑 오후 1시15분 · 立秋 오전 5시42분

七 月 小　　戊申

절기	1	2	3	4	5	6	7	8	9	10	11	12	13	14	15	16	17	18	19	20	21	22	23	24	25	26	27	28	29
					處暑																白露								
음력	1	2	3	4	5	6	7	8	9	10	11	12	13	14	15	16	17	18	19	20	21	22	23	24	25	26	27	28	29
양력	8/19	20	21	22	23	24	25	26	27	28	29	30	31	9/1	2	3	4	5	6	7	8	9	10	11	12	13	14	15	16
일진	甲戌	乙亥	丙子	丁丑	戊寅	己卯	庚辰	辛巳	壬午	癸未	甲申	乙酉	丙戌	丁亥	戊子	己丑	庚寅	辛卯	壬辰	癸巳	甲午	乙未	丙申	丁酉	戊戌	己亥	庚子	辛丑	壬寅

절입시각: 處暑 오후 8시15분 · 白露 오전 8시32분

八 月 大　　己酉

절기	1	2	3	4	5	6	7	8	9	10	11	12	13	14	15	16	17	18	19	20	21	22	23	24	25	26	27	28	29	30
							秋分																寒露							
음력	1	2	3	4	5	6	7	8	9	10	11	12	13	14	15	16	17	18	19	20	21	22	23	24	25	26	27	28	29	30
양력	9/17	18	19	20	21	22	23	24	25	26	27	28	29	30	10/1	2	3	4	5	6	7	8	9	10	11	12	13	14	15	16
일진	癸卯	甲辰	乙巳	丙午	丁未	戊申	己酉	庚戌	辛亥	壬子	癸丑	甲寅	乙卯	丙辰	丁巳	戊午	己未	庚申	辛酉	壬戌	癸亥	甲子	乙丑	丙寅	丁卯	戊辰	己巳	庚午	辛未	壬申

절입시각: 秋分 오후 5시46분 · 寒露 오전 0시2분

九 月 大　　庚戌

절기	1	2	3	4	5	6	7	8	9	10	11	12	13	14	15	16	17	18	19	20	21	22	23	24	25	26	27	28	29	30
								霜降															立冬							
음력	1	2	3	4	5	6	7	8	9	10	11	12	13	14	15	16	17	18	19	20	21	22	23	24	25	26	27	28	29	30
양력	10/17	18	19	20	21	22	23	24	25	26	27	28	29	30	31	11/1	2	3	4	5	6	7	8	9	10	11	12	13	14	15
일진	癸酉	甲戌	乙亥	丙子	丁丑	戊寅	己卯	庚辰	辛巳	壬午	癸未	甲申	乙酉	丙戌	丁亥	戊子	己丑	庚寅	辛卯	壬辰	癸巳	甲午	乙未	丙申	丁酉	戊戌	己亥	庚子	辛丑	壬寅

절입시각: 霜降 오전 2시58분 · 立冬 오전 3시4분

十 月 小　　辛亥

절기	1	2	3	4	5	6	7	8	9	10	11	12	13	14	15	16	17	18	19	20	21	22	23	24	25	26	27	28	29
								小雪														大雪							
음력	1	2	3	4	5	6	7	8	9	10	11	12	13	14	15	16	17	18	19	20	21	22	23	24	25	26	27	28	29
양력	11/16	17	18	19	20	21	22	23	24	25	26	27	28	29	30	12/1	2	3	4	5	6	7	8	9	10	11	12	13	14
일진	癸卯	甲辰	乙巳	丙午	丁未	戊申	己酉	庚戌	辛亥	壬子	癸丑	甲寅	乙卯	丙辰	丁巳	戊午	己未	庚申	辛酉	壬戌	癸亥	甲子	乙丑	丙寅	丁卯	戊辰	己巳	庚午	辛未

절입시각: 小雪 오전 0시23분 · 大雪 오후 7시48분

十 一 月 大　　壬子

절기	1	2	3	4	5	6	7	8	9	10	11	12	13	14	15	16	17	18	19	20	21	22	23	24	25	26	27	28	29	30
								冬至															小寒							
음력	1	2	3	4	5	6	7	8	9	10	11	12	13	14	15	16	17	18	19	20	21	22	23	24	25	26	27	28	29	30
양력	12/15	16	17	18	19	20	21	22	23	24	25	26	27	28	29	30	31	1/1	2	3	4	5	6	7	8	9	10	11	12	13
일진	壬申	癸酉	甲戌	乙亥	丙子	丁丑	戊寅	己卯	庚辰	辛巳	壬午	癸未	甲申	乙酉	丙戌	丁亥	戊子	己丑	庚寅	辛卯	壬辰	癸巳	甲午	乙未	丙申	丁酉	戊戌	己亥	庚子	辛丑

절입시각: 冬至 오후 1시38분 · 小寒 오전 6시59분

十 二 月 大　　癸丑

절기	1	2	3	4	5	6	7	8	9	10	11	12	13	14	15	16	17	18	19	20	21	22	23	24	25	26	27	28	29	30
								大寒											立春											
음력	1	2	3	4	5	6	7	8	9	10	11	12	13	14	15	16	17	18	19	20	21	22	23	24	25	26	27	28	29	30
양력	1/14	15	16	17	18	19	20	21	22	23	24	25	26	27	28	29	30	31	2/1	2	3	4	5	6	7	8	9	10	11	12
일진	壬寅	癸卯	甲辰	乙巳	丙午	丁未	戊申	己酉	庚戌	辛亥	壬子	癸丑	甲寅	乙卯	丙辰	丁巳	戊午	己未	庚申	辛酉	壬戌	癸亥	甲子	乙丑	丙寅	丁卯	戊辰	己巳	庚午	辛未

절입시각: 大寒 오전 0시17분 · 立春 오후 6시40분

正月 十月 黑中　　　　西 大將軍　西 三殺　酉 吊客　丑 喪門

正　月　大　　甲　寅

절기: 雨水(음력 7) / 驚蟄(음력 22)

음력	1	2	3	4	5	6	7	8	9	10	11	12	13	14	15	16	17	18	19	20	21	22	23	24	25	26	27	28	29	30
양력	2/13	14	15	16	17	18	19	20	21	22	23	24	25	26	27	28	3/1	2	3	4	5	6	7	8	9	10	11	12	13	14
일진	壬申	癸酉	甲戌	乙亥	丙子	丁丑	戊寅	己卯	庚辰	辛巳	壬午	癸未	甲申	乙酉	丙戌	丁亥	戊子	己丑	庚寅	辛卯	壬辰	癸巳	甲午	乙未	丙申	丁酉	戊戌	己亥	庚子	辛丑

절입시각: 오후 2시31분 / 오후 12시47분

二　月　小　　乙　卯

절기: 春分(음력 7) / 清明(음력 22)

음력	1	2	3	4	5	6	7	8	9	10	11	12	13	14	15	16	17	18	19	20	21	22	23	24	25	26	27	28	29
양력	3/15	16	17	18	19	20	21	22	23	24	25	26	27	28	29	30	31	4/1	2	3	4	5	6	7	8	9	10	11	12
일진	壬寅	癸卯	甲辰	乙巳	丙午	丁未	戊申	己酉	庚戌	辛亥	壬子	癸丑	甲寅	乙卯	丙辰	丁巳	戊午	己未	庚申	辛酉	壬戌	癸亥	甲子	乙丑	丙寅	丁卯	戊辰	己巳	庚午

절입시각: 오후 1시39분 / 오후 5시44분

三　月　大　　丙　辰

절기: 穀雨(음력 9) / 立夏(음력 24)

음력	1	2	3	4	5	6	7	8	9	10	11	12	13	14	15	16	17	18	19	20	21	22	23	24	25	26	27	28	29	30
양력	4/13	14	15	16	17	18	19	20	21	22	23	24	25	26	27	28	29	30	5/1	2	3	4	5	6	7	8	9	10	11	12
일진	辛未	壬申	癸酉	甲戌	乙亥	丙子	丁丑	戊寅	己卯	庚辰	辛巳	壬午	癸未	甲申	乙酉	丙戌	丁亥	戊子	己丑	庚寅	辛卯	壬辰	癸巳	甲午	乙未	丙申	丁酉	戊戌	己亥	庚子

절입시각: 오전 0시50분 / 오전 11시11분

四　月　小　　丁　巳

절기: 小滿(음력 10) / 芒種(음력 25)

음력	1	2	3	4	5	6	7	8	9	10	11	12	13	14	15	16	17	18	19	20	21	22	23	24	25	26	27	28	29
양력	5/13	14	15	16	17	18	19	20	21	22	23	24	25	26	27	28	29	30	31	6/1	2	3	4	5	6	7	8	9	10
일진	辛丑	壬寅	癸卯	甲辰	乙巳	丙午	丁未	戊申	己酉	庚戌	辛亥	壬子	癸丑	甲寅	乙卯	丙辰	丁巳	戊午	己未	庚申	辛酉	壬戌	癸亥	甲子	乙丑	丙寅	丁卯	戊辰	己巳

절입시각: 오전 0시6분 / 오후 3시26분

五　月　小　　戊　午

절기: 夏至(음력 12) / 小暑(음력 28)

음력	1	2	3	4	5	6	7	8	9	10	11	12	13	14	15	16	17	18	19	20	21	22	23	24	25	26	27	28	29
양력	6/11	12	13	14	15	16	17	18	19	20	21	22	23	24	25	26	27	28	29	30	7/1	2	3	4	5	6	7	8	9
일진	庚午	辛未	壬申	癸酉	甲戌	乙亥	丙子	丁丑	戊寅	己卯	庚辰	辛巳	壬午	癸未	甲申	乙酉	丙戌	丁亥	戊子	己丑	庚寅	辛卯	壬辰	癸巳	甲午	乙未	丙申	丁酉	戊戌

절입시각: 오전 8시9분 / 오전 1시43분

六　月　大　　己　未

절기: 大暑(음력 14) / 立秋(음력 30)

음력	1	2	3	4	5	6	7	8	9	10	11	12	13	14	15	16	17	18	19	20	21	22	23	24	25	26	27	28	29	30
양력	7/10	11	12	13	14	15	16	17	18	19	20	21	22	23	24	25	26	27	28	29	30	31	8/1	2	3	4	5	6	7	8
일진	己亥	庚子	辛丑	壬寅	癸卯	甲辰	乙巳	丙午	丁未	戊申	己酉	庚戌	辛亥	壬子	癸丑	甲寅	乙卯	丙辰	丁巳	戊午	己未	庚申	辛酉	壬戌	癸亥	甲子	乙丑	丙寅	丁卯	戊辰

절입시각: 오후 7시4분 / 오전 11시30분

月建	七 月 小																												庚 申
절기															處暑														
음력	1	2	3	4	5	6	7	8	9	10	11	12	13	14	15	16	17	18	19	20	21	22	23	24	25	26	27	28	29
양력	8/9	10	11	12	13	14	15	16	17	18	19	20	21	22	23	24	25	26	27	28	29	30	31	9/1	2	3	4	5	6
일진	己巳	庚午	辛未	壬申	癸酉	甲戌	乙亥	丙子	丁丑	戊寅	己卯	庚辰	辛巳	壬午	癸未	甲申	乙酉	丙戌	丁亥	戊子	己丑	庚寅	辛卯	壬辰	癸巳	甲午	乙未	丙申	丁酉
절입시각															오전 2시7분														

月建	八 月 小																												辛 酉
절기	白露																秋分												
음력	1	2	3	4	5	6	7	8	9	10	11	12	13	14	15	16	17	18	19	20	21	22	23	24	25	26	27	28	29
양력	9/7	8	9	10	11	12	13	14	15	16	17	18	19	20	21	22	23	24	25	26	27	28	29	30	10/1	2	3	4	5
일진	戊戌	己亥	庚子	辛丑	壬寅	癸卯	甲辰	乙巳	丙午	丁未	戊申	己酉	庚戌	辛亥	壬子	癸丑	甲寅	乙卯	丙辰	丁巳	戊午	己未	庚申	辛酉	壬戌	癸亥	甲子	乙丑	丙寅
절입시각	오후 2시20분																오후 11시42분												

月建	九 月 大																													壬 戌
절기				寒露															霜降											
음력	1	2	3	4	5	6	7	8	9	10	11	12	13	14	15	16	17	18	19	20	21	22	23	24	25	26	27	28	29	30
양력	10/6	7	8	9	10	11	12	13	14	15	16	17	18	19	20	21	22	23	24	25	26	27	28	29	30	31	11/1	2	3	4
일진	丁卯	戊辰	己巳	庚午	辛未	壬申	癸酉	甲戌	乙亥	丙子	丁丑	戊寅	己卯	庚辰	辛巳	壬午	癸未	甲申	乙酉	丙戌	丁亥	戊子	己丑	庚寅	辛卯	壬辰	癸巳	甲午	乙未	丙申
절입시각				오전 5시51분															오전 8시54분											

月建	十 月 小																												癸 亥
절기				立冬															小雪										
음력	1	2	3	4	5	6	7	8	9	10	11	12	13	14	15	16	17	18	19	20	21	22	23	24	25	26	27	28	29
양력	11/5	6	7	8	9	10	11	12	13	14	15	16	17	18	19	20	21	22	23	24	25	26	27	28	29	30	12/1	2	3
일진	丁酉	戊戌	己亥	庚子	辛丑	壬寅	癸卯	甲辰	乙巳	丙午	丁未	戊申	己酉	庚戌	辛亥	壬子	癸丑	甲寅	乙卯	丙辰	丁巳	戊午	己未	庚申	辛酉	壬戌	癸亥	甲子	乙丑
절입시각				오전 8시52분															오전 6시18분										

月建	十 一 月 大																													甲 子
절기					大雪														冬至											
음력	1	2	3	4	5	6	7	8	9	10	11	12	13	14	15	16	17	18	19	20	21	22	23	24	25	26	27	28	29	30
양력	12/4	5	6	7	8	9	10	11	12	13	14	15	16	17	18	19	20	21	22	23	24	25	26	27	28	29	30	31	1/1	2
일진	丙寅	丁卯	戊辰	己巳	庚午	辛未	壬申	癸酉	甲戌	乙亥	丙子	丁丑	戊寅	己卯	庚辰	辛巳	壬午	癸未	甲申	乙酉	丙戌	丁亥	戊子	己丑	庚寅	辛卯	壬辰	癸巳	甲午	乙未
절입시각				오전 1시34분															오후 7시30분											

月建	十 二 月 大																													乙 丑
절기				小寒															大寒											
음력	1	2	3	4	5	6	7	8	9	10	11	12	13	14	15	16	17	18	19	20	21	22	23	24	25	26	27	28	29	30
양력	1/3	4	5	6	7	8	9	10	11	12	13	14	15	16	17	18	19	20	21	22	23	24	25	26	27	28	29	30	31	2/1
일진	丙申	丁酉	戊戌	己亥	庚子	辛丑	壬寅	癸卯	甲辰	乙巳	丙午	丁未	戊申	己酉	庚戌	辛亥	壬子	癸丑	甲寅	乙卯	丙辰	丁巳	戊午	己未	庚申	辛酉	壬戌	癸亥	甲子	乙丑
절입시각				오후 12시41분															오전 6시5분											

正 月 大　　丙寅

月建	正 月 大 (丙寅)																													
절기				立春														雨水												
음력	1	2	3	4	5	6	7	8	9	10	11	12	13	14	15	16	17	18	19	20	21	22	23	24	25	26	27	28	29	30
양력	2/2	3	4	5	6	7	8	9	10	11	12	13	14	15	16	17	18	19	20	21	22	23	24	25	26	27	28	29	3/1	2
일진	丙寅	丁卯	戊辰	己巳	庚午	辛未	壬申	癸酉	甲戌	乙亥	丙子	丁丑	戊寅	己卯	庚辰	辛巳	壬午	癸未	甲申	乙酉	丙戌	丁亥	戊子	己丑	庚寅	辛卯	壬辰	癸巳	甲午	乙未
절입시각			오전 0시19분															오후 8시16분												

二 月 小　　丁卯

月建	二 月 小 (丁卯)																												
절기			驚蟄															春分											
음력	1	2	3	4	5	6	7	8	9	10	11	12	13	14	15	16	17	18	19	20	21	22	23	24	25	26	27	28	29
양력	3/3	4	5	6	7	8	9	10	11	12	13	14	15	16	17	18	19	20	21	22	23	24	25	26	27	28	29	30	31
일진	丙申	丁酉	戊戌	己亥	庚子	辛丑	壬寅	癸卯	甲辰	乙巳	丙午	丁未	戊申	己酉	庚戌	辛亥	壬子	癸丑	甲寅	乙卯	丙辰	丁巳	戊午	己未	庚申	辛酉	壬戌	癸亥	甲子
절입시각			오후 6시25분															오후 7시24분											

三 月 大　　戊辰

月建	三 月 大 (戊辰)																													
절기				清明																穀雨										
음력	1	2	3	4	5	6	7	8	9	10	11	12	13	14	15	16	17	18	19	20	21	22	23	24	25	26	27	28	29	30
양력	4/1	2	3	4	5	6	7	8	9	10	11	12	13	14	15	16	17	18	19	20	21	22	23	24	25	26	27	28	29	30
일진	乙丑	丙寅	丁卯	戊辰	己巳	庚午	辛未	壬申	癸酉	甲戌	乙亥	丙子	丁丑	戊寅	己卯	庚辰	辛巳	壬午	癸未	甲申	乙酉	丙戌	丁亥	戊子	己丑	庚寅	辛卯	壬辰	癸巳	甲午
절입시각			오후 11시22분																	오전 6시38분										

四 月 大　　己巳

月建	四 月 大 (己巳)																													
절기					立夏																小滿									
음력	1	2	3	4	5	6	7	8	9	10	11	12	13	14	15	16	17	18	19	20	21	22	23	24	25	26	27	28	29	30
양력	5/1	2	3	4	5	6	7	8	9	10	11	12	13	14	15	16	17	18	19	20	21	22	23	24	25	26	27	28	29	30
일진	乙未	丙申	丁酉	戊戌	己亥	庚子	辛丑	壬寅	癸卯	甲辰	乙巳	丙午	丁未	戊申	己酉	庚戌	辛亥	壬子	癸丑	甲寅	乙卯	丙辰	丁巳	戊午	己未	庚申	辛酉	壬戌	癸亥	甲子
절입시각			오후 4시51분																	오전 5시58분										

五 月 小　　庚午

月建	五 月 小 (庚午)																												
절기						芒種																夏至							
음력	1	2	3	4	5	6	7	8	9	10	11	12	13	14	15	16	17	18	19	20	21	22	23	24	25	26	27	28	29
양력	5/31	6/1	2	3	4	5	6	7	8	9	10	11	12	13	14	15	16	17	18	19	20	21	22	23	24	25	26	27	28
일진	乙丑	丙寅	丁卯	戊辰	己巳	庚午	辛未	壬申	癸酉	甲戌	乙亥	丙子	丁丑	戊寅	己卯	庚辰	辛巳	壬午	癸未	甲申	乙酉	丙戌	丁亥	戊子	己丑	庚寅	辛卯	壬辰	癸巳
절입시각			오후 9시9분																		오후 2시2분								

六 月 小　　辛未

月建	六 月 小 (辛未)																												
절기									小暑																大暑				
음력	1	2	3	4	5	6	7	8	9	10	11	12	13	14	15	16	17	18	19	20	21	22	23	24	25	26	27	28	29
양력	6/29	30	7/1	2	3	4	5	6	7	8	9	10	11	12	13	14	15	16	17	18	19	20	21	22	23	24	25	26	27
일진	甲午	乙未	丙申	丁酉	戊戌	己亥	庚子	辛丑	壬寅	癸卯	甲辰	乙巳	丙午	丁未	戊申	己酉	庚戌	辛亥	壬子	癸丑	甲寅	乙卯	丙辰	丁巳	戊午	己未	庚申	辛酉	壬戌
절입시각					오전 7시29분																			오전 0시58분					

月建　七　月　大　　　　壬　申

음력	1	2	3	4	5	6	7	8	9	10	11	12	13	14	15	16	17	18	19	20	21	22	23	24	25	26	27	28	29	30
절기											立秋																處暑			
양력	7/28	29	30	31	8/1	2	3	4	5	6	7	8	9	10	11	12	13	14	15	16	17	18	19	20	21	22	23	24	25	26
일진	癸亥	甲子	乙丑	丙寅	丁卯	戊辰	己巳	庚午	辛未	壬申	癸酉	甲戌	乙亥	丙子	丁丑	戊寅	己卯	庚辰	辛巳	壬午	癸未	甲申	乙酉	丙戌	丁亥	戊子	己丑	庚寅	辛卯	壬辰
절입시각											오후 5시18분																오전 8시0분			

月建　八　月　小　　　　癸　酉

음력	1	2	3	4	5	6	7	8	9	10	11	12	13	14	15	16	17	18	19	20	21	22	23	24	25	26	27	28	29
절기												白露																秋分	
양력	8/27	28	29	30	31	9/1	2	3	4	5	6	7	8	9	10	11	12	13	14	15	16	17	18	19	20	21	22	23	24
일진	癸巳	甲午	乙未	丙申	丁酉	戊戌	己亥	庚子	辛丑	壬寅	癸卯	甲辰	乙巳	丙午	丁未	戊申	己酉	庚戌	辛亥	壬子	癸丑	甲寅	乙卯	丙辰	丁巳	戊午	己未	庚申	辛酉
절입시각												오후 8시10분																오전 5시33분	

月建　九　月　小　　　　甲　戌

음력	1	2	3	4	5	6	7	8	9	10	11	12	13	14	15	16	17	18	19	20	21	22	23	24	25	26	27	28	29
절기														寒露															霜降
양력	9/25	26	27	28	29	30	10/1	2	3	4	5	6	7	8	9	10	11	12	13	14	15	16	17	18	19	20	21	22	23
일진	壬戌	癸亥	甲子	乙丑	丙寅	丁卯	戊辰	己巳	庚午	辛未	壬申	癸酉	甲戌	乙亥	丙子	丁丑	戊寅	己卯	庚辰	辛巳	壬午	癸未	甲申	乙酉	丙戌	丁亥	戊子	己丑	庚寅
절입시각														오전 11시43분															오후 2시46분

月建　十　月　大　　　　乙　亥

음력	1	2	3	4	5	6	7	8	9	10	11	12	13	14	15	16	17	18	19	20	21	22	23	24	25	26	27	28	29	30
절기															立冬															小雪
양력	10/24	25	26	27	28	29	30	31	11/1	2	3	4	5	6	7	8	9	10	11	12	13	14	15	16	17	18	19	20	21	22
일진	辛卯	壬辰	癸巳	甲午	乙未	丙申	丁酉	戊戌	己亥	庚子	辛丑	壬寅	癸卯	甲辰	乙巳	丙午	丁未	戊申	己酉	庚戌	辛亥	壬子	癸丑	甲寅	乙卯	丙辰	丁巳	戊午	己未	庚申
절입시각															오후 2시46분															오후 12시11분

月建　閏　十　月　小

음력	1	2	3	4	5	6	7	8	9	10	11	12	13	14	15	16	17	18	19	20	21	22	23	24	25	26	27	28	29
절기															大雪														
양력	11/23	24	25	26	27	28	29	30	12/1	2	3	4	5	6	7	8	9	10	11	12	13	14	15	16	17	18	19	20	21
일진	辛酉	壬戌	癸亥	甲子	乙丑	丙寅	丁卯	戊辰	己巳	庚午	辛未	壬申	癸酉	甲戌	乙亥	丙子	丁丑	戊寅	己卯	庚辰	辛巳	壬午	癸未	甲申	乙酉	丙戌	丁亥	戊子	己丑
절입시각															오전 7시28분														

月建　十　一　月　大　　　　丙　子

음력	1	2	3	4	5	6	7	8	9	10	11	12	13	14	15	16	17	18	19	20	21	22	23	24	25	26	27	28	29	30
절기	冬至														小寒															大寒
양력	12/22	23	24	25	26	27	28	29	30	31	1/1	2	3	4	5	6	7	8	9	10	11	12	13	14	15	16	17	18	19	20
일진	庚寅	辛卯	壬辰	癸巳	甲午	乙未	丙申	丁酉	戊戌	己亥	庚子	辛丑	壬寅	癸卯	甲辰	乙巳	丙午	丁未	戊申	己酉	庚戌	辛亥	壬子	癸丑	甲寅	乙卯	丙辰	丁巳	戊午	己未
절입시각	오전 1시23분														오후 6시35분															오전 11시58분

月建　十　二　月　大　　　　丁　丑

음력	1	2	3	4	5	6	7	8	9	10	11	12	13	14	15	16	17	18	19	20	21	22	23	24	25	26	27	28	29	30
절기															立春															雨水
양력	1/21	22	23	24	25	26	27	28	29	30	31	2/1	2	3	4	5	6	7	8	9	10	11	12	13	14	15	16	17	18	19
일진	庚申	辛酉	壬戌	癸亥	甲子	乙丑	丙寅	丁卯	戊辰	己巳	庚午	辛未	壬申	癸酉	甲戌	乙亥	丙子	丁丑	戊寅	己卯	庚辰	辛巳	壬午	癸未	甲申	乙酉	丙戌	丁亥	戊子	己丑
절입시각															오전 6시12분															오전 2시7분

1985년	檀紀 4318년	**乙丑年**	二　金神
四月 黑中		西　大將軍　東　三殺　亥　吊客　卯　喪門	

正月 小　　戊寅

절기															驚蟄														
음력	1	2	3	4	5	6	7	8	9	10	11	12	13	14	15	16	17	18	19	20	21	22	23	24	25	26	27	28	29
양력	2/20	21	22	23	24	25	26	27	28	3/1	2	3	4	5	6	7	8	9	10	11	12	13	14	15	16	17	18	19	20
일진	庚寅	辛卯	壬辰	癸巳	甲午	乙未	丙申	丁酉	戊戌	己亥	庚子	辛丑	壬寅	癸卯	甲辰	乙巳	丙午	丁未	戊申	己酉	庚戌	辛亥	壬子	癸丑	甲寅	乙卯	丙辰	丁巳	戊午

절입시각: 오전 0시16분

二月 大　　己卯

절기	春分															淸明														
음력	1	2	3	4	5	6	7	8	9	10	11	12	13	14	15	16	17	18	19	20	21	22	23	24	25	26	27	28	29	30
양력	3/21	22	23	24	25	26	27	28	29	30	31	4/1	2	3	4	5	6	7	8	9	10	11	12	13	14	15	16	17	18	19
일진	己未	庚申	辛酉	壬戌	癸亥	甲子	乙丑	丙寅	丁卯	戊辰	己巳	庚午	辛未	壬申	癸酉	甲戌	乙亥	丙子	丁丑	戊寅	己卯	庚辰	辛巳	壬午	癸未	甲申	乙酉	丙戌	丁亥	戊子

절입시각: 오전 1시14분　　오전 5시14분

三月 大　　庚辰

절기	穀雨															立夏														
음력	1	2	3	4	5	6	7	8	9	10	11	12	13	14	15	16	17	18	19	20	21	22	23	24	25	26	27	28	29	30
양력	4/20	21	22	23	24	25	26	27	28	29	30	5/1	2	3	4	5	6	7	8	9	10	11	12	13	14	15	16	17	18	19
일진	己丑	庚寅	辛卯	壬辰	癸巳	甲午	乙未	丙申	丁酉	戊戌	己亥	庚子	辛丑	壬寅	癸卯	甲辰	乙巳	丙午	丁未	戊申	己酉	庚戌	辛亥	壬子	癸丑	甲寅	乙卯	丙辰	丁巳	戊午

절입시각: 오후 12시26분　　오후 10시43분

四月 小　　辛巳

절기		小滿																芒種											
음력	1	2	3	4	5	6	7	8	9	10	11	12	13	14	15	16	17	18	19	20	21	22	23	24	25	26	27	28	29
양력	5/20	21	22	23	24	25	26	27	28	29	30	31	6/1	2	3	4	5	6	7	8	9	10	11	12	13	14	15	16	17
일진	己未	庚申	辛酉	壬戌	癸亥	甲子	乙丑	丙寅	丁卯	戊辰	己巳	庚午	辛未	壬申	癸酉	甲戌	乙亥	丙子	丁丑	戊寅	己卯	庚辰	辛巳	壬午	癸未	甲申	乙酉	丙戌	丁亥

절입시각: 오전 11시43분　　오전 3시0분

五月 大　　壬午

절기				夏至																小暑										
음력	1	2	3	4	5	6	7	8	9	10	11	12	13	14	15	16	17	18	19	20	21	22	23	24	25	26	27	28	29	30
양력	6/18	19	20	21	22	23	24	25	26	27	28	29	30	7/1	2	3	4	5	6	7	8	9	10	11	12	13	14	15	16	17
일진	戊子	己丑	庚寅	辛卯	壬辰	癸巳	甲午	乙未	丙申	丁酉	戊戌	己亥	庚子	辛丑	壬寅	癸卯	甲辰	乙巳	丙午	丁未	戊申	己酉	庚戌	辛亥	壬子	癸丑	甲寅	乙卯	丙辰	丁巳

절입시각: 오후 7시44분　　오후 1시19분

六月 小　　癸未

절기						大暑										立秋													
음력	1	2	3	4	5	6	7	8	9	10	11	12	13	14	15	16	17	18	19	20	21	22	23	24	25	26	27	28	29
양력	7/18	19	20	21	22	23	24	25	26	27	28	29	30	31	8/1	2	3	4	5	6	7	8	9	10	11	12	13	14	15
일진	戊午	己未	庚申	辛酉	壬戌	癸亥	甲子	乙丑	丙寅	丁卯	戊辰	己巳	庚午	辛未	壬申	癸酉	甲戌	乙亥	丙子	丁丑	戊寅	己卯	庚辰	辛巳	壬午	癸未	甲申	乙酉	丙戌

절입시각: 오전 6시36분　　오후 11시4분

七 月 大　　甲 申

	1	2	3	4	5	6	7	8	9	10	11	12	13	14	15	16	17	18	19	20	21	22	23	24	25	26	27	28	29	30
절기								處暑																白露						
음력	1	2	3	4	5	6	7	8	9	10	11	12	13	14	15	16	17	18	19	20	21	22	23	24	25	26	27	28	29	30
양력	8/16	17	18	19	20	21	22	23	24	25	26	27	28	29	30	31	9/1	2	3	4	5	6	7	8	9	10	11	12	13	14
일진	丁亥	戊子	己丑	庚寅	辛卯	壬辰	癸巳	甲午	乙未	丙申	丁酉	戊戌	己亥	庚子	辛丑	壬寅	癸卯	甲辰	乙巳	丙午	丁未	戊申	己酉	庚戌	辛亥	壬子	癸丑	甲寅	乙卯	丙辰

절입시각: 오후 1시36분　　오전 1시53분

八 月 小　　乙 酉

	1	2	3	4	5	6	7	8	9	10	11	12	13	14	15	16	17	18	19	20	21	22	23	24	25	26	27	28	29
절기									秋分															寒露					
음력	1	2	3	4	5	6	7	8	9	10	11	12	13	14	15	16	17	18	19	20	21	22	23	24	25	26	27	28	29
양력	9/15	16	17	18	19	20	21	22	23	24	25	26	27	28	29	30	10/1	2	3	4	5	6	7	8	9	10	11	12	13
일진	丁巳	戊午	己未	庚申	辛酉	壬戌	癸亥	甲子	乙丑	丙寅	丁卯	戊辰	己巳	庚午	辛未	壬申	癸酉	甲戌	乙亥	丙子	丁丑	戊寅	己卯	庚辰	辛巳	壬午	癸未	甲申	乙酉

절입시각: 오전 11시7분　　오후 5시25분

九 月 小　　丙 戌

	1	2	3	4	5	6	7	8	9	10	11	12	13	14	15	16	17	18	19	20	21	22	23	24	25	26	27	28	29
절기										霜降															立冬				
음력	1	2	3	4	5	6	7	8	9	10	11	12	13	14	15	16	17	18	19	20	21	22	23	24	25	26	27	28	29
양력	10/14	15	16	17	18	19	20	21	22	23	24	25	26	27	28	29	30	31	11/1	2	3	4	5	6	7	8	9	10	11
일진	丙戌	丁亥	戊子	己丑	庚寅	辛卯	壬辰	癸巳	甲午	乙未	丙申	丁酉	戊戌	己亥	庚子	辛丑	壬寅	癸卯	甲辰	乙巳	丙午	丁未	戊申	己酉	庚戌	辛亥	壬子	癸丑	甲寅

절입시각: 오후 8시22분　　오후 8시29분

十 月 大　　丁 亥

	1	2	3	4	5	6	7	8	9	10	11	12	13	14	15	16	17	18	19	20	21	22	23	24	25	26	27	28	29	30
절기											小雪															大雪				
음력	1	2	3	4	5	6	7	8	9	10	11	12	13	14	15	16	17	18	19	20	21	22	23	24	25	26	27	28	29	30
양력	11/12	13	14	15	16	17	18	19	20	21	22	23	24	25	26	27	28	29	30	12/1	2	3	4	5	6	7	8	9	10	11
일진	乙卯	丙辰	丁巳	戊午	己未	庚申	辛酉	壬戌	癸亥	甲子	乙丑	丙寅	丁卯	戊辰	己巳	庚午	辛未	壬申	癸酉	甲戌	乙亥	丙子	丁丑	戊寅	己卯	庚辰	辛巳	壬午	癸未	甲申

절입시각: 오후 5시51분　　오후 1시16분

十 一 月 小　　戊 子

	1	2	3	4	5	6	7	8	9	10	11	12	13	14	15	16	17	18	19	20	21	22	23	24	25	26	27	28	29
절기											冬至															小寒			
음력	1	2	3	4	5	6	7	8	9	10	11	12	13	14	15	16	17	18	19	20	21	22	23	24	25	26	27	28	29
양력	12/12	13	14	15	16	17	18	19	20	21	22	23	24	25	26	27	28	29	30	31	1/1	2	3	4	5	6	7	8	9
일진	乙酉	丙戌	丁亥	戊子	己丑	庚寅	辛卯	壬辰	癸巳	甲午	乙未	丙申	丁酉	戊戌	己亥	庚子	辛丑	壬寅	癸卯	甲辰	乙巳	丙午	丁未	戊申	己酉	庚戌	辛亥	壬子	癸丑

절입시각: 오전 7시8분　　오전 0시28분

十 二 月 大　　己 丑

	1	2	3	4	5	6	7	8	9	10	11	12	13	14	15	16	17	18	19	20	21	22	23	24	25	26	27	28	29	30
절기											大寒													立春						
음력	1	2	3	4	5	6	7	8	9	10	11	12	13	14	15	16	17	18	19	20	21	22	23	24	25	26	27	28	29	30
양력	1/10	11	12	13	14	15	16	17	18	19	20	21	22	23	24	25	26	27	28	29	30	31	2/1	2	3	4	5	6	7	8
일진	甲寅	乙卯	丙辰	丁巳	戊午	己未	庚申	辛酉	壬戌	癸亥	甲子	乙丑	丙寅	丁卯	戊辰	己巳	庚午	辛未	壬申	癸酉	甲戌	乙亥	丙子	丁丑	戊寅	己卯	庚辰	辛巳	壬午	癸未

절입시각: 오후 5시46분　　오후 12시8분

1986년 | 檀紀 4319년　丙寅年

正月 十月 黑中　　　六 金神
北 大將軍　北 三殺　子 吊客　辰 喪門

月建　正 月 小　　庚 寅

절기: 雨水(음력 11)　驚蟄(음력 26)

음력	1	2	3	4	5	6	7	8	9	10	11	12	13	14	15	16	17	18	19	20	21	22	23	24	25	26	27	28	29
양력	2/9	10	11	12	13	14	15	16	17	18	19	20	21	22	23	24	25	26	27	28	3/1	2	3	4	5	6	7	8	9
일진	甲申	乙酉	丙戌	丁亥	戊子	己丑	庚寅	辛卯	壬辰	癸巳	甲午	乙未	丙申	丁酉	戊戌	己亥	庚子	辛丑	壬寅	癸卯	甲辰	乙巳	丙午	丁未	戊申	己酉	庚戌	辛亥	壬子

절입시각: 雨水 오전 7시58분　驚蟄 오전 6시12분

月建　二 月 大　　辛 卯

절기: 春分(음력 12)　淸明(음력 27)

음력	1	2	3	4	5	6	7	8	9	10	11	12	13	14	15	16	17	18	19	20	21	22	23	24	25	26	27	28	29	30
양력	3/10	11	12	13	14	15	16	17	18	19	20	21	22	23	24	25	26	27	28	29	30	31	4/1	2	3	4	5	6	7	8
일진	癸丑	甲寅	乙卯	丙辰	丁巳	戊午	己未	庚申	辛酉	壬戌	癸亥	甲子	乙丑	丙寅	丁卯	戊辰	己巳	庚午	辛未	壬申	癸酉	甲戌	乙亥	丙子	丁丑	戊寅	己卯	庚辰	辛巳	壬午

절입시각: 春分 오전 7시3분　淸明 오전 11시6분

月建　三 月 大　　壬 辰

절기: 穀雨(음력 12)　立夏(음력 28)

음력	1	2	3	4	5	6	7	8	9	10	11	12	13	14	15	16	17	18	19	20	21	22	23	24	25	26	27	28	29	30
양력	4/9	10	11	12	13	14	15	16	17	18	19	20	21	22	23	24	25	26	27	28	29	30	5/1	2	3	4	5	6	7	8
일진	癸未	甲申	乙酉	丙戌	丁亥	戊子	己丑	庚寅	辛卯	壬辰	癸巳	甲午	乙未	丙申	丁酉	戊戌	己亥	庚子	辛丑	壬寅	癸卯	甲辰	乙巳	丙午	丁未	戊申	己酉	庚戌	辛亥	壬子

절입시각: 穀雨 오후 6시12분　立夏 오전 4시31분

月建　四 月 小　　癸 巳

절기: 小滿(음력 13)　芒種(음력 29)

음력	1	2	3	4	5	6	7	8	9	10	11	12	13	14	15	16	17	18	19	20	21	22	23	24	25	26	27	28	29
양력	5/9	10	11	12	13	14	15	16	17	18	19	20	21	22	23	24	25	26	27	28	29	30	31	6/1	2	3	4	5	6
일진	癸丑	甲寅	乙卯	丙辰	丁巳	戊午	己未	庚申	辛酉	壬戌	癸亥	甲子	乙丑	丙寅	丁卯	戊辰	己巳	庚午	辛未	壬申	癸酉	甲戌	乙亥	丙子	丁丑	戊寅	己卯	庚辰	辛巳

절입시각: 小滿 오후 5시28분　芒種 오전 8시44분

月建　五 月 大　　甲 午

절기: 夏至(음력 16)

음력	1	2	3	4	5	6	7	8	9	10	11	12	13	14	15	16	17	18	19	20	21	22	23	24	25	26	27	28	29	30
양력	6/7	8	9	10	11	12	13	14	15	16	17	18	19	20	21	22	23	24	25	26	27	28	29	30	7/1	2	3	4	5	6
일진	壬午	癸未	甲申	乙酉	丙戌	丁亥	戊子	己丑	庚寅	辛卯	壬辰	癸巳	甲午	乙未	丙申	丁酉	戊戌	己亥	庚子	辛丑	壬寅	癸卯	甲辰	乙巳	丙午	丁未	戊申	己酉	庚戌	辛亥

절입시각: 夏至 오전 1시30분

月建　六 月 大　　乙 未

절기: 小暑(음력 1)　大暑(음력 17)

음력	1	2	3	4	5	6	7	8	9	10	11	12	13	14	15	16	17	18	19	20	21	22	23	24	25	26	27	28	29	30
양력	7/7	8	9	10	11	12	13	14	15	16	17	18	19	20	21	22	23	24	25	26	27	28	29	30	31	8/1	2	3	4	5
일진	壬子	癸丑	甲寅	乙卯	丙辰	丁巳	戊午	己未	庚申	辛酉	壬戌	癸亥	甲子	乙丑	丙寅	丁卯	戊辰	己巳	庚午	辛未	壬申	癸酉	甲戌	乙亥	丙子	丁丑	戊寅	己卯	庚辰	辛巳

절입시각: 小暑 오후 7시1분　大暑 오후 12시24분

月建	七　月　小																													丙　申
절기			立秋															處暑												
음력	1	2	3	4	5	6	7	8	9	10	11	12	13	14	15	16	17	18	19	20	21	22	23	24	25	26	27	28	29	
양력	8/6	7	8	9	10	11	12	13	14	15	16	17	18	19	20	21	22	23	24	25	26	27	28	29	30	31	9/1	2	3	
일진	壬午	癸未	甲申	乙酉	丙戌	丁亥	戊子	己丑	庚寅	辛卯	壬辰	癸巳	甲午	乙未	丙申	丁酉	戊戌	己亥	庚子	辛丑	壬寅	癸卯	甲辰	乙巳	丙午	丁未	戊申	己酉	庚戌	
절입시각	오전 4시46분												오후 7시26분																	

月建	八　月　大																														丁　酉
절기					白露															秋分										
음력	1	2	3	4	5	6	7	8	9	10	11	12	13	14	15	16	17	18	19	20	21	22	23	24	25	26	27	28	29	30
양력	9/4	5	6	7	8	9	10	11	12	13	14	15	16	17	18	19	20	21	22	23	24	25	26	27	28	29	30	10/1	2	3
일진	辛亥	壬子	癸丑	甲寅	乙卯	丙辰	丁巳	戊午	己未	庚申	辛酉	壬戌	癸亥	甲子	乙丑	丙寅	丁卯	戊辰	己巳	庚午	辛未	壬申	癸酉	甲戌	乙亥	丙子	丁丑	戊寅	己卯	庚辰
절입시각	오전 7시35분												오후 4시59분																	

月建	九　月　小																													戊　戌
절기					寒露																霜降								
음력	1	2	3	4	5	6	7	8	9	10	11	12	13	14	15	16	17	18	19	20	21	22	23	24	25	26	27	28	29
양력	10/4	5	6	7	8	9	10	11	12	13	14	15	16	17	18	19	20	21	22	23	24	25	26	27	28	29	30	31	11/1
일진	辛巳	壬午	癸未	甲申	乙酉	丙戌	丁亥	戊子	己丑	庚寅	辛卯	壬辰	癸巳	甲午	乙未	丙申	丁酉	戊戌	己亥	庚子	辛丑	壬寅	癸卯	甲辰	乙巳	丙午	丁未	戊申	己酉
절입시각	오후 11시7분												오전 2시14분																

月建	十　月　大																														己　亥
절기							立冬														小雪									
음력	1	2	3	4	5	6	7	8	9	10	11	12	13	14	15	16	17	18	19	20	21	22	23	24	25	26	27	28	29	30
양력	11/2	3	4	5	6	7	8	9	10	11	12	13	14	15	16	17	18	19	20	21	22	23	24	25	26	27	28	29	30	12/1
일진	庚戌	辛亥	壬子	癸丑	甲寅	乙卯	丙辰	丁巳	戊午	己未	庚申	辛酉	壬戌	癸亥	甲子	乙丑	丙寅	丁卯	戊辰	己巳	庚午	辛未	壬申	癸酉	甲戌	乙亥	丙子	丁丑	戊寅	己卯
절입시각	오전 2시13분												오후 11시44분																	

月建	十　一　月　小																													庚　子
절기						大雪															冬至									
음력	1	2	3	4	5	6	7	8	9	10	11	12	13	14	15	16	17	18	19	20	21	22	23	24	25	26	27	28	29
양력	12/2	3	4	5	6	7	8	9	10	11	12	13	14	15	16	17	18	19	20	21	22	23	24	25	26	27	28	29	30
일진	庚辰	辛巳	壬午	癸未	甲申	乙酉	丙戌	丁亥	戊子	己丑	庚寅	辛卯	壬辰	癸巳	甲午	乙未	丙申	丁酉	戊戌	己亥	庚子	辛丑	壬寅	癸卯	甲辰	乙巳	丙午	丁未	戊申
절입시각	오후 7시1분												오후 1시2분																

月建	十　二　月　小																													辛　丑
절기							小寒														大寒									
음력	1	2	3	4	5	6	7	8	9	10	11	12	13	14	15	16	17	18	19	20	21	22	23	24	25	26	27	28	29
양력	12/31	1/1	2	3	4	5	6	7	8	9	10	11	12	13	14	15	16	17	18	19	20	21	22	23	24	25	26	27	28
일진	己酉	庚戌	辛亥	壬子	癸丑	甲寅	乙卯	丙辰	丁巳	戊午	己未	庚申	辛酉	壬戌	癸亥	甲子	乙丑	丙寅	丁卯	戊辰	己巳	庚午	辛未	壬申	癸酉	甲戌	乙亥	丙子	丁丑
절입시각	오전 6시13분												오후 11시40분																

1987년 | 檀紀 4320년 丁卯年

七月 黑中

四 金神

北 大將軍   西 三殺   丑 弔客   巳 喪門

正 月 大 (壬 寅)

月建	1	2	3	4	5	6	7	8	9	10	11	12	13	14	15	16	17	18	19	20	21	22	23	24	25	26	27	28	29	30
절기							立春															雨水								
음력	1	2	3	4	5	6	7	8	9	10	11	12	13	14	15	16	17	18	19	20	21	22	23	24	25	26	27	28	29	30
양력	1/29	30	31	2/1	2	3	4	5	6	7	8	9	10	11	12	13	14	15	16	17	18	19	20	21	22	23	24	25	26	27
일진	戊寅	己卯	庚辰	辛巳	壬午	癸未	甲申	乙酉	丙戌	丁亥	戊子	己丑	庚寅	辛卯	壬辰	癸巳	甲午	乙未	丙申	丁酉	戊戌	己亥	庚子	辛丑	壬寅	癸卯	甲辰	乙巳	丙午	丁未
절입시각							오후 5시52분															오후 1시50분								

二 月 小 (癸 卯)

月建	1	2	3	4	5	6	7	8	9	10	11	12	13	14	15	16	17	18	19	20	21	22	23	24	25	26	27	28	29
절기							驚蟄															春分							
음력	1	2	3	4	5	6	7	8	9	10	11	12	13	14	15	16	17	18	19	20	21	22	23	24	25	26	27	28	29
양력	2/28	3/1	2	3	4	5	6	7	8	9	10	11	12	13	14	15	16	17	18	19	20	21	22	23	24	25	26	27	28
일진	戊申	己酉	庚戌	辛亥	壬子	癸丑	甲寅	乙卯	丙辰	丁巳	戊午	己未	庚申	辛酉	壬戌	癸亥	甲子	乙丑	丙寅	丁卯	戊辰	己巳	庚午	辛未	壬申	癸酉	甲戌	乙亥	丙子
절입시각							오전 11시54분															오후 12시52분							

三 月 大 (甲 辰)

月建	1	2	3	4	5	6	7	8	9	10	11	12	13	14	15	16	17	18	19	20	21	22	23	24	25	26	27	28	29	30
절기								清明															穀雨							
음력	1	2	3	4	5	6	7	8	9	10	11	12	13	14	15	16	17	18	19	20	21	22	23	24	25	26	27	28	29	30
양력	3/29	30	31	4/1	2	3	4	5	6	7	8	9	10	11	12	13	14	15	16	17	18	19	20	21	22	23	24	25	26	27
일진	丁丑	戊寅	己卯	庚辰	辛巳	壬午	癸未	甲申	乙酉	丙戌	丁亥	戊子	己丑	庚寅	辛卯	壬辰	癸巳	甲午	乙未	丙申	丁酉	戊戌	己亥	庚子	辛丑	壬寅	癸卯	甲辰	乙巳	丙午
절입시각								오후 4시44분															오후 11시58분							

四 月 大 (乙 巳)

月建	1	2	3	4	5	6	7	8	9	10	11	12	13	14	15	16	17	18	19	20	21	22	23	24	25	26	27	28	29	30
절기									立夏															小滿						
음력	1	2	3	4	5	6	7	8	9	10	11	12	13	14	15	16	17	18	19	20	21	22	23	24	25	26	27	28	29	30
양력	4/28	29	30	5/1	2	3	4	5	6	7	8	9	10	11	12	13	14	15	16	17	18	19	20	21	22	23	24	25	26	27
일진	丁未	戊申	己酉	庚戌	辛亥	壬子	癸丑	甲寅	乙卯	丙辰	丁巳	戊午	己未	庚申	辛酉	壬戌	癸亥	甲子	乙丑	丙寅	丁卯	戊辰	己巳	庚午	辛未	壬申	癸酉	甲戌	乙亥	丙子
절입시각									오전 10시6분															오후 11시10분						

五 月 小 (丙 午)

月建	1	2	3	4	5	6	7	8	9	10	11	12	13	14	15	16	17	18	19	20	21	22	23	24	25	26	27	28	29
절기										芒種																夏至			
음력	1	2	3	4	5	6	7	8	9	10	11	12	13	14	15	16	17	18	19	20	21	22	23	24	25	26	27	28	29
양력	5/28	29	30	31	6/1	2	3	4	5	6	7	8	9	10	11	12	13	14	15	16	17	18	19	20	21	22	23	24	25
일진	丁丑	戊寅	己卯	庚辰	辛巳	壬午	癸未	甲申	乙酉	丙戌	丁亥	戊子	己丑	庚寅	辛卯	壬辰	癸巳	甲午	乙未	丙申	丁酉	戊戌	己亥	庚子	辛丑	壬寅	癸卯	甲辰	乙巳
절입시각										오후 2시19분																오전 7시11분			

六 月 大 (丁 未)

月建	1	2	3	4	5	6	7	8	9	10	11	12	13	14	15	16	17	18	19	20	21	22	23	24	25	26	27	28	29	30
절기													小暑															大暑		
음력	1	2	3	4	5	6	7	8	9	10	11	12	13	14	15	16	17	18	19	20	21	22	23	24	25	26	27	28	29	30
양력	6/26	27	28	29	30	7/1	2	3	4	5	6	7	8	9	10	11	12	13	14	15	16	17	18	19	20	21	22	23	24	25
일진	丙午	丁未	戊申	己酉	庚戌	辛亥	壬子	癸丑	甲寅	乙卯	丙辰	丁巳	戊午	己未	庚申	辛酉	壬戌	癸亥	甲子	乙丑	丙寅	丁卯	戊辰	己巳	庚午	辛未	壬申	癸酉	甲戌	乙亥
절입시각													오전 0시39분															오후 6시6분		

180

閏 六 月　小

月建	閏六月 小																												
절기													立秋																
음력	1	2	3	4	5	6	7	8	9	10	11	12	13	14	15	16	17	18	19	20	21	22	23	24	25	26	27	28	29
양력	7/26	27	28	29	30	31	8/1	2	3	4	5	6	7	8	9	10	11	12	13	14	15	16	17	18	19	20	21	22	23
일진	丙子	丁丑	戊寅	己卯	庚辰	辛巳	壬午	癸未	甲申	乙酉	丙戌	丁亥	戊子	己丑	庚寅	辛卯	壬辰	癸巳	甲午	乙未	丙申	丁酉	戊戌	己亥	庚子	辛丑	壬寅	癸卯	甲辰
절입시각														오전 10시29분															

七 月　大　戊 申

月建	七月 大																													
절기	處暑															白露														
음력	1	2	3	4	5	6	7	8	9	10	11	12	13	14	15	16	17	18	19	20	21	22	23	24	25	26	27	28	29	30
양력	8/24	25	26	27	28	29	30	31	9/1	2	3	4	5	6	7	8	9	10	11	12	13	14	15	16	17	18	19	20	21	22
일진	乙巳	丙午	丁未	戊申	己酉	庚戌	辛亥	壬子	癸丑	甲寅	乙卯	丙辰	丁巳	戊午	己未	庚申	辛酉	壬戌	癸亥	甲子	乙丑	丙寅	丁卯	戊辰	己巳	庚午	辛未	壬申	癸酉	甲戌
절입시각	오전 1시10분															오후 1시24분														

八 月　大　己 酉

月建	八月 大																													
절기	秋分																寒露													
음력	1	2	3	4	5	6	7	8	9	10	11	12	13	14	15	16	17	18	19	20	21	22	23	24	25	26	27	28	29	30
양력	9/23	24	25	26	27	28	29	30	10/1	2	3	4	5	6	7	8	9	10	11	12	13	14	15	16	17	18	19	20	21	22
일진	乙亥	丙子	丁丑	戊寅	己卯	庚辰	辛巳	壬午	癸未	甲申	乙酉	丙戌	丁亥	戊子	己丑	庚寅	辛卯	壬辰	癸巳	甲午	乙未	丙申	丁酉	戊戌	己亥	庚子	辛丑	壬寅	癸卯	甲辰
절입시각	오후 10시45분																오전 5시0분													

九 月　小　庚 戌

月建	九月 小																												
절기		霜降															立冬												
음력	1	2	3	4	5	6	7	8	9	10	11	12	13	14	15	16	17	18	19	20	21	22	23	24	25	26	27	28	29
양력	10/23	24	25	26	27	28	29	30	31	11/1	2	3	4	5	6	7	8	9	10	11	12	13	14	15	16	17	18	19	20
일진	乙巳	丙午	丁未	戊申	己酉	庚戌	辛亥	壬子	癸丑	甲寅	乙卯	丙辰	丁巳	戊午	己未	庚申	辛酉	壬戌	癸亥	甲子	乙丑	丙寅	丁卯	戊辰	己巳	庚午	辛未	壬申	癸酉
절입시각		오전 8시1분															오전 8시6분												

十 月　大　辛 亥

月建	十月 大																													
절기			小雪														大雪													
음력	1	2	3	4	5	6	7	8	9	10	11	12	13	14	15	16	17	18	19	20	21	22	23	24	25	26	27	28	29	30
양력	11/21	22	23	24	25	26	27	28	29	30	12/1	2	3	4	5	6	7	8	9	10	11	12	13	14	15	16	17	18	19	20
일진	甲戌	乙亥	丙子	丁丑	戊寅	己卯	庚辰	辛巳	壬午	癸未	甲申	乙酉	丙戌	丁亥	戊子	己丑	庚寅	辛卯	壬辰	癸巳	甲午	乙未	丙申	丁酉	戊戌	己亥	庚子	辛丑	壬寅	癸卯
절입시각			오전 5시29분														오전 0시52분													

十 一 月　小　壬 子

月建	十一月 小																												
절기		冬至															小寒												
음력	1	2	3	4	5	6	7	8	9	10	11	12	13	14	15	16	17	18	19	20	21	22	23	24	25	26	27	28	29
양력	12/21	22	23	24	25	26	27	28	29	30	31	1/1	2	3	4	5	6	7	8	9	10	11	12	13	14	15	16	17	18
일진	甲辰	乙巳	丙午	丁未	戊申	己酉	庚戌	辛亥	壬子	癸丑	甲寅	乙卯	丙辰	丁巳	戊午	己未	庚申	辛酉	壬戌	癸亥	甲子	乙丑	丙寅	丁卯	戊辰	己巳	庚午	辛未	壬申
절입시각		오후 6시46분															오후 12시4분												

十 二 月　大　癸 丑

月建	十二月 大																													
절기			大寒														立春													
음력	1	2	3	4	5	6	7	8	9	10	11	12	13	14	15	16	17	18	19	20	21	22	23	24	25	26	27	28	29	30
양력	1/19	20	21	22	23	24	25	26	27	28	29	30	31	2/1	2	3	4	5	6	7	8	9	10	11	12	13	14	15	16	17
일진	癸酉	甲戌	乙亥	丙子	丁丑	戊寅	己卯	庚辰	辛巳	壬午	癸未	甲申	乙酉	丙戌	丁亥	戊子	己丑	庚寅	辛卯	壬辰	癸巳	甲午	乙未	丙申	丁酉	戊戌	己亥	庚子	辛丑	壬寅
절입시각			오전 5시24분														오후 11시43분													

正月 小　　　甲寅

절기: 雨水(1) · 驚蟄(13)

음력	1	2	3	4	5	6	7	8	9	10	11	12	13	14	15	16	17	18	19	20	21	22	23	24	25	26	27	28	29
양력	2/18	19	20	21	22	23	24	25	26	27	28	29	3/1	2	3	4	5	6	7	8	9	10	11	12	13	14	15	16	17
일진	癸卯	甲辰	乙巳	丙午	丁未	戊申	己酉	庚戌	辛亥	壬子	癸丑	甲寅	乙卯	丙辰	丁巳	戊午	己未	庚申	辛酉	壬戌	癸亥	甲子	乙丑	丙寅	丁卯	戊辰	己巳	庚午	辛未

절입시각: 오후 7시35분　　오후 5시47분

二月 小　　　乙卯

절기: 春分(3) · 淸明(18)

음력	1	2	3	4	5	6	7	8	9	10	11	12	13	14	15	16	17	18	19	20	21	22	23	24	25	26	27	28	29
양력	3/18	19	20	21	22	23	24	25	26	27	28	29	30	31	4/1	2	3	4	5	6	7	8	9	10	11	12	13	14	15
일진	壬申	癸酉	甲戌	乙亥	丙子	丁丑	戊寅	己卯	庚辰	辛巳	壬午	癸未	甲申	乙酉	丙戌	丁亥	戊子	己丑	庚寅	辛卯	壬辰	癸巳	甲午	乙未	丙申	丁酉	戊戌	己亥	庚子

절입시각: 오후 6시39분　　오후 10시39분

三月 大　　　丙辰

절기: 穀雨(5) · 立夏(20)

음력	1	2	3	4	5	6	7	8	9	10	11	12	13	14	15	16	17	18	19	20	21	22	23	24	25	26	27	28	29	30
양력	4/16	17	18	19	20	21	22	23	24	25	26	27	28	29	30	5/1	2	3	4	5	6	7	8	9	10	11	12	13	14	15
일진	辛丑	壬寅	癸卯	甲辰	乙巳	丙午	丁未	戊申	己酉	庚戌	辛亥	壬子	癸丑	甲寅	乙卯	丙辰	丁巳	戊午	己未	庚申	辛酉	壬戌	癸亥	甲子	乙丑	丙寅	丁卯	戊辰	己巳	庚午

절입시각: 오전 5시45분　　오후 4시2분

四月 小　　　丁巳

절기: 小滿(5) · 芒種(21)

음력	1	2	3	4	5	6	7	8	9	10	11	12	13	14	15	16	17	18	19	20	21	22	23	24	25	26	27	28	29
양력	5/16	17	18	19	20	21	22	23	24	25	26	27	28	29	30	31	6/1	2	3	4	5	6	7	8	9	10	11	12	13
일진	辛未	壬申	癸酉	甲戌	乙亥	丙子	丁丑	戊寅	己卯	庚辰	辛巳	壬午	癸未	甲申	乙酉	丙戌	丁亥	戊子	己丑	庚寅	辛卯	壬辰	癸巳	甲午	乙未	丙申	丁酉	戊戌	己亥

절입시각: 오전 4시57분　　오후 8시15분

五月 大　　　戊午

절기: 夏至(8) · 小暑(24)

음력	1	2	3	4	5	6	7	8	9	10	11	12	13	14	15	16	17	18	19	20	21	22	23	24	25	26	27	28	29	30
양력	6/14	15	16	17	18	19	20	21	22	23	24	25	26	27	28	29	30	7/1	2	3	4	5	6	7	8	9	10	11	12	13
일진	庚子	辛丑	壬寅	癸卯	甲辰	乙巳	丙午	丁未	戊申	己酉	庚戌	辛亥	壬子	癸丑	甲寅	乙卯	丙辰	丁巳	戊午	己未	庚申	辛酉	壬戌	癸亥	甲子	乙丑	丙寅	丁卯	戊辰	己巳

절입시각: 오후 12시57분　　오전 6시33분

六月 小　　　己未

절기: 大暑(9) · 立秋(25)

음력	1	2	3	4	5	6	7	8	9	10	11	12	13	14	15	16	17	18	19	20	21	22	23	24	25	26	27	28	29
양력	7/14	15	16	17	18	19	20	21	22	23	24	25	26	27	28	29	30	31	8/1	2	3	4	5	6	7	8	9	10	11
일진	庚午	辛未	壬申	癸酉	甲戌	乙亥	丙子	丁丑	戊寅	己卯	庚辰	辛巳	壬午	癸未	甲申	乙酉	丙戌	丁亥	戊子	己丑	庚寅	辛卯	壬辰	癸巳	甲午	乙未	丙申	丁酉	戊戌

절입시각: 오후 11시51분　　오후 4시20분

七　月　大　　庚申

절기											處暑														白露				
음력	1	2	3	4	5	6	7	8	9	10	11	12	13	14	15	16	17	18	19	20	21	22	23	24	25	26	27	28	29	30
양력	8/12	13	14	15	16	17	18	19	20	21	22	23	24	25	26	27	28	29	30	31	9/1	2	3	4	5	6	7	8	9	10
일진	己亥	庚子	辛丑	壬寅	癸卯	甲辰	乙巳	丙午	丁未	戊申	己酉	庚戌	辛亥	壬子	癸丑	甲寅	乙卯	丙辰	丁巳	戊午	己未	庚申	辛酉	壬戌	癸亥	甲子	乙丑	丙寅	丁卯	戊辰

절입시각: 處暑 오전 6시54분 · 白露 오후 7시12분

八　月　大　　辛酉

절기													秋分															寒露		
음력	1	2	3	4	5	6	7	8	9	10	11	12	13	14	15	16	17	18	19	20	21	22	23	24	25	26	27	28	29	30
양력	9/11	12	13	14	15	16	17	18	19	20	21	22	23	24	25	26	27	28	29	30	10/1	2	3	4	5	6	7	8	9	10
일진	己巳	庚午	辛未	壬申	癸酉	甲戌	乙亥	丙子	丁丑	戊寅	己卯	庚辰	辛巳	壬午	癸未	甲申	乙酉	丙戌	丁亥	戊子	己丑	庚寅	辛卯	壬辰	癸巳	甲午	乙未	丙申	丁酉	戊戌

절입시각: 秋分 오전 4시29분 · 寒露 오전 10시45분

九　月　小　　壬戌

절기													霜降															立冬	
음력	1	2	3	4	5	6	7	8	9	10	11	12	13	14	15	16	17	18	19	20	21	22	23	24	25	26	27	28	29
양력	10/11	12	13	14	15	16	17	18	19	20	21	22	23	24	25	26	27	28	29	30	31	11/1	2	3	4	5	6	7	8
일진	己亥	庚子	辛丑	壬寅	癸卯	甲辰	乙巳	丙午	丁未	戊申	己酉	庚戌	辛亥	壬子	癸丑	甲寅	乙卯	丙辰	丁巳	戊午	己未	庚申	辛酉	壬戌	癸亥	甲子	乙丑	丙寅	丁卯

절입시각: 霜降 오후 1시44분 · 立冬 오후 1시49분

十　月　大　　癸亥

절기														小雪															大雪	
음력	1	2	3	4	5	6	7	8	9	10	11	12	13	14	15	16	17	18	19	20	21	22	23	24	25	26	27	28	29	30
양력	11/9	10	11	12	13	14	15	16	17	18	19	20	21	22	23	24	25	26	27	28	29	30	12/1	2	3	4	5	6	7	8
일진	戊辰	己巳	庚午	辛未	壬申	癸酉	甲戌	乙亥	丙子	丁丑	戊寅	己卯	庚辰	辛巳	壬午	癸未	甲申	乙酉	丙戌	丁亥	戊子	己丑	庚寅	辛卯	壬辰	癸巳	甲午	乙未	丙申	丁酉

절입시각: 小雪 오전 11시12분 · 大雪 오전 6시34분

十　一　月　大　　甲子

절기														冬至										小寒						
음력	1	2	3	4	5	6	7	8	9	10	11	12	13	14	15	16	17	18	19	20	21	22	23	24	25	26	27	28	29	30
양력	12/9	10	11	12	13	14	15	16	17	18	19	20	21	22	23	24	25	26	27	28	29	30	31	1/1	2	3	4	5	6	7
일진	戊戌	己亥	庚子	辛丑	壬寅	癸卯	甲辰	乙巳	丙午	丁未	戊申	己酉	庚戌	辛亥	壬子	癸丑	甲寅	乙卯	丙辰	丁巳	戊午	己未	庚申	辛酉	壬戌	癸亥	甲子	乙丑	丙寅	丁卯

절입시각: 冬至 오전 0시28분 · 小寒 오후 5시46분

十　二　月　小　　乙丑

절기													大寒												立春				
음력	1	2	3	4	5	6	7	8	9	10	11	12	13	14	15	16	17	18	19	20	21	22	23	24	25	26	27	28	29
양력	1/8	9	10	11	12	13	14	15	16	17	18	19	20	21	22	23	24	25	26	27	28	29	30	31	2/1	2	3	4	5
일진	戊辰	己巳	庚午	辛未	壬申	癸酉	甲戌	乙亥	丙子	丁丑	戊寅	己卯	庚辰	辛巳	壬午	癸未	甲申	乙酉	丙戌	丁亥	戊子	己丑	庚寅	辛卯	壬辰	癸巳	甲午	乙未	丙申

절입시각: 大寒 오전 11시7분 · 立春 오전 5시27분

正月 十月 黑中　　　　東 大將軍　東 三殺　卯 吊客　未 喪門

月建　正 月 大　　丙 寅

절기													雨水										驚蟄						
음력	1	2	3	4	5	6	7	8	9	10	11	12	13	14	15	16	17	18	19	20	21	22	23	24	25	26	27	28	29	30
양력	2/6	7	8	9	10	11	12	13	14	15	16	17	18	19	20	21	22	23	24	25	26	27	28	3/1	2	3	4	5	6	7
일진	丁酉	戊戌	己亥	庚子	辛丑	壬寅	癸卯	甲辰	乙巳	丙午	丁未	戊申	己酉	庚戌	辛亥	壬子	癸丑	甲寅	乙卯	丙辰	丁巳	戊午	己未	庚申	辛酉	壬戌	癸亥	甲子	乙丑	丙寅

절입시각: 雨水 오전 1시21분　　驚蟄 오후 11시34분

月建　二 月 小　　丁 卯

절기													春分											清明				
음력	1	2	3	4	5	6	7	8	9	10	11	12	13	14	15	16	17	18	19	20	21	22	23	24	25	26	27	28	29
양력	3/8	9	10	11	12	13	14	15	16	17	18	19	20	21	22	23	24	25	26	27	28	29	30	31	4/1	2	3	4	5
일진	丁卯	戊辰	己巳	庚午	辛未	壬申	癸酉	甲戌	乙亥	丙子	丁丑	戊寅	己卯	庚辰	辛巳	壬午	癸未	甲申	乙酉	丙戌	丁亥	戊子	己丑	庚寅	辛卯	壬辰	癸巳	甲午	乙未

절입시각: 春分 오전 0시28분　　清明 오전 4시30분

月建　三 月 小　　戊 辰

절기														穀雨														
음력	1	2	3	4	5	6	7	8	9	10	11	12	13	14	15	16	17	18	19	20	21	22	23	24	25	26	27	28	29
양력	4/6	7	8	9	10	11	12	13	14	15	16	17	18	19	20	21	22	23	24	25	26	27	28	29	30	5/1	2	3	4
일진	丙申	丁酉	戊戌	己亥	庚子	辛丑	壬寅	癸卯	甲辰	乙巳	丙午	丁未	戊申	己酉	庚戌	辛亥	壬子	癸丑	甲寅	乙卯	丙辰	丁巳	戊午	己未	庚申	辛酉	壬戌	癸亥	甲子

절입시각: 穀雨 오전 11시39분

月建　四 月 大　　己 巳

절기	立夏																小滿													
음력	1	2	3	4	5	6	7	8	9	10	11	12	13	14	15	16	17	18	19	20	21	22	23	24	25	26	27	28	29	30
양력	5/5	6	7	8	9	10	11	12	13	14	15	16	17	18	19	20	21	22	23	24	25	26	27	28	29	30	31	6/1	2	3
일진	乙丑	丙寅	丁卯	戊辰	己巳	庚午	辛未	壬申	癸酉	甲戌	乙亥	丙子	丁丑	戊寅	己卯	庚辰	辛巳	壬午	癸未	甲申	乙酉	丙戌	丁亥	戊子	己丑	庚寅	辛卯	壬辰	癸巳	甲午

절입시각: 立夏 오후 9시54분　　小滿 오전 10시54분

月建　五 月 小　　庚 午

절기		芒種															夏至												
음력	1	2	3	4	5	6	7	8	9	10	11	12	13	14	15	16	17	18	19	20	21	22	23	24	25	26	27	28	29
양력	6/4	5	6	7	8	9	10	11	12	13	14	15	16	17	18	19	20	21	22	23	24	25	26	27	28	29	30	7/1	2
일진	乙未	丙申	丁酉	戊戌	己亥	庚子	辛丑	壬寅	癸卯	甲辰	乙巳	丙午	丁未	戊申	己酉	庚戌	辛亥	壬子	癸丑	甲寅	乙卯	丙辰	丁巳	戊午	己未	庚申	辛酉	壬戌	癸亥

절입시각: 芒種 오전 2시5분　　夏至 오후 6시53분

月建　六 月 大　　辛 未

절기				小暑																大暑										
음력	1	2	3	4	5	6	7	8	9	10	11	12	13	14	15	16	17	18	19	20	21	22	23	24	25	26	27	28	29	30
양력	7/3	4	5	6	7	8	9	10	11	12	13	14	15	16	17	18	19	20	21	22	23	24	25	26	27	28	29	30	31	8/1
일진	甲子	乙丑	丙寅	丁卯	戊辰	己巳	庚午	辛未	壬申	癸酉	甲戌	乙亥	丙子	丁丑	戊寅	己卯	庚辰	辛巳	壬午	癸未	甲申	乙酉	丙戌	丁亥	戊子	己丑	庚寅	辛卯	壬辰	癸巳

절입시각: 小暑 오후 12시19분　　大暑 오전 5시45분

月建	七 月 小																												壬 申
절기						立秋																處暑							
음력	1	2	3	4	5	6	7	8	9	10	11	12	13	14	15	16	17	18	19	20	21	22	23	24	25	26	27	28	29
양력	8/2	3	4	5	6	7	8	9	10	11	12	13	14	15	16	17	18	19	20	21	22	23	24	25	26	27	28	29	30
일진	甲午	乙未	丙申	丁酉	戊戌	己亥	庚子	辛丑	壬寅	癸卯	甲辰	乙巳	丙午	丁未	戊申	己酉	庚戌	辛亥	壬子	癸丑	甲寅	乙卯	丙辰	丁巳	戊午	己未	庚申	辛酉	壬戌

절입시각: 立秋 오후 10시4분 · 處暑 오후 12시46분

月建	八 月 大																													癸 酉
절기									白露															秋分						
음력	1	2	3	4	5	6	7	8	9	10	11	12	13	14	15	16	17	18	19	20	21	22	23	24	25	26	27	28	29	30
양력	8/31	9/1	2	3	4	5	6	7	8	9	10	11	12	13	14	15	16	17	18	19	20	21	22	23	24	25	26	27	28	29
일진	癸亥	甲子	乙丑	丙寅	丁卯	戊辰	己巳	庚午	辛未	壬申	癸酉	甲戌	乙亥	丙子	丁丑	戊寅	己卯	庚辰	辛巳	壬午	癸未	甲申	乙酉	丙戌	丁亥	戊子	己丑	庚寅	辛卯	壬辰

절입시각: 白露 오전 0시54분 · 秋分 오전 10시20분

月建	九 月 大																													甲 戌
절기									寒露															霜降						
음력	1	2	3	4	5	6	7	8	9	10	11	12	13	14	15	16	17	18	19	20	21	22	23	24	25	26	27	28	29	30
양력	9/30	10/1	2	3	4	5	6	7	8	9	10	11	12	13	14	15	16	17	18	19	20	21	22	23	24	25	26	27	28	29
일진	癸巳	甲午	乙未	丙申	丁酉	戊戌	己亥	庚子	辛丑	壬寅	癸卯	甲辰	乙巳	丙午	丁未	戊申	己酉	庚戌	辛亥	壬子	癸丑	甲寅	乙卯	丙辰	丁巳	戊午	己未	庚申	辛酉	壬戌

절입시각: 寒露 오후 4시27분 · 霜降 오후 7시35분

月建	十 月 小																												乙 亥
절기									立冬															小雪					
음력	1	2	3	4	5	6	7	8	9	10	11	12	13	14	15	16	17	18	19	20	21	22	23	24	25	26	27	28	29
양력	10/30	31	11/1	2	3	4	5	6	7	8	9	10	11	12	13	14	15	16	17	18	19	20	21	22	23	24	25	26	27
일진	癸亥	甲子	乙丑	丙寅	丁卯	戊辰	己巳	庚午	辛未	壬申	癸酉	甲戌	乙亥	丙子	丁丑	戊寅	己卯	庚辰	辛巳	壬午	癸未	甲申	乙酉	丙戌	丁亥	戊子	己丑	庚寅	辛卯

절입시각: 立冬 오후 7시34분 · 小雪 오후 5시5분

月建	十 一 月 大																													丙 子
절기										大雪															冬至					
음력	1	2	3	4	5	6	7	8	9	10	11	12	13	14	15	16	17	18	19	20	21	22	23	24	25	26	27	28	29	30
양력	11/28	29	30	12/1	2	3	4	5	6	7	8	9	10	11	12	13	14	15	16	17	18	19	20	21	22	23	24	25	26	27
일진	壬辰	癸巳	甲午	乙未	丙申	丁酉	戊戌	己亥	庚子	辛丑	壬寅	癸卯	甲辰	乙巳	丙午	丁未	戊申	己酉	庚戌	辛亥	壬子	癸丑	甲寅	乙卯	丙辰	丁巳	戊午	己未	庚申	辛酉

절입시각: 大雪 오후 12시21분 · 冬至 오전 6시22분

月建	十 二 月 大																													丁 丑
절기					小寒																			大寒						
음력	1	2	3	4	5	6	7	8	9	10	11	12	13	14	15	16	17	18	19	20	21	22	23	24	25	26	27	28	29	30
양력	12/28	29	30	31	1/1	2	3	4	5	6	7	8	9	10	11	12	13	14	15	16	17	18	19	20	21	22	23	24	25	26
일진	壬戌	癸亥	甲子	乙丑	丙寅	丁卯	戊辰	己巳	庚午	辛未	壬申	癸酉	甲戌	乙亥	丙子	丁丑	戊寅	己卯	庚辰	辛巳	壬午	癸未	甲申	乙酉	丙戌	丁亥	戊子	己丑	庚寅	辛卯

절입시각: 小寒 오후 11시33분 · 大寒 오후 5시2분

1990년 | 檀紀 4323년　庚午年　二　金神

七月 黑中　　東 大將軍　北 三殺　辰 吊客　申 喪門

月建　正 月 小　　戊 寅

	1	2	3	4	5	6	7	8	9	10	11	12	13	14	15	16	17	18	19	20	21	22	23	24	25	26	27	28	29
절기									立春															雨水					
음력	1	2	3	4	5	6	7	8	9	10	11	12	13	14	15	16	17	18	19	20	21	22	23	24	25	26	27	28	29
양력	1/27	28	29	30	31	2/1	2	3	4	5	6	7	8	9	10	11	12	13	14	15	16	17	18	19	20	21	22	23	24
일진	壬辰	癸巳	甲午	乙未	丙申	丁酉	戊戌	己亥	庚子	辛丑	壬寅	癸卯	甲辰	乙巳	丙午	丁未	戊申	己酉	庚戌	辛亥	壬子	癸丑	甲寅	乙卯	丙辰	丁巳	戊午	己未	庚申

절입시각: 立春 오전 11시14분　雨水 오전 7시14분

月建　二 月 大　　己 卯

	1	2	3	4	5	6	7	8	9	10	11	12	13	14	15	16	17	18	19	20	21	22	23	24	25	26	27	28	29	30
절기										驚蟄															春分					
음력	1	2	3	4	5	6	7	8	9	10	11	12	13	14	15	16	17	18	19	20	21	22	23	24	25	26	27	28	29	30
양력	2/25	26	27	28	3/1	2	3	4	5	6	7	8	9	10	11	12	13	14	15	16	17	18	19	20	21	22	23	24	25	26
일진	辛酉	壬戌	癸亥	甲子	乙丑	丙寅	丁卯	戊辰	己巳	庚午	辛未	壬申	癸酉	甲戌	乙亥	丙子	丁丑	戊寅	己卯	庚辰	辛巳	壬午	癸未	甲申	乙酉	丙戌	丁亥	戊子	己丑	庚寅

절입시각: 驚蟄 오전 5시19분　春分 오전 6시19분

月建　三 月 小　　庚 辰

	1	2	3	4	5	6	7	8	9	10	11	12	13	14	15	16	17	18	19	20	21	22	23	24	25	26	27	28	29
절기										清明															穀雨				
음력	1	2	3	4	5	6	7	8	9	10	11	12	13	14	15	16	17	18	19	20	21	22	23	24	25	26	27	28	29
양력	3/27	28	29	30	31	4/1	2	3	4	5	6	7	8	9	10	11	12	13	14	15	16	17	18	19	20	21	22	23	24
일진	辛卯	壬辰	癸巳	甲午	乙未	丙申	丁酉	戊戌	己亥	庚子	辛丑	壬寅	癸卯	甲辰	乙巳	丙午	丁未	戊申	己酉	庚戌	辛亥	壬子	癸丑	甲寅	乙卯	丙辰	丁巳	戊午	己未

절입시각: 清明 오전 10시13분　穀雨 오후 5시27분

月建　四 月 小　　辛 巳

	1	2	3	4	5	6	7	8	9	10	11	12	13	14	15	16	17	18	19	20	21	22	23	24	25	26	27	28	29
절기												立夏															小滿		
음력	1	2	3	4	5	6	7	8	9	10	11	12	13	14	15	16	17	18	19	20	21	22	23	24	25	26	27	28	29
양력	4/25	26	27	28	29	30	5/1	2	3	4	5	6	7	8	9	10	11	12	13	14	15	16	17	18	19	20	21	22	23
일진	庚申	辛酉	壬戌	癸亥	甲子	乙丑	丙寅	丁卯	戊辰	己巳	庚午	辛未	壬申	癸酉	甲戌	乙亥	丙子	丁丑	戊寅	己卯	庚辰	辛巳	壬午	癸未	甲申	乙酉	丙戌	丁亥	戊子

절입시각: 立夏 오전 3시35분　小滿 오후 4시37분

月建　五 月 大　　壬 午

	1	2	3	4	5	6	7	8	9	10	11	12	13	14	15	16	17	18	19	20	21	22	23	24	25	26	27	28	29	30
절기									芒種																					夏至
음력	1	2	3	4	5	6	7	8	9	10	11	12	13	14	15	16	17	18	19	20	21	22	23	24	25	26	27	28	29	30
양력	5/24	25	26	27	28	29	30	31	6/1	2	3	4	5	6	7	8	9	10	11	12	13	14	15	16	17	18	19	20	21	22
일진	己丑	庚寅	辛卯	壬辰	癸巳	甲午	乙未	丙申	丁酉	戊戌	己亥	庚子	辛丑	壬寅	癸卯	甲辰	乙巳	丙午	丁未	戊申	己酉	庚戌	辛亥	壬子	癸丑	甲寅	乙卯	丙辰	丁巳	戊午

절입시각: 芒種 오전 7시46분　夏至 오전 0시33분

月建　閏 五 月 小

	1	2	3	4	5	6	7	8	9	10	11	12	13	14	15	16	17	18	19	20	21	22	23	24	25	26	27	28	29
절기									小暑																				
음력	1	2	3	4	5	6	7	8	9	10	11	12	13	14	15	16	17	18	19	20	21	22	23	24	25	26	27	28	29
양력	6/23	24	25	26	27	28	29	30	7/1	2	3	4	5	6	7	8	9	10	11	12	13	14	15	16	17	18	19	20	21
일진	己未	庚申	辛酉	壬戌	癸亥	甲子	乙丑	丙寅	丁卯	戊辰	己巳	庚午	辛未	壬申	癸酉	甲戌	乙亥	丙子	丁丑	戊寅	己卯	庚辰	辛巳	壬午	癸未	甲申	乙酉	丙戌	丁亥

절입시각: 小暑 오후 6시0분

月建	六 月 小																												癸 未
절기		大暑																立秋											
음력	1	2	3	4	5	6	7	8	9	10	11	12	13	14	15	16	17	18	19	20	21	22	23	24	25	26	27	28	29
양력	7/22	23	24	25	26	27	28	29	30	31	8/1	2	3	4	5	6	7	8	9	10	11	12	13	14	15	16	17	18	19
일진	戊子	己丑	庚寅	辛卯	壬辰	癸巳	甲午	乙未	丙申	丁酉	戊戌	己亥	庚子	辛丑	壬寅	癸卯	甲辰	乙巳	丙午	丁未	戊申	己酉	庚戌	辛亥	壬子	癸丑	甲寅	乙卯	丙辰
절입시각	오전 11시22분																오전 3시46분												

月建	七 月 大																													甲 申
절기				處暑																白露										
음력	1	2	3	4	5	6	7	8	9	10	11	12	13	14	15	16	17	18	19	20	21	22	23	24	25	26	27	28	29	30
양력	8/20	21	22	23	24	25	26	27	28	29	30	31	9/1	2	3	4	5	6	7	8	9	10	11	12	13	14	15	16	17	18
일진	丁巳	戊午	己未	庚申	辛酉	壬戌	癸亥	甲子	乙丑	丙寅	丁卯	戊辰	己巳	庚午	辛未	壬申	癸酉	甲戌	乙亥	丙子	丁丑	戊寅	己卯	庚辰	辛巳	壬午	癸未	甲申	乙酉	丙戌
절입시각	오후 6시21분																		오전 6시37분											

月建	八 月 大																													乙 酉
절기					秋分															寒露										
음력	1	2	3	4	5	6	7	8	9	10	11	12	13	14	15	16	17	18	19	20	21	22	23	24	25	26	27	28	29	30
양력	9/19	20	21	22	23	24	25	26	27	28	29	30	10/1	2	3	4	5	6	7	8	9	10	11	12	13	14	15	16	17	18
일진	丁亥	戊子	己丑	庚寅	辛卯	壬辰	癸巳	甲午	乙未	丙申	丁酉	戊戌	己亥	庚子	辛丑	壬寅	癸卯	甲辰	乙巳	丙午	丁未	戊申	己酉	庚戌	辛亥	壬子	癸丑	甲寅	乙卯	丙辰
절입시각	오후 3시56분																		오후 10시14분											

月建	九 月 小																												丙 戌
절기						霜降															立冬								
음력	1	2	3	4	5	6	7	8	9	10	11	12	13	14	15	16	17	18	19	20	21	22	23	24	25	26	27	28	29
양력	10/19	20	21	22	23	24	25	26	27	28	29	30	31	11/1	2	3	4	5	6	7	8	9	10	11	12	13	14	15	16
일진	丁巳	戊午	己未	庚申	辛酉	壬戌	癸亥	甲子	乙丑	丙寅	丁卯	戊辰	己巳	庚午	辛未	壬申	癸酉	甲戌	乙亥	丙子	丁丑	戊寅	己卯	庚辰	辛巳	壬午	癸未	甲申	乙酉
절입시각	오전 1시14분																		오전 1시23분										

月建	十 月 大																													丁 亥
절기						小雪															大雪									
음력	1	2	3	4	5	6	7	8	9	10	11	12	13	14	15	16	17	18	19	20	21	22	23	24	25	26	27	28	29	30
양력	11/17	18	19	20	21	22	23	24	25	26	27	28	29	30	12/1	2	3	4	5	6	7	8	9	10	11	12	13	14	15	16
일진	丙戌	丁亥	戊子	己丑	庚寅	辛卯	壬辰	癸巳	甲午	乙未	丙申	丁酉	戊戌	己亥	庚子	辛丑	壬寅	癸卯	甲辰	乙巳	丙午	丁未	戊申	己酉	庚戌	辛亥	壬子	癸丑	甲寅	乙卯
절입시각	오후 10시47분																		오후 6시14분											

月建	十 一 月 大																													戊 子
절기						冬至															小寒									
음력	1	2	3	4	5	6	7	8	9	10	11	12	13	14	15	16	17	18	19	20	21	22	23	24	25	26	27	28	29	30
양력	12/17	18	19	20	21	22	23	24	25	26	27	28	29	30	31	1/1	2	3	4	5	6	7	8	9	10	11	12	13	14	15
일진	丙辰	丁巳	戊午	己未	庚申	辛酉	壬戌	癸亥	甲子	乙丑	丙寅	丁卯	戊辰	己巳	庚午	辛未	壬申	癸酉	甲戌	乙亥	丙子	丁丑	戊寅	己卯	庚辰	辛巳	壬午	癸未	甲申	乙酉
절입시각	오후 12시7분																		오전 5시28분											

月建	十 二 月 大																													己 丑
절기					大寒												立春													
음력	1	2	3	4	5	6	7	8	9	10	11	12	13	14	15	16	17	18	19	20	21	22	23	24	25	26	27	28	29	30
양력	1/16	17	18	19	20	21	22	23	24	25	26	27	28	29	30	31	2/1	2	3	4	5	6	7	8	9	10	11	12	13	14
일진	丙戌	丁亥	戊子	己丑	庚寅	辛卯	壬辰	癸巳	甲午	乙未	丙申	丁酉	戊戌	己亥	庚子	辛丑	壬寅	癸卯	甲辰	乙巳	丙午	丁未	戊申	己酉	庚戌	辛亥	壬子	癸丑	甲寅	乙卯
절입시각	오후 10시47분																		오후 5시8분											

辛未年

六　金神

四月 黑中

東 大將軍　西 三殺　巳 弔客　西 喪門

正　月　小　庚寅

절기: 雨水(5), 驚蟄(20)

음력	1	2	3	4	5	6	7	8	9	10	11	12	13	14	15	16	17	18	19	20	21	22	23	24	25	26	27	28	29
양력	2/15	16	17	18	19	20	21	22	23	24	25	26	27	28	3/1	2	3	4	5	6	7	8	9	10	11	12	13	14	15
일진	丙辰	丁巳	戊午	己未	庚申	辛酉	壬戌	癸亥	甲子	乙丑	丙寅	丁卯	戊辰	己巳	庚午	辛未	壬申	癸酉	甲戌	乙亥	丙子	丁丑	戊寅	己卯	庚辰	辛巳	壬午	癸未	甲申

절입시각: 오후 12시58분　|　오전 11시12분

二　月　大　辛卯

절기: 春分(6), 清明(21)

음력	1	2	3	4	5	6	7	8	9	10	11	12	13	14	15	16	17	18	19	20	21	22	23	24	25	26	27	28	29	30
양력	3/16	17	18	19	20	21	22	23	24	25	26	27	28	29	30	31	4/1	2	3	4	5	6	7	8	9	10	11	12	13	14
일진	乙酉	丙戌	丁亥	戊子	己丑	庚寅	辛卯	壬辰	癸巳	甲午	乙未	丙申	丁酉	戊戌	己亥	庚子	辛丑	壬寅	癸卯	甲辰	乙巳	丙午	丁未	戊申	己酉	庚戌	辛亥	壬子	癸丑	甲寅

절입시각: 오후 12시2분　|　오후 4시5분

三　月　小　壬辰

절기: 穀雨(6), 立夏(17)

음력	1	2	3	4	5	6	7	8	9	10	11	12	13	14	15	16	17	18	19	20	21	22	23	24	25	26	27	28	29
양력	4/15	16	17	18	19	20	21	22	23	24	25	26	27	28	29	30	5/1	2	3	4	5	6	7	8	9	10	11	12	13
일진	乙卯	丙辰	丁巳	戊午	己未	庚申	辛酉	壬戌	癸亥	甲子	乙丑	丙寅	丁卯	戊辰	己巳	庚午	辛未	壬申	癸酉	甲戌	乙亥	丙子	丁丑	戊寅	己卯	庚辰	辛巳	壬午	癸未

절입시각: 오후 11시8분　|　오전 9시27분

四　月　小　癸巳

절기: 小滿(8), 芒種(24)

음력	1	2	3	4	5	6	7	8	9	10	11	12	13	14	15	16	17	18	19	20	21	22	23	24	25	26	27	28	29
양력	5/14	15	16	17	18	19	20	21	22	23	24	25	26	27	28	29	30	31	6/1	2	3	4	5	6	7	8	9	10	11
일진	甲申	乙酉	丙戌	丁亥	戊子	己丑	庚寅	辛卯	壬辰	癸巳	甲午	乙未	丙申	丁酉	戊戌	己亥	庚子	辛丑	壬寅	癸卯	甲辰	乙巳	丙午	丁未	戊申	己酉	庚戌	辛亥	壬子

절입시각: 오후 10시20분　|　오후 1시38분

五　月　大　甲午

절기: 夏至(11), 小暑(26)

음력	1	2	3	4	5	6	7	8	9	10	11	12	13	14	15	16	17	18	19	20	21	22	23	24	25	26	27	28	29	30
양력	6/12	13	14	15	16	17	18	19	20	21	22	23	24	25	26	27	28	29	30	7/1	2	3	4	5	6	7	8	9	10	11
일진	癸丑	甲寅	乙卯	丙辰	丁巳	戊午	己未	庚申	辛酉	壬戌	癸亥	甲子	乙丑	丙寅	丁卯	戊辰	己巳	庚午	辛未	壬申	癸酉	甲戌	乙亥	丙子	丁丑	戊寅	己卯	庚辰	辛巳	壬午

절입시각: 오전 6시20분　|　오후 11시53분

六　月　小　乙未

절기: 大暑(11), 立秋(28)

음력	1	2	3	4	5	6	7	8	9	10	11	12	13	14	15	16	17	18	19	20	21	22	23	24	25	26	27	28	29
양력	7/12	13	14	15	16	17	18	19	20	21	22	23	24	25	26	27	28	29	30	31	8/1	2	3	4	5	6	7	8	9
일진	癸未	甲申	乙酉	丙戌	丁亥	戊子	己丑	庚寅	辛卯	壬辰	癸巳	甲午	乙未	丙申	丁酉	戊戌	己亥	庚子	辛丑	壬寅	癸卯	甲辰	乙巳	丙午	丁未	戊申	己酉	庚戌	辛亥

절입시각: 오후 5시11분　|　오전 9시37분

月建　七　月　小　　丙申

절기	1	2	3	4	5	6	7	8	9	10	11	12	13	14	15	16	17	18	19	20	21	22	23	24	25	26	27	28	29
절기															處暑														
양력	8/10	11	12	13	14	15	16	17	18	19	20	21	22	23	24	25	26	27	28	29	30	31	9/1	2	3	4	5	6	7
일진	壬子	癸丑	甲寅	乙卯	丙辰	丁巳	戊午	己未	庚申	辛酉	壬戌	癸亥	甲子	乙丑	丙寅	丁卯	戊辰	己巳	庚午	辛未	壬申	癸酉	甲戌	乙亥	丙子	丁丑	戊寅	己卯	庚辰

절입시각: 處暑 오전 0시13분

月建　八　月　大　　丁酉

절기	1	2	3	4	5	6	7	8	9	10	11	12	13	14	15	16	17	18	19	20	21	22	23	24	25	26	27	28	29	30
절기	白露															秋分														
양력	9/8	9	10	11	12	13	14	15	16	17	18	19	20	21	22	23	24	25	26	27	28	29	30	10/1	2	3	4	5	6	7
일진	辛巳	壬午	癸未	甲申	乙酉	丙戌	丁亥	戊子	己丑	庚寅	辛卯	壬辰	癸巳	甲午	乙未	丙申	丁酉	戊戌	己亥	庚子	辛丑	壬寅	癸卯	甲辰	乙巳	丙午	丁未	戊申	己酉	庚戌

절입시각: 白露 오후 12시27분　秋分 오후 9시48분

月建　九　月　小　　戊戌

절기	1	2	3	4	5	6	7	8	9	10	11	12	13	14	15	16	17	18	19	20	21	22	23	24	25	26	27	28	29
절기		寒露															霜降												
양력	10/8	9	10	11	12	13	14	15	16	17	18	19	20	21	22	23	24	25	26	27	28	29	30	31	11/1	2	3	4	5
일진	辛亥	壬子	癸丑	甲寅	乙卯	丙辰	丁巳	戊午	己未	庚申	辛酉	壬戌	癸亥	甲子	乙丑	丙寅	丁卯	戊辰	己巳	庚午	辛未	壬申	癸酉	甲戌	乙亥	丙子	丁丑	戊寅	己卯

절입시각: 寒露 오전 4시1분　霜降 오전 7시5분

月建　十　月　大　　己亥

절기	1	2	3	4	5	6	7	8	9	10	11	12	13	14	15	16	17	18	19	20	21	22	23	24	25	26	27	28	29	30
절기			立冬															小雪												
양력	11/6	7	8	9	10	11	12	13	14	15	16	17	18	19	20	21	22	23	24	25	26	27	28	29	30	12/1	2	3	4	5
일진	庚辰	辛巳	壬午	癸未	甲申	乙酉	丙戌	丁亥	戊子	己丑	庚寅	辛卯	壬辰	癸巳	甲午	乙未	丙申	丁酉	戊戌	己亥	庚子	辛丑	壬寅	癸卯	甲辰	乙巳	丙午	丁未	戊申	己酉

절입시각: 立冬 오전 7시8분　小雪 오전 4시36분

月建　十　一　月　大　　庚子

절기	1	2	3	4	5	6	7	8	9	10	11	12	13	14	15	16	17	18	19	20	21	22	23	24	25	26	27	28	29	30
절기		大雪															冬至													
양력	12/6	7	8	9	10	11	12	13	14	15	16	17	18	19	20	21	22	23	24	25	26	27	28	29	30	31	1/1	2	3	4
일진	庚戌	辛亥	壬子	癸丑	甲寅	乙卯	丙辰	丁巳	戊午	己未	庚申	辛酉	壬戌	癸亥	甲子	乙丑	丙寅	丁卯	戊辰	己巳	庚午	辛未	壬申	癸酉	甲戌	乙亥	丙子	丁丑	戊寅	己卯

절입시각: 大雪 오후 11시56분　冬至 오후 5시54분

月建　十　二　月　大　　辛丑

절기	1	2	3	4	5	6	7	8	9	10	11	12	13	14	15	16	17	18	19	20	21	22	23	24	25	26	27	28	29	30
절기		小寒															大寒													
양력	1/5	6	7	8	9	10	11	12	13	14	15	16	17	18	19	20	21	22	23	24	25	26	27	28	29	30	31	2/1	2	3
일진	庚辰	辛巳	壬午	癸未	甲申	乙酉	丙戌	丁亥	戊子	己丑	庚寅	辛卯	壬辰	癸巳	甲午	乙未	丙申	丁酉	戊戌	己亥	庚子	辛丑	壬寅	癸卯	甲辰	乙巳	丙午	丁未	戊申	己酉

절입시각: 小寒 오전 11시9분　大寒 오전 4시32분

月建　正　月　小　　　壬寅

절기: 立春(1), 雨水(16)

음력	1	2	3	4	5	6	7	8	9	10	11	12	13	14	15	16	17	18	19	20	21	22	23	24	25	26	27	28	29
양력	2/4	5	6	7	8	9	10	11	12	13	14	15	16	17	18	19	20	21	22	23	24	25	26	27	28	29	3/1	2	3
일진	庚戌	辛亥	壬子	癸丑	甲寅	乙卯	丙辰	丁巳	戊午	己未	庚申	辛酉	壬戌	癸亥	甲子	乙丑	丙寅	丁卯	戊辰	己巳	庚午	辛未	壬申	癸酉	甲戌	乙亥	丙子	丁丑	戊寅

절입시각: 오후 10시48분 / 오후 6시44분

月建　二　月　大　　　癸卯

절기: 驚蟄(2), 春分(17)

음력	1	2	3	4	5	6	7	8	9	10	11	12	13	14	15	16	17	18	19	20	21	22	23	24	25	26	27	28	29	30
양력	3/4	5	6	7	8	9	10	11	12	13	14	15	16	17	18	19	20	21	22	23	24	25	26	27	28	29	30	31	4/1	2
일진	己卯	庚辰	辛巳	壬午	癸未	甲申	乙酉	丙戌	丁亥	戊子	己丑	庚寅	辛卯	壬辰	癸巳	甲午	乙未	丙申	丁酉	戊戌	己亥	庚子	辛丑	壬寅	癸卯	甲辰	乙巳	丙午	丁未	戊申

절입시각: 오후 4시52분 / 오후 5시48분

月建　三　月　大　　　甲辰

절기: 清明(2), 穀雨(18)

음력	1	2	3	4	5	6	7	8	9	10	11	12	13	14	15	16	17	18	19	20	21	22	23	24	25	26	27	28	29	30
양력	4/3	4	5	6	7	8	9	10	11	12	13	14	15	16	17	18	19	20	21	22	23	24	25	26	27	28	29	30	5/1	2
일진	己酉	庚戌	辛亥	壬子	癸丑	甲寅	乙卯	丙辰	丁巳	戊午	己未	庚申	辛酉	壬戌	癸亥	甲子	乙丑	丙寅	丁卯	戊辰	己巳	庚午	辛未	壬申	癸酉	甲戌	乙亥	丙子	丁丑	戊寅

절입시각: 오후 9시45분 / 오전 4시57분

月建　四　月　小　　　乙巳

절기: 立夏(3), 小滿(19)

음력	1	2	3	4	5	6	7	8	9	10	11	12	13	14	15	16	17	18	19	20	21	22	23	24	25	26	27	28	29
양력	5/3	4	5	6	7	8	9	10	11	12	13	14	15	16	17	18	19	20	21	22	23	24	25	26	27	28	29	30	31
일진	己卯	庚辰	辛巳	壬午	癸未	甲申	乙酉	丙戌	丁亥	戊子	己丑	庚寅	辛卯	壬辰	癸巳	甲午	乙未	丙申	丁酉	戊戌	己亥	庚子	辛丑	壬寅	癸卯	甲辰	乙巳	丙午	丁未

절입시각: 오후 3시9분 / 오전 4시12분

月建　五　月　小　　　丙午

절기: 芒種(5), 夏至(21)

음력	1	2	3	4	5	6	7	8	9	10	11	12	13	14	15	16	17	18	19	20	21	22	23	24	25	26	27	28	29
양력	6/1	2	3	4	5	6	7	8	9	10	11	12	13	14	15	16	17	18	19	20	21	22	23	24	25	26	27	28	29
일진	戊申	己酉	庚戌	辛亥	壬子	癸丑	甲寅	乙卯	丙辰	丁巳	戊午	己未	庚申	辛酉	壬戌	癸亥	甲子	乙丑	丙寅	丁卯	戊辰	己巳	庚午	辛未	壬申	癸酉	甲戌	乙亥	丙子

절입시각: 오후 7시22분 / 오후 12시14분

月建　六　月　大　　　丁未

절기: 小暑(2), 大暑(23)

음력	1	2	3	4	5	6	7	8	9	10	11	12	13	14	15	16	17	18	19	20	21	22	23	24	25	26	27	28	29	30
양력	6/30	7/1	2	3	4	5	6	7	8	9	10	11	12	13	14	15	16	17	18	19	20	21	22	23	24	25	26	27	28	29
일진	丁丑	戊寅	己卯	庚辰	辛巳	壬午	癸未	甲申	乙酉	丙戌	丁亥	戊子	己丑	庚寅	辛卯	壬辰	癸巳	甲午	乙未	丙申	丁酉	戊戌	己亥	庚子	辛丑	壬寅	癸卯	甲辰	乙巳	丙午

절입시각: 오전 5시40분 / 오후 11시9분

月建	七 月 小																													戊 申
절기									立秋																處暑				
음력	1	2	3	4	5	6	7	8	9	10	11	12	13	14	15	16	17	18	19	20	21	22	23	24	25	26	27	28	29
양력	7/30	31	8/1	2	3	4	5	6	7	8	9	10	11	12	13	14	15	16	17	18	19	20	21	22	23	24	25	26	27
일진	丁未	戊申	己酉	庚戌	辛亥	壬子	癸丑	甲寅	乙卯	丙辰	丁巳	戊午	己未	庚申	辛酉	壬戌	癸亥	甲子	乙丑	丙寅	丁卯	戊辰	己巳	庚午	辛未	壬申	癸酉	甲戌	乙亥
절입시각							오후 3시27분																오전 6시10분						

月建	八 月 小																													己 酉
절기					白露																						秋分		
음력	1	2	3	4	5	6	7	8	9	10	11	12	13	14	15	16	17	18	19	20	21	22	23	24	25	26	27	28	29
양력	8/28	29	30	31	9/1	2	3	4	5	6	7	8	9	10	11	12	13	14	15	16	17	18	19	20	21	22	23	24	25
일진	丙子	丁丑	戊寅	己卯	庚辰	辛巳	壬午	癸未	甲申	乙酉	丙戌	丁亥	戊子	己丑	庚寅	辛卯	壬辰	癸巳	甲午	乙未	丙申	丁酉	戊戌	己亥	庚子	辛丑	壬寅	癸卯	甲辰
절입시각							오후 6시18분																오전 3시43분						

月建	九 月 大																														庚 戌
절기													寒露															霜降		
음력	1	2	3	4	5	6	7	8	9	10	11	12	13	14	15	16	17	18	19	20	21	22	23	24	25	26	27	28	29	30
양력	9/26	27	28	29	30	10/1	2	3	4	5	6	7	8	9	10	11	12	13	14	15	16	17	18	19	20	21	22	23	24	25
일진	乙巳	丙午	丁未	戊申	己酉	庚戌	辛亥	壬子	癸丑	甲寅	乙卯	丙辰	丁巳	戊午	己未	庚申	辛酉	壬戌	癸亥	甲子	乙丑	丙寅	丁卯	戊辰	己巳	庚午	辛未	壬申	癸酉	甲戌
절입시각							오전 9시51분																오후 12시57분							

月建	十 月 小																													辛 亥
절기							立冬																					小雪	
음력	1	2	3	4	5	6	7	8	9	10	11	12	13	14	15	16	17	18	19	20	21	22	23	24	25	26	27	28	29
양력	10/26	27	28	29	30	31	11/1	2	3	4	5	6	7	8	9	10	11	12	13	14	15	16	17	18	19	20	21	22	23
일진	乙亥	丙子	丁丑	戊寅	己卯	庚辰	辛巳	壬午	癸未	甲申	乙酉	丙戌	丁亥	戊子	己丑	庚寅	辛卯	壬辰	癸巳	甲午	乙未	丙申	丁酉	戊戌	己亥	庚子	辛丑	壬寅	癸卯
절입시각							오후 12시57분																오전 10시26분						

月建	十 一 月 大																														壬 子
절기								大雪																				冬至		
음력	1	2	3	4	5	6	7	8	9	10	11	12	13	14	15	16	17	18	19	20	21	22	23	24	25	26	27	28	29	30
양력	11/24	25	26	27	28	29	30	12/1	2	3	4	5	6	7	8	9	10	11	12	13	14	15	16	17	18	19	20	21	22	23
일진	甲辰	乙巳	丙午	丁未	戊申	己酉	庚戌	辛亥	壬子	癸丑	甲寅	乙卯	丙辰	丁巳	戊午	己未	庚申	辛酉	壬戌	癸亥	甲子	乙丑	丙寅	丁卯	戊辰	己巳	庚午	辛未	壬申	癸酉
절입시각							오전 5시44분																오후 11시43분							

月建	十 二 月 大																														癸 丑
절기									小寒																			大寒		
음력	1	2	3	4	5	6	7	8	9	10	11	12	13	14	15	16	17	18	19	20	21	22	23	24	25	26	27	28	29	30
양력	12/24	25	26	27	28	29	30	31	1/1	2	3	4	5	6	7	8	9	10	11	12	13	14	15	16	17	18	19	20	21	22
일진	甲戌	乙亥	丙子	丁丑	戊寅	己卯	庚辰	辛巳	壬午	癸未	甲申	乙酉	丙戌	丁亥	戊子	己丑	庚寅	辛卯	壬辰	癸巳	甲午	乙未	丙申	丁酉	戊戌	己亥	庚子	辛丑	壬寅	癸卯
절입시각							오후 4시57분																오전 10시23분							

1993년 | 檀紀 4326년　癸酉年

七月 黑中　　　　四　金神

南 大將軍　東 三殺　未 吊客　亥 喪門

正 月 小 （月建 甲寅）

음력	1	2	3	4	5	6	7	8	9	10	11	12	13	14	15	16	17	18	19	20	21	22	23	24	25	26	27	28	29
절기													立春															雨水	
양력	1/23	24	25	26	27	28	29	30	31	2/1	2	3	4	5	6	7	8	9	10	11	12	13	14	15	16	17	18	19	20
일진	甲辰	乙巳	丙午	丁未	戊申	己酉	庚戌	辛亥	壬子	癸丑	甲寅	乙卯	丙辰	丁巳	戊午	己未	庚申	辛酉	壬戌	癸亥	甲子	乙丑	丙寅	丁卯	戊辰	己巳	庚午	辛未	壬申
절입시각													오전 4시37분															오전 0시35분	

二 月 大 （月建 乙卯）

음력	1	2	3	4	5	6	7	8	9	10	11	12	13	14	15	16	17	18	19	20	21	22	23	24	25	26	27	28	29	30
절기													驚蟄															春分		
양력	2/21	22	23	24	25	26	27	28	3/1	2	3	4	5	6	7	8	9	10	11	12	13	14	15	16	17	18	19	20	21	22
일진	癸酉	甲戌	乙亥	丙子	丁丑	戊寅	己卯	庚辰	辛巳	壬午	癸未	甲申	乙酉	丙戌	丁亥	戊子	己丑	庚寅	辛卯	壬辰	癸巳	甲午	乙未	丙申	丁酉	戊戌	己亥	庚子	辛丑	壬寅
절입시각													오후 10시43분															오후 11시41분		

三 月 大 （月建 丙辰）

음력	1	2	3	4	5	6	7	8	9	10	11	12	13	14	15	16	17	18	19	20	21	22	23	24	25	26	27	28	29	30
절기														淸明															穀雨	
양력	3/23	24	25	26	27	28	29	30	31	4/1	2	3	4	5	6	7	8	9	10	11	12	13	14	15	16	17	18	19	20	21
일진	癸卯	甲辰	乙巳	丙午	丁未	戊申	己酉	庚戌	辛亥	壬子	癸丑	甲寅	乙卯	丙辰	丁巳	戊午	己未	庚申	辛酉	壬戌	癸亥	甲子	乙丑	丙寅	丁卯	戊辰	己巳	庚午	辛未	壬申
절입시각														오전 3시37분															오전 10시49분	

閏 三 月 小

음력	1	2	3	4	5	6	7	8	9	10	11	12	13	14	15	16	17	18	19	20	21	22	23	24	25	26	27	28	29
절기														立夏															
양력	4/22	23	24	25	26	27	28	29	30	5/1	2	3	4	5	6	7	8	9	10	11	12	13	14	15	16	17	18	19	20
일진	癸酉	甲戌	乙亥	丙子	丁丑	戊寅	己卯	庚辰	辛巳	壬午	癸未	甲申	乙酉	丙戌	丁亥	戊子	己丑	庚寅	辛卯	壬辰	癸巳	甲午	乙未	丙申	丁酉	戊戌	己亥	庚子	辛丑
절입시각														오후 9시2분															

四 月 大 （月建 丁巳）

음력	1	2	3	4	5	6	7	8	9	10	11	12	13	14	15	16	17	18	19	20	21	22	23	24	25	26	27	28	29	30
절기	小滿																芒種													
양력	5/21	22	23	24	25	26	27	28	29	30	31	6/1	2	3	4	5	6	7	8	9	10	11	12	13	14	15	16	17	18	19
일진	壬寅	癸卯	甲辰	乙巳	丙午	丁未	戊申	己酉	庚戌	辛亥	壬子	癸丑	甲寅	乙卯	丙辰	丁巳	戊午	己未	庚申	辛酉	壬戌	癸亥	甲子	乙丑	丙寅	丁卯	戊辰	己巳	庚午	辛未
절입시각	오전 10시2분																오전 1시15분													

五 月 小 （月建 戊午）

음력	1	2	3	4	5	6	7	8	9	10	11	12	13	14	15	16	17	18	19	20	21	22	23	24	25	26	27	28	29
절기		夏至																小暑											
양력	6/20	21	22	23	24	25	26	27	28	29	30	7/1	2	3	4	5	6	7	8	9	10	11	12	13	14	15	16	17	18
일진	壬申	癸酉	甲戌	乙亥	丙子	丁丑	戊寅	己卯	庚辰	辛巳	壬午	癸未	甲申	乙酉	丙戌	丁亥	戊子	己丑	庚寅	辛卯	壬辰	癸巳	甲午	乙未	丙申	丁酉	戊戌	己亥	庚子
절입시각	오후 6시0분																	오전 11시32분											

六 月 大　　己 未

절기				大暑(음5)															立秋(음20)										
음력	1	2	3	4	5	6	7	8	9	10	11	12	13	14	15	16	17	18	19	20	21	22	23	24	25	26	27	28	29	30
양력	7/19	20	21	22	23	24	25	26	27	28	29	30	31	8/1	2	3	4	5	6	7	8	9	10	11	12	13	14	15	16	17
일진	辛丑	壬寅	癸卯	甲辰	乙巳	丙午	丁未	戊申	己酉	庚戌	辛亥	壬子	癸丑	甲寅	乙卯	丙辰	丁巳	戊午	己未	庚申	辛酉	壬戌	癸亥	甲子	乙丑	丙寅	丁卯	戊辰	己巳	庚午

절입시각: 오전 4시51분　／　오후 9시18분

七 月 小　　庚 申

절기					處暑(음6)																白露(음22)								
음력	1	2	3	4	5	6	7	8	9	10	11	12	13	14	15	16	17	18	19	20	21	22	23	24	25	26	27	28	29
양력	8/18	19	20	21	22	23	24	25	26	27	28	29	30	31	9/1	2	3	4	5	6	7	8	9	10	11	12	13	14	15
일진	辛未	壬申	癸酉	甲戌	乙亥	丙子	丁丑	戊寅	己卯	庚辰	辛巳	壬午	癸未	甲申	乙酉	丙戌	丁亥	戊子	己丑	庚寅	辛卯	壬辰	癸巳	甲午	乙未	丙申	丁酉	戊戌	己亥

절입시각: 오전 11시50분　／　오전 0시8분

八 月 小　　辛 酉

절기								秋分(음8)								寒露(음23)													
음력	1	2	3	4	5	6	7	8	9	10	11	12	13	14	15	16	17	18	19	20	21	22	23	24	25	26	27	28	29
양력	9/16	17	18	19	20	21	22	23	24	25	26	27	28	29	30	10/1	2	3	4	5	6	7	8	9	10	11	12	13	14
일진	庚子	辛丑	壬寅	癸卯	甲辰	乙巳	丙午	丁未	戊申	己酉	庚戌	辛亥	壬子	癸丑	甲寅	乙卯	丙辰	丁巳	戊午	己未	庚申	辛酉	壬戌	癸亥	甲子	乙丑	丙寅	丁卯	戊辰

절입시각: 오전 9시22분　／　오후 3시40분

九 月 大　　壬 戌

절기									霜降(음9)									立冬(음18)												
음력	1	2	3	4	5	6	7	8	9	10	11	12	13	14	15	16	17	18	19	20	21	22	23	24	25	26	27	28	29	30
양력	10/15	16	17	18	19	20	21	22	23	24	25	26	27	28	29	30	31	11/1	2	3	4	5	6	7	8	9	10	11	12	13
일진	己巳	庚午	辛未	壬申	癸酉	甲戌	乙亥	丙子	丁丑	戊寅	己卯	庚辰	辛巳	壬午	癸未	甲申	乙酉	丙戌	丁亥	戊子	己丑	庚寅	辛卯	壬辰	癸巳	甲午	乙未	丙申	丁酉	戊戌

절입시각: 오후 6시37분　／　오후 6시46분

十 月 小　　癸 亥

절기									小雪(음9)															大雪(음24)					
음력	1	2	3	4	5	6	7	8	9	10	11	12	13	14	15	16	17	18	19	20	21	22	23	24	25	26	27	28	29
양력	11/14	15	16	17	18	19	20	21	22	23	24	25	26	27	28	29	30	12/1	2	3	4	5	6	7	8	9	10	11	12
일진	己亥	庚子	辛丑	壬寅	癸卯	甲辰	乙巳	丙午	丁未	戊申	己酉	庚戌	辛亥	壬子	癸丑	甲寅	乙卯	丙辰	丁巳	戊午	己未	庚申	辛酉	壬戌	癸亥	甲子	乙丑	丙寅	丁卯

절입시각: 오후 4시7분　／　오전 11시34분

十 一 月 大　　甲 子

절기										冬至(음10)														小寒(음24)						
음력	1	2	3	4	5	6	7	8	9	10	11	12	13	14	15	16	17	18	19	20	21	22	23	24	25	26	27	28	29	30
양력	12/13	14	15	16	17	18	19	20	21	22	23	24	25	26	27	28	29	30	31	1/1	2	3	4	5	6	7	8	9	10	11
일진	戊辰	己巳	庚午	辛未	壬申	癸酉	甲戌	乙亥	丙子	丁丑	戊寅	己卯	庚辰	辛巳	壬午	癸未	甲申	乙酉	丙戌	丁亥	戊子	己丑	庚寅	辛卯	壬辰	癸巳	甲午	乙未	丙申	丁酉

절입시각: 오전 5시26분　／　오후 10시48분

十 二 月 小　　乙 丑

절기									大寒(음9)												立春(음21)								
음력	1	2	3	4	5	6	7	8	9	10	11	12	13	14	15	16	17	18	19	20	21	22	23	24	25	26	27	28	29
양력	1/12	13	14	15	16	17	18	19	20	21	22	23	24	25	26	27	28	29	30	31	2/1	2	3	4	5	6	7	8	9
일진	戊戌	己亥	庚子	辛丑	壬寅	癸卯	甲辰	乙巳	丙午	丁未	戊申	己酉	庚戌	辛亥	壬子	癸丑	甲寅	乙卯	丙辰	丁巳	戊午	己未	庚申	辛酉	壬戌	癸亥	甲子	乙丑	丙寅

절입시각: 오후 4시7분　／　오전 10시31분

四月 黑中　　南 大將軍　北 三殺　申 吊客　子 喪門

月建　正　月　大　　丙寅

절기									雨水															驚蟄					
음력	1	2	3	4	5	6	7	8	9	10	11	12	13	14	15	16	17	18	19	20	21	22	23	24	25	26	27	28	29	30
양력	2/10	11	12	13	14	15	16	17	18	19	20	21	22	23	24	25	26	27	28	3/1	2	3	4	5	6	7	8	9	10	11
일진	丁卯	戊辰	己巳	庚午	辛未	壬申	癸酉	甲戌	乙亥	丙子	丁丑	戊寅	己卯	庚辰	辛巳	壬午	癸未	甲申	乙酉	丙戌	丁亥	戊子	己丑	庚寅	辛卯	壬辰	癸巳	甲午	乙未	丙申

절입시각: 雨水 오전 6시22분　驚蟄 오전 4시38분

月建　二　月　大　　丁卯

절기									春分												清明									
음력	1	2	3	4	5	6	7	8	9	10	11	12	13	14	15	16	17	18	19	20	21	22	23	24	25	26	27	28	29	30
양력	3/12	13	14	15	16	17	18	19	20	21	22	23	24	25	26	27	28	29	30	31	4/1	2	3	4	5	6	7	8	9	10
일진	丁酉	戊戌	己亥	庚子	辛丑	壬寅	癸卯	甲辰	乙巳	丙午	丁未	戊申	己酉	庚戌	辛亥	壬子	癸丑	甲寅	乙卯	丙辰	丁巳	戊午	己未	庚申	辛酉	壬戌	癸亥	甲子	乙丑	丙寅

절입시각: 春分 오전 5시28분　清明 오전 9시32분

月建　三　月　大　　戊辰

절기									穀雨																立夏					
음력	1	2	3	4	5	6	7	8	9	10	11	12	13	14	15	16	17	18	19	20	21	22	23	24	25	26	27	28	29	30
양력	4/11	12	13	14	15	16	17	18	19	20	21	22	23	24	25	26	27	28	29	30	5/1	2	3	4	5	6	7	8	9	10
일진	丁卯	戊辰	己巳	庚午	辛未	壬申	癸酉	甲戌	乙亥	丙子	丁丑	戊寅	己卯	庚辰	辛巳	壬午	癸未	甲申	乙酉	丙戌	丁亥	戊子	己丑	庚寅	辛卯	壬辰	癸巳	甲午	乙未	丙申

절입시각: 穀雨 오후 4시36분　立夏 오전 2시54분

月建　四　月　小　　己巳

절기										小滿											芒種							
음력	1	2	3	4	5	6	7	8	9	10	11	12	13	14	15	16	17	18	19	20	21	22	23	24	25	26	27	28	29
양력	5/11	12	13	14	15	16	17	18	19	20	21	22	23	24	25	26	27	28	29	30	31	6/1	2	3	4	5	6	7	8
일진	丁酉	戊戌	己亥	庚子	辛丑	壬寅	癸卯	甲辰	乙巳	丙午	丁未	戊申	己酉	庚戌	辛亥	壬子	癸丑	甲寅	乙卯	丙辰	丁巳	戊午	己未	庚申	辛酉	壬戌	癸亥	甲子	乙丑

절입시각: 小滿 오후 3시48분　芒種 오전 7시5분

月建　五　月　大　　庚午

절기													夏至																小暑	
음력	1	2	3	4	5	6	7	8	9	10	11	12	13	14	15	16	17	18	19	20	21	22	23	24	25	26	27	28	29	30
양력	6/9	10	11	12	13	14	15	16	17	18	19	20	21	22	23	24	25	26	27	28	29	30	7/1	2	3	4	5	6	7	8
일진	丙寅	丁卯	戊辰	己巳	庚午	辛未	壬申	癸酉	甲戌	乙亥	丙子	丁丑	戊寅	己卯	庚辰	辛巳	壬午	癸未	甲申	乙酉	丙戌	丁亥	戊子	己丑	庚寅	辛卯	壬辰	癸巳	甲午	乙未

절입시각: 夏至 오후 11시48분　小暑 오후 5시19분

月建　六　月　小　　辛未

절기															大暑														
음력	1	2	3	4	5	6	7	8	9	10	11	12	13	14	15	16	17	18	19	20	21	22	23	24	25	26	27	28	29
양력	7/9	10	11	12	13	14	15	16	17	18	19	20	21	22	23	24	25	26	27	28	29	30	31	8/1	2	3	4	5	6
일진	丙申	丁酉	戊戌	己亥	庚子	辛丑	壬寅	癸卯	甲辰	乙巳	丙午	丁未	戊申	己酉	庚戌	辛亥	壬子	癸丑	甲寅	乙卯	丙辰	丁巳	戊午	己未	庚申	辛酉	壬戌	癸亥	甲子

절입시각: 大暑 오전 10시41분

月建	七　月　大																										壬　申			
절기		立秋															處暑													
음력	1	2	3	4	5	6	7	8	9	10	11	12	13	14	15	16	17	18	19	20	21	22	23	24	25	26	27	28	29	30
양력	8/7	8	9	10	11	12	13	14	15	16	17	18	19	20	21	22	23	24	25	26	27	28	29	30	31	9/1	2	3	4	5
일진	乙丑	丙寅	丁卯	戊辰	己巳	庚午	辛未	壬申	癸酉	甲戌	乙亥	丙子	丁丑	戊寅	己卯	庚辰	辛巳	壬午	癸未	甲申	乙酉	丙戌	丁亥	戊子	己丑	庚寅	辛卯	壬辰	癸巳	甲午

절입시각: 오전 3시4분 / 오후 5시44분

月建	八　月　小																										癸　酉		
절기			白露															秋分											
음력	1	2	3	4	5	6	7	8	9	10	11	12	13	14	15	16	17	18	19	20	21	22	23	24	25	26	27	28	29
양력	9/6	7	8	9	10	11	12	13	14	15	16	17	18	19	20	21	22	23	24	25	26	27	28	29	30	10/1	2	3	4
일진	乙未	丙申	丁酉	戊戌	己亥	庚子	辛丑	壬寅	癸卯	甲辰	乙巳	丙午	丁未	戊申	己酉	庚戌	辛亥	壬子	癸丑	甲寅	乙卯	丙辰	丁巳	戊午	己未	庚申	辛酉	壬戌	癸亥

절입시각: 오전 5시55분 / 오후 3시19분

月建	九　月　小																										甲　戌		
절기				寒露																霜降									
음력	1	2	3	4	5	6	7	8	9	10	11	12	13	14	15	16	17	18	19	20	21	22	23	24	25	26	27	28	29
양력	10/5	6	7	8	9	10	11	12	13	14	15	16	17	18	19	20	21	22	23	24	25	26	27	28	29	30	31	11/1	2
일진	甲子	乙丑	丙寅	丁卯	戊辰	己巳	庚午	辛未	壬申	癸酉	甲戌	乙亥	丙子	丁丑	戊寅	己卯	庚辰	辛巳	壬午	癸未	甲申	乙酉	丙戌	丁亥	戊子	己丑	庚寅	辛卯	壬辰

절입시각: 오후 9시29분 / 오전 0시36분

月建	十　月　大																										乙　亥			
절기						立冬														小雪										
음력	1	2	3	4	5	6	7	8	9	10	11	12	13	14	15	16	17	18	19	20	21	22	23	24	25	26	27	28	29	30
양력	11/3	4	5	6	7	8	9	10	11	12	13	14	15	16	17	18	19	20	21	22	23	24	25	26	27	28	29	30	12/1	2
일진	癸巳	甲午	乙未	丙申	丁酉	戊戌	己亥	庚子	辛丑	壬寅	癸卯	甲辰	乙巳	丙午	丁未	戊申	己酉	庚戌	辛亥	壬子	癸丑	甲寅	乙卯	丙辰	丁巳	戊午	己未	庚申	辛酉	壬戌

절입시각: 오전 0시36분 / 오후 10시6분

月建	十　一　月　小																										丙　子		
절기					大雪															冬至									
음력	1	2	3	4	5	6	7	8	9	10	11	12	13	14	15	16	17	18	19	20	21	22	23	24	25	26	27	28	29
양력	12/3	4	5	6	7	8	9	10	11	12	13	14	15	16	17	18	19	20	21	22	23	24	25	26	27	28	29	30	31
일진	癸亥	甲子	乙丑	丙寅	丁卯	戊辰	己巳	庚午	辛未	壬申	癸酉	甲戌	乙亥	丙子	丁丑	戊寅	己卯	庚辰	辛巳	壬午	癸未	甲申	乙酉	丙戌	丁亥	戊子	己丑	庚寅	辛卯

절입시각: 오후 5시23분 / 오전 11시23분

月建	十　二　月　大																										丁　丑			
절기						小寒														大寒										
음력	1	2	3	4	5	6	7	8	9	10	11	12	13	14	15	16	17	18	19	20	21	22	23	24	25	26	27	28	29	30
양력	1/1	2	3	4	5	6	7	8	9	10	11	12	13	14	15	16	17	18	19	20	21	22	23	24	25	26	27	28	29	30
일진	壬辰	癸巳	甲午	乙未	丙申	丁酉	戊戌	己亥	庚子	辛丑	壬寅	癸卯	甲辰	乙巳	丙午	丁未	戊申	己酉	庚戌	辛亥	壬子	癸丑	甲寅	乙卯	丙辰	丁巳	戊午	己未	庚申	辛酉

절입시각: 오전 4시34분 / 오후 10시0분

1995년 | 檀紀 4328년　　乙亥年　　二　金神

正月 十月 黑中　　　　西 大將軍　西 三殺　酉 吊客　丑 喪門

月建　正　月　小　　　　戊 寅

절기				立春															雨水									
음력	1	2	3	4	5	6	7	8	9	10	11	12	13	14	15	16	17	18	19	20	21	22	23	24	25	26	27	28	29
양력	1/31	2/1	2	3	4	5	6	7	8	9	10	11	12	13	14	15	16	17	18	19	20	21	22	23	24	25	26	27	28
일진	壬戌	癸亥	甲子	乙丑	丙寅	丁卯	戊辰	己巳	庚午	辛未	壬申	癸酉	甲戌	乙亥	丙子	丁丑	戊寅	己卯	庚辰	辛巳	壬午	癸未	甲申	乙酉	丙戌	丁亥	戊子	己丑	庚寅

절입시각: 立春 오후 4시13분　　雨水 오후 12시11분

月建　二　月　大　　　　己 卯

절기						驚蟄															春分									
음력	1	2	3	4	5	6	7	8	9	10	11	12	13	14	15	16	17	18	19	20	21	22	23	24	25	26	27	28	29	30
양력	3/1	2	3	4	5	6	7	8	9	10	11	12	13	14	15	16	17	18	19	20	21	22	23	24	25	26	27	28	29	30
일진	辛卯	壬辰	癸巳	甲午	乙未	丙申	丁酉	戊戌	己亥	庚子	辛丑	壬寅	癸卯	甲辰	乙巳	丙午	丁未	戊申	己酉	庚戌	辛亥	壬子	癸丑	甲寅	乙卯	丙辰	丁巳	戊午	己未	庚申

절입시각: 驚蟄 오전 10시16분　　春分 오전 11시14분

月建　三　月　大　　　　庚 辰

절기						淸明															穀雨									
음력	1	2	3	4	5	6	7	8	9	10	11	12	13	14	15	16	17	18	19	20	21	22	23	24	25	26	27	28	29	30
양력	3/31	4/1	2	3	4	5	6	7	8	9	10	11	12	13	14	15	16	17	18	19	20	21	22	23	24	25	26	27	28	29
일진	辛酉	壬戌	癸亥	甲子	乙丑	丙寅	丁卯	戊辰	己巳	庚午	辛未	壬申	癸酉	甲戌	乙亥	丙子	丁丑	戊寅	己卯	庚辰	辛巳	壬午	癸未	甲申	乙酉	丙戌	丁亥	戊子	己丑	庚寅

절입시각: 淸明 오후 3시8분　　穀雨 오후 10시21분

月建　四　月　小　　　　辛 巳

절기							立夏															小滿							
음력	1	2	3	4	5	6	7	8	9	10	11	12	13	14	15	16	17	18	19	20	21	22	23	24	25	26	27	28	29
양력	4/30	5/1	2	3	4	5	6	7	8	9	10	11	12	13	14	15	16	17	18	19	20	21	22	23	24	25	26	27	28
일진	辛卯	壬辰	癸巳	甲午	乙未	丙申	丁酉	戊戌	己亥	庚子	辛丑	壬寅	癸卯	甲辰	乙巳	丙午	丁未	戊申	己酉	庚戌	辛亥	壬子	癸丑	甲寅	乙卯	丙辰	丁巳	戊午	己未

절입시각: 立夏 오전 8시30분　　小滿 오후 9시34분

月建　五　月　大　　　　壬 午

절기				芒種																					夏至					
음력	1	2	3	4	5	6	7	8	9	10	11	12	13	14	15	16	17	18	19	20	21	22	23	24	25	26	27	28	29	30
양력	5/29	30	31	6/1	2	3	4	5	6	7	8	9	10	11	12	13	14	15	16	17	18	19	20	21	22	23	24	25	26	27
일진	庚申	辛酉	壬戌	癸亥	甲子	乙丑	丙寅	丁卯	戊辰	己巳	庚午	辛未	壬申	癸酉	甲戌	乙亥	丙子	丁丑	戊寅	己卯	庚辰	辛巳	壬午	癸未	甲申	乙酉	丙戌	丁亥	戊子	己丑

절입시각: 芒種 오후 12시43분　　夏至 오전 5시34분

月建　六　月　大　　　　癸 未

절기										小暑																大暑				
음력	1	2	3	4	5	6	7	8	9	10	11	12	13	14	15	16	17	18	19	20	21	22	23	24	25	26	27	28	29	30
양력	6/28	29	30	7/1	2	3	4	5	6	7	8	9	10	11	12	13	14	15	16	17	18	19	20	21	22	23	24	25	26	27
일진	庚寅	辛卯	壬辰	癸巳	甲午	乙未	丙申	丁酉	戊戌	己亥	庚子	辛丑	壬寅	癸卯	甲辰	乙巳	丙午	丁未	戊申	己酉	庚戌	辛亥	壬子	癸丑	甲寅	乙卯	丙辰	丁巳	戊午	己未

절입시각: 小暑 오후 11시1분　　大暑 오후 4시30분

七 月 小　　甲 申

절기	1	2	3	4	5	6	7	8	9	10	11	12 立秋	13	14	15	16	17	18	19	20	21	22	23	24	25	26	27 處暑	28	29
양력	7/28	29	30	31	8/1	2	3	4	5	6	7	8	9	10	11	12	13	14	15	16	17	18	19	20	21	22	23	24	25
일진	庚申	辛酉	壬戌	癸亥	甲子	乙丑	丙寅	丁卯	戊辰	己巳	庚午	辛未	壬申	癸酉	甲戌	乙亥	丙子	丁丑	戊寅	己卯	庚辰	辛巳	壬午	癸未	甲申	乙酉	丙戌	丁亥	戊子

절입시각: 오전 8시52분　　오후 11시35분

八 月 大　　乙 酉

절기	1	2	3	4	5	6	7	8	9	10	11	12	13	14 白露	15	16	17	18	19	20	21	22	23	24	25	26	27	28	29 秋分	30
양력	8/26	27	28	29	30	31	9/1	2	3	4	5	6	7	8	9	10	11	12	13	14	15	16	17	18	19	20	21	22	23	24
일진	己丑	庚寅	辛卯	壬辰	癸巳	甲午	乙未	丙申	丁酉	戊戌	己亥	庚子	辛丑	壬寅	癸卯	甲辰	乙巳	丙午	丁未	戊申	己酉	庚戌	辛亥	壬子	癸丑	甲寅	乙卯	丙辰	丁巳	戊午

절입시각: 오전 11시49분　　오후 9시13분

閏 八 月 小

절기	1	2	3	4	5	6	7	8	9	10	11	12	13	14	15 寒露	16	17	18	19	20	21	22	23	24	25	26	27	28	29
양력	9/25	26	27	28	29	30	10/1	2	3	4	5	6	7	8	9	10	11	12	13	14	15	16	17	18	19	20	21	22	23
일진	己未	庚申	辛酉	壬戌	癸亥	甲子	乙丑	丙寅	丁卯	戊辰	己巳	庚午	辛未	壬申	癸酉	甲戌	乙亥	丙子	丁丑	戊寅	己卯	庚辰	辛巳	壬午	癸未	甲申	乙酉	丙戌	丁亥

절입시각: 오전 3시27분

九 月 大　　丙 戌

절기	1 霜降	2	3	4	5	6	7	8	9	10	11	12	13	14	15	16 立冬	17	18	19	20	21	22	23	24	25	26	27	28	29	30
양력	10/24	25	26	27	28	29	30	31	11/1	2	3	4	5	6	7	8	9	10	11	12	13	14	15	16	17	18	19	20	21	22
일진	戊子	己丑	庚寅	辛卯	壬辰	癸巳	甲午	乙未	丙申	丁酉	戊戌	己亥	庚子	辛丑	壬寅	癸卯	甲辰	乙巳	丙午	丁未	戊申	己酉	庚戌	辛亥	壬子	癸丑	甲寅	乙卯	丙辰	丁巳

절입시각: 오전 6시32분　　오전 6시36분

十 月 小　　丁 亥

절기	1 小雪	2	3	4	5	6	7	8	9 大雪	10	11	12	13	14	15	16	17	18	19	20	21	22	23	24	25	26	27	28	29
양력	11/23	24	25	26	27	28	29	30	12/1	2	3	4	5	6	7	8	9	10	11	12	13	14	15	16	17	18	19	20	21
일진	戊午	己未	庚申	辛酉	壬戌	癸亥	甲子	乙丑	丙寅	丁卯	戊辰	己巳	庚午	辛未	壬申	癸酉	甲戌	乙亥	丙子	丁丑	戊寅	己卯	庚辰	辛巳	壬午	癸未	甲申	乙酉	丙戌

절입시각: 오전 4시1분　　오후 11시22분

十 一 月 小　　戊 子

절기	1 冬至	2	3	4	5	6	7	8	9	10	11	12	13	14	15	16 小寒	17	18	19	20	21	22	23	24	25	26	27	28	29
양력	12/22	23	24	25	26	27	28	29	30	31	1/1	2	3	4	5	6	7	8	9	10	11	12	13	14	15	16	17	18	19
일진	丁亥	戊子	己丑	庚寅	辛卯	壬辰	癸巳	甲午	乙未	丙申	丁酉	戊戌	己亥	庚子	辛丑	壬寅	癸卯	甲辰	乙巳	丙午	丁未	戊申	己酉	庚戌	辛亥	壬子	癸丑	甲寅	乙卯

절입시각: 오후 5시17분　　오전 10시31분

十 二 月 大　　己 丑

절기	1	2 大寒	3	4	5	6	7	8	9	10	11	12	13 立春	14	15	16	17	18	19	20	21	22	23	24	25	26	27	28	29	30
양력	1/20	21	22	23	24	25	26	27	28	29	30	31	2/1	2	3	4	5	6	7	8	9	10	11	12	13	14	15	16	17	18
일진	丙辰	丁巳	戊午	己未	庚申	辛酉	壬戌	癸亥	甲子	乙丑	丙寅	丁卯	戊辰	己巳	庚午	辛未	壬申	癸酉	甲戌	乙亥	丙子	丁丑	戊寅	己卯	庚辰	辛巳	壬午	癸未	甲申	乙酉

절입시각: 오전 3시53분　　오후 10시8분

1996년 | 檀紀 4329년　丙子年

七月 黑中　　　　　六　金神
西 大將軍　南 三殺　戌 吊客　寅 喪門

正 月 小　　庚 寅

절기	음력	양력	일진
雨水	1	2/19	丙戌
	2	20	丁亥
	3	21	戊子
	4	22	己丑
	5	23	庚寅
	6	24	辛卯
	7	25	壬辰
	8	26	癸巳
	9	27	甲午
	10	28	乙未
	11	29	丙申
	12	3/1	丁酉
	13	2	戊戌
	14	3	己亥
	15	4	庚子
驚蟄	16	5	辛丑
	17	6	壬寅
	18	7	癸卯
	19	8	甲辰
	20	9	乙巳
	21	10	丙午
	22	11	丁未
	23	12	戊申
	24	13	己酉
	25	14	庚戌
	26	15	辛亥
	27	16	壬子
	28	17	癸丑
	29	18	甲寅

절입시각: 오후 6시1분　　오후 4시10분

二 月 大　　辛 卯

절기	음력	양력	일진
	1	3/19	乙卯
春分	2	20	丙辰
	3	21	丁巳
	4	22	戊午
	5	23	己未
	6	24	庚申
	7	25	辛酉
	8	26	壬戌
	9	27	癸亥
	10	28	甲子
	11	29	乙丑
	12	30	丙寅
	13	31	丁卯
	14	4/1	戊辰
	15	2	己巳
	16	3	庚午
淸明	17	4	辛未
	18	5	壬申
	19	6	癸酉
	20	7	甲戌
	21	8	乙亥
	22	9	丙子
	23	10	丁丑
	24	11	戊寅
	25	12	己卯
	26	13	庚辰
	27	14	辛巳
	28	15	壬午
	29	16	癸未
	30	17	甲申

절입시각: 오후 5시3분　　오후 9시2분

三 月 小　　壬 辰

절기	음력	양력	일진
	1	4/18	乙酉
	2	19	丙戌
穀雨	3	20	丁亥
	4	21	戊子
	5	22	己丑
	6	23	庚寅
	7	24	辛卯
	8	25	壬辰
	9	26	癸巳
	10	27	甲午
	11	28	乙未
	12	29	丙申
	13	30	丁酉
	14	5/1	戊戌
	15	2	己亥
	16	3	庚子
	17	4	辛丑
立夏	18	5	壬寅
	19	6	癸卯
	20	7	甲辰
	21	8	乙巳
	22	9	丙午
	23	10	丁未
	24	11	戊申
	25	12	己酉
	26	13	庚戌
	27	14	辛亥
	28	15	壬子
	29	16	癸丑

절입시각: 오전 4시10분　　오후 2시26분

四 月 大　　癸 巳

절기	음력	양력	일진
	1	5/17	甲寅
	2	18	乙卯
	3	19	丙辰
	4	20	丁巳
小滿	5	21	戊午
	6	22	己未
	7	23	庚申
	8	24	辛酉
	9	25	壬戌
	10	26	癸亥
	11	27	甲子
	12	28	乙丑
	13	29	丙寅
	14	30	丁卯
	15	31	戊辰
	16	6/1	己巳
	17	2	庚午
	18	3	辛未
	19	4	壬申
芒種	20	5	癸酉
	21	6	甲戌
	22	7	乙亥
	23	8	丙子
	24	9	丁丑
	25	10	戊寅
	26	11	己卯
	27	12	庚辰
	28	13	辛巳
	29	14	壬午
	30	15	癸未

절입시각: 오전 3시23분　　오후 6시41분

五 月 大　　甲 午

절기	음력	양력	일진
	1	6/16	甲申
	2	17	乙酉
	3	18	丙戌
	4	19	丁亥
	5	20	戊子
夏至	6	21	己丑
	7	22	庚寅
	8	23	辛卯
	9	24	壬辰
	10	25	癸巳
	11	26	甲午
	12	27	乙未
	13	28	丙申
	14	29	丁酉
	15	30	戊戌
	16	7/1	己亥
	17	2	庚子
	18	3	辛丑
	19	4	壬寅
	20	5	癸卯
	21	6	甲辰
小暑	22	7	乙巳
	23	8	丙午
	24	9	丁未
	25	10	戊申
	26	11	己酉
	27	12	庚戌
	28	13	辛亥
	29	14	壬子
	30	15	癸丑

절입시각: 오전 11시24분　　오전 5시0분

六 月 小　　乙 未

절기	음력	양력	일진
	1	7/16	甲寅
	2	17	乙卯
	3	18	丙辰
	4	19	丁巳
	5	20	戊午
	6	21	己未
大暑	7	22	庚申
	8	23	辛酉
	9	24	壬戌
	10	25	癸亥
	11	26	甲子
	12	27	乙丑
	13	28	丙寅
	14	29	丁卯
	15	30	戊辰
	16	31	己巳
立秋	17	8/1	庚午
	18	2	辛未
	19	3	壬申
	20	4	癸酉
	21	5	甲戌
	22	6	乙亥
立秋	23	7	丙子
	24	8	丁丑
	25	9	戊寅
	26	10	己卯
	27	11	庚辰
	28	12	辛巳
	29	13	壬午

절입시각: 오후 10시19분　　오후 2시49분

月建	七 月 大																							丙 申						
절기										處暑														白露						
음력	1	2	3	4	5	6	7	8	9	10	11	12	13	14	15	16	17	18	19	20	21	22	23	24	25	26	27	28	29	30
양력	8/14	15	16	17	18	19	20	21	22	23	24	25	26	27	28	29	30	31	9/1	2	3	4	5	6	7	8	9	10	11	12
일진	癸未	甲申	乙酉	丙戌	丁亥	戊子	己丑	庚寅	辛卯	壬辰	癸巳	甲午	乙未	丙申	丁酉	戊戌	己亥	庚子	辛丑	壬寅	癸卯	甲辰	乙巳	丙午	丁未	戊申	己酉	庚戌	辛亥	壬子
절입시각										오전 5시23분														오후 5시42분						

月建	八 月 小																							丁 酉					
절기											秋分															寒露				
음력	1	2	3	4	5	6	7	8	9	10	11	12	13	14	15	16	17	18	19	20	21	22	23	24	25	26	27	28	29
양력	9/13	14	15	16	17	18	19	20	21	22	23	24	25	26	27	28	29	30	10/1	2	3	4	5	6	7	8	9	10	11
일진	癸丑	甲寅	乙卯	丙辰	丁巳	戊午	己未	庚申	辛酉	壬戌	癸亥	甲子	乙丑	丙寅	丁卯	戊辰	己巳	庚午	辛未	壬申	癸酉	甲戌	乙亥	丙子	丁丑	戊寅	己卯	庚辰	辛巳
절입시각											오전 3시0분															오전 9시19분			

月建	九 月 大																							戊 戌						
절기												霜降															立冬				
음력	1	2	3	4	5	6	7	8	9	10	11	12	13	14	15	16	17	18	19	20	21	22	23	24	25	26	27	28	29	30
양력	10/12	13	14	15	16	17	18	19	20	21	22	23	24	25	26	27	28	29	30	31	11/1	2	3	4	5	6	7	8	9	10
일진	壬午	癸未	甲申	乙酉	丙戌	丁亥	戊子	己丑	庚寅	辛卯	壬辰	癸巳	甲午	乙未	丙申	丁酉	戊戌	己亥	庚子	辛丑	壬寅	癸卯	甲辰	乙巳	丙午	丁未	戊申	己酉	庚戌	辛亥
절입시각												오후 12시19분															오후 12시27분				

月建	十 月 大																							己 亥						
절기												小雪															大雪				
음력	1	2	3	4	5	6	7	8	9	10	11	12	13	14	15	16	17	18	19	20	21	22	23	24	25	26	27	28	29	30
양력	11/11	12	13	14	15	16	17	18	19	20	21	22	23	24	25	26	27	28	29	30	12/1	2	3	4	5	6	7	8	9	10
일진	壬子	癸丑	甲寅	乙卯	丙辰	丁巳	戊午	己未	庚申	辛酉	壬戌	癸亥	甲子	乙丑	丙寅	丁卯	戊辰	己巳	庚午	辛未	壬申	癸酉	甲戌	乙亥	丙子	丁丑	戊寅	己卯	庚辰	辛巳
절입시각												오전 9시49분															오전 5시14분				

月建	十 一 月 小																							庚 子					
절기											冬至											小寒							
음력	1	2	3	4	5	6	7	8	9	10	11	12	13	14	15	16	17	18	19	20	21	22	23	24	25	26	27	28	29
양력	12/11	12	13	14	15	16	17	18	19	20	21	22	23	24	25	26	27	28	29	30	31	1/1	2	3	4	5	6	7	8
일진	壬午	癸未	甲申	乙酉	丙戌	丁亥	戊子	己丑	庚寅	辛卯	壬辰	癸巳	甲午	乙未	丙申	丁酉	戊戌	己亥	庚子	辛丑	壬寅	癸卯	甲辰	乙巳	丙午	丁未	戊申	己酉	庚戌
절입시각											오후 11시6분											오후 4시24분							

月建	十 二 月 大																							辛 丑						
절기												大寒															立春				
음력	1	2	3	4	5	6	7	8	9	10	11	12	13	14	15	16	17	18	19	20	21	22	23	24	25	26	27	28	29	30
양력	1/9	10	11	12	13	14	15	16	17	18	19	20	21	22	23	24	25	26	27	28	29	30	31	2/1	2	3	4	5	6	7
일진	辛亥	壬子	癸丑	甲寅	乙卯	丙辰	丁巳	戊午	己未	庚申	辛酉	壬戌	癸亥	甲子	乙丑	丙寅	丁卯	戊辰	己巳	庚午	辛未	壬申	癸酉	甲戌	乙亥	丙子	丁丑	戊寅	己卯	庚辰
절입시각												오전 9시43분															오전 4시2분				

正月 小　　壬寅

월건	절기(雨水=11, 驚蟄=26)

음력	1	2	3	4	5	6	7	8	9	10	11	12	13	14	15	16	17	18	19	20	21	22	23	24	25	26	27	28	29
양력	2/8	9	10	11	12	13	14	15	16	17	18	19	20	21	22	23	24	25	26	27	28	3/1	2	3	4	5	6	7	8
일진	辛巳	壬午	癸未	甲申	乙酉	丙戌	丁亥	戊子	己丑	庚寅	辛卯	壬辰	癸巳	甲午	乙未	丙申	丁酉	戊戌	己亥	庚子	辛丑	壬寅	癸卯	甲辰	乙巳	丙午	丁未	戊申	己酉

절입시각: 오후 11시51분　　　오후 10시4분

二月 小　　癸卯

절기: 春分=12, 清明=28

음력	1	2	3	4	5	6	7	8	9	10	11	12	13	14	15	16	17	18	19	20	21	22	23	24	25	26	27	28	29
양력	3/9	10	11	12	13	14	15	16	17	18	19	20	21	22	23	24	25	26	27	28	29	30	31	4/1	2	3	4	5	6
일진	庚戌	辛亥	壬子	癸丑	甲寅	乙卯	丙辰	丁巳	戊午	己未	庚申	辛酉	壬戌	癸亥	甲子	乙丑	丙寅	丁卯	戊辰	己巳	庚午	辛未	壬申	癸酉	甲戌	乙亥	丙子	丁丑	戊寅

절입시각: 오후 10시55분　　　오전 2시56분

三月 大　　甲辰

절기: 穀雨=14, 立夏=29

음력	1	2	3	4	5	6	7	8	9	10	11	12	13	14	15	16	17	18	19	20	21	22	23	24	25	26	27	28	29	30
양력	4/7	8	9	10	11	12	13	14	15	16	17	18	19	20	21	22	23	24	25	26	27	28	29	30	5/1	2	3	4	5	6
일진	己卯	庚辰	辛巳	壬午	癸未	甲申	乙酉	丙戌	丁亥	戊子	己丑	庚寅	辛卯	壬辰	癸巳	甲午	乙未	丙申	丁酉	戊戌	己亥	庚子	辛丑	壬寅	癸卯	甲辰	乙巳	丙午	丁未	戊申

절입시각: 오전 10시3분　　　오후 8시19분

四月 小　　乙巳

절기: 小滿=15

음력	1	2	3	4	5	6	7	8	9	10	11	12	13	14	15	16	17	18	19	20	21	22	23	24	25	26	27	28	29
양력	5/7	8	9	10	11	12	13	14	15	16	17	18	19	20	21	22	23	24	25	26	27	28	29	30	31	6/1	2	3	4
일진	己酉	庚戌	辛亥	壬子	癸丑	甲寅	乙卯	丙辰	丁巳	戊午	己未	庚申	辛酉	壬戌	癸亥	甲子	乙丑	丙寅	丁卯	戊辰	己巳	庚午	辛未	壬申	癸酉	甲戌	乙亥	丙子	丁丑

절입시각: 오전 9시18분

五月 大　　丙午

절기: 芒種=2, 夏至=17

음력	1	2	3	4	5	6	7	8	9	10	11	12	13	14	15	16	17	18	19	20	21	22	23	24	25	26	27	28	29	30
양력	6/5	6	7	8	9	10	11	12	13	14	15	16	17	18	19	20	21	22	23	24	25	26	27	28	29	30	7/1	2	3	4
일진	戊寅	己卯	庚辰	辛巳	壬午	癸未	甲申	乙酉	丙戌	丁亥	戊子	己丑	庚寅	辛卯	壬辰	癸巳	甲午	乙未	丙申	丁酉	戊戌	己亥	庚子	辛丑	壬寅	癸卯	甲辰	乙巳	丙午	丁未

절입시각: 오전 0시33분　　　오후 5시20분

六月 小　　丁未

절기: 小暑=3, 大暑=19

음력	1	2	3	4	5	6	7	8	9	10	11	12	13	14	15	16	17	18	19	20	21	22	23	24	25	26	27	28	29
양력	7/5	6	7	8	9	10	11	12	13	14	15	16	17	18	19	20	21	22	23	24	25	26	27	28	29	30	31	8/1	2
일진	戊申	己酉	庚戌	辛亥	壬子	癸丑	甲寅	乙卯	丙辰	丁巳	戊午	己未	庚申	辛酉	壬戌	癸亥	甲子	乙丑	丙寅	丁卯	戊辰	己巳	庚午	辛未	壬申	癸酉	甲戌	乙亥	丙子

절입시각: 오전 10시49분　　　오전 4시15분

月建	七 月 大																				戊 申									
절기					立秋																處暑									
음력	1	2	3	4	5	6	7	8	9	10	11	12	13	14	15	16	17	18	19	20	21	22	23	24	25	26	27	28	29	30
양력	8/3	4	5	6	7	8	9	10	11	12	13	14	15	16	17	18	19	20	21	22	23	24	25	26	27	28	29	30	31	9/1
일진	丁丑	戊寅	己卯	庚辰	辛巳	壬午	癸未	甲申	乙酉	丙戌	丁亥	戊子	己丑	庚寅	辛卯	壬辰	癸巳	甲午	乙未	丙申	丁酉	戊戌	己亥	庚子	辛丑	壬寅	癸卯	甲辰	乙巳	丙午
절입시각			오후 8시36분																	오전 11시19분										

月建	八 月 大																				己 酉									
절기						白露																秋分								
음력	1	2	3	4	5	6	7	8	9	10	11	12	13	14	15	16	17	18	19	20	21	22	23	24	25	26	27	28	29	30
양력	9/2	3	4	5	6	7	8	9	10	11	12	13	14	15	16	17	18	19	20	21	22	23	24	25	26	27	28	29	30	10/1
일진	丁未	戊申	己酉	庚戌	辛亥	壬子	癸丑	甲寅	乙卯	丙辰	丁巳	戊午	己未	庚申	辛酉	壬戌	癸亥	甲子	乙丑	丙寅	丁卯	戊辰	己巳	庚午	辛未	壬申	癸酉	甲戌	乙亥	丙子
절입시각			오전 11시29분																	오전 8시56분										

月建	九 月 小																				庚 戌								
절기						寒露																霜降							
음력	1	2	3	4	5	6	7	8	9	10	11	12	13	14	15	16	17	18	19	20	21	22	23	24	25	26	27	28	29
양력	10/2	3	4	5	6	7	8	9	10	11	12	13	14	15	16	17	18	19	20	21	22	23	24	25	26	27	28	29	30
일진	丁丑	戊寅	己卯	庚辰	辛巳	壬午	癸未	甲申	乙酉	丙戌	丁亥	戊子	己丑	庚寅	辛卯	壬辰	癸巳	甲午	乙未	丙申	丁酉	戊戌	己亥	庚子	辛丑	壬寅	癸卯	甲辰	乙巳
절입시각			오후 3시5분																	오후 6시15분									

月建	十 月 大																				辛 亥									
절기								立冬															小雪							
음력	1	2	3	4	5	6	7	8	9	10	11	12	13	14	15	16	17	18	19	20	21	22	23	24	25	26	27	28	29	30
양력	10/31	11/1	2	3	4	5	6	7	8	9	10	11	12	13	14	15	16	17	18	19	20	21	22	23	24	25	26	27	28	29
일진	丙午	丁未	戊申	己酉	庚戌	辛亥	壬子	癸丑	甲寅	乙卯	丙辰	丁巳	戊午	己未	庚申	辛酉	壬戌	癸亥	甲子	乙丑	丙寅	丁卯	戊辰	己巳	庚午	辛未	壬申	癸酉	甲戌	乙亥
절입시각			오후 6시15분																		오후 3시48분									

月建	十 一 月 大																				壬 子									
절기								大雪															冬至							
음력	1	2	3	4	5	6	7	8	9	10	11	12	13	14	15	16	17	18	19	20	21	22	23	24	25	26	27	28	29	30
양력	11/30	12/1	2	3	4	5	6	7	8	9	10	11	12	13	14	15	16	17	18	19	20	21	22	23	24	25	26	27	28	29
일진	丙子	丁丑	戊寅	己卯	庚辰	辛巳	壬午	癸未	甲申	乙酉	丙戌	丁亥	戊子	己丑	庚寅	辛卯	壬辰	癸巳	甲午	乙未	丙申	丁酉	戊戌	己亥	庚子	辛丑	壬寅	癸卯	甲辰	乙巳
절입시각			오전 11시5분																		오전 5시7분									

月建	十 二 月 小																				癸 丑								
절기			小寒																			大寒							
음력	1	2	3	4	5	6	7	8	9	10	11	12	13	14	15	16	17	18	19	20	21	22	23	24	25	26	27	28	29
양력	12/30	31	1/1	2	3	4	5	6	7	8	9	10	11	12	13	14	15	16	17	18	19	20	21	22	23	24	25	26	27
일진	丙午	丁未	戊申	己酉	庚戌	辛亥	壬子	癸丑	甲寅	乙卯	丙辰	丁巳	戊午	己未	庚申	辛酉	壬戌	癸亥	甲子	乙丑	丙寅	丁卯	戊辰	己巳	庚午	辛未	壬申	癸酉	甲戌
절입시각			오후 10시18분																		오후 3시46분								

戊寅年

四 金神

正月 十月 黑中   子 大將軍　北 三殺　子 吊客　辰 喪門

月建　正　月　大　　甲寅

절기								立春															雨水							
음력	1	2	3	4	5	6	7	8	9	10	11	12	13	14	15	16	17	18	19	20	21	22	23	24	25	26	27	28	29	30
양력	1/28	29	30	31	2/1	2	3	4	5	6	7	8	9	10	11	12	13	14	15	16	17	18	19	20	21	22	23	24	25	26
일진	乙亥	丙子	丁丑	戊寅	己卯	庚辰	辛巳	壬午	癸未	甲申	乙酉	丙戌	丁亥	戊子	己丑	庚寅	辛卯	壬辰	癸巳	甲午	乙未	丙申	丁酉	戊戌	己亥	庚子	辛丑	壬寅	癸卯	甲辰

절입시각: 오전 9시57분　　오전 5시55분

月建　二　月　小　　乙卯

절기								驚蟄															春分						
음력	1	2	3	4	5	6	7	8	9	10	11	12	13	14	15	16	17	18	19	20	21	22	23	24	25	26	27	28	29
양력	2/27	28	3/1	2	3	4	5	6	7	8	9	10	11	12	13	14	15	16	17	18	19	20	21	22	23	24	25	26	27
일진	乙巳	丙午	丁未	戊申	己酉	庚戌	辛亥	壬子	癸丑	甲寅	乙卯	丙辰	丁巳	戊午	己未	庚申	辛酉	壬戌	癸亥	甲子	乙丑	丙寅	丁卯	戊辰	己巳	庚午	辛未	壬申	癸酉

절입시각: 오전 3시57분　　오전 4시55분

月建　三　月　小　　丙辰

절기					清明				穀雨																			
음력	1	2	3	4	5	6	7	8	9	10	11	12	13	14	15	16	17	18	19	20	21	22	23	24	25	26	27	28	29
양력	3/28	29	30	31	4/1	2	3	4	5	6	7	8	9	10	11	12	13	14	15	16	17	18	19	20	21	22	23	24	25
일진	甲戌	乙亥	丙子	丁丑	戊寅	己卯	庚辰	辛巳	壬午	癸未	甲申	乙酉	丙戌	丁亥	戊子	己丑	庚寅	辛卯	壬辰	癸巳	甲午	乙未	丙申	丁酉	戊戌	己亥	庚子	辛丑	壬寅

절입시각: 오전 8시45분　　오후 3시57분

月建　四　月　大　　丁巳

절기						立夏					小滿																			
음력	1	2	3	4	5	6	7	8	9	10	11	12	13	14	15	16	17	18	19	20	21	22	23	24	25	26	27	28	29	30
양력	4/26	27	28	29	30	5/1	2	3	4	5	6	7	8	9	10	11	12	13	14	15	16	17	18	19	20	21	22	23	24	25
일진	癸卯	甲辰	乙巳	丙午	丁未	戊申	己酉	庚戌	辛亥	壬子	癸丑	甲寅	乙卯	丙辰	丁巳	戊午	己未	庚申	辛酉	壬戌	癸亥	甲子	乙丑	丙寅	丁卯	戊辰	己巳	庚午	辛未	壬申

절입시각: 오전 2시3분　　오후 3시5분

月建　五　月　小　　戊午

절기							芒種					夏至															夏至		
음력	1	2	3	4	5	6	7	8	9	10	11	12	13	14	15	16	17	18	19	20	21	22	23	24	25	26	27	28	29
양력	5/26	27	28	29	30	31	6/1	2	3	4	5	6	7	8	9	10	11	12	13	14	15	16	17	18	19	20	21	22	23
일진	癸酉	甲戌	乙亥	丙子	丁丑	戊寅	己卯	庚辰	辛巳	壬午	癸未	甲申	乙酉	丙戌	丁亥	戊子	己丑	庚寅	辛卯	壬辰	癸巳	甲午	乙未	丙申	丁酉	戊戌	己亥	庚子	辛丑

절입시각: 오전 6시13분　　오후 11시3분

月建　閏　五　月　小

절기								小暑																					
음력	1	2	3	4	5	6	7	8	9	10	11	12	13	14	15	16	17	18	19	20	21	22	23	24	25	26	27	28	29
양력	6/24	25	26	27	28	29	30	7/1	2	3	4	5	6	7	8	9	10	11	12	13	14	15	16	17	18	19	20	21	22
일진	壬寅	癸卯	甲辰	乙巳	丙午	丁未	戊申	己酉	庚戌	辛亥	壬子	癸丑	甲寅	乙卯	丙辰	丁巳	戊午	己未	庚申	辛酉	壬戌	癸亥	甲子	乙丑	丙寅	丁卯	戊辰	己巳	庚午

절입시각: 오후 4시30분

六 月 大　　　　　　　　　　　　己 未

음력	1	2	3	4	5	6	7	8	9	10	11	12	13	14	15	16	17	18	19	20	21	22	23	24	25	26	27	28	29	30
절기	大暑																立秋													
양력	7/23	24	25	26	27	28	29	30	31	8/1	2	3	4	5	6	7	8	9	10	11	12	13	14	15	16	17	18	19	20	21
일진	辛未	壬申	癸酉	甲戌	乙亥	丙子	丁丑	戊寅	己卯	庚辰	辛巳	壬午	癸未	甲申	乙酉	丙戌	丁亥	戊子	己丑	庚寅	辛卯	壬辰	癸巳	甲午	乙未	丙申	丁酉	戊戌	己亥	庚子

절입시각: 오전 9시55분　　　오전 2시20분

七 月 大　　　　　　　　　　　　庚 申

음력	1	2	3	4	5	6	7	8	9	10	11	12	13	14	15	16	17	18	19	20	21	22	23	24	25	26	27	28	29	30
절기		處暑																白露												
양력	8/22	23	24	25	26	27	28	29	30	31	9/1	2	3	4	5	6	7	8	9	10	11	12	13	14	15	16	17	18	19	20
일진	辛丑	壬寅	癸卯	甲辰	乙巳	丙午	丁未	戊申	己酉	庚戌	辛亥	壬子	癸丑	甲寅	乙卯	丙辰	丁巳	戊午	己未	庚申	辛酉	壬戌	癸亥	甲子	乙丑	丙寅	丁卯	戊辰	己巳	庚午

절입시각: 오후 4시59분　　　오전 5시16분

八 月 小　　　　　　　　　　　　辛 酉

음력	1	2	3	4	5	6	7	8	9	10	11	12	13	14	15	16	17	18	19	20	21	22	23	24	25	26	27	28	29
절기			秋分															寒露											
양력	9/21	22	23	24	25	26	27	28	29	30	10/1	2	3	4	5	6	7	8	9	10	11	12	13	14	15	16	17	18	19
일진	辛未	壬申	癸酉	甲戌	乙亥	丙子	丁丑	戊寅	己卯	庚辰	辛巳	壬午	癸未	甲申	乙酉	丙戌	丁亥	戊子	己丑	庚寅	辛卯	壬辰	癸巳	甲午	乙未	丙申	丁酉	戊戌	己亥

절입시각: 오후 2시37분　　　오후 8시56분

九 月 大　　　　　　　　　　　　壬 戌

음력	1	2	3	4	5	6	7	8	9	10	11	12	13	14	15	16	17	18	19	20	21	22	23	24	25	26	27	28	29	30
절기				霜降																立冬										
양력	10/20	21	22	23	24	25	26	27	28	29	30	31	11/1	2	3	4	5	6	7	8	9	10	11	12	13	14	15	16	17	18
일진	庚子	辛丑	壬寅	癸卯	甲辰	乙巳	丙午	丁未	戊申	己酉	庚戌	辛亥	壬子	癸丑	甲寅	乙卯	丙辰	丁巳	戊午	己未	庚申	辛酉	壬戌	癸亥	甲子	乙丑	丙寅	丁卯	戊辰	己巳

절입시각: 오후 11시59분　　　오전 0시8분

十 月 大　　　　　　　　　　　　癸 亥

음력	1	2	3	4	5	6	7	8	9	10	11	12	13	14	15	16	17	18	19	20	21	22	23	24	25	26	27	28	29	30
절기				小雪															大雪											
양력	11/19	20	21	22	23	24	25	26	27	28	29	30	12/1	2	3	4	5	6	7	8	9	10	11	12	13	14	15	16	17	18
일진	庚午	辛未	壬申	癸酉	甲戌	乙亥	丙子	丁丑	戊寅	己卯	庚辰	辛巳	壬午	癸未	甲申	乙酉	丙戌	丁亥	戊子	己丑	庚寅	辛卯	壬辰	癸巳	甲午	乙未	丙申	丁酉	戊戌	己亥

절입시각: 오후 9시34분　　　오후 5시2분

十 一 月 大　　　　　　　　　　　　甲 子

음력	1	2	3	4	5	6	7	8	9	10	11	12	13	14	15	16	17	18	19	20	21	22	23	24	25	26	27	28	29	30
절기				冬至															小寒											
양력	12/19	20	21	22	23	24	25	26	27	28	29	30	31	1/1	2	3	4	5	6	7	8	9	10	11	12	13	14	15	16	17
일진	庚子	辛丑	壬寅	癸卯	甲辰	乙巳	丙午	丁未	戊申	己酉	庚戌	辛亥	壬子	癸丑	甲寅	乙卯	丙辰	丁巳	戊午	己未	庚申	辛酉	壬戌	癸亥	甲子	乙丑	丙寅	丁卯	戊辰	己巳

절입시각: 오전 10시56분　　　오전 4시17분

十 二 月 小　　　　　　　　　　　　乙 丑

음력	1	2	3	4	5	6	7	8	9	10	11	12	13	14	15	16	17	18	19	20	21	22	23	24	25	26	27	28	29
절기			大寒												立春														
양력	1/18	19	20	21	22	23	24	25	26	27	28	29	30	31	2/1	2	3	4	5	6	7	8	9	10	11	12	13	14	15
일진	庚午	辛未	壬申	癸酉	甲戌	乙亥	丙子	丁丑	戊寅	己卯	庚辰	辛巳	壬午	癸未	甲申	乙酉	丙戌	丁亥	戊子	己丑	庚寅	辛卯	壬辰	癸巳	甲午	乙未	丙申	丁酉	戊戌

절입시각: 오후 9시37분　　　오후 3시57분

月建　正　月　大　　丙　寅

절기				雨水															驚蟄											
음력	1	2	3	4	5	6	7	8	9	10	11	12	13	14	15	16	17	18	19	20	21	22	23	24	25	26	27	28	29	30
양력	2/16	17	18	19	20	21	22	23	24	25	26	27	28	3/1	2	3	4	5	6	7	8	9	10	11	12	13	14	15	16	17
일진	己亥	庚子	辛丑	壬寅	癸卯	甲辰	乙巳	丙午	丁未	戊申	己酉	庚戌	辛亥	壬子	癸丑	甲寅	乙卯	丙辰	丁巳	戊午	己未	庚申	辛酉	壬戌	癸亥	甲子	乙丑	丙寅	丁卯	戊辰

절입시각: 오전 11시47분　／　오전 9시58분

月建　二　月　小　　丁　卯

절기				春分															清明									
음력	1	2	3	4	5	6	7	8	9	10	11	12	13	14	15	16	17	18	19	20	21	22	23	24	25	26	27	28	29
양력	3/18	19	20	21	22	23	24	25	26	27	28	29	30	31	4/1	2	3	4	5	6	7	8	9	10	11	12	13	14	15
일진	己巳	庚午	辛未	壬申	癸酉	甲戌	乙亥	丙子	丁丑	戊寅	己卯	庚辰	辛巳	壬午	癸未	甲申	乙酉	丙戌	丁亥	戊子	己丑	庚寅	辛卯	壬辰	癸巳	甲午	乙未	丙申	丁酉

절입시각: 오전 10시46분　／　오후 2시45분

月建　三　月　小　　戊　辰

절기					穀雨											立夏													
음력	1	2	3	4	5	6	7	8	9	10	11	12	13	14	15	16	17	18	19	20	21	22	23	24	25	26	27	28	29
양력	4/16	17	18	19	20	21	22	23	24	25	26	27	28	29	30	5/1	2	3	4	5	6	7	8	9	10	11	12	13	14
일진	戊戌	己亥	庚子	辛丑	壬寅	癸卯	甲辰	乙巳	丙午	丁未	戊申	己酉	庚戌	辛亥	壬子	癸丑	甲寅	乙卯	丙辰	丁巳	戊午	己未	庚申	辛酉	壬戌	癸亥	甲子	乙丑	丙寅

절입시각: 오후 9시46분　／　오전 8시1분

月建　四　月　大　　己　巳

절기							小滿																芒種							
음력	1	2	3	4	5	6	7	8	9	10	11	12	13	14	15	16	17	18	19	20	21	22	23	24	25	26	27	28	29	30
양력	5/15	16	17	18	19	20	21	22	23	24	25	26	27	28	29	30	31	6/1	2	3	4	5	6	7	8	9	10	11	12	13
일진	丁卯	戊辰	己巳	庚午	辛未	壬申	癸酉	甲戌	乙亥	丙子	丁丑	戊寅	己卯	庚辰	辛巳	壬午	癸未	甲申	乙酉	丙戌	丁亥	戊子	己丑	庚寅	辛卯	壬辰	癸巳	甲午	乙未	丙申

절입시각: 오후 8시52분　／　오후 12시9분

月建　五　月　小　　庚　午

절기									夏至															小暑					
음력	1	2	3	4	5	6	7	8	9	10	11	12	13	14	15	16	17	18	19	20	21	22	23	24	25	26	27	28	29
양력	6/14	15	16	17	18	19	20	21	22	23	24	25	26	27	28	29	30	7/1	2	3	4	5	6	7	8	9	10	11	12
일진	丁酉	戊戌	己亥	庚子	辛丑	壬寅	癸卯	甲辰	乙巳	丙午	丁未	戊申	己酉	庚戌	辛亥	壬子	癸丑	甲寅	乙卯	丙辰	丁巳	戊午	己未	庚申	辛酉	壬戌	癸亥	甲子	乙丑

절입시각: 오전 4시49분　／　오후 10시25분

月建　六　月　小　　辛　未

절기											大暑																立秋		
음력	1	2	3	4	5	6	7	8	9	10	11	12	13	14	15	16	17	18	19	20	21	22	23	24	25	26	27	28	29
양력	7/13	14	15	16	17	18	19	20	21	22	23	24	25	26	27	28	29	30	31	8/1	2	3	4	5	6	7	8	9	10
일진	丙寅	丁卯	戊辰	己巳	庚午	辛未	壬申	癸酉	甲戌	乙亥	丙子	丁丑	戊寅	己卯	庚辰	辛巳	壬午	癸未	甲申	乙酉	丙戌	丁亥	戊子	己丑	庚寅	辛卯	壬辰	癸巳	甲午

절입시각: 오후 3시44분　／　오전 8시14분

月建　　七　月　大　　　　　　　　　　　　　壬　申

절기													處暑																白露	
음력	1	2	3	4	5	6	7	8	9	10	11	12	13	14	15	16	17	18	19	20	21	22	23	24	25	26	27	28	29	30
양력	8/11	12	13	14	15	16	17	18	19	20	21	22	23	24	25	26	27	28	29	30	31	9/1	2	3	4	5	6	7	8	9
일진	乙未	丙申	丁酉	戊戌	己亥	庚子	辛丑	壬寅	癸卯	甲辰	乙巳	丙午	丁未	戊申	己酉	庚戌	辛亥	壬子	癸丑	甲寅	乙卯	丙辰	丁巳	戊午	己未	庚申	辛酉	壬戌	癸亥	甲子
절입시각													오후 10시51분																오전 11시10분	

月建　　八　月　小　　　　　　　　　　　　　癸　酉

절기														秋分															
음력	1	2	3	4	5	6	7	8	9	10	11	12	13	14	15	16	17	18	19	20	21	22	23	24	25	26	27	28	29
양력	9/10	11	12	13	14	15	16	17	18	19	20	21	22	23	24	25	26	27	28	29	30	10/1	2	3	4	5	6	7	8
일진	乙丑	丙寅	丁卯	戊辰	己巳	庚午	辛未	壬申	癸酉	甲戌	乙亥	丙子	丁丑	戊寅	己卯	庚辰	辛巳	壬午	癸未	甲申	乙酉	丙戌	丁亥	戊子	己丑	庚寅	辛卯	壬辰	癸巳
절입시각														오후 8시32분															

月建　　九　月　大　　　　　　　　　　　　　甲　戌

절기	寒露															霜降														
음력	1	2	3	4	5	6	7	8	9	10	11	12	13	14	15	16	17	18	19	20	21	22	23	24	25	26	27	28	29	30
양력	10/9	10	11	12	13	14	15	16	17	18	19	20	21	22	23	24	25	26	27	28	29	30	31	11/1	2	3	4	5	6	7
일진	甲午	乙未	丙申	丁酉	戊戌	己亥	庚子	辛丑	壬寅	癸卯	甲辰	乙巳	丙午	丁未	戊申	己酉	庚戌	辛亥	壬子	癸丑	甲寅	乙卯	丙辰	丁巳	戊午	己未	庚申	辛酉	壬戌	癸亥
절입시각	오전 2시48분															오전 5시52분														

月建　　十　月　大　　　　　　　　　　　　　乙　亥

절기	立冬															小雪														大雪
음력	1	2	3	4	5	6	7	8	9	10	11	12	13	14	15	16	17	18	19	20	21	22	23	24	25	26	27	28	29	30
양력	11/8	9	10	11	12	13	14	15	16	17	18	19	20	21	22	23	24	25	26	27	28	29	30	12/1	2	3	4	5	6	7
일진	甲子	乙丑	丙寅	丁卯	戊辰	己巳	庚午	辛未	壬申	癸酉	甲戌	乙亥	丙子	丁丑	戊寅	己卯	庚辰	辛巳	壬午	癸未	甲申	乙酉	丙戌	丁亥	戊子	己丑	庚寅	辛卯	壬辰	癸巳
절입시각	오전 5시58분															오전 3시25분														오후 10시47분

月建　　十　一　月　大　　　　　　　　　　　丙　子

절기															冬至															小寒
음력	1	2	3	4	5	6	7	8	9	10	11	12	13	14	15	16	17	18	19	20	21	22	23	24	25	26	27	28	29	30
양력	12/8	9	10	11	12	13	14	15	16	17	18	19	20	21	22	23	24	25	26	27	28	29	30	31	1/1	2	3	4	5	6
일진	甲午	乙未	丙申	丁酉	戊戌	己亥	庚子	辛丑	壬寅	癸卯	甲辰	乙巳	丙午	丁未	戊申	己酉	庚戌	辛亥	壬子	癸丑	甲寅	乙卯	丙辰	丁巳	戊午	己未	庚申	辛酉	壬戌	癸亥
절입시각															오후 4시44분															오전 10시1분

月建　　十　二　月　小　　　　　　　　　　　丁　丑

절기															大寒														立春
음력	1	2	3	4	5	6	7	8	9	10	11	12	13	14	15	16	17	18	19	20	21	22	23	24	25	26	27	28	29
양력	1/7	8	9	10	11	12	13	14	15	16	17	18	19	20	21	22	23	24	25	26	27	28	29	30	31	2/1	2	3	4
일진	甲子	乙丑	丙寅	丁卯	戊辰	己巳	庚午	辛未	壬申	癸酉	甲戌	乙亥	丙子	丁丑	戊寅	己卯	庚辰	辛巳	壬午	癸未	甲申	乙酉	丙戌	丁亥	戊子	己丑	庚寅	辛卯	壬辰
절입시각															오전 3시23분														오후 9시40분

四月　黑中

子 大將軍　南 三殺　寅 吊客　午 喪門

正 月 大 （月建 戊寅）

	1	2	3	4	5	6	7	8	9	10	11	12	13	14	15	16	17	18	19	20	21	22	23	24	25	26	27	28	29	30
절기															雨水															驚蟄
음력	1	2	3	4	5	6	7	8	9	10	11	12	13	14	15	16	17	18	19	20	21	22	23	24	25	26	27	28	29	30
양력	2/5	6	7	8	9	10	11	12	13	14	15	16	17	18	19	20	21	22	23	24	25	26	27	28	29	3/1	2	3	4	5
일진	癸巳	甲午	乙未	丙申	丁酉	戊戌	己亥	庚子	辛丑	壬寅	癸卯	甲辰	乙巳	丙午	丁未	戊申	己酉	庚戌	辛亥	壬子	癸丑	甲寅	乙卯	丙辰	丁巳	戊午	己未	庚申	辛酉	壬戌
절입시각															오후 5시33분															오후 3시43분

二 月 大 （月建 己卯）

	1	2	3	4	5	6	7	8	9	10	11	12	13	14	15	16	17	18	19	20	21	22	23	24	25	26	27	28	29	30
절기															春分															清明
음력	1	2	3	4	5	6	7	8	9	10	11	12	13	14	15	16	17	18	19	20	21	22	23	24	25	26	27	28	29	30
양력	3/6	7	8	9	10	11	12	13	14	15	16	17	18	19	20	21	22	23	24	25	26	27	28	29	30	31	4/1	2	3	4
일진	癸亥	甲子	乙丑	丙寅	丁卯	戊辰	己巳	庚午	辛未	壬申	癸酉	甲戌	乙亥	丙子	丁丑	戊寅	己卯	庚辰	辛巳	壬午	癸未	甲申	乙酉	丙戌	丁亥	戊子	己丑	庚寅	辛卯	壬辰
절입시각															오후 4시35분															오후 8시32분

三 月 小 （月建 庚辰）

	1	2	3	4	5	6	7	8	9	10	11	12	13	14	15	16	17	18	19	20	21	22	23	24	25	26	27	28	29
절기																穀雨													
음력	1	2	3	4	5	6	7	8	9	10	11	12	13	14	15	16	17	18	19	20	21	22	23	24	25	26	27	28	29
양력	4/5	6	7	8	9	10	11	12	13	14	15	16	17	18	19	20	21	22	23	24	25	26	27	28	29	30	5/1	2	3
일진	癸巳	甲午	乙未	丙申	丁酉	戊戌	己亥	庚子	辛丑	壬寅	癸卯	甲辰	乙巳	丙午	丁未	戊申	己酉	庚戌	辛亥	壬子	癸丑	甲寅	乙卯	丙辰	丁巳	戊午	己未	庚申	辛酉
절입시각																오전 3시39분													

四 月 小 （月建 辛巳）

	1	2	3	4	5	6	7	8	9	10	11	12	13	14	15	16	17	18	19	20	21	22	23	24	25	26	27	28	29
절기		立夏																小滿											
음력	1	2	3	4	5	6	7	8	9	10	11	12	13	14	15	16	17	18	19	20	21	22	23	24	25	26	27	28	29
양력	5/4	5	6	7	8	9	10	11	12	13	14	15	16	17	18	19	20	21	22	23	24	25	26	27	28	29	30	31	6/1
일진	壬戌	癸亥	甲子	乙丑	丙寅	丁卯	戊辰	己巳	庚午	辛未	壬申	癸酉	甲戌	乙亥	丙子	丁丑	戊寅	己卯	庚辰	辛巳	壬午	癸未	甲申	乙酉	丙戌	丁亥	戊子	己丑	庚寅
절입시각		오후 1시50분																오전 2시49분											

五 月 大 （月建 壬午）

	1	2	3	4	5	6	7	8	9	10	11	12	13	14	15	16	17	18	19	20	21	22	23	24	25	26	27	28	29	30
절기				芒種																夏至										
음력	1	2	3	4	5	6	7	8	9	10	11	12	13	14	15	16	17	18	19	20	21	22	23	24	25	26	27	28	29	30
양력	6/2	3	4	5	6	7	8	9	10	11	12	13	14	15	16	17	18	19	20	21	22	23	24	25	26	27	28	29	30	7/1
일진	辛卯	壬辰	癸巳	甲午	乙未	丙申	丁酉	戊戌	己亥	庚子	辛丑	壬寅	癸卯	甲辰	乙巳	丙午	丁未	戊申	己酉	庚戌	辛亥	壬子	癸丑	甲寅	乙卯	丙辰	丁巳	戊午	己未	庚申
절입시각				오후 5시59분																오전 10시48분										

六 月 小 （月建 癸未）

	1	2	3	4	5	6	7	8	9	10	11	12	13	14	15	16	17	18	19	20	21	22	23	24	25	26	27	28	29
절기						小暑															大暑								
음력	1	2	3	4	5	6	7	8	9	10	11	12	13	14	15	16	17	18	19	20	21	22	23	24	25	26	27	28	29
양력	7/2	3	4	5	6	7	8	9	10	11	12	13	14	15	16	17	18	19	20	21	22	23	24	25	26	27	28	29	30
일진	辛酉	壬戌	癸亥	甲子	乙丑	丙寅	丁卯	戊辰	己巳	庚午	辛未	壬申	癸酉	甲戌	乙亥	丙子	丁丑	戊寅	己卯	庚辰	辛巳	壬午	癸未	甲申	乙酉	丙戌	丁亥	戊子	己丑
절입시각						오전 4시14분															오후 9시43분								

月建	七 月 小																								甲 申				
절기								立秋																	處暑				
음력	1	2	3	4	5	6	7	8	9	10	11	12	13	14	15	16	17	18	19	20	21	22	23	24	25	26	27	28	29
양력	7/31	8/1	2	3	4	5	6	7	8	9	10	11	12	13	14	15	16	17	18	19	20	21	22	23	24	25	26	27	28
일진	庚寅	辛卯	壬辰	癸巳	甲午	乙未	丙申	丁酉	戊戌	己亥	庚子	辛丑	壬寅	癸卯	甲辰	乙巳	丙午	丁未	戊申	己酉	庚戌	辛亥	壬子	癸丑	甲寅	乙卯	丙辰	丁巳	戊午
절입시각								오후 2시3분																	오전 4시49분				

月建	八 月 大																									乙 酉				
절기										白露																秋分				
음력	1	2	3	4	5	6	7	8	9	10	11	12	13	14	15	16	17	18	19	20	21	22	23	24	25	26	27	28	29	30
양력	8/29	30	31	9/1	2	3	4	5	6	7	8	9	10	11	12	13	14	15	16	17	18	19	20	21	22	23	24	25	26	27
일진	己未	庚申	辛酉	壬戌	癸亥	甲子	乙丑	丙寅	丁卯	戊辰	己巳	庚午	辛未	壬申	癸酉	甲戌	乙亥	丙子	丁丑	戊寅	己卯	庚辰	辛巳	壬午	癸未	甲申	乙酉	丙戌	丁亥	戊子
절입시각										오후 4시59분																오전 2시28분				

月建	九 月 小																									丙 戌			
절기											寒露															霜降			
음력	1	2	3	4	5	6	7	8	9	10	11	12	13	14	15	16	17	18	19	20	21	22	23	24	25	26	27	28	29
양력	9/28	29	30	10/1	2	3	4	5	6	7	8	9	10	11	12	13	14	15	16	17	18	19	20	21	22	23	24	25	26
일진	己丑	庚寅	辛卯	壬辰	癸巳	甲午	乙未	丙申	丁酉	戊戌	己亥	庚子	辛丑	壬寅	癸卯	甲辰	乙巳	丙午	丁未	戊申	己酉	庚戌	辛亥	壬子	癸丑	甲寅	乙卯	丙辰	丁巳
절입시각											오전 8시38분															오전 11시47분			

月建	十 月 大																									丁 亥				
절기												立冬															小雪			
음력	1	2	3	4	5	6	7	8	9	10	11	12	13	14	15	16	17	18	19	20	21	22	23	24	25	26	27	28	29	30
양력	10/27	28	29	30	31	11/1	2	3	4	5	6	7	8	9	10	11	12	13	14	15	16	17	18	19	20	21	22	23	24	25
일진	戊午	己未	庚申	辛酉	壬戌	癸亥	甲子	乙丑	丙寅	丁卯	戊辰	己巳	庚午	辛未	壬申	癸酉	甲戌	乙亥	丙子	丁丑	戊寅	己卯	庚辰	辛巳	壬午	癸未	甲申	乙酉	丙戌	丁亥
절입시각												오전 11시48분															오전 9시19분			

月建	十 一 月 大																									戊 子				
절기												大雪														冬至				
음력	1	2	3	4	5	6	7	8	9	10	11	12	13	14	15	16	17	18	19	20	21	22	23	24	25	26	27	28	29	30
양력	11/26	27	28	29	30	12/1	2	3	4	5	6	7	8	9	10	11	12	13	14	15	16	17	18	19	20	21	22	23	24	25
일진	戊子	己丑	庚寅	辛卯	壬辰	癸巳	甲午	乙未	丙申	丁酉	戊戌	己亥	庚子	辛丑	壬寅	癸卯	甲辰	乙巳	丙午	丁未	戊申	己酉	庚戌	辛亥	壬子	癸丑	甲寅	乙卯	丙辰	丁巳
절입시각												오전 4시37분														오후 10시37분				

月建	十 二 月 小																									己 丑			
절기							小寒																			大寒			
음력	1	2	3	4	5	6	7	8	9	10	11	12	13	14	15	16	17	18	19	20	21	22	23	24	25	26	27	28	29
양력	12/26	27	28	29	30	31	1/1	2	3	4	5	6	7	8	9	10	11	12	13	14	15	16	17	18	19	20	21	22	23
일진	戊午	己未	庚申	辛酉	壬戌	癸亥	甲子	乙丑	丙寅	丁卯	戊辰	己巳	庚午	辛未	壬申	癸酉	甲戌	乙亥	丙子	丁丑	戊寅	己卯	庚辰	辛巳	壬午	癸未	甲申	乙酉	丙戌
절입시각							오후 3시49분																			오전 9시16분			

2001년 | 檀紀 4334년 　辛巳年 　六　金神

正月　十月　黑中　　　卯　大將軍　東　三殺　卯　吊客　未　喪門

月建　正　月　大　　　庚寅

음력	1	2	3	4	5	6	7	8	9	10	11	12	13	14	15	16	17	18	19	20	21	22	23	24	25	26	27	28	29	30
절기												立春														雨水				
양력	1/24	25	26	27	28	29	30	31	2/1	2	3	4	5	6	7	8	9	10	11	12	13	14	15	16	17	18	19	20	21	22
일진	丁亥	戊子	己丑	庚寅	辛卯	壬辰	癸巳	甲午	乙未	丙申	丁酉	戊戌	己亥	庚子	辛丑	壬寅	癸卯	甲辰	乙巳	丙午	丁未	戊申	己酉	庚戌	辛亥	壬子	癸丑	甲寅	乙卯	丙辰
절입시각												오전 3시29분														오후 11시27분				

月建　二　月　大　　　辛卯

음력	1	2	3	4	5	6	7	8	9	10	11	12	13	14	15	16	17	18	19	20	21	22	23	24	25	26	27	28	29	30
절기											驚蟄															春分				
양력	2/23	24	25	26	27	28	3/1	2	3	4	5	6	7	8	9	10	11	12	13	14	15	16	17	18	19	20	21	22	23	24
일진	丁巳	戊午	己未	庚申	辛酉	壬戌	癸亥	甲子	乙丑	丙寅	丁卯	戊辰	己巳	庚午	辛未	壬申	癸酉	甲戌	乙亥	丙子	丁丑	戊寅	己卯	庚辰	辛巳	壬午	癸未	甲申	乙酉	丙戌
절입시각											오후 9시32분															오후 10시31분				

月建　三　月　大　　　壬辰

음력	1	2	3	4	5	6	7	8	9	10	11	12	13	14	15	16	17	18	19	20	21	22	23	24	25	26	27	28	29	30
절기												清明															穀雨			
양력	3/25	26	27	28	29	30	31	4/1	2	3	4	5	6	7	8	9	10	11	12	13	14	15	16	17	18	19	20	21	22	23
일진	丁亥	戊子	己丑	庚寅	辛卯	壬辰	癸巳	甲午	乙未	丙申	丁酉	戊戌	己亥	庚子	辛丑	壬寅	癸卯	甲辰	乙巳	丙午	丁未	戊申	己酉	庚戌	辛亥	壬子	癸丑	甲寅	乙卯	丙辰
절입시각												오전 2시24분															오전 9시36분			

月建　四　月　小　　　癸巳

음력	1	2	3	4	5	6	7	8	9	10	11	12	13	14	15	16	17	18	19	20	21	22	23	24	25	26	27	28	29
절기												立夏																小滿	
양력	4/24	25	26	27	28	29	30	5/1	2	3	4	5	6	7	8	9	10	11	12	13	14	15	16	17	18	19	20	21	22
일진	丁巳	戊午	己未	庚申	辛酉	壬戌	癸亥	甲子	乙丑	丙寅	丁卯	戊辰	己巳	庚午	辛未	壬申	癸酉	甲戌	乙亥	丙子	丁丑	戊寅	己卯	庚辰	辛巳	壬午	癸未	甲申	乙酉
절입시각												오후 7시45분																오전 8시44분	

月建　閏　四月　小

음력	1	2	3	4	5	6	7	8	9	10	11	12	13	14	15	16	17	18	19	20	21	22	23	24	25	26	27	28	29
절기										芒種																			
양력	5/23	24	25	26	27	28	29	30	31	6/1	2	3	4	5	6	7	8	9	10	11	12	13	14	15	16	17	18	19	20
일진	丙戌	丁亥	戊子	己丑	庚寅	辛卯	壬辰	癸巳	甲午	乙未	丙申	丁酉	戊戌	己亥	庚子	辛丑	壬寅	癸卯	甲辰	乙巳	丙午	丁未	戊申	己酉	庚戌	辛亥	壬子	癸丑	甲寅
절입시각										오후 11시54분																			

月建　五　月　大　　　甲午

음력	1	2	3	4	5	6	7	8	9	10	11	12	13	14	15	16	17	18	19	20	21	22	23	24	25	26	27	28	29	30
절기	夏至																小暑													
양력	6/21	22	23	24	25	26	27	28	29	30	7/1	2	3	4	5	6	7	8	9	10	11	12	13	14	15	16	17	18	19	20
일진	乙卯	丙辰	丁巳	戊午	己未	庚申	辛酉	壬戌	癸亥	甲子	乙丑	丙寅	丁卯	戊辰	己巳	庚午	辛未	壬申	癸酉	甲戌	乙亥	丙子	丁丑	戊寅	己卯	庚辰	辛巳	壬午	癸未	甲申
절입시각	오후 4시38분																오전 10시7분													

六 月 小　　乙 未

절기		大暑																立秋										
음력	1	2	3	4	5	6	7	8	9	10	11	12	13	14	15	16	17	18	19	20	21	22	23	24	25	26	27	28	29
양력	7/21	22	23	24	25	26	27	28	29	30	31	8/1	2	3	4	5	6	7	8	9	10	11	12	13	14	15	16	17	18
일진	乙酉	丙戌	丁亥	戊子	己丑	庚寅	辛卯	壬辰	癸巳	甲午	乙未	丙申	丁酉	戊戌	己亥	庚子	辛丑	壬寅	癸卯	甲辰	乙巳	丙午	丁未	戊申	己酉	庚戌	辛亥	壬子	癸丑

절입시각: 大暑 오전 3시26분　·　立秋 오후 7시52분

七 月 小　　丙 申

절기					處暑															白露									
음력	1	2	3	4	5	6	7	8	9	10	11	12	13	14	15	16	17	18	19	20	21	22	23	24	25	26	27	28	29
양력	8/19	20	21	22	23	24	25	26	27	28	29	30	31	9/1	2	3	4	5	6	7	8	9	10	11	12	13	14	15	16
일진	甲寅	乙卯	丙辰	丁巳	戊午	己未	庚申	辛酉	壬戌	癸亥	甲子	乙丑	丙寅	丁卯	戊辰	己巳	庚午	辛未	壬申	癸酉	甲戌	乙亥	丙子	丁丑	戊寅	己卯	庚辰	辛巳	壬午

절입시각: 處暑 오전 10시27분　·　白露 오후 10시46분

八 月 大　　丁 酉

절기							秋分															寒露								
음력	1	2	3	4	5	6	7	8	9	10	11	12	13	14	15	16	17	18	19	20	21	22	23	24	25	26	27	28	29	30
양력	9/17	18	19	20	21	22	23	24	25	26	27	28	29	30	10/1	2	3	4	5	6	7	8	9	10	11	12	13	14	15	16
일진	癸未	甲申	乙酉	丙戌	丁亥	戊子	己丑	庚寅	辛卯	壬辰	癸巳	甲午	乙未	丙申	丁酉	戊戌	己亥	庚子	辛丑	壬寅	癸卯	甲辰	乙巳	丙午	丁未	戊申	己酉	庚戌	辛亥	壬子

절입시각: 秋分 오전 8시4분　·　寒露 오후 2시25분

九 月 小　　戊 戌

절기							霜降															立冬							
음력	1	2	3	4	5	6	7	8	9	10	11	12	13	14	15	16	17	18	19	20	21	22	23	24	25	26	27	28	29
양력	10/17	18	19	20	21	22	23	24	25	26	27	28	29	30	31	11/1	2	3	4	5	6	7	8	9	10	11	12	13	14
일진	癸丑	甲寅	乙卯	丙辰	丁巳	戊午	己未	庚申	辛酉	壬戌	癸亥	甲子	乙丑	丙寅	丁卯	戊辰	己巳	庚午	辛未	壬申	癸酉	甲戌	乙亥	丙子	丁丑	戊寅	己卯	庚辰	辛巳

절입시각: 霜降 오후 5시26분　·　立冬 오후 5시37분

十 月 大　　己 亥

절기							小雪																大雪							
음력	1	2	3	4	5	6	7	8	9	10	11	12	13	14	15	16	17	18	19	20	21	22	23	24	25	26	27	28	29	30
양력	11/15	16	17	18	19	20	21	22	23	24	25	26	27	28	29	30	12/1	2	3	4	5	6	7	8	9	10	11	12	13	14
일진	壬午	癸未	甲申	乙酉	丙戌	丁亥	戊子	己丑	庚寅	辛卯	壬辰	癸巳	甲午	乙未	丙申	丁酉	戊戌	己亥	庚子	辛丑	壬寅	癸卯	甲辰	乙巳	丙午	丁未	戊申	己酉	庚戌	辛亥

절입시각: 小雪 오후 3시0분　·　大雪 오전 10시29분

十 一 月 小　　庚 子

절기								冬至											小寒										
음력	1	2	3	4	5	6	7	8	9	10	11	12	13	14	15	16	17	18	19	20	21	22	23	24	25	26	27	28	29
양력	12/15	16	17	18	19	20	21	22	23	24	25	26	27	28	29	30	31	1/1	2	3	4	5	6	7	8	9	10	11	12
일진	壬子	癸丑	甲寅	乙卯	丙辰	丁巳	戊午	己未	庚申	辛酉	壬戌	癸亥	甲子	乙丑	丙寅	丁卯	戊辰	己巳	庚午	辛未	壬申	癸酉	甲戌	乙亥	丙子	丁丑	戊寅	己卯	庚辰

절입시각: 冬至 오전 4시21분　·　小寒 오후 9시43분

十 二 月 大　　辛 丑

절기								大寒												立春										
음력	1	2	3	4	5	6	7	8	9	10	11	12	13	14	15	16	17	18	19	20	21	22	23	24	25	26	27	28	29	30
양력	1/13	14	15	16	17	18	19	20	21	22	23	24	25	26	27	28	29	30	31	2/1	2	3	4	5	6	7	8	9	10	11
일진	辛巳	壬午	癸未	甲申	乙酉	丙戌	丁亥	戊子	己丑	庚寅	辛卯	壬辰	癸巳	甲午	乙未	丙申	丁酉	戊戌	己亥	庚子	辛丑	壬寅	癸卯	甲辰	乙巳	丙午	丁未	戊申	己酉	庚戌

절입시각: 大寒 오후 3시2분　·　立春 오전 9시24분

壬午年

卯 大將軍　北 三殺　辰 吊客　申 喪門

正　月　大　　壬　寅

절기: 雨水(8) · 驚蟄(23)

음력	1	2	3	4	5	6	7	8	9	10	11	12	13	14	15	16	17	18	19	20	21	22	23	24	25	26	27	28	29	30
양력	2/12	13	14	15	16	17	18	19	20	21	22	23	24	25	26	27	28	3/1	2	3	4	5	6	7	8	9	10	11	12	13
일진	辛亥	壬子	癸丑	甲寅	乙卯	丙辰	丁巳	戊午	己未	庚申	辛酉	壬戌	癸亥	甲子	乙丑	丙寅	丁卯	戊辰	己巳	庚午	辛未	壬申	癸酉	甲戌	乙亥	丙子	丁丑	戊寅	己卯	庚辰

절입시각: 雨水 오전 5시13분 · 驚蟄 오전 3시28분

二　月　大　　癸　卯

절기: 春分(8) · 清明(23)

음력	1	2	3	4	5	6	7	8	9	10	11	12	13	14	15	16	17	18	19	20	21	22	23	24	25	26	27	28	29	30
양력	3/14	15	16	17	18	19	20	21	22	23	24	25	26	27	28	29	30	31	4/1	2	3	4	5	6	7	8	9	10	11	12
일진	辛巳	壬午	癸未	甲申	乙酉	丙戌	丁亥	戊子	己丑	庚寅	辛卯	壬辰	癸巳	甲午	乙未	丙申	丁酉	戊戌	己亥	庚子	辛丑	壬寅	癸卯	甲辰	乙巳	丙午	丁未	戊申	己酉	庚戌

절입시각: 春分 오전 4시16분 · 清明 오전 8시18분

三　月　小　　甲　辰

절기: 穀雨(8) · 立夏(24)

음력	1	2	3	4	5	6	7	8	9	10	11	12	13	14	15	16	17	18	19	20	21	22	23	24	25	26	27	28	29
양력	4/13	14	15	16	17	18	19	20	21	22	23	24	25	26	27	28	29	30	5/1	2	3	4	5	6	7	8	9	10	11
일진	辛亥	壬子	癸丑	甲寅	乙卯	丙辰	丁巳	戊午	己未	庚申	辛酉	壬戌	癸亥	甲子	乙丑	丙寅	丁卯	戊辰	己巳	庚午	辛未	壬申	癸酉	甲戌	乙亥	丙子	丁丑	戊寅	己卯

절입시각: 穀雨 오후 3시20분 · 立夏 오전 1시37분

四　月　大　　乙　巳

절기: 小滿(10) · 芒種(26)

음력	1	2	3	4	5	6	7	8	9	10	11	12	13	14	15	16	17	18	19	20	21	22	23	24	25	26	27	28	29	30
양력	5/12	13	14	15	16	17	18	19	20	21	22	23	24	25	26	27	28	29	30	31	6/1	2	3	4	5	6	7	8	9	10
일진	庚辰	辛巳	壬午	癸未	甲申	乙酉	丙戌	丁亥	戊子	己丑	庚寅	辛卯	壬辰	癸巳	甲午	乙未	丙申	丁酉	戊戌	己亥	庚子	辛丑	壬寅	癸卯	甲辰	乙巳	丙午	丁未	戊申	己酉

절입시각: 小滿 오후 2시29분 · 芒種 오전 5시45분

五　月　小　　丙　午

절기: 夏至(11) · 小暑(27)

음력	1	2	3	4	5	6	7	8	9	10	11	12	13	14	15	16	17	18	19	20	21	22	23	24	25	26	27	28	29
양력	6/11	12	13	14	15	16	17	18	19	20	21	22	23	24	25	26	27	28	29	30	7/1	2	3	4	5	6	7	8	9
일진	庚戌	辛亥	壬子	癸丑	甲寅	乙卯	丙辰	丁巳	戊午	己未	庚申	辛酉	壬戌	癸亥	甲子	乙丑	丙寅	丁卯	戊辰	己巳	庚午	辛未	壬申	癸酉	甲戌	乙亥	丙子	丁丑	戊寅

절입시각: 夏至 오후 10시24분 · 小暑 오후 3시56분

六　月　大　　丁　未

절기: 大暑(14) · 立秋(30)

음력	1	2	3	4	5	6	7	8	9	10	11	12	13	14	15	16	17	18	19	20	21	22	23	24	25	26	27	28	29	30
양력	7/10	11	12	13	14	15	16	17	18	19	20	21	22	23	24	25	26	27	28	29	30	31	8/1	2	3	4	5	6	7	8
일진	己卯	庚辰	辛巳	壬午	癸未	甲申	乙酉	丙戌	丁亥	戊子	己丑	庚寅	辛卯	壬辰	癸巳	甲午	乙未	丙申	丁酉	戊戌	己亥	庚子	辛丑	壬寅	癸卯	甲辰	乙巳	丙午	丁未	戊申

절입시각: 大暑 오전 9시15분 · 立秋 오전 1시39분

七 月 小 　　戊 申

月建	1	2	3	4	5	6	7	8	9	10	11	12	13	14	15	16	17	18	19	20	21	22	23	24	25	26	27	28	29
절기															處暑														
음력	1	2	3	4	5	6	7	8	9	10	11	12	13	14	15	16	17	18	19	20	21	22	23	24	25	26	27	28	29
양력	8/9	10	11	12	13	14	15	16	17	18	19	20	21	22	23	24	25	26	27	28	29	30	31	9/1	2	3	4	5	6
일진	己酉	庚戌	辛亥	壬子	癸丑	甲寅	乙卯	丙辰	丁巳	戊午	己未	庚申	辛酉	壬戌	癸亥	甲子	乙丑	丙寅	丁卯	戊辰	己巳	庚午	辛未	壬申	癸酉	甲戌	乙亥	丙子	丁丑

절입시각　處暑 오후 4시17분

八 月 小 　　己 酉

月建	1	2	3	4	5	6	7	8	9	10	11	12	13	14	15	16	17	18	19	20	21	22	23	24	25	26	27	28	29
절기	白露																秋分												
음력	1	2	3	4	5	6	7	8	9	10	11	12	13	14	15	16	17	18	19	20	21	22	23	24	25	26	27	28	29
양력	9/7	8	9	10	11	12	13	14	15	16	17	18	19	20	21	22	23	24	25	26	27	28	29	30	10/1	2	3	4	5
일진	戊寅	己卯	庚辰	辛巳	壬午	癸未	甲申	乙酉	丙戌	丁亥	戊子	己丑	庚寅	辛卯	壬辰	癸巳	甲午	乙未	丙申	丁酉	戊戌	己亥	庚子	辛丑	壬寅	癸卯	甲辰	乙巳	丙午

절입시각　白露 오전 4시31분　　秋分 오후 1시55분

九 月 大 　　庚 戌

月建	1	2	3	4	5	6	7	8	9	10	11	12	13	14	15	16	17	18	19	20	21	22	23	24	25	26	27	28	29	30
절기			寒露															霜降												
음력	1	2	3	4	5	6	7	8	9	10	11	12	13	14	15	16	17	18	19	20	21	22	23	24	25	26	27	28	29	30
양력	10/6	7	8	9	10	11	12	13	14	15	16	17	18	19	20	21	22	23	24	25	26	27	28	29	30	31	11/1	2	3	4
일진	丁未	戊申	己酉	庚戌	辛亥	壬子	癸丑	甲寅	乙卯	丙辰	丁巳	戊午	己未	庚申	辛酉	壬戌	癸亥	甲子	乙丑	丙寅	丁卯	戊辰	己巳	庚午	辛未	壬申	癸酉	甲戌	乙亥	丙子

절입시각　寒露 오후 8시9분　　霜降 오후 11시18분

十 月 小 　　辛 亥

月建	1	2	3	4	5	6	7	8	9	10	11	12	13	14	15	16	17	18	19	20	21	22	23	24	25	26	27	28	29
절기			立冬															小雪											
음력	1	2	3	4	5	6	7	8	9	10	11	12	13	14	15	16	17	18	19	20	21	22	23	24	25	26	27	28	29
양력	11/5	6	7	8	9	10	11	12	13	14	15	16	17	18	19	20	21	22	23	24	25	26	27	28	29	30	12/1	2	3
일진	丁丑	戊寅	己卯	庚辰	辛巳	壬午	癸未	甲申	乙酉	丙戌	丁亥	戊子	己丑	庚寅	辛卯	壬辰	癸巳	甲午	乙未	丙申	丁酉	戊戌	己亥	庚子	辛丑	壬寅	癸卯	甲辰	乙巳

절입시각　立冬 오후 11시22분　　小雪 오후 8시54분

十 一 月 大 　　壬 子

月建	1	2	3	4	5	6	7	8	9	10	11	12	13	14	15	16	17	18	19	20	21	22	23	24	25	26	27	28	29	30
절기				大雪															冬至											
음력	1	2	3	4	5	6	7	8	9	10	11	12	13	14	15	16	17	18	19	20	21	22	23	24	25	26	27	28	29	30
양력	12/4	5	6	7	8	9	10	11	12	13	14	15	16	17	18	19	20	21	22	23	24	25	26	27	28	29	30	31	1/1	2
일진	丙午	丁未	戊申	己酉	庚戌	辛亥	壬子	癸丑	甲寅	乙卯	丙辰	丁巳	戊午	己未	庚申	辛酉	壬戌	癸亥	甲子	乙丑	丙寅	丁卯	戊辰	己巳	庚午	辛未	壬申	癸酉	甲戌	乙亥

절입시각　大雪 오후 4시14분　　冬至 오전 10시14분

十 二 月 小 　　癸 丑

月建	1	2	3	4	5	6	7	8	9	10	11	12	13	14	15	16	17	18	19	20	21	22	23	24	25	26	27	28	29
절기				小寒														大寒											
음력	1	2	3	4	5	6	7	8	9	10	11	12	13	14	15	16	17	18	19	20	21	22	23	24	25	26	27	28	29
양력	1/3	4	5	6	7	8	9	10	11	12	13	14	15	16	17	18	19	20	21	22	23	24	25	26	27	28	29	30	31
일진	丙子	丁丑	戊寅	己卯	庚辰	辛巳	壬午	癸未	甲申	乙酉	丙戌	丁亥	戊子	己丑	庚寅	辛卯	壬辰	癸巳	甲午	乙未	丙申	丁酉	戊戌	己亥	庚子	辛丑	壬寅	癸卯	甲辰

절입시각　小寒 오전 3시28분　　大寒 오후 8시53분

2003년 | 檀紀 **4336**년　　　　癸未年　　　　四　金神

四月　黑中　　　　　　卯 大將軍　　西 三殺　　巳 吊客　　酉 喪門

月建　正　月　大　　　　　　　　　　甲　寅

절기	1	2	3	4	5	6	7	8	9	10	11	12	13	14	15	16	17	18	19	20	21	22	23	24	25	26	27	28	29	30
절기			立春																雨水											
음력	1	2	3	4	5	6	7	8	9	10	11	12	13	14	15	16	17	18	19	20	21	22	23	24	25	26	27	28	29	30
양력	2/1	2	3	4	5	6	7	8	9	10	11	12	13	14	15	16	17	18	19	20	21	22	23	24	25	26	27	28	3/1	2
일진	乙巳	丙午	丁未	戊申	己酉	庚戌	辛亥	壬子	癸丑	甲寅	乙卯	丙辰	丁巳	戊午	己未	庚申	辛酉	壬戌	癸亥	甲子	乙丑	丙寅	丁卯	戊辰	己巳	庚午	辛未	壬申	癸酉	甲戌

절입시각: 오후 3시5분 / 오전 11시0분

月建　二　月　大　　　　　　　　　　乙　卯

절기	1	2	3	4	5	6	7	8	9	10	11	12	13	14	15	16	17	18	19	20	21	22	23	24	25	26	27	28	29	30
절기			驚蟄																春分											
음력	1	2	3	4	5	6	7	8	9	10	11	12	13	14	15	16	17	18	19	20	21	22	23	24	25	26	27	28	29	30
양력	3/3	4	5	6	7	8	9	10	11	12	13	14	15	16	17	18	19	20	21	22	23	24	25	26	27	28	29	30	31	4/1
일진	乙亥	丙子	丁丑	戊寅	己卯	庚辰	辛巳	壬午	癸未	甲申	乙酉	丙戌	丁亥	戊子	己丑	庚寅	辛卯	壬辰	癸巳	甲午	乙未	丙申	丁酉	戊戌	己亥	庚子	辛丑	壬寅	癸卯	甲辰

절입시각: 오전 9시5분 / 오전 10시0분

月建　三　月　小　　　　　　　　　　丙　辰

절기	1	2	3	4	5	6	7	8	9	10	11	12	13	14	15	16	17	18	19	20	21	22	23	24	25	26	27	28	29
절기			清明																穀雨										
음력	1	2	3	4	5	6	7	8	9	10	11	12	13	14	15	16	17	18	19	20	21	22	23	24	25	26	27	28	29
양력	4/2	3	4	5	6	7	8	9	10	11	12	13	14	15	16	17	18	19	20	21	22	23	24	25	26	27	28	29	30
일진	乙巳	丙午	丁未	戊申	己酉	庚戌	辛亥	壬子	癸丑	甲寅	乙卯	丙辰	丁巳	戊午	己未	庚申	辛酉	壬戌	癸亥	甲子	乙丑	丙寅	丁卯	戊辰	己巳	庚午	辛未	壬申	癸酉

절입시각: 오후 1시52분 / 오후 9시3분

月建　四　月　大　　　　　　　　　　丁　巳

절기	1	2	3	4	5	6	7	8	9	10	11	12	13	14	15	16	17	18	19	20	21	22	23	24	25	26	27	28	29	30
절기			立夏																	小滿										
음력	1	2	3	4	5	6	7	8	9	10	11	12	13	14	15	16	17	18	19	20	21	22	23	24	25	26	27	28	29	30
양력	5/1	2	3	4	5	6	7	8	9	10	11	12	13	14	15	16	17	18	19	20	21	22	23	24	25	26	27	28	29	30
일진	甲戌	乙亥	丙子	丁丑	戊寅	己卯	庚辰	辛巳	壬午	癸未	甲申	乙酉	丙戌	丁亥	戊子	己丑	庚寅	辛卯	壬辰	癸巳	甲午	乙未	丙申	丁酉	戊戌	己亥	庚子	辛丑	壬寅	癸卯

절입시각: 오전 7시10분 / 오후 8시12분

月建　五　月　大　　　　　　　　　　戊　午

절기	1	2	3	4	5	6	7	8	9	10	11	12	13	14	15	16	17	18	19	20	21	22	23	24	25	26	27	28	29	30
절기							芒種																夏至								
음력	1	2	3	4	5	6	7	8	9	10	11	12	13	14	15	16	17	18	19	20	21	22	23	24	25	26	27	28	29	30
양력	5/31	6/1	2	3	4	5	6	7	8	9	10	11	12	13	14	15	16	17	18	19	20	21	22	23	24	25	26	27	28	29
일진	甲辰	乙巳	丙午	丁未	戊申	己酉	庚戌	辛亥	壬子	癸丑	甲寅	乙卯	丙辰	丁巳	戊午	己未	庚申	辛酉	壬戌	癸亥	甲子	乙丑	丙寅	丁卯	戊辰	己巳	庚午	辛未	壬申	癸酉

절입시각: 오전 11시20분 / 오전 4시10분

月建　六　月　小　　　　　　　　　　己　未

절기	1	2	3	4	5	6	7	8	9	10	11	12	13	14	15	16	17	18	19	20	21	22	23	24	25	26	27	28	29
절기								小暑																大暑					
음력	1	2	3	4	5	6	7	8	9	10	11	12	13	14	15	16	17	18	19	20	21	22	23	24	25	26	27	28	29
양력	6/30	7/1	2	3	4	5	6	7	8	9	10	11	12	13	14	15	16	17	18	19	20	21	22	23	24	25	26	27	28
일진	甲戌	乙亥	丙子	丁丑	戊寅	己卯	庚辰	辛巳	壬午	癸未	甲申	乙酉	丙戌	丁亥	戊子	己丑	庚寅	辛卯	壬辰	癸巳	甲午	乙未	丙申	丁酉	戊戌	己亥	庚子	辛丑	壬寅

절입시각: 오후 9시36분 / 오후 3시4분

月建	七 月 大																														庚 申
절기											立秋															處暑				
음력	1	2	3	4	5	6	7	8	9	10	11	12	13	14	15	16	17	18	19	20	21	22	23	24	25	26	27	28	29	30
양력	7/29	30	31	8/1	2	3	4	5	6	7	8	9	10	11	12	13	14	15	16	17	18	19	20	21	22	23	24	25	26	27
일진	癸卯	甲辰	乙巳	丙午	丁未	戊申	己酉	庚戌	辛亥	壬子	癸丑	甲寅	乙卯	丙辰	丁巳	戊午	己未	庚申	辛酉	壬戌	癸亥	甲子	乙丑	丙寅	丁卯	戊辰	己巳	庚午	辛未	壬申
절입시각	오전 7시24분																오후 10시8분													

月建	八 月 小																												辛 酉
절기												白露															秋分		
음력	1	2	3	4	5	6	7	8	9	10	11	12	13	14	15	16	17	18	19	20	21	22	23	24	25	26	27	28	29
양력	8/28	29	30	31	9/1	2	3	4	5	6	7	8	9	10	11	12	13	14	15	16	17	18	19	20	21	22	23	24	25
일진	癸酉	甲戌	乙亥	丙子	丁丑	戊寅	己卯	庚辰	辛巳	壬午	癸未	甲申	乙酉	丙戌	丁亥	戊子	己丑	庚寅	辛卯	壬辰	癸巳	甲午	乙未	丙申	丁酉	戊戌	己亥	庚子	辛丑
절입시각	오전 10시20분																오후 7시47분												

月建	九 月 小																												壬 戌
절기														寒露															霜降
음력	1	2	3	4	5	6	7	8	9	10	11	12	13	14	15	16	17	18	19	20	21	22	23	24	25	26	27	28	29
양력	9/26	27	28	29	30	10/1	2	3	4	5	6	7	8	9	10	11	12	13	14	15	16	17	18	19	20	21	22	23	24
일진	壬寅	癸卯	甲辰	乙巳	丙午	丁未	戊申	己酉	庚戌	辛亥	壬子	癸丑	甲寅	乙卯	丙辰	丁巳	戊午	己未	庚申	辛酉	壬戌	癸亥	甲子	乙丑	丙寅	丁卯	戊辰	己巳	庚午
절입시각	오전 2시0분																오전 5시8분												

月建	十 月 大																														癸 亥
절기															立冬															小雪
음력	1	2	3	4	5	6	7	8	9	10	11	12	13	14	15	16	17	18	19	20	21	22	23	24	25	26	27	28	29	30
양력	10/25	26	27	28	29	30	31	11/1	2	3	4	5	6	7	8	9	10	11	12	13	14	15	16	17	18	19	20	21	22	23
일진	辛未	壬申	癸酉	甲戌	乙亥	丙子	丁丑	戊寅	己卯	庚辰	辛巳	壬午	癸未	甲申	乙酉	丙戌	丁亥	戊子	己丑	庚寅	辛卯	壬辰	癸巳	甲午	乙未	丙申	丁酉	戊戌	己亥	庚子
절입시각	오전 5시13분																오전 2시43분													

月建	十 一 月 小																												甲 子
절기								大雪																					冬至
음력	1	2	3	4	5	6	7	8	9	10	11	12	13	14	15	16	17	18	19	20	21	22	23	24	25	26	27	28	29
양력	11/24	25	26	27	28	29	30	12/1	2	3	4	5	6	7	8	9	10	11	12	13	14	15	16	17	18	19	20	21	22
일진	辛丑	壬寅	癸卯	甲辰	乙巳	丙午	丁未	戊申	己酉	庚戌	辛亥	壬子	癸丑	甲寅	乙卯	丙辰	丁巳	戊午	己未	庚申	辛酉	壬戌	癸亥	甲子	乙丑	丙寅	丁卯	戊辰	己巳
절입시각	오후 10시5분																오후 4시4분												

月建	十 二 月 大																														乙 丑
절기										小寒																				大寒
음력	1	2	3	4	5	6	7	8	9	10	11	12	13	14	15	16	17	18	19	20	21	22	23	24	25	26	27	28	29	30
양력	12/23	24	25	26	27	28	29	30	31	1/1	2	3	4	5	6	7	8	9	10	11	12	13	14	15	16	17	18	19	20	21
일진	庚午	辛未	壬申	癸酉	甲戌	乙亥	丙子	丁丑	戊寅	己卯	庚辰	辛巳	壬午	癸未	甲申	乙酉	丙戌	丁亥	戊子	己丑	庚寅	辛卯	壬辰	癸巳	甲午	乙未	丙申	丁酉	戊戌	己亥
절입시각	오전 9시19분																오전 2시42분													

甲申年

四　金神

正月 十月 黑中　　　午 大將軍　南 三殺　午 吊客　戌 喪門

月建　正　月　小　　　丙寅

절기														立春															雨水
음력	1	2	3	4	5	6	7	8	9	10	11	12	13	14	15	16	17	18	19	20	21	22	23	24	25	26	27	28	29
양력	1/22	23	24	25	26	27	28	29	30	31	2/1	2	3	4	5	6	7	8	9	10	11	12	13	14	15	16	17	18	19
일진	庚子	辛丑	壬寅	癸卯	甲辰	乙巳	丙午	丁未	戊申	己酉	庚戌	辛亥	壬子	癸丑	甲寅	乙卯	丙辰	丁巳	戊午	己未	庚申	辛酉	壬戌	癸亥	甲子	乙丑	丙寅	丁卯	戊辰

절입시각: 立春 오후 8시56분　雨水 오후 4시50분

月建　二　月　大　　　丁卯

절기															驚蟄															春分
음력	1	2	3	4	5	6	7	8	9	10	11	12	13	14	15	16	17	18	19	20	21	22	23	24	25	26	27	28	29	30
양력	2/20	21	22	23	24	25	26	27	28	29	3/1	2	3	4	5	6	7	8	9	10	11	12	13	14	15	16	17	18	19	20
일진	己巳	庚午	辛未	壬申	癸酉	甲戌	乙亥	丙子	丁丑	戊寅	己卯	庚辰	辛巳	壬午	癸未	甲申	乙酉	丙戌	丁亥	戊子	己丑	庚寅	辛卯	壬辰	癸巳	甲午	乙未	丙申	丁酉	戊戌

절입시각: 驚蟄 오후 2시56분　春分 오후 3시49분

月建　閏二月　小

절기												淸明																	
음력	1	2	3	4	5	6	7	8	9	10	11	12	13	14	15	16	17	18	19	20	21	22	23	24	25	26	27	28	29
양력	3/21	22	23	24	25	26	27	28	29	30	31	4/1	2	3	4	5	6	7	8	9	10	11	12	13	14	15	16	17	18
일진	己亥	庚子	辛丑	壬寅	癸卯	甲辰	乙巳	丙午	丁未	戊申	己酉	庚戌	辛亥	壬子	癸丑	甲寅	乙卯	丙辰	丁巳	戊午	己未	庚申	辛酉	壬戌	癸亥	甲子	乙丑	丙寅	丁卯

절입시각: 淸明 오후 7시43분

月建　三　月　大　　　戊辰

절기		穀雨															立夏													
음력	1	2	3	4	5	6	7	8	9	10	11	12	13	14	15	16	17	18	19	20	21	22	23	24	25	26	27	28	29	30
양력	4/19	20	21	22	23	24	25	26	27	28	29	30	5/1	2	3	4	5	6	7	8	9	10	11	12	13	14	15	16	17	18
일진	戊辰	己巳	庚午	辛未	壬申	癸酉	甲戌	乙亥	丙子	丁丑	戊寅	己卯	庚辰	辛巳	壬午	癸未	甲申	乙酉	丙戌	丁亥	戊子	己丑	庚寅	辛卯	壬辰	癸巳	甲午	乙未	丙申	丁酉

절입시각: 穀雨 오전 2시50분　立夏 오후 1시2분

月建　四　月　大　　　己巳

절기			小滿															芒種												
음력	1	2	3	4	5	6	7	8	9	10	11	12	13	14	15	16	17	18	19	20	21	22	23	24	25	26	27	28	29	30
양력	5/19	20	21	22	23	24	25	26	27	28	29	30	31	6/1	2	3	4	5	6	7	8	9	10	11	12	13	14	15	16	17
일진	戊戌	己亥	庚子	辛丑	壬寅	癸卯	甲辰	乙巳	丙午	丁未	戊申	己酉	庚戌	辛亥	壬子	癸丑	甲寅	乙卯	丙辰	丁巳	戊午	己未	庚申	辛酉	壬戌	癸亥	甲子	乙丑	丙寅	丁卯

절입시각: 小滿 오전 1시59분　芒種 오후 5시14분

月建　五　月　小　　　庚午

절기				夏至																小暑									
음력	1	2	3	4	5	6	7	8	9	10	11	12	13	14	15	16	17	18	19	20	21	22	23	24	25	26	27	28	29
양력	6/18	19	20	21	22	23	24	25	26	27	28	29	30	7/1	2	3	4	5	6	7	8	9	10	11	12	13	14	15	16
일진	戊辰	己巳	庚午	辛未	壬申	癸酉	甲戌	乙亥	丙子	丁丑	戊寅	己卯	庚辰	辛巳	壬午	癸未	甲申	乙酉	丙戌	丁亥	戊子	己丑	庚寅	辛卯	壬辰	癸巳	甲午	乙未	丙申

절입시각: 夏至 오전 9시57분　小暑 오전 3시31분

月建	六　月　大																													辛　未
절기					大暑																立秋									
음력	1	2	3	4	5	6	7	8	9	10	11	12	13	14	15	16	17	18	19	20	21	22	23	24	25	26	27	28	29	30
양력	7/17	18	19	20	21	22	23	24	25	26	27	28	29	30	31	8/1	2	3	4	5	6	7	8	9	10	11	12	13	14	15
일진	丁酉	戊戌	己亥	庚子	辛丑	壬寅	癸卯	甲辰	乙巳	丙午	丁未	戊申	己酉	庚戌	辛亥	壬子	癸丑	甲寅	乙卯	丙辰	丁巳	戊午	己未	庚申	辛酉	壬戌	癸亥	甲子	乙丑	丙寅
절입시각					오후 8시50분																오후 1시20분									

月建	七　月　小																													壬　申
절기								處暑															白露							
음력	1	2	3	4	5	6	7	8	9	10	11	12	13	14	15	16	17	18	19	20	21	22	23	24	25	26	27	28	29	
양력	8/16	17	18	19	20	21	22	23	24	25	26	27	28	29	30	31	9/1	2	3	4	5	6	7	8	9	10	11	12	13	
일진	丁卯	戊辰	己巳	庚午	辛未	壬申	癸酉	甲戌	乙亥	丙子	丁丑	戊寅	己卯	庚辰	辛巳	壬午	癸未	甲申	乙酉	丙戌	丁亥	戊子	己丑	庚寅	辛卯	壬辰	癸巳	甲午	乙未	
절입시각								오전 3시53분															오후 4시13분							

月建	八　月　大																													癸　酉
절기										秋分															寒露					
음력	1	2	3	4	5	6	7	8	9	10	11	12	13	14	15	16	17	18	19	20	21	22	23	24	25	26	27	28	29	30
양력	9/14	15	16	17	18	19	20	21	22	23	24	25	26	27	28	29	30	10/1	2	3	4	5	6	7	8	9	10	11	12	13
일진	丙申	丁酉	戊戌	己亥	庚子	辛丑	壬寅	癸卯	甲辰	乙巳	丙午	丁未	戊申	己酉	庚戌	辛亥	壬子	癸丑	甲寅	乙卯	丙辰	丁巳	戊午	己未	庚申	辛酉	壬戌	癸亥	甲子	乙丑
절입시각										오전 1시30분															오전 7시49분					

月建	九　月　小																													甲　戌
절기										霜降									立冬											
음력	1	2	3	4	5	6	7	8	9	10	11	12	13	14	15	16	17	18	19	20	21	22	23	24	25	26	27	28	29	
양력	10/14	15	16	17	18	19	20	21	22	23	24	25	26	27	28	29	30	31	11/1	2	3	4	5	6	7	8	9	10	11	
일진	丙寅	丁卯	戊辰	己巳	庚午	辛未	壬申	癸酉	甲戌	乙亥	丙子	丁丑	戊寅	己卯	庚辰	辛巳	壬午	癸未	甲申	乙酉	丙戌	丁亥	戊子	己丑	庚寅	辛卯	壬辰	癸巳	甲午	
절입시각										오전 10시49분									오전 10시59분											

月建	十　月　大																													乙　亥
절기											小雪															大雪				
음력	1	2	3	4	5	6	7	8	9	10	11	12	13	14	15	16	17	18	19	20	21	22	23	24	25	26	27	28	29	30
양력	11/12	13	14	15	16	17	18	19	20	21	22	23	24	25	26	27	28	29	30	12/1	2	3	4	5	6	7	8	9	10	11
일진	乙未	丙申	丁酉	戊戌	己亥	庚子	辛丑	壬寅	癸卯	甲辰	乙巳	丙午	丁未	戊申	己酉	庚戌	辛亥	壬子	癸丑	甲寅	乙卯	丙辰	丁巳	戊午	己未	庚申	辛酉	壬戌	癸亥	甲子
절입시각											오전 8시22분															오전 3시49분				

月建	十一　月　小																													丙　子
절기										冬至											小寒									
음력	1	2	3	4	5	6	7	8	9	10	11	12	13	14	15	16	17	18	19	20	21	22	23	24	25	26	27	28	29	
양력	12/12	13	14	15	16	17	18	19	20	21	22	23	24	25	26	27	28	29	30	31	1/1	2	3	4	5	6	7	8	9	
일진	乙丑	丙寅	丁卯	戊辰	己巳	庚午	辛未	壬申	癸酉	甲戌	乙亥	丙子	丁丑	戊寅	己卯	庚辰	辛巳	壬午	癸未	甲申	乙酉	丙戌	丁亥	戊子	己丑	庚寅	辛卯	壬辰	癸巳	
절입시각										오후 9시42분											오후 3시3분									

月建	十二　月　大																													丁　丑
절기											大寒												立春							
음력	1	2	3	4	5	6	7	8	9	10	11	12	13	14	15	16	17	18	19	20	21	22	23	24	25	26	27	28	29	30
양력	1/10	11	12	13	14	15	16	17	18	19	20	21	22	23	24	25	26	27	28	29	30	31	2/1	2	3	4	5	6	7	8
일진	甲午	乙未	丙申	丁酉	戊戌	己亥	庚子	辛丑	壬寅	癸卯	甲辰	乙巳	丙午	丁未	戊申	己酉	庚戌	辛亥	壬子	癸丑	甲寅	乙卯	丙辰	丁巳	戊午	己未	庚申	辛酉	壬戌	癸亥
절입시각											오전 8시22분												오전 2시43분							

正月 小 — 月建 戊寅

음력	1	2	3	4	5	6	7	8	9	10	11	12	13	14	15	16	17	18	19	20	21	22	23	24	25	26	27	28	29
절기										雨水															驚蟄				
양력	2/9	10	11	12	13	14	15	16	17	18	19	20	21	22	23	24	25	26	27	28	3/1	2	3	4	5	6	7	8	9
일진	甲子	乙丑	丙寅	丁卯	戊辰	己巳	庚午	辛未	壬申	癸酉	甲戌	乙亥	丙子	丁丑	戊寅	己卯	庚辰	辛巳	壬午	癸未	甲申	乙酉	丙戌	丁亥	戊子	己丑	庚寅	辛卯	壬辰

절입시각: 雨水 오후 10시32분　／　驚蟄 오후 8시45분

二月 大 — 月建 己卯

음력	1	2	3	4	5	6	7	8	9	10	11	12	13	14	15	16	17	18	19	20	21	22	23	24	25	26	27	28	29	30
절기											春分												清明							
양력	3/10	11	12	13	14	15	16	17	18	19	20	21	22	23	24	25	26	27	28	29	30	31	4/1	2	3	4	5	6	7	8
일진	癸巳	甲午	乙未	丙申	丁酉	戊戌	己亥	庚子	辛丑	壬寅	癸卯	甲辰	乙巳	丙午	丁未	戊申	己酉	庚戌	辛亥	壬子	癸丑	甲寅	乙卯	丙辰	丁巳	戊午	己未	庚申	辛酉	壬戌

절입시각: 春分 오후 9시33분　／　清明 오전 1시34분

三月 小 — 月建 庚辰

음력	1	2	3	4	5	6	7	8	9	10	11	12	13	14	15	16	17	18	19	20	21	22	23	24	25	26	27	28	29
절기												穀雨															立夏		
양력	4/9	10	11	12	13	14	15	16	17	18	19	20	21	22	23	24	25	26	27	28	29	30	5/1	2	3	4	5	6	7
일진	癸亥	甲子	乙丑	丙寅	丁卯	戊辰	己巳	庚午	辛未	壬申	癸酉	甲戌	乙亥	丙子	丁丑	戊寅	己卯	庚辰	辛巳	壬午	癸未	甲申	乙酉	丙戌	丁亥	戊子	己丑	庚寅	辛卯

절입시각: 穀雨 오전 8시37분　／　立夏 오후 6시53분

四月 大 — 月建 辛巳

음력	1	2	3	4	5	6	7	8	9	10	11	12	13	14	15	16	17	18	19	20	21	22	23	24	25	26	27	28	29	30
절기														小滿															芒種	
양력	5/8	9	10	11	12	13	14	15	16	17	18	19	20	21	22	23	24	25	26	27	28	29	30	31	6/1	2	3	4	5	6
일진	壬辰	癸巳	甲午	乙未	丙申	丁酉	戊戌	己亥	庚子	辛丑	壬寅	癸卯	甲辰	乙巳	丙午	丁未	戊申	己酉	庚戌	辛亥	壬子	癸丑	甲寅	乙卯	丙辰	丁巳	戊午	己未	庚申	辛酉

절입시각: 小滿 오전 7시47분　／　芒種 오후 11시2분

五月 小 — 月建 壬午

음력	1	2	3	4	5	6	7	8	9	10	11	12	13	14	15	16	17	18	19	20	21	22	23	24	25	26	27	28	29
절기															夏至														
양력	6/7	8	9	10	11	12	13	14	15	16	17	18	19	20	21	22	23	24	25	26	27	28	29	30	7/1	2	3	4	5
일진	壬戌	癸亥	甲子	乙丑	丙寅	丁卯	戊辰	己巳	庚午	辛未	壬申	癸酉	甲戌	乙亥	丙子	丁丑	戊寅	己卯	庚辰	辛巳	壬午	癸未	甲申	乙酉	丙戌	丁亥	戊子	己丑	庚寅

절입시각: 夏至 오후 3시46분

六月 大 — 月建 癸未

음력	1	2	3	4	5	6	7	8	9	10	11	12	13	14	15	16	17	18	19	20	21	22	23	24	25	26	27	28	29	30
절기		小暑																大暑												
양력	7/6	7	8	9	10	11	12	13	14	15	16	17	18	19	20	21	22	23	24	25	26	27	28	29	30	31	8/1	2	3	4
일진	辛卯	壬辰	癸巳	甲午	乙未	丙申	丁酉	戊戌	己亥	庚子	辛丑	壬寅	癸卯	甲辰	乙巳	丙午	丁未	戊申	己酉	庚戌	辛亥	壬子	癸丑	甲寅	乙卯	丙辰	丁巳	戊午	己未	庚申

절입시각: 小暑 오전 9시17분　／　大暑 오전 2시41분

月建	七 月 大																													甲 申
절기			立秋																處暑											
음력	1	2	3	4	5	6	7	8	9	10	11	12	13	14	15	16	17	18	19	20	21	22	23	24	25	26	27	28	29	30
양력	8/5	6	7	8	9	10	11	12	13	14	15	16	17	18	19	20	21	22	23	24	25	26	27	28	29	30	31	9/1	2	3
일진	辛酉	壬戌	癸亥	甲子	乙丑	丙寅	丁卯	戊辰	己巳	庚午	辛未	壬申	癸酉	甲戌	乙亥	丙子	丁丑	戊寅	己卯	庚辰	辛巳	壬午	癸未	甲申	乙酉	丙戌	丁亥	戊子	己丑	庚寅
절입시각			오후 7시3분																오전 9시45분											

月建	八 月 小																													乙 酉
절기				白露																秋分										
음력	1	2	3	4	5	6	7	8	9	10	11	12	13	14	15	16	17	18	19	20	21	22	23	24	25	26	27	28	29	
양력	9/4	5	6	7	8	9	10	11	12	13	14	15	16	17	18	19	20	21	22	23	24	25	26	27	28	29	30	10/1	2	
일진	辛卯	壬辰	癸巳	甲午	乙未	丙申	丁酉	戊戌	己亥	庚子	辛丑	壬寅	癸卯	甲辰	乙巳	丙午	丁未	戊申	己酉	庚戌	辛亥	壬子	癸丑	甲寅	乙卯	丙辰	丁巳	戊午	己未	
절입시각				오후 9시57분																오전 7시23분										

月建	九 月 大																													丙 戌
절기						寒露															霜降									
음력	1	2	3	4	5	6	7	8	9	10	11	12	13	14	15	16	17	18	19	20	21	22	23	24	25	26	27	28	29	30
양력	10/3	4	5	6	7	8	9	10	11	12	13	14	15	16	17	18	19	20	21	22	23	24	25	26	27	28	29	30	31	11/1
일진	庚申	辛酉	壬戌	癸亥	甲子	乙丑	丙寅	丁卯	戊辰	己巳	庚午	辛未	壬申	癸酉	甲戌	乙亥	丙子	丁丑	戊寅	己卯	庚辰	辛巳	壬午	癸未	甲申	乙酉	丙戌	丁亥	戊子	己丑
절입시각						오후 1시33분															오후 4시42분									

月建	十 月 大																													丁 亥
절기						立冬															小雪									
음력	1	2	3	4	5	6	7	8	9	10	11	12	13	14	15	16	17	18	19	20	21	22	23	24	25	26	27	28	29	30
양력	11/2	3	4	5	6	7	8	9	10	11	12	13	14	15	16	17	18	19	20	21	22	23	24	25	26	27	28	29	30	12/1
일진	庚寅	辛卯	壬辰	癸巳	甲午	乙未	丙申	丁酉	戊戌	己亥	庚子	辛丑	壬寅	癸卯	甲辰	乙巳	丙午	丁未	戊申	己酉	庚戌	辛亥	壬子	癸丑	甲寅	乙卯	丙辰	丁巳	戊午	己未
절입시각						오후 4시42분															오후 2시15분									

月建	十 一 月 小																													戊 子
절기						大雪															冬至									
음력	1	2	3	4	5	6	7	8	9	10	11	12	13	14	15	16	17	18	19	20	21	22	23	24	25	26	27	28	29	
양력	12/2	3	4	5	6	7	8	9	10	11	12	13	14	15	16	17	18	19	20	21	22	23	24	25	26	27	28	29	30	
일진	庚申	辛酉	壬戌	癸亥	甲子	乙丑	丙寅	丁卯	戊辰	己巳	庚午	辛未	壬申	癸酉	甲戌	乙亥	丙子	丁丑	戊寅	己卯	庚辰	辛巳	壬午	癸未	甲申	乙酉	丙戌	丁亥	戊子	
절입시각						오전 9시33분															오전 3시35분									

月建	十 二 月 小																													己 丑
절기						小寒															大寒									
음력	1	2	3	4	5	6	7	8	9	10	11	12	13	14	15	16	17	18	19	20	21	22	23	24	25	26	27	28	29	
양력	12/31	1/1	2	3	4	5	6	7	8	9	10	11	12	13	14	15	16	17	18	19	20	21	22	23	24	25	26	27	28	
일진	己丑	庚寅	辛卯	壬辰	癸巳	甲午	乙未	丙申	丁酉	戊戌	己亥	庚子	辛丑	壬寅	癸卯	甲辰	乙巳	丙午	丁未	戊申	己酉	庚戌	辛亥	壬子	癸丑	甲寅	乙卯	丙辰	丁巳	
절입시각						오후 8시47분															오후 2시15분									

月建　正月 大　　　　庚寅

절기: 立春 / 雨水

음력	1	2	3	4	5	6	7	8	9	10	11	12	13	14	15	16	17	18	19	20	21	22	23	24	25	26	27	28	29	30
양력	1/29	30	31	2/1	2	3	4	5	6	7	8	9	10	11	12	13	14	15	16	17	18	19	20	21	22	23	24	25	26	27
일진	戊午	己未	庚申	辛酉	壬戌	癸亥	甲子	乙丑	丙寅	丁卯	戊辰	己巳	庚午	辛未	壬申	癸酉	甲戌	乙亥	丙子	丁丑	戊寅	己卯	庚辰	辛巳	壬午	癸未	甲申	乙酉	丙戌	丁亥

절입시각: 立春 오전 8시27분 / 雨水 오전 4시26분

月建　二月 小　　　　辛卯

절기: 驚蟄 / 春分

음력	1	2	3	4	5	6	7	8	9	10	11	12	13	14	15	16	17	18	19	20	21	22	23	24	25	26	27	28	29
양력	2/28	3/1	2	3	4	5	6	7	8	9	10	11	12	13	14	15	16	17	18	19	20	21	22	23	24	25	26	27	28
일진	戊子	己丑	庚寅	辛卯	壬辰	癸巳	甲午	乙未	丙申	丁酉	戊戌	己亥	庚子	辛丑	壬寅	癸卯	甲辰	乙巳	丙午	丁未	戊申	己酉	庚戌	辛亥	壬子	癸丑	甲寅	乙卯	丙辰

절입시각: 驚蟄 오전 2시29분 / 春分 오전 3시26분

月建　三月 大　　　　壬辰

절기: 清明 / 穀雨

음력	1	2	3	4	5	6	7	8	9	10	11	12	13	14	15	16	17	18	19	20	21	22	23	24	25	26	27	28	29	30
양력	3/29	30	31	4/1	2	3	4	5	6	7	8	9	10	11	12	13	14	15	16	17	18	19	20	21	22	23	24	25	26	27
일진	丁巳	戊午	己未	庚申	辛酉	壬戌	癸亥	甲子	乙丑	丙寅	丁卯	戊辰	己巳	庚午	辛未	壬申	癸酉	甲戌	乙亥	丙子	丁丑	戊寅	己卯	庚辰	辛巳	壬午	癸未	甲申	乙酉	丙戌

절입시각: 清明 오전 7시15분 / 穀雨 오후 2시26분

月建　四月 小　　　　癸巳

절기: 立夏 / 小滿

음력	1	2	3	4	5	6	7	8	9	10	11	12	13	14	15	16	17	18	19	20	21	22	23	24	25	26	27	28	29
양력	4/28	29	30	5/1	2	3	4	5	6	7	8	9	10	11	12	13	14	15	16	17	18	19	20	21	22	23	24	25	26
일진	丁亥	戊子	己丑	庚寅	辛卯	壬辰	癸巳	甲午	乙未	丙申	丁酉	戊戌	己亥	庚子	辛丑	壬寅	癸卯	甲辰	乙巳	丙午	丁未	戊申	己酉	庚戌	辛亥	壬子	癸丑	甲寅	乙卯

절입시각: 立夏 오전 0시31분 / 小滿 오후 1시32분

月建　五月 大　　　　甲午

절기: 芒種 / 夏至

음력	1	2	3	4	5	6	7	8	9	10	11	12	13	14	15	16	17	18	19	20	21	22	23	24	25	26	27	28	29	30
양력	5/27	28	29	30	31	6/1	2	3	4	5	6	7	8	9	10	11	12	13	14	15	16	17	18	19	20	21	22	23	24	25
일진	丙辰	丁巳	戊午	己未	庚申	辛酉	壬戌	癸亥	甲子	乙丑	丙寅	丁卯	戊辰	己巳	庚午	辛未	壬申	癸酉	甲戌	乙亥	丙子	丁丑	戊寅	己卯	庚辰	辛巳	壬午	癸未	甲申	乙酉

절입시각: 芒種 오전 4시37분 / 夏至 오후 9시26분

月建　六月 小　　　　乙未

절기: 小暑 / 大暑

음력	1	2	3	4	5	6	7	8	9	10	11	12	13	14	15	16	17	18	19	20	21	22	23	24	25	26	27	28	29
양력	6/26	27	28	29	30	7/1	2	3	4	5	6	7	8	9	10	11	12	13	14	15	16	17	18	19	20	21	22	23	24
일진	丙戌	丁亥	戊子	己丑	庚寅	辛卯	壬辰	癸巳	甲午	乙未	丙申	丁酉	戊戌	己亥	庚子	辛丑	壬寅	癸卯	甲辰	乙巳	丙午	丁未	戊申	己酉	庚戌	辛亥	壬子	癸丑	甲寅

절입시각: 小暑 오후 2시51분 / 大暑 오전 8시18분

月建　七　月　大　　丙申

음력	1	2	3	4	5	6	7	8	9	10	11	12	13	14	15	16	17	18	19	20	21	22	23	24	25	26	27	28	29	30
절기															立秋															處暑
양력	7/25	26	27	28	29	30	31	8/1	2	3	4	5	6	7	8	9	10	11	12	13	14	15	16	17	18	19	20	21	22	23
일진	乙卯	丙辰	丁巳	戊午	己未	庚申	辛酉	壬戌	癸亥	甲子	乙丑	丙寅	丁卯	戊辰	己巳	庚午	辛未	壬申	癸酉	甲戌	乙亥	丙子	丁丑	戊寅	己卯	庚辰	辛巳	壬午	癸未	甲申
절입시각															오전 0시41분															오후 3시23분

月建　閏　七　月　　小

음력	1	2	3	4	5	6	7	8	9	10	11	12	13	14	15	16	17	18	19	20	21	22	23	24	25	26	27	28	29
절기																白露													
양력	8/24	25	26	27	28	29	30	31	9/1	2	3	4	5	6	7	8	9	10	11	12	13	14	15	16	17	18	19	20	21
일진	乙酉	丙戌	丁亥	戊子	己丑	庚寅	辛卯	壬辰	癸巳	甲午	乙未	丙申	丁酉	戊戌	己亥	庚子	辛丑	壬寅	癸卯	甲辰	乙巳	丙午	丁未	戊申	己酉	庚戌	辛亥	壬子	癸丑
절입시각																오전 3시39분													

月建　八　月　大　　丁酉

음력	1	2	3	4	5	6	7	8	9	10	11	12	13	14	15	16	17	18	19	20	21	22	23	24	25	26	27	28	29	30
절기		秋分															寒露													
양력	9/22	23	24	25	26	27	28	29	30	10/1	2	3	4	5	6	7	8	9	10	11	12	13	14	15	16	17	18	19	20	21
일진	甲寅	乙卯	丙辰	丁巳	戊午	己未	庚申	辛酉	壬戌	癸亥	甲子	乙丑	丙寅	丁卯	戊辰	己巳	庚午	辛未	壬申	癸酉	甲戌	乙亥	丙子	丁丑	戊寅	己卯	庚辰	辛巳	壬午	癸未
절입시각		오후 1시3분															오후 7시21분													

月建　九　月　大　　戊戌

음력	1	2	3	4	5	6	7	8	9	10	11	12	13	14	15	16	17	18	19	20	21	22	23	24	25	26	27	28	29	30
절기		霜降															立冬													
양력	10/22	23	24	25	26	27	28	29	30	31	11/1	2	3	4	5	6	7	8	9	10	11	12	13	14	15	16	17	18	19	20
일진	甲申	乙酉	丙戌	丁亥	戊子	己丑	庚寅	辛卯	壬辰	癸巳	甲午	乙未	丙申	丁酉	戊戌	己亥	庚子	辛丑	壬寅	癸卯	甲辰	乙巳	丙午	丁未	戊申	己酉	庚戌	辛亥	壬子	癸丑
절입시각		오후 10시26분															오후 10시35분													

月建　十　月　小　　己亥

음력	1	2	3	4	5	6	7	8	9	10	11	12	13	14	15	16	17	18	19	20	21	22	23	24	25	26	27	28	29
절기		小雪															大雪												
양력	11/21	22	23	24	25	26	27	28	29	30	12/1	2	3	4	5	6	7	8	9	10	11	12	13	14	15	16	17	18	19
일진	甲寅	乙卯	丙辰	丁巳	戊午	己未	庚申	辛酉	壬戌	癸亥	甲子	乙丑	丙寅	丁卯	戊辰	己巳	庚午	辛未	壬申	癸酉	甲戌	乙亥	丙子	丁丑	戊寅	己卯	庚辰	辛巳	壬午
절입시각		오후 8시2분															오후 3시27분												

月建　十　一　月　大　　庚子

음력	1	2	3	4	5	6	7	8	9	10	11	12	13	14	15	16	17	18	19	20	21	22	23	24	25	26	27	28	29	30
절기			冬至															小寒												
양력	12/20	21	22	23	24	25	26	27	28	29	30	31	1/1	2	3	4	5	6	7	8	9	10	11	12	13	14	15	16	17	18
일진	癸未	甲申	乙酉	丙戌	丁亥	戊子	己丑	庚寅	辛卯	壬辰	癸巳	甲午	乙未	丙申	丁酉	戊戌	己亥	庚子	辛丑	壬寅	癸卯	甲辰	乙巳	丙午	丁未	戊申	己酉	庚戌	辛亥	壬子
절입시각			오전 9시22분															오전 2시40분												

月建　十　二　月　大　　辛丑

음력	1	2	3	4	5	6	7	8	9	10	11	12	13	14	15	16	17	18	19	20	21	22	23	24	25	26	27	28	29	30
절기		大寒															立春													
양력	1/19	20	21	22	23	24	25	26	27	28	29	30	31	2/1	2	3	4	5	6	7	8	9	10	11	12	13	14	15	16	17
일진	癸丑	甲寅	乙卯	丙辰	丁巳	戊午	己未	庚申	辛酉	壬戌	癸亥	甲子	乙丑	丙寅	丁卯	戊辰	己巳	庚午	辛未	壬申	癸酉	甲戌	乙亥	丙子	丁丑	戊寅	己卯	庚辰	辛巳	壬午
절입시각		오후 8시1분															오후 2시18분													

2007년 | 檀紀 4340년　　丁亥年　　四　金神

正月 十月 黑中　　　　西 大將軍　西 三殺　酉 吊客　丑 喪門

正　月　小　　　　　壬　寅

月建	正 月 小																												壬 寅
절기	雨水																驚蟄												
음력	1	2	3	4	5	6	7	8	9	10	11	12	13	14	15	16	17	18	19	20	21	22	23	24	25	26	27	28	29
양력	2/18	19	20	21	22	23	24	25	26	27	28	3/1	2	3	4	5	6	7	8	9	10	11	12	13	14	15	16	17	18
일진	癸未	甲申	乙酉	丙戌	丁亥	戊子	己丑	庚寅	辛卯	壬辰	癸巳	甲午	乙未	丙申	丁酉	戊戌	己亥	庚子	辛丑	壬寅	癸卯	甲辰	乙巳	丙午	丁未	戊申	己酉	庚戌	辛亥
절입시각	오전 10시9분																오전 8시18분												

二　月　小　　　　　癸　卯

月建	二 月 小																												癸 卯
절기	春分															清明													
음력	1	2	3	4	5	6	7	8	9	10	11	12	13	14	15	16	17	18	19	20	21	22	23	24	25	26	27	28	29
양력	3/19	20	21	22	23	24	25	26	27	28	29	30	31	4/1	2	3	4	5	6	7	8	9	10	11	12	13	14	15	16
일진	壬子	癸丑	甲寅	乙卯	丙辰	丁巳	戊午	己未	庚申	辛酉	壬戌	癸亥	甲子	乙丑	丙寅	丁卯	戊辰	己巳	庚午	辛未	壬申	癸酉	甲戌	乙亥	丙子	丁丑	戊寅	己卯	庚辰
절입시각	오전 9시7분														오후 1시5분														

三　月　大　　　　　甲　辰

月建	三 月 大																													甲 辰
절기	穀雨																	立夏												
음력	1	2	3	4	5	6	7	8	9	10	11	12	13	14	15	16	17	18	19	20	21	22	23	24	25	26	27	28	29	30
양력	4/17	18	19	20	21	22	23	24	25	26	27	28	29	30	5/1	2	3	4	5	6	7	8	9	10	11	12	13	14	15	16
일진	辛巳	壬午	癸未	甲申	乙酉	丙戌	丁亥	戊子	己丑	庚寅	辛卯	壬辰	癸巳	甲午	乙未	丙申	丁酉	戊戌	己亥	庚子	辛丑	壬寅	癸卯	甲辰	乙巳	丙午	丁未	戊申	己酉	庚戌
절입시각	오후 8시7분														오전 6시20분															

四　月　小　　　　　乙　巳

月建	四 月 小																												乙 巳
절기	小滿															芒種													
음력	1	2	3	4	5	6	7	8	9	10	11	12	13	14	15	16	17	18	19	20	21	22	23	24	25	26	27	28	29
양력	5/17	18	19	20	21	22	23	24	25	26	27	28	29	30	31	6/1	2	3	4	5	6	7	8	9	10	11	12	13	14
일진	辛亥	壬子	癸丑	甲寅	乙卯	丙辰	丁巳	戊午	己未	庚申	辛酉	壬戌	癸亥	甲子	乙丑	丙寅	丁卯	戊辰	己巳	庚午	辛未	壬申	癸酉	甲戌	乙亥	丙子	丁丑	戊寅	己卯
절입시각	오후 7시12분															오전 10시27분													

五　月　小　　　　　丙　午

月建	五 月 小																												丙 午
절기	夏至																小暑												
음력	1	2	3	4	5	6	7	8	9	10	11	12	13	14	15	16	17	18	19	20	21	22	23	24	25	26	27	28	29
양력	6/15	16	17	18	19	20	21	22	23	24	25	26	27	28	29	30	7/1	2	3	4	5	6	7	8	9	10	11	12	13
일진	庚辰	辛巳	壬午	癸未	甲申	乙酉	丙戌	丁亥	戊子	己丑	庚寅	辛卯	壬辰	癸巳	甲午	乙未	丙申	丁酉	戊戌	己亥	庚子	辛丑	壬寅	癸卯	甲辰	乙巳	丙午	丁未	戊申
절입시각	오전 3시6분																오후 8시42분												

六　月　大　　　　　丁　未

月建	六 月 大																													丁 未
절기	大暑																		立秋											
음력	1	2	3	4	5	6	7	8	9	10	11	12	13	14	15	16	17	18	19	20	21	22	23	24	25	26	27	28	29	30
양력	7/14	15	16	17	18	19	20	21	22	23	24	25	26	27	28	29	30	31	8/1	2	3	4	5	6	7	8	9	10	11	12
일진	己酉	庚戌	辛亥	壬子	癸丑	甲寅	乙卯	丙辰	丁巳	戊午	己未	庚申	辛酉	壬戌	癸亥	甲子	乙丑	丙寅	丁卯	戊辰	己巳	庚午	辛未	壬申	癸酉	甲戌	乙亥	丙子	丁丑	戊寅
절입시각	오후 2시0분																		오전 6시31분											

月建	七 月 小																											戊 申	
절기											處暑																白露		
음력	1	2	3	4	5	6	7	8	9	10	11	12	13	14	15	16	17	18	19	20	21	22	23	24	25	26	27	28	29
양력	8/13	14	15	16	17	18	19	20	21	22	23	24	25	26	27	28	29	30	31	9/1	2	3	4	5	6	7	8	9	10
일진	己卯	庚辰	辛巳	壬午	癸未	甲申	乙酉	丙戌	丁亥	戊子	己丑	庚寅	辛卯	壬辰	癸巳	甲午	乙未	丙申	丁酉	戊戌	己亥	庚子	辛丑	壬寅	癸卯	甲辰	乙巳	丙午	丁未
절입시각	오후 9시8분																				오전 9시29분								

月建	八 月 大																												己 酉	
절기													秋分																寒露	
음력	1	2	3	4	5	6	7	8	9	10	11	12	13	14	15	16	17	18	19	20	21	22	23	24	25	26	27	28	29	30
양력	9/11	12	13	14	15	16	17	18	19	20	21	22	23	24	25	26	27	28	29	30	10/1	2	3	4	5	6	7	8	9	10
일진	戊申	己酉	庚戌	辛亥	壬子	癸丑	甲寅	乙卯	丙辰	丁巳	戊午	己未	庚申	辛酉	壬戌	癸亥	甲子	乙丑	丙寅	丁卯	戊辰	己巳	庚午	辛未	壬申	癸酉	甲戌	乙亥	丙子	丁丑
절입시각	오후 6시51분																				오전 1시11분									

月建	九 月 大																												庚 戌	
절기														霜降															立冬	
음력	1	2	3	4	5	6	7	8	9	10	11	12	13	14	15	16	17	18	19	20	21	22	23	24	25	26	27	28	29	30
양력	10/11	12	13	14	15	16	17	18	19	20	21	22	23	24	25	26	27	28	29	30	31	11/1	2	3	4	5	6	7	8	9
일진	戊寅	己卯	庚辰	辛巳	壬午	癸未	甲申	乙酉	丙戌	丁亥	戊子	己丑	庚寅	辛卯	壬辰	癸巳	甲午	乙未	丙申	丁酉	戊戌	己亥	庚子	辛丑	壬寅	癸卯	甲辰	乙巳	丙午	丁未
절입시각	오전 4시15분																				오전 4시24분									

月建	十 月 大																												辛 亥	
절기														小雪														大雪		
음력	1	2	3	4	5	6	7	8	9	10	11	12	13	14	15	16	17	18	19	20	21	22	23	24	25	26	27	28	29	30
양력	11/10	11	12	13	14	15	16	17	18	19	20	21	22	23	24	25	26	27	28	29	30	12/1	2	3	4	5	6	7	8	9
일진	戊申	己酉	庚戌	辛亥	壬子	癸丑	甲寅	乙卯	丙辰	丁巳	戊午	己未	庚申	辛酉	壬戌	癸亥	甲子	乙丑	丙寅	丁卯	戊辰	己巳	庚午	辛未	壬申	癸酉	甲戌	乙亥	丙子	丁丑
절입시각	오전 1시50분																				오후 9시14분									

月建	十 一 月 小																												壬 子
절기													冬至										小寒						
음력	1	2	3	4	5	6	7	8	9	10	11	12	13	14	15	16	17	18	19	20	21	22	23	24	25	26	27	28	29
양력	12/10	11	12	13	14	15	16	17	18	19	20	21	22	23	24	25	26	27	28	29	30	31	1/1	2	3	4	5	6	7
일진	戊寅	己卯	庚辰	辛巳	壬午	癸未	甲申	乙酉	丙戌	丁亥	戊子	己丑	庚寅	辛卯	壬辰	癸巳	甲午	乙未	丙申	丁酉	戊戌	己亥	庚子	辛丑	壬寅	癸卯	甲辰	乙巳	丙午
절입시각	오후 3시8분																				오전 8시25분								

月建	十 二 月 大																												癸 丑	
절기														大寒											立春					
음력	1	2	3	4	5	6	7	8	9	10	11	12	13	14	15	16	17	18	19	20	21	22	23	24	25	26	27	28	29	30
양력	1/8	9	10	11	12	13	14	15	16	17	18	19	20	21	22	23	24	25	26	27	28	29	30	31	2/1	2	3	4	5	6
일진	丁未	戊申	己酉	庚戌	辛亥	壬子	癸丑	甲寅	乙卯	丙辰	丁巳	戊午	己未	庚申	辛酉	壬戌	癸亥	甲子	乙丑	丙寅	丁卯	戊辰	己巳	庚午	辛未	壬申	癸酉	甲戌	乙亥	丙子
절입시각	오전 1시43분																				오후 8시0분									

月建　正　月　大　　　　甲　寅

절기	1	2	3	4	5	6	7	8	9	10	11	12	13	14	15	16	17	18	19	20	21	22	23	24	25	26	27	28	29	30
절기													雨水															驚蟄		
음력	1	2	3	4	5	6	7	8	9	10	11	12	13	14	15	16	17	18	19	20	21	22	23	24	25	26	27	28	29	30
양력	2/7	8	9	10	11	12	13	14	15	16	17	18	19	20	21	22	23	24	25	26	27	28	29	3/1	2	3	4	5	6	7
일진	丁丑	戊寅	己卯	庚辰	辛巳	壬午	癸未	甲申	乙酉	丙戌	丁亥	戊子	己丑	庚寅	辛卯	壬辰	癸巳	甲午	乙未	丙申	丁酉	戊戌	己亥	庚子	辛丑	壬寅	癸卯	甲辰	乙巳	丙午
절입시각													오후 3시49분															오후 1시59분		

月建　二　月　小　　　　乙　卯

절기	1	2	3	4	5	6	7	8	9	10	11	12	13	14	15	16	17	18	19	20	21	22	23	24	25	26	27	28	29
절기													春分															清明	
음력	1	2	3	4	5	6	7	8	9	10	11	12	13	14	15	16	17	18	19	20	21	22	23	24	25	26	27	28	29
양력	3/8	9	10	11	12	13	14	15	16	17	18	19	20	21	22	23	24	25	26	27	28	29	30	31	4/1	2	3	4	5
일진	丁未	戊申	己酉	庚戌	辛亥	壬子	癸丑	甲寅	乙卯	丙辰	丁巳	戊午	己未	庚申	辛酉	壬戌	癸亥	甲子	乙丑	丙寅	丁卯	戊辰	己巳	庚午	辛未	壬申	癸酉	甲戌	乙亥
절입시각													오후 2시48분															오후 6시46분	

月建　三　月　小　　　　丙　辰

절기	1	2	3	4	5	6	7	8	9	10	11	12	13	14	15	16	17	18	19	20	21	22	23	24	25	26	27	28	29
절기															穀雨														
음력	1	2	3	4	5	6	7	8	9	10	11	12	13	14	15	16	17	18	19	20	21	22	23	24	25	26	27	28	29
양력	4/6	7	8	9	10	11	12	13	14	15	16	17	18	19	20	21	22	23	24	25	26	27	28	29	30	5/1	2	3	4
일진	丙子	丁丑	戊寅	己卯	庚辰	辛巳	壬午	癸未	甲申	乙酉	丙戌	丁亥	戊子	己丑	庚寅	辛卯	壬辰	癸巳	甲午	乙未	丙申	丁酉	戊戌	己亥	庚子	辛丑	壬寅	癸卯	甲辰
절입시각															오전 1시51분														

月建　四　月　大　　　　丁　巳

절기	1	2	3	4	5	6	7	8	9	10	11	12	13	14	15	16	17	18	19	20	21	22	23	24	25	26	27	28	29	30
절기	立夏																小滿													
음력	1	2	3	4	5	6	7	8	9	10	11	12	13	14	15	16	17	18	19	20	21	22	23	24	25	26	27	28	29	30
양력	5/5	6	7	8	9	10	11	12	13	14	15	16	17	18	19	20	21	22	23	24	25	26	27	28	29	30	31	6/1	2	3
일진	乙巳	丙午	丁未	戊申	己酉	庚戌	辛亥	壬子	癸丑	甲寅	乙卯	丙辰	丁巳	戊午	己未	庚申	辛酉	壬戌	癸亥	甲子	乙丑	丙寅	丁卯	戊辰	己巳	庚午	辛未	壬申	癸酉	甲戌
절입시각	오후 12시3분															오전 1시1분													

月建　五　月　小　　　　戊　午

절기	1	2	3	4	5	6	7	8	9	10	11	12	13	14	15	16	17	18	19	20	21	22	23	24	25	26	27	28	29
절기		芒種																夏至											
음력	1	2	3	4	5	6	7	8	9	10	11	12	13	14	15	16	17	18	19	20	21	22	23	24	25	26	27	28	29
양력	6/4	5	6	7	8	9	10	11	12	13	14	15	16	17	18	19	20	21	22	23	24	25	26	27	28	29	30	7/1	2
일진	乙亥	丙子	丁丑	戊寅	己卯	庚辰	辛巳	壬午	癸未	甲申	乙酉	丙戌	丁亥	戊子	己丑	庚寅	辛卯	壬辰	癸巳	甲午	乙未	丙申	丁酉	戊戌	己亥	庚子	辛丑	壬寅	癸卯
절입시각		오후 4시12분																오전 8시59분											

月建　六　月　小　　　　己　未

절기	1	2	3	4	5	6	7	8	9	10	11	12	13	14	15	16	17	18	19	20	21	22	23	24	25	26	27	28	29
절기					小暑															大暑									
음력	1	2	3	4	5	6	7	8	9	10	11	12	13	14	15	16	17	18	19	20	21	22	23	24	25	26	27	28	29
양력	7/3	4	5	6	7	8	9	10	11	12	13	14	15	16	17	18	19	20	21	22	23	24	25	26	27	28	29	30	31
일진	甲辰	乙巳	丙午	丁未	戊申	己酉	庚戌	辛亥	壬子	癸丑	甲寅	乙卯	丙辰	丁巳	戊午	己未	庚申	辛酉	壬戌	癸亥	甲子	乙丑	丙寅	丁卯	戊辰	己巳	庚午	辛未	壬申
절입시각					오전 2시27분															오후 7시55분									

七 月 大　　　庚 申

	1	2	3	4	5	6	7	8	9	10	11	12	13	14	15	16	17	18	19	20	21	22	23	24	25	26	27	28	29	30
절기							立秋																處暑							
음력	1	2	3	4	5	6	7	8	9	10	11	12	13	14	15	16	17	18	19	20	21	22	23	24	25	26	27	28	29	30
양력	8/1	2	3	4	5	6	7	8	9	10	11	12	13	14	15	16	17	18	19	20	21	22	23	24	25	26	27	28	29	30
일진	癸酉	甲戌	乙亥	丙子	丁丑	戊寅	己卯	庚辰	辛巳	壬午	癸未	甲申	乙酉	丙戌	丁亥	戊子	己丑	庚寅	辛卯	壬辰	癸巳	甲午	乙未	丙申	丁酉	戊戌	己亥	庚子	辛丑	壬寅

절입시각: 오후 12시16분　　　오전 3시2분

八 月 小　　　辛 酉

	1	2	3	4	5	6	7	8	9	10	11	12	13	14	15	16	17	18	19	20	21	22	23	24	25	26	27	28	29
절기								白露																秋分					
음력	1	2	3	4	5	6	7	8	9	10	11	12	13	14	15	16	17	18	19	20	21	22	23	24	25	26	27	28	29
양력	8/31	9/1	2	3	4	5	6	7	8	9	10	11	12	13	14	15	16	17	18	19	20	21	22	23	24	25	26	27	28
일진	癸卯	甲辰	乙巳	丙午	丁未	戊申	己酉	庚戌	辛亥	壬子	癸丑	甲寅	乙卯	丙辰	丁巳	戊午	己未	庚申	辛酉	壬戌	癸亥	甲子	乙丑	丙寅	丁卯	戊辰	己巳	庚午	辛未

절입시각: 오후 3시14분　　　오전 0시44분

九 月 大　　　壬 戌

	1	2	3	4	5	6	7	8	9	10	11	12	13	14	15	16	17	18	19	20	21	22	23	24	25	26	27	28	29	30
절기										寒露															霜降					
음력	1	2	3	4	5	6	7	8	9	10	11	12	13	14	15	16	17	18	19	20	21	22	23	24	25	26	27	28	29	30
양력	9/29	30	10/1	2	3	4	5	6	7	8	9	10	11	12	13	14	15	16	17	18	19	20	21	22	23	24	25	26	27	28
일진	壬申	癸酉	甲戌	乙亥	丙子	丁丑	戊寅	己卯	庚辰	辛巳	壬午	癸未	甲申	乙酉	丙戌	丁亥	戊子	己丑	庚寅	辛卯	壬辰	癸巳	甲午	乙未	丙申	丁酉	戊戌	己亥	庚子	辛丑

절입시각: 오전 6시57분　　　오전 10시9분

十 月 大　　　癸 亥

	1	2	3	4	5	6	7	8	9	10	11	12	13	14	15	16	17	18	19	20	21	22	23	24	25	26	27	28	29	30
절기										立冬															小雪					
음력	1	2	3	4	5	6	7	8	9	10	11	12	13	14	15	16	17	18	19	20	21	22	23	24	25	26	27	28	29	30
양력	10/29	30	31	11/1	2	3	4	5	6	7	8	9	10	11	12	13	14	15	16	17	18	19	20	21	22	23	24	25	26	27
일진	壬寅	癸卯	甲辰	乙巳	丙午	丁未	戊申	己酉	庚戌	辛亥	壬子	癸丑	甲寅	乙卯	丙辰	丁巳	戊午	己未	庚申	辛酉	壬戌	癸亥	甲子	乙丑	丙寅	丁卯	戊辰	己巳	庚午	辛未

절입시각: 오전 10시10분　　　오전 7시44분

十 一 月 小　　　甲 子

	1	2	3	4	5	6	7	8	9	10	11	12	13	14	15	16	17	18	19	20	21	22	23	24	25	26	27	28	29
절기										大雪														冬至					
음력	1	2	3	4	5	6	7	8	9	10	11	12	13	14	15	16	17	18	19	20	21	22	23	24	25	26	27	28	29
양력	11/28	29	30	12/1	2	3	4	5	6	7	8	9	10	11	12	13	14	15	16	17	18	19	20	21	22	23	24	25	26
일진	壬申	癸酉	甲戌	乙亥	丙子	丁丑	戊寅	己卯	庚辰	辛巳	壬午	癸未	甲申	乙酉	丙戌	丁亥	戊子	己丑	庚寅	辛卯	壬辰	癸巳	甲午	乙未	丙申	丁酉	戊戌	己亥	庚子

절입시각: 오전 3시2분　　　오후 9시4분

十 二 月 大　　　乙 丑

	1	2	3	4	5	6	7	8	9	10	11	12	13	14	15	16	17	18	19	20	21	22	23	24	25	26	27	28	29	30
절기										小寒															大寒					
음력	1	2	3	4	5	6	7	8	9	10	11	12	13	14	15	16	17	18	19	20	21	22	23	24	25	26	27	28	29	30
양력	12/27	28	29	30	31	1/1	2	3	4	5	6	7	8	9	10	11	12	13	14	15	16	17	18	19	20	21	22	23	24	25
일진	辛丑	壬寅	癸卯	甲辰	乙巳	丙午	丁未	戊申	己酉	庚戌	辛亥	壬子	癸丑	甲寅	乙卯	丙辰	丁巳	戊午	己未	庚申	辛酉	壬戌	癸亥	甲子	乙丑	丙寅	丁卯	戊辰	己巳	庚午

절입시각: 오후 2시14분　　　오전 7시40분

正月 大　　丙寅

月建	1	2	3	4	5	6	7	8	9	10	11	12	13	14	15	16	17	18	19	20	21	22	23	24	25	26	27	28	29	30
절기										立春														雨水						
음력	1	2	3	4	5	6	7	8	9	10	11	12	13	14	15	16	17	18	19	20	21	22	23	24	25	26	27	28	29	30
양력	1/26	27	28	29	30	31	2/1	2	3	4	5	6	7	8	9	10	11	12	13	14	15	16	17	18	19	20	21	22	23	24
일진	辛未	壬申	癸酉	甲戌	乙亥	丙子	丁丑	戊寅	己卯	庚辰	辛巳	壬午	癸未	甲申	乙酉	丙戌	丁亥	戊子	己丑	庚寅	辛卯	壬辰	癸巳	甲午	乙未	丙申	丁酉	戊戌	己亥	庚子
절입시각									오전 1시50분															오후 9시46분						

二月 大　　丁卯

月建	1	2	3	4	5	6	7	8	9	10	11	12	13	14	15	16	17	18	19	20	21	22	23	24	25	26	27	28	29	30
절기									驚蟄															春分						
음력	1	2	3	4	5	6	7	8	9	10	11	12	13	14	15	16	17	18	19	20	21	22	23	24	25	26	27	28	29	30
양력	2/25	26	27	28	3/1	2	3	4	5	6	7	8	9	10	11	12	13	14	15	16	17	18	19	20	21	22	23	24	25	26
일진	辛丑	壬寅	癸卯	甲辰	乙巳	丙午	丁未	戊申	己酉	庚戌	辛亥	壬子	癸丑	甲寅	乙卯	丙辰	丁巳	戊午	己未	庚申	辛酉	壬戌	癸亥	甲子	乙丑	丙寅	丁卯	戊辰	己巳	庚午
절입시각									오후 7시47분															오후 8시44분						

三月 小　　戊辰

月建	1	2	3	4	5	6	7	8	9	10	11	12	13	14	15	16	17	18	19	20	21	22	23	24	25	26	27	28	29
절기										淸明															穀雨				
음력	1	2	3	4	5	6	7	8	9	10	11	12	13	14	15	16	17	18	19	20	21	22	23	24	25	26	27	28	29
양력	3/27	28	29	30	31	4/1	2	3	4	5	6	7	8	9	10	11	12	13	14	15	16	17	18	19	20	21	22	23	24
일진	辛未	壬申	癸酉	甲戌	乙亥	丙子	丁丑	戊寅	己卯	庚辰	辛巳	壬午	癸未	甲申	乙酉	丙戌	丁亥	戊子	己丑	庚寅	辛卯	壬辰	癸巳	甲午	乙未	丙申	丁酉	戊戌	己亥
절입시각										오전 0시34분															오전 7시44분				

四月 小　　己巳

月建	1	2	3	4	5	6	7	8	9	10	11	12	13	14	15	16	17	18	19	20	21	22	23	24	25	26	27	28	29
절기											立夏																小滿		
음력	1	2	3	4	5	6	7	8	9	10	11	12	13	14	15	16	17	18	19	20	21	22	23	24	25	26	27	28	29
양력	4/25	26	27	28	29	30	5/1	2	3	4	5	6	7	8	9	10	11	12	13	14	15	16	17	18	19	20	21	22	23
일진	庚子	辛丑	壬寅	癸卯	甲辰	乙巳	丙午	丁未	戊申	己酉	庚戌	辛亥	壬子	癸丑	甲寅	乙卯	丙辰	丁巳	戊午	己未	庚申	辛酉	壬戌	癸亥	甲子	乙丑	丙寅	丁卯	戊辰
절입시각											오후 5시51분																오전 6시51분		

五月 大　　庚午

月建	1	2	3	4	5	6	7	8	9	10	11	12	13	14	15	16	17	18	19	20	21	22	23	24	25	26	27	28	29	30
절기													芒種																夏至	
음력	1	2	3	4	5	6	7	8	9	10	11	12	13	14	15	16	17	18	19	20	21	22	23	24	25	26	27	28	29	30
양력	5/24	25	26	27	28	29	30	31	6/1	2	3	4	5	6	7	8	9	10	11	12	13	14	15	16	17	18	19	20	21	22
일진	己巳	庚午	辛未	壬申	癸酉	甲戌	乙亥	丙子	丁丑	戊寅	己卯	庚辰	辛巳	壬午	癸未	甲申	乙酉	丙戌	丁亥	戊子	己丑	庚寅	辛卯	壬辰	癸巳	甲午	乙未	丙申	丁酉	戊戌
절입시각													오후 9시59분																오후 2시45분	

閏五月 小

月建	1	2	3	4	5	6	7	8	9	10	11	12	13	14	15	16	17	18	19	20	21	22	23	24	25	26	27	28	29
절기															小暑														
음력	1	2	3	4	5	6	7	8	9	10	11	12	13	14	15	16	17	18	19	20	21	22	23	24	25	26	27	28	29
양력	6/23	24	25	26	27	28	29	30	7/1	2	3	4	5	6	7	8	9	10	11	12	13	14	15	16	17	18	19	20	21
일진	己亥	庚子	辛丑	壬寅	癸卯	甲辰	乙巳	丙午	丁未	戊申	己酉	庚戌	辛亥	壬子	癸丑	甲寅	乙卯	丙辰	丁巳	戊午	己未	庚申	辛酉	壬戌	癸亥	甲子	乙丑	丙寅	丁卯
절입시각															오전 8시13분														

六 月 小　　辛 未

음력	1	2	3	4	5	6	7	8	9	10	11	12	13	14	15	16	17	18	19	20	21	22	23	24	25	26	27	28	29
절기		大暑															立秋												
양력	7/22	23	24	25	26	27	28	29	30	31	8/1	2	3	4	5	6	7	8	9	10	11	12	13	14	15	16	17	18	19
일진	戊辰	己巳	庚午	辛未	壬申	癸酉	甲戌	乙亥	丙子	丁丑	戊寅	己卯	庚辰	辛巳	壬午	癸未	甲申	乙酉	丙戌	丁亥	戊子	己丑	庚寅	辛卯	壬辰	癸巳	甲午	乙未	丙申

절입시각: 大暑 오전 1시36분　立秋 오후 6시1분

七 月 大　　壬 申

음력	1	2	3	4	5	6	7	8	9	10	11	12	13	14	15	16	17	18	19	20	21	22	23	24	25	26	27	28	29	30
절기				處暑															白露											
양력	8/20	21	22	23	24	25	26	27	28	29	30	31	9/1	2	3	4	5	6	7	8	9	10	11	12	13	14	15	16	17	18
일진	丁酉	戊戌	己亥	庚子	辛丑	壬寅	癸卯	甲辰	乙巳	丙午	丁未	戊申	己酉	庚戌	辛亥	壬子	癸丑	甲寅	乙卯	丙辰	丁巳	戊午	己未	庚申	辛酉	壬戌	癸亥	甲子	乙丑	丙寅

절입시각: 處暑 오전 8시38분　白露 오후 8시58분

八 月 小　　癸 酉

음력	1	2	3	4	5	6	7	8	9	10	11	12	13	14	15	16	17	18	19	20	21	22	23	24	25	26	27	28	29
절기					秋分															寒露									
양력	9/19	20	21	22	23	24	25	26	27	28	29	30	10/1	2	3	4	5	6	7	8	9	10	11	12	13	14	15	16	17
일진	丁卯	戊辰	己巳	庚午	辛未	壬申	癸酉	甲戌	乙亥	丙子	丁丑	戊寅	己卯	庚辰	辛巳	壬午	癸未	甲申	乙酉	丙戌	丁亥	戊子	己丑	庚寅	辛卯	壬辰	癸巳	甲午	乙未

절입시각: 秋分 오전 6시19분　寒露 오후 12시40분

九 月 大　　甲 戌

음력	1	2	3	4	5	6	7	8	9	10	11	12	13	14	15	16	17	18	19	20	21	22	23	24	25	26	27	28	29	30
절기						霜降									立冬															
양력	10/18	19	20	21	22	23	24	25	26	27	28	29	30	31	11/1	2	3	4	5	6	7	8	9	10	11	12	13	14	15	16
일진	丙申	丁酉	戊戌	己亥	庚子	辛丑	壬寅	癸卯	甲辰	乙巳	丙午	丁未	戊申	己酉	庚戌	辛亥	壬子	癸丑	甲寅	乙卯	丙辰	丁巳	戊午	己未	庚申	辛酉	壬戌	癸亥	甲子	乙丑

절입시각: 霜降 오후 3시43분　立冬 오후 3시56분

十 月 小　　乙 亥

음력	1	2	3	4	5	6	7	8	9	10	11	12	13	14	15	16	17	18	19	20	21	22	23	24	25	26	27	28	29
절기						小雪															大雪								
양력	11/17	18	19	20	21	22	23	24	25	26	27	28	29	30	12/1	2	3	4	5	6	7	8	9	10	11	12	13	14	15
일진	丙寅	丁卯	戊辰	己巳	庚午	辛未	壬申	癸酉	甲戌	乙亥	丙子	丁丑	戊寅	己卯	庚辰	辛巳	壬午	癸未	甲申	乙酉	丙戌	丁亥	戊子	己丑	庚寅	辛卯	壬辰	癸巳	甲午

절입시각: 小雪 오후 1시22분　大雪 오전 8시52분

十 一 月 大　　丙 子

음력	1	2	3	4	5	6	7	8	9	10	11	12	13	14	15	16	17	18	19	20	21	22	23	24	25	26	27	28	29	30
절기							冬至														小寒									
양력	12/16	17	18	19	20	21	22	23	24	25	26	27	28	29	30	31	1/1	2	3	4	5	6	7	8	9	10	11	12	13	14
일진	乙未	丙申	丁酉	戊戌	己亥	庚子	辛丑	壬寅	癸卯	甲辰	乙巳	丙午	丁未	戊申	己酉	庚戌	辛亥	壬子	癸丑	甲寅	乙卯	丙辰	丁巳	戊午	己未	庚申	辛酉	壬戌	癸亥	甲子

절입시각: 冬至 오전 2시47분　小寒 오후 8시9분

十 二 月 大　　丁 丑

음력	1	2	3	4	5	6	7	8	9	10	11	12	13	14	15	16	17	18	19	20	21	22	23	24	25	26	27	28	29	30
절기						大寒												立春												
양력	1/15	16	17	18	19	20	21	22	23	24	25	26	27	28	29	30	31	2/1	2	3	4	5	6	7	8	9	10	11	12	13
일진	乙丑	丙寅	丁卯	戊辰	己巳	庚午	辛未	壬申	癸酉	甲戌	乙亥	丙子	丁丑	戊寅	己卯	庚辰	辛巳	壬午	癸未	甲申	乙酉	丙戌	丁亥	戊子	己丑	庚寅	辛卯	壬辰	癸巳	甲午

절입시각: 大寒 오후 1시28분　立春 오전 7시48분

2010년 | 檀紀 4343년 　庚寅年　 二　金神

正月 十月 黑中　　北 大將軍　北 三殺　子 吊客　辰 喪門

正月 大　戊寅

절기: 雨水(음력 6), 驚蟄(음력 21)

음력	1	2	3	4	5	6	7	8	9	10	11	12	13	14	15	16	17	18	19	20	21	22	23	24	25	26	27	28	29	30
양력	2/14	15	16	17	18	19	20	21	22	23	24	25	26	27	28	3/1	2	3	4	5	6	7	8	9	10	11	12	13	14	15
일진	乙未	丙申	丁酉	戊戌	己亥	庚子	辛丑	壬寅	癸卯	甲辰	乙巳	丙午	丁未	戊申	己酉	庚戌	辛亥	壬子	癸丑	甲寅	乙卯	丙辰	丁巳	戊午	己未	庚申	辛酉	壬戌	癸亥	甲子

절입시각: 雨水 오전 3시36분, 驚蟄 오전 1시46분

二月 小　己卯

절기: 春分(음력 6), 淸明(음력 17)

음력	1	2	3	4	5	6	7	8	9	10	11	12	13	14	15	16	17	18	19	20	21	22	23	24	25	26	27	28	29
양력	3/16	17	18	19	20	21	22	23	24	25	26	27	28	29	30	31	4/1	2	3	4	5	6	7	8	9	10	11	12	13
일진	乙丑	丙寅	丁卯	戊辰	己巳	庚午	辛未	壬申	癸酉	甲戌	乙亥	丙子	丁丑	戊寅	己卯	庚辰	辛巳	壬午	癸未	甲申	乙酉	丙戌	丁亥	戊子	己丑	庚寅	辛卯	壬辰	癸巳

절입시각: 春分 오전 2시32분, 淸明 오전 6시30분

三月 大　庚辰

절기: 穀雨(음력 7), 立夏(음력 18)

음력	1	2	3	4	5	6	7	8	9	10	11	12	13	14	15	16	17	18	19	20	21	22	23	24	25	26	27	28	29	30
양력	4/14	15	16	17	18	19	20	21	22	23	24	25	26	27	28	29	30	5/1	2	3	4	5	6	7	8	9	10	11	12	13
일진	甲午	乙未	丙申	丁酉	戊戌	己亥	庚子	辛丑	壬寅	癸卯	甲辰	乙巳	丙午	丁未	戊申	己酉	庚戌	辛亥	壬子	癸丑	甲寅	乙卯	丙辰	丁巳	戊午	己未	庚申	辛酉	壬戌	癸亥

절입시각: 穀雨 오후 1시30분, 立夏 오후 11시44분

四月 小　辛巳

절기: 小滿(음력 8), 芒種(음력 24)

음력	1	2	3	4	5	6	7	8	9	10	11	12	13	14	15	16	17	18	19	20	21	22	23	24	25	26	27	28	29
양력	5/14	15	16	17	18	19	20	21	22	23	24	25	26	27	28	29	30	31	6/1	2	3	4	5	6	7	8	9	10	11
일진	甲子	乙丑	丙寅	丁卯	戊辰	己巳	庚午	辛未	壬申	癸酉	甲戌	乙亥	丙子	丁丑	戊寅	己卯	庚辰	辛巳	壬午	癸未	甲申	乙酉	丙戌	丁亥	戊子	己丑	庚寅	辛卯	壬辰

절입시각: 小滿 오후 12시34분, 芒種 오전 3시49분

五月 大　壬午

절기: 夏至(음력 10), 小暑(음력 26)

음력	1	2	3	4	5	6	7	8	9	10	11	12	13	14	15	16	17	18	19	20	21	22	23	24	25	26	27	28	29	30
양력	6/12	13	14	15	16	17	18	19	20	21	22	23	24	25	26	27	28	29	30	7/1	2	3	4	5	6	7	8	9	10	11
일진	癸巳	甲午	乙未	丙申	丁酉	戊戌	己亥	庚子	辛丑	壬寅	癸卯	甲辰	乙巳	丙午	丁未	戊申	己酉	庚戌	辛亥	壬子	癸丑	甲寅	乙卯	丙辰	丁巳	戊午	己未	庚申	辛酉	壬戌

절입시각: 夏至 오후 8시28분, 小暑 오후 2시2분

六月 小　癸未

절기: 大暑(음력 12), 立秋(음력 21)

음력	1	2	3	4	5	6	7	8	9	10	11	12	13	14	15	16	17	18	19	20	21	22	23	24	25	26	27	28	29
양력	7/12	13	14	15	16	17	18	19	20	21	22	23	24	25	26	27	28	29	30	31	8/1	2	3	4	5	6	7	8	9
일진	癸亥	甲子	乙丑	丙寅	丁卯	戊辰	己巳	庚午	辛未	壬申	癸酉	甲戌	乙亥	丙子	丁丑	戊寅	己卯	庚辰	辛巳	壬午	癸未	甲申	乙酉	丙戌	丁亥	戊子	己丑	庚寅	辛卯

절입시각: 大暑 오전 7시21분, 立秋 오후 11시49분

月建	七 月 小																						甲 申						
절기														處暑															
음력	1	2	3	4	5	6	7	8	9	10	11	12	13	14	15	16	17	18	19	20	21	22	23	24	25	26	27	28	29
양력	8/10	11	12	13	14	15	16	17	18	19	20	21	22	23	24	25	26	27	28	29	30	31	9/1	2	3	4	5	6	7
일진	壬辰	癸巳	甲午	乙未	丙申	丁酉	戊戌	己亥	庚子	辛丑	壬寅	癸卯	甲辰	乙巳	丙午	丁未	戊申	己酉	庚戌	辛亥	壬子	癸丑	甲寅	乙卯	丙辰	丁巳	戊午	己未	庚申
절입시각													오후 2시27분																

月建	八 月 大																							乙 酉						
절기	白露															秋分														
음력	1	2	3	4	5	6	7	8	9	10	11	12	13	14	15	16	17	18	19	20	21	22	23	24	25	26	27	28	29	30
양력	9/8	9	10	11	12	13	14	15	16	17	18	19	20	21	22	23	24	25	26	27	28	29	30	10/1	2	3	4	5	6	7
일진	辛酉	壬戌	癸亥	甲子	乙丑	丙寅	丁卯	戊辰	己巳	庚午	辛未	壬申	癸酉	甲戌	乙亥	丙子	丁丑	戊寅	己卯	庚辰	辛巳	壬午	癸未	甲申	乙酉	丙戌	丁亥	戊子	己丑	庚寅
절입시각	오전 2시45분												오후 12시9분																	

月建	九 月 小																							丙 戌					
절기	寒露															霜降													
음력	1	2	3	4	5	6	7	8	9	10	11	12	13	14	15	16	17	18	19	20	21	22	23	24	25	26	27	28	29
양력	10/8	9	10	11	12	13	14	15	16	17	18	19	20	21	22	23	24	25	26	27	28	29	30	31	11/1	2	3	4	5
일진	辛卯	壬辰	癸巳	甲午	乙未	丙申	丁酉	戊戌	己亥	庚子	辛丑	壬寅	癸卯	甲辰	乙巳	丙午	丁未	戊申	己酉	庚戌	辛亥	壬子	癸丑	甲寅	乙卯	丙辰	丁巳	戊午	己未
절입시각	오후 6시26분												오후 9시35분																

月建	十 月 大																							丁 亥						
절기		立冬															小雪													
음력	1	2	3	4	5	6	7	8	9	10	11	12	13	14	15	16	17	18	19	20	21	22	23	24	25	26	27	28	29	30
양력	11/6	7	8	9	10	11	12	13	14	15	16	17	18	19	20	21	22	23	24	25	26	27	28	29	30	12/1	2	3	4	5
일진	庚申	辛酉	壬戌	癸亥	甲子	乙丑	丙寅	丁卯	戊辰	己巳	庚午	辛未	壬申	癸酉	甲戌	乙亥	丙子	丁丑	戊寅	己卯	庚辰	辛巳	壬午	癸未	甲申	乙酉	丙戌	丁亥	戊子	己丑
절입시각	오후 9시42분												오후 7시14분																	

月建	十 一 月 小																							戊 子					
절기		大雪															冬至												
음력	1	2	3	4	5	6	7	8	9	10	11	12	13	14	15	16	17	18	19	20	21	22	23	24	25	26	27	28	29
양력	12/6	7	8	9	10	11	12	13	14	15	16	17	18	19	20	21	22	23	24	25	26	27	28	29	30	31	1/1	2	3
일진	庚寅	辛卯	壬辰	癸巳	甲午	乙未	丙申	丁酉	戊戌	己亥	庚子	辛丑	壬寅	癸卯	甲辰	乙巳	丙午	丁未	戊申	己酉	庚戌	辛亥	壬子	癸丑	甲寅	乙卯	丙辰	丁巳	戊午
절입시각	오후 2시38분												오전 8시38분																

月建	十 二 月 大																							己 丑						
절기			小寒														大寒													
음력	1	2	3	4	5	6	7	8	9	10	11	12	13	14	15	16	17	18	19	20	21	22	23	24	25	26	27	28	29	30
양력	1/4	5	6	7	8	9	10	11	12	13	14	15	16	17	18	19	20	21	22	23	24	25	26	27	28	29	30	31	2/1	2
일진	己未	庚申	辛酉	壬戌	癸亥	甲子	乙丑	丙寅	丁卯	戊辰	己巳	庚午	辛未	壬申	癸酉	甲戌	乙亥	丙子	丁丑	戊寅	己卯	庚辰	辛巳	壬午	癸未	甲申	乙酉	丙戌	丁亥	戊子
절입시각	오전 1시55분												오후 7시18분																	

2011년 | 檀紀 4344년　　辛卯年　　六　金神

七月 黑中　　北 大將軍　西 三殺　丑 吊客　巳 喪門

月建　正　月　大　　　　　　　　庚　寅

절기	立春																雨水													
음력	1	2	3	4	5	6	7	8	9	10	11	12	13	14	15	16	17	18	19	20	21	22	23	24	25	26	27	28	29	30
양력	2/3	4	5	6	7	8	9	10	11	12	13	14	15	16	17	18	19	20	21	22	23	24	25	26	27	28	3/1	2	3	4
일진	己丑	庚寅	辛卯	壬辰	癸巳	甲午	乙未	丙申	丁酉	戊戌	己亥	庚子	辛丑	壬寅	癸卯	甲辰	乙巳	丙午	丁未	戊申	己酉	庚戌	辛亥	壬子	癸丑	甲寅	乙卯	丙辰	丁巳	戊午

절입시각: 오후 1시33분　　오전 9시25분

月建　二　月　小　　　　　　　　辛　卯

절기	驚蟄																春分												
음력	1	2	3	4	5	6	7	8	9	10	11	12	13	14	15	16	17	18	19	20	21	22	23	24	25	26	27	28	29
양력	3/5	6	7	8	9	10	11	12	13	14	15	16	17	18	19	20	21	22	23	24	25	26	27	28	29	30	31	4/1	2
일진	己未	庚申	辛酉	壬戌	癸亥	甲子	乙丑	丙寅	丁卯	戊辰	己巳	庚午	辛未	壬申	癸酉	甲戌	乙亥	丙子	丁丑	戊寅	己卯	庚辰	辛巳	壬午	癸未	甲申	乙酉	丙戌	丁亥

절입시각: 오전 7시30분　　오전 8시21분

月建　三　月　大　　　　　　　　壬　辰

절기	淸明																	穀雨												
음력	1	2	3	4	5	6	7	8	9	10	11	12	13	14	15	16	17	18	19	20	21	22	23	24	25	26	27	28	29	30
양력	4/3	4	5	6	7	8	9	10	11	12	13	14	15	16	17	18	19	20	21	22	23	24	25	26	27	28	29	30	5/1	2
일진	戊子	己丑	庚寅	辛卯	壬辰	癸巳	甲午	乙未	丙申	丁酉	戊戌	己亥	庚子	辛丑	壬寅	癸卯	甲辰	乙巳	丙午	丁未	戊申	己酉	庚戌	辛亥	壬子	癸丑	甲寅	乙卯	丙辰	丁巳

절입시각: 오후 12시12분　　오후 7시17분

月建　四　月　大　　　　　　　　癸　巳

절기	立夏																		小滿											
음력	1	2	3	4	5	6	7	8	9	10	11	12	13	14	15	16	17	18	19	20	21	22	23	24	25	26	27	28	29	30
양력	5/3	4	5	6	7	8	9	10	11	12	13	14	15	16	17	18	19	20	21	22	23	24	25	26	27	28	29	30	31	6/1
일진	戊午	己未	庚申	辛酉	壬戌	癸亥	甲子	乙丑	丙寅	丁卯	戊辰	己巳	庚午	辛未	壬申	癸酉	甲戌	乙亥	丙子	丁丑	戊寅	己卯	庚辰	辛巳	壬午	癸未	甲申	乙酉	丙戌	丁亥

절입시각: 오전 5시23분　　오후 6시21분

月建　五　月　小　　　　　　　　甲　午

절기	芒種																				夏至								
음력	1	2	3	4	5	6	7	8	9	10	11	12	13	14	15	16	17	18	19	20	21	22	23	24	25	26	27	28	29
양력	6/2	3	4	5	6	7	8	9	10	11	12	13	14	15	16	17	18	19	20	21	22	23	24	25	26	27	28	29	30
일진	戊子	己丑	庚寅	辛卯	壬辰	癸巳	甲午	乙未	丙申	丁酉	戊戌	己亥	庚子	辛丑	壬寅	癸卯	甲辰	乙巳	丙午	丁未	戊申	己酉	庚戌	辛亥	壬子	癸丑	甲寅	乙卯	丙辰

절입시각: 오전 9시27분　　오전 2시16분

月建　六　月　大　　　　　　　　乙　未

절기							小暑																大暑							
음력	1	2	3	4	5	6	7	8	9	10	11	12	13	14	15	16	17	18	19	20	21	22	23	24	25	26	27	28	29	30
양력	7/1	2	3	4	5	6	7	8	9	10	11	12	13	14	15	16	17	18	19	20	21	22	23	24	25	26	27	28	29	30
일진	丁巳	戊午	己未	庚申	辛酉	壬戌	癸亥	甲子	乙丑	丙寅	丁卯	戊辰	己巳	庚午	辛未	壬申	癸酉	甲戌	乙亥	丙子	丁丑	戊寅	己卯	庚辰	辛巳	壬午	癸未	甲申	乙酉	丙戌

절입시각: 오후 7시42분　　오후 1시12분

月建	七 月 小																							丙 申					
절기									立秋															處暑					
음력	1	2	3	4	5	6	7	8	9	10	11	12	13	14	15	16	17	18	19	20	21	22	23	24	25	26	27	28	29
양력	7/31	8/1	2	3	4	5	6	7	8	9	10	11	12	13	14	15	16	17	18	19	20	21	22	23	24	25	26	27	28
일진	丁亥	戊子	己丑	庚寅	辛卯	壬辰	癸巳	甲午	乙未	丙申	丁酉	戊戌	己亥	庚子	辛丑	壬寅	癸卯	甲辰	乙巳	丙午	丁未	戊申	己酉	庚戌	辛亥	壬子	癸丑	甲寅	乙卯
절입시각								오전 5시33분															오후 8시21분						

月建	八 月 小																							丁 酉					
절기										白露															秋分				
음력	1	2	3	4	5	6	7	8	9	10	11	12	13	14	15	16	17	18	19	20	21	22	23	24	25	26	27	28	29
양력	8/29	30	31	9/1	2	3	4	5	6	7	8	9	10	11	12	13	14	15	16	17	18	19	20	21	22	23	24	25	26
일진	丙辰	丁巳	戊午	己未	庚申	辛酉	壬戌	癸亥	甲子	乙丑	丙寅	丁卯	戊辰	己巳	庚午	辛未	壬申	癸酉	甲戌	乙亥	丙子	丁丑	戊寅	己卯	庚辰	辛巳	壬午	癸未	甲申
절입시각								오전 8시34분															오후 6시5분						

月建	九 月 大																							戊 戌						
절기													寒露															霜降			
음력	1	2	3	4	5	6	7	8	9	10	11	12	13	14	15	16	17	18	19	20	21	22	23	24	25	26	27	28	29	30
양력	9/27	28	29	30	10/1	2	3	4	5	6	7	8	9	10	11	12	13	14	15	16	17	18	19	20	21	22	23	24	25	26
일진	乙酉	丙戌	丁亥	戊子	己丑	庚寅	辛卯	壬辰	癸巳	甲午	乙未	丙申	丁酉	戊戌	己亥	庚子	辛丑	壬寅	癸卯	甲辰	乙巳	丙午	丁未	戊申	己酉	庚戌	辛亥	壬子	癸丑	甲寅
절입시각								오전 0시19분															오전 3시30분							

月建	十 月 小																							己 亥					
절기													立冬															小雪		
음력	1	2	3	4	5	6	7	8	9	10	11	12	13	14	15	16	17	18	19	20	21	22	23	24	25	26	27	28	29
양력	10/27	28	29	30	31	11/1	2	3	4	5	6	7	8	9	10	11	12	13	14	15	16	17	18	19	20	21	22	23	24
일진	乙卯	丙辰	丁巳	戊午	己未	庚申	辛酉	壬戌	癸亥	甲子	乙丑	丙寅	丁卯	戊辰	己巳	庚午	辛未	壬申	癸酉	甲戌	乙亥	丙子	丁丑	戊寅	己卯	庚辰	辛巳	壬午	癸未
절입시각								오전 3시35분															오전 1시8분						

月建	十 一 月 大																							庚 子						
절기													大雪															冬至			
음력	1	2	3	4	5	6	7	8	9	10	11	12	13	14	15	16	17	18	19	20	21	22	23	24	25	26	27	28	29	30
양력	11/25	26	27	28	29	30	12/1	2	3	4	5	6	7	8	9	10	11	12	13	14	15	16	17	18	19	20	21	22	23	24
일진	甲申	乙酉	丙戌	丁亥	戊子	己丑	庚寅	辛卯	壬辰	癸巳	甲午	乙未	丙申	丁酉	戊戌	己亥	庚子	辛丑	壬寅	癸卯	甲辰	乙巳	丙午	丁未	戊申	己酉	庚戌	辛亥	壬子	癸丑
절입시각								오후 8시29분															오후 2시30분							

月建	十 二 月 小																							辛 丑					
절기													小寒															大寒		
음력	1	2	3	4	5	6	7	8	9	10	11	12	13	14	15	16	17	18	19	20	21	22	23	24	25	26	27	28	29
양력	12/25	26	27	28	29	30	31	1/1	2	3	4	5	6	7	8	9	10	11	12	13	14	15	16	17	18	19	20	21	22
일진	甲寅	乙卯	丙辰	丁巳	戊午	己未	庚申	辛酉	壬戌	癸亥	甲子	乙丑	丙寅	丁卯	戊辰	己巳	庚午	辛未	壬申	癸酉	甲戌	乙亥	丙子	丁丑	戊寅	己卯	庚辰	辛巳	壬午
절입시각								오전 7시44분															오전 1시10분						

月建 正 月 大 — 壬寅

음력	1	2	3	4	5	6	7	8	9	10	11	12	13	14	15	16	17	18	19	20	21	22	23	24	25	26	27	28	29	30
절기													立春															雨水		
양력	1/23	24	25	26	27	28	29	30	31	2/1	2	3	4	5	6	7	8	9	10	11	12	13	14	15	16	17	18	19	20	21
일진	癸未	甲申	乙酉	丙戌	丁亥	戊子	己丑	庚寅	辛卯	壬辰	癸巳	甲午	乙未	丙申	丁酉	戊戌	己亥	庚子	辛丑	壬寅	癸卯	甲辰	乙巳	丙午	丁未	戊申	己酉	庚戌	辛亥	壬子

절입시각: 立春 오후 7시22분 · 雨水 오후 3시17분

月建 二 月 小 — 癸卯

음력	1	2	3	4	5	6	7	8	9	10	11	12	13	14	15	16	17	18	19	20	21	22	23	24	25	26	27	28	29
절기													驚蟄															春分	
양력	2/22	23	24	25	26	27	28	29	3/1	2	3	4	5	6	7	8	9	10	11	12	13	14	15	16	17	18	19	20	21
일진	癸丑	甲寅	乙卯	丙辰	丁巳	戊午	己未	庚申	辛酉	壬戌	癸亥	甲子	乙丑	丙寅	丁卯	戊辰	己巳	庚午	辛未	壬申	癸酉	甲戌	乙亥	丙子	丁丑	戊寅	己卯	庚辰	辛巳

절입시각: 驚蟄 오후 1시21분 · 春分 오후 2시14분

月建 三 月 大 — 甲辰

음력	1	2	3	4	5	6	7	8	9	10	11	12	13	14	15	16	17	18	19	20	21	22	23	24	25	26	27	28	29	30
절기											清明																			穀雨
양력	3/22	23	24	25	26	27	28	29	30	31	4/1	2	3	4	5	6	7	8	9	10	11	12	13	14	15	16	17	18	19	20
일진	壬午	癸未	甲申	乙酉	丙戌	丁亥	戊子	己丑	庚寅	辛卯	壬辰	癸巳	甲午	乙未	丙申	丁酉	戊戌	己亥	庚子	辛丑	壬寅	癸卯	甲辰	乙巳	丙午	丁未	戊申	己酉	庚戌	辛亥

절입시각: 清明 오후 6시5분 · 穀雨 오전 1시12분

月建 閏 三 月 大

음력	1	2	3	4	5	6	7	8	9	10	11	12	13	14	15	16	17	18	19	20	21	22	23	24	25	26	27	28	29	30
절기															立夏															
양력	4/21	22	23	24	25	26	27	28	29	30	5/1	2	3	4	5	6	7	8	9	10	11	12	13	14	15	16	17	18	19	20
일진	壬子	癸丑	甲寅	乙卯	丙辰	丁巳	戊午	己未	庚申	辛酉	壬戌	癸亥	甲子	乙丑	丙寅	丁卯	戊辰	己巳	庚午	辛未	壬申	癸酉	甲戌	乙亥	丙子	丁丑	戊寅	己卯	庚辰	辛巳

절입시각: 立夏 오전 11시20분

月建 四 月 大 — 乙巳

음력	1	2	3	4	5	6	7	8	9	10	11	12	13	14	15	16	17	18	19	20	21	22	23	24	25	26	27	28	29	30
절기	小滿															芒種														
양력	5/21	22	23	24	25	26	27	28	29	30	31	6/1	2	3	4	5	6	7	8	9	10	11	12	13	14	15	16	17	18	19
일진	壬午	癸未	甲申	乙酉	丙戌	丁亥	戊子	己丑	庚寅	辛卯	壬辰	癸巳	甲午	乙未	丙申	丁酉	戊戌	己亥	庚子	辛丑	壬寅	癸卯	甲辰	乙巳	丙午	丁未	戊申	己酉	庚戌	辛亥

절입시각: 小滿 오전 0시15분 · 芒種 오후 3시26분

月建 五 月 小 — 丙午

음력	1	2	3	4	5	6	7	8	9	10	11	12	13	14	15	16	17	18	19	20	21	22	23	24	25	26	27	28	29
절기		夏至																小暑											
양력	6/20	21	22	23	24	25	26	27	28	29	30	7/1	2	3	4	5	6	7	8	9	10	11	12	13	14	15	16	17	18
일진	壬子	癸丑	甲寅	乙卯	丙辰	丁巳	戊午	己未	庚申	辛酉	壬戌	癸亥	甲子	乙丑	丙寅	丁卯	戊辰	己巳	庚午	辛未	壬申	癸酉	甲戌	乙亥	丙子	丁丑	戊寅	己卯	庚辰

절입시각: 夏至 오전 8시9분 · 小暑 오전 1시41분

六 月 大　丁未

	1	2	3	4	5	6	7	8	9	10	11	12	13	14	15	16	17	18	19	20	21	22	23	24	25	26	27	28	29	30
절기				大暑																立秋										
음력	1	2	3	4	5	6	7	8	9	10	11	12	13	14	15	16	17	18	19	20	21	22	23	24	25	26	27	28	29	30
양력	7/19	20	21	22	23	24	25	26	27	28	29	30	31	8/1	2	3	4	5	6	7	8	9	10	11	12	13	14	15	16	17
일진	辛巳	壬午	癸未	甲申	乙酉	丙戌	丁亥	戊子	己丑	庚寅	辛卯	壬辰	癸巳	甲午	乙未	丙申	丁酉	戊戌	己亥	庚子	辛丑	壬寅	癸卯	甲辰	乙巳	丙午	丁未	戊申	己酉	庚戌

절입시각: 大暑 오후 7시1분 / 立秋 오전 11시30분

七 月 小　戊申

	1	2	3	4	5	6	7	8	9	10	11	12	13	14	15	16	17	18	19	20	21	22	23	24	25	26	27	28	29
절기						處暑															白露								
음력	1	2	3	4	5	6	7	8	9	10	11	12	13	14	15	16	17	18	19	20	21	22	23	24	25	26	27	28	29
양력	8/18	19	20	21	22	23	24	25	26	27	28	29	30	31	9/1	2	3	4	5	6	7	8	9	10	11	12	13	14	15
일진	辛亥	壬子	癸丑	甲寅	乙卯	丙辰	丁巳	戊午	己未	庚申	辛酉	壬戌	癸亥	甲子	乙丑	丙寅	丁卯	戊辰	己巳	庚午	辛未	壬申	癸酉	甲戌	乙亥	丙子	丁丑	戊寅	己卯

절입시각: 處暑 오전 2시7분 / 白露 오후 2시29분

八 月 小　己酉

	1	2	3	4	5	6	7	8	9	10	11	12	13	14	15	16	17	18	19	20	21	22	23	24	25	26	27	28	29
절기							秋分																寒露						
음력	1	2	3	4	5	6	7	8	9	10	11	12	13	14	15	16	17	18	19	20	21	22	23	24	25	26	27	28	29
양력	9/16	17	18	19	20	21	22	23	24	25	26	27	28	29	30	10/1	2	3	4	5	6	7	8	9	10	11	12	13	14
일진	庚辰	辛巳	壬午	癸未	甲申	乙酉	丙戌	丁亥	戊子	己丑	庚寅	辛卯	壬辰	癸巳	甲午	乙未	丙申	丁酉	戊戌	己亥	庚子	辛丑	壬寅	癸卯	甲辰	乙巳	丙午	丁未	戊申

절입시각: 秋分 오후 11시49분 / 寒露 오전 6시12분

九 月 大　庚戌

	1	2	3	4	5	6	7	8	9	10	11	12	13	14	15	16	17	18	19	20	21	22	23	24	25	26	27	28	29	30
절기									霜降															立冬						
음력	1	2	3	4	5	6	7	8	9	10	11	12	13	14	15	16	17	18	19	20	21	22	23	24	25	26	27	28	29	30
양력	10/15	16	17	18	19	20	21	22	23	24	25	26	27	28	29	30	31	11/1	2	3	4	5	6	7	8	9	10	11	12	13
일진	己酉	庚戌	辛亥	壬子	癸丑	甲寅	乙卯	丙辰	丁巳	戊午	己未	庚申	辛酉	壬戌	癸亥	甲子	乙丑	丙寅	丁卯	戊辰	己巳	庚午	辛未	壬申	癸酉	甲戌	乙亥	丙子	丁丑	戊寅

절입시각: 霜降 오전 9시13분 / 立冬 오전 9시26분

十 月 小　辛亥

	1	2	3	4	5	6	7	8	9	10	11	12	13	14	15	16	17	18	19	20	21	22	23	24	25	26	27	28	29
절기								小雪																大雪					
음력	1	2	3	4	5	6	7	8	9	10	11	12	13	14	15	16	17	18	19	20	21	22	23	24	25	26	27	28	29
양력	11/14	15	16	17	18	19	20	21	22	23	24	25	26	27	28	29	30	12/1	2	3	4	5	6	7	8	9	10	11	12
일진	己卯	庚辰	辛巳	壬午	癸未	甲申	乙酉	丙戌	丁亥	戊子	己丑	庚寅	辛卯	壬辰	癸巳	甲午	乙未	丙申	丁酉	戊戌	己亥	庚子	辛丑	壬寅	癸卯	甲辰	乙巳	丙午	丁未

절입시각: 小雪 오전 6시50분 / 大雪 오전 2시19분

十 一 月 大　壬子

	1	2	3	4	5	6	7	8	9	10	11	12	13	14	15	16	17	18	19	20	21	22	23	24	25	26	27	28	29	30
절기									冬至															小寒						
음력	1	2	3	4	5	6	7	8	9	10	11	12	13	14	15	16	17	18	19	20	21	22	23	24	25	26	27	28	29	30
양력	12/13	14	15	16	17	18	19	20	21	22	23	24	25	26	27	28	29	30	31	1/1	2	3	4	5	6	7	8	9	10	11
일진	戊申	己酉	庚戌	辛亥	壬子	癸丑	甲寅	乙卯	丙辰	丁巳	戊午	己未	庚申	辛酉	壬戌	癸亥	甲子	乙丑	丙寅	丁卯	戊辰	己巳	庚午	辛未	壬申	癸酉	甲戌	乙亥	丙子	丁丑

절입시각: 冬至 오후 8시11분 / 小寒 오후 1시34분

十 二 月 小　癸丑

	1	2	3	4	5	6	7	8	9	10	11	12	13	14	15	16	17	18	19	20	21	22	23	24	25	26	27	28	29
절기									大寒												立春								
음력	1	2	3	4	5	6	7	8	9	10	11	12	13	14	15	16	17	18	19	20	21	22	23	24	25	26	27	28	29
양력	1/12	13	14	15	16	17	18	19	20	21	22	23	24	25	26	27	28	29	30	31	2/1	2	3	4	5	6	7	8	9
일진	戊寅	己卯	庚辰	辛巳	壬午	癸未	甲申	乙酉	丙戌	丁亥	戊子	己丑	庚寅	辛卯	壬辰	癸巳	甲午	乙未	丙申	丁酉	戊戌	己亥	庚子	辛丑	壬寅	癸卯	甲辰	乙巳	丙午

절입시각: 大寒 오전 6시52분 / 立春 오전 1시13분

月建　正　月　大　　　甲　寅

절기									雨水											驚蟄										
음력	1	2	3	4	5	6	7	8	9	10	11	12	13	14	15	16	17	18	19	20	21	22	23	24	25	26	27	28	29	30
양력	2/10	11	12	13	14	15	16	17	18	19	20	21	22	23	24	25	26	27	28	3/1	2	3	4	5	6	7	8	9	10	11
일진	丁未	戊申	己酉	庚戌	辛亥	壬子	癸丑	甲寅	乙卯	丙辰	丁巳	戊午	己未	庚申	辛酉	壬戌	癸亥	甲子	乙丑	丙寅	丁卯	戊辰	己巳	庚午	辛未	壬申	癸酉	甲戌	乙亥	丙子

절입시각: 오후 9시1분　　　오후 7시15분

月建　二　月　小　　　乙　卯

절기									春分												清明								
음력	1	2	3	4	5	6	7	8	9	10	11	12	13	14	15	16	17	18	19	20	21	22	23	24	25	26	27	28	29
양력	3/12	13	14	15	16	17	18	19	20	21	22	23	24	25	26	27	28	29	30	31	4/1	2	3	4	5	6	7	8	9
일진	丁丑	戊寅	己卯	庚辰	辛巳	壬午	癸未	甲申	乙酉	丙戌	丁亥	戊子	己丑	庚寅	辛卯	壬辰	癸巳	甲午	乙未	丙申	丁酉	戊戌	己亥	庚子	辛丑	壬寅	癸卯	甲辰	乙巳

절입시각: 오후 8시2분　　　오전 0시2분

月建　三　月　大　　　丙　辰

절기											穀雨															立夏				
음력	1	2	3	4	5	6	7	8	9	10	11	12	13	14	15	16	17	18	19	20	21	22	23	24	25	26	27	28	29	30
양력	4/10	11	12	13	14	15	16	17	18	19	20	21	22	23	24	25	26	27	28	29	30	5/1	2	3	4	5	6	7	8	9
일진	丙午	丁未	戊申	己酉	庚戌	辛亥	壬子	癸丑	甲寅	乙卯	丙辰	丁巳	戊午	己未	庚申	辛酉	壬戌	癸亥	甲子	乙丑	丙寅	丁卯	戊辰	己巳	庚午	辛未	壬申	癸酉	甲戌	乙亥

절입시각: 오전 7시3분　　　오후 5시18분

月建　四　月　大　　　丁　巳

절기												小滿											芒種							
음력	1	2	3	4	5	6	7	8	9	10	11	12	13	14	15	16	17	18	19	20	21	22	23	24	25	26	27	28	29	30
양력	5/10	11	12	13	14	15	16	17	18	19	20	21	22	23	24	25	26	27	28	29	30	31	6/1	2	3	4	5	6	7	8
일진	丙子	丁丑	戊寅	己卯	庚辰	辛巳	壬午	癸未	甲申	乙酉	丙戌	丁亥	戊子	己丑	庚寅	辛卯	壬辰	癸巳	甲午	乙未	丙申	丁酉	戊戌	己亥	庚子	辛丑	壬寅	癸卯	甲辰	乙巳

절입시각: 오전 6시9분　　　오후 9시23분

月建　五　月　小　　　戊　午

절기													夏至																小暑
음력	1	2	3	4	5	6	7	8	9	10	11	12	13	14	15	16	17	18	19	20	21	22	23	24	25	26	27	28	29
양력	6/9	10	11	12	13	14	15	16	17	18	19	20	21	22	23	24	25	26	27	28	29	30	7/1	2	3	4	5	6	7
일진	丙午	丁未	戊申	己酉	庚戌	辛亥	壬子	癸丑	甲寅	乙卯	丙辰	丁巳	戊午	己未	庚申	辛酉	壬戌	癸亥	甲子	乙丑	丙寅	丁卯	戊辰	己巳	庚午	辛未	壬申	癸酉	甲戌

절입시각: 오후 2시4분　　　오전 7시34분

月建　六　月　大　　　己　未

절기																大暑														
음력	1	2	3	4	5	6	7	8	9	10	11	12	13	14	15	16	17	18	19	20	21	22	23	24	25	26	27	28	29	30
양력	7/8	9	10	11	12	13	14	15	16	17	18	19	20	21	22	23	24	25	26	27	28	29	30	31	8/1	2	3	4	5	6
일진	乙亥	丙子	丁丑	戊寅	己卯	庚辰	辛巳	壬午	癸未	甲申	乙酉	丙戌	丁亥	戊子	己丑	庚寅	辛卯	壬辰	癸巳	甲午	乙未	丙申	丁酉	戊戌	己亥	庚子	辛丑	壬寅	癸卯	甲辰

절입시각: 오전 0시56분

七 月 小　　　　庚 申

月建	1	2	3	4	5	6	7	8	9	10	11	12	13	14	15	16	17	18	19	20	21	22	23	24	25	26	27	28	29
절기	立秋																處暑												
음력	1	2	3	4	5	6	7	8	9	10	11	12	13	14	15	16	17	18	19	20	21	22	23	24	25	26	27	28	29
양력	8/7	8	9	10	11	12	13	14	15	16	17	18	19	20	21	22	23	24	25	26	27	28	29	30	31	9/1	2	3	4
일진	乙巳	丙午	丁未	戊申	己酉	庚戌	辛亥	壬子	癸丑	甲寅	乙卯	丙辰	丁巳	戊午	己未	庚申	辛酉	壬戌	癸亥	甲子	乙丑	丙寅	丁卯	戊辰	己巳	庚午	辛未	壬申	癸酉
절입시각	오후 5시20분																오전 8시2분												

八 月 大　　　　辛 酉

月建	1	2	3	4	5	6	7	8	9	10	11	12	13	14	15	16	17	18	19	20	21	22	23	24	25	26	27	28	29	30
절기			白露																秋分											
음력	1	2	3	4	5	6	7	8	9	10	11	12	13	14	15	16	17	18	19	20	21	22	23	24	25	26	27	28	29	30
양력	9/5	6	7	8	9	10	11	12	13	14	15	16	17	18	19	20	21	22	23	24	25	26	27	28	29	30	10/1	2	3	4
일진	甲戌	乙亥	丙子	丁丑	戊寅	己卯	庚辰	辛巳	壬午	癸未	甲申	乙酉	丙戌	丁亥	戊子	己丑	庚寅	辛卯	壬辰	癸巳	甲午	乙未	丙申	丁酉	戊戌	己亥	庚子	辛丑	壬寅	癸卯
절입시각			오후 8시16분																오전 5시44분											

九 月 小　　　　壬 戌

月建	1	2	3	4	5	6	7	8	9	10	11	12	13	14	15	16	17	18	19	20	21	22	23	24	25	26	27	28	29
절기				寒露															霜降										
음력	1	2	3	4	5	6	7	8	9	10	11	12	13	14	15	16	17	18	19	20	21	22	23	24	25	26	27	28	29
양력	10/5	6	7	8	9	10	11	12	13	14	15	16	17	18	19	20	21	22	23	24	25	26	27	28	29	30	31	11/1	2
일진	甲辰	乙巳	丙午	丁未	戊申	己酉	庚戌	辛亥	壬子	癸丑	甲寅	乙卯	丙辰	丁巳	戊午	己未	庚申	辛酉	壬戌	癸亥	甲子	乙丑	丙寅	丁卯	戊辰	己巳	庚午	辛未	壬申
절입시각			오전 11시58분																오후 3시10분										

十 月 大　　　　癸 亥

月建	1	2	3	4	5	6	7	8	9	10	11	12	13	14	15	16	17	18	19	20	21	22	23	24	25	26	27	28	29	30
절기					立冬															小雪										
음력	1	2	3	4	5	6	7	8	9	10	11	12	13	14	15	16	17	18	19	20	21	22	23	24	25	26	27	28	29	30
양력	11/3	4	5	6	7	8	9	10	11	12	13	14	15	16	17	18	19	20	21	22	23	24	25	26	27	28	29	30	12/1	2
일진	癸酉	甲戌	乙亥	丙子	丁丑	戊寅	己卯	庚辰	辛巳	壬午	癸未	甲申	乙酉	丙戌	丁亥	戊子	己丑	庚寅	辛卯	壬辰	癸巳	甲午	乙未	丙申	丁酉	戊戌	己亥	庚子	辛丑	壬寅
절입시각				오후 3시14분																오후 12시48분										

十 一 月 小　　　　甲 子

月建	1	2	3	4	5	6	7	8	9	10	11	12	13	14	15	16	17	18	19	20	21	22	23	24	25	26	27	28	29
절기					大雪															冬至									
음력	1	2	3	4	5	6	7	8	9	10	11	12	13	14	15	16	17	18	19	20	21	22	23	24	25	26	27	28	29
양력	12/3	4	5	6	7	8	9	10	11	12	13	14	15	16	17	18	19	20	21	22	23	24	25	26	27	28	29	30	31
일진	癸卯	甲辰	乙巳	丙午	丁未	戊申	己酉	庚戌	辛亥	壬子	癸丑	甲寅	乙卯	丙辰	丁巳	戊午	己未	庚申	辛酉	壬戌	癸亥	甲子	乙丑	丙寅	丁卯	戊辰	己巳	庚午	辛未
절입시각				오전 8시8분																오전 2시11분									

十 二 月 大　　　　乙 丑

月建	1	2	3	4	5	6	7	8	9	10	11	12	13	14	15	16	17	18	19	20	21	22	23	24	25	26	27	28	29	30
절기					小寒															大寒										
음력	1	2	3	4	5	6	7	8	9	10	11	12	13	14	15	16	17	18	19	20	21	22	23	24	25	26	27	28	29	30
양력	1/1	2	3	4	5	6	7	8	9	10	11	12	13	14	15	16	17	18	19	20	21	22	23	24	25	26	27	28	29	30
일진	壬申	癸酉	甲戌	乙亥	丙子	丁丑	戊寅	己卯	庚辰	辛巳	壬午	癸未	甲申	乙酉	丙戌	丁亥	戊子	己丑	庚寅	辛卯	壬辰	癸巳	甲午	乙未	丙申	丁酉	戊戌	己亥	庚子	辛丑
절입시각				오후 7시24분																오후 12시51분										

甲 午 年

四 金神

東 大將軍　北 三殺　辰 吊客　申 喪門

正 月 小 — 月建 丙寅

절기				立春															雨水									
음력	1	2	3	4	5	6	7	8	9	10	11	12	13	14	15	16	17	18	19	20	21	22	23	24	25	26	27	28	29
양력	1/31	2/1	2	3	4	5	6	7	8	9	10	11	12	13	14	15	16	17	18	19	20	21	22	23	24	25	26	27	28
일진	壬寅	癸卯	甲辰	乙巳	丙午	丁未	戊申	己酉	庚戌	辛亥	壬子	癸丑	甲寅	乙卯	丙辰	丁巳	戊午	己未	庚申	辛酉	壬戌	癸亥	甲子	乙丑	丙寅	丁卯	戊辰	己巳	庚午

절입시각: 오전 7시3분 ／ 오전 2시59분

二 月 大 — 月建 丁卯

절기					驚蟄															春分									
음력	1	2	3	4	5	6	7	8	9	10	11	12	13	14	15	16	17	18	19	20	21	22	23	24	25	26	27	28	29	30
양력	3/1	2	3	4	5	6	7	8	9	10	11	12	13	14	15	16	17	18	19	20	21	22	23	24	25	26	27	28	29	30
일진	辛未	壬申	癸酉	甲戌	乙亥	丙子	丁丑	戊寅	己卯	庚辰	辛巳	壬午	癸未	甲申	乙酉	丙戌	丁亥	戊子	己丑	庚寅	辛卯	壬辰	癸巳	甲午	乙未	丙申	丁酉	戊戌	己亥	庚子

절입시각: 오전 1시2분 ／ 오전 1시57분

三 月 小 — 月建 戊辰

절기					淸明															穀雨									
음력	1	2	3	4	5	6	7	8	9	10	11	12	13	14	15	16	17	18	19	20	21	22	23	24	25	26	27	28	29
양력	3/31	4/1	2	3	4	5	6	7	8	9	10	11	12	13	14	15	16	17	18	19	20	21	22	23	24	25	26	27	28
일진	辛丑	壬寅	癸卯	甲辰	乙巳	丙午	丁未	戊申	己酉	庚戌	辛亥	壬子	癸丑	甲寅	乙卯	丙辰	丁巳	戊午	己未	庚申	辛酉	壬戌	癸亥	甲子	乙丑	丙寅	丁卯	戊辰	己巳

절입시각: 오전 5시47분 ／ 오후 12시55분

四 月 大 — 月建 己巳

절기						立夏																小滿								
음력	1	2	3	4	5	6	7	8	9	10	11	12	13	14	15	16	17	18	19	20	21	22	23	24	25	26	27	28	29	30
양력	4/29	30	5/1	2	3	4	5	6	7	8	9	10	11	12	13	14	15	16	17	18	19	20	21	22	23	24	25	26	27	28
일진	庚午	辛未	壬申	癸酉	甲戌	乙亥	丙子	丁丑	戊寅	己卯	庚辰	辛巳	壬午	癸未	甲申	乙酉	丙戌	丁亥	戊子	己丑	庚寅	辛卯	壬辰	癸巳	甲午	乙未	丙申	丁酉	戊戌	己亥

절입시각: 오후 10시59분 ／ 오전 11시59분

五 月 小 — 月建 庚午

절기									芒種															夏至					
음력	1	2	3	4	5	6	7	8	9	10	11	12	13	14	15	16	17	18	19	20	21	22	23	24	25	26	27	28	29
양력	5/29	30	31	6/1	2	3	4	5	6	7	8	9	10	11	12	13	14	15	16	17	18	19	20	21	22	23	24	25	26
일진	庚子	辛丑	壬寅	癸卯	甲辰	乙巳	丙午	丁未	戊申	己酉	庚戌	辛亥	壬子	癸丑	甲寅	乙卯	丙辰	丁巳	戊午	己未	庚申	辛酉	壬戌	癸亥	甲子	乙丑	丙寅	丁卯	戊辰

절입시각: 오전 3시3분 ／ 오후 7시51분

六 月 大 — 月建 辛未

절기											小暑																大暑			
음력	1	2	3	4	5	6	7	8	9	10	11	12	13	14	15	16	17	18	19	20	21	22	23	24	25	26	27	28	29	30
양력	6/27	28	29	30	7/1	2	3	4	5	6	7	8	9	10	11	12	13	14	15	16	17	18	19	20	21	22	23	24	25	26
일진	己巳	庚午	辛未	壬申	癸酉	甲戌	乙亥	丙子	丁丑	戊寅	己卯	庚辰	辛巳	壬午	癸未	甲申	乙酉	丙戌	丁亥	戊子	己丑	庚寅	辛卯	壬辰	癸巳	甲午	乙未	丙申	丁酉	戊戌

절입시각: 오후 1시15분 ／ 오전 6시41분

月建	七 月 小																												壬 申
절기											立秋																	處暑	
음력	1	2	3	4	5	6	7	8	9	10	11	12	13	14	15	16	17	18	19	20	21	22	23	24	25	26	27	28	29
양력	7/27	28	29	30	31	8/1	2	3	4	5	6	7	8	9	10	11	12	13	14	15	16	17	18	19	20	21	22	23	24
일진	己亥	庚子	辛丑	壬寅	癸卯	甲辰	乙巳	丙午	丁未	戊申	己酉	庚戌	辛亥	壬子	癸丑	甲寅	乙卯	丙辰	丁巳	戊午	己未	庚申	辛酉	壬戌	癸亥	甲子	乙丑	丙寅	丁卯
절입시각											오후 11시2분												오후 1시46분						

月建	八 月 大																													癸 酉
절기															白露															秋分
음력	1	2	3	4	5	6	7	8	9	10	11	12	13	14	15	16	17	18	19	20	21	22	23	24	25	26	27	28	29	30
양력	8/25	26	27	28	29	30	31	9/1	2	3	4	5	6	7	8	9	10	11	12	13	14	15	16	17	18	19	20	21	22	23
일진	戊辰	己巳	庚午	辛未	壬申	癸酉	甲戌	乙亥	丙子	丁丑	戊寅	己卯	庚辰	辛巳	壬午	癸未	甲申	乙酉	丙戌	丁亥	戊子	己丑	庚寅	辛卯	壬辰	癸巳	甲午	乙未	丙申	丁酉
절입시각															오전 2시1분															오전 11시29분

月建	九 月 大																													甲 戌
절기															寒露															霜降
음력	1	2	3	4	5	6	7	8	9	10	11	12	13	14	15	16	17	18	19	20	21	22	23	24	25	26	27	28	29	30
양력	9/24	25	26	27	28	29	30	10/1	2	3	4	5	6	7	8	9	10	11	12	13	14	15	16	17	18	19	20	21	22	23
일진	戊戌	己亥	庚子	辛丑	壬寅	癸卯	甲辰	乙巳	丙午	丁未	戊申	己酉	庚戌	辛亥	壬子	癸丑	甲寅	乙卯	丙辰	丁巳	戊午	己未	庚申	辛酉	壬戌	癸亥	甲子	乙丑	丙寅	丁卯
절입시각															오후 5시47분															오후 8시57분

月建	閏 九 月 小																												
절기									立冬																				
음력	1	2	3	4	5	6	7	8	9	10	11	12	13	14	15	16	17	18	19	20	21	22	23	24	25	26	27	28	29
양력	10/24	25	26	27	28	29	30	31	11/1	2	3	4	5	6	7	8	9	10	11	12	13	14	15	16	17	18	19	20	21
일진	戊辰	己巳	庚午	辛未	壬申	癸酉	甲戌	乙亥	丙子	丁丑	戊寅	己卯	庚辰	辛巳	壬午	癸未	甲申	乙酉	丙戌	丁亥	戊子	己丑	庚寅	辛卯	壬辰	癸巳	甲午	乙未	丙申
절입시각									오후 9시7분																				

月建	十 月 大																													乙 亥
절기	小雪															大雪														
음력	1	2	3	4	5	6	7	8	9	10	11	12	13	14	15	16	17	18	19	20	21	22	23	24	25	26	27	28	29	30
양력	11/22	23	24	25	26	27	28	29	30	12/1	2	3	4	5	6	7	8	9	10	11	12	13	14	15	16	17	18	19	20	21
일진	丁酉	戊戌	己亥	庚子	辛丑	壬寅	癸卯	甲辰	乙巳	丙午	丁未	戊申	己酉	庚戌	辛亥	壬子	癸丑	甲寅	乙卯	丙辰	丁巳	戊午	己未	庚申	辛酉	壬戌	癸亥	甲子	乙丑	丙寅
절입시각	오후 6시38분															오후 2시4분														

月建	十 一 月 小																													丙 子
절기	冬至															小寒														
음력	1	2	3	4	5	6	7	8	9	10	11	12	13	14	15	16	17	18	19	20	21	22	23	24	25	26	27	28	29
양력	12/22	23	24	25	26	27	28	29	30	31	1/1	2	3	4	5	6	7	8	9	10	11	12	13	14	15	16	17	18	19
일진	丁卯	戊辰	己巳	庚午	辛未	壬申	癸酉	甲戌	乙亥	丙子	丁丑	戊寅	己卯	庚辰	辛巳	壬午	癸未	甲申	乙酉	丙戌	丁亥	戊子	己丑	庚寅	辛卯	壬辰	癸巳	甲午	乙未
절입시각	오전 8시3분															오전 1시20분													

月建	十 二 月 大																													丁 丑
절기	大寒												立春																	
음력	1	2	3	4	5	6	7	8	9	10	11	12	13	14	15	16	17	18	19	20	21	22	23	24	25	26	27	28	29	30
양력	1/20	21	22	23	24	25	26	27	28	29	30	31	2/1	2	3	4	5	6	7	8	9	10	11	12	13	14	15	16	17	18
일진	丙申	丁酉	戊戌	己亥	庚子	辛丑	壬寅	癸卯	甲辰	乙巳	丙午	丁未	戊申	己酉	庚戌	辛亥	壬子	癸丑	甲寅	乙卯	丙辰	丁巳	戊午	己未	庚申	辛酉	壬戌	癸亥	甲子	乙丑
절입시각	오후 6시43분												오후 12시58분																	

月建 正 月 小 — 戊寅

구분	1	2	3	4	5	6	7	8	9	10	11	12	13	14	15	16	17	18	19	20	21	22	23	24	25	26	27	28	29
절기	雨水															驚蟄													
음력	1	2	3	4	5	6	7	8	9	10	11	12	13	14	15	16	17	18	19	20	21	22	23	24	25	26	27	28	29
양력	2/19	20	21	22	23	24	25	26	27	28	3/1	2	3	4	5	6	7	8	9	10	11	12	13	14	15	16	17	18	19
일진	丙寅	丁卯	戊辰	己巳	庚午	辛未	壬申	癸酉	甲戌	乙亥	丙子	丁丑	戊寅	己卯	庚辰	辛巳	壬午	癸未	甲申	乙酉	丙戌	丁亥	戊子	己丑	庚寅	辛卯	壬辰	癸巳	甲午
절입시각	오전 8시50분															오전 6시56분													

月建 二 月 大 — 己卯

구분	1	2	3	4	5	6	7	8	9	10	11	12	13	14	15	16	17	18	19	20	21	22	23	24	25	26	27	28	29	30
절기	春分												清明																	
음력	1	2	3	4	5	6	7	8	9	10	11	12	13	14	15	16	17	18	19	20	21	22	23	24	25	26	27	28	29	30
양력	3/20	21	22	23	24	25	26	27	28	29	30	31	4/1	2	3	4	5	6	7	8	9	10	11	12	13	14	15	16	17	18
일진	乙未	丙申	丁酉	戊戌	己亥	庚子	辛丑	壬寅	癸卯	甲辰	乙巳	丙午	丁未	戊申	己酉	庚戌	辛亥	壬子	癸丑	甲寅	乙卯	丙辰	丁巳	戊午	己未	庚申	辛酉	壬戌	癸亥	甲子
절입시각	오전 7시45분												오전 11시39분																	

月建 三 月 小 — 庚辰

구분	1	2	3	4	5	6	7	8	9	10	11	12	13	14	15	16	17	18	19	20	21	22	23	24	25	26	27	28	29
절기		穀雨																立夏											
음력	1	2	3	4	5	6	7	8	9	10	11	12	13	14	15	16	17	18	19	20	21	22	23	24	25	26	27	28	29
양력	4/19	20	21	22	23	24	25	26	27	28	29	30	5/1	2	3	4	5	6	7	8	9	10	11	12	13	14	15	16	17
일진	乙丑	丙寅	丁卯	戊辰	己巳	庚午	辛未	壬申	癸酉	甲戌	乙亥	丙子	丁丑	戊寅	己卯	庚辰	辛巳	壬午	癸未	甲申	乙酉	丙戌	丁亥	戊子	己丑	庚寅	辛卯	壬辰	癸巳
절입시각		오후 6시42분																오전 4시52분											

月建 四 月 小 — 辛巳

구분	1	2	3	4	5	6	7	8	9	10	11	12	13	14	15	16	17	18	19	20	21	22	23	24	25	26	27	28	29
절기				小滿																芒種									
음력	1	2	3	4	5	6	7	8	9	10	11	12	13	14	15	16	17	18	19	20	21	22	23	24	25	26	27	28	29
양력	5/18	19	20	21	22	23	24	25	26	27	28	29	30	31	6/1	2	3	4	5	6	7	8	9	10	11	12	13	14	15
일진	甲午	乙未	丙申	丁酉	戊戌	己亥	庚子	辛丑	壬寅	癸卯	甲辰	乙巳	丙午	丁未	戊申	己酉	庚戌	辛亥	壬子	癸丑	甲寅	乙卯	丙辰	丁巳	戊午	己未	庚申	辛酉	壬戌
절입시각				오후 5시45분																오전 8시58분									

月建 五 月 大 — 壬午

구분	1	2	3	4	5	6	7	8	9	10	11	12	13	14	15	16	17	18	19	20	21	22	23	24	25	26	27	28	29	30
절기							夏至															小暑								
음력	1	2	3	4	5	6	7	8	9	10	11	12	13	14	15	16	17	18	19	20	21	22	23	24	25	26	27	28	29	30
양력	6/16	17	18	19	20	21	22	23	24	25	26	27	28	29	30	7/1	2	3	4	5	6	7	8	9	10	11	12	13	14	15
일진	癸亥	甲子	乙丑	丙寅	丁卯	戊辰	己巳	庚午	辛未	壬申	癸酉	甲戌	乙亥	丙子	丁丑	戊寅	己卯	庚辰	辛巳	壬午	癸未	甲申	乙酉	丙戌	丁亥	戊子	己丑	庚寅	辛卯	壬辰
절입시각							오전 1시38분															오후 7시12분								

月建 六 月 小 — 癸未

구분	1	2	3	4	5	6	7	8	9	10	11	12	13	14	15	16	17	18	19	20	21	22	23	24	25	26	27	28	29
절기								大暑									立秋												
음력	1	2	3	4	5	6	7	8	9	10	11	12	13	14	15	16	17	18	19	20	21	22	23	24	25	26	27	28	29
양력	7/16	17	18	19	20	21	22	23	24	25	26	27	28	29	30	31	8/1	2	3	4	5	6	7	8	9	10	11	12	13
일진	癸巳	甲午	乙未	丙申	丁酉	戊戌	己亥	庚子	辛丑	壬寅	癸卯	甲辰	乙巳	丙午	丁未	戊申	己酉	庚戌	辛亥	壬子	癸丑	甲寅	乙卯	丙辰	丁巳	戊午	己未	庚申	辛酉
절입시각								오후 12시30분									오전 5시1분												

七 月 大　　　　甲 申

절기									處暑										白露											
음력	1	2	3	4	5	6	7	8	9	10	11	12	13	14	15	16	17	18	19	20	21	22	23	24	25	26	27	28	29	30
양력	8/14	15	16	17	18	19	20	21	22	23	24	25	26	27	28	29	30	31	9/1	2	3	4	5	6	7	8	9	10	11	12
일진	壬戌	癸亥	甲子	乙丑	丙寅	丁卯	戊辰	己巳	庚午	辛未	壬申	癸酉	甲戌	乙亥	丙子	丁丑	戊寅	己卯	庚辰	辛巳	壬午	癸未	甲申	乙酉	丙戌	丁亥	戊子	己丑	庚寅	辛卯

절입시각: 處暑 오후 7시37분　　白露 오전 7시59분

八 月 大　　　　乙 酉

절기										秋分									寒露											
음력	1	2	3	4	5	6	7	8	9	10	11	12	13	14	15	16	17	18	19	20	21	22	23	24	25	26	27	28	29	30
양력	9/13	14	15	16	17	18	19	20	21	22	23	24	25	26	27	28	29	30	10/1	2	3	4	5	6	7	8	9	10	11	12
일진	壬辰	癸巳	甲午	乙未	丙申	丁酉	戊戌	己亥	庚子	辛丑	壬寅	癸卯	甲辰	乙巳	丙午	丁未	戊申	己酉	庚戌	辛亥	壬子	癸丑	甲寅	乙卯	丙辰	丁巳	戊午	己未	庚申	辛酉

절입시각: 秋分 오후 5시20분　　寒露 오후 11시43분

九 月 大　　　　丙 戌

절기												霜降								立冬										
음력	1	2	3	4	5	6	7	8	9	10	11	12	13	14	15	16	17	18	19	20	21	22	23	24	25	26	27	28	29	30
양력	10/13	14	15	16	17	18	19	20	21	22	23	24	25	26	27	28	29	30	31	11/1	2	3	4	5	6	7	8	9	10	11
일진	壬戌	癸亥	甲子	乙丑	丙寅	丁卯	戊辰	己巳	庚午	辛未	壬申	癸酉	甲戌	乙亥	丙子	丁丑	戊寅	己卯	庚辰	辛巳	壬午	癸未	甲申	乙酉	丙戌	丁亥	戊子	己丑	庚寅	辛卯

절입시각: 霜降 오전 2시47분　　立冬 오전 2시58분

十 月 小　　　　丁 亥

절기												小雪														大雪			
음력	1	2	3	4	5	6	7	8	9	10	11	12	13	14	15	16	17	18	19	20	21	22	23	24	25	26	27	28	29
양력	11/12	13	14	15	16	17	18	19	20	21	22	23	24	25	26	27	28	29	30	12/1	2	3	4	5	6	7	8	9	10
일진	壬辰	癸巳	甲午	乙未	丙申	丁酉	戊戌	己亥	庚子	辛丑	壬寅	癸卯	甲辰	乙巳	丙午	丁未	戊申	己酉	庚戌	辛亥	壬子	癸丑	甲寅	乙卯	丙辰	丁巳	戊午	己未	庚申

절입시각: 小雪 오전 0시25분　　大雪 오후 7시53분

十 一 月 大　　　　戊 子

절기												冬至														小寒				
음력	1	2	3	4	5	6	7	8	9	10	11	12	13	14	15	16	17	18	19	20	21	22	23	24	25	26	27	28	29	30
양력	12/11	12	13	14	15	16	17	18	19	20	21	22	23	24	25	26	27	28	29	30	31	1/1	2	3	4	5	6	7	8	9
일진	辛酉	壬戌	癸亥	甲子	乙丑	丙寅	丁卯	戊辰	己巳	庚午	辛未	壬申	癸酉	甲戌	乙亥	丙子	丁丑	戊寅	己卯	庚辰	辛巳	壬午	癸未	甲申	乙酉	丙戌	丁亥	戊子	己丑	庚寅

절입시각: 冬至 오후 1시48분　　小寒 오전 7시8분

十 二 月 小　　　　己 丑

절기												大寒														立春			
음력	1	2	3	4	5	6	7	8	9	10	11	12	13	14	15	16	17	18	19	20	21	22	23	24	25	26	27	28	29
양력	1/10	11	12	13	14	15	16	17	18	19	20	21	22	23	24	25	26	27	28	29	30	31	2/1	2	3	4	5	6	7
일진	辛卯	壬辰	癸巳	甲午	乙未	丙申	丁酉	戊戌	己亥	庚子	辛丑	壬寅	癸卯	甲辰	乙巳	丙午	丁未	戊申	己酉	庚戌	辛亥	壬子	癸丑	甲寅	乙卯	丙辰	丁巳	戊午	己未

절입시각: 大寒 오전 0시27분　　立春 오후 6시46분

月建　正　月　大　　庚寅

절기	1	2	3	4	5	6	7	8	9	10	11	12	13	14	15	16	17	18	19	20	21	22	23	24	25	26	27	28	29	30
절기												雨水															驚蟄			
음력	1	2	3	4	5	6	7	8	9	10	11	12	13	14	15	16	17	18	19	20	21	22	23	24	25	26	27	28	29	30
양력	2/8	9	10	11	12	13	14	15	16	17	18	19	20	21	22	23	24	25	26	27	28	29	3/1	2	3	4	5	6	7	8
일진	庚申	辛酉	壬戌	癸亥	甲子	乙丑	丙寅	丁卯	戊辰	己巳	庚午	辛未	壬申	癸酉	甲戌	乙亥	丙子	丁丑	戊寅	己卯	庚辰	辛巳	壬午	癸未	甲申	乙酉	丙戌	丁亥	戊子	己丑

절입시각: 오후 2시34분 (雨水)　오후 12시43분 (驚蟄)

月建　二　月　小　　辛卯

절기	1	2	3	4	5	6	7	8	9	10	11	12	13	14	15	16	17	18	19	20	21	22	23	24	25	26	27	28	29
절기												春分												清明					
음력	1	2	3	4	5	6	7	8	9	10	11	12	13	14	15	16	17	18	19	20	21	22	23	24	25	26	27	28	29
양력	3/9	10	11	12	13	14	15	16	17	18	19	20	21	22	23	24	25	26	27	28	29	30	31	4/1	2	3	4	5	6
일진	庚寅	辛卯	壬辰	癸巳	甲午	乙未	丙申	丁酉	戊戌	己亥	庚子	辛丑	壬寅	癸卯	甲辰	乙巳	丙午	丁未	戊申	己酉	庚戌	辛亥	壬子	癸丑	甲寅	乙卯	丙辰	丁巳	戊午

절입시각: 오후 1시30분　오후 5시27분

月建　三　月　大　　壬辰

절기	1	2	3	4	5	6	7	8	9	10	11	12	13	14	15	16	17	18	19	20	21	22	23	24	25	26	27	28	29	30
절기														穀雨															立夏	
음력	1	2	3	4	5	6	7	8	9	10	11	12	13	14	15	16	17	18	19	20	21	22	23	24	25	26	27	28	29	30
양력	4/7	8	9	10	11	12	13	14	15	16	17	18	19	20	21	22	23	24	25	26	27	28	29	30	5/1	2	3	4	5	6
일진	己未	庚申	辛酉	壬戌	癸亥	甲子	乙丑	丙寅	丁卯	戊辰	己巳	庚午	辛未	壬申	癸酉	甲戌	乙亥	丙子	丁丑	戊寅	己卯	庚辰	辛巳	壬午	癸未	甲申	乙酉	丙戌	丁亥	戊子

절입시각: 오전 0시29분　오전 10시42분

月建　四　月　小　　癸巳

절기	1	2	3	4	5	6	7	8	9	10	11	12	13	14	15	16	17	18	19	20	21	22	23	24	25	26	27	28	29
절기														小滿															
음력	1	2	3	4	5	6	7	8	9	10	11	12	13	14	15	16	17	18	19	20	21	22	23	24	25	26	27	28	29
양력	5/7	8	9	10	11	12	13	14	15	16	17	18	19	20	21	22	23	24	25	26	27	28	29	30	31	6/1	2	3	4
일진	己丑	庚寅	辛卯	壬辰	癸巳	甲午	乙未	丙申	丁酉	戊戌	己亥	庚子	辛丑	壬寅	癸卯	甲辰	乙巳	丙午	丁未	戊申	己酉	庚戌	辛亥	壬子	癸丑	甲寅	乙卯	丙辰	丁巳

절입시각: 오후 11시36분

月建　五　月　小　　甲午

절기	1	2	3	4	5	6	7	8	9	10	11	12	13	14	15	16	17	18	19	20	21	22	23	24	25	26	27	28	29
절기	芒種																夏至												
음력	1	2	3	4	5	6	7	8	9	10	11	12	13	14	15	16	17	18	19	20	21	22	23	24	25	26	27	28	29
양력	6/5	6	7	8	9	10	11	12	13	14	15	16	17	18	19	20	21	22	23	24	25	26	27	28	29	30	7/1	2	3
일진	戊午	己未	庚申	辛酉	壬戌	癸亥	甲子	乙丑	丙寅	丁卯	戊辰	己巳	庚午	辛未	壬申	癸酉	甲戌	乙亥	丙子	丁丑	戊寅	己卯	庚辰	辛巳	壬午	癸未	甲申	乙酉	丙戌

절입시각: 오후 2시48분　오전 7시34분

月建　六　月　大　　乙未

절기	1	2	3	4	5	6	7	8	9	10	11	12	13	14	15	16	17	18	19	20	21	22	23	24	25	26	27	28	29	30
절기				小暑															大暑											
음력	1	2	3	4	5	6	7	8	9	10	11	12	13	14	15	16	17	18	19	20	21	22	23	24	25	26	27	28	29	30
양력	7/4	5	6	7	8	9	10	11	12	13	14	15	16	17	18	19	20	21	22	23	24	25	26	27	28	29	30	31	8/1	2
일진	丁亥	戊子	己丑	庚寅	辛卯	壬辰	癸巳	甲午	乙未	丙申	丁酉	戊戌	己亥	庚子	辛丑	壬寅	癸卯	甲辰	乙巳	丙午	丁未	戊申	己酉	庚戌	辛亥	壬子	癸丑	甲寅	乙卯	丙辰

절입시각: 오전 1시3분　오후 6시30분

月建	七 月 小																						丙 申							
절기					立秋																處暑									
음력	1	2	3	4	5	6	7	8	9	10	11	12	13	14	15	16	17	18	19	20	21	22	23	24	25	26	27	28	29
양력	8/3	4	5	6	7	8	9	10	11	12	13	14	15	16	17	18	19	20	21	22	23	24	25	26	27	28	29	30	31
일진	丁巳	戊午	己未	庚申	辛酉	壬戌	癸亥	甲子	乙丑	丙寅	丁卯	戊辰	己巳	庚午	辛未	壬申	癸酉	甲戌	乙亥	丙子	丁丑	戊寅	己卯	庚辰	辛巳	壬午	癸未	甲申	乙酉
절입시각				오전 10시53분													오전 1시38분												

月建	八 月 大																						丁 酉								
절기							白露															秋分									
음력	1	2	3	4	5	6	7	8	9	10	11	12	13	14	15	16	17	18	19	20	21	22	23	24	25	26	27	28	29	30
양력	9/1	2	3	4	5	6	7	8	9	10	11	12	13	14	15	16	17	18	19	20	21	22	23	24	25	26	27	28	29	30
일진	丙戌	丁亥	戊子	己丑	庚寅	辛卯	壬辰	癸巳	甲午	乙未	丙申	丁酉	戊戌	己亥	庚子	辛丑	壬寅	癸卯	甲辰	乙巳	丙午	丁未	戊申	己酉	庚戌	辛亥	壬子	癸丑	甲寅	乙卯
절입시각				오후 1시51분													오후 11시21분													

月建	九 月 大																						戊 戌								
절기								寒露															霜降								
음력	1	2	3	4	5	6	7	8	9	10	11	12	13	14	15	16	17	18	19	20	21	22	23	24	25	26	27	28	29	30
양력	10/1	2	3	4	5	6	7	8	9	10	11	12	13	14	15	16	17	18	19	20	21	22	23	24	25	26	27	28	29	30
일진	丙辰	丁巳	戊午	己未	庚申	辛酉	壬戌	癸亥	甲子	乙丑	丙寅	丁卯	戊辰	己巳	庚午	辛未	壬申	癸酉	甲戌	乙亥	丙子	丁丑	戊寅	己卯	庚辰	辛巳	壬午	癸未	甲申	乙酉
절입시각				오전 5시33분													오전 8시45분													

月建	十 月 小																						己 亥							
절기								立冬															小雪							
음력	1	2	3	4	5	6	7	8	9	10	11	12	13	14	15	16	17	18	19	20	21	22	23	24	25	26	27	28	29
양력	10/31	11/1	2	3	4	5	6	7	8	9	10	11	12	13	14	15	16	17	18	19	20	21	22	23	24	25	26	27	28
일진	丙戌	丁亥	戊子	己丑	庚寅	辛卯	壬辰	癸巳	甲午	乙未	丙申	丁酉	戊戌	己亥	庚子	辛丑	壬寅	癸卯	甲辰	乙巳	丙午	丁未	戊申	己酉	庚戌	辛亥	壬子	癸丑	甲寅
절입시각				오전 8시48분													오전 6시22분												

月建	十 一 月 大																						庚 子								
절기									大雪														冬至								
음력	1	2	3	4	5	6	7	8	9	10	11	12	13	14	15	16	17	18	19	20	21	22	23	24	25	26	27	28	29	30
양력	11/29	30	12/1	2	3	4	5	6	7	8	9	10	11	12	13	14	15	16	17	18	19	20	21	22	23	24	25	26	27	28
일진	乙卯	丙辰	丁巳	戊午	己未	庚申	辛酉	壬戌	癸亥	甲子	乙丑	丙寅	丁卯	戊辰	己巳	庚午	辛未	壬申	癸酉	甲戌	乙亥	丙子	丁丑	戊寅	己卯	庚辰	辛巳	壬午	癸未	甲申
절입시각				오전 1시41분													오후 7시44분													

月建	十 二 月 大																						辛 丑								
절기								小寒															大寒								
음력	1	2	3	4	5	6	7	8	9	10	11	12	13	14	15	16	17	18	19	20	21	22	23	24	25	26	27	28	29	30
양력	12/29	30	31	1/1	2	3	4	5	6	7	8	9	10	11	12	13	14	15	16	17	18	19	20	21	22	23	24	25	26	27
일진	乙酉	丙戌	丁亥	戊子	己丑	庚寅	辛卯	壬辰	癸巳	甲午	乙未	丙申	丁酉	戊戌	己亥	庚子	辛丑	壬寅	癸卯	甲辰	乙巳	丙午	丁未	戊申	己酉	庚戌	辛亥	壬子	癸丑	甲寅
절입시각				오후 12시56분													오전 6시23분													

丁酉年

四　金神

七月 黑中　　午 大將軍　東 三殺　未 吊客　亥 喪門

月建　正　月　小　　壬　寅

절기							立春															雨水						
음력	1	2	3	4	5	6	7	8	9	10	11	12	13	14	15	16	17	18	19	20	21	22	23	24	25	26	27	28	29
양력	1/28	29	30	31	2/1	2	3	4	5	6	7	8	9	10	11	12	13	14	15	16	17	18	19	20	21	22	23	24	25
일진	乙卯	丙辰	丁巳	戊午	己未	庚申	辛酉	壬戌	癸亥	甲子	乙丑	丙寅	丁卯	戊辰	己巳	庚午	辛未	壬申	癸酉	甲戌	乙亥	丙子	丁丑	戊寅	己卯	庚辰	辛巳	壬午	癸未

절입시각: 오전 0시34분　　오후 8시31분

月建　二　月　大　　癸　卯

절기							驚蟄																春分							
음력	1	2	3	4	5	6	7	8	9	10	11	12	13	14	15	16	17	18	19	20	21	22	23	24	25	26	27	28	29	30
양력	2/26	27	28	3/1	2	3	4	5	6	7	8	9	10	11	12	13	14	15	16	17	18	19	20	21	22	23	24	25	26	27
일진	甲申	乙酉	丙戌	丁亥	戊子	己丑	庚寅	辛卯	壬辰	癸巳	甲午	乙未	丙申	丁酉	戊戌	己亥	庚子	辛丑	壬寅	癸卯	甲辰	乙巳	丙午	丁未	戊申	己酉	庚戌	辛亥	壬子	癸丑

절입시각: 오후 6시33분　　오전 7시28분

月建　三　月　小　　甲　辰

절기							清明																	穀雨					
음력	1	2	3	4	5	6	7	8	9	10	11	12	13	14	15	16	17	18	19	20	21	22	23	24	25	26	27	28	29
양력	3/28	29	30	31	4/1	2	3	4	5	6	7	8	9	10	11	12	13	14	15	16	17	18	19	20	21	22	23	24	25
일진	甲寅	乙卯	丙辰	丁巳	戊午	己未	庚申	辛酉	壬戌	癸亥	甲子	乙丑	丙寅	丁卯	戊辰	己巳	庚午	辛未	壬申	癸酉	甲戌	乙亥	丙子	丁丑	戊寅	己卯	庚辰	辛巳	壬午

절입시각: 오후 11시17분　　오전 6시27분

月建　四　月　大　　乙　巳

절기									立夏																	小滿				
음력	1	2	3	4	5	6	7	8	9	10	11	12	13	14	15	16	17	18	19	20	21	22	23	24	25	26	27	28	29	30
양력	4/26	27	28	29	30	5/1	2	3	4	5	6	7	8	9	10	11	12	13	14	15	16	17	18	19	20	21	22	23	24	25
일진	癸未	甲申	乙酉	丙戌	丁亥	戊子	己丑	庚寅	辛卯	壬辰	癸巳	甲午	乙未	丙申	丁酉	戊戌	己亥	庚子	辛丑	壬寅	癸卯	甲辰	乙巳	丙午	丁未	戊申	己酉	庚戌	辛亥	壬子

절입시각: 오후 4시31분　　오전 5시31분

月建　五　月　小　　丙　午

절기						芒種																				夏至			
음력	1	2	3	4	5	6	7	8	9	10	11	12	13	14	15	16	17	18	19	20	21	22	23	24	25	26	27	28	29
양력	5/26	27	28	29	30	31	6/1	2	3	4	5	6	7	8	9	10	11	12	13	14	15	16	17	18	19	20	21	22	23
일진	癸丑	甲寅	乙卯	丙辰	丁巳	戊午	己未	庚申	辛酉	壬戌	癸亥	甲子	乙丑	丙寅	丁卯	戊辰	己巳	庚午	辛未	壬申	癸酉	甲戌	乙亥	丙子	丁丑	戊寅	己卯	庚辰	辛巳

절입시각: 오후 8시36분　　오후 1시24분

月建　閏　五　月　小

절기														小暑															
음력	1	2	3	4	5	6	7	8	9	10	11	12	13	14	15	16	17	18	19	20	21	22	23	24	25	26	27	28	29
양력	6/24	25	26	27	28	29	30	7/1	2	3	4	5	6	7	8	9	10	11	12	13	14	15	16	17	18	19	20	21	22
일진	壬午	癸未	甲申	乙酉	丙戌	丁亥	戊子	己丑	庚寅	辛卯	壬辰	癸巳	甲午	乙未	丙申	丁酉	戊戌	己亥	庚子	辛丑	壬寅	癸卯	甲辰	乙巳	丙午	丁未	戊申	己酉	庚戌

절입시각: 오전 6시51분

六 月 大　　丁 未

절기	음력	양력	일진
大暑	1	7/23	辛亥
	2	24	壬子
	3	25	癸丑
	4	26	甲寅
	5	27	乙卯
	6	28	丙辰
	7	29	丁巳
	8	30	戊午
	9	31	己未
	10	8/1	庚申
	11	2	辛酉
	12	3	壬戌
	13	4	癸亥
	14	5	甲子
	15	6	乙丑
立秋	16	7	丙寅
	17	8	丁卯
	18	9	戊辰
	19	10	己巳
	20	11	庚午
	21	12	辛未
	22	13	壬申
	23	14	癸酉
	24	15	甲戌
	25	16	乙亥
	26	17	丙子
	27	18	丁丑
	28	19	戊寅
	29	20	己卯
	30	21	庚辰

절입시각: 大暑 오전 0시15분 · 立秋 오후 4시40분

七 月 小　　戊 申

절기	음력	양력	일진
	1	8/22	辛巳
處暑	2	23	壬午
	3	24	癸未
	4	25	甲申
	5	26	乙酉
	6	27	丙戌
	7	28	丁亥
	8	29	戊子
	9	30	己丑
	10	31	庚寅
	11	9/1	辛卯
	12	2	壬辰
	13	3	癸巳
	14	4	甲午
	15	5	乙未
	16	6	丙申
白露	17	7	丁酉
	18	8	戊戌
	19	9	己亥
	20	10	庚子
	21	11	辛丑
	22	12	壬寅
	23	13	癸卯
	24	14	甲辰
	25	15	乙巳
	26	16	丙午
	27	17	丁未
	28	18	戊申
	29	19	己酉

절입시각: 處暑 오전 7시20분 · 白露 오후 7시38분

八 月 大　　己 酉

절기	음력	양력	일진
	1	9/20	庚戌
	2	21	辛亥
	3	22	壬子
秋分	4	23	癸丑
	5	24	甲寅
	6	25	乙卯
	7	26	丙辰
	8	27	丁巳
	9	28	戊午
	10	29	己未
	11	30	庚申
	12	10/1	辛酉
	13	2	壬戌
	14	3	癸亥
	15	4	甲子
	16	5	乙丑
	17	6	丙寅
	18	7	丁卯
寒露	19	8	戊辰
	20	9	己巳
	21	10	庚午
	22	11	辛未
	23	12	壬申
	24	13	癸酉
	25	14	甲戌
	26	15	乙亥
	27	16	丙子
	28	17	丁丑
	29	18	戊寅
	30	19	己卯

절입시각: 秋分 오전 5시2분 · 寒露 오전 11시22분

九 月 小　　庚 戌

절기	음력	양력	일진
	1	10/20	庚辰
	2	21	辛巳
	3	22	壬午
霜降	4	23	癸未
	5	24	甲申
	6	25	乙酉
	7	26	丙戌
	8	27	丁亥
	9	28	戊子
	10	29	己丑
	11	30	庚寅
	12	31	辛卯
	13	11/1	壬辰
	14	2	癸巳
	15	3	甲午
	16	4	乙未
	17	5	丙申
	18	6	丁酉
立冬	19	7	戊戌
	20	8	己亥
	21	9	庚子
	22	10	辛丑
	23	11	壬寅
	24	12	癸卯
	25	13	甲辰
	26	14	乙巳
	27	15	丙午
	28	16	丁未
	29	17	戊申

절입시각: 霜降 오후 2시27분 · 立冬 오후 2시38분

十 月 大　　辛 亥

절기	음력	양력	일진
	1	11/18	己酉
	2	19	庚戌
	3	20	辛亥
小雪	4	21	壬子
	5	22	癸丑
	6	23	甲寅
	7	24	乙卯
	8	25	丙辰
	9	26	丁巳
	10	27	戊午
	11	28	己未
	12	29	庚申
	13	30	辛酉
	14	12/1	壬戌
	15	2	癸亥
	16	3	甲子
	17	4	乙丑
	18	5	丙寅
	19	6	丁卯
大雪	20	7	戊辰
	21	8	己巳
	22	9	庚午
	23	10	辛未
	24	11	壬申
	25	12	癸酉
	26	13	甲戌
	27	14	乙亥
	28	15	丙子
	29	16	丁丑
	30	17	戊寅

절입시각: 小雪 오후 12시4분 · 大雪 오전 7시32분

十 一 月 大　　壬 子

절기	음력	양력	일진
	1	12/18	己卯
	2	19	庚辰
	3	20	辛巳
	4	21	壬午
冬至	5	22	癸未
	6	23	甲申
	7	24	乙酉
	8	25	丙戌
	9	26	丁亥
	10	27	戊子
	11	28	己丑
	12	29	庚寅
	13	30	辛卯
	14	31	壬辰
	15	1/1	癸巳
	16	2	甲午
	17	3	乙未
	18	4	丙申
小寒	19	5	丁酉
	20	6	戊戌
	21	7	己亥
	22	8	庚子
	23	9	辛丑
	24	10	壬寅
	25	11	癸卯
	26	12	甲辰
	27	13	乙巳
	28	14	丙午
	29	15	丁未
	30	16	戊申

절입시각: 冬至 오전 1시28분 · 小寒 오후 6시49분

十 二 月 大　　癸 丑

절기	음력	양력	일진
	1	1/17	己酉
	2	18	庚戌
	3	19	辛亥
大寒	4	20	壬子
	5	21	癸丑
	6	22	甲寅
	7	23	乙卯
	8	24	丙辰
	9	25	丁巳
	10	26	戊午
	11	27	己未
	12	28	庚申
	13	29	辛酉
	14	30	壬戌
	15	31	癸亥
立春	16	2/1	甲子
	17	2	乙丑
	18	3	丙寅
	19	4	丁卯
	20	5	戊辰
	21	6	己巳
	22	7	庚午
	23	8	辛未
	24	9	壬申
	25	10	癸酉
	26	11	甲戌
	27	12	乙亥
	28	13	丙子
	29	14	丁丑
	30	15	戊寅

절입시각: 大寒 오후 12시9분 · 立春 오전 6시28분

月建　正　月　小　　　　甲　寅

	1	2	3	4	5	6	7	8	9	10	11	12	13	14	15	16	17	18	19	20	21	22	23	24	25	26	27	28	29
절기				雨水															驚蟄										
음력	1	2	3	4	5	6	7	8	9	10	11	12	13	14	15	16	17	18	19	20	21	22	23	24	25	26	27	28	29
양력	2/16	17	18	19	20	21	22	23	24	25	26	27	28	3/1	2	3	4	5	6	7	8	9	10	11	12	13	14	15	16
일진	己卯	庚辰	辛巳	壬午	癸未	甲申	乙酉	丙戌	丁亥	戊子	己丑	庚寅	辛卯	壬辰	癸巳	甲午	乙未	丙申	丁酉	戊戌	己亥	庚子	辛丑	壬寅	癸卯	甲辰	乙巳	丙午	丁未
절입시각				오전 2시18분															오전 0시28분										

月建　二　月　大　　　　乙　卯

	1	2	3	4	5	6	7	8	9	10	11	12	13	14	15	16	17	18	19	20	21	22	23	24	25	26	27	28	29	30
절기					春分															淸明										
음력	1	2	3	4	5	6	7	8	9	10	11	12	13	14	15	16	17	18	19	20	21	22	23	24	25	26	27	28	29	30
양력	3/17	18	19	20	21	22	23	24	25	26	27	28	29	30	31	4/1	2	3	4	5	6	7	8	9	10	11	12	13	14	15
일진	戊申	己酉	庚戌	辛亥	壬子	癸丑	甲寅	乙卯	丙辰	丁巳	戊午	己未	庚申	辛酉	壬戌	癸亥	甲子	乙丑	丙寅	丁卯	戊辰	己巳	庚午	辛未	壬申	癸酉	甲戌	乙亥	丙子	丁丑
절입시각					오전 1시15분															오전 5시13분										

月建　三　月　小　　　　丙　辰

	1	2	3	4	5	6	7	8	9	10	11	12	13	14	15	16	17	18	19	20	21	22	23	24	25	26	27	28	29
절기					穀雨															立夏									
음력	1	2	3	4	5	6	7	8	9	10	11	12	13	14	15	16	17	18	19	20	21	22	23	24	25	26	27	28	29
양력	4/16	17	18	19	20	21	22	23	24	25	26	27	28	29	30	5/1	2	3	4	5	6	7	8	9	10	11	12	13	14
일진	戊寅	己卯	庚辰	辛巳	壬午	癸未	甲申	乙酉	丙戌	丁亥	戊子	己丑	庚寅	辛卯	壬辰	癸巳	甲午	乙未	丙申	丁酉	戊戌	己亥	庚子	辛丑	壬寅	癸卯	甲辰	乙巳	丙午
절입시각					오후 12시12분															오후 10시25분									

月建　四　月　大　　　　丁　巳

	1	2	3	4	5	6	7	8	9	10	11	12	13	14	15	16	17	18	19	20	21	22	23	24	25	26	27	28	29	30
절기							小滿											芒種												
음력	1	2	3	4	5	6	7	8	9	10	11	12	13	14	15	16	17	18	19	20	21	22	23	24	25	26	27	28	29	30
양력	5/15	16	17	18	19	20	21	22	23	24	25	26	27	28	29	30	31	6/1	2	3	4	5	6	7	8	9	10	11	12	13
일진	丁未	戊申	己酉	庚戌	辛亥	壬子	癸丑	甲寅	乙卯	丙辰	丁巳	戊午	己未	庚申	辛酉	壬戌	癸亥	甲子	乙丑	丙寅	丁卯	戊辰	己巳	庚午	辛未	壬申	癸酉	甲戌	乙亥	丙子
절입시각							오전 11시14분											오전 2시29분												

月建　五　月　小　　　　戊　午

	1	2	3	4	5	6	7	8	9	10	11	12	13	14	15	16	17	18	19	20	21	22	23	24	25	26	27	28	29
절기								夏至																小暑					
음력	1	2	3	4	5	6	7	8	9	10	11	12	13	14	15	16	17	18	19	20	21	22	23	24	25	26	27	28	29
양력	6/14	15	16	17	18	19	20	21	22	23	24	25	26	27	28	29	30	7/1	2	3	4	5	6	7	8	9	10	11	12
일진	丁丑	戊寅	己卯	庚辰	辛巳	壬午	癸未	甲申	乙酉	丙戌	丁亥	戊子	己丑	庚寅	辛卯	壬辰	癸巳	甲午	乙未	丙申	丁酉	戊戌	己亥	庚子	辛丑	壬寅	癸卯	甲辰	乙巳
절입시각								오후 7시7분																오후 12시42분					

月建　六　月　小　　　　己　未

	1	2	3	4	5	6	7	8	9	10	11	12	13	14	15	16	17	18	19	20	21	22	23	24	25	26	27	28	29
절기											大暑															立秋			
음력	1	2	3	4	5	6	7	8	9	10	11	12	13	14	15	16	17	18	19	20	21	22	23	24	25	26	27	28	29
양력	7/13	14	15	16	17	18	19	20	21	22	23	24	25	26	27	28	29	30	31	8/1	2	3	4	5	6	7	8	9	10
일진	丙午	丁未	戊申	己酉	庚戌	辛亥	壬子	癸丑	甲寅	乙卯	丙辰	丁巳	戊午	己未	庚申	辛酉	壬戌	癸亥	甲子	乙丑	丙寅	丁卯	戊辰	己巳	庚午	辛未	壬申	癸酉	甲戌
절입시각											오전 6시0분															오후 10시30분			

月建	七 月 大																						庚 申							
절기													處暑															白露			
음력	1	2	3	4	5	6	7	8	9	10	11	12	13	14	15	16	17	18	19	20	21	22	23	24	25	26	27	28	29	30
양력	8/11	12	13	14	15	16	17	18	19	20	21	22	23	24	25	26	27	28	29	30	31	9/1	2	3	4	5	6	7	8	9
일진	乙亥	丙子	丁丑	戊寅	己卯	庚辰	辛巳	壬午	癸未	甲申	乙酉	丙戌	丁亥	戊子	己丑	庚寅	辛卯	壬辰	癸巳	甲午	乙未	丙申	丁酉	戊戌	己亥	庚子	辛丑	壬寅	癸卯	甲辰
절입시각													오후 1시8분															오전 1시30분			

月建	八 月 小																						辛 酉						
절기														秋分															寒露
음력	1	2	3	4	5	6	7	8	9	10	11	12	13	14	15	16	17	18	19	20	21	22	23	24	25	26	27	28	29
양력	9/10	11	12	13	14	15	16	17	18	19	20	21	22	23	24	25	26	27	28	29	30	10/1	2	3	4	5	6	7	8
일진	乙巳	丙午	丁未	戊申	己酉	庚戌	辛亥	壬子	癸丑	甲寅	乙卯	丙辰	丁巳	戊午	己未	庚申	辛酉	壬戌	癸亥	甲子	乙丑	丙寅	丁卯	戊辰	己巳	庚午	辛未	壬申	癸酉
절입시각														오전 10시54분															오후 5시15분

月建	九 月 大																						壬 戌							
절기															霜降															立冬
음력	1	2	3	4	5	6	7	8	9	10	11	12	13	14	15	16	17	18	19	20	21	22	23	24	25	26	27	28	29	30
양력	10/9	10	11	12	13	14	15	16	17	18	19	20	21	22	23	24	25	26	27	28	29	30	31	11/1	2	3	4	5	6	7
일진	甲戌	乙亥	丙子	丁丑	戊寅	己卯	庚辰	辛巳	壬午	癸未	甲申	乙酉	丙戌	丁亥	戊子	己丑	庚寅	辛卯	壬辰	癸巳	甲午	乙未	丙申	丁酉	戊戌	己亥	庚子	辛丑	壬寅	癸卯
절입시각															오후 8시22분															오후 8시32분

月建	十 月 小																						癸 亥						
절기															小雪														
음력	1	2	3	4	5	6	7	8	9	10	11	12	13	14	15	16	17	18	19	20	21	22	23	24	25	26	27	28	29
양력	11/8	9	10	11	12	13	14	15	16	17	18	19	20	21	22	23	24	25	26	27	28	29	30	12/1	2	3	4	5	6
일진	甲辰	乙巳	丙午	丁未	戊申	己酉	庚戌	辛亥	壬子	癸丑	甲寅	乙卯	丙辰	丁巳	戊午	己未	庚申	辛酉	壬戌	癸亥	甲子	乙丑	丙寅	丁卯	戊辰	己巳	庚午	辛未	壬申
절입시각															오후 6시1분														

月建	十 一 月 大																						甲 子							
절기	大雪															冬至														
음력	1	2	3	4	5	6	7	8	9	10	11	12	13	14	15	16	17	18	19	20	21	22	23	24	25	26	27	28	29	30
양력	12/7	8	9	10	11	12	13	14	15	16	17	18	19	20	21	22	23	24	25	26	27	28	29	30	31	1/1	2	3	4	5
일진	癸酉	甲戌	乙亥	丙子	丁丑	戊寅	己卯	庚辰	辛巳	壬午	癸未	甲申	乙酉	丙戌	丁亥	戊子	己丑	庚寅	辛卯	壬辰	癸巳	甲午	乙未	丙申	丁酉	戊戌	己亥	庚子	辛丑	壬寅
절입시각	오후 1시26분															오전 7시23분														

月建	十 二 月 大																						乙 丑							
절기	小寒														大寒															立春
음력	1	2	3	4	5	6	7	8	9	10	11	12	13	14	15	16	17	18	19	20	21	22	23	24	25	26	27	28	29	30
양력	1/6	7	8	9	10	11	12	13	14	15	16	17	18	19	20	21	22	23	24	25	26	27	28	29	30	31	2/1	2	3	4
일진	癸卯	甲辰	乙巳	丙午	丁未	戊申	己酉	庚戌	辛亥	壬子	癸丑	甲寅	乙卯	丙辰	丁巳	戊午	己未	庚申	辛酉	壬戌	癸亥	甲子	乙丑	丙寅	丁卯	戊辰	己巳	庚午	辛未	壬申
절입시각	오전 0시39분														오후 5시59분															오후 12시14분

2019년 | 檀紀 4352년　　己亥年　　　四　金神

正月　十月　黑中　　　　西　大將軍　　西　三殺　　酉　吊客　　丑　喪門

月建　正　月　大　　　　丙寅

절기														雨水											驚蟄					
음력	1	2	3	4	5	6	7	8	9	10	11	12	13	14	15	16	17	18	19	20	21	22	23	24	25	26	27	28	29	30
양력	2/5	6	7	8	9	10	11	12	13	14	15	16	17	18	19	20	21	22	23	24	25	26	27	28	3/1	2	3	4	5	6
일진	癸酉	甲戌	乙亥	丙子	丁丑	戊寅	己卯	庚辰	辛巳	壬午	癸未	甲申	乙酉	丙戌	丁亥	戊子	己丑	庚寅	辛卯	壬辰	癸巳	甲午	乙未	丙申	丁酉	戊戌	己亥	庚子	辛丑	壬寅

절입시각：오전 8시4분（15）　　오전 6시10분（25）

月建　二　月　小　　　　丁卯

절기														春分															
음력	1	2	3	4	5	6	7	8	9	10	11	12	13	14	15	16	17	18	19	20	21	22	23	24	25	26	27	28	29
양력	3/7	8	9	10	11	12	13	14	15	16	17	18	19	20	21	22	23	24	25	26	27	28	29	30	31	4/1	2	3	4
일진	癸卯	甲辰	乙巳	丙午	丁未	戊申	己酉	庚戌	辛亥	壬子	癸丑	甲寅	乙卯	丙辰	丁巳	戊午	己未	庚申	辛酉	壬戌	癸亥	甲子	乙丑	丙寅	丁卯	戊辰	己巳	庚午	辛未

절입시각：오전 6시58분（15）

月建　三　月　大　　　　戊辰

절기	清明															穀雨														
음력	1	2	3	4	5	6	7	8	9	10	11	12	13	14	15	16	17	18	19	20	21	22	23	24	25	26	27	28	29	30
양력	4/5	6	7	8	9	10	11	12	13	14	15	16	17	18	19	20	21	22	23	24	25	26	27	28	29	30	5/1	2	3	4
일진	壬申	癸酉	甲戌	乙亥	丙子	丁丑	戊寅	己卯	庚辰	辛巳	壬午	癸未	甲申	乙酉	丙戌	丁亥	戊子	己丑	庚寅	辛卯	壬辰	癸巳	甲午	乙未	丙申	丁酉	戊戌	己亥	庚子	辛丑

절입시각：오전 10시51분（1）　　오후 5시55분（16）

月建　四　月　小　　　　己巳

절기		立夏															小滿												
음력	1	2	3	4	5	6	7	8	9	10	11	12	13	14	15	16	17	18	19	20	21	22	23	24	25	26	27	28	29
양력	5/5	6	7	8	9	10	11	12	13	14	15	16	17	18	19	20	21	22	23	24	25	26	27	28	29	30	31	6/1	2
일진	壬寅	癸卯	甲辰	乙巳	丙午	丁未	戊申	己酉	庚戌	辛亥	壬子	癸丑	甲寅	乙卯	丙辰	丁巳	戊午	己未	庚申	辛酉	壬戌	癸亥	甲子	乙丑	丙寅	丁卯	戊辰	己巳	庚午

절입시각：오전 4시3분（2）　　오후 4시59분（17）

月建　五　月　大　　　　庚午

절기				芒種																夏至										
음력	1	2	3	4	5	6	7	8	9	10	11	12	13	14	15	16	17	18	19	20	21	22	23	24	25	26	27	28	29	30
양력	6/3	4	5	6	7	8	9	10	11	12	13	14	15	16	17	18	19	20	21	22	23	24	25	26	27	28	29	30	7/1	2
일진	辛未	壬申	癸酉	甲戌	乙亥	丙子	丁丑	戊寅	己卯	庚辰	辛巳	壬午	癸未	甲申	乙酉	丙戌	丁亥	戊子	己丑	庚寅	辛卯	壬辰	癸巳	甲午	乙未	丙申	丁酉	戊戌	己亥	庚子

절입시각：오전 8시6분（4）　　오전 0시54분（20）

月建　六　月　小　　　　辛未

절기					小暑																大暑								
음력	1	2	3	4	5	6	7	8	9	10	11	12	13	14	15	16	17	18	19	20	21	22	23	24	25	26	27	28	29
양력	7/3	4	5	6	7	8	9	10	11	12	13	14	15	16	17	18	19	20	21	22	23	24	25	26	27	28	29	30	31
일진	辛丑	壬寅	癸卯	甲辰	乙巳	丙午	丁未	戊申	己酉	庚戌	辛亥	壬子	癸丑	甲寅	乙卯	丙辰	丁巳	戊午	己未	庚申	辛酉	壬戌	癸亥	甲子	乙丑	丙寅	丁卯	戊辰	己巳

절입시각：오전 10시20분（5）　　오전 11시50분（21）

月建	七　月　小																													壬　申
절기								立秋															處暑							
음력	1	2	3	4	5	6	7	8	9	10	11	12	13	14	15	16	17	18	19	20	21	22	23	24	25	26	27	28	29	
양력	8/1	2	3	4	5	6	7	8	9	10	11	12	13	14	15	16	17	18	19	20	21	22	23	24	25	26	27	28	29	
일진	庚午	辛未	壬申	癸酉	甲戌	乙亥	丙子	丁丑	戊寅	己卯	庚辰	辛巳	壬午	癸未	甲申	乙酉	丙戌	丁亥	戊子	己丑	庚寅	辛卯	壬辰	癸巳	甲午	乙未	丙申	丁酉	戊戌	
절입시각								오전 4시13분															오후 7시2분							

月建	八　月　大																														癸　酉
절기										白露															秋分						
음력	1	2	3	4	5	6	7	8	9	10	11	12	13	14	15	16	17	18	19	20	21	22	23	24	25	26	27	28	29	30
양력	8/30	31	9/1	2	3	4	5	6	7	8	9	10	11	12	13	14	15	16	17	18	19	20	21	22	23	24	25	26	27	28
일진	己亥	庚子	辛丑	壬寅	癸卯	甲辰	乙巳	丙午	丁未	戊申	己酉	庚戌	辛亥	壬子	癸丑	甲寅	乙卯	丙辰	丁巳	戊午	己未	庚申	辛酉	壬戌	癸亥	甲子	乙丑	丙寅	丁卯	戊辰
절입시각										오전 7시17분															오후 4시50분					

月建	九　月　小																													甲　戌
절기										寒露																霜降				
음력	1	2	3	4	5	6	7	8	9	10	11	12	13	14	15	16	17	18	19	20	21	22	23	24	25	26	27	28	29	
양력	9/29	30	10/1	2	3	4	5	6	7	8	9	10	11	12	13	14	15	16	17	18	19	20	21	22	23	24	25	26	27	
일진	己巳	庚午	辛未	壬申	癸酉	甲戌	乙亥	丙子	丁丑	戊寅	己卯	庚辰	辛巳	壬午	癸未	甲申	乙酉	丙戌	丁亥	戊子	己丑	庚寅	辛卯	壬辰	癸巳	甲午	乙未	丙申	丁酉	
절입시각										오후 11시5분																오전 2시20분				

月建	十　月　大																														乙　亥
절기												立冬														小雪					
음력	1	2	3	4	5	6	7	8	9	10	11	12	13	14	15	16	17	18	19	20	21	22	23	24	25	26	27	28	29	30
양력	10/28	29	30	31	11/1	2	3	4	5	6	7	8	9	10	11	12	13	14	15	16	17	18	19	20	21	22	23	24	25	26
일진	戊戌	己亥	庚子	辛丑	壬寅	癸卯	甲辰	乙巳	丙午	丁未	戊申	己酉	庚戌	辛亥	壬子	癸丑	甲寅	乙卯	丙辰	丁巳	戊午	己未	庚申	辛酉	壬戌	癸亥	甲子	乙丑	丙寅	丁卯
절입시각												오전 2시24분														오후 11시59분				

月建	十 一 月　小																													丙　子
절기											大雪															冬至				
음력	1	2	3	4	5	6	7	8	9	10	11	12	13	14	15	16	17	18	19	20	21	22	23	24	25	26	27	28	29	
양력	11/27	28	29	30	12/1	2	3	4	5	6	7	8	9	10	11	12	13	14	15	16	17	18	19	20	21	22	23	24	25	
일진	戊辰	己巳	庚午	辛未	壬申	癸酉	甲戌	乙亥	丙子	丁丑	戊寅	己卯	庚辰	辛巳	壬午	癸未	甲申	乙酉	丙戌	丁亥	戊子	己丑	庚寅	辛卯	壬辰	癸巳	甲午	乙未	丙申	
절입시각											오후 7시18분															오후 1시19분				

月建	十 二 月　大																														丁　丑
절기							小寒																			大寒					
음력	1	2	3	4	5	6	7	8	9	10	11	12	13	14	15	16	17	18	19	20	21	22	23	24	25	26	27	28	29	30
양력	12/26	27	28	29	30	31	1/1	2	3	4	5	6	7	8	9	10	11	12	13	14	15	16	17	18	19	20	21	22	23	24
일진	丁酉	戊戌	己亥	庚子	辛丑	壬寅	癸卯	甲辰	乙巳	丙午	丁未	戊申	己酉	庚戌	辛亥	壬子	癸丑	甲寅	乙卯	丙辰	丁巳	戊午	己未	庚申	辛酉	壬戌	癸亥	甲子	乙丑	丙寅
절입시각												오전 6시30분														오후 11시54분				

西　大將軍　　南　三殺　　戌　弔客　　寅　喪門

正　月　大　　戊寅

月建	正月大 戊寅																													
절기											立春															雨水				
음력	1	2	3	4	5	6	7	8	9	10	11	12	13	14	15	16	17	18	19	20	21	22	23	24	25	26	27	28	29	30
양력	1/25	26	27	28	29	30	31	2/1	2	3	4	5	6	7	8	9	10	11	12	13	14	15	16	17	18	19	20	21	22	23
일진	丁卯	戊辰	己巳	庚午	辛未	壬申	癸酉	甲戌	乙亥	丙子	丁丑	戊寅	己卯	庚辰	辛巳	壬午	癸未	甲申	乙酉	丙戌	丁亥	戊子	己丑	庚寅	辛卯	壬辰	癸巳	甲午	乙未	丙申
절입시각											오후 6시3분															오후 1시57분				

二　月　小　　己卯

月建	二月小 己卯																												
절기											驚蟄															春分			
음력	1	2	3	4	5	6	7	8	9	10	11	12	13	14	15	16	17	18	19	20	21	22	23	24	25	26	27	28	29
양력	2/24	25	26	27	28	29	3/1	2	3	4	5	6	7	8	9	10	11	12	13	14	15	16	17	18	19	20	21	22	23
일진	丁酉	戊戌	己亥	庚子	辛丑	壬寅	癸卯	甲辰	乙巳	丙午	丁未	戊申	己酉	庚戌	辛亥	壬子	癸丑	甲寅	乙卯	丙辰	丁巳	戊午	己未	庚申	辛酉	壬戌	癸亥	甲子	乙丑
절입시각											오전 11시57분															오후 12시49분			

三　月　大　　庚辰

月建	三月大 庚辰																													
절기									清明																		穀雨			
음력	1	2	3	4	5	6	7	8	9	10	11	12	13	14	15	16	17	18	19	20	21	22	23	24	25	26	27	28	29	30
양력	3/24	25	26	27	28	29	30	31	4/1	2	3	4	5	6	7	8	9	10	11	12	13	14	15	16	17	18	19	20	21	22
일진	丙寅	丁卯	戊辰	己巳	庚午	辛未	壬申	癸酉	甲戌	乙亥	丙子	丁丑	戊寅	己卯	庚辰	辛巳	壬午	癸未	甲申	乙酉	丙戌	丁亥	戊子	己丑	庚寅	辛卯	壬辰	癸巳	甲午	乙未
절입시각									오후 4시38분																		오후 11시45분			

四　月　大　　辛巳

月建	四月大 辛巳																													
절기									立夏																			小滿		
음력	1	2	3	4	5	6	7	8	9	10	11	12	13	14	15	16	17	18	19	20	21	22	23	24	25	26	27	28	29	30
양력	4/23	24	25	26	27	28	29	30	5/1	2	3	4	5	6	7	8	9	10	11	12	13	14	15	16	17	18	19	20	21	22
일진	丙申	丁酉	戊戌	己亥	庚子	辛丑	壬寅	癸卯	甲辰	乙巳	丙午	丁未	戊申	己酉	庚戌	辛亥	壬子	癸丑	甲寅	乙卯	丙辰	丁巳	戊午	己未	庚申	辛酉	壬戌	癸亥	甲子	乙丑
절입시각									오전 9시51분																			오후 10시49분		

閏　四　月　小

月建	閏四月小																												
절기														芒種															
음력	1	2	3	4	5	6	7	8	9	10	11	12	13	14	15	16	17	18	19	20	21	22	23	24	25	26	27	28	29
양력	5/23	24	25	26	27	28	29	30	31	6/1	2	3	4	5	6	7	8	9	10	11	12	13	14	15	16	17	18	19	20
일진	丙寅	丁卯	戊辰	己巳	庚午	辛未	壬申	癸酉	甲戌	乙亥	丙子	丁丑	戊寅	己卯	庚辰	辛巳	壬午	癸未	甲申	乙酉	丙戌	丁亥	戊子	己丑	庚寅	辛卯	壬辰	癸巳	甲午
절입시각														오후 1시58분															

五　月　大　　壬午

月建	五月大 壬午																													
절기	夏至																小暑													
음력	1	2	3	4	5	6	7	8	9	10	11	12	13	14	15	16	17	18	19	20	21	22	23	24	25	26	27	28	29	30
양력	6/21	22	23	24	25	26	27	28	29	30	7/1	2	3	4	5	6	7	8	9	10	11	12	13	14	15	16	17	18	19	20
일진	乙未	丙申	丁酉	戊戌	己亥	庚子	辛丑	壬寅	癸卯	甲辰	乙巳	丙午	丁未	戊申	己酉	庚戌	辛亥	壬子	癸丑	甲寅	乙卯	丙辰	丁巳	戊午	己未	庚申	辛酉	壬戌	癸亥	甲子
절입시각	오전 6시43분															오전 0시14분														

六 月 小 — 月建 癸未

음력	1	2	3	4	5	6	7	8	9	10	11	12	13	14	15	16	17	18	19	20	21	22	23	24	25	26	27	28	29
절기	大暑																	立秋											
양력	7/21	22	23	24	25	26	27	28	29	30	31	8/1	2	3	4	5	6	7	8	9	10	11	12	13	14	15	16	17	18
일진	乙丑	丙寅	丁卯	戊辰	己巳	庚午	辛未	壬申	癸酉	甲戌	乙亥	丙子	丁丑	戊寅	己卯	庚辰	辛巳	壬午	癸未	甲申	乙酉	丙戌	丁亥	戊子	己丑	庚寅	辛卯	壬辰	癸巳

절입시각: 오후 5시37분 / 오전 10시6분

七 月 小 — 月建 甲申

음력	1	2	3	4	5	6	7	8	9	10	11	12	13	14	15	16	17	18	19	20	21	22	23	24	25	26	27	28	29
절기					處暑															白露									
양력	8/19	20	21	22	23	24	25	26	27	28	29	30	31	9/1	2	3	4	5	6	7	8	9	10	11	12	13	14	15	16
일진	甲午	乙未	丙申	丁酉	戊戌	己亥	庚子	辛丑	壬寅	癸卯	甲辰	乙巳	丙午	丁未	戊申	己酉	庚戌	辛亥	壬子	癸丑	甲寅	乙卯	丙辰	丁巳	戊午	己未	庚申	辛酉	壬戌

절입시각: 오전 0시45분 / 오후 1시8분

八 月 大 — 月建 乙酉

음력	1	2	3	4	5	6	7	8	9	10	11	12	13	14	15	16	17	18	19	20	21	22	23	24	25	26	27	28	29	30
절기						秋分																寒露								
양력	9/17	18	19	20	21	22	23	24	25	26	27	28	29	30	10/1	2	3	4	5	6	7	8	9	10	11	12	13	14	15	16
일진	癸亥	甲子	乙丑	丙寅	丁卯	戊辰	己巳	庚午	辛未	壬申	癸酉	甲戌	乙亥	丙子	丁丑	戊寅	己卯	庚辰	辛巳	壬午	癸未	甲申	乙酉	丙戌	丁亥	戊子	己丑	庚寅	辛卯	壬辰

절입시각: 오후 10시30분 / 오전 4시55분

九 月 小 — 月建 丙戌

음력	1	2	3	4	5	6	7	8	9	10	11	12	13	14	15	16	17	18	19	20	21	22	23	24	25	26	27	28	29
절기							霜降															立冬							
양력	10/17	18	19	20	21	22	23	24	25	26	27	28	29	30	31	11/1	2	3	4	5	6	7	8	9	10	11	12	13	14
일진	癸巳	甲午	乙未	丙申	丁酉	戊戌	己亥	庚子	辛丑	壬寅	癸卯	甲辰	乙巳	丙午	丁未	戊申	己酉	庚戌	辛亥	壬子	癸丑	甲寅	乙卯	丙辰	丁巳	戊午	己未	庚申	辛酉

절입시각: 오전 7시59분 / 오전 8시14분

十 月 大 — 月建 丁亥

음력	1	2	3	4	5	6	7	8	9	10	11	12	13	14	15	16	17	18	19	20	21	22	23	24	25	26	27	28	29	30
절기							小雪																大雪							
양력	11/15	16	17	18	19	20	21	22	23	24	25	26	27	28	29	30	12/1	2	3	4	5	6	7	8	9	10	11	12	13	14
일진	壬戌	癸亥	甲子	乙丑	丙寅	丁卯	戊辰	己巳	庚午	辛未	壬申	癸酉	甲戌	乙亥	丙子	丁丑	戊寅	己卯	庚辰	辛巳	壬午	癸未	甲申	乙酉	丙戌	丁亥	戊子	己丑	庚寅	辛卯

절입시각: 오전 5시40분 / 오전 1시9분

十 一 月 小 — 月建 戊子

음력	1	2	3	4	5	6	7	8	9	10	11	12	13	14	15	16	17	18	19	20	21	22	23	24	25	26	27	28	29
절기							冬至											小寒											
양력	12/15	16	17	18	19	20	21	22	23	24	25	26	27	28	29	30	31	1/1	2	3	4	5	6	7	8	9	10	11	12
일진	壬辰	癸巳	甲午	乙未	丙申	丁酉	戊戌	己亥	庚子	辛丑	壬寅	癸卯	甲辰	乙巳	丙午	丁未	戊申	己酉	庚戌	辛亥	壬子	癸丑	甲寅	乙卯	丙辰	丁巳	戊午	己未	庚申

절입시각: 오후 7시2분 / 오후 12시23분

十 二 月 大 — 月建 己丑

음력	1	2	3	4	5	6	7	8	9	10	11	12	13	14	15	16	17	18	19	20	21	22	23	24	25	26	27	28	29	30
절기							大寒													立春										
양력	1/13	14	15	16	17	18	19	20	21	22	23	24	25	26	27	28	29	30	31	2/1	2	3	4	5	6	7	8	9	10	11
일진	辛酉	壬戌	癸亥	甲子	乙丑	丙寅	丁卯	戊辰	己巳	庚午	辛未	壬申	癸酉	甲戌	乙亥	丙子	丁丑	戊寅	己卯	庚辰	辛巳	壬午	癸未	甲申	乙酉	丙戌	丁亥	戊子	己丑	庚寅

절입시각: 오전 5시40분 / 오후 11시59분

正月 小　庚寅

절기							雨水											驚蟄										
음력	1	2	3	4	5	6	7	8	9	10	11	12	13	14	15	16	17	18	19	20	21	22	23	24	25	26	27	28	29
양력	2/12	13	14	15	16	17	18	19	20	21	22	23	24	25	26	27	28	3/1	2	3	4	5	6	7	8	9	10	11	12
일진	辛卯	壬辰	癸巳	甲午	乙未	丙申	丁酉	戊戌	己亥	庚子	辛丑	壬寅	癸卯	甲辰	乙巳	丙午	丁未	戊申	己酉	庚戌	辛亥	壬子	癸丑	甲寅	乙卯	丙辰	丁巳	戊午	己未

절입시각: 오후 7시44분　／　오후 5시53분

二月 大　辛卯

절기							春分															清明							
음력	1	2	3	4	5	6	7	8	9	10	11	12	13	14	15	16	17	18	19	20	21	22	23	24	25	26	27	28	29	30
양력	3/13	14	15	16	17	18	19	20	21	22	23	24	25	26	27	28	29	30	31	4/1	2	3	4	5	6	7	8	9	10	11
일진	庚申	辛酉	壬戌	癸亥	甲子	乙丑	丙寅	丁卯	戊辰	己巳	庚午	辛未	壬申	癸酉	甲戌	乙亥	丙子	丁丑	戊寅	己卯	庚辰	辛巳	壬午	癸未	甲申	乙酉	丙戌	丁亥	戊子	己丑

절입시각: 오후 6시37분　／　오후 10시35분

三月 大　壬辰

절기								穀雨													立夏								
음력	1	2	3	4	5	6	7	8	9	10	11	12	13	14	15	16	17	18	19	20	21	22	23	24	25	26	27	28	29	30
양력	4/12	13	14	15	16	17	18	19	20	21	22	23	24	25	26	27	28	29	30	5/1	2	3	4	5	6	7	8	9	10	11
일진	庚寅	辛卯	壬辰	癸巳	甲午	乙未	丙申	丁酉	戊戌	己亥	庚子	辛丑	壬寅	癸卯	甲辰	乙巳	丙午	丁未	戊申	己酉	庚戌	辛亥	壬子	癸丑	甲寅	乙卯	丙辰	丁巳	戊午	己未

절입시각: 오전 5시33분　／　오후 3시47분

四月 小　癸巳

절기									小滿															芒種				
음력	1	2	3	4	5	6	7	8	9	10	11	12	13	14	15	16	17	18	19	20	21	22	23	24	25	26	27	28	29
양력	5/12	13	14	15	16	17	18	19	20	21	22	23	24	25	26	27	28	29	30	31	6/1	2	3	4	5	6	7	8	9
일진	庚申	辛酉	壬戌	癸亥	甲子	乙丑	丙寅	丁卯	戊辰	己巳	庚午	辛未	壬申	癸酉	甲戌	乙亥	丙子	丁丑	戊寅	己卯	庚辰	辛巳	壬午	癸未	甲申	乙酉	丙戌	丁亥	戊子

절입시각: 오전 4시37분　／　오후 7시52분

五月 大　甲午

절기												夏至										小暑								
음력	1	2	3	4	5	6	7	8	9	10	11	12	13	14	15	16	17	18	19	20	21	22	23	24	25	26	27	28	29	30
양력	6/10	11	12	13	14	15	16	17	18	19	20	21	22	23	24	25	26	27	28	29	30	7/1	2	3	4	5	6	7	8	9
일진	己丑	庚寅	辛卯	壬辰	癸巳	甲午	乙未	丙申	丁酉	戊戌	己亥	庚子	辛丑	壬寅	癸卯	甲辰	乙巳	丙午	丁未	戊申	己酉	庚戌	辛亥	壬子	癸丑	甲寅	乙卯	丙辰	丁巳	戊午

절입시각: 오후 12시32분　／　오전 6시5분

六月 小　乙未

절기													大暑										立秋						
음력	1	2	3	4	5	6	7	8	9	10	11	12	13	14	15	16	17	18	19	20	21	22	23	24	25	26	27	28	29
양력	7/10	11	12	13	14	15	16	17	18	19	20	21	22	23	24	25	26	27	28	29	30	31	8/1	2	3	4	5	6	7
일진	己未	庚申	辛酉	壬戌	癸亥	甲子	乙丑	丙寅	丁卯	戊辰	己巳	庚午	辛未	壬申	癸酉	甲戌	乙亥	丙子	丁丑	戊寅	己卯	庚辰	辛巳	壬午	癸未	甲申	乙酉	丙戌	丁亥

절입시각: 오후 11시36분　／　오후 3시54분

七 月 大 — 丙申

月建	1	2	3	4	5	6	7	8	9	10	11	12	13	14	15	16	17	18	19	20	21	22	23	24	25	26	27	28	29	30
절기																處暑														
음력	1	2	3	4	5	6	7	8	9	10	11	12	13	14	15	16	17	18	19	20	21	22	23	24	25	26	27	28	29	30
양력	8/8	9	10	11	12	13	14	15	16	17	18	19	20	21	22	23	24	25	26	27	28	29	30	31	9/1	2	3	4	5	6
일진	戊子	己丑	庚寅	辛卯	壬辰	癸巳	甲午	乙未	丙申	丁酉	戊戌	己亥	庚子	辛丑	壬寅	癸卯	甲辰	乙巳	丙午	丁未	戊申	己酉	庚戌	辛亥	壬子	癸丑	甲寅	乙卯	丙辰	丁巳

절입시각: 오전 6시35분

八 月 小 — 丁酉

月建	1	2	3	4	5	6	7	8	9	10	11	12	13	14	15	16	17	18	19	20	21	22	23	24	25	26	27	28	29
절기	白露																秋分												
음력	1	2	3	4	5	6	7	8	9	10	11	12	13	14	15	16	17	18	19	20	21	22	23	24	25	26	27	28	29
양력	9/7	8	9	10	11	12	13	14	15	16	17	18	19	20	21	22	23	24	25	26	27	28	29	30	10/1	2	3	4	5
일진	戊午	己未	庚申	辛酉	壬戌	癸亥	甲子	乙丑	丙寅	丁卯	戊辰	己巳	庚午	辛未	壬申	癸酉	甲戌	乙亥	丙子	丁丑	戊寅	己卯	庚辰	辛巳	壬午	癸未	甲申	乙酉	丙戌

절입시각: 오후 6시53분 / 오전 4시21분

九 月 大 — 戊戌

月建	1	2	3	4	5	6	7	8	9	10	11	12	13	14	15	16	17	18	19	20	21	22	23	24	25	26	27	28	29	30
절기			寒露															霜降												
음력	1	2	3	4	5	6	7	8	9	10	11	12	13	14	15	16	17	18	19	20	21	22	23	24	25	26	27	28	29	30
양력	10/6	7	8	9	10	11	12	13	14	15	16	17	18	19	20	21	22	23	24	25	26	27	28	29	30	31	11/1	2	3	4
일진	丁亥	戊子	己丑	庚寅	辛卯	壬辰	癸巳	甲午	乙未	丙申	丁酉	戊戌	己亥	庚子	辛丑	壬寅	癸卯	甲辰	乙巳	丙午	丁未	戊申	己酉	庚戌	辛亥	壬子	癸丑	甲寅	乙卯	丙辰

절입시각: 오전 10시39분 / 오후 1시51분

十 月 小 — 己亥

月建	1	2	3	4	5	6	7	8	9	10	11	12	13	14	15	16	17	18	19	20	21	22	23	24	25	26	27	28	29
절기			立冬															小雪											
음력	1	2	3	4	5	6	7	8	9	10	11	12	13	14	15	16	17	18	19	20	21	22	23	24	25	26	27	28	29
양력	11/5	6	7	8	9	10	11	12	13	14	15	16	17	18	19	20	21	22	23	24	25	26	27	28	29	30	12/1	2	3
일진	丁巳	戊午	己未	庚申	辛酉	壬戌	癸亥	甲子	乙丑	丙寅	丁卯	戊辰	己巳	庚午	辛未	壬申	癸酉	甲戌	乙亥	丙子	丁丑	戊寅	己卯	庚辰	辛巳	壬午	癸未	甲申	乙酉

절입시각: 오후 1시59분 / 오전 11시33분

十 一 月 大 — 庚子

月建	1	2	3	4	5	6	7	8	9	10	11	12	13	14	15	16	17	18	19	20	21	22	23	24	25	26	27	28	29	30
절기				大雪															冬至											
음력	1	2	3	4	5	6	7	8	9	10	11	12	13	14	15	16	17	18	19	20	21	22	23	24	25	26	27	28	29	30
양력	12/4	5	6	7	8	9	10	11	12	13	14	15	16	17	18	19	20	21	22	23	24	25	26	27	28	29	30	31	1/1	2
일진	丙戌	丁亥	戊子	己丑	庚寅	辛卯	壬辰	癸巳	甲午	乙未	丙申	丁酉	戊戌	己亥	庚子	辛丑	壬寅	癸卯	甲辰	乙巳	丙午	丁未	戊申	己酉	庚戌	辛亥	壬子	癸丑	甲寅	乙卯

절입시각: 오전 6시57분 / 오전 0시59분

十 二 月 小 — 辛丑

月建	1	2	3	4	5	6	7	8	9	10	11	12	13	14	15	16	17	18	19	20	21	22	23	24	25	26	27	28	29
절기			小寒															大寒											
음력	1	2	3	4	5	6	7	8	9	10	11	12	13	14	15	16	17	18	19	20	21	22	23	24	25	26	27	28	29
양력	1/3	4	5	6	7	8	9	10	11	12	13	14	15	16	17	18	19	20	21	22	23	24	25	26	27	28	29	30	31
일진	丙辰	丁巳	戊午	己未	庚申	辛酉	壬戌	癸亥	甲子	乙丑	丙寅	丁卯	戊辰	己巳	庚午	辛未	壬申	癸酉	甲戌	乙亥	丙子	丁丑	戊寅	己卯	庚辰	辛巳	壬午	癸未	甲申

절입시각: 오후 6시14분 / 오전 11시39분

正月 大　　壬寅

절기			立春															雨水											
음력	1	2	3	4	5	6	7	8	9	10	11	12	13	14	15	16	17	18	19	20	21	22	23	24	25	26	27	28	29	30
양력	2/1	2	3	4	5	6	7	8	9	10	11	12	13	14	15	16	17	18	19	20	21	22	23	24	25	26	27	28	3/1	2
일진	乙酉	丙戌	丁亥	戊子	己丑	庚寅	辛卯	壬辰	癸巳	甲午	乙未	丙申	丁酉	戊戌	己亥	庚子	辛丑	壬寅	癸卯	甲辰	乙巳	丙午	丁未	戊申	己酉	庚戌	辛亥	壬子	癸丑	甲寅

절입시각: 오전 5시51분　　　오전 1시43분

二月 小　　癸卯

절기			驚蟄															春分										
음력	1	2	3	4	5	6	7	8	9	10	11	12	13	14	15	16	17	18	19	20	21	22	23	24	25	26	27	28	29
양력	3/3	4	5	6	7	8	9	10	11	12	13	14	15	16	17	18	19	20	21	22	23	24	25	26	27	28	29	30	31
일진	乙卯	丙辰	丁巳	戊午	己未	庚申	辛酉	壬戌	癸亥	甲子	乙丑	丙寅	丁卯	戊辰	己巳	庚午	辛未	壬申	癸酉	甲戌	乙亥	丙子	丁丑	戊寅	己卯	庚辰	辛巳	壬午	癸未

절입시각: 오후 11시43분　　　오전 0시33분

三月 大　　甲辰

절기				清明															穀雨										
음력	1	2	3	4	5	6	7	8	9	10	11	12	13	14	15	16	17	18	19	20	21	22	23	24	25	26	27	28	29	30
양력	4/1	2	3	4	5	6	7	8	9	10	11	12	13	14	15	16	17	18	19	20	21	22	23	24	25	26	27	28	29	30
일진	甲申	乙酉	丙戌	丁亥	戊子	己丑	庚寅	辛卯	壬辰	癸巳	甲午	乙未	丙申	丁酉	戊戌	己亥	庚子	辛丑	壬寅	癸卯	甲辰	乙巳	丙午	丁未	戊申	己酉	庚戌	辛亥	壬子	癸丑

절입시각: 오전 4시20분　　　오전 11시24분

四月 小　　乙巳

절기			立夏																	小滿								
음력	1	2	3	4	5	6	7	8	9	10	11	12	13	14	15	16	17	18	19	20	21	22	23	24	25	26	27	28	29
양력	5/1	2	3	4	5	6	7	8	9	10	11	12	13	14	15	16	17	18	19	20	21	22	23	24	25	26	27	28	29
일진	甲寅	乙卯	丙辰	丁巳	戊午	己未	庚申	辛酉	壬戌	癸亥	甲子	乙丑	丙寅	丁卯	戊辰	己巳	庚午	辛未	壬申	癸酉	甲戌	乙亥	丙子	丁丑	戊寅	己卯	庚辰	辛巳	壬午

절입시각: 오후 9시26분　　　오전 10시22분

五月 大　　丙午

절기								芒種															夏至							
음력	1	2	3	4	5	6	7	8	9	10	11	12	13	14	15	16	17	18	19	20	21	22	23	24	25	26	27	28	29	30
양력	5/30	31	6/1	2	3	4	5	6	7	8	9	10	11	12	13	14	15	16	17	18	19	20	21	22	23	24	25	26	27	28
일진	癸未	甲申	乙酉	丙戌	丁亥	戊子	己丑	庚寅	辛卯	壬辰	癸巳	甲午	乙未	丙申	丁酉	戊戌	己亥	庚子	辛丑	壬寅	癸卯	甲辰	乙巳	丙午	丁未	戊申	己酉	庚戌	辛亥	壬子

절입시각: 오전 1시26분　　　오후 6시14분

六月 大　　丁未

절기									小暑																大暑					
음력	1	2	3	4	5	6	7	8	9	10	11	12	13	14	15	16	17	18	19	20	21	22	23	24	25	26	27	28	29	30
양력	6/29	30	7/1	2	3	4	5	6	7	8	9	10	11	12	13	14	15	16	17	18	19	20	21	22	23	24	25	26	27	28
일진	癸丑	甲寅	乙卯	丙辰	丁巳	戊午	己未	庚申	辛酉	壬戌	癸亥	甲子	乙丑	丙寅	丁卯	戊辰	己巳	庚午	辛未	壬申	癸酉	甲戌	乙亥	丙子	丁丑	戊寅	己卯	庚辰	辛巳	壬午

절입시각: 오전 11시38분　　　오전 5시7분

七 月 小　　　戊 申

月建	1	2	3	4	5	6	7	8	9	10	11	12	13	14	15	16	17	18	19	20	21	22	23	24	25	26	27	28	29
절기										立秋																處暑			
음력	1	2	3	4	5	6	7	8	9	10	11	12	13	14	15	16	17	18	19	20	21	22	23	24	25	26	27	28	29
양력	7/29	30	31	8/1	2	3	4	5	6	7	8	9	10	11	12	13	14	15	16	17	18	19	20	21	22	23	24	25	26
일진	癸未	甲申	乙酉	丙戌	丁亥	戊子	己丑	庚寅	辛卯	壬辰	癸巳	甲午	乙未	丙申	丁酉	戊戌	己亥	庚子	辛丑	壬寅	癸卯	甲辰	乙巳	丙午	丁未	戊申	己酉	庚戌	辛亥

절입시각: 오후 9시29분　　　오후 12시16분

八 月 大　　　己 酉

月建	1	2	3	4	5	6	7	8	9	10	11	12	13	14	15	16	17	18	19	20	21	22	23	24	25	26	27	28	29	30
절기													白露															秋分		
음력	1	2	3	4	5	6	7	8	9	10	11	12	13	14	15	16	17	18	19	20	21	22	23	24	25	26	27	28	29	30
양력	8/27	28	29	30	31	9/1	2	3	4	5	6	7	8	9	10	11	12	13	14	15	16	17	18	19	20	21	22	23	24	25
일진	壬子	癸丑	甲寅	乙卯	丙辰	丁巳	戊午	己未	庚申	辛酉	壬戌	癸亥	甲子	乙丑	丙寅	丁卯	戊辰	己巳	庚午	辛未	壬申	癸酉	甲戌	乙亥	丙子	丁丑	戊寅	己卯	庚辰	辛巳

절입시각: 오전 0시32분　　　오전 10시3분

九 月 小　　　庚 戌

月建	1	2	3	4	5	6	7	8	9	10	11	12	13	14	15	16	17	18	19	20	21	22	23	24	25	26	27	28	29
절기													寒露															霜降	
음력	1	2	3	4	5	6	7	8	9	10	11	12	13	14	15	16	17	18	19	20	21	22	23	24	25	26	27	28	29
양력	9/26	27	28	29	30	10/1	2	3	4	5	6	7	8	9	10	11	12	13	14	15	16	17	18	19	20	21	22	23	24
일진	壬午	癸未	甲申	乙酉	丙戌	丁亥	戊子	己丑	庚寅	辛卯	壬辰	癸巳	甲午	乙未	丙申	丁酉	戊戌	己亥	庚子	辛丑	壬寅	癸卯	甲辰	乙巳	丙午	丁未	戊申	己酉	庚戌

절입시각: 오후 4시22분　　　오후 7시35분

十 月 大　　　辛 亥

月建	1	2	3	4	5	6	7	8	9	10	11	12	13	14	15	16	17	18	19	20	21	22	23	24	25	26	27	28	29	30
절기														立冬															小雪	
음력	1	2	3	4	5	6	7	8	9	10	11	12	13	14	15	16	17	18	19	20	21	22	23	24	25	26	27	28	29	30
양력	10/25	26	27	28	29	30	31	11/1	2	3	4	5	6	7	8	9	10	11	12	13	14	15	16	17	18	19	20	21	22	23
일진	辛亥	壬子	癸丑	甲寅	乙卯	丙辰	丁巳	戊午	己未	庚申	辛酉	壬戌	癸亥	甲子	乙丑	丙寅	丁卯	戊辰	己巳	庚午	辛未	壬申	癸酉	甲戌	乙亥	丙子	丁丑	戊寅	己卯	庚辰

절입시각: 오후 7시45분　　　오후 5시20분

十 一 月 小　　　壬 子

月建	1	2	3	4	5	6	7	8	9	10	11	12	13	14	15	16	17	18	19	20	21	22	23	24	25	26	27	28	29
절기														大雪															冬至
음력	1	2	3	4	5	6	7	8	9	10	11	12	13	14	15	16	17	18	19	20	21	22	23	24	25	26	27	28	29
양력	11/24	25	26	27	28	29	30	12/1	2	3	4	5	6	7	8	9	10	11	12	13	14	15	16	17	18	19	20	21	22
일진	辛巳	壬午	癸未	甲申	乙酉	丙戌	丁亥	戊子	己丑	庚寅	辛卯	壬辰	癸巳	甲午	乙未	丙申	丁酉	戊戌	己亥	庚子	辛丑	壬寅	癸卯	甲辰	乙巳	丙午	丁未	戊申	己酉

절입시각: 오후 12시46분　　　오전 6시48분

十 二 月 大　　　癸 丑

月建	1	2	3	4	5	6	7	8	9	10	11	12	13	14	15	16	17	18	19	20	21	22	23	24	25	26	27	28	29	30
절기										小寒					大寒															
음력	1	2	3	4	5	6	7	8	9	10	11	12	13	14	15	16	17	18	19	20	21	22	23	24	25	26	27	28	29	30
양력	12/23	24	25	26	27	28	29	30	31	1/1	2	3	4	5	6	7	8	9	10	11	12	13	14	15	16	17	18	19	20	21
일진	庚戌	辛亥	壬子	癸丑	甲寅	乙卯	丙辰	丁巳	戊午	己未	庚申	辛酉	壬戌	癸亥	甲子	乙丑	丙寅	丁卯	戊辰	己巳	庚午	辛未	壬申	癸酉	甲戌	乙亥	丙子	丁丑	戊寅	己卯

절입시각: 오전 0시5분　　　오후 5시29분

正月 小　　甲寅

月建																													
절기													立春																雨水
음력	1	2	3	4	5	6	7	8	9	10	11	12	13	14	15	16	17	18	19	20	21	22	23	24	25	26	27	28	29
양력	1/22	23	24	25	26	27	28	29	30	31	2/1	2	3	4	5	6	7	8	9	10	11	12	13	14	15	16	17	18	19
일진	庚辰	辛巳	壬午	癸未	甲申	乙酉	丙戌	丁亥	戊子	己丑	庚寅	辛卯	壬辰	癸巳	甲午	乙未	丙申	丁酉	戊戌	己亥	庚子	辛丑	壬寅	癸卯	甲辰	乙巳	丙午	丁未	戊申
절입시각														오전 11시42분													오전 7시34분		

二月 大　　乙卯

月建																														
절기														驚蟄															春分	
음력	1	2	3	4	5	6	7	8	9	10	11	12	13	14	15	16	17	18	19	20	21	22	23	24	25	26	27	28	29	30
양력	2/20	21	22	23	24	25	26	27	28	3/1	2	3	4	5	6	7	8	9	10	11	12	13	14	15	16	17	18	19	20	21
일진	己酉	庚戌	辛亥	壬子	癸丑	甲寅	乙卯	丙辰	丁巳	戊午	己未	庚申	辛酉	壬戌	癸亥	甲子	乙丑	丙寅	丁卯	戊辰	己巳	庚午	辛未	壬申	癸酉	甲戌	乙亥	丙子	丁丑	戊寅
절입시각															오전 5시36분													오전 6시24분		

閏 二月 小

月建																													
절기														清明															
음력	1	2	3	4	5	6	7	8	9	10	11	12	13	14	15	16	17	18	19	20	21	22	23	24	25	26	27	28	29
양력	3/22	23	24	25	26	27	28	29	30	31	4/1	2	3	4	5	6	7	8	9	10	11	12	13	14	15	16	17	18	19
일진	己卯	庚辰	辛巳	壬午	癸未	甲申	乙酉	丙戌	丁亥	戊子	己丑	庚寅	辛卯	壬辰	癸巳	甲午	乙未	丙申	丁酉	戊戌	己亥	庚子	辛丑	壬寅	癸卯	甲辰	乙巳	丙午	丁未
절입시각														오전 10시13분															

三月 大　　丙辰

月建																														
절기	穀雨																立夏													
음력	1	2	3	4	5	6	7	8	9	10	11	12	13	14	15	16	17	18	19	20	21	22	23	24	25	26	27	28	29	30
양력	4/20	21	22	23	24	25	26	27	28	29	30	5/1	2	3	4	5	6	7	8	9	10	11	12	13	14	15	16	17	18	19
일진	戊申	己酉	庚戌	辛亥	壬子	癸丑	甲寅	乙卯	丙辰	丁巳	戊午	己未	庚申	辛酉	壬戌	癸亥	甲子	乙丑	丙寅	丁卯	戊辰	己巳	庚午	辛未	壬申	癸酉	甲戌	乙亥	丙子	丁丑
절입시각	오후 5시13분																오전 3시18분													

四月 小　　丁巳

月建																													
절기		小滿																芒種											
음력	1	2	3	4	5	6	7	8	9	10	11	12	13	14	15	16	17	18	19	20	21	22	23	24	25	26	27	28	29
양력	5/20	21	22	23	24	25	26	27	28	29	30	31	6/1	2	3	4	5	6	7	8	9	10	11	12	13	14	15	16	17
일진	戊寅	己卯	庚辰	辛巳	壬午	癸未	甲申	乙酉	丙戌	丁亥	戊子	己丑	庚寅	辛卯	壬辰	癸巳	甲午	乙未	丙申	丁酉	戊戌	己亥	庚子	辛丑	壬寅	癸卯	甲辰	乙巳	丙午
절입시각	오후 4시9분																	오전 7시18분											

五月 大　　戊午

月建																														
절기				夏至																小暑										
음력	1	2	3	4	5	6	7	8	9	10	11	12	13	14	15	16	17	18	19	20	21	22	23	24	25	26	27	28	29	30
양력	6/18	19	20	21	22	23	24	25	26	27	28	29	30	7/1	2	3	4	5	6	7	8	9	10	11	12	13	14	15	16	17
일진	丁未	戊申	己酉	庚戌	辛亥	壬子	癸丑	甲寅	乙卯	丙辰	丁巳	戊午	己未	庚申	辛酉	壬戌	癸亥	甲子	乙丑	丙寅	丁卯	戊辰	己巳	庚午	辛未	壬申	癸酉	甲戌	乙亥	丙子
절입시각				오후 11시58분																오후 5시30분										

月建	六 月 小																					己 未							
절기						大暑									立秋															
음력	1	2	3	4	5	6	7	8	9	10	11	12	13	14	15	16	17	18	19	20	21	22	23	24	25	26	27	28	29
양력	7/18	19	20	21	22	23	24	25	26	27	28	29	30	31	8/1	2	3	4	5	6	7	8	9	10	11	12	13	14	15
일진	丁丑	戊寅	己卯	庚辰	辛巳	壬午	癸未	甲申	乙酉	丙戌	丁亥	戊子	己丑	庚寅	辛卯	壬辰	癸巳	甲午	乙未	丙申	丁酉	戊戌	己亥	庚子	辛丑	壬寅	癸卯	甲辰	乙巳
절입시각						오전 10시50분									오전 3시23분														

月建	七 月 大																					庚 申								
절기								處暑																白露						
음력	1	2	3	4	5	6	7	8	9	10	11	12	13	14	15	16	17	18	19	20	21	22	23	24	25	26	27	28	29	30
양력	8/16	17	18	19	20	21	22	23	24	25	26	27	28	29	30	31	9/1	2	3	4	5	6	7	8	9	10	11	12	13	14
일진	丙午	丁未	戊申	己酉	庚戌	辛亥	壬子	癸丑	甲寅	乙卯	丙辰	丁巳	戊午	己未	庚申	辛酉	壬戌	癸亥	甲子	乙丑	丙寅	丁卯	戊辰	己巳	庚午	辛未	壬申	癸酉	甲戌	乙亥
절입시각								오후 6시1분																오전 6시26분						

月建	八 月 大																					辛 酉								
절기									秋分															寒露						
음력	1	2	3	4	5	6	7	8	9	10	11	12	13	14	15	16	17	18	19	20	21	22	23	24	25	26	27	28	29	30
양력	9/15	16	17	18	19	20	21	22	23	24	25	26	27	28	29	30	10/1	2	3	4	5	6	7	8	9	10	11	12	13	14
일진	丙子	丁丑	戊寅	己卯	庚辰	辛巳	壬午	癸未	甲申	乙酉	丙戌	丁亥	戊子	己丑	庚寅	辛卯	壬辰	癸巳	甲午	乙未	丙申	丁酉	戊戌	己亥	庚子	辛丑	壬寅	癸卯	甲辰	乙巳
절입시각									오후 3시50분															오후 10시15분						

月建	九 月 小																					壬 戌							
절기										霜降															立冬				
음력	1	2	3	4	5	6	7	8	9	10	11	12	13	14	15	16	17	18	19	20	21	22	23	24	25	26	27	28	29
양력	10/15	16	17	18	19	20	21	22	23	24	25	26	27	28	29	30	31	11/1	2	3	4	5	6	7	8	9	10	11	12
일진	丙午	丁未	戊申	己酉	庚戌	辛亥	壬子	癸丑	甲寅	乙卯	丙辰	丁巳	戊午	己未	庚申	辛酉	壬戌	癸亥	甲子	乙丑	丙寅	丁卯	戊辰	己巳	庚午	辛未	壬申	癸酉	甲戌
절입시각										오전 1시21분															오전 1시35분				

月建	十 月 大																					癸 亥								
절기										小雪															大雪					
음력	1	2	3	4	5	6	7	8	9	10	11	12	13	14	15	16	17	18	19	20	21	22	23	24	25	26	27	28	29	30
양력	11/13	14	15	16	17	18	19	20	21	22	23	24	25	26	27	28	29	30	12/1	2	3	4	5	6	7	8	9	10	11	12
일진	乙亥	丙子	丁丑	戊寅	己卯	庚辰	辛巳	壬午	癸未	甲申	乙酉	丙戌	丁亥	戊子	己丑	庚寅	辛卯	壬辰	癸巳	甲午	乙未	丙申	丁酉	戊戌	己亥	庚子	辛丑	壬寅	癸卯	甲辰
절입시각										오후 11시2분															오후 6시33분					

月建	十 一 月 小																					甲 子							
절기										冬至										小寒									
음력	1	2	3	4	5	6	7	8	9	10	11	12	13	14	15	16	17	18	19	20	21	22	23	24	25	26	27	28	29
양력	12/13	14	15	16	17	18	19	20	21	22	23	24	25	26	27	28	29	30	31	1/1	2	3	4	5	6	7	8	9	10
일진	乙巳	丙午	丁未	戊申	己酉	庚戌	辛亥	壬子	癸丑	甲寅	乙卯	丙辰	丁巳	戊午	己未	庚申	辛酉	壬戌	癸亥	甲子	乙丑	丙寅	丁卯	戊辰	己巳	庚午	辛未	壬申	癸酉
절입시각										오후 12시27분										오전 5시49분									

月建	十 二 月 大																					乙 丑								
절기										大寒												立春								
음력	1	2	3	4	5	6	7	8	9	10	11	12	13	14	15	16	17	18	19	20	21	22	23	24	25	26	27	28	29	30
양력	1/11	12	13	14	15	16	17	18	19	20	21	22	23	24	25	26	27	28	29	30	31	2/1	2	3	4	5	6	7	8	9
일진	甲戌	乙亥	丙子	丁丑	戊寅	己卯	庚辰	辛巳	壬午	癸未	甲申	乙酉	丙戌	丁亥	戊子	己丑	庚寅	辛卯	壬辰	癸巳	甲午	乙未	丙申	丁酉	戊戌	己亥	庚子	辛丑	壬寅	癸卯
절입시각										오후 11시7분												오후 5시27분								

甲辰年

四　金神

子 大將軍　南 三殺　寅 吊客　午 喪門

月建 正 月 小　丙寅

음력	1	2	3	4	5	6	7	8	9	10	11	12	13	14	15	16	17	18	19	20	21	22	23	24	25	26	27	28	29
절기										雨水															驚蟄				
양력	2/10	11	12	13	14	15	16	17	18	19	20	21	22	23	24	25	26	27	28	29	3/1	2	3	4	5	6	7	8	9
일진	甲辰	乙巳	丙午	丁未	戊申	己酉	庚戌	辛亥	壬子	癸丑	甲寅	乙卯	丙辰	丁巳	戊午	己未	庚申	辛酉	壬戌	癸亥	甲子	乙丑	丙寅	丁卯	戊辰	己巳	庚午	辛未	壬申

절입시각: 오후 1시13분 / 오전 11시22분

月建 二 月 大　丁卯

음력	1	2	3	4	5	6	7	8	9	10	11	12	13	14	15	16	17	18	19	20	21	22	23	24	25	26	27	28	29	30
절기											春分												淸明							
양력	3/10	11	12	13	14	15	16	17	18	19	20	21	22	23	24	25	26	27	28	29	30	31	4/1	2	3	4	5	6	7	8
일진	癸酉	甲戌	乙亥	丙子	丁丑	戊寅	己卯	庚辰	辛巳	壬午	癸未	甲申	乙酉	丙戌	丁亥	戊子	己丑	庚寅	辛卯	壬辰	癸巳	甲午	乙未	丙申	丁酉	戊戌	己亥	庚子	辛丑	壬寅

절입시각: 오후 12시6분 / 오후 4시2분

月建 三 月 小　戊辰

음력	1	2	3	4	5	6	7	8	9	10	11	12	13	14	15	16	17	18	19	20	21	22	23	24	25	26	27	28	29
절기											穀雨												立夏						
양력	4/9	10	11	12	13	14	15	16	17	18	19	20	21	22	23	24	25	26	27	28	29	30	5/1	2	3	4	5	6	7
일진	癸卯	甲辰	乙巳	丙午	丁未	戊申	己酉	庚戌	辛亥	壬子	癸丑	甲寅	乙卯	丙辰	丁巳	戊午	己未	庚申	辛酉	壬戌	癸亥	甲子	乙丑	丙寅	丁卯	戊辰	己巳	庚午	辛未

절입시각: 오후 10시59분 / 오전 9시10분

月建 四 月 小　己巳

음력	1	2	3	4	5	6	7	8	9	10	11	12	13	14	15	16	17	18	19	20	21	22	23	24	25	26	27	28	29
절기													小滿																芒種
양력	5/8	9	10	11	12	13	14	15	16	17	18	19	20	21	22	23	24	25	26	27	28	29	30	31	6/1	2	3	4	5
일진	壬申	癸酉	甲戌	乙亥	丙子	丁丑	戊寅	己卯	庚辰	辛巳	壬午	癸未	甲申	乙酉	丙戌	丁亥	戊子	己丑	庚寅	辛卯	壬辰	癸巳	甲午	乙未	丙申	丁酉	戊戌	己亥	庚子

절입시각: 오후 9시59분 / 오후 1시10분

月建 五 月 大　庚午

음력	1	2	3	4	5	6	7	8	9	10	11	12	13	14	15	16	17	18	19	20	21	22	23	24	25	26	27	28	29	30
절기																夏至														
양력	6/6	7	8	9	10	11	12	13	14	15	16	17	18	19	20	21	22	23	24	25	26	27	28	29	30	7/1	2	3	4	5
일진	辛丑	壬寅	癸卯	甲辰	乙巳	丙午	丁未	戊申	己酉	庚戌	辛亥	壬子	癸丑	甲寅	乙卯	丙辰	丁巳	戊午	己未	庚申	辛酉	壬戌	癸亥	甲子	乙丑	丙寅	丁卯	戊辰	己巳	庚午

절입시각: 오전 5시51분

月建 六 月 小　辛未

음력	1	2	3	4	5	6	7	8	9	10	11	12	13	14	15	16	17	18	19	20	21	22	23	24	25	26	27	28	29
절기	小暑																大暑												
양력	7/6	7	8	9	10	11	12	13	14	15	16	17	18	19	20	21	22	23	24	25	26	27	28	29	30	31	8/1	2	3
일진	辛未	壬申	癸酉	甲戌	乙亥	丙子	丁丑	戊寅	己卯	庚辰	辛巳	壬午	癸未	甲申	乙酉	丙戌	丁亥	戊子	己丑	庚寅	辛卯	壬辰	癸巳	甲午	乙未	丙申	丁酉	戊戌	己亥

절입시각: 오후 11시20분 / 오후 4시44분

月建	**七　月　大**																													壬　申
절기				立秋															處暑											
음력	1	2	3	4	5	6	7	8	9	10	11	12	13	14	15	16	17	18	19	20	21	22	23	24	25	26	27	28	29	30
양력	8/4	5	6	7	8	9	10	11	12	13	14	15	16	17	18	19	20	21	22	23	24	25	26	27	28	29	30	31	9/1	2
일진	庚子	辛丑	壬寅	癸卯	甲辰	乙巳	丙午	丁未	戊申	己酉	庚戌	辛亥	壬子	癸丑	甲寅	乙卯	丙辰	丁巳	戊午	己未	庚申	辛酉	壬戌	癸亥	甲子	乙丑	丙寅	丁卯	戊辰	己巳
절입시각	오전 9시9분																		오후 11시55분											

月建	**八　月　大**																													癸　酉
절기					白露															秋分										
음력	1	2	3	4	5	6	7	8	9	10	11	12	13	14	15	16	17	18	19	20	21	22	23	24	25	26	27	28	29	30
양력	9/3	4	5	6	7	8	9	10	11	12	13	14	15	16	17	18	19	20	21	22	23	24	25	26	27	28	29	30	10/1	2
일진	庚午	辛未	壬申	癸酉	甲戌	乙亥	丙子	丁丑	戊寅	己卯	庚辰	辛巳	壬午	癸未	甲申	乙酉	丙戌	丁亥	戊子	己丑	庚寅	辛卯	壬辰	癸巳	甲午	乙未	丙申	丁酉	戊戌	己亥
절입시각	오후 12시11분																		오후 9시43분											

月建	**九　月　小**																												甲　戌
절기						寒露															霜降								
음력	1	2	3	4	5	6	7	8	9	10	11	12	13	14	15	16	17	18	19	20	21	22	23	24	25	26	27	28	29
양력	10/3	4	5	6	7	8	9	10	11	12	13	14	15	16	17	18	19	20	21	22	23	24	25	26	27	28	29	30	31
일진	庚子	辛丑	壬寅	癸卯	甲辰	乙巳	丙午	丁未	戊申	己酉	庚戌	辛亥	壬子	癸丑	甲寅	乙卯	丙辰	丁巳	戊午	己未	庚申	辛酉	壬戌	癸亥	甲子	乙丑	丙寅	丁卯	戊辰
절입시각	오전 4시0분																		오전 7시14분										

月建	**十　月　大**																													乙　亥
절기						立冬																小雪								
음력	1	2	3	4	5	6	7	8	9	10	11	12	13	14	15	16	17	18	19	20	21	22	23	24	25	26	27	28	29	30
양력	11/1	2	3	4	5	6	7	8	9	10	11	12	13	14	15	16	17	18	19	20	21	22	23	24	25	26	27	28	29	30
일진	己巳	庚午	辛未	壬申	癸酉	甲戌	乙亥	丙子	丁丑	戊寅	己卯	庚辰	辛巳	壬午	癸未	甲申	乙酉	丙戌	丁亥	戊子	己丑	庚寅	辛卯	壬辰	癸巳	甲午	乙未	丙申	丁酉	戊戌
절입시각	오전 7시20분																				오전 4시56분									

月建	**十　一　月　大**																													丙　子
절기						大雪															冬至									
음력	1	2	3	4	5	6	7	8	9	10	11	12	13	14	15	16	17	18	19	20	21	22	23	24	25	26	27	28	29	30
양력	12/1	2	3	4	5	6	7	8	9	10	11	12	13	14	15	16	17	18	19	20	21	22	23	24	25	26	27	28	29	30
일진	己亥	庚子	辛丑	壬寅	癸卯	甲辰	乙巳	丙午	丁未	戊申	己酉	庚戌	辛亥	壬子	癸丑	甲寅	乙卯	丙辰	丁巳	戊午	己未	庚申	辛酉	壬戌	癸亥	甲子	乙丑	丙寅	丁卯	戊辰
절입시각	오전 0시17분																			오후 6시20분										

月建	**十　二　月　小**																												丁　丑
절기						小寒															大寒								
음력	1	2	3	4	5	6	7	8	9	10	11	12	13	14	15	16	17	18	19	20	21	22	23	24	25	26	27	28	29
양력	12/31	1/1	2	3	4	5	6	7	8	9	10	11	12	13	14	15	16	17	18	19	20	21	22	23	24	25	26	27	28
일진	己巳	庚午	辛未	壬申	癸酉	甲戌	乙亥	丙子	丁丑	戊寅	己卯	庚辰	辛巳	壬午	癸未	甲申	乙酉	丙戌	丁亥	戊子	己丑	庚寅	辛卯	壬辰	癸巳	甲午	乙未	丙申	丁酉
절입시각	오전 11시32분																			오전 5시0분									

乙巳年

二 金神

卯 大將軍　東 三殺　卯 吊客　未 喪門

正月 大　戊寅

	1	2	3	4	5	6	7	8	9	10	11	12	13	14	15	16	17	18	19	20	21	22	23	24	25	26	27	28	29	30
절기						立春															雨水									
음력	1	2	3	4	5	6	7	8	9	10	11	12	13	14	15	16	17	18	19	20	21	22	23	24	25	26	27	28	29	30
양력	1/29	30	31	2/1	2	3	4	5	6	7	8	9	10	11	12	13	14	15	16	17	18	19	20	21	22	23	24	25	26	27
일진	戊戌	己亥	庚子	辛丑	壬寅	癸卯	甲辰	乙巳	丙午	丁未	戊申	己酉	庚戌	辛亥	壬子	癸丑	甲寅	乙卯	丙辰	丁巳	戊午	己未	庚申	辛酉	壬戌	癸亥	甲子	乙丑	丙寅	丁卯
절입시각						오후 11시10분															오후 7시6분									

二月 小　己卯

	1	2	3	4	5	6	7	8	9	10	11	12	13	14	15	16	17	18	19	20	21	22	23	24	25	26	27	28	29
절기						驚蟄															春分								
음력	1	2	3	4	5	6	7	8	9	10	11	12	13	14	15	16	17	18	19	20	21	22	23	24	25	26	27	28	29
양력	2/28	3/1	2	3	4	5	6	7	8	9	10	11	12	13	14	15	16	17	18	19	20	21	22	23	24	25	26	27	28
일진	戊辰	己巳	庚午	辛未	壬申	癸酉	甲戌	乙亥	丙子	丁丑	戊寅	己卯	庚辰	辛巳	壬午	癸未	甲申	乙酉	丙戌	丁亥	戊子	己丑	庚寅	辛卯	壬辰	癸巳	甲午	乙未	丙申
절입시각						오후 5시7분															오후 6시1분								

三月 大　庚辰

	1	2	3	4	5	6	7	8	9	10	11	12	13	14	15	16	17	18	19	20	21	22	23	24	25	26	27	28	29	30
절기							清明																穀雨							
음력	1	2	3	4	5	6	7	8	9	10	11	12	13	14	15	16	17	18	19	20	21	22	23	24	25	26	27	28	29	30
양력	3/29	30	31	4/1	2	3	4	5	6	7	8	9	10	11	12	13	14	15	16	17	18	19	20	21	22	23	24	25	26	27
일진	丁酉	戊戌	己亥	庚子	辛丑	壬寅	癸卯	甲辰	乙巳	丙午	丁未	戊申	己酉	庚戌	辛亥	壬子	癸丑	甲寅	乙卯	丙辰	丁巳	戊午	己未	庚申	辛酉	壬戌	癸亥	甲子	乙丑	丙寅
절입시각							오후 9시48분																오전 4시56분							

四月 小　辛巳

	1	2	3	4	5	6	7	8	9	10	11	12	13	14	15	16	17	18	19	20	21	22	23	24	25	26	27	28	29
절기								立夏																小滿					
음력	1	2	3	4	5	6	7	8	9	10	11	12	13	14	15	16	17	18	19	20	21	22	23	24	25	26	27	28	29
양력	4/28	29	30	5/1	2	3	4	5	6	7	8	9	10	11	12	13	14	15	16	17	18	19	20	21	22	23	24	25	26
일진	丁卯	戊辰	己巳	庚午	辛未	壬申	癸酉	甲戌	乙亥	丙子	丁丑	戊寅	己卯	庚辰	辛巳	壬午	癸未	甲申	乙酉	丙戌	丁亥	戊子	己丑	庚寅	辛卯	壬辰	癸巳	甲午	乙未
절입시각								오후 2시57분																오전 3시54분					

五月 小　壬午

	1	2	3	4	5	6	7	8	9	10	11	12	13	14	15	16	17	18	19	20	21	22	23	24	25	26	27	28	29
절기										芒種																夏至			
음력	1	2	3	4	5	6	7	8	9	10	11	12	13	14	15	16	17	18	19	20	21	22	23	24	25	26	27	28	29
양력	5/27	28	29	30	31	6/1	2	3	4	5	6	7	8	9	10	11	12	13	14	15	16	17	18	19	20	21	22	23	24
일진	丙申	丁酉	戊戌	己亥	庚子	辛丑	壬寅	癸卯	甲辰	乙巳	丙午	丁未	戊申	己酉	庚戌	辛亥	壬子	癸丑	甲寅	乙卯	丙辰	丁巳	戊午	己未	庚申	辛酉	壬戌	癸亥	甲子
절입시각										오후 6시56분																오전 11시42분			

六月 大　癸未

	1	2	3	4	5	6	7	8	9	10	11	12	13	14	15	16	17	18	19	20	21	22	23	24	25	26	27	28	29	30
절기													小暑															大暑		
음력	1	2	3	4	5	6	7	8	9	10	11	12	13	14	15	16	17	18	19	20	21	22	23	24	25	26	27	28	29	30
양력	6/25	26	27	28	29	30	7/1	2	3	4	5	6	7	8	9	10	11	12	13	14	15	16	17	18	19	20	21	22	23	24
일진	乙丑	丙寅	丁卯	戊辰	己巳	庚午	辛未	壬申	癸酉	甲戌	乙亥	丙子	丁丑	戊寅	己卯	庚辰	辛巳	壬午	癸未	甲申	乙酉	丙戌	丁亥	戊子	己丑	庚寅	辛卯	壬辰	癸巳	甲午
절입시각													오전 5시5분															오후 10시29분		

閏 六 月 小

절기													立秋															
음력	1	2	3	4	5	6	7	8	9	10	11	12	13	14	15	16	17	18	19	20	21	22	23	24	25	26	27	28	29
양력	7/25	26	27	28	29	30	31	8/1	2	3	4	5	6	7	8	9	10	11	12	13	14	15	16	17	18	19	20	21	22
일진	乙未	丙申	丁酉	戊戌	己亥	庚子	辛丑	壬寅	癸卯	甲辰	乙巳	丙午	丁未	戊申	己酉	庚戌	辛亥	壬子	癸丑	甲寅	乙卯	丙辰	丁巳	戊午	己未	庚申	辛酉	壬戌	癸亥

절입시각: 오후 2시51분

七 月 大 — 甲 申

절기	處暑															白露														
음력	1	2	3	4	5	6	7	8	9	10	11	12	13	14	15	16	17	18	19	20	21	22	23	24	25	26	27	28	29	30
양력	8/23	24	25	26	27	28	29	30	31	9/1	2	3	4	5	6	7	8	9	10	11	12	13	14	15	16	17	18	19	20	21
일진	甲子	乙丑	丙寅	丁卯	戊辰	己巳	庚午	辛未	壬申	癸酉	甲戌	乙亥	丙子	丁丑	戊寅	己卯	庚辰	辛巳	壬午	癸未	甲申	乙酉	丙戌	丁亥	戊子	己丑	庚寅	辛卯	壬辰	癸巳

절입시각: 오전 5시34분 / 오후 5시52분

八 月 小 — 乙 酉

절기		秋分															寒露												
음력	1	2	3	4	5	6	7	8	9	10	11	12	13	14	15	16	17	18	19	20	21	22	23	24	25	26	27	28	29
양력	9/22	23	24	25	26	27	28	29	30	10/1	2	3	4	5	6	7	8	9	10	11	12	13	14	15	16	17	18	19	20
일진	甲午	乙未	丙申	丁酉	戊戌	己亥	庚子	辛丑	壬寅	癸卯	甲辰	乙巳	丙午	丁未	戊申	己酉	庚戌	辛亥	壬子	癸丑	甲寅	乙卯	丙辰	丁巳	戊午	己未	庚申	辛酉	壬戌

절입시각: 오전 3시19분 / 오전 9시41분

九 月 大 — 丙 戌

절기			霜降															立冬												
음력	1	2	3	4	5	6	7	8	9	10	11	12	13	14	15	16	17	18	19	20	21	22	23	24	25	26	27	28	29	30
양력	10/21	22	23	24	25	26	27	28	29	30	31	11/1	2	3	4	5	6	7	8	9	10	11	12	13	14	15	16	17	18	19
일진	癸亥	甲子	乙丑	丙寅	丁卯	戊辰	己巳	庚午	辛未	壬申	癸酉	甲戌	乙亥	丙子	丁丑	戊寅	己卯	庚辰	辛巳	壬午	癸未	甲申	乙酉	丙戌	丁亥	戊子	己丑	庚寅	辛卯	壬辰

절입시각: 오후 12시51분 / 오후 1시4분

十 月 大 — 丁 亥

절기			小雪															大雪												
음력	1	2	3	4	5	6	7	8	9	10	11	12	13	14	15	16	17	18	19	20	21	22	23	24	25	26	27	28	29	30
양력	11/20	21	22	23	24	25	26	27	28	29	30	12/1	2	3	4	5	6	7	8	9	10	11	12	13	14	15	16	17	18	19
일진	癸巳	甲午	乙未	丙申	丁酉	戊戌	己亥	庚子	辛丑	壬寅	癸卯	甲辰	乙巳	丙午	丁未	戊申	己酉	庚戌	辛亥	壬子	癸丑	甲寅	乙卯	丙辰	丁巳	戊午	己未	庚申	辛酉	壬戌

절입시각: 오전 10시35분 / 오전 6시4분

十 一 月 大 — 戊 子

절기			冬至														小寒													
음력	1	2	3	4	5	6	7	8	9	10	11	12	13	14	15	16	17	18	19	20	21	22	23	24	25	26	27	28	29	30
양력	12/20	21	22	23	24	25	26	27	28	29	30	31	1/1	2	3	4	5	6	7	8	9	10	11	12	13	14	15	16	17	18
일진	癸亥	甲子	乙丑	丙寅	丁卯	戊辰	己巳	庚午	辛未	壬申	癸酉	甲戌	乙亥	丙子	丁丑	戊寅	己卯	庚辰	辛巳	壬午	癸未	甲申	乙酉	丙戌	丁亥	戊子	己丑	庚寅	辛卯	壬辰

절입시각: 오전 0시3분 / 오후 5시23분

十 二 月 小 — 己 丑

절기		大寒															立春												
음력	1	2	3	4	5	6	7	8	9	10	11	12	13	14	15	16	17	18	19	20	21	22	23	24	25	26	27	28	29
양력	1/19	20	21	22	23	24	25	26	27	28	29	30	31	2/1	2	3	4	5	6	7	8	9	10	11	12	13	14	15	16
일진	癸巳	甲午	乙未	丙申	丁酉	戊戌	己亥	庚子	辛丑	壬寅	癸卯	甲辰	乙巳	丙午	丁未	戊申	己酉	庚戌	辛亥	壬子	癸丑	甲寅	乙卯	丙辰	丁巳	戊午	己未	庚申	辛酉

절입시각: 오전 10시45분 / 오전 5시2분

月建　正　月　大　　　庚寅

절기	음력	양력	일진
	1	2/17	壬戌
	2	18	癸亥
雨水	3	19	甲子
	4	20	乙丑
	5	21	丙寅
	6	22	丁卯
	7	23	戊辰
	8	24	己巳
	9	25	庚午
	10	26	辛未
	11	27	壬申
	12	28	癸酉
	13	3/1	甲戌
	14	2	乙亥
	15	3	丙子
	16	4	丁丑
驚蟄	17	5	戊寅
	18	6	己卯
	19	7	庚辰
	20	8	辛巳
	21	9	壬午
	22	10	癸未
	23	11	甲申
	24	12	乙酉
	25	13	丙戌
	26	14	丁亥
	27	15	戊子
	28	16	己丑
	29	17	庚寅
	30	18	辛卯

절입시각: 雨水 오전 0시52분　／　驚蟄 오후 10시59분

月建　二　月　小　　　辛卯

절기	음력	양력	일진
	1	3/19	壬辰
春分	2	20	癸巳
	3	21	甲午
	4	22	乙未
	5	23	丙申
	6	24	丁酉
	7	25	戊戌
	8	26	己亥
	9	27	庚子
	10	28	辛丑
	11	29	壬寅
	12	30	癸卯
	13	31	甲辰
淸明	14	4/1	乙巳
	15	2	丙午
	16	3	丁未
	17	4	戊申
	18	5	己酉
	19	6	庚戌
	20	7	辛亥
	21	8	壬子
	22	9	癸丑
	23	10	甲寅
	24	11	乙卯
	25	12	丙辰
	26	13	丁巳
	27	14	戊午
	28	15	己未
	29	16	庚申

절입시각: 春分 오후 11시46분　／　淸明 오전 3시40분

月建　三　月　大　　　壬辰

절기	음력	양력	일진
	1	4/17	辛酉
	2	18	壬戌
	3	19	癸亥
穀雨	4	20	甲子
	5	21	乙丑
	6	22	丙寅
	7	23	丁卯
	8	24	戊辰
	9	25	己巳
	10	26	庚午
	11	27	辛未
	12	28	壬申
	13	29	癸酉
	14	30	甲戌
立夏	15	5/1	乙亥
	16	2	丙子
	17	3	丁丑
	18	4	戊寅
	19	5	己卯
	20	6	庚辰
	21	7	辛巳
	22	8	壬午
	23	9	癸未
	24	10	甲申
	25	11	乙酉
	26	12	丙戌
	27	13	丁亥
	28	14	戊子
	29	15	己丑
	30	16	庚寅

절입시각: 穀雨 오전 10시39분　／　立夏 오후 8시48분

月建　四　月　小　　　癸巳

절기	음력	양력	일진
	1	5/17	辛卯
	2	18	壬辰
	3	19	癸巳
	4	20	甲午
小滿	5	21	乙未
	6	22	丙申
	7	23	丁酉
	8	24	戊戌
	9	25	己亥
	10	26	庚子
	11	27	辛丑
	12	28	壬寅
	13	29	癸卯
	14	30	甲辰
	15	31	乙巳
芒種	16	6/1	丙午
	17	2	丁未
	18	3	戊申
	19	4	己酉
	20	5	庚戌
	21	6	辛亥
	22	7	壬子
	23	8	癸丑
	24	9	甲寅
	25	10	乙卯
	26	11	丙辰
	27	12	丁巳
	28	13	戊午
	29	14	己未

절입시각: 小滿 오전 9시36분　／　芒種 오전 0시48분

月建　五　月　小　　　甲午

절기	음력	양력	일진
	1	6/15	庚申
	2	16	辛酉
	3	17	壬戌
	4	18	癸亥
	5	19	甲子
	6	20	乙丑
夏至	7	21	丙寅
	8	22	丁卯
	9	23	戊辰
	10	24	己巳
	11	25	庚午
	12	26	辛未
	13	27	壬申
	14	28	癸酉
	15	29	甲戌
	16	30	乙亥
	17	7/1	丙子
	18	2	丁丑
	19	3	戊寅
	20	4	己卯
	21	5	庚辰
	22	6	辛巳
小暑	23	7	壬午
	24	8	癸未
	25	9	甲申
	26	10	乙酉
	27	11	丙戌
	28	12	丁亥
	29	13	戊子

절입시각: 夏至 오후 5시24분　／　小暑 오전 10시57분

月建　六　月　大　　　乙未

절기	음력	양력	일진
	1	7/14	己丑
	2	15	庚寅
	3	16	辛卯
	4	17	壬辰
	5	18	癸巳
	6	19	甲午
	7	20	乙未
	8	21	丙申
	9	22	丁酉
大暑	10	23	戊戌
	11	24	己亥
	12	25	庚子
	13	26	辛丑
	14	27	壬寅
	15	28	癸卯
	16	29	甲辰
	17	30	乙巳
	18	31	丙午
	19	8/1	丁未
	20	2	戊申
	21	3	己酉
	22	4	庚戌
	23	5	辛亥
	24	6	壬子
立秋	25	7	癸丑
	26	8	甲寅
	27	9	乙卯
	28	10	丙辰
	29	11	丁巳
	30	12	戊午

절입시각: 大暑 오전 4시13분　／　立秋 오후 8시42분

月建	七　月　小																									丙　申			
절기											處暑															白露			
음력	1	2	3	4	5	6	7	8	9	10	11	12	13	14	15	16	17	18	19	20	21	22	23	24	25	26	27	28	29
양력	8/13	14	15	16	17	18	19	20	21	22	23	24	25	26	27	28	29	30	31	9/1	2	3	4	5	6	7	8	9	10
일진	己未	庚申	辛酉	壬戌	癸亥	甲子	乙丑	丙寅	丁卯	戊辰	己巳	庚午	辛未	壬申	癸酉	甲戌	乙亥	丙子	丁丑	戊寅	己卯	庚辰	辛巳	壬午	癸未	甲申	乙酉	丙戌	丁亥
절입시각											오전 11시18분															오후 11시41분			

月建	八　月　大																									丁　酉				
절기													秋分															寒露		
음력	1	2	3	4	5	6	7	8	9	10	11	12	13	14	15	16	17	18	19	20	21	22	23	24	25	26	27	28	29	30
양력	9/11	12	13	14	15	16	17	18	19	20	21	22	23	24	25	26	27	28	29	30	10/1	2	3	4	5	6	7	8	9	10
일진	戊子	己丑	庚寅	辛卯	壬辰	癸巳	甲午	乙未	丙申	丁酉	戊戌	己亥	庚子	辛丑	壬寅	癸卯	甲辰	乙巳	丙午	丁未	戊申	己酉	庚戌	辛亥	壬子	癸丑	甲寅	乙卯	丙辰	丁巳
절입시각													오전 9시5분															오후 3시29분		

月建	九　月　小																									戊　戌			
절기													霜降															立冬		
음력	1	2	3	4	5	6	7	8	9	10	11	12	13	14	15	16	17	18	19	20	21	22	23	24	25	26	27	28	29
양력	10/11	12	13	14	15	16	17	18	19	20	21	22	23	24	25	26	27	28	29	30	31	11/1	2	3	4	5	6	7	8
일진	戊午	己未	庚申	辛酉	壬戌	癸亥	甲子	乙丑	丙寅	丁卯	戊辰	己巳	庚午	辛未	壬申	癸酉	甲戌	乙亥	丙子	丁丑	戊寅	己卯	庚辰	辛巳	壬午	癸未	甲申	乙酉	丙戌
절입시각													오후 6시38분															오후 6시52분		

月建	十　月　大																									己　亥				
절기														小雪															大雪	
음력	1	2	3	4	5	6	7	8	9	10	11	12	13	14	15	16	17	18	19	20	21	22	23	24	25	26	27	28	29	30
양력	11/9	10	11	12	13	14	15	16	17	18	19	20	21	22	23	24	25	26	27	28	29	30	12/1	2	3	4	5	6	7	8
일진	丁亥	戊子	己丑	庚寅	辛卯	壬辰	癸巳	甲午	乙未	丙申	丁酉	戊戌	己亥	庚子	辛丑	壬寅	癸卯	甲辰	乙巳	丙午	丁未	戊申	己酉	庚戌	辛亥	壬子	癸丑	甲寅	乙卯	丙辰
절입시각														오후 4시23분															오전 11시52분	

月建	十　一　月　大																									庚　子				
절기														冬至														小寒		
음력	1	2	3	4	5	6	7	8	9	10	11	12	13	14	15	16	17	18	19	20	21	22	23	24	25	26	27	28	29	30
양력	12/9	10	11	12	13	14	15	16	17	18	19	20	21	22	23	24	25	26	27	28	29	30	31	1/1	2	3	4	5	6	7
일진	丁巳	戊午	己未	庚申	辛酉	壬戌	癸亥	甲子	乙丑	丙寅	丁卯	戊辰	己巳	庚午	辛未	壬申	癸酉	甲戌	乙亥	丙子	丁丑	戊寅	己卯	庚辰	辛巳	壬午	癸未	甲申	乙酉	丙戌
절입시각														오전 5시50분														오후 11시10분		

月建	十　二　月　大																									辛　丑				
절기													大寒													立春				
음력	1	2	3	4	5	6	7	8	9	10	11	12	13	14	15	16	17	18	19	20	21	22	23	24	25	26	27	28	29	30
양력	1/8	9	10	11	12	13	14	15	16	17	18	19	20	21	22	23	24	25	26	27	28	29	30	31	2/1	2	3	4	5	6
일진	丁亥	戊子	己丑	庚寅	辛卯	壬辰	癸巳	甲午	乙未	丙申	丁酉	戊戌	己亥	庚子	辛丑	壬寅	癸卯	甲辰	乙巳	丙午	丁未	戊申	己酉	庚戌	辛亥	壬子	癸丑	甲寅	乙卯	丙辰
절입시각													오후 4시29분												오전 10시46분					

2027년 | 檀紀 4360년 丁未年

四 金神

四月 黑中

卯 大將軍　西 三殺　巳 弔客　酉 喪門

月建 正 月 小 — 壬寅

절기: 雨水(음력 13), 驚蟄(음력 28)

음력	1	2	3	4	5	6	7	8	9	10	11	12	13	14	15	16	17	18	19	20	21	22	23	24	25	26	27	28	29
양력	2/7	8	9	10	11	12	13	14	15	16	17	18	19	20	21	22	23	24	25	26	27	28	3/1	2	3	4	5	6	7
일진	丁巳	戊午	己未	庚申	辛酉	壬戌	癸亥	甲子	乙丑	丙寅	丁卯	戊辰	己巳	庚午	辛未	壬申	癸酉	甲戌	乙亥	丙子	丁丑	戊寅	己卯	庚辰	辛巳	壬午	癸未	甲申	乙酉

절입시각: 雨水 오전 6시33분 · 驚蟄 오전 4시39분

月建 二 月 大 — 癸卯

절기: 春分(음력 14), 淸明(음력 29)

음력	1	2	3	4	5	6	7	8	9	10	11	12	13	14	15	16	17	18	19	20	21	22	23	24	25	26	27	28	29	30
양력	3/8	9	10	11	12	13	14	15	16	17	18	19	20	21	22	23	24	25	26	27	28	29	30	31	4/1	2	3	4	5	6
일진	丙戌	丁亥	戊子	己丑	庚寅	辛卯	壬辰	癸巳	甲午	乙未	丙申	丁酉	戊戌	己亥	庚子	辛丑	壬寅	癸卯	甲辰	乙巳	丙午	丁未	戊申	己酉	庚戌	辛亥	壬子	癸丑	甲寅	乙卯

절입시각: 春分 오전 5시24분 · 淸明 오전 9시17분

月建 三 月 小 — 甲辰

절기: 穀雨(음력 14)

음력	1	2	3	4	5	6	7	8	9	10	11	12	13	14	15	16	17	18	19	20	21	22	23	24	25	26	27	28	29
양력	4/7	8	9	10	11	12	13	14	15	16	17	18	19	20	21	22	23	24	25	26	27	28	29	30	5/1	2	3	4	5
일진	丙辰	丁巳	戊午	己未	庚申	辛酉	壬戌	癸亥	甲子	乙丑	丙寅	丁卯	戊辰	己巳	庚午	辛未	壬申	癸酉	甲戌	乙亥	丙子	丁丑	戊寅	己卯	庚辰	辛巳	壬午	癸未	甲申

절입시각: 穀雨 오후 4시17분

月建 四 月 大 — 乙巳

절기: 立夏(음력 1), 小滿(음력 16)

음력	1	2	3	4	5	6	7	8	9	10	11	12	13	14	15	16	17	18	19	20	21	22	23	24	25	26	27	28	29	30
양력	5/6	7	8	9	10	11	12	13	14	15	16	17	18	19	20	21	22	23	24	25	26	27	28	29	30	31	6/1	2	3	4
일진	乙酉	丙戌	丁亥	戊子	己丑	庚寅	辛卯	壬辰	癸巳	甲午	乙未	丙申	丁酉	戊戌	己亥	庚子	辛丑	壬寅	癸卯	甲辰	乙巳	丙午	丁未	戊申	己酉	庚戌	辛亥	壬子	癸丑	甲寅

절입시각: 立夏 오전 2시25분 · 小滿 오후 3시18분

月建 五 月 小 — 丙午

절기: 芒種(음력 2), 夏至(음력 17)

음력	1	2	3	4	5	6	7	8	9	10	11	12	13	14	15	16	17	18	19	20	21	22	23	24	25	26	27	28	29
양력	6/5	6	7	8	9	10	11	12	13	14	15	16	17	18	19	20	21	22	23	24	25	26	27	28	29	30	7/1	2	3
일진	乙卯	丙辰	丁巳	戊午	己未	庚申	辛酉	壬戌	癸亥	甲子	乙丑	丙寅	丁卯	戊辰	己巳	庚午	辛未	壬申	癸酉	甲戌	乙亥	丙子	丁丑	戊寅	己卯	庚辰	辛巳	壬午	癸未

절입시각: 芒種 오전 6시25분 · 夏至 오후 11시10분

月建 六 月 小 — 丁未

절기: 小暑(음력 4), 大暑(음력 20)

음력	1	2	3	4	5	6	7	8	9	10	11	12	13	14	15	16	17	18	19	20	21	22	23	24	25	26	27	28	29
양력	7/4	5	6	7	8	9	10	11	12	13	14	15	16	17	18	19	20	21	22	23	24	25	26	27	28	29	30	31	8/1
일진	甲申	乙酉	丙戌	丁亥	戊子	己丑	庚寅	辛卯	壬辰	癸巳	甲午	乙未	丙申	丁酉	戊戌	己亥	庚子	辛丑	壬寅	癸卯	甲辰	乙巳	丙午	丁未	戊申	己酉	庚戌	辛亥	壬子

절입시각: 小暑 오후 4시37분 · 大暑 오전 10시4분

七 月 大　　　　戊 申

月建: 戊申

절기					立秋																	處暑								
음력	1	2	3	4	5	6	7	8	9	10	11	12	13	14	15	16	17	18	19	20	21	22	23	24	25	26	27	28	29	30
양력	8/2	3	4	5	6	7	8	9	10	11	12	13	14	15	16	17	18	19	20	21	22	23	24	25	26	27	28	29	30	31
일진	癸丑	甲寅	乙卯	丙辰	丁巳	戊午	己未	庚申	辛酉	壬戌	癸亥	甲子	乙丑	丙寅	丁卯	戊辰	己巳	庚午	辛未	壬申	癸酉	甲戌	乙亥	丙子	丁丑	戊寅	己卯	庚辰	辛巳	壬午

절입시각: 立秋 오전 2시26분　／　處暑 오후 5시14분

八 月 小　　　　己 酉

月建: 己酉

절기							白露																秋分						
음력	1	2	3	4	5	6	7	8	9	10	11	12	13	14	15	16	17	18	19	20	21	22	23	24	25	26	27	28	29
양력	9/1	2	3	4	5	6	7	8	9	10	11	12	13	14	15	16	17	18	19	20	21	22	23	24	25	26	27	28	29
일진	癸未	甲申	乙酉	丙戌	丁亥	戊子	己丑	庚寅	辛卯	壬辰	癸巳	甲午	乙未	丙申	丁酉	戊戌	己亥	庚子	辛丑	壬寅	癸卯	甲辰	乙巳	丙午	丁未	戊申	己酉	庚戌	辛亥

절입시각: 白露 오전 5시28분　／　秋分 오후 3시1분

九 月 小　　　　庚 戌

月建: 庚戌

절기									寒露																霜降				
음력	1	2	3	4	5	6	7	8	9	10	11	12	13	14	15	16	17	18	19	20	21	22	23	24	25	26	27	28	29
양력	9/30	10/1	2	3	4	5	6	7	8	9	10	11	12	13	14	15	16	17	18	19	20	21	22	23	24	25	26	27	28
일진	壬子	癸丑	甲寅	乙卯	丙辰	丁巳	戊午	己未	庚申	辛酉	壬戌	癸亥	甲子	乙丑	丙寅	丁卯	戊辰	己巳	庚午	辛未	壬申	癸酉	甲戌	乙亥	丙子	丁丑	戊寅	己卯	庚辰

절입시각: 寒露 오후 9시17분　／　霜降 오전 0시33분

十 月 大　　　　辛 亥

月建: 辛亥

절기											立冬														小雪					
음력	1	2	3	4	5	6	7	8	9	10	11	12	13	14	15	16	17	18	19	20	21	22	23	24	25	26	27	28	29	30
양력	10/29	30	31	11/1	2	3	4	5	6	7	8	9	10	11	12	13	14	15	16	17	18	19	20	21	22	23	24	25	26	27
일진	辛巳	壬午	癸未	甲申	乙酉	丙戌	丁亥	戊子	己丑	庚寅	辛卯	壬辰	癸巳	甲午	乙未	丙申	丁酉	戊戌	己亥	庚子	辛丑	壬寅	癸卯	甲辰	乙巳	丙午	丁未	戊申	己酉	庚戌

절입시각: 立冬 오전 0시38분　／　小雪 오후 10시16분

十 一 月 大　　　　壬 子

月建: 壬子

절기										大雪															冬至					
음력	1	2	3	4	5	6	7	8	9	10	11	12	13	14	15	16	17	18	19	20	21	22	23	24	25	26	27	28	29	30
양력	11/28	29	30	12/1	2	3	4	5	6	7	8	9	10	11	12	13	14	15	16	17	18	19	20	21	22	23	24	25	26	27
일진	辛亥	壬子	癸丑	甲寅	乙卯	丙辰	丁巳	戊午	己未	庚申	辛酉	壬戌	癸亥	甲子	乙丑	丙寅	丁卯	戊辰	己巳	庚午	辛未	壬申	癸酉	甲戌	乙亥	丙子	丁丑	戊寅	己卯	庚辰

절입시각: 大雪 오후 5시37분　／　冬至 오전 11시42분

十 二 月 大　　　　癸 丑

月建: 癸丑

절기										小寒														大寒						
음력	1	2	3	4	5	6	7	8	9	10	11	12	13	14	15	16	17	18	19	20	21	22	23	24	25	26	27	28	29	30
양력	12/28	29	30	31	1/1	2	3	4	5	6	7	8	9	10	11	12	13	14	15	16	17	18	19	20	21	22	23	24	25	26
일진	辛巳	壬午	癸未	甲申	乙酉	丙戌	丁亥	戊子	己丑	庚寅	辛卯	壬辰	癸巳	甲午	乙未	丙申	丁酉	戊戌	己亥	庚子	辛丑	壬寅	癸卯	甲辰	乙巳	丙午	丁未	戊申	己酉	庚戌

절입시각: 小寒 오전 4시54분　／　大寒 오후 10시22분

月建　　正 月 小　　　甲 寅

음력	1	2	3	4	5	6	7	8	9	10	11	12	13	14	15	16	17	18	19	20	21	22	23	24	25	26	27	28	29
절기									立春															雨水					
양력	1/27	28	29	30	31	2/1	2	3	4	5	6	7	8	9	10	11	12	13	14	15	16	17	18	19	20	21	22	23	24
일진	辛亥	壬子	癸丑	甲寅	乙卯	丙辰	丁巳	戊午	己未	庚申	辛酉	壬戌	癸亥	甲子	乙丑	丙寅	丁卯	戊辰	己巳	庚午	辛未	壬申	癸酉	甲戌	乙亥	丙子	丁丑	戊寅	己卯

절입시각: 오후 4시31분 (立春)　　오후 12시26분 (雨水)

月建　　二 月 大　　　乙 卯

음력	1	2	3	4	5	6	7	8	9	10	11	12	13	14	15	16	17	18	19	20	21	22	23	24	25	26	27	28	29	30
절기						驚蟄																			春分					
양력	2/25	26	27	28	29	3/1	2	3	4	5	6	7	8	9	10	11	12	13	14	15	16	17	18	19	20	21	22	23	24	25
일진	庚辰	辛巳	壬午	癸未	甲申	乙酉	丙戌	丁亥	戊子	己丑	庚寅	辛卯	壬辰	癸巳	甲午	乙未	丙申	丁酉	戊戌	己亥	庚子	辛丑	壬寅	癸卯	甲辰	乙巳	丙午	丁未	戊申	己酉

절입시각: 오전 10시24분 (驚蟄)　　오전 11시17분 (春分)

月建　　三 月 大　　　丙 辰

음력	1	2	3	4	5	6	7	8	9	10	11	12	13	14	15	16	17	18	19	20	21	22	23	24	25	26	27	28	29	30
절기							清明																		穀雨					
양력	3/26	27	28	29	30	31	4/1	2	3	4	5	6	7	8	9	10	11	12	13	14	15	16	17	18	19	20	21	22	23	24
일진	庚戌	辛亥	壬子	癸丑	甲寅	乙卯	丙辰	丁巳	戊午	己未	庚申	辛酉	壬戌	癸亥	甲子	乙丑	丙寅	丁卯	戊辰	己巳	庚午	辛未	壬申	癸酉	甲戌	乙亥	丙子	丁丑	戊寅	己卯

절입시각: 오후 3시3분 (清明)　　오후 10시9분 (穀雨)

月建　　四 月 小　　　丁 巳

음력	1	2	3	4	5	6	7	8	9	10	11	12	13	14	15	16	17	18	19	20	21	22	23	24	25	26	27	28	29
절기							立夏																			小滿			
양력	4/25	26	27	28	29	5/1	2	3	4	5	6	7	8	9	10	11	12	13	14	15	16	17	18	19	20	21	22	23
일진	庚辰	辛巳	壬午	癸未	甲申	乙酉	丙戌	丁亥	戊子	己丑	庚寅	辛卯	壬辰	癸巳	甲午	乙未	丙申	丁酉	戊戌	己亥	庚子	辛丑	壬寅	癸卯	甲辰	乙巳	丙午	丁未	戊申

절입시각: 오전 8시12분 (立夏)　　오후 9시9분 (小滿)

月建　　五 月 大　　　戊 午

음력	1	2	3	4	5	6	7	8	9	10	11	12	13	14	15	16	17	18	19	20	21	22	23	24	25	26	27	28	29	30
절기									芒種																				夏至	
양력	5/24	25	26	27	28	29	30	31	6/1	2	3	4	5	6	7	8	9	10	11	12	13	14	15	16	17	18	19	20	21	22
일진	己酉	庚戌	辛亥	壬子	癸丑	甲寅	乙卯	丙辰	丁巳	戊午	己未	庚申	辛酉	壬戌	癸亥	甲子	乙丑	丙寅	丁卯	戊辰	己巳	庚午	辛未	壬申	癸酉	甲戌	乙亥	丙子	丁丑	戊寅

절입시각: 오후 12시16분 (芒種)　　오전 5시2분 (夏至)

月建　　閏 五 月 小

음력	1	2	3	4	5	6	7	8	9	10	11	12	13	14	15	16	17	18	19	20	21	22	23	24	25	26	27	28	29
절기									小暑																				
양력	6/23	24	25	26	27	28	29	30	7/1	2	3	4	5	6	7	8	9	10	11	12	13	14	15	16	17	18	19	20	21
일진	己卯	庚辰	辛巳	壬午	癸未	甲申	乙酉	丙戌	丁亥	戊子	己丑	庚寅	辛卯	壬辰	癸巳	甲午	乙未	丙申	丁酉	戊戌	己亥	庚子	辛丑	壬寅	癸卯	甲辰	乙巳	丙午	丁未

절입시각: 오후 10시30분 (小暑)

月建	六 月 小																												己 未
절기	大暑																立秋												
음력	1	2	3	4	5	6	7	8	9	10	11	12	13	14	15	16	17	18	19	20	21	22	23	24	25	26	27	28	29
양력	7/22	23	24	25	26	27	28	29	30	31	8/1	2	3	4	5	6	7	8	9	10	11	12	13	14	15	16	17	18	19
일진	戊申	己酉	庚戌	辛亥	壬子	癸丑	甲寅	乙卯	丙辰	丁巳	戊午	己未	庚申	辛酉	壬戌	癸亥	甲子	乙丑	丙寅	丁卯	戊辰	己巳	庚午	辛未	壬申	癸酉	甲戌	乙亥	丙子
절입시각	오후 3시54분																오전 8시21분												

月建	七 月 大																													庚 申
절기			處暑																白露											
음력	1	2	3	4	5	6	7	8	9	10	11	12	13	14	15	16	17	18	19	20	21	22	23	24	25	26	27	28	29	30
양력	8/20	21	22	23	24	25	26	27	28	29	30	31	9/1	2	3	4	5	6	7	8	9	10	11	12	13	14	15	16	17	18
일진	丁丑	戊寅	己卯	庚辰	辛巳	壬午	癸未	甲申	乙酉	丙戌	丁亥	戊子	己丑	庚寅	辛卯	壬辰	癸巳	甲午	乙未	丙申	丁酉	戊戌	己亥	庚子	辛丑	壬寅	癸卯	甲辰	乙巳	丙午
절입시각			오후 11시1분																오전 11시22분											

月建	八 月 小																												辛 酉
절기				秋分																寒露									
음력	1	2	3	4	5	6	7	8	9	10	11	12	13	14	15	16	17	18	19	20	21	22	23	24	25	26	27	28	29
양력	9/19	20	21	22	23	24	25	26	27	28	29	30	10/1	2	3	4	5	6	7	8	9	10	11	12	13	14	15	16	17
일진	丁未	戊申	己酉	庚戌	辛亥	壬子	癸丑	甲寅	乙卯	丙辰	丁巳	戊午	己未	庚申	辛酉	壬戌	癸亥	甲子	乙丑	丙寅	丁卯	戊辰	己巳	庚午	辛未	壬申	癸酉	甲戌	乙亥
절입시각				오후 8시45분																오전 3시8분									

月建	九 月 小																												壬 戌
절기						霜降															立冬								
음력	1	2	3	4	5	6	7	8	9	10	11	12	13	14	15	16	17	18	19	20	21	22	23	24	25	26	27	28	29
양력	10/18	19	20	21	22	23	24	25	26	27	28	29	30	31	11/1	2	3	4	5	6	7	8	9	10	11	12	13	14	15
일진	丙子	丁丑	戊寅	己卯	庚辰	辛巳	壬午	癸未	甲申	乙酉	丙戌	丁亥	戊子	己丑	庚寅	辛卯	壬辰	癸巳	甲午	乙未	丙申	丁酉	戊戌	己亥	庚子	辛丑	壬寅	癸卯	甲辰
절입시각						오전 6시13분															오전 6시27분								

月建	十 月 大																													癸 亥
절기							小雪									大雪														
음력	1	2	3	4	5	6	7	8	9	10	11	12	13	14	15	16	17	18	19	20	21	22	23	24	25	26	27	28	29	30
양력	11/16	17	18	19	20	21	22	23	24	25	26	27	28	29	30	12/1	2	3	4	5	6	7	8	9	10	11	12	13	14	15
일진	乙巳	丙午	丁未	戊申	己酉	庚戌	辛亥	壬子	癸丑	甲寅	乙卯	丙辰	丁巳	戊午	己未	庚申	辛酉	壬戌	癸亥	甲子	乙丑	丙寅	丁卯	戊辰	己巳	庚午	辛未	壬申	癸酉	甲戌
절입시각							오전 3시54분									오후 11시24분														

月建	十 一 月 大																													甲 子
절기						冬至											小寒													
음력	1	2	3	4	5	6	7	8	9	10	11	12	13	14	15	16	17	18	19	20	21	22	23	24	25	26	27	28	29	30
양력	12/16	17	18	19	20	21	22	23	24	25	26	27	28	29	30	31	1/1	2	3	4	5	6	7	8	9	10	11	12	13	14
일진	乙亥	丙子	丁丑	戊寅	己卯	庚辰	辛巳	壬午	癸未	甲申	乙酉	丙戌	丁亥	戊子	己丑	庚寅	辛卯	壬辰	癸巳	甲午	乙未	丙申	丁酉	戊戌	己亥	庚子	辛丑	壬寅	癸卯	甲辰
절입시각						오후 5시19분											오전 10시42분													

月建	十 二 月 小																												乙 丑
절기						大寒												立春											
음력	1	2	3	4	5	6	7	8	9	10	11	12	13	14	15	16	17	18	19	20	21	22	23	24	25	26	27	28	29
양력	1/15	16	17	18	19	20	21	22	23	24	25	26	27	28	29	30	31	2/1	2	3	4	5	6	7	8	9	10	11	12
일진	乙巳	丙午	丁未	戊申	己酉	庚戌	辛亥	壬子	癸丑	甲寅	乙卯	丙辰	丁巳	戊午	己未	庚申	辛酉	壬戌	癸亥	甲子	乙丑	丙寅	丁卯	戊辰	己巳	庚午	辛未	壬申	癸酉
절입시각						오전 4시0분												오후 10시20분											

2029년 | 檀紀 4362년   己酉年   金神 午未申酉

七月 黑中   午 大將軍   東 三殺   未 吊客   亥 喪門

月建 — 正 月 大   丙 寅

음력	1	2	3	4	5	6	7	8	9	10	11	12	13	14	15	16	17	18	19	20	21	22	23	24	25	26	27	28	29	30
절기						雨水															驚蟄									
양력	2/13	14	15	16	17	18	19	20	21	22	23	24	25	26	27	28	3/1	2	3	4	5	6	7	8	9	10	11	12	13	14
일진	甲戌	乙亥	丙子	丁丑	戊寅	己卯	庚辰	辛巳	壬午	癸未	甲申	乙酉	丙戌	丁亥	戊子	己丑	庚寅	辛卯	壬辰	癸巳	甲午	乙未	丙申	丁酉	戊戌	己亥	庚子	辛丑	壬寅	癸卯
절입시각						오후 6시8분															오후 4시17분									

月建 — 二 月 大   丁 卯

음력	1	2	3	4	5	6	7	8	9	10	11	12	13	14	15	16	17	18	19	20	21	22	23	24	25	26	27	28	29	30
절기						春分												清明												
양력	3/15	16	17	18	19	20	21	22	23	24	25	26	27	28	29	30	31	4/1	2	3	4	5	6	7	8	9	10	11	12	13
일진	甲辰	乙巳	丙午	丁未	戊申	己酉	庚戌	辛亥	壬子	癸丑	甲寅	乙卯	丙辰	丁巳	戊午	己未	庚申	辛酉	壬戌	癸亥	甲子	乙丑	丙寅	丁卯	戊辰	己巳	庚午	辛未	壬申	癸酉
절입시각						오후 5시2분												오후 8시58분												

月建 — 三 月 小   戊 辰

음력	1	2	3	4	5	6	7	8	9	10	11	12	13	14	15	16	17	18	19	20	21	22	23	24	25	26	27	28	29
절기							穀雨											立夏											
양력	4/14	15	16	17	18	19	20	21	22	23	24	25	26	27	28	29	30	5/1	2	3	4	5	6	7	8	9	10	11	12
일진	甲戌	乙亥	丙子	丁丑	戊寅	己卯	庚辰	辛巳	壬午	癸未	甲申	乙酉	丙戌	丁亥	戊子	己丑	庚寅	辛卯	壬辰	癸巳	甲午	乙未	丙申	丁酉	戊戌	己亥	庚子	辛丑	壬寅
절입시각							오전 3시55분											오후 2시7분											

月建 — 四 月 大   己 巳

음력	1	2	3	4	5	6	7	8	9	10	11	12	13	14	15	16	17	18	19	20	21	22	23	24	25	26	27	28	29	30
절기									小滿															芒種						
양력	5/13	14	15	16	17	18	19	20	21	22	23	24	25	26	27	28	29	30	31	6/1	2	3	4	5	6	7	8	9	10	11
일진	癸卯	甲辰	乙巳	丙午	丁未	戊申	己酉	庚戌	辛亥	壬子	癸丑	甲寅	乙卯	丙辰	丁巳	戊午	己未	庚申	辛酉	壬戌	癸亥	甲子	乙丑	丙寅	丁卯	戊辰	己巳	庚午	辛未	壬申
절입시각									오전 2시55분															오후 6시10분						

月建 — 五 月 大   庚 午

음력	1	2	3	4	5	6	7	8	9	10	11	12	13	14	15	16	17	18	19	20	21	22	23	24	25	26	27	28	29	30
절기										夏至																小暑				
양력	6/12	13	14	15	16	17	18	19	20	21	22	23	24	25	26	27	28	29	30	7/1	2	3	4	5	6	7	8	9	10	11
일진	癸酉	甲戌	乙亥	丙子	丁丑	戊寅	己卯	庚辰	辛巳	壬午	癸未	甲申	乙酉	丙戌	丁亥	戊子	己丑	庚寅	辛卯	壬辰	癸巳	甲午	乙未	丙申	丁酉	戊戌	己亥	庚子	辛丑	壬寅
절입시각										오전 10시48분																오전 4시22분				

月建 — 六 月 小   辛 未

음력	1	2	3	4	5	6	7	8	9	10	11	12	13	14	15	16	17	18	19	20	21	22	23	24	25	26	27	28	29
절기											大暑										立秋								
양력	7/12	13	14	15	16	17	18	19	20	21	22	23	24	25	26	27	28	29	30	31	8/1	2	3	4	5	6	7	8	9
일진	癸卯	甲辰	乙巳	丙午	丁未	戊申	己酉	庚戌	辛亥	壬子	癸丑	甲寅	乙卯	丙辰	丁巳	戊午	己未	庚申	辛酉	壬戌	癸亥	甲子	乙丑	丙寅	丁卯	戊辰	己巳	庚午	辛未
절입시각											오후 9시42분										오후 2시11분								

七 月 小　　壬 申

月建	1	2	3	4	5	6	7	8	9	10	11	12	13	14	15	16	17	18	19	20	21	22	23	24	25	26	27	28	29
절기														處暑															白露
음력	1	2	3	4	5	6	7	8	9	10	11	12	13	14	15	16	17	18	19	20	21	22	23	24	25	26	27	28	29
양력	8/10	11	12	13	14	15	16	17	18	19	20	21	22	23	24	25	26	27	28	29	30	31	9/1	2	3	4	5	6	7
일진	壬申	癸酉	甲戌	乙亥	丙子	丁丑	戊寅	己卯	庚辰	辛巳	壬午	癸未	甲申	乙酉	丙戌	丁亥	戊子	己丑	庚寅	辛卯	壬辰	癸巳	甲午	乙未	丙申	丁酉	戊戌	己亥	庚子
절입시각														오전 4시51분															오후 5시11분

八 月 大　　癸 酉

月建	1	2	3	4	5	6	7	8	9	10	11	12	13	14	15	16	17	18	19	20	21	22	23	24	25	26	27	28	29	30
절기																秋分														
음력	1	2	3	4	5	6	7	8	9	10	11	12	13	14	15	16	17	18	19	20	21	22	23	24	25	26	27	28	29	30
양력	9/8	9	10	11	12	13	14	15	16	17	18	19	20	21	22	23	24	25	26	27	28	29	30	10/1	2	3	4	5	6	7
일진	辛丑	壬寅	癸卯	甲辰	乙巳	丙午	丁未	戊申	己酉	庚戌	辛亥	壬子	癸丑	甲寅	乙卯	丙辰	丁巳	戊午	己未	庚申	辛酉	壬戌	癸亥	甲子	乙丑	丙寅	丁卯	戊辰	己巳	庚午
절입시각																오전 2시38분														

九 月 小　　甲 戌

月建	1	2	3	4	5	6	7	8	9	10	11	12	13	14	15	16	17	18	19	20	21	22	23	24	25	26	27	28	29
절기	寒露															霜降													
음력	1	2	3	4	5	6	7	8	9	10	11	12	13	14	15	16	17	18	19	20	21	22	23	24	25	26	27	28	29
양력	10/8	9	10	11	12	13	14	15	16	17	18	19	20	21	22	23	24	25	26	27	28	29	30	31	11/1	2	3	4	5
일진	辛未	壬申	癸酉	甲戌	乙亥	丙子	丁丑	戊寅	己卯	庚辰	辛巳	壬午	癸未	甲申	乙酉	丙戌	丁亥	戊子	己丑	庚寅	辛卯	壬辰	癸巳	甲午	乙未	丙申	丁酉	戊戌	己亥
절입시각	오전 8시58분															오후 12시8분													

十 月 小　　乙 亥

月建	1	2	3	4	5	6	7	8	9	10	11	12	13	14	15	16	17	18	19	20	21	22	23	24	25	26	27	28	29
절기		立冬															小雪												
음력	1	2	3	4	5	6	7	8	9	10	11	12	13	14	15	16	17	18	19	20	21	22	23	24	25	26	27	28	29
양력	11/6	7	8	9	10	11	12	13	14	15	16	17	18	19	20	21	22	23	24	25	26	27	28	29	30	12/1	2	3	4
일진	庚子	辛丑	壬寅	癸卯	甲辰	乙巳	丙午	丁未	戊申	己酉	庚戌	辛亥	壬子	癸丑	甲寅	乙卯	丙辰	丁巳	戊午	己未	庚申	辛酉	壬戌	癸亥	甲子	乙丑	丙寅	丁卯	戊辰
절입시각	오후 12시16분																오전 9시49분												

十 一 月 大　　丙 子

月建	1	2	3	4	5	6	7	8	9	10	11	12	13	14	15	16	17	18	19	20	21	22	23	24	25	26	27	28	29	30
절기			大雪														冬至													
음력	1	2	3	4	5	6	7	8	9	10	11	12	13	14	15	16	17	18	19	20	21	22	23	24	25	26	27	28	29	30
양력	12/5	6	7	8	9	10	11	12	13	14	15	16	17	18	19	20	21	22	23	24	25	26	27	28	29	30	31	1/1	2	3
일진	己巳	庚午	辛未	壬申	癸酉	甲戌	乙亥	丙子	丁丑	戊寅	己卯	庚辰	辛巳	壬午	癸未	甲申	乙酉	丙戌	丁亥	戊子	己丑	庚寅	辛卯	壬辰	癸巳	甲午	乙未	丙申	丁酉	戊戌
절입시각	오전 5시13분																오후 11시14분													

十 二 月 大　　丁 丑

月建	1	2	3	4	5	6	7	8	9	10	11	12	13	14	15	16	17	18	19	20	21	22	23	24	25	26	27	28	29	30
절기		小寒															大寒													
음력	1	2	3	4	5	6	7	8	9	10	11	12	13	14	15	16	17	18	19	20	21	22	23	24	25	26	27	28	29	30
양력	1/4	5	6	7	8	9	10	11	12	13	14	15	16	17	18	19	20	21	22	23	24	25	26	27	28	29	30	31	2/1	2
일진	己亥	庚子	辛丑	壬寅	癸卯	甲辰	乙巳	丙午	丁未	戊申	己酉	庚戌	辛亥	壬子	癸丑	甲寅	乙卯	丙辰	丁巳	戊午	己未	庚申	辛酉	壬戌	癸亥	甲子	乙丑	丙寅	丁卯	戊辰
절입시각	오후 4시29분																오전 9시53분													

2030년 | 檀紀 4363년　　**庚戌年**　　　　金神　辰巳

四月 黑中　　　　午 大將軍　北 三殺　申 吊客　子 喪門

月建　正　月　小　　戊寅

절기	立春															雨水													
음력	1	2	3	4	5	6	7	8	9	10	11	12	13	14	15	16	17	18	19	20	21	22	23	24	25	26	27	28	29
양력	2/3	4	5	6	7	8	9	10	11	12	13	14	15	16	17	18	19	20	21	22	23	24	25	26	27	28	3/1	2	3
일진	己巳	庚午	辛未	壬申	癸酉	甲戌	乙亥	丙子	丁丑	戊寅	己卯	庚辰	辛巳	壬午	癸未	甲申	乙酉	丙戌	丁亥	戊子	己丑	庚寅	辛卯	壬辰	癸巳	甲午	乙未	丙申	丁酉

절입시각: 오전 4시7분　　오후 11시59분

月建　二　月　大　　己卯

절기	驚蟄																春分													
음력	1	2	3	4	5	6	7	8	9	10	11	12	13	14	15	16	17	18	19	20	21	22	23	24	25	26	27	28	29	30
양력	3/4	5	6	7	8	9	10	11	12	13	14	15	16	17	18	19	20	21	22	23	24	25	26	27	28	29	30	31	4/1	2
일진	戊戌	己亥	庚子	辛丑	壬寅	癸卯	甲辰	乙巳	丙午	丁未	戊申	己酉	庚戌	辛亥	壬子	癸丑	甲寅	乙卯	丙辰	丁巳	戊午	己未	庚申	辛酉	壬戌	癸亥	甲子	乙丑	丙寅	丁卯

절입시각: 오후 10시2분　　오후 10시51분

月建　三　月　小　　庚辰

절기			淸明															穀雨											
음력	1	2	3	4	5	6	7	8	9	10	11	12	13	14	15	16	17	18	19	20	21	22	23	24	25	26	27	28	29
양력	4/3	4	5	6	7	8	9	10	11	12	13	14	15	16	17	18	19	20	21	22	23	24	25	26	27	28	29	30	5/1
일진	戊辰	己巳	庚午	辛未	壬申	癸酉	甲戌	乙亥	丙子	丁丑	戊寅	己卯	庚辰	辛巳	壬午	癸未	甲申	乙酉	丙戌	丁亥	戊子	己丑	庚寅	辛卯	壬辰	癸巳	甲午	乙未	丙申

절입시각: 오전 2시40분　　오전 9시42분

月建　四　月　大　　辛巳

절기				立夏																小滿										
음력	1	2	3	4	5	6	7	8	9	10	11	12	13	14	15	16	17	18	19	20	21	22	23	24	25	26	27	28	29	30
양력	5/2	3	4	5	6	7	8	9	10	11	12	13	14	15	16	17	18	19	20	21	22	23	24	25	26	27	28	29	30	31
일진	丁酉	戊戌	己亥	庚子	辛丑	壬寅	癸卯	甲辰	乙巳	丙午	丁未	戊申	己酉	庚戌	辛亥	壬子	癸丑	甲寅	乙卯	丙辰	丁巳	戊午	己未	庚申	辛酉	壬戌	癸亥	甲子	乙丑	丙寅

절입시각: 오후 7시45분　　오전 8시40분

月建　五　月　大　　壬午

절기					芒種																夏至									
음력	1	2	3	4	5	6	7	8	9	10	11	12	13	14	15	16	17	18	19	20	21	22	23	24	25	26	27	28	29	30
양력	6/1	2	3	4	5	6	7	8	9	10	11	12	13	14	15	16	17	18	19	20	21	22	23	24	25	26	27	28	29	30
일진	丁卯	戊辰	己巳	庚午	辛未	壬申	癸酉	甲戌	乙亥	丙子	丁丑	戊寅	己卯	庚辰	辛巳	壬午	癸未	甲申	乙酉	丙戌	丁亥	戊子	己丑	庚寅	辛卯	壬辰	癸巳	甲午	乙未	丙申

절입시각: 오후 11시43분　　오후 4시30분

月建　六　月　小　　癸未

절기							小暑																大暑						
음력	1	2	3	4	5	6	7	8	9	10	11	12	13	14	15	16	17	18	19	20	21	22	23	24	25	26	27	28	29
양력	7/1	2	3	4	5	6	7	8	9	10	11	12	13	14	15	16	17	18	19	20	21	22	23	24	25	26	27	28	29
일진	丁酉	戊戌	己亥	庚子	辛丑	壬寅	癸卯	甲辰	乙巳	丙午	丁未	戊申	己酉	庚戌	辛亥	壬子	癸丑	甲寅	乙卯	丙辰	丁巳	戊午	己未	庚申	辛酉	壬戌	癸亥	甲子	乙丑

절입시각: 오전 9시54분　　오전 3시24분

月建	七 月 大																							甲 申						
절기									立秋																處暑					
음력	1	2	3	4	5	6	7	8	9	10	11	12	13	14	15	16	17	18	19	20	21	22	23	24	25	26	27	28	29	30
양력	7/30	31	8/1	2	3	4	5	6	7	8	9	10	11	12	13	14	15	16	17	18	19	20	21	22	23	24	25	26	27	28
일진	丙寅	丁卯	戊辰	己巳	庚午	辛未	壬申	癸酉	甲戌	乙亥	丙子	丁丑	戊寅	己卯	庚辰	辛巳	壬午	癸未	甲申	乙酉	丙戌	丁亥	戊子	己丑	庚寅	辛卯	壬辰	癸巳	甲午	乙未
절입시각	오후 7시46분														오전 10시35분															

月建	八 月 小																							乙 酉					
절기										白露																秋分			
음력	1	2	3	4	5	6	7	8	9	10	11	12	13	14	15	16	17	18	19	20	21	22	23	24	25	26	27	28	29
양력	8/29	30	31	9/1	2	3	4	5	6	7	8	9	10	11	12	13	14	15	16	17	18	19	20	21	22	23	24	25	26
일진	丙申	丁酉	戊戌	己亥	庚子	辛丑	壬寅	癸卯	甲辰	乙巳	丙午	丁未	戊申	己酉	庚戌	辛亥	壬子	癸丑	甲寅	乙卯	丙辰	丁巳	戊午	己未	庚申	辛酉	壬戌	癸亥	甲子
절입시각	오후 10시52분													오전 8시26분															

月建	九 月 大																							丙 戌						
절기					寒露								霜降														霜降			
음력	1	2	3	4	5	6	7	8	9	10	11	12	13	14	15	16	17	18	19	20	21	22	23	24	25	26	27	28	29	30
양력	9/27	28	29	30	10/1	2	3	4	5	6	7	8	9	10	11	12	13	14	15	16	17	18	19	20	21	22	23	24	25	26
일진	乙丑	丙寅	丁卯	戊辰	己巳	庚午	辛未	壬申	癸酉	甲戌	乙亥	丙子	丁丑	戊寅	己卯	庚辰	辛巳	壬午	癸未	甲申	乙酉	丙戌	丁亥	戊子	己丑	庚寅	辛卯	壬辰	癸巳	甲午
절입시각	오후 2시44분														오후 5시59분															

月建	十 月 小																							丁 亥					
절기						立冬						小雪															小雪		
음력	1	2	3	4	5	6	7	8	9	10	11	12	13	14	15	16	17	18	19	20	21	22	23	24	25	26	27	28	29
양력	10/27	28	29	30	31	11/1	2	3	4	5	6	7	8	9	10	11	12	13	14	15	16	17	18	19	20	21	22	23	24
일진	乙未	丙申	丁酉	戊戌	己亥	庚子	辛丑	壬寅	癸卯	甲辰	乙巳	丙午	丁未	戊申	己酉	庚戌	辛亥	壬子	癸丑	甲寅	乙卯	丙辰	丁巳	戊午	己未	庚申	辛酉	壬戌	癸亥
절입시각	오후 6시7분													오후 3시43분															

月建	十 一 月 大																							戊 子						
절기							大雪						冬至															冬至		
음력	1	2	3	4	5	6	7	8	9	10	11	12	13	14	15	16	17	18	19	20	21	22	23	24	25	26	27	28	29	30
양력	11/25	26	27	28	29	30	12/1	2	3	4	5	6	7	8	9	10	11	12	13	14	15	16	17	18	19	20	21	22	23	24
일진	甲子	乙丑	丙寅	丁卯	戊辰	己巳	庚午	辛未	壬申	癸酉	甲戌	乙亥	丙子	丁丑	戊寅	己卯	庚辰	辛巳	壬午	癸未	甲申	乙酉	丙戌	丁亥	戊子	己丑	庚寅	辛卯	壬辰	癸巳
절입시각	오전 11시6분														오전 5시8분															

月建	十 二 月 小																							己 丑					
절기								小寒																			大寒		
음력	1	2	3	4	5	6	7	8	9	10	11	12	13	14	15	16	17	18	19	20	21	22	23	24	25	26	27	28	29
양력	12/25	26	27	28	29	30	31	1/1	2	3	4	5	6	7	8	9	10	11	12	13	14	15	16	17	18	19	20	21	22
일진	甲午	乙未	丙申	丁酉	戊戌	己亥	庚子	辛丑	壬寅	癸卯	甲辰	乙巳	丙午	丁未	戊申	己酉	庚戌	辛亥	壬子	癸丑	甲寅	乙卯	丙辰	丁巳	戊午	己未	庚申	辛酉	壬戌
절입시각	오후 10시22분													오후 3시47분															

2031년 | 檀紀 4364년　辛亥年

金神　子丑寅卯午未

正月 十月 黑中

酉 大將軍　西 三殺　酉 吊客　丑 喪門

月建　正 月 大　庚 寅

음력	1	2	3	4	5	6	7	8	9	10	11	12	13	14	15	16	17	18	19	20	21	22	23	24	25	26	27	28	29	30
절기													立春															雨水		
양력	1/23	24	25	26	27	28	29	30	31	2/1	2	3	4	5	6	7	8	9	10	11	12	13	14	15	16	17	18	19	20	21
일진	癸亥	甲子	乙丑	丙寅	丁卯	戊辰	己巳	庚午	辛未	壬申	癸酉	甲戌	乙亥	丙子	丁丑	戊寅	己卯	庚辰	辛巳	壬午	癸未	甲申	乙酉	丙戌	丁亥	戊子	己丑	庚寅	辛卯	壬辰

절입시각: 立春 오전 9시57분　雨水 오전 5시50분

月建　二 月 小　辛 卯

음력	1	2	3	4	5	6	7	8	9	10	11	12	13	14	15	16	17	18	19	20	21	22	23	24	25	26	27	28	29
절기													驚蟄															春分	
양력	2/22	23	24	25	26	27	28	3/1	2	3	4	5	6	7	8	9	10	11	12	13	14	15	16	17	18	19	20	21	22
일진	癸巳	甲午	乙未	丙申	丁酉	戊戌	己亥	庚子	辛丑	壬寅	癸卯	甲辰	乙巳	丙午	丁未	戊申	己酉	庚戌	辛亥	壬子	癸丑	甲寅	乙卯	丙辰	丁巳	戊午	己未	庚申	辛酉

절입시각: 驚蟄 오전 3시50분　春分 오전 4시40분

月建　三 月 大　壬 辰

음력	1	2	3	4	5	6	7	8	9	10	11	12	13	14	15	16	17	18	19	20	21	22	23	24	25	26	27	28	29	30
절기														清明															穀雨	
양력	3/23	24	25	26	27	28	29	30	31	4/1	2	3	4	5	6	7	8	9	10	11	12	13	14	15	16	17	18	19	20	21
일진	壬戌	癸亥	甲子	乙丑	丙寅	丁卯	戊辰	己巳	庚午	辛未	壬申	癸酉	甲戌	乙亥	丙子	丁丑	戊寅	己卯	庚辰	辛巳	壬午	癸未	甲申	乙酉	丙戌	丁亥	戊子	己丑	庚寅	辛卯

절입시각: 清明 오전 8시27분　穀雨 오후 3시30분

月建　閏 三 月 小

음력	1	2	3	4	5	6	7	8	9	10	11	12	13	14	15	16	17	18	19	20	21	22	23	24	25	26	27	28	29
절기															立夏														
양력	4/22	23	24	25	26	27	28	29	30	5/1	2	3	4	5	6	7	8	9	10	11	12	13	14	15	16	17	18	19	20
일진	壬辰	癸巳	甲午	乙未	丙申	丁酉	戊戌	己亥	庚子	辛丑	壬寅	癸卯	甲辰	乙巳	丙午	丁未	戊申	己酉	庚戌	辛亥	壬子	癸丑	甲寅	乙卯	丙辰	丁巳	戊午	己未	庚申

절입시각: 立夏 오전 1시34분

月建　四 月 大　癸 巳

음력	1	2	3	4	5	6	7	8	9	10	11	12	13	14	15	16	17	18	19	20	21	22	23	24	25	26	27	28	29	30
절기	小滿																芒種													
양력	5/21	22	23	24	25	26	27	28	29	30	31	6/1	2	3	4	5	6	7	8	9	10	11	12	13	14	15	16	17	18	19
일진	辛酉	壬戌	癸亥	甲子	乙丑	丙寅	丁卯	戊辰	己巳	庚午	辛未	壬申	癸酉	甲戌	乙亥	丙子	丁丑	戊寅	己卯	庚辰	辛巳	壬午	癸未	甲申	乙酉	丙戌	丁亥	戊子	己丑	庚寅

절입시각: 小滿 오후 2시27분　芒種 오전 5시34분

月建　五 月 小　甲 午

음력	1	2	3	4	5	6	7	8	9	10	11	12	13	14	15	16	17	18	19	20	21	22	23	24	25	26	27	28	29
절기		夏至																小暑											
양력	6/20	21	22	23	24	25	26	27	28	29	30	7/1	2	3	4	5	6	7	8	9	10	11	12	13	14	15	16	17	18
일진	辛卯	壬辰	癸巳	甲午	乙未	丙申	丁酉	戊戌	己亥	庚子	辛丑	壬寅	癸卯	甲辰	乙巳	丙午	丁未	戊申	己酉	庚戌	辛亥	壬子	癸丑	甲寅	乙卯	丙辰	丁巳	戊午	己未

절입시각: 夏至 오후 10시16분　小暑 오후 3시48분

六 月 大 — 乙 未

月建	1	2	3	4	5	6	7	8	9	10	11	12	13	14	15	16	17	18	19	20	21	22	23	24	25	26	27	28	29	30
절기					大暑																立秋									
음력	1	2	3	4	5	6	7	8	9	10	11	12	13	14	15	16	17	18	19	20	21	22	23	24	25	26	27	28	29	30
양력	7/19	20	21	22	23	24	25	26	27	28	29	30	31	8/1	2	3	4	5	6	7	8	9	10	11	12	13	14	15	16	17
일진	庚申	辛酉	壬戌	癸亥	甲子	乙丑	丙寅	丁卯	戊辰	己巳	庚午	辛未	壬申	癸酉	甲戌	乙亥	丙子	丁丑	戊寅	己卯	庚辰	辛巳	壬午	癸未	甲申	乙酉	丙戌	丁亥	戊子	己丑

절입시각: 오전 9시9분 / 오전 1시42분

七 月 大 — 丙 申

月建	1	2	3	4	5	6	7	8	9	10	11	12	13	14	15	16	17	18	19	20	21	22	23	24	25	26	27	28	29	30
절기						處暑																白露								
음력	1	2	3	4	5	6	7	8	9	10	11	12	13	14	15	16	17	18	19	20	21	22	23	24	25	26	27	28	29	30
양력	8/18	19	20	21	22	23	24	25	26	27	28	29	30	31	9/1	2	3	4	5	6	7	8	9	10	11	12	13	14	15	16
일진	庚寅	辛卯	壬辰	癸巳	甲午	乙未	丙申	丁酉	戊戌	己亥	庚子	辛丑	壬寅	癸卯	甲辰	乙巳	丙午	丁未	戊申	己酉	庚戌	辛亥	壬子	癸丑	甲寅	乙卯	丙辰	丁巳	戊午	己未

절입시각: 오후 4시22분 / 오전 4시49분

八 月 小 — 丁 酉

月建	1	2	3	4	5	6	7	8	9	10	11	12	13	14	15	16	17	18	19	20	21	22	23	24	25	26	27	28	29
절기							秋分															寒露							
음력	1	2	3	4	5	6	7	8	9	10	11	12	13	14	15	16	17	18	19	20	21	22	23	24	25	26	27	28	29
양력	9/17	18	19	20	21	22	23	24	25	26	27	28	29	30	10/1	2	3	4	5	6	7	8	9	10	11	12	13	14	15
일진	庚申	辛酉	壬戌	癸亥	甲子	乙丑	丙寅	丁卯	戊辰	己巳	庚午	辛未	壬申	癸酉	甲戌	乙亥	丙子	丁丑	戊寅	己卯	庚辰	辛巳	壬午	癸未	甲申	乙酉	丙戌	丁亥	戊子

절입시각: 오후 2시14분 / 오후 8시42분

九 月 大 — 戊 戌

月建	1	2	3	4	5	6	7	8	9	10	11	12	13	14	15	16	17	18	19	20	21	22	23	24	25	26	27	28	29	30
절기								霜降																立冬						
음력	1	2	3	4	5	6	7	8	9	10	11	12	13	14	15	16	17	18	19	20	21	22	23	24	25	26	27	28	29	30
양력	10/16	17	18	19	20	21	22	23	24	25	26	27	28	29	30	31	11/1	2	3	4	5	6	7	8	9	10	11	12	13	14
일진	己丑	庚寅	辛卯	壬辰	癸巳	甲午	乙未	丙申	丁酉	戊戌	己亥	庚子	辛丑	壬寅	癸卯	甲辰	乙巳	丙午	丁未	戊申	己酉	庚戌	辛亥	壬子	癸丑	甲寅	乙卯	丙辰	丁巳	戊午

절입시각: 오후 11시48분 / 오전 0시4분

十 月 小 — 己 亥

月建	1	2	3	4	5	6	7	8	9	10	11	12	13	14	15	16	17	18	19	20	21	22	23	24	25	26	27	28	29
절기								小雪															大雪						
음력	1	2	3	4	5	6	7	8	9	10	11	12	13	14	15	16	17	18	19	20	21	22	23	24	25	26	27	28	29
양력	11/15	16	17	18	19	20	21	22	23	24	25	26	27	28	29	30	12/1	2	3	4	5	6	7	8	9	10	11	12	13
일진	己未	庚申	辛酉	壬戌	癸亥	甲子	乙丑	丙寅	丁卯	戊辰	己巳	庚午	辛未	壬申	癸酉	甲戌	乙亥	丙子	丁丑	戊寅	己卯	庚辰	辛巳	壬午	癸未	甲申	乙酉	丙戌	丁亥

절입시각: 오후 9시31분 / 오후 5시2분

十 一 月 大 — 庚 子

月建	1	2	3	4	5	6	7	8	9	10	11	12	13	14	15	16	17	18	19	20	21	22	23	24	25	26	27	28	29	30
절기									冬至										小寒											
음력	1	2	3	4	5	6	7	8	9	10	11	12	13	14	15	16	17	18	19	20	21	22	23	24	25	26	27	28	29	30
양력	12/14	15	16	17	18	19	20	21	22	23	24	25	26	27	28	29	30	31	1/1	2	3	4	5	6	7	8	9	10	11	12
일진	戊子	己丑	庚寅	辛卯	壬辰	癸巳	甲午	乙未	丙申	丁酉	戊戌	己亥	庚子	辛丑	壬寅	癸卯	甲辰	乙巳	丙午	丁未	戊申	己酉	庚戌	辛亥	壬子	癸丑	甲寅	乙卯	丙辰	丁巳

절입시각: 오전 10시54분 / 오전 4시15분

十 二 月 小 — 辛 丑

月建	1	2	3	4	5	6	7	8	9	10	11	12	13	14	15	16	17	18	19	20	21	22	23	24	25	26	27	28	29
절기								大寒												立春									
음력	1	2	3	4	5	6	7	8	9	10	11	12	13	14	15	16	17	18	19	20	21	22	23	24	25	26	27	28	29
양력	1/13	14	15	16	17	18	19	20	21	22	23	24	25	26	27	28	29	30	31	2/1	2	3	4	5	6	7	8	9	10
일진	戊午	己未	庚申	辛酉	壬戌	癸亥	甲子	乙丑	丙寅	丁卯	戊辰	己巳	庚午	辛未	壬申	癸酉	甲戌	乙亥	丙子	丁丑	戊寅	己卯	庚辰	辛巳	壬午	癸未	甲申	乙酉	丙戌

절입시각: 오후 9시30분 / 오후 3시48분

2032년 | 檀紀 4365년 　壬子年　金神　寅卯戌亥

七月　黑中　　　酉 大將軍　南 三殺　戌 吊客　寅 喪門

月建　正　月　大　　　壬　寅

절기: 雨水 (음력 9) / 驚蟄 (음력 24)

음력	1	2	3	4	5	6	7	8	9	10	11	12	13	14	15	16	17	18	19	20	21	22	23	24	25	26	27	28	29	30
양력	2/11	12	13	14	15	16	17	18	19	20	21	22	23	24	25	26	27	28	29	3/1	2	3	4	5	6	7	8	9	10	11
일진	丁亥	戊子	己丑	庚寅	辛卯	壬辰	癸巳	甲午	乙未	丙申	丁酉	戊戌	己亥	庚子	辛丑	壬寅	癸卯	甲辰	乙巳	丙午	丁未	戊申	己酉	庚戌	辛亥	壬子	癸丑	甲寅	乙卯	丙辰

절입시각: 오전 11시31분 / 오전 9시39분

月建　二　月　小　　　癸　卯

절기: 春分 (음력 9) / 淸明 (음력 21)

음력	1	2	3	4	5	6	7	8	9	10	11	12	13	14	15	16	17	18	19	20	21	22	23	24	25	26	27	28	29
양력	3/12	13	14	15	16	17	18	19	20	21	22	23	24	25	26	27	28	29	30	31	4/1	2	3	4	5	6	7	8	9
일진	丁巳	戊午	己未	庚申	辛酉	壬戌	癸亥	甲子	乙丑	丙寅	丁卯	戊辰	己巳	庚午	辛未	壬申	癸酉	甲戌	乙亥	丙子	丁丑	戊寅	己卯	庚辰	辛巳	壬午	癸未	甲申	乙酉

절입시각: 오전 10시21분 / 오후 2시16분

月建　三　月　小　　　甲　辰

절기: 穀雨 (음력 10) / 立夏 (음력 22)

음력	1	2	3	4	5	6	7	8	9	10	11	12	13	14	15	16	17	18	19	20	21	22	23	24	25	26	27	28	29
양력	4/10	11	12	13	14	15	16	17	18	19	20	21	22	23	24	25	26	27	28	29	30	5/1	2	3	4	5	6	7	8
일진	丙戌	丁亥	戊子	己丑	庚寅	辛卯	壬辰	癸巳	甲午	乙未	丙申	丁酉	戊戌	己亥	庚子	辛丑	壬寅	癸卯	甲辰	乙巳	丙午	丁未	戊申	己酉	庚戌	辛亥	壬子	癸丑	甲寅

절입시각: 오후 9시13분 / 오전 7시25분

月建　四　月　大　　　乙　巳

절기: 小滿 (음력 12) / 芒種 (음력 24)

음력	1	2	3	4	5	6	7	8	9	10	11	12	13	14	15	16	17	18	19	20	21	22	23	24	25	26	27	28	29	30
양력	5/9	10	11	12	13	14	15	16	17	18	19	20	21	22	23	24	25	26	27	28	29	30	31	6/1	2	3	4	5	6	7
일진	乙卯	丙辰	丁巳	戊午	己未	庚申	辛酉	壬戌	癸亥	甲子	乙丑	丙寅	丁卯	戊辰	己巳	庚午	辛未	壬申	癸酉	甲戌	乙亥	丙子	丁丑	戊寅	己卯	庚辰	辛巳	壬午	癸未	甲申

절입시각: 오후 8시14분 / 오전 11시27분

月建　五　月　小　　　丙　午

절기: 夏至 (음력 14) / 小暑 (음력 29)

음력	1	2	3	4	5	6	7	8	9	10	11	12	13	14	15	16	17	18	19	20	21	22	23	24	25	26	27	28	29
양력	6/8	9	10	11	12	13	14	15	16	17	18	19	20	21	22	23	24	25	26	27	28	29	30	7/1	2	3	4	5	6
일진	乙酉	丙戌	丁亥	戊子	己丑	庚寅	辛卯	壬辰	癸巳	甲午	乙未	丙申	丁酉	戊戌	己亥	庚子	辛丑	壬寅	癸卯	甲辰	乙巳	丙午	丁未	戊申	己酉	庚戌	辛亥	壬子	癸丑

절입시각: 오전 4시7분 / 오후 9시40분

月建　六　月　大　　　丁　未

절기: 大暑 (음력 16)

음력	1	2	3	4	5	6	7	8	9	10	11	12	13	14	15	16	17	18	19	20	21	22	23	24	25	26	27	28	29	30
양력	7/7	8	9	10	11	12	13	14	15	16	17	18	19	20	21	22	23	24	25	26	27	28	29	30	31	8/1	2	3	4	5
일진	甲寅	乙卯	丙辰	丁巳	戊午	己未	庚申	辛酉	壬戌	癸亥	甲子	乙丑	丙寅	丁卯	戊辰	己巳	庚午	辛未	壬申	癸酉	甲戌	乙亥	丙子	丁丑	戊寅	己卯	庚辰	辛巳	壬午	癸未

절입시각: 오후 3시3분

月建	七 月 大																													戊 申
절기		立秋															處暑													
음력	1	2	3	4	5	6	7	8	9	10	11	12	13	14	15	16	17	18	19	20	21	22	23	24	25	26	27	28	29	30
양력	8/6	7	8	9	10	11	12	13	14	15	16	17	18	19	20	21	22	23	24	25	26	27	28	29	30	31	9/1	2	3	4
일진	甲申	乙酉	丙戌	丁亥	戊子	己丑	庚寅	辛卯	壬辰	癸巳	甲午	乙未	丙申	丁酉	戊戌	己亥	庚子	辛丑	壬寅	癸卯	甲辰	乙巳	丙午	丁未	戊申	己酉	庚戌	辛亥	壬子	癸丑
절입시각	오전 7시31분																오후 10시17분													

月建	八 月 小																												己 酉
절기			白露															秋分											
음력	1	2	3	4	5	6	7	8	9	10	11	12	13	14	15	16	17	18	19	20	21	22	23	24	25	26	27	28	29
양력	9/5	6	7	8	9	10	11	12	13	14	15	16	17	18	19	20	21	22	23	24	25	26	27	28	29	30	10/1	2	3
일진	甲寅	乙卯	丙辰	丁巳	戊午	己未	庚申	辛酉	壬戌	癸亥	甲子	乙丑	丙寅	丁卯	戊辰	己巳	庚午	辛未	壬申	癸酉	甲戌	乙亥	丙子	丁丑	戊寅	己卯	庚辰	辛巳	壬午
절입시각	오전 10시37분																	오후 8시10분											

月建	九 月 大																													庚 戌
절기					寒露															霜降										
음력	1	2	3	4	5	6	7	8	9	10	11	12	13	14	15	16	17	18	19	20	21	22	23	24	25	26	27	28	29	30
양력	10/4	5	6	7	8	9	10	11	12	13	14	15	16	17	18	19	20	21	22	23	24	25	26	27	28	29	30	31	11/1	2
일진	癸未	甲申	乙酉	丙戌	丁亥	戊子	己丑	庚寅	辛卯	壬辰	癸巳	甲午	乙未	丙申	丁酉	戊戌	己亥	庚子	辛丑	壬寅	癸卯	甲辰	乙巳	丙午	丁未	戊申	己酉	庚戌	辛亥	壬子
절입시각	오전 2시29분																			오전 5시45분										

月建	十 月 大																													辛 亥
절기					立冬															小雪										
음력	1	2	3	4	5	6	7	8	9	10	11	12	13	14	15	16	17	18	19	20	21	22	23	24	25	26	27	28	29	30
양력	11/3	4	5	6	7	8	9	10	11	12	13	14	15	16	17	18	19	20	21	22	23	24	25	26	27	28	29	30	12/1	2
일진	癸丑	甲寅	乙卯	丙辰	丁巳	戊午	己未	庚申	辛酉	壬戌	癸亥	甲子	乙丑	丙寅	丁卯	戊辰	己巳	庚午	辛未	壬申	癸酉	甲戌	乙亥	丙子	丁丑	戊寅	己卯	庚辰	辛巳	壬午
절입시각	오전 5시53분																			오전 3시30분										

月建	十 一 月 小																												壬 子
절기				大雪															冬至										
음력	1	2	3	4	5	6	7	8	9	10	11	12	13	14	15	16	17	18	19	20	21	22	23	24	25	26	27	28	29
양력	12/3	4	5	6	7	8	9	10	11	12	13	14	15	16	17	18	19	20	21	22	23	24	25	26	27	28	29	30	31
일진	癸未	甲申	乙酉	丙戌	丁亥	戊子	己丑	庚寅	辛卯	壬辰	癸巳	甲午	乙未	丙申	丁酉	戊戌	己亥	庚子	辛丑	壬寅	癸卯	甲辰	乙巳	丙午	丁未	戊申	己酉	庚戌	辛亥
절입시각	오후 10시52분																		오후 4시55분										

月建	十 二 月 大																													癸 丑
절기					小寒															大寒										
음력	1	2	3	4	5	6	7	8	9	10	11	12	13	14	15	16	17	18	19	20	21	22	23	24	25	26	27	28	29	30
양력	1/1	2	3	4	5	6	7	8	9	10	11	12	13	14	15	16	17	18	19	20	21	22	23	24	25	26	27	28	29	30
일진	壬子	癸丑	甲寅	乙卯	丙辰	丁巳	戊午	己未	庚申	辛酉	壬戌	癸亥	甲子	乙丑	丙寅	丁卯	戊辰	己巳	庚午	辛未	壬申	癸酉	甲戌	乙亥	丙子	丁丑	戊寅	己卯	庚辰	辛巳
절입시각	오전 10시7분																			오전 3시31분										

四月 黑中　　酉 大將軍　東 三殺　亥 吊客　卯 喪門

正月 小　　月建 甲寅

구분	1	2	3	4	5	6	7	8	9	10	11	12	13	14	15	16	17	18	19	20	21	22	23	24	25	26	27	28	29
절기				立春															雨水										
음력	1	2	3	4	5	6	7	8	9	10	11	12	13	14	15	16	17	18	19	20	21	22	23	24	25	26	27	28	29
양력	1/31	2/1	2	3	4	5	6	7	8	9	10	11	12	13	14	15	16	17	18	19	20	21	22	23	24	25	26	27	28
일진	壬午	癸未	甲申	乙酉	丙戌	丁亥	戊子	己丑	庚寅	辛卯	壬辰	癸巳	甲午	乙未	丙申	丁酉	戊戌	己亥	庚子	辛丑	壬寅	癸卯	甲辰	乙巳	丙午	丁未	戊申	己酉	庚戌

절입시각: 立春 오후 9시40분　　雨水 오후 5시32분

二月 大　　月建 乙卯

구분	1	2	3	4	5	6	7	8	9	10	11	12	13	14	15	16	17	18	19	20	21	22	23	24	25	26	27	28	29	30
절기					驚蟄															春分										
음력	1	2	3	4	5	6	7	8	9	10	11	12	13	14	15	16	17	18	19	20	21	22	23	24	25	26	27	28	29	30
양력	3/1	2	3	4	5	6	7	8	9	10	11	12	13	14	15	16	17	18	19	20	21	22	23	24	25	26	27	28	29	30
일진	辛亥	壬子	癸丑	甲寅	乙卯	丙辰	丁巳	戊午	己未	庚申	辛酉	壬戌	癸亥	甲子	乙丑	丙寅	丁卯	戊辰	己巳	庚午	辛未	壬申	癸酉	甲戌	乙亥	丙子	丁丑	戊寅	己卯	庚辰

절입시각: 驚蟄 오후 3시31분　　春分 오후 4시21분

三月 小　　月建 丙辰

구분	1	2	3	4	5	6	7	8	9	10	11	12	13	14	15	16	17	18	19	20	21	22	23	24	25	26	27	28	29
절기					清明																穀雨								
음력	1	2	3	4	5	6	7	8	9	10	11	12	13	14	15	16	17	18	19	20	21	22	23	24	25	26	27	28	29
양력	3/31	4/1	2	3	4	5	6	7	8	9	10	11	12	13	14	15	16	17	18	19	20	21	22	23	24	25	26	27	28
일진	辛巳	壬午	癸未	甲申	乙酉	丙戌	丁亥	戊子	己丑	庚寅	辛卯	壬辰	癸巳	甲午	乙未	丙申	丁酉	戊戌	己亥	庚子	辛丑	壬寅	癸卯	甲辰	乙巳	丙午	丁未	戊申	己酉

절입시각: 清明 오후 8시7분　　穀雨 오전 3시12분

四月 小　　月建 丁巳

구분	1	2	3	4	5	6	7	8	9	10	11	12	13	14	15	16	17	18	19	20	21	22	23	24	25	26	27	28	29
절기							立夏																小滿						
음력	1	2	3	4	5	6	7	8	9	10	11	12	13	14	15	16	17	18	19	20	21	22	23	24	25	26	27	28	29
양력	4/29	30	5/1	2	3	4	5	6	7	8	9	10	11	12	13	14	15	16	17	18	19	20	21	22	23	24	25	26	27
일진	庚戌	辛亥	壬子	癸丑	甲寅	乙卯	丙辰	丁巳	戊午	己未	庚申	辛酉	壬戌	癸亥	甲子	乙丑	丙寅	丁卯	戊辰	己巳	庚午	辛未	壬申	癸酉	甲戌	乙亥	丙子	丁丑	戊寅

절입시각: 立夏 오후 1시12분　　小滿 오전 2시10분

五月 大　　月建 戊午

구분	1	2	3	4	5	6	7	8	9	10	11	12	13	14	15	16	17	18	19	20	21	22	23	24	25	26	27	28	29	30
절기					芒種																				夏至					
음력	1	2	3	4	5	6	7	8	9	10	11	12	13	14	15	16	17	18	19	20	21	22	23	24	25	26	27	28	29	30
양력	5/28	29	30	31	6/1	2	3	4	5	6	7	8	9	10	11	12	13	14	15	16	17	18	19	20	21	22	23	24	25	26
일진	己卯	庚辰	辛巳	壬午	癸未	甲申	乙酉	丙戌	丁亥	戊子	己丑	庚寅	辛卯	壬辰	癸巳	甲午	乙未	丙申	丁酉	戊戌	己亥	庚子	辛丑	壬寅	癸卯	甲辰	乙巳	丙午	丁未	戊申

절입시각: 芒種 오후 5시12분　　夏至 오전 10시0분

六月 小　　月建 己未

구분	1	2	3	4	5	6	7	8	9	10	11	12	13	14	15	16	17	18	19	20	21	22	23	24	25	26	27	28	29
절기											小暑															大暑			
음력	1	2	3	4	5	6	7	8	9	10	11	12	13	14	15	16	17	18	19	20	21	22	23	24	25	26	27	28	29
양력	6/27	28	29	30	7/1	2	3	4	5	6	7	8	9	10	11	12	13	14	15	16	17	18	19	20	21	22	23	24	25
일진	己酉	庚戌	辛亥	壬子	癸丑	甲寅	乙卯	丙辰	丁巳	戊午	己未	庚申	辛酉	壬戌	癸亥	甲子	乙丑	丙寅	丁卯	戊辰	己巳	庚午	辛未	壬申	癸酉	甲戌	乙亥	丙子	丁丑

절입시각: 小暑 오전 3시24분　　大暑 오후 8시51분

七 月 大 — 月建 庚申

음력	1	2	3	4	5	6	7	8	9	10	11	12	13	14	15	16	17	18	19	20	21	22	23	24	25	26	27	28	29	30
절기													立秋																處暑	
양력	7/26	27	28	29	30	31	8/1	2	3	4	5	6	7	8	9	10	11	12	13	14	15	16	17	18	19	20	21	22	23	24
일진	戊寅	己卯	庚辰	辛巳	壬午	癸未	甲申	乙酉	丙戌	丁亥	戊子	己丑	庚寅	辛卯	壬辰	癸巳	甲午	乙未	丙申	丁酉	戊戌	己亥	庚子	辛丑	壬寅	癸卯	甲辰	乙巳	丙午	丁未

절입시각: 오후 1시14분 · 오전 4시1분

八 月 小 — 月建 辛酉

음력	1	2	3	4	5	6	7	8	9	10	11	12	13	14	15	16	17	18	19	20	21	22	23	24	25	26	27	28	29
절기														白露															
양력	8/25	26	27	28	29	30	31	9/1	2	3	4	5	6	7	8	9	10	11	12	13	14	15	16	17	18	19	20	21	22
일진	戊申	己酉	庚戌	辛亥	壬子	癸丑	甲寅	乙卯	丙辰	丁巳	戊午	己未	庚申	辛酉	壬戌	癸亥	甲子	乙丑	丙寅	丁卯	戊辰	己巳	庚午	辛未	壬申	癸酉	甲戌	乙亥	丙子

절입시각: 오후 4시19분

九 月 大 — 月建 壬戌

음력	1	2	3	4	5	6	7	8	9	10	11	12	13	14	15	16	17	18	19	20	21	22	23	24	25	26	27	28	29	30
절기	秋分															寒露														
양력	9/23	24	25	26	27	28	29	30	10/1	2	3	4	5	6	7	8	9	10	11	12	13	14	15	16	17	18	19	20	21	22
일진	丁丑	戊寅	己卯	庚辰	辛巳	壬午	癸未	甲申	乙酉	丙戌	丁亥	戊子	己丑	庚寅	辛卯	壬辰	癸巳	甲午	乙未	丙申	丁酉	戊戌	己亥	庚子	辛丑	壬寅	癸卯	甲辰	乙巳	丙午

절입시각: 오전 1시50분 · 오전 8시13분

十 月 大 — 月建 癸亥

음력	1	2	3	4	5	6	7	8	9	10	11	12	13	14	15	16	17	18	19	20	21	22	23	24	25	26	27	28	29	30
절기	霜降															立冬														
양력	10/23	24	25	26	27	28	29	30	31	11/1	2	3	4	5	6	7	8	9	10	11	12	13	14	15	16	17	18	19	20	21
일진	丁未	戊申	己酉	庚戌	辛亥	壬子	癸丑	甲寅	乙卯	丙辰	丁巳	戊午	己未	庚申	辛酉	壬戌	癸亥	甲子	乙丑	丙寅	丁卯	戊辰	己巳	庚午	辛未	壬申	癸酉	甲戌	乙亥	丙子

절입시각: 오전 11시26분 · 오전 11시40분

十 一 月 大 — 月建 甲子

음력	1	2	3	4	5	6	7	8	9	10	11	12	13	14	15	16	17	18	19	20	21	22	23	24	25	26	27	28	29	30
절기	小雪															大雪														冬至
양력	11/22	23	24	25	26	27	28	29	30	12/1	2	3	4	5	6	7	8	9	10	11	12	13	14	15	16	17	18	19	20	21
일진	丁丑	戊寅	己卯	庚辰	辛巳	壬午	癸未	甲申	乙酉	丙戌	丁亥	戊子	己丑	庚寅	辛卯	壬辰	癸巳	甲午	乙未	丙申	丁酉	戊戌	己亥	庚子	辛丑	壬寅	癸卯	甲辰	乙巳	丙午

절입시각: 오전 9시15분 · 오전 4시44분 · 오후 10시45분

閏 十 一 月 小

음력	1	2	3	4	5	6	7	8	9	10	11	12	13	14	15	16	17	18	19	20	21	22	23	24	25	26	27	28	29
절기											小寒																		
양력	12/22	23	24	25	26	27	28	29	30	31	1/1	2	3	4	5	6	7	8	9	10	11	12	13	14	15	16	17	18	19
일진	丁未	戊申	己酉	庚戌	辛亥	壬子	癸丑	甲寅	乙卯	丙辰	丁巳	戊午	己未	庚申	辛酉	壬戌	癸亥	甲子	乙丑	丙寅	丁卯	戊辰	己巳	庚午	辛未	壬申	癸酉	甲戌	乙亥

절입시각: 오후 4시3분

十 二 月 大 — 月建 乙丑

음력	1	2	3	4	5	6	7	8	9	10	11	12	13	14	15	16	17	18	19	20	21	22	23	24	25	26	27	28	29	30
절기	大寒															立春														雨水
양력	1/20	21	22	23	24	25	26	27	28	29	30	31	2/1	2	3	4	5	6	7	8	9	10	11	12	13	14	15	16	17	18
일진	丙子	丁丑	戊寅	己卯	庚辰	辛巳	壬午	癸未	甲申	乙酉	丙戌	丁亥	戊子	己丑	庚寅	辛卯	壬辰	癸巳	甲午	乙未	丙申	丁酉	戊戌	己亥	庚子	辛丑	壬寅	癸卯	甲辰	乙巳

절입시각: 오전 9시26분 · 오전 3시40분 · 오후 11시29분

2034년 | 檀紀 4367년

甲寅年

正月 十月 黑中

金神 午未申酉

子 大將軍　北 三殺　子 吊客　辰 喪門

正 月 小　　丙 寅

월건	1	2	3	4	5	6	7	8	9	10	11	12	13	14	15	16	17	18	19	20	21	22	23	24	25	26	27	28	29
절기											驚蟄																		
음력	1	2	3	4	5	6	7	8	9	10	11	12	13	14	15	16	17	18	19	20	21	22	23	24	25	26	27	28	29
양력	2/19	20	21	22	23	24	25	26	27	28	3/1	2	3	4	5	6	7	8	9	10	11	12	13	14	15	16	17	18	19
일진	丙午	丁未	戊申	己酉	庚戌	辛亥	壬子	癸丑	甲寅	乙卯	丙辰	丁巳	戊午	己未	庚申	辛酉	壬戌	癸亥	甲子	乙丑	丙寅	丁卯	戊辰	己巳	庚午	辛未	壬申	癸酉	甲戌

절입시각: 오후 9시31분

二 月 大　　丁 卯

월건	1	2	3	4	5	6	7	8	9	10	11	12	13	14	15	16	17	18	19	20	21	22	23	24	25	26	27	28	29	30
절기	春分																清明													
음력	1	2	3	4	5	6	7	8	9	10	11	12	13	14	15	16	17	18	19	20	21	22	23	24	25	26	27	28	29	30
양력	3/20	21	22	23	24	25	26	27	28	29	30	31	4/1	2	3	4	5	6	7	8	9	10	11	12	13	14	15	16	17	18
일진	乙亥	丙子	丁丑	戊寅	己卯	庚辰	辛巳	壬午	癸未	甲申	乙酉	丙戌	丁亥	戊子	己丑	庚寅	辛卯	壬辰	癸巳	甲午	乙未	丙申	丁酉	戊戌	己亥	庚子	辛丑	壬寅	癸卯	甲辰

절입시각: 오후 10시16분　／　오전 2시5분

三 月 小　　戊 辰

월건	1	2	3	4	5	6	7	8	9	10	11	12	13	14	15	16	17	18	19	20	21	22	23	24	25	26	27	28	29
절기		穀雨															立夏												
음력	1	2	3	4	5	6	7	8	9	10	11	12	13	14	15	16	17	18	19	20	21	22	23	24	25	26	27	28	29
양력	4/19	20	21	22	23	24	25	26	27	28	29	30	5/1	2	3	4	5	6	7	8	9	10	11	12	13	14	15	16	17
일진	乙巳	丙午	丁未	戊申	己酉	庚戌	辛亥	壬子	癸丑	甲寅	乙卯	丙辰	丁巳	戊午	己未	庚申	辛酉	壬戌	癸亥	甲子	乙丑	丙寅	丁卯	戊辰	己巳	庚午	辛未	壬申	癸酉

절입시각: 오전 9시2분　／　오후 7시8분

四 月 小　　己 巳

월건	1	2	3	4	5	6	7	8	9	10	11	12	13	14	15	16	17	18	19	20	21	22	23	24	25	26	27	28	29
절기				小滿															芒種										
음력	1	2	3	4	5	6	7	8	9	10	11	12	13	14	15	16	17	18	19	20	21	22	23	24	25	26	27	28	29
양력	5/18	19	20	21	22	23	24	25	26	27	28	29	30	31	6/1	2	3	4	5	6	7	8	9	10	11	12	13	14	15
일진	甲戌	乙亥	丙子	丁丑	戊寅	己卯	庚辰	辛巳	壬午	癸未	甲申	乙酉	丙戌	丁亥	戊子	己丑	庚寅	辛卯	壬辰	癸巳	甲午	乙未	丙申	丁酉	戊戌	己亥	庚子	辛丑	壬寅

절입시각: 오전 7시56분　／　오후 11시5분

五 月 大　　庚 午

월건	1	2	3	4	5	6	7	8	9	10	11	12	13	14	15	16	17	18	19	20	21	22	23	24	25	26	27	28	29	30
절기						夏至																小暑								
음력	1	2	3	4	5	6	7	8	9	10	11	12	13	14	15	16	17	18	19	20	21	22	23	24	25	26	27	28	29	30
양력	6/16	17	18	19	20	21	22	23	24	25	26	27	28	29	30	7/1	2	3	4	5	6	7	8	9	10	11	12	13	14	15
일진	癸卯	甲辰	乙巳	丙午	丁未	戊申	己酉	庚戌	辛亥	壬子	癸丑	甲寅	乙卯	丙辰	丁巳	戊午	己未	庚申	辛酉	壬戌	癸亥	甲子	乙丑	丙寅	丁卯	戊辰	己巳	庚午	辛未	壬申

절입시각: 오후 3시43분　／　오전 9시16분

六 月 小　　辛 未

월건	1	2	3	4	5	6	7	8	9	10	11	12	13	14	15	16	17	18	19	20	21	22	23	24	25	26	27	28	29
절기								大暑									立秋												
음력	1	2	3	4	5	6	7	8	9	10	11	12	13	14	15	16	17	18	19	20	21	22	23	24	25	26	27	28	29
양력	7/16	17	18	19	20	21	22	23	24	25	26	27	28	29	30	31	8/1	2	3	4	5	6	7	8	9	10	11	12	13
일진	癸酉	甲戌	乙亥	丙子	丁丑	戊寅	己卯	庚辰	辛巳	壬午	癸未	甲申	乙酉	丙戌	丁亥	戊子	己丑	庚寅	辛卯	壬辰	癸巳	甲午	乙未	丙申	丁酉	戊戌	己亥	庚子	辛丑

절입시각: 오전 2시35분　／　오후 7시8분

月建 七 月 大 — 壬申

음력	1	2	3	4	5	6	7	8	9	10	11	12	13	14	15	16	17	18	19	20	21	22	23	24	25	26	27	28	29	30
절기										處暑															白露					
양력	8/14	15	16	17	18	19	20	21	22	23	24	25	26	27	28	29	30	31	9/1	2	3	4	5	6	7	8	9	10	11	12
일진	壬寅	癸卯	甲辰	乙巳	丙午	丁未	戊申	己酉	庚戌	辛亥	壬子	癸丑	甲寅	乙卯	丙辰	丁巳	戊午	己未	庚申	辛酉	壬戌	癸亥	甲子	乙丑	丙寅	丁卯	戊辰	己巳	庚午	辛未

절입시각: 處暑 오전 9시46분 / 白露 오후 10시13분

月建 八 月 小 — 癸酉

음력	1	2	3	4	5	6	7	8	9	10	11	12	13	14	15	16	17	18	19	20	21	22	23	24	25	26	27	28	29
절기											秋分															寒露			
양력	9/13	14	15	16	17	18	19	20	21	22	23	24	25	26	27	28	29	30	10/1	2	3	4	5	6	7	8	9	10	11
일진	壬申	癸酉	甲戌	乙亥	丙子	丁丑	戊寅	己卯	庚辰	辛巳	壬午	癸未	甲申	乙酉	丙戌	丁亥	戊子	己丑	庚寅	辛卯	壬辰	癸巳	甲午	乙未	丙申	丁酉	戊戌	己亥	庚子

절입시각: 秋分 오전 7시38분 / 寒露 오후 2시6분

月建 九 月 大 — 甲戌

음력	1	2	3	4	5	6	7	8	9	10	11	12	13	14	15	16	17	18	19	20	21	22	23	24	25	26	27	28	29	30
절기												霜降															立冬			
양력	10/12	13	14	15	16	17	18	19	20	21	22	23	24	25	26	27	28	29	30	31	11/1	2	3	4	5	6	7	8	9	10
일진	辛丑	壬寅	癸卯	甲辰	乙巳	丙午	丁未	戊申	己酉	庚戌	辛亥	壬子	癸丑	甲寅	乙卯	丙辰	丁巳	戊午	己未	庚申	辛酉	壬戌	癸亥	甲子	乙丑	丙寅	丁卯	戊辰	己巳	庚午

절입시각: 霜降 오후 5시15분 / 立冬 오후 5시32분

月建 十 月 大 — 乙亥

음력	1	2	3	4	5	6	7	8	9	10	11	12	13	14	15	16	17	18	19	20	21	22	23	24	25	26	27	28	29	30
절기												小雪															大雪			
양력	11/11	12	13	14	15	16	17	18	19	20	21	22	23	24	25	26	27	28	29	30	12/1	2	3	4	5	6	7	8	9	10
일진	辛未	壬申	癸酉	甲戌	乙亥	丙子	丁丑	戊寅	己卯	庚辰	辛巳	壬午	癸未	甲申	乙酉	丙戌	丁亥	戊子	己丑	庚寅	辛卯	壬辰	癸巳	甲午	乙未	丙申	丁酉	戊戌	己亥	庚子

절입시각: 小雪 오후 3시4분 / 大雪 오전 10시35분

月建 十 一 月 大 — 丙子

음력	1	2	3	4	5	6	7	8	9	10	11	12	13	14	15	16	17	18	19	20	21	22	23	24	25	26	27	28	29	30
절기												冬至														小寒				
양력	12/11	12	13	14	15	16	17	18	19	20	21	22	23	24	25	26	27	28	29	30	31	1/1	2	3	4	5	6	7	8	9
일진	辛丑	壬寅	癸卯	甲辰	乙巳	丙午	丁未	戊申	己酉	庚戌	辛亥	壬子	癸丑	甲寅	乙卯	丙辰	丁巳	戊午	己未	庚申	辛酉	壬戌	癸亥	甲子	乙丑	丙寅	丁卯	戊辰	己巳	庚午

절입시각: 冬至 오전 4시33분 / 小寒 오후 9시54분

月建 十 二 月 小 — 丁丑

음력	1	2	3	4	5	6	7	8	9	10	11	12	13	14	15	16	17	18	19	20	21	22	23	24	25	26	27	28	29
절기											大寒												立春						
양력	1/10	11	12	13	14	15	16	17	18	19	20	21	22	23	24	25	26	27	28	29	30	31	2/1	2	3	4	5	6	7
일진	辛未	壬申	癸酉	甲戌	乙亥	丙子	丁丑	戊寅	己卯	庚辰	辛巳	壬午	癸未	甲申	乙酉	丙戌	丁亥	戊子	己丑	庚寅	辛卯	壬辰	癸巳	甲午	乙未	丙申	丁酉	戊戌	己亥

절입시각: 大寒 오후 3시13분 / 立春 오전 9시30분

2035년 | 檀紀 4368년 乙卯年

七月 黑中

金神 辰巳

子 大將軍　西 三殺　丑 吊客　巳 喪門

正月 大　月建 戊寅

절기											雨水															驚蟄			
음력	1	2	3	4	5	6	7	8	9	10	11	12	13	14	15	16	17	18	19	20	21	22	23	24	25	26	27	28	29	30
양력	2/8	9	10	11	12	13	14	15	16	17	18	19	20	21	22	23	24	25	26	27	28	3/1	2	3	4	5	6	7	8	9
일진	庚子	辛丑	壬寅	癸卯	甲辰	乙巳	丙午	丁未	戊申	己酉	庚戌	辛亥	壬子	癸丑	甲寅	乙卯	丙辰	丁巳	戊午	己未	庚申	辛酉	壬戌	癸亥	甲子	乙丑	丙寅	丁卯	戊辰	己巳

절입시각: 雨水 오전 5시15분　驚蟄 오전 3시20분

二月 小　月建 己卯

절기											春分											清明						
음력	1	2	3	4	5	6	7	8	9	10	11	12	13	14	15	16	17	18	19	20	21	22	23	24	25	26	27	28	29
양력	3/10	11	12	13	14	15	16	17	18	19	20	21	22	23	24	25	26	27	28	29	30	31	4/1	2	3	4	5	6	7
일진	庚午	辛未	壬申	癸酉	甲戌	乙亥	丙子	丁丑	戊寅	己卯	庚辰	辛巳	壬午	癸未	甲申	乙酉	丙戌	丁亥	戊子	己丑	庚寅	辛卯	壬辰	癸巳	甲午	乙未	丙申	丁酉	戊戌

절입시각: 春分 오전 4시1분　清明 오전 7시52분

三月 大　月建 庚辰

절기													穀雨											立夏					
음력	1	2	3	4	5	6	7	8	9	10	11	12	13	14	15	16	17	18	19	20	21	22	23	24	25	26	27	28	29	30
양력	4/8	9	10	11	12	13	14	15	16	17	18	19	20	21	22	23	24	25	26	27	28	29	30	5/1	2	3	4	5	6	7
일진	己亥	庚子	辛丑	壬寅	癸卯	甲辰	乙巳	丙午	丁未	戊申	己酉	庚戌	辛亥	壬子	癸丑	甲寅	乙卯	丙辰	丁巳	戊午	己未	庚申	辛酉	壬戌	癸亥	甲子	乙丑	丙寅	丁卯	戊辰

절입시각: 穀雨 오후 2시48분　立夏 오전 0시54분

四月 小　月建 辛巳

절기														小滿														
음력	1	2	3	4	5	6	7	8	9	10	11	12	13	14	15	16	17	18	19	20	21	22	23	24	25	26	27	28	29
양력	5/8	9	10	11	12	13	14	15	16	17	18	19	20	21	22	23	24	25	26	27	28	29	30	31	6/1	2	3	4	5
일진	己巳	庚午	辛未	壬申	癸酉	甲戌	乙亥	丙子	丁丑	戊寅	己卯	庚辰	辛巳	壬午	癸未	甲申	乙酉	丙戌	丁亥	戊子	己丑	庚寅	辛卯	壬辰	癸巳	甲午	乙未	丙申	丁酉

절입시각: 小滿 오후 1시42분

五月 小　月建 壬午

절기	芒種															夏至													
음력	1	2	3	4	5	6	7	8	9	10	11	12	13	14	15	16	17	18	19	20	21	22	23	24	25	26	27	28	29
양력	6/6	7	8	9	10	11	12	13	14	15	16	17	18	19	20	21	22	23	24	25	26	27	28	29	30	7/1	2	3	4
일진	戊戌	己亥	庚子	辛丑	壬寅	癸卯	甲辰	乙巳	丙午	丁未	戊申	己酉	庚戌	辛亥	壬子	癸丑	甲寅	乙卯	丙辰	丁巳	戊午	己未	庚申	辛酉	壬戌	癸亥	甲子	乙丑	丙寅

절입시각: 芒種 오전 4시49분　夏至 오후 9시32분

六月 大　月建 癸未

절기			小暑																大暑											
음력	1	2	3	4	5	6	7	8	9	10	11	12	13	14	15	16	17	18	19	20	21	22	23	24	25	26	27	28	29	30
양력	7/5	6	7	8	9	10	11	12	13	14	15	16	17	18	19	20	21	22	23	24	25	26	27	28	29	30	31	8/1	2	3
일진	丁卯	戊辰	己巳	庚午	辛未	壬申	癸酉	甲戌	乙亥	丙子	丁丑	戊寅	己卯	庚辰	辛巳	壬午	癸未	甲申	乙酉	丙戌	丁亥	戊子	己丑	庚寅	辛卯	壬辰	癸巳	甲午	乙未	丙申

절입시각: 小暑 오후 3시0분　大暑 오전 8시27분

七 月 小　甲 申

月建	1	2	3	4	5	6	7	8	9	10	11	12	13	14	15	16	17	18	19	20	21	22	23	24	25	26	27	28	29
절기					立秋															處暑									
음력	1	2	3	4	5	6	7	8	9	10	11	12	13	14	15	16	17	18	19	20	21	22	23	24	25	26	27	28	29
양력	8/4	5	6	7	8	9	10	11	12	13	14	15	16	17	18	19	20	21	22	23	24	25	26	27	28	29	30	31	9/1
일진	丁酉	戊戌	己亥	庚子	辛丑	壬寅	癸卯	甲辰	乙巳	丙午	丁未	戊申	己酉	庚戌	辛亥	壬子	癸丑	甲寅	乙卯	丙辰	丁巳	戊午	己未	庚申	辛酉	壬戌	癸亥	甲子	乙丑

절입시각: 오전 0시53분　오후 3시43분

八 月 小　乙 酉

月建	1	2	3	4	5	6	7	8	9	10	11	12	13	14	15	16	17	18	19	20	21	22	23	24	25	26	27	28	29
절기							白露															秋分							
음력	1	2	3	4	5	6	7	8	9	10	11	12	13	14	15	16	17	18	19	20	21	22	23	24	25	26	27	28	29
양력	9/2	3	4	5	6	7	8	9	10	11	12	13	14	15	16	17	18	19	20	21	22	23	24	25	26	27	28	29	30
일진	丙寅	丁卯	戊辰	己巳	庚午	辛未	壬申	癸酉	甲戌	乙亥	丙子	丁丑	戊寅	己卯	庚辰	辛巳	壬午	癸未	甲申	乙酉	丙戌	丁亥	戊子	己丑	庚寅	辛卯	壬辰	癸巳	甲午

절입시각: 오전 4시1분　오후 1시38분

九 月 大　丙 戌

月建	1	2	3	4	5	6	7	8	9	10	11	12	13	14	15	16	17	18	19	20	21	22	23	24	25	26	27	28	29	30
절기								寒露															霜降							
음력	1	2	3	4	5	6	7	8	9	10	11	12	13	14	15	16	17	18	19	20	21	22	23	24	25	26	27	28	29	30
양력	10/1	2	3	4	5	6	7	8	9	10	11	12	13	14	15	16	17	18	19	20	21	22	23	24	25	26	27	28	29	30
일진	乙未	丙申	丁酉	戊戌	己亥	庚子	辛丑	壬寅	癸卯	甲辰	乙巳	丙午	丁未	戊申	己酉	庚戌	辛亥	壬子	癸丑	甲寅	乙卯	丙辰	丁巳	戊午	己未	庚申	辛酉	壬戌	癸亥	甲子

절입시각: 오후 7시56분　오후 11시15분

十 月 大　丁 亥

月建	1	2	3	4	5	6	7	8	9	10	11	12	13	14	15	16	17	18	19	20	21	22	23	24	25	26	27	28	29	30
절기		立冬																					小雪							
음력	1	2	3	4	5	6	7	8	9	10	11	12	13	14	15	16	17	18	19	20	21	22	23	24	25	26	27	28	29	30
양력	10/31	11/1	2	3	4	5	6	7	8	9	10	11	12	13	14	15	16	17	18	19	20	21	22	23	24	25	26	27	28	29
일진	乙丑	丙寅	丁卯	戊辰	己巳	庚午	辛未	壬申	癸酉	甲戌	乙亥	丙子	丁丑	戊寅	己卯	庚辰	辛巳	壬午	癸未	甲申	乙酉	丙戌	丁亥	戊子	己丑	庚寅	辛卯	壬辰	癸巳	甲午

절입시각: 오후 11시22분　오후 9시2분

十 一 月 小　戊 子

月建	1	2	3	4	5	6	7	8	9	10	11	12	13	14	15	16	17	18	19	20	21	22	23	24	25	26	27	28	29
절기		大雪																					冬至						
음력	1	2	3	4	5	6	7	8	9	10	11	12	13	14	15	16	17	18	19	20	21	22	23	24	25	26	27	28	29
양력	11/30	12/1	2	3	4	5	6	7	8	9	10	11	12	13	14	15	16	17	18	19	20	21	22	23	24	25	26	27	28
일진	乙未	丙申	丁酉	戊戌	己亥	庚子	辛丑	壬寅	癸卯	甲辰	乙巳	丙午	丁未	戊申	己酉	庚戌	辛亥	壬子	癸丑	甲寅	乙卯	丙辰	丁巳	戊午	己未	庚申	辛酉	壬戌	癸亥

절입시각: 오후 4시24분　오전 10시29분

十 二 月 大　己 丑

月建	1	2	3	4	5	6	7	8	9	10	11	12	13	14	15	16	17	18	19	20	21	22	23	24	25	26	27	28	29	30
절기									小寒														大寒							
음력	1	2	3	4	5	6	7	8	9	10	11	12	13	14	15	16	17	18	19	20	21	22	23	24	25	26	27	28	29	30
양력	12/29	30	31	1/1	2	3	4	5	6	7	8	9	10	11	12	13	14	15	16	17	18	19	20	21	22	23	24	25	26	27
일진	甲子	乙丑	丙寅	丁卯	戊辰	己巳	庚午	辛未	壬申	癸酉	甲戌	乙亥	丙子	丁丑	戊寅	己卯	庚辰	辛巳	壬午	癸未	甲申	乙酉	丙戌	丁亥	戊子	己丑	庚寅	辛卯	壬辰	癸巳

절입시각: 오전 3시42분　오후 9시10분

2036년 | 檀紀 4369년

四月 黑中

丙辰年

金神　子丑寅卯午未

子 大將軍　南 三殺　寅 吊客　午 喪門

正月 大 （月建 庚寅）

음력	1	2	3	4	5	6	7	8	9	10	11	12	13	14	15	16	17	18	19	20	21	22	23	24	25	26	27	28	29	30
절기								立春															雨水							
양력	1/28	29	30	31	2/1	2	3	4	5	6	7	8	9	10	11	12	13	14	15	16	17	18	19	20	21	22	23	24	25	26
일진	甲午	乙未	丙申	丁酉	戊戌	己亥	庚子	辛丑	壬寅	癸卯	甲辰	乙巳	丙午	丁未	戊申	己酉	庚戌	辛亥	壬子	癸丑	甲寅	乙卯	丙辰	丁巳	戊午	己未	庚申	辛酉	壬戌	癸亥
절입시각								오후 3시19분															오전 11시13분							

二月 大 （月建 辛卯）

음력	1	2	3	4	5	6	7	8	9	10	11	12	13	14	15	16	17	18	19	20	21	22	23	24	25	26	27	28	29	30
절기								驚蟄															春分							
양력	2/27	28	29	3/1	2	3	4	5	6	7	8	9	10	11	12	13	14	15	16	17	18	19	20	21	22	23	24	25	26	27
일진	甲子	乙丑	丙寅	丁卯	戊辰	己巳	庚午	辛未	壬申	癸酉	甲戌	乙亥	丙子	丁丑	戊寅	己卯	庚辰	辛巳	壬午	癸未	甲申	乙酉	丙戌	丁亥	戊子	己丑	庚寅	辛卯	壬辰	癸巳
절입시각								오전 9시10분															오전 10시1분							

三月 小 （月建 壬辰）

음력	1	2	3	4	5	6	7	8	9	10	11	12	13	14	15	16	17	18	19	20	21	22	23	24	25	26	27	28	29
절기								清明															穀雨						
양력	3/28	29	30	31	4/1	2	3	4	5	6	7	8	9	10	11	12	13	14	15	16	17	18	19	20	21	22	23	24	25
일진	甲午	乙未	丙申	丁酉	戊戌	己亥	庚子	辛丑	壬寅	癸卯	甲辰	乙巳	丙午	丁未	戊申	己酉	庚戌	辛亥	壬子	癸丑	甲寅	乙卯	丙辰	丁巳	戊午	己未	庚申	辛酉	壬戌
절입시각								오후 1시45분															오후 8시49분						

四月 大 （月建 癸巳）

음력	1	2	3	4	5	6	7	8	9	10	11	12	13	14	15	16	17	18	19	20	21	22	23	24	25	26	27	28	29	30
절기										立夏															小滿					
양력	4/26	27	28	29	30	5/1	2	3	4	5	6	7	8	9	10	11	12	13	14	15	16	17	18	19	20	21	22	23	24	25
일진	癸亥	甲子	乙丑	丙寅	丁卯	戊辰	己巳	庚午	辛未	壬申	癸酉	甲戌	乙亥	丙子	丁丑	戊寅	己卯	庚辰	辛巳	壬午	癸未	甲申	乙酉	丙戌	丁亥	戊子	己丑	庚寅	辛卯	壬辰
절입시각										오전 6시48분															오후 7시43분					

五月 小 （月建 甲午）

음력	1	2	3	4	5	6	7	8	9	10	11	12	13	14	15	16	17	18	19	20	21	22	23	24	25	26	27	28	29
절기											芒種																夏至		
양력	5/26	27	28	29	30	31	6/1	2	3	4	5	6	7	8	9	10	11	12	13	14	15	16	17	18	19	20	21	22	23
일진	癸巳	甲午	乙未	丙申	丁酉	戊戌	己亥	庚子	辛丑	壬寅	癸卯	甲辰	乙巳	丙午	丁未	戊申	己酉	庚戌	辛亥	壬子	癸丑	甲寅	乙卯	丙辰	丁巳	戊午	己未	庚申	辛酉
절입시각											오전 10시46분																오전 3시31분		

六月 小 （月建 乙未）

음력	1	2	3	4	5	6	7	8	9	10	11	12	13	14	15	16	17	18	19	20	21	22	23	24	25	26	27	28	29
절기													小暑																大暑
양력	6/24	25	26	27	28	29	30	7/1	2	3	4	5	6	7	8	9	10	11	12	13	14	15	16	17	18	19	20	21	22
일진	壬戌	癸亥	甲子	乙丑	丙寅	丁卯	戊辰	己巳	庚午	辛未	壬申	癸酉	甲戌	乙亥	丙子	丁丑	戊寅	己卯	庚辰	辛巳	壬午	癸未	甲申	乙酉	丙戌	丁亥	戊子	己丑	庚寅
절입시각													오후 8시56분																오후 2시21분

閏 六 月 大

月建																														
절기															立秋															
음력	1	2	3	4	5	6	7	8	9	10	11	12	13	14	15	16	17	18	19	20	21	22	23	24	25	26	27	28	29	30
양력	7/23	24	25	26	27	28	29	30	31	8/1	2	3	4	5	6	7	8	9	10	11	12	13	14	15	16	17	18	19	20	21
일진	辛卯	壬辰	癸巳	甲午	乙未	丙申	丁酉	戊戌	己亥	庚子	辛丑	壬寅	癸卯	甲辰	乙巳	丙午	丁未	戊申	己酉	庚戌	辛亥	壬子	癸丑	甲寅	乙卯	丙辰	丁巳	戊午	己未	庚申

절입시각: 立秋 — 오전 6시48분

七 月 小　　丙 申

月建																													
절기	處暑																白露												
음력	1	2	3	4	5	6	7	8	9	10	11	12	13	14	15	16	17	18	19	20	21	22	23	24	25	26	27	28	29
양력	8/22	23	24	25	26	27	28	29	30	31	9/1	2	3	4	5	6	7	8	9	10	11	12	13	14	15	16	17	18	19
일진	辛酉	壬戌	癸亥	甲子	乙丑	丙寅	丁卯	戊辰	己巳	庚午	辛未	壬申	癸酉	甲戌	乙亥	丙子	丁丑	戊寅	己卯	庚辰	辛巳	壬午	癸未	甲申	乙酉	丙戌	丁亥	戊子	己丑

절입시각: 處暑 — 오후 9시31분 ／ 白露 — 오전 9시54분

八 月 小　　丁 酉

月建																													
절기			秋分																寒露										
음력	1	2	3	4	5	6	7	8	9	10	11	12	13	14	15	16	17	18	19	20	21	22	23	24	25	26	27	28	29
양력	9/20	21	22	23	24	25	26	27	28	29	30	10/1	2	3	4	5	6	7	8	9	10	11	12	13	14	15	16	17	18
일진	庚寅	辛卯	壬辰	癸巳	甲午	乙未	丙申	丁酉	戊戌	己亥	庚子	辛丑	壬寅	癸卯	甲辰	乙巳	丙午	丁未	戊申	己酉	庚戌	辛亥	壬子	癸丑	甲寅	乙卯	丙辰	丁巳	戊午

절입시각: 秋分 — 오후 7시22분 ／ 寒露 — 오전 1시48분

九 月 大　　戊 戌

月建																														
절기					霜降															立冬										
음력	1	2	3	4	5	6	7	8	9	10	11	12	13	14	15	16	17	18	19	20	21	22	23	24	25	26	27	28	29	30
양력	10/19	20	21	22	23	24	25	26	27	28	29	30	31	11/1	2	3	4	5	6	7	8	9	10	11	12	13	14	15	16	17
일진	己未	庚申	辛酉	壬戌	癸亥	甲子	乙丑	丙寅	丁卯	戊辰	己巳	庚午	辛未	壬申	癸酉	甲戌	乙亥	丙子	丁丑	戊寅	己卯	庚辰	辛巳	壬午	癸未	甲申	乙酉	丙戌	丁亥	戊子

절입시각: 霜降 — 오전 4시57분 ／ 立冬 — 오전 5시13분

十 月 大　　己 亥

月建																														
절기					小雪														大雪											
음력	1	2	3	4	5	6	7	8	9	10	11	12	13	14	15	16	17	18	19	20	21	22	23	24	25	26	27	28	29	30
양력	11/18	19	20	21	22	23	24	25	26	27	28	29	30	12/1	2	3	4	5	6	7	8	9	10	11	12	13	14	15	16	17
일진	己丑	庚寅	辛卯	壬辰	癸巳	甲午	乙未	丙申	丁酉	戊戌	己亥	庚子	辛丑	壬寅	癸卯	甲辰	乙巳	丙午	丁未	戊申	己酉	庚戌	辛亥	壬子	癸丑	甲寅	乙卯	丙辰	丁巳	戊午

절입시각: 小雪 — 오전 2시44분 ／ 大雪 — 오후 10시15분

十 一 月 小　　庚 子

月建																													
절기				冬至															小寒										
음력	1	2	3	4	5	6	7	8	9	10	11	12	13	14	15	16	17	18	19	20	21	22	23	24	25	26	27	28	29
양력	12/18	19	20	21	22	23	24	25	26	27	28	29	30	31	1/1	2	3	4	5	6	7	8	9	10	11	12	13	14	15
일진	己未	庚申	辛酉	壬戌	癸亥	甲子	乙丑	丙寅	丁卯	戊辰	己巳	庚午	辛未	壬申	癸酉	甲戌	乙亥	丙子	丁丑	戊寅	己卯	庚辰	辛巳	壬午	癸未	甲申	乙酉	丙戌	丁亥

절입시각: 冬至 — 오후 4시11분 ／ 小寒 — 오전 9시33분

十 二 月 大　　辛 丑

月建																														
절기					大寒														立春											
음력	1	2	3	4	5	6	7	8	9	10	11	12	13	14	15	16	17	18	19	20	21	22	23	24	25	26	27	28	29	30
양력	1/16	17	18	19	20	21	22	23	24	25	26	27	28	29	30	31	2/1	2	3	4	5	6	7	8	9	10	11	12	13	14
일진	戊子	己丑	庚寅	辛卯	壬辰	癸巳	甲午	乙未	丙申	丁酉	戊戌	己亥	庚子	辛丑	壬寅	癸卯	甲辰	乙巳	丙午	丁未	戊申	己酉	庚戌	辛亥	壬子	癸丑	甲寅	乙卯	丙辰	丁巳

절입시각: 大寒 — 오전 2시52분 ／ 立春 — 오후 9시10분

丁巳年

金神　寅卯戌亥

正月 十月 黑中　　　卯 大將軍　東 三殺　卯 吊客　未 喪門

月建　正　月　大　　　　壬　寅

음력	1	2	3	4	5	6	7	8	9	10	11	12	13	14	15	16	17	18	19	20	21	22	23	24	25	26	27	28	29	30
절기				雨水															驚蟄											
양력	2/15	16	17	18	19	20	21	22	23	24	25	26	27	28	3/1	2	3	4	5	6	7	8	9	10	11	12	13	14	15	16
일진	戊午	己未	庚申	辛酉	壬戌	癸亥	甲子	乙丑	丙寅	丁卯	戊辰	己巳	庚午	辛未	壬申	癸酉	甲戌	乙亥	丙子	丁丑	戊寅	己卯	庚辰	辛巳	壬午	癸未	甲申	乙酉	丙戌	丁亥

절입시각: 오후 4시57분 / 오후 3시5분

月建　二　月　大　　　　癸　卯

음력	1	2	3	4	5	6	7	8	9	10	11	12	13	14	15	16	17	18	19	20	21	22	23	24	25	26	27	28	29	30
절기				春分															清明											
양력	3/17	18	19	20	21	22	23	24	25	26	27	28	29	30	31	4/1	2	3	4	5	6	7	8	9	10	11	12	13	14	15
일진	戊子	己丑	庚寅	辛卯	壬辰	癸巳	甲午	乙未	丙申	丁酉	戊戌	己亥	庚子	辛丑	壬寅	癸卯	甲辰	乙巳	丙午	丁未	戊申	己酉	庚戌	辛亥	壬子	癸丑	甲寅	乙卯	丙辰	丁巳

절입시각: 오후 3시49분 / 오후 7시43분

月建　三　月　小　　　　甲　辰

음력	1	2	3	4	5	6	7	8	9	10	11	12	13	14	15	16	17	18	19	20	21	22	23	24	25	26	27	28	29
절기					穀雨															立夏									
양력	4/16	17	18	19	20	21	22	23	24	25	26	27	28	29	30	5/1	2	3	4	5	6	7	8	9	10	11	12	13	14
일진	戊午	己未	庚申	辛酉	壬戌	癸亥	甲子	乙丑	丙寅	丁卯	戊辰	己巳	庚午	辛未	壬申	癸酉	甲戌	乙亥	丙子	丁丑	戊寅	己卯	庚辰	辛巳	壬午	癸未	甲申	乙酉	丙戌

절입시각: 오전 2시39분 / 오후 12시48분

月建　四　月　大　　　　乙　巳

음력	1	2	3	4	5	6	7	8	9	10	11	12	13	14	15	16	17	18	19	20	21	22	23	24	25	26	27	28	29	30
절기							小滿															芒種								
양력	5/15	16	17	18	19	20	21	22	23	24	25	26	27	28	29	30	31	6/1	2	3	4	5	6	7	8	9	10	11	12	13
일진	丁亥	戊子	己丑	庚寅	辛卯	壬辰	癸巳	甲午	乙未	丙申	丁酉	戊戌	己亥	庚子	辛丑	壬寅	癸卯	甲辰	乙巳	丙午	丁未	戊申	己酉	庚戌	辛亥	壬子	癸丑	甲寅	乙卯	丙辰

절입시각: 오전 1시34분 / 오후 4시45분

月建　五　月　小　　　　丙　午

음력	1	2	3	4	5	6	7	8	9	10	11	12	13	14	15	16	17	18	19	20	21	22	23	24	25	26	27	28	29
절기								夏至																小暑					
양력	6/14	15	16	17	18	19	20	21	22	23	24	25	26	27	28	29	30	7/1	2	3	4	5	6	7	8	9	10	11	12
일진	丁巳	戊午	己未	庚申	辛酉	壬戌	癸亥	甲子	乙丑	丙寅	丁卯	戊辰	己巳	庚午	辛未	壬申	癸酉	甲戌	乙亥	丙子	丁丑	戊寅	己卯	庚辰	辛巳	壬午	癸未	甲申	乙酉

절입시각: 오전 9시21분 / 오전 2시54분

月建　六　月　小　　　　丁　未

음력	1	2	3	4	5	6	7	8	9	10	11	12	13	14	15	16	17	18	19	20	21	22	23	24	25	26	27	28	29
절기										大暑										立秋									
양력	7/13	14	15	16	17	18	19	20	21	22	23	24	25	26	27	28	29	30	31	8/1	2	3	4	5	6	7	8	9	10
일진	丙戌	丁亥	戊子	己丑	庚寅	辛卯	壬辰	癸巳	甲午	乙未	丙申	丁酉	戊戌	己亥	庚子	辛丑	壬寅	癸卯	甲辰	乙巳	丙午	丁未	戊申	己酉	庚戌	辛亥	壬子	癸丑	甲寅

절입시각: 오후 8시11분 / 오후 12시42분

月建	七 月 大																					戊 申								
절기													處暑															白露		
음력	1	2	3	4	5	6	7	8	9	10	11	12	13	14	15	16	17	18	19	20	21	22	23	24	25	26	27	28	29	30
양력	8/11	12	13	14	15	16	17	18	19	20	21	22	23	24	25	26	27	28	29	30	31	9/1	2	3	4	5	6	7	8	9
일진	乙卯	丙辰	丁巳	戊午	己未	庚申	辛酉	壬戌	癸亥	甲子	乙丑	丙寅	丁卯	戊辰	己巳	庚午	辛未	壬申	癸酉	甲戌	乙亥	丙子	丁丑	戊寅	己卯	庚辰	辛巳	壬午	癸未	甲申
절입시각												오전 3시21분													오후 3시44분					

月建	八 月 小																					己 酉							
절기														秋分															寒露
음력	1	2	3	4	5	6	7	8	9	10	11	12	13	14	15	16	17	18	19	20	21	22	23	24	25	26	27	28	29
양력	9/10	11	12	13	14	15	16	17	18	19	20	21	22	23	24	25	26	27	28	29	30	10/1	2	3	4	5	6	7	8
일진	乙酉	丙戌	丁亥	戊子	己丑	庚寅	辛卯	壬辰	癸巳	甲午	乙未	丙申	丁酉	戊戌	己亥	庚子	辛丑	壬寅	癸卯	甲辰	乙巳	丙午	丁未	戊申	己酉	庚戌	辛亥	壬子	癸丑
절입시각													오전 1시12분											오전 7시36분					

月建	九 月 小																					庚 戌							
절기															霜降														
음력	1	2	3	4	5	6	7	8	9	10	11	12	13	14	15	16	17	18	19	20	21	22	23	24	25	26	27	28	29
양력	10/9	10	11	12	13	14	15	16	17	18	19	20	21	22	23	24	25	26	27	28	29	30	31	11/1	2	3	4	5	6
일진	甲寅	乙卯	丙辰	丁巳	戊午	己未	庚申	辛酉	壬戌	癸亥	甲子	乙丑	丙寅	丁卯	戊辰	己巳	庚午	辛未	壬申	癸酉	甲戌	乙亥	丙子	丁丑	戊寅	己卯	庚辰	辛巳	壬午
절입시각														오전 10시48분															

月建	十 月 大																					辛 亥								
절기	立冬															小雪														
음력	1	2	3	4	5	6	7	8	9	10	11	12	13	14	15	16	17	18	19	20	21	22	23	24	25	26	27	28	29	30
양력	11/7	8	9	10	11	12	13	14	15	16	17	18	19	20	21	22	23	24	25	26	27	28	29	30	12/1	2	3	4	5	6
일진	癸未	甲申	乙酉	丙戌	丁亥	戊子	己丑	庚寅	辛卯	壬辰	癸巳	甲午	乙未	丙申	丁酉	戊戌	己亥	庚子	辛丑	壬寅	癸卯	甲辰	乙巳	丙午	丁未	戊申	己酉	庚戌	辛亥	壬子
절입시각	오전 11시3분														오전 8시37분															

月建	十 一 月 小																					壬 子							
절기	大雪														冬至														
음력	1	2	3	4	5	6	7	8	9	10	11	12	13	14	15	16	17	18	19	20	21	22	23	24	25	26	27	28	29
양력	12/7	8	9	10	11	12	13	14	15	16	17	18	19	20	21	22	23	24	25	26	27	28	29	30	31	1/1	2	3	4
일진	癸丑	甲寅	乙卯	丙辰	丁巳	戊午	己未	庚申	辛酉	壬戌	癸亥	甲子	乙丑	丙寅	丁卯	戊辰	己巳	庚午	辛未	壬申	癸酉	甲戌	乙亥	丙子	丁丑	戊寅	己卯	庚辰	辛巳
절입시각	오전 4시6분														오후 10시6분														

月建	十 二 月 大																					癸 丑								
절기	小寒															大寒														
음력	1	2	3	4	5	6	7	8	9	10	11	12	13	14	15	16	17	18	19	20	21	22	23	24	25	26	27	28	29	30
양력	1/5	6	7	8	9	10	11	12	13	14	15	16	17	18	19	20	21	22	23	24	25	26	27	28	29	30	31	2/1	2	3
일진	壬午	癸未	甲申	乙酉	丙戌	丁亥	戊子	己丑	庚寅	辛卯	壬辰	癸巳	甲午	乙未	丙申	丁酉	戊戌	己亥	庚子	辛丑	壬寅	癸卯	甲辰	乙巳	丙午	丁未	戊申	己酉	庚戌	辛亥
절입시각	오후 3시25분														오전 8시47분															

2038년 | 檀紀 4371년 　戊午年　金神　子丑申酉

七月 黑中　　　　卯 大將軍　北 三殺　辰 吊客　申 喪門

月建　正　月　大　　甲　寅

절기: 立春 (음력 1) · 雨水 (음력 15) · 驚蟄 (음력 30)

음력	1	2	3	4	5	6	7	8	9	10	11	12	13	14	15	16	17	18	19	20	21	22	23	24	25	26	27	28	29	30
양력	2/4	5	6	7	8	9	10	11	12	13	14	15	16	17	18	19	20	21	22	23	24	25	26	27	28	3/1	2	3	4	5
일진	壬子	癸丑	甲寅	乙卯	丙辰	丁巳	戊午	己未	庚申	辛酉	壬戌	癸亥	甲子	乙丑	丙寅	丁卯	戊辰	己巳	庚午	辛未	壬申	癸酉	甲戌	乙亥	丙子	丁丑	戊寅	己卯	庚辰	辛巳

절입시각: 오전 3시2분　·　오후 10시51분　·　오후 8시54분

月建　二　月　大　　乙　卯

절기: 春分 (음력 15)

음력	1	2	3	4	5	6	7	8	9	10	11	12	13	14	15	16	17	18	19	20	21	22	23	24	25	26	27	28	29	30
양력	3/6	7	8	9	10	11	12	13	14	15	16	17	18	19	20	21	22	23	24	25	26	27	28	29	30	31	4/1	2	3	4
일진	壬午	癸未	甲申	乙酉	丙戌	丁亥	戊子	己丑	庚寅	辛卯	壬辰	癸巳	甲午	乙未	丙申	丁酉	戊戌	己亥	庚子	辛丑	壬寅	癸卯	甲辰	乙巳	丙午	丁未	戊申	己酉	庚戌	辛亥

절입시각: 오후 9시39분

月建　三　月　小　　丙　辰

절기: 淸明 (음력 1) · 穀雨 (음력 16)

음력	1	2	3	4	5	6	7	8	9	10	11	12	13	14	15	16	17	18	19	20	21	22	23	24	25	26	27	28	29
양력	4/5	6	7	8	9	10	11	12	13	14	15	16	17	18	19	20	21	22	23	24	25	26	27	28	29	30	5/1	2	3
일진	壬子	癸丑	甲寅	乙卯	丙辰	丁巳	戊午	己未	庚申	辛酉	壬戌	癸亥	甲子	乙丑	丙寅	丁卯	戊辰	己巳	庚午	辛未	壬申	癸酉	甲戌	乙亥	丙子	丁丑	戊寅	己卯	庚辰

절입시각: 오전 1시28분　·　오전 8시27분

月建　四　月　大　　丁　巳

절기: 立夏 (음력 2) · 小滿 (음력 18)

음력	1	2	3	4	5	6	7	8	9	10	11	12	13	14	15	16	17	18	19	20	21	22	23	24	25	26	27	28	29	30
양력	5/4	5	6	7	8	9	10	11	12	13	14	15	16	17	18	19	20	21	22	23	24	25	26	27	28	29	30	31	6/1	2
일진	辛巳	壬午	癸未	甲申	乙酉	丙戌	丁亥	戊子	己丑	庚寅	辛卯	壬辰	癸巳	甲午	乙未	丙申	丁酉	戊戌	己亥	庚子	辛丑	壬寅	癸卯	甲辰	乙巳	丙午	丁未	戊申	己酉	庚戌

절입시각: 오후 6시30분　·　오전 7시21분

月建　五　月　小　　戊　午

절기: 芒種 (음력 3) · 夏至 (음력 19)

음력	1	2	3	4	5	6	7	8	9	10	11	12	13	14	15	16	17	18	19	20	21	22	23	24	25	26	27	28	29
양력	6/3	4	5	6	7	8	9	10	11	12	13	14	15	16	17	18	19	20	21	22	23	24	25	26	27	28	29	30	7/1
일진	辛亥	壬子	癸丑	甲寅	乙卯	丙辰	丁巳	戊午	己未	庚申	辛酉	壬戌	癸亥	甲子	乙丑	丙寅	丁卯	戊辰	己巳	庚午	辛未	壬申	癸酉	甲戌	乙亥	丙子	丁丑	戊寅	己卯

절입시각: 오후 10시24분　·　오후 3시8분

月建　六　月　大　　己　未

절기: 小暑 (음력 6) · 大暑 (음력 22)

음력	1	2	3	4	5	6	7	8	9	10	11	12	13	14	15	16	17	18	19	20	21	22	23	24	25	26	27	28	29	30
양력	7/2	3	4	5	6	7	8	9	10	11	12	13	14	15	16	17	18	19	20	21	22	23	24	25	26	27	28	29	30	31
일진	庚辰	辛巳	壬午	癸未	甲申	乙酉	丙戌	丁亥	戊子	己丑	庚寅	辛卯	壬辰	癸巳	甲午	乙未	丙申	丁酉	戊戌	己亥	庚子	辛丑	壬寅	癸卯	甲辰	乙巳	丙午	丁未	戊申	己酉

절입시각: 오전 8시31분　·　오전 1시58분

月建	七 月 小																						庚 申						
절기							立秋																處暑							
음력	1	2	3	4	5	6	7	8	9	10	11	12	13	14	15	16	17	18	19	20	21	22	23	24	25	26	27	28	29	
양력	8/1	2	3	4	5	6	7	8	9	10	11	12	13	14	15	16	17	18	19	20	21	22	23	24	25	26	27	28	29	
일진	庚戌	辛亥	壬子	癸丑	甲寅	乙卯	丙辰	丁巳	戊午	己未	庚申	辛酉	壬戌	癸亥	甲子	乙丑	丙寅	丁卯	戊辰	己巳	庚午	辛未	壬申	癸酉	甲戌	乙亥	丙子	丁丑	戊寅	
절입시각						오후 6시20분															오전 9시9분									

月建	八 月 大																						辛 酉							
절기									白露																秋分					
음력	1	2	3	4	5	6	7	8	9	10	11	12	13	14	15	16	17	18	19	20	21	22	23	24	25	26	27	28	29	30
양력	8/30	31	9/1	2	3	4	5	6	7	8	9	10	11	12	13	14	15	16	17	18	19	20	21	22	23	24	25	26	27	28
일진	己卯	庚辰	辛巳	壬午	癸未	甲申	乙酉	丙戌	丁亥	戊子	己丑	庚寅	辛卯	壬辰	癸巳	甲午	乙未	丙申	丁酉	戊戌	己亥	庚子	辛丑	壬寅	癸卯	甲辰	乙巳	丙午	丁未	戊申
절입시각						오후 9시25분															오전 7시1분									

月建	九 月 小																						壬 戌							
절기										寒露															霜降					
음력	1	2	3	4	5	6	7	8	9	10	11	12	13	14	15	16	17	18	19	20	21	22	23	24	25	26	27	28	29	
양력	9/29	30	10/1	2	3	4	5	6	7	8	9	10	11	12	13	14	15	16	17	18	19	20	21	22	23	24	25	26	27	
일진	己酉	庚戌	辛亥	壬子	癸丑	甲寅	乙卯	丙辰	丁巳	戊午	己未	庚申	辛酉	壬戌	癸亥	甲子	乙丑	丙寅	丁卯	戊辰	己巳	庚午	辛未	壬申	癸酉	甲戌	乙亥	丙子	丁丑	
절입시각						오후 1시20분															오후 4시39분									

月建	十 月 小																						癸 亥							
절기											立冬															小雪				
음력	1	2	3	4	5	6	7	8	9	10	11	12	13	14	15	16	17	18	19	20	21	22	23	24	25	26	27	28	29	
양력	10/28	29	30	31	11/1	2	3	4	5	6	7	8	9	10	11	12	13	14	15	16	17	18	19	20	21	22	23	24	25	
일진	戊寅	己卯	庚辰	辛巳	壬午	癸未	甲申	乙酉	丙戌	丁亥	戊子	己丑	庚寅	辛卯	壬辰	癸巳	甲午	乙未	丙申	丁酉	戊戌	己亥	庚子	辛丑	壬寅	癸卯	甲辰	乙巳	丙午	
절입시각						오후 4시49분															오후 2시30분									

月建	十 一 月 大																						甲 子							
절기												大雪															冬至			
음력	1	2	3	4	5	6	7	8	9	10	11	12	13	14	15	16	17	18	19	20	21	22	23	24	25	26	27	28	29	30
양력	11/26	27	28	29	30	12/1	2	3	4	5	6	7	8	9	10	11	12	13	14	15	16	17	18	19	20	21	22	23	24	25
일진	丁未	戊申	己酉	庚戌	辛亥	壬子	癸丑	甲寅	乙卯	丙辰	丁巳	戊午	己未	庚申	辛酉	壬戌	癸亥	甲子	乙丑	丙寅	丁卯	戊辰	己巳	庚午	辛未	壬申	癸酉	甲戌	乙亥	丙子
절입시각						오전 9시55분															오전 4시1분									

月建	十 二 月 小																						乙 丑							
절기							小寒																			大寒				
음력	1	2	3	4	5	6	7	8	9	10	11	12	13	14	15	16	17	18	19	20	21	22	23	24	25	26	27	28	29	
양력	12/26	27	28	29	30	31	1/1	2	3	4	5	6	7	8	9	10	11	12	13	14	15	16	17	18	19	20	21	22	23	
일진	丁丑	戊寅	己卯	庚辰	辛巳	壬午	癸未	甲申	乙酉	丙戌	丁亥	戊子	己丑	庚寅	辛卯	壬辰	癸巳	甲午	乙未	丙申	丁酉	戊戌	己亥	庚子	辛丑	壬寅	癸卯	甲辰	乙巳	
절입시각						오후 9시15분															오후 2시42분									

月建　正　月　大　　　丙　寅

	1	2	3	4	5	6	7	8	9	10	11	12	13	14	15	16	17	18	19	20	21	22	23	24	25	26	27	28	29	30
절기												立春															雨水			
음력	1	2	3	4	5	6	7	8	9	10	11	12	13	14	15	16	17	18	19	20	21	22	23	24	25	26	27	28	29	30
양력	1/24	25	26	27	28	29	30	31	2/1	2	3	4	5	6	7	8	9	10	11	12	13	14	15	16	17	18	19	20	21	22
일진	丙午	丁未	戊申	己酉	庚戌	辛亥	壬子	癸丑	甲寅	乙卯	丙辰	丁巳	戊午	己未	庚申	辛酉	壬戌	癸亥	甲子	乙丑	丙寅	丁卯	戊辰	己巳	庚午	辛未	壬申	癸酉	甲戌	乙亥
절입시각												오전 8시51분															오전 4시44분			

月建　二　月　大　　　丁　卯

	1	2	3	4	5	6	7	8	9	10	11	12	13	14	15	16	17	18	19	20	21	22	23	24	25	26	27	28	29	30
절기												驚蟄															春分			
음력	1	2	3	4	5	6	7	8	9	10	11	12	13	14	15	16	17	18	19	20	21	22	23	24	25	26	27	28	29	30
양력	2/23	24	25	26	27	28	3/1	2	3	4	5	6	7	8	9	10	11	12	13	14	15	16	17	18	19	20	21	22	23	24
일진	丙子	丁丑	戊寅	己卯	庚辰	辛巳	壬午	癸未	甲申	乙酉	丙戌	丁亥	戊子	己丑	庚寅	辛卯	壬辰	癸巳	甲午	乙未	丙申	丁酉	戊戌	己亥	庚子	辛丑	壬寅	癸卯	甲辰	乙巳
절입시각												오전 2시42분															오전 3시31분			

月建　三　月　小　　　戊　辰

	1	2	3	4	5	6	7	8	9	10	11	12	13	14	15	16	17	18	19	20	21	22	23	24	25	26	27	28	29
절기												清明															穀雨		
음력	1	2	3	4	5	6	7	8	9	10	11	12	13	14	15	16	17	18	19	20	21	22	23	24	25	26	27	28	29
양력	3/25	26	27	28	29	30	31	4/1	2	3	4	5	6	7	8	9	10	11	12	13	14	15	16	17	18	19	20	21	22
일진	丙午	丁未	戊申	己酉	庚戌	辛亥	壬子	癸丑	甲寅	乙卯	丙辰	丁巳	戊午	己未	庚申	辛酉	壬戌	癸亥	甲子	乙丑	丙寅	丁卯	戊辰	己巳	庚午	辛未	壬申	癸酉	甲戌
절입시각												오전 7시14분															오후 2시16분		

月建　四　月　大　　　己　巳

	1	2	3	4	5	6	7	8	9	10	11	12	13	14	15	16	17	18	19	20	21	22	23	24	25	26	27	28	29	30
절기														立夏															小滿	
음력	1	2	3	4	5	6	7	8	9	10	11	12	13	14	15	16	17	18	19	20	21	22	23	24	25	26	27	28	29	30
양력	4/23	24	25	26	27	28	29	30	5/1	2	3	4	5	6	7	8	9	10	11	12	13	14	15	16	17	18	19	20	21	22
일진	乙亥	丙子	丁丑	戊寅	己卯	庚辰	辛巳	壬午	癸未	甲申	乙酉	丙戌	丁亥	戊子	己丑	庚寅	辛卯	壬辰	癸巳	甲午	乙未	丙申	丁酉	戊戌	己亥	庚子	辛丑	壬寅	癸卯	甲辰
절입시각														오전 0시17분															오후 1시9분	

月建　五　月　大　　　庚　午

	1	2	3	4	5	6	7	8	9	10	11	12	13	14	15	16	17	18	19	20	21	22	23	24	25	26	27	28	29	30
절기															芒種															夏至
음력	1	2	3	4	5	6	7	8	9	10	11	12	13	14	15	16	17	18	19	20	21	22	23	24	25	26	27	28	29	30
양력	5/23	24	25	26	27	28	29	30	31	6/1	2	3	4	5	6	7	8	9	10	11	12	13	14	15	16	17	18	19	20	21
일진	乙巳	丙午	丁未	戊申	己酉	庚戌	辛亥	壬子	癸丑	甲寅	乙卯	丙辰	丁巳	戊午	己未	庚申	辛酉	壬戌	癸亥	甲子	乙丑	丙寅	丁卯	戊辰	己巳	庚午	辛未	壬申	癸酉	甲戌
절입시각															오전 4시14분															오후 8시56분

月建　閏　五　月　小

	1	2	3	4	5	6	7	8	9	10	11	12	13	14	15	16	17	18	19	20	21	22	23	24	25	26	27	28	29
절기																小暑													
음력	1	2	3	4	5	6	7	8	9	10	11	12	13	14	15	16	17	18	19	20	21	22	23	24	25	26	27	28	29
양력	6/22	23	24	25	26	27	28	29	30	7/1	2	3	4	5	6	7	8	9	10	11	12	13	14	15	16	17	18	19	20
일진	乙亥	丙子	丁丑	戊寅	己卯	庚辰	辛巳	壬午	癸未	甲申	乙酉	丙戌	丁亥	戊子	己丑	庚寅	辛卯	壬辰	癸巳	甲午	乙未	丙申	丁酉	戊戌	己亥	庚子	辛丑	壬寅	癸卯
절입시각																오후 2시25분													

六 月 大　月建 辛未

절기			大暑																立秋											
음력	1	2	3	4	5	6	7	8	9	10	11	12	13	14	15	16	17	18	19	20	21	22	23	24	25	26	27	28	29	30
양력	7/21	22	23	24	25	26	27	28	29	30	31	8/1	2	3	4	5	6	7	8	9	10	11	12	13	14	15	16	17	18	19
일진	甲辰	乙巳	丙午	丁未	戊申	己酉	庚戌	辛亥	壬子	癸丑	甲寅	乙卯	丙辰	丁巳	戊午	己未	庚申	辛酉	壬戌	癸亥	甲子	乙丑	丙寅	丁卯	戊辰	己巳	庚午	辛未	壬申	癸酉

절입시각: 오전 7시47분　／　오전 0시17분

七 月 小　月建 壬申

절기				處暑																白露									
음력	1	2	3	4	5	6	7	8	9	10	11	12	13	14	15	16	17	18	19	20	21	22	23	24	25	26	27	28	29
양력	8/20	21	22	23	24	25	26	27	28	29	30	31	9/1	2	3	4	5	6	7	8	9	10	11	12	13	14	15	16	17
일진	甲戌	乙亥	丙子	丁丑	戊寅	己卯	庚辰	辛巳	壬午	癸未	甲申	乙酉	丙戌	丁亥	戊子	己丑	庚寅	辛卯	壬辰	癸巳	甲午	乙未	丙申	丁酉	戊戌	己亥	庚子	辛丑	壬寅

절입시각: 오후 2시57분　／　오전 3시23분

八 月 大　月建 癸酉

절기						秋分															寒露									
음력	1	2	3	4	5	6	7	8	9	10	11	12	13	14	15	16	17	18	19	20	21	22	23	24	25	26	27	28	29	30
양력	9/18	19	20	21	22	23	24	25	26	27	28	29	30	10/1	2	3	4	5	6	7	8	9	10	11	12	13	14	15	16	17
일진	癸卯	甲辰	乙巳	丙午	丁未	戊申	己酉	庚戌	辛亥	壬子	癸丑	甲寅	乙卯	丙辰	丁巳	戊午	己未	庚申	辛酉	壬戌	癸亥	甲子	乙丑	丙寅	丁卯	戊辰	己巳	庚午	辛未	壬申

절입시각: 오후 12시48분　／　오후 7시16분

九 月 小　月建 甲戌

절기						霜降															立冬								
음력	1	2	3	4	5	6	7	8	9	10	11	12	13	14	15	16	17	18	19	20	21	22	23	24	25	26	27	28	29
양력	10/18	19	20	21	22	23	24	25	26	27	28	29	30	31	11/1	2	3	4	5	6	7	8	9	10	11	12	13	14	15
일진	癸酉	甲戌	乙亥	丙子	丁丑	戊寅	己卯	庚辰	辛巳	壬午	癸未	甲申	乙酉	丙戌	丁亥	戊子	己丑	庚寅	辛卯	壬辰	癸巳	甲午	乙未	丙申	丁酉	戊戌	己亥	庚子	辛丑

절입시각: 오후 10시24분　／　오후 10시41분

十 月 大　月建 乙亥

절기							小雪									大雪														
음력	1	2	3	4	5	6	7	8	9	10	11	12	13	14	15	16	17	18	19	20	21	22	23	24	25	26	27	28	29	30
양력	11/16	17	18	19	20	21	22	23	24	25	26	27	28	29	30	12/1	2	3	4	5	6	7	8	9	10	11	12	13	14	15
일진	壬寅	癸卯	甲辰	乙巳	丙午	丁未	戊申	己酉	庚戌	辛亥	壬子	癸丑	甲寅	乙卯	丙辰	丁巳	戊午	己未	庚申	辛酉	壬戌	癸亥	甲子	乙丑	丙寅	丁卯	戊辰	己巳	庚午	辛未

절입시각: 오후 8시11분　／　오후 3시44분

十 一 月 小　月建 丙子

절기							冬至										小寒												
음력	1	2	3	4	5	6	7	8	9	10	11	12	13	14	15	16	17	18	19	20	21	22	23	24	25	26	27	28	29
양력	12/16	17	18	19	20	21	22	23	24	25	26	27	28	29	30	31	1/1	2	3	4	5	6	7	8	9	10	11	12	13
일진	壬申	癸酉	甲戌	乙亥	丙子	丁丑	戊寅	己卯	庚辰	辛巳	壬午	癸未	甲申	乙酉	丙戌	丁亥	戊子	己丑	庚寅	辛卯	壬辰	癸巳	甲午	乙未	丙申	丁酉	戊戌	己亥	庚子

절입시각: 오전 9시39분　／　오전 3시2분

十 二 月 小　月建 丁丑

절기							大寒												立春										
음력	1	2	3	4	5	6	7	8	9	10	11	12	13	14	15	16	17	18	19	20	21	22	23	24	25	26	27	28	29
양력	1/14	15	16	17	18	19	20	21	22	23	24	25	26	27	28	29	30	31	2/1	2	3	4	5	6	7	8	9	10	11
일진	辛丑	壬寅	癸卯	甲辰	乙巳	丙午	丁未	戊申	己酉	庚戌	辛亥	壬子	癸丑	甲寅	乙卯	丙辰	丁巳	戊午	己未	庚申	辛酉	壬戌	癸亥	甲子	乙丑	丙寅	丁卯	戊辰	己巳

절입시각: 오후 8시20분　／　오후 2시38분

正月 十月 黑中   午 大將軍   南 三殺   午 吊客   戌 喪門

月建　正月 大　戊寅

절기: 雨水 (음력 8), 驚蟄 (음력 19)

음력	1	2	3	4	5	6	7	8	9	10	11	12	13	14	15	16	17	18	19	20	21	22	23	24	25	26	27	28	29	30
양력	2/12	13	14	15	16	17	18	19	20	21	22	23	24	25	26	27	28	29	3/1	2	3	4	5	6	7	8	9	10	11	12
일진	庚午	辛未	壬申	癸酉	甲戌	乙亥	丙子	丁丑	戊寅	己卯	庚辰	辛巳	壬午	癸未	甲申	乙酉	丙戌	丁亥	戊子	己丑	庚寅	辛卯	壬辰	癸巳	甲午	乙未	丙申	丁酉	戊戌	己亥

절입시각: 오전 10시22분 (雨水) / 오전 8시30분 (驚蟄)

月建　二 月 小　己卯

절기: 春分 (음력 8), 清明 (음력 20)

음력	1	2	3	4	5	6	7	8	9	10	11	12	13	14	15	16	17	18	19	20	21	22	23	24	25	26	27	28	29
양력	3/13	14	15	16	17	18	19	20	21	22	23	24	25	26	27	28	29	30	31	4/1	2	3	4	5	6	7	8	9	10
일진	庚子	辛丑	壬寅	癸卯	甲辰	乙巳	丙午	丁未	戊申	己酉	庚戌	辛亥	壬子	癸丑	甲寅	乙卯	丙辰	丁巳	戊午	己未	庚申	辛酉	壬戌	癸亥	甲子	乙丑	丙寅	丁卯	戊辰

절입시각: 오전 9시10분 (春分) / 오후 1시4분 (清明)

月建　三 月 大　庚辰

절기: 穀雨 (음력 9), 立夏 (음력 21)

음력	1	2	3	4	5	6	7	8	9	10	11	12	13	14	15	16	17	18	19	20	21	22	23	24	25	26	27	28	29	30
양력	4/11	12	13	14	15	16	17	18	19	20	21	22	23	24	25	26	27	28	29	30	5/1	2	3	4	5	6	7	8	9	10
일진	己巳	庚午	辛未	壬申	癸酉	甲戌	乙亥	丙子	丁丑	戊寅	己卯	庚辰	辛巳	壬午	癸未	甲申	乙酉	丙戌	丁亥	戊子	己丑	庚寅	辛卯	壬辰	癸巳	甲午	乙未	丙申	丁酉	戊戌

절입시각: 오후 7시58분 (穀雨) / 오전 6시8분 (立夏)

月建　四 月 大　辛巳

절기: 小滿 (음력 10), 芒種 (음력 22)

음력	1	2	3	4	5	6	7	8	9	10	11	12	13	14	15	16	17	18	19	20	21	22	23	24	25	26	27	28	29	30
양력	5/11	12	13	14	15	16	17	18	19	20	21	22	23	24	25	26	27	28	29	30	31	6/1	2	3	4	5	6	7	8	9
일진	己亥	庚子	辛丑	壬寅	癸卯	甲辰	乙巳	丙午	丁未	戊申	己酉	庚戌	辛亥	壬子	癸丑	甲寅	乙卯	丙辰	丁巳	戊午	己未	庚申	辛酉	壬戌	癸亥	甲子	乙丑	丙寅	丁卯	戊辰

절입시각: 오후 6시54분 (小滿) / 오전 10시7분 (芒種)

月建　五 月 小　壬午

절기: 夏至 (음력 12), 小暑 (음력 22)

음력	1	2	3	4	5	6	7	8	9	10	11	12	13	14	15	16	17	18	19	20	21	22	23	24	25	26	27	28	29
양력	6/10	11	12	13	14	15	16	17	18	19	20	21	22	23	24	25	26	27	28	29	30	7/1	2	3	4	5	6	7	8
일진	己巳	庚午	辛未	壬申	癸酉	甲戌	乙亥	丙子	丁丑	戊寅	己卯	庚辰	辛巳	壬午	癸未	甲申	乙酉	丙戌	丁亥	戊子	己丑	庚寅	辛卯	壬辰	癸巳	甲午	乙未	丙申	丁酉

절입시각: 오전 2시45분 (夏至) / 오후 8시18분 (小暑)

月建　六 月 大　癸未

절기: 大暑 (음력 14), 立秋 (음력 30)

음력	1	2	3	4	5	6	7	8	9	10	11	12	13	14	15	16	17	18	19	20	21	22	23	24	25	26	27	28	29	30
양력	7/9	10	11	12	13	14	15	16	17	18	19	20	21	22	23	24	25	26	27	28	29	30	31	8/1	2	3	4	5	6	7
일진	戊戌	己亥	庚子	辛丑	壬寅	癸卯	甲辰	乙巳	丙午	丁未	戊申	己酉	庚戌	辛亥	壬子	癸丑	甲寅	乙卯	丙辰	丁巳	戊午	己未	庚申	辛酉	壬戌	癸亥	甲子	乙丑	丙寅	丁卯

절입시각: 오후 1시39분 (大暑) / 오전 6시9분 (立秋)

七 月 大　　　甲 申

月建	1	2	3	4	5	6	7	8	9	10	11	12	13	14	15	16	17	18	19	20	21	22	23	24	25	26	27	28	29	30
절기															處暑															
음력	1	2	3	4	5	6	7	8	9	10	11	12	13	14	15	16	17	18	19	20	21	22	23	24	25	26	27	28	29	30
양력	8/8	9	10	11	12	13	14	15	16	17	18	19	20	21	22	23	24	25	26	27	28	29	30	31	9/1	2	3	4	5	6
일진	戊辰	己巳	庚午	辛未	壬申	癸酉	甲戌	乙亥	丙子	丁丑	戊寅	己卯	庚辰	辛巳	壬午	癸未	甲申	乙酉	丙戌	丁亥	戊子	己丑	庚寅	辛卯	壬辰	癸巳	甲午	乙未	丙申	丁酉

절입시각: 오후 8시52분

八 月 小　　　乙 酉

月建	1	2	3	4	5	6	7	8	9	10	11	12	13	14	15	16	17	18	19	20	21	22	23	24	25	26	27	28	29
절기	白露															秋分													
음력	1	2	3	4	5	6	7	8	9	10	11	12	13	14	15	16	17	18	19	20	21	22	23	24	25	26	27	28	29
양력	9/7	8	9	10	11	12	13	14	15	16	17	18	19	20	21	22	23	24	25	26	27	28	29	30	10/1	2	3	4	5
일진	戊戌	己亥	庚子	辛丑	壬寅	癸卯	甲辰	乙巳	丙午	丁未	戊申	己酉	庚戌	辛亥	壬子	癸丑	甲寅	乙卯	丙辰	丁巳	戊午	己未	庚申	辛酉	壬戌	癸亥	甲子	乙丑	丙寅

절입시각: 오전 9시13분　　오후 6시43분

九 月 大　　　丙 戌

月建	1	2	3	4	5	6	7	8	9	10	11	12	13	14	15	16	17	18	19	20	21	22	23	24	25	26	27	28	29	30
절기			寒露															霜降												
음력	1	2	3	4	5	6	7	8	9	10	11	12	13	14	15	16	17	18	19	20	21	22	23	24	25	26	27	28	29	30
양력	10/6	7	8	9	10	11	12	13	14	15	16	17	18	19	20	21	22	23	24	25	26	27	28	29	30	31	11/1	2	3	4
일진	丁卯	戊辰	己巳	庚午	辛未	壬申	癸酉	甲戌	乙亥	丙子	丁丑	戊寅	己卯	庚辰	辛巳	壬午	癸未	甲申	乙酉	丙戌	丁亥	戊子	己丑	庚寅	辛卯	壬辰	癸巳	甲午	乙未	丙申

절입시각: 오전 1시4분　　오전 4시18분

十 月 小　　　丁 亥

月建	1	2	3	4	5	6	7	8	9	10	11	12	13	14	15	16	17	18	19	20	21	22	23	24	25	26	27	28	29
절기			立冬															小雪											
음력	1	2	3	4	5	6	7	8	9	10	11	12	13	14	15	16	17	18	19	20	21	22	23	24	25	26	27	28	29
양력	11/5	6	7	8	9	10	11	12	13	14	15	16	17	18	19	20	21	22	23	24	25	26	27	28	29	30	12/1	2	3
일진	丁酉	戊戌	己亥	庚子	辛丑	壬寅	癸卯	甲辰	乙巳	丙午	丁未	戊申	己酉	庚戌	辛亥	壬子	癸丑	甲寅	乙卯	丙辰	丁巳	戊午	己未	庚申	辛酉	壬戌	癸亥	甲子	乙丑

절입시각: 오전 4시28분　　오전 2시4분

十 一 月 大　　　戊 子

月建	1	2	3	4	5	6	7	8	9	10	11	12	13	14	15	16	17	18	19	20	21	22	23	24	25	26	27	28	29	30
절기			大雪															冬至												
음력	1	2	3	4	5	6	7	8	9	10	11	12	13	14	15	16	17	18	19	20	21	22	23	24	25	26	27	28	29	30
양력	12/4	5	6	7	8	9	10	11	12	13	14	15	16	17	18	19	20	21	22	23	24	25	26	27	28	29	30	31	1/1	2
일진	丙寅	丁卯	戊辰	己巳	庚午	辛未	壬申	癸酉	甲戌	乙亥	丙子	丁丑	戊寅	己卯	庚辰	辛巳	壬午	癸未	甲申	乙酉	丙戌	丁亥	戊子	己丑	庚寅	辛卯	壬辰	癸巳	甲午	乙未

절입시각: 오후 9시29분　　오후 3시31분

十 二 月 小　　　己 丑

月建	1	2	3	4	5	6	7	8	9	10	11	12	13	14	15	16	17	18	19	20	21	22	23	24	25	26	27	28	29
절기			小寒															大寒											
음력	1	2	3	4	5	6	7	8	9	10	11	12	13	14	15	16	17	18	19	20	21	22	23	24	25	26	27	28	29
양력	1/3	4	5	6	7	8	9	10	11	12	13	14	15	16	17	18	19	20	21	22	23	24	25	26	27	28	29	30	31
일진	丙申	丁酉	戊戌	己亥	庚子	辛丑	壬寅	癸卯	甲辰	乙巳	丙午	丁未	戊申	己酉	庚戌	辛亥	壬子	癸丑	甲寅	乙卯	丙辰	丁巳	戊午	己未	庚申	辛酉	壬戌	癸亥	甲子

절입시각: 오전 8시47분　　오전 2시12분

辛酉年

金神　子丑寅卯午未

午 大將軍　東 三殺　未 吊客　亥 喪門

正月 大　　庚寅

음력	1	2	3	4	5	6	7	8	9	10	11	12	13	14	15	16	17	18	19	20	21	22	23	24	25	26	27	28	29	30
절기			立春															雨水												
양력	2/1	2	3	4	5	6	7	8	9	10	11	12	13	14	15	16	17	18	19	20	21	22	23	24	25	26	27	28	3/1	2
일진	乙丑	丙寅	丁卯	戊辰	己巳	庚午	辛未	壬申	癸酉	甲戌	乙亥	丙子	丁丑	戊寅	己卯	庚辰	辛巳	壬午	癸未	甲申	乙酉	丙戌	丁亥	戊子	己丑	庚寅	辛卯	壬辰	癸巳	甲午

절입시각: 오후 8시24분　　오후 4시16분

二月 小　　辛卯

음력	1	2	3	4	5	6	7	8	9	10	11	12	13	14	15	16	17	18	19	20	21	22	23	24	25	26	27	28	29
절기			驚蟄															春分											
양력	3/3	4	5	6	7	8	9	10	11	12	13	14	15	16	17	18	19	20	21	22	23	24	25	26	27	28	29	30	31
일진	乙未	丙申	丁酉	戊戌	己亥	庚子	辛丑	壬寅	癸卯	甲辰	乙巳	丙午	丁未	戊申	己酉	庚戌	辛亥	壬子	癸丑	甲寅	乙卯	丙辰	丁巳	戊午	己未	庚申	辛酉	壬戌	癸亥

절입시각: 오후 2시16분　　오후 3시5분

三月 小　　壬辰

음력	1	2	3	4	5	6	7	8	9	10	11	12	13	14	15	16	17	18	19	20	21	22	23	24	25	26	27	28	29
절기		清明																		穀雨									
양력	4/1	2	3	4	5	6	7	8	9	10	11	12	13	14	15	16	17	18	19	20	21	22	23	24	25	26	27	28	29
일진	甲子	乙丑	丙寅	丁卯	戊辰	己巳	庚午	辛未	壬申	癸酉	甲戌	乙亥	丙子	丁丑	戊寅	己卯	庚辰	辛巳	壬午	癸未	甲申	乙酉	丙戌	丁亥	戊子	己丑	庚寅	辛卯	壬辰

절입시각: 오후 6시51분　　오전 1시53분

四月 大　　癸巳

음력	1	2	3	4	5	6	7	8	9	10	11	12	13	14	15	16	17	18	19	20	21	22	23	24	25	26	27	28	29	30
절기					立夏																	小滿								
양력	4/30	5/1	2	3	4	5	6	7	8	9	10	11	12	13	14	15	16	17	18	19	20	21	22	23	24	25	26	27	28	29
일진	癸巳	甲午	乙未	丙申	丁酉	戊戌	己亥	庚子	辛丑	壬寅	癸卯	甲辰	乙巳	丙午	丁未	戊申	己酉	庚戌	辛亥	壬子	癸丑	甲寅	乙卯	丙辰	丁巳	戊午	己未	庚申	辛酉	壬戌

절입시각: 오전 11시53분　　오전 0시47분

五月 小　　甲午

음력	1	2	3	4	5	6	7	8	9	10	11	12	13	14	15	16	17	18	19	20	21	22	23	24	25	26	27	28	29
절기							芒種																夏至						
양력	5/30	31	6/1	2	3	4	5	6	7	8	9	10	11	12	13	14	15	16	17	18	19	20	21	22	23	24	25	26	27
일진	癸亥	甲子	乙丑	丙寅	丁卯	戊辰	己巳	庚午	辛未	壬申	癸酉	甲戌	乙亥	丙子	丁丑	戊寅	己卯	庚辰	辛巳	壬午	癸未	甲申	乙酉	丙戌	丁亥	戊子	己丑	庚寅	辛卯

절입시각: 오후 3시48분　　오전 8시34분

六月 大　　乙未

음력	1	2	3	4	5	6	7	8	9	10	11	12	13	14	15	16	17	18	19	20	21	22	23	24	25	26	27	28	29	30
절기										小暑															大暑					
양력	6/28	29	30	7/1	2	3	4	5	6	7	8	9	10	11	12	13	14	15	16	17	18	19	20	21	22	23	24	25	26	27
일진	壬辰	癸巳	甲午	乙未	丙申	丁酉	戊戌	己亥	庚子	辛丑	壬寅	癸卯	甲辰	乙巳	丙午	丁未	戊申	己酉	庚戌	辛亥	壬子	癸丑	甲寅	乙卯	丙辰	丁巳	戊午	己未	庚申	辛酉

절입시각: 오전 1시57분　　오후 7시25분

月建	七 月 大																										丙 申			
절기											立秋																處暑			
음력	1	2	3	4	5	6	7	8	9	10	11	12	13	14	15	16	17	18	19	20	21	22	23	24	25	26	27	28	29	30
양력	7/28	29	30	31	8/1	2	3	4	5	6	7	8	9	10	11	12	13	14	15	16	17	18	19	20	21	22	23	24	25	26
일진	壬戌	癸亥	甲子	乙丑	丙寅	丁卯	戊辰	己巳	庚午	辛未	壬申	癸酉	甲戌	乙亥	丙子	丁丑	戊寅	己卯	庚辰	辛巳	壬午	癸未	甲申	乙酉	丙戌	丁亥	戊子	己丑	庚寅	辛卯
절입시각											오전 11시47분																오전 2시35분			

月建	八 月 小																										丁 酉		
절기												白露																秋分	
음력	1	2	3	4	5	6	7	8	9	10	11	12	13	14	15	16	17	18	19	20	21	22	23	24	25	26	27	28	29
양력	8/27	28	29	30	31	9/1	2	3	4	5	6	7	8	9	10	11	12	13	14	15	16	17	18	19	20	21	22	23	24
일진	壬辰	癸巳	甲午	乙未	丙申	丁酉	戊戌	己亥	庚子	辛丑	壬寅	癸卯	甲辰	乙巳	丙午	丁未	戊申	己酉	庚戌	辛亥	壬子	癸丑	甲寅	乙卯	丙辰	丁巳	戊午	己未	庚申
절입시각												오후 2시52분																오전 0시25분	

月建	九 月 大																										戊 戌			
절기														寒露															霜降	
음력	1	2	3	4	5	6	7	8	9	10	11	12	13	14	15	16	17	18	19	20	21	22	23	24	25	26	27	28	29	30
양력	9/25	26	27	28	29	30	10/1	2	3	4	5	6	7	8	9	10	11	12	13	14	15	16	17	18	19	20	21	22	23	24
일진	辛酉	壬戌	癸亥	甲子	乙丑	丙寅	丁卯	戊辰	己巳	庚午	辛未	壬申	癸酉	甲戌	乙亥	丙子	丁丑	戊寅	己卯	庚辰	辛巳	壬午	癸未	甲申	乙酉	丙戌	丁亥	戊子	己丑	庚寅
절입시각														오전 6시45분															오전 10시0분	

月建	十 月 大																										己 亥			
절기														立冬															小雪	
음력	1	2	3	4	5	6	7	8	9	10	11	12	13	14	15	16	17	18	19	20	21	22	23	24	25	26	27	28	29	30
양력	10/25	26	27	28	29	30	31	11/1	2	3	4	5	6	7	8	9	10	11	12	13	14	15	16	17	18	19	20	21	22	23
일진	辛卯	壬辰	癸巳	甲午	乙未	丙申	丁酉	戊戌	己亥	庚子	辛丑	壬寅	癸卯	甲辰	乙巳	丙午	丁未	戊申	己酉	庚戌	辛亥	壬子	癸丑	甲寅	乙卯	丙辰	丁巳	戊午	己未	庚申
절입시각														오전 10시12분															오전 7시48분	

月建	十 一 月 小																										庚 子		
절기														大雪														冬至	
음력	1	2	3	4	5	6	7	8	9	10	11	12	13	14	15	16	17	18	19	20	21	22	23	24	25	26	27	28	29
양력	11/24	25	26	27	28	29	30	12/1	2	3	4	5	6	7	8	9	10	11	12	13	14	15	16	17	18	19	20	21	22
일진	辛酉	壬戌	癸亥	甲子	乙丑	丙寅	丁卯	戊辰	己巳	庚午	辛未	壬申	癸酉	甲戌	乙亥	丙子	丁丑	戊寅	己卯	庚辰	辛巳	壬午	癸未	甲申	乙酉	丙戌	丁亥	戊子	己丑
절입시각														오전 3시14분														오후 9시17분	

月建	十 二 月 大																										辛 丑			
절기														小寒															大寒	
음력	1	2	3	4	5	6	7	8	9	10	11	12	13	14	15	16	17	18	19	20	21	22	23	24	25	26	27	28	29	30
양력	12/23	24	25	26	27	28	29	30	31	1/1	2	3	4	5	6	7	8	9	10	11	12	13	14	15	16	17	18	19	20	21
일진	庚寅	辛卯	壬辰	癸巳	甲午	乙未	丙申	丁酉	戊戌	己亥	庚子	辛丑	壬寅	癸卯	甲辰	乙巳	丙午	丁未	戊申	己酉	庚戌	辛亥	壬子	癸丑	甲寅	乙卯	丙辰	丁巳	戊午	己未
절입시각														오후 2시34분															오전 7시59분	

壬戌年

金神　寅卯戌亥

四月 黑中　　午 大將軍　北 三殺　申 吊客　子 喪門

月建　正　月　小　　壬寅

절기	1	2	3	4	5	6	7	8	9	10	11	12	13	14	15	16	17	18	19	20	21	22	23	24	25	26	27	28	29
절기														立春														雨水	
음력	1	2	3	4	5	6	7	8	9	10	11	12	13	14	15	16	17	18	19	20	21	22	23	24	25	26	27	28	29
양력	1/22	23	24	25	26	27	28	29	30	31	2/1	2	3	4	5	6	7	8	9	10	11	12	13	14	15	16	17	18	19
일진	庚申	辛酉	壬戌	癸亥	甲子	乙丑	丙寅	丁卯	戊辰	己巳	庚午	辛未	壬申	癸酉	甲戌	乙亥	丙子	丁丑	戊寅	己卯	庚辰	辛巳	壬午	癸未	甲申	乙酉	丙戌	丁亥	戊子
절입시각														오전 2시11분														오후 10시3분	

月建　二　月　大　　癸卯

절기	1	2	3	4	5	6	7	8	9	10	11	12	13	14	15	16	17	18	19	20	21	22	23	24	25	26	27	28	29	30
절기														驚蟄															春分	
음력	1	2	3	4	5	6	7	8	9	10	11	12	13	14	15	16	17	18	19	20	21	22	23	24	25	26	27	28	29	30
양력	2/20	21	22	23	24	25	26	27	28	3/1	2	3	4	5	6	7	8	9	10	11	12	13	14	15	16	17	18	19	20	21
일진	己丑	庚寅	辛卯	壬辰	癸巳	甲午	乙未	丙申	丁酉	戊戌	己亥	庚子	辛丑	壬寅	癸卯	甲辰	乙巳	丙午	丁未	戊申	己酉	庚戌	辛亥	壬子	癸丑	甲寅	乙卯	丙辰	丁巳	戊午
절입시각														오후 8시4분															오후 8시52분	

月建　閏　二　月　小

절기	1	2	3	4	5	6	7	8	9	10	11	12	13	14	15	16	17	18	19	20	21	22	23	24	25	26	27	28	29
절기															清明														
음력	1	2	3	4	5	6	7	8	9	10	11	12	13	14	15	16	17	18	19	20	21	22	23	24	25	26	27	28	29
양력	3/22	23	24	25	26	27	28	29	30	31	4/1	2	3	4	5	6	7	8	9	10	11	12	13	14	15	16	17	18	19
일진	己未	庚申	辛酉	壬戌	癸亥	甲子	乙丑	丙寅	丁卯	戊辰	己巳	庚午	辛未	壬申	癸酉	甲戌	乙亥	丙子	丁丑	戊寅	己卯	庚辰	辛巳	壬午	癸未	甲申	乙酉	丙戌	丁亥
절입시각															오전 0시39분														

月建　三　月　小　　甲辰

절기	1	2	3	4	5	6	7	8	9	10	11	12	13	14	15	16	17	18	19	20	21	22	23	24	25	26	27	28	29
절기	穀雨															立夏													
음력	1	2	3	4	5	6	7	8	9	10	11	12	13	14	15	16	17	18	19	20	21	22	23	24	25	26	27	28	29
양력	4/20	21	22	23	24	25	26	27	28	29	30	5/1	2	3	4	5	6	7	8	9	10	11	12	13	14	15	16	17	18
일진	戊子	己丑	庚寅	辛卯	壬辰	癸巳	甲午	乙未	丙申	丁酉	戊戌	己亥	庚子	辛丑	壬寅	癸卯	甲辰	乙巳	丙午	丁未	戊申	己酉	庚戌	辛亥	壬子	癸丑	甲寅	乙卯	丙辰
절입시각	오전 7시38분															오후 5시41분													

月建　四　月　大　　乙巳

절기	1	2	3	4	5	6	7	8	9	10	11	12	13	14	15	16	17	18	19	20	21	22	23	24	25	26	27	28	29	30
절기			小滿															芒種												
음력	1	2	3	4	5	6	7	8	9	10	11	12	13	14	15	16	17	18	19	20	21	22	23	24	25	26	27	28	29	30
양력	5/19	20	21	22	23	24	25	26	27	28	29	30	31	6/1	2	3	4	5	6	7	8	9	10	11	12	13	14	15	16	17
일진	丁巳	戊午	己未	庚申	辛酉	壬戌	癸亥	甲子	乙丑	丙寅	丁卯	戊辰	己巳	庚午	辛未	壬申	癸酉	甲戌	乙亥	丙子	丁丑	戊寅	己卯	庚辰	辛巳	壬午	癸未	甲申	乙酉	丙戌
절입시각			오전 6시30분															오후 9시37분												

月建　五　月　小　　丙午

절기	1	2	3	4	5	6	7	8	9	10	11	12	13	14	15	16	17	18	19	20	21	22	23	24	25	26	27	28	29
절기				夏至																小暑									
음력	1	2	3	4	5	6	7	8	9	10	11	12	13	14	15	16	17	18	19	20	21	22	23	24	25	26	27	28	29
양력	6/18	19	20	21	22	23	24	25	26	27	28	29	30	7/1	2	3	4	5	6	7	8	9	10	11	12	13	14	15	16
일진	丁亥	戊子	己丑	庚寅	辛卯	壬辰	癸巳	甲午	乙未	丙申	丁酉	戊戌	己亥	庚子	辛丑	壬寅	癸卯	甲辰	乙巳	丙午	丁未	戊申	己酉	庚戌	辛亥	壬子	癸丑	甲寅	乙卯
절입시각				오후 2시14분																오전 7시46분									

六 月 大　　丁 未

절기	1	2	3	4	5	6	7	8	9	10	11	12	13	14	15	16	17	18	19	20	21	22	23	24	25	26	27	28	29	30
절기							大暑															立秋								
음력	1	2	3	4	5	6	7	8	9	10	11	12	13	14	15	16	17	18	19	20	21	22	23	24	25	26	27	28	29	30
양력	7/17	18	19	20	21	22	23	24	25	26	27	28	29	30	31	8/1	2	3	4	5	6	7	8	9	10	11	12	13	14	15
일진	丙辰	丁巳	戊午	己未	庚申	辛酉	壬戌	癸亥	甲子	乙丑	丙寅	丁卯	戊辰	己巳	庚午	辛未	壬申	癸酉	甲戌	乙亥	丙子	丁丑	戊寅	己卯	庚辰	辛巳	壬午	癸未	甲申	乙酉

절입시각: 大暑 오전 1시5분 / 立秋 오후 5시37분

七 月 小　　戊 申

절기	1	2	3	4	5	6	7	8	9	10	11	12	13	14	15	16	17	18	19	20	21	22	23	24	25	26	27	28	29
절기								處暑															白露						
음력	1	2	3	4	5	6	7	8	9	10	11	12	13	14	15	16	17	18	19	20	21	22	23	24	25	26	27	28	29
양력	8/16	17	18	19	20	21	22	23	24	25	26	27	28	29	30	31	9/1	2	3	4	5	6	7	8	9	10	11	12	13
일진	丙戌	丁亥	戊子	己丑	庚寅	辛卯	壬辰	癸巳	甲午	乙未	丙申	丁酉	戊戌	己亥	庚子	辛丑	壬寅	癸卯	甲辰	乙巳	丙午	丁未	戊申	己酉	庚戌	辛亥	壬子	癸丑	甲寅

절입시각: 處暑 오전 8시17분 / 白露 오후 8시44분

八 月 大　　己 酉

절기	1	2	3	4	5	6	7	8	9	10	11	12	13	14	15	16	17	18	19	20	21	22	23	24	25	26	27	28	29	30
절기										秋分															寒露					
음력	1	2	3	4	5	6	7	8	9	10	11	12	13	14	15	16	17	18	19	20	21	22	23	24	25	26	27	28	29	30
양력	9/14	15	16	17	18	19	20	21	22	23	24	25	26	27	28	29	30	10/1	2	3	4	5	6	7	8	9	10	11	12	13
일진	乙卯	丙辰	丁巳	戊午	己未	庚申	辛酉	壬戌	癸亥	甲子	乙丑	丙寅	丁卯	戊辰	己巳	庚午	辛未	壬申	癸酉	甲戌	乙亥	丙子	丁丑	戊寅	己卯	庚辰	辛巳	壬午	癸未	甲申

절입시각: 秋分 오전 6시10분 / 寒露 오후 12시39분

九 月 大　　庚 戌

절기	1	2	3	4	5	6	7	8	9	10	11	12	13	14	15	16	17	18	19	20	21	22	23	24	25	26	27	28	29	30
절기										霜降									立冬											
음력	1	2	3	4	5	6	7	8	9	10	11	12	13	14	15	16	17	18	19	20	21	22	23	24	25	26	27	28	29	30
양력	10/14	15	16	17	18	19	20	21	22	23	24	25	26	27	28	29	30	31	11/1	2	3	4	5	6	7	8	9	10	11	12
일진	乙酉	丙戌	丁亥	戊子	己丑	庚寅	辛卯	壬辰	癸巳	甲午	乙未	丙申	丁酉	戊戌	己亥	庚子	辛丑	壬寅	癸卯	甲辰	乙巳	丙午	丁未	戊申	己酉	庚戌	辛亥	壬子	癸丑	甲寅

절입시각: 霜降 오후 3시48분 / 立冬 오후 4시6분

十 月 小　　辛 亥

절기	1	2	3	4	5	6	7	8	9	10	11	12	13	14	15	16	17	18	19	20	21	22	23	24	25	26	27	28	29
절기										小雪									大雪										
음력	1	2	3	4	5	6	7	8	9	10	11	12	13	14	15	16	17	18	19	20	21	22	23	24	25	26	27	28	29
양력	11/13	14	15	16	17	18	19	20	21	22	23	24	25	26	27	28	29	30	12/1	2	3	4	5	6	7	8	9	10	11
일진	乙卯	丙辰	丁巳	戊午	己未	庚申	辛酉	壬戌	癸亥	甲子	乙丑	丙寅	丁卯	戊辰	己巳	庚午	辛未	壬申	癸酉	甲戌	乙亥	丙子	丁丑	戊寅	己卯	庚辰	辛巳	壬午	癸未

절입시각: 小雪 오후 1시36분 / 大雪 오전 9시8분

十 一 月 大　　壬 子

절기	1	2	3	4	5	6	7	8	9	10	11	12	13	14	15	16	17	18	19	20	21	22	23	24	25	26	27	28	29	30
절기											冬至										小寒									
음력	1	2	3	4	5	6	7	8	9	10	11	12	13	14	15	16	17	18	19	20	21	22	23	24	25	26	27	28	29	30
양력	12/12	13	14	15	16	17	18	19	20	21	22	23	24	25	26	27	28	29	30	31	1/1	2	3	4	5	6	7	8	9	10
일진	甲申	乙酉	丙戌	丁亥	戊子	己丑	庚寅	辛卯	壬辰	癸巳	甲午	乙未	丙申	丁酉	戊戌	己亥	庚子	辛丑	壬寅	癸卯	甲辰	乙巳	丙午	丁未	戊申	己酉	庚戌	辛亥	壬子	癸丑

절입시각: 冬至 오전 3시3분 / 小寒 오후 8시24분

十 二 月 大　　癸 丑

절기	1	2	3	4	5	6	7	8	9	10	11	12	13	14	15	16	17	18	19	20	21	22	23	24	25	26	27	28	29	30
절기										大寒												立春								
음력	1	2	3	4	5	6	7	8	9	10	11	12	13	14	15	16	17	18	19	20	21	22	23	24	25	26	27	28	29	30
양력	1/11	12	13	14	15	16	17	18	19	20	21	22	23	24	25	26	27	28	29	30	31	2/1	2	3	4	5	6	7	8	9
일진	甲寅	乙卯	丙辰	丁巳	戊午	己未	庚申	辛酉	壬戌	癸亥	甲子	乙丑	丙寅	丁卯	戊辰	己巳	庚午	辛未	壬申	癸酉	甲戌	乙亥	丙子	丁丑	戊寅	己卯	庚辰	辛巳	壬午	癸未

절입시각: 大寒 오후 1시40분 / 立春 오전 7시57분

2043년 | 檀紀 4376년　　癸亥年　　金神　子丑申酉

正月　十月　黑中

酉 大將軍　　西 三殺　　酉 吊客　　丑 喪門

月建　正　月　小　　　　甲　寅

절기: 雨水 … 驚蟄

음력	1	2	3	4	5	6	7	8	9	10	11	12	13	14	15	16	17	18	19	20	21	22	23	24	25	26	27	28	29
양력	2/10	11	12	13	14	15	16	17	18	19	20	21	22	23	24	25	26	27	28	3/1	2	3	4	5	6	7	8	9	10
일진	甲申	乙酉	丙戌	丁亥	戊子	己丑	庚寅	辛卯	壬辰	癸巳	甲午	乙未	丙申	丁酉	戊戌	己亥	庚子	辛丑	壬寅	癸卯	甲辰	乙巳	丙午	丁未	戊申	己酉	庚戌	辛亥	壬子

절입시각: 오전 3시40분　　오전 1시46분

月建　二　月　大　　　　乙　卯

절기: 春分 … 清明

음력	1	2	3	4	5	6	7	8	9	10	11	12	13	14	15	16	17	18	19	20	21	22	23	24	25	26	27	28	29	30
양력	3/11	12	13	14	15	16	17	18	19	20	21	22	23	24	25	26	27	28	29	30	31	4/1	2	3	4	5	6	7	8	9
일진	癸丑	甲寅	乙卯	丙辰	丁巳	戊午	己未	庚申	辛酉	壬戌	癸亥	甲子	乙丑	丙寅	丁卯	戊辰	己巳	庚午	辛未	壬申	癸酉	甲戌	乙亥	丙子	丁丑	戊寅	己卯	庚辰	辛巳	壬午

절입시각: 오전 2시26분　　오전 6시19분

月建　三　月　小　　　　丙　辰

절기: 穀雨 … 立夏

음력	1	2	3	4	5	6	7	8	9	10	11	12	13	14	15	16	17	18	19	20	21	22	23	24	25	26	27	28	29
양력	4/10	11	12	13	14	15	16	17	18	19	20	21	22	23	24	25	26	27	28	29	30	5/1	2	3	4	5	6	7	8
일진	癸未	甲申	乙酉	丙戌	丁亥	戊子	己丑	庚寅	辛卯	壬辰	癸巳	甲午	乙未	丙申	丁酉	戊戌	己亥	庚子	辛丑	壬寅	癸卯	甲辰	乙巳	丙午	丁未	戊申	己酉	庚戌	辛亥

절입시각: 오후 1시13분　　오후 11시21분

月建　四　月　小　　　　丁　巳

절기: 小滿 … 芒種

음력	1	2	3	4	5	6	7	8	9	10	11	12	13	14	15	16	17	18	19	20	21	22	23	24	25	26	27	28	29
양력	5/9	10	11	12	13	14	15	16	17	18	19	20	21	22	23	24	25	26	27	28	29	30	31	6/1	2	3	4	5	6
일진	壬子	癸丑	甲寅	乙卯	丙辰	丁巳	戊午	己未	庚申	辛酉	壬戌	癸亥	甲子	乙丑	丙寅	丁卯	戊辰	己巳	庚午	辛未	壬申	癸酉	甲戌	乙亥	丙子	丁丑	戊寅	己卯	庚辰

절입시각: 오후 12시8분　　오전 3시17분

月建　五　月　大　　　　戊　午

절기: 夏至

음력	1	2	3	4	5	6	7	8	9	10	11	12	13	14	15	16	17	18	19	20	21	22	23	24	25	26	27	28	29	30
양력	6/7	8	9	10	11	12	13	14	15	16	17	18	19	20	21	22	23	24	25	26	27	28	29	30	7/1	2	3	4	5	6
일진	辛巳	壬午	癸未	甲申	乙酉	丙戌	丁亥	戊子	己丑	庚寅	辛卯	壬辰	癸巳	甲午	乙未	丙申	丁酉	戊戌	己亥	庚子	辛丑	壬寅	癸卯	甲辰	乙巳	丙午	丁未	戊申	己酉	庚戌

절입시각: 오후 7시57분

月建　六　月　小　　　　己　未

절기: 小暑 … 大暑

음력	1	2	3	4	5	6	7	8	9	10	11	12	13	14	15	16	17	18	19	20	21	22	23	24	25	26	27	28	29
양력	7/7	8	9	10	11	12	13	14	15	16	17	18	19	20	21	22	23	24	25	26	27	28	29	30	31	8/1	2	3	4
일진	辛亥	壬子	癸丑	甲寅	乙卯	丙辰	丁巳	戊午	己未	庚申	辛酉	壬戌	癸亥	甲子	乙丑	丙寅	丁卯	戊辰	己巳	庚午	辛未	壬申	癸酉	甲戌	乙亥	丙子	丁丑	戊寅	己卯

절입시각: 오후 1시26분　　오전 6시52분

月建	七 月 小																											庚 申	
절기			立秋																處暑										
음력	1	2	3	4	5	6	7	8	9	10	11	12	13	14	15	16	17	18	19	20	21	22	23	24	25	26	27	28	29
양력	8/5	6	7	8	9	10	11	12	13	14	15	16	17	18	19	20	21	22	23	24	25	26	27	28	29	30	31	9/1	2
일진	庚辰	辛巳	壬午	癸未	甲申	乙酉	丙戌	丁亥	戊子	己丑	庚寅	辛卯	壬辰	癸巳	甲午	乙未	丙申	丁酉	戊戌	己亥	庚子	辛丑	壬寅	癸卯	甲辰	乙巳	丙午	丁未	戊申
절입시각	오후 11시19분														오후 2시8분														

月建	八 月 大																												辛 酉	
절기						白露															秋分									
음력	1	2	3	4	5	6	7	8	9	10	11	12	13	14	15	16	17	18	19	20	21	22	23	24	25	26	27	28	29	30
양력	9/3	4	5	6	7	8	9	10	11	12	13	14	15	16	17	18	19	20	21	22	23	24	25	26	27	28	29	30	10/1	2
일진	己酉	庚戌	辛亥	壬子	癸丑	甲寅	乙卯	丙辰	丁巳	戊午	己未	庚申	辛酉	壬戌	癸亥	甲子	乙丑	丙寅	丁卯	戊辰	己巳	庚午	辛未	壬申	癸酉	甲戌	乙亥	丙子	丁丑	戊寅
절입시각	오전 2시29분														오후 12시5분															

月建	九 月 大																												壬 戌	
절기						寒露															霜降									
음력	1	2	3	4	5	6	7	8	9	10	11	12	13	14	15	16	17	18	19	20	21	22	23	24	25	26	27	28	29	30
양력	10/3	4	5	6	7	8	9	10	11	12	13	14	15	16	17	18	19	20	21	22	23	24	25	26	27	28	29	30	31	11/1
일진	己卯	庚辰	辛巳	壬午	癸未	甲申	乙酉	丙戌	丁亥	戊子	己丑	庚寅	辛卯	壬辰	癸巳	甲午	乙未	丙申	丁酉	戊戌	己亥	庚子	辛丑	壬寅	癸卯	甲辰	乙巳	丙午	丁未	戊申
절입시각	오후 6시26분														오후 9시45분															

月建	十 月 小																											癸 亥	
절기						立冬															小雪								
음력	1	2	3	4	5	6	7	8	9	10	11	12	13	14	15	16	17	18	19	20	21	22	23	24	25	26	27	28	29
양력	11/2	3	4	5	6	7	8	9	10	11	12	13	14	15	16	17	18	19	20	21	22	23	24	25	26	27	28	29	30
일진	己酉	庚戌	辛亥	壬子	癸丑	甲寅	乙卯	丙辰	丁巳	戊午	己未	庚申	辛酉	壬戌	癸亥	甲子	乙丑	丙寅	丁卯	戊辰	己巳	庚午	辛未	壬申	癸酉	甲戌	乙亥	丙子	丁丑
절입시각	오후 9시54분														오후 7시34분														

月建	十 一 月 大																												甲 子	
절기							大雪															冬至								
음력	1	2	3	4	5	6	7	8	9	10	11	12	13	14	15	16	17	18	19	20	21	22	23	24	25	26	27	28	29	30
양력	12/1	2	3	4	5	6	7	8	9	10	11	12	13	14	15	16	17	18	19	20	21	22	23	24	25	26	27	28	29	30
일진	戊寅	己卯	庚辰	辛巳	壬午	癸未	甲申	乙酉	丙戌	丁亥	戊子	己丑	庚寅	辛卯	壬辰	癸巳	甲午	乙未	丙申	丁酉	戊戌	己亥	庚子	辛丑	壬寅	癸卯	甲辰	乙巳	丙午	丁未
절입시각	오후 2시56분														오전 9시0분															

月建	十 二 月 大																												乙 丑	
절기							小寒														大寒									
음력	1	2	3	4	5	6	7	8	9	10	11	12	13	14	15	16	17	18	19	20	21	22	23	24	25	26	27	28	29	30
양력	12/31	1/1	2	3	4	5	6	7	8	9	10	11	12	13	14	15	16	17	18	19	20	21	22	23	24	25	26	27	28	29
일진	戊申	己酉	庚戌	辛亥	壬子	癸丑	甲寅	乙卯	丙辰	丁巳	戊午	己未	庚申	辛酉	壬戌	癸亥	甲子	乙丑	丙寅	丁卯	戊辰	己巳	庚午	辛未	壬申	癸酉	甲戌	乙亥	丙子	丁丑
절입시각	오전 2시11분														오후 7시36분															

正月 大　　丙寅

절기						立春															雨水									
음력	1	2	3	4	5	6	7	8	9	10	11	12	13	14	15	16	17	18	19	20	21	22	23	24	25	26	27	28	29	30
양력	1/30	31	2/1	2	3	4	5	6	7	8	9	10	11	12	13	14	15	16	17	18	19	20	21	22	23	24	25	26	27	28
일진	戊寅	己卯	庚辰	辛巳	壬午	癸未	甲申	乙酉	丙戌	丁亥	戊子	己丑	庚寅	辛卯	壬辰	癸巳	甲午	乙未	丙申	丁酉	戊戌	己亥	庚子	辛丑	壬寅	癸卯	甲辰	乙巳	丙午	丁未

절입시각: 오후 1시43분　　오전 9시34분

二月 小　　丁卯

절기						驚蟄															春分								
음력	1	2	3	4	5	6	7	8	9	10	11	12	13	14	15	16	17	18	19	20	21	22	23	24	25	26	27	28	29
양력	2/29	3/1	2	3	4	5	6	7	8	9	10	11	12	13	14	15	16	17	18	19	20	21	22	23	24	25	26	27	28
일진	戊申	己酉	庚戌	辛亥	壬子	癸丑	甲寅	乙卯	丙辰	丁巳	戊午	己未	庚申	辛酉	壬戌	癸亥	甲子	乙丑	丙寅	丁卯	戊辰	己巳	庚午	辛未	壬申	癸酉	甲戌	乙亥	丙子

절입시각: 오전 7시30분　　오전 8시19분

三月 大　　戊辰

절기							淸明															穀雨								
음력	1	2	3	4	5	6	7	8	9	10	11	12	13	14	15	16	17	18	19	20	21	22	23	24	25	26	27	28	29	30
양력	3/29	30	31	4/1	2	3	4	5	6	7	8	9	10	11	12	13	14	15	16	17	18	19	20	21	22	23	24	25	26	27
일진	丁丑	戊寅	己卯	庚辰	辛巳	壬午	癸未	甲申	乙酉	丙戌	丁亥	戊子	己丑	庚寅	辛卯	壬辰	癸巳	甲午	乙未	丙申	丁酉	戊戌	己亥	庚子	辛丑	壬寅	癸卯	甲辰	乙巳	丙午

절입시각: 오후 12시2분　　오후 7시5분

四月 小　　己巳

절기				立夏																		小滿							
음력	1	2	3	4	5	6	7	8	9	10	11	12	13	14	15	16	17	18	19	20	21	22	23	24	25	26	27	28	29
양력	4/28	29	30	5/1	2	3	4	5	6	7	8	9	10	11	12	13	14	15	16	17	18	19	20	21	22	23	24	25	26
일진	丁未	戊申	己酉	庚戌	辛亥	壬子	癸丑	甲寅	乙卯	丙辰	丁巳	戊午	己未	庚申	辛酉	壬戌	癸亥	甲子	乙丑	丙寅	丁卯	戊辰	己巳	庚午	辛未	壬申	癸酉	甲戌	乙亥

절입시각: 오전 5시4분　　오후 6시0분

五月 小　　庚午

절기						芒種																				夏至			
음력	1	2	3	4	5	6	7	8	9	10	11	12	13	14	15	16	17	18	19	20	21	22	23	24	25	26	27	28	29
양력	5/27	28	29	30	31	6/1	2	3	4	5	6	7	8	9	10	11	12	13	14	15	16	17	18	19	20	21	22	23	24
일진	丙子	丁丑	戊寅	己卯	庚辰	辛巳	壬午	癸未	甲申	乙酉	丙戌	丁亥	戊子	己丑	庚寅	辛卯	壬辰	癸巳	甲午	乙未	丙申	丁酉	戊戌	己亥	庚子	辛丑	壬寅	癸卯	甲辰

절입시각: 오전 9시2분　　오전 1시50분

六月 大　　辛未

절기							小暑																					大暑		
음력	1	2	3	4	5	6	7	8	9	10	11	12	13	14	15	16	17	18	19	20	21	22	23	24	25	26	27	28	29	30
양력	6/25	26	27	28	29	30	7/1	2	3	4	5	6	7	8	9	10	11	12	13	14	15	16	17	18	19	20	21	22	23	24
일진	乙巳	丙午	丁未	戊申	己酉	庚戌	辛亥	壬子	癸丑	甲寅	乙卯	丙辰	丁巳	戊午	己未	庚申	辛酉	壬戌	癸亥	甲子	乙丑	丙寅	丁卯	戊辰	己巳	庚午	辛未	壬申	癸酉	甲戌

절입시각: 오후 7시14분　　오후 12시42분

月建	七　月　小																												壬　申
절기														立秋															處暑
음력	1	2	3	4	5	6	7	8	9	10	11	12	13	14	15	16	17	18	19	20	21	22	23	24	25	26	27	28	29
양력	7/25	26	27	28	29	30	31	8/1	2	3	4	5	6	7	8	9	10	11	12	13	14	15	16	17	18	19	20	21	22
일진	乙亥	丙子	丁丑	戊寅	己卯	庚辰	辛巳	壬午	癸未	甲申	乙酉	丙戌	丁亥	戊子	己丑	庚寅	辛卯	壬辰	癸巳	甲午	乙未	丙申	丁酉	戊戌	己亥	庚子	辛丑	壬寅	癸卯
절입시각														오전 5시7분															오후 7시53분

月建	閏　七　月　小																												
절기																白露													
음력	1	2	3	4	5	6	7	8	9	10	11	12	13	14	15	16	17	18	19	20	21	22	23	24	25	26	27	28	29
양력	8/23	24	25	26	27	28	29	30	31	9/1	2	3	4	5	6	7	8	9	10	11	12	13	14	15	16	17	18	19	20
일진	甲辰	乙巳	丙午	丁未	戊申	己酉	庚戌	辛亥	壬子	癸丑	甲寅	乙卯	丙辰	丁巳	戊午	己未	庚申	辛酉	壬戌	癸亥	甲子	乙丑	丙寅	丁卯	戊辰	己巳	庚午	辛未	壬申
절입시각																오전 8시15분													

月建	八　月　大																													癸　酉
절기		秋分																寒露												
음력	1	2	3	4	5	6	7	8	9	10	11	12	13	14	15	16	17	18	19	20	21	22	23	24	25	26	27	28	29	30
양력	9/21	22	23	24	25	26	27	28	29	30	10/1	2	3	4	5	6	7	8	9	10	11	12	13	14	15	16	17	18	19	20
일진	癸酉	甲戌	乙亥	丙子	丁丑	戊寅	己卯	庚辰	辛巳	壬午	癸未	甲申	乙酉	丙戌	丁亥	戊子	己丑	庚寅	辛卯	壬辰	癸巳	甲午	乙未	丙申	丁酉	戊戌	己亥	庚子	辛丑	壬寅
절입시각		오후 5시46분																오전 0시12분												

月建	九　月　小																												甲　戌
절기			霜降															立冬											
음력	1	2	3	4	5	6	7	8	9	10	11	12	13	14	15	16	17	18	19	20	21	22	23	24	25	26	27	28	29
양력	10/21	22	23	24	25	26	27	28	29	30	31	11/1	2	3	4	5	6	7	8	9	10	11	12	13	14	15	16	17	18
일진	癸卯	甲辰	乙巳	丙午	丁未	戊申	己酉	庚戌	辛亥	壬子	癸丑	甲寅	乙卯	丙辰	丁巳	戊午	己未	庚申	辛酉	壬戌	癸亥	甲子	乙丑	丙寅	丁卯	戊辰	己巳	庚午	辛未
절입시각			오전 3시25분															오전 3시40분											

月建	十　月　大																													乙　亥
절기				小雪														大雪												
음력	1	2	3	4	5	6	7	8	9	10	11	12	13	14	15	16	17	18	19	20	21	22	23	24	25	26	27	28	29	30
양력	11/19	20	21	22	23	24	25	26	27	28	29	30	12/1	2	3	4	5	6	7	8	9	10	11	12	13	14	15	16	17	18
일진	壬申	癸酉	甲戌	乙亥	丙子	丁丑	戊寅	己卯	庚辰	辛巳	壬午	癸未	甲申	乙酉	丙戌	丁亥	戊子	己丑	庚寅	辛卯	壬辰	癸巳	甲午	乙未	丙申	丁酉	戊戌	己亥	庚子	辛丑
절입시각				오전 1시14분														오후 8시44분												

月建	十　一　月　大																													丙　子
절기			冬至															小寒												
음력	1	2	3	4	5	6	7	8	9	10	11	12	13	14	15	16	17	18	19	20	21	22	23	24	25	26	27	28	29	30
양력	12/19	20	21	22	23	24	25	26	27	28	29	30	31	1/1	2	3	4	5	6	7	8	9	10	11	12	13	14	15	16	17
일진	壬寅	癸卯	甲辰	乙巳	丙午	丁未	戊申	己酉	庚戌	辛亥	壬子	癸丑	甲寅	乙卯	丙辰	丁巳	戊午	己未	庚申	辛酉	壬戌	癸亥	甲子	乙丑	丙寅	丁卯	戊辰	己巳	庚午	辛未
절입시각			오후 2시42분															오전 8시1분												

月建	十　二　月　大																													丁　丑
절기			大寒														立春													
음력	1	2	3	4	5	6	7	8	9	10	11	12	13	14	15	16	17	18	19	20	21	22	23	24	25	26	27	28	29	30
양력	1/18	19	20	21	22	23	24	25	26	27	28	29	30	31	2/1	2	3	4	5	6	7	8	9	10	11	12	13	14	15	16
일진	壬申	癸酉	甲戌	乙亥	丙子	丁丑	戊寅	己卯	庚辰	辛巳	壬午	癸未	甲申	乙酉	丙戌	丁亥	戊子	己丑	庚寅	辛卯	壬辰	癸巳	甲午	乙未	丙申	丁酉	戊戌	己亥	庚子	辛丑
절입시각			오전 1시21분														오후 7시35분													

2045년 | 檀紀 4378년　　乙丑年　　金神 辰巳

四月 黑中

酉 大將軍　東 三殺　亥 吊客　卯 喪門

月建　正 月 大　　戊 寅

음력	1	2	3	4	5	6	7	8	9	10	11	12	13	14	15	16	17	18	19	20	21	22	23	24	25	26	27	28	29	30
절기	雨水																驚蟄													
양력	2/17	18	19	20	21	22	23	24	25	26	27	28	3/1	2	3	4	5	6	7	8	9	10	11	12	13	14	15	16	17	18
일진	壬寅	癸卯	甲辰	乙巳	丙午	丁未	戊申	己酉	庚戌	辛亥	壬子	癸丑	甲寅	乙卯	丙辰	丁巳	戊午	己未	庚申	辛酉	壬戌	癸亥	甲子	乙丑	丙寅	丁卯	戊辰	己巳	庚午	辛未
절입시각		오후 3시21분											오후 1시23분																	

月建　二 月 小　　己 卯

음력	1	2	3	4	5	6	7	8	9	10	11	12	13	14	15	16	17	18	19	20	21	22	23	24	25	26	27	28	29
절기	春分																清明												
양력	3/19	20	21	22	23	24	25	26	27	28	29	30	31	4/1	2	3	4	5	6	7	8	9	10	11	12	13	14	15	16
일진	壬申	癸酉	甲戌	乙亥	丙子	丁丑	戊寅	己卯	庚辰	辛巳	壬午	癸未	甲申	乙酉	丙戌	丁亥	戊子	己丑	庚寅	辛卯	壬辰	癸巳	甲午	乙未	丙申	丁酉	戊戌	己亥	庚子
절입시각		오후 2시6분											오후 5시56분																

月建　三 月 大　　庚 辰

음력	1	2	3	4	5	6	7	8	9	10	11	12	13	14	15	16	17	18	19	20	21	22	23	24	25	26	27	28	29	30
절기				穀雨															立夏											
양력	4/17	18	19	20	21	22	23	24	25	26	27	28	29	30	5/1	2	3	4	5	6	7	8	9	10	11	12	13	14	15	16
일진	辛丑	壬寅	癸卯	甲辰	乙巳	丙午	丁未	戊申	己酉	庚戌	辛亥	壬子	癸丑	甲寅	乙卯	丙辰	丁巳	戊午	己未	庚申	辛酉	壬戌	癸亥	甲子	乙丑	丙寅	丁卯	戊辰	己巳	庚午
절입시각			오전 0시51분											오전 10시58분																

月建　四 月 小　　辛 巳

음력	1	2	3	4	5	6	7	8	9	10	11	12	13	14	15	16	17	18	19	20	21	22	23	24	25	26	27	28	29
절기				小滿																芒種									
양력	5/17	18	19	20	21	22	23	24	25	26	27	28	29	30	31	6/1	2	3	4	5	6	7	8	9	10	11	12	13	14
일진	辛未	壬申	癸酉	甲戌	乙亥	丙子	丁丑	戊寅	己卯	庚辰	辛巳	壬午	癸未	甲申	乙酉	丙戌	丁亥	戊子	己丑	庚寅	辛卯	壬辰	癸巳	甲午	乙未	丙申	丁酉	戊戌	己亥
절입시각			오후 11시44분													오후 2시55분													

月建　五 月 小　　壬 午

음력	1	2	3	4	5	6	7	8	9	10	11	12	13	14	15	16	17	18	19	20	21	22	23	24	25	26	27	28	29
절기							夏至																小暑						
양력	6/15	16	17	18	19	20	21	22	23	24	25	26	27	28	29	30	7/1	2	3	4	5	6	7	8	9	10	11	12	13
일진	庚子	辛丑	壬寅	癸卯	甲辰	乙巳	丙午	丁未	戊申	己酉	庚戌	辛亥	壬子	癸丑	甲寅	乙卯	丙辰	丁巳	戊午	己未	庚申	辛酉	壬戌	癸亥	甲子	乙丑	丙寅	丁卯	戊辰
절입시각					오전 7시32분												오전 1시7분												

月建　六 月 大　　癸 未

음력	1	2	3	4	5	6	7	8	9	10	11	12	13	14	15	16	17	18	19	20	21	22	23	24	25	26	27	28	29	30
절기									大暑																立秋					
양력	7/14	15	16	17	18	19	20	21	22	23	24	25	26	27	28	29	30	31	8/1	2	3	4	5	6	7	8	9	10	11	12
일진	己巳	庚午	辛未	壬申	癸酉	甲戌	乙亥	丙子	丁丑	戊寅	己卯	庚辰	辛巳	壬午	癸未	甲申	乙酉	丙戌	丁亥	戊子	己丑	庚寅	辛卯	壬辰	癸巳	甲午	乙未	丙申	丁酉	戊戌
절입시각									오후 6시25분										오전 10시58분											

月建	七　月　小																											甲　申	
절기											處暑															白露			
음력	1	2	3	4	5	6	7	8	9	10	11	12	13	14	15	16	17	18	19	20	21	22	23	24	25	26	27	28	29
양력	8/13	14	15	16	17	18	19	20	21	22	23	24	25	26	27	28	29	30	31	9/1	2	3	4	5	6	7	8	9	10
일진	己亥	庚子	辛丑	壬寅	癸卯	甲辰	乙巳	丙午	丁未	戊申	己酉	庚戌	辛亥	壬子	癸丑	甲寅	乙卯	丙辰	丁巳	戊午	己未	庚申	辛酉	壬戌	癸亥	甲子	乙丑	丙寅	丁卯
절입시각										오전 1시38분																오후 2시4분			

月建	八　月　小																											乙　酉	
절기												秋分																寒露	
음력	1	2	3	4	5	6	7	8	9	10	11	12	13	14	15	16	17	18	19	20	21	22	23	24	25	26	27	28	29
양력	9/11	12	13	14	15	16	17	18	19	20	21	22	23	24	25	26	27	28	29	30	10/1	2	3	4	5	6	7	8	9
일진	戊辰	己巳	庚午	辛未	壬申	癸酉	甲戌	乙亥	丙子	丁丑	戊寅	己卯	庚辰	辛巳	壬午	癸未	甲申	乙酉	丙戌	丁亥	戊子	己丑	庚寅	辛卯	壬辰	癸巳	甲午	乙未	丙申
절입시각										오후 11시31분																오전 5시59분			

月建	九　月　大																												丙　戌	
절기														霜降															立冬	
음력	1	2	3	4	5	6	7	8	9	10	11	12	13	14	15	16	17	18	19	20	21	22	23	24	25	26	27	28	29	30
양력	10/10	11	12	13	14	15	16	17	18	19	20	21	22	23	24	25	26	27	28	29	30	31	11/1	2	3	4	5	6	7	8
일진	丁酉	戊戌	己亥	庚子	辛丑	壬寅	癸卯	甲辰	乙巳	丙午	丁未	戊申	己酉	庚戌	辛亥	壬子	癸丑	甲寅	乙卯	丙辰	丁巳	戊午	己未	庚申	辛酉	壬戌	癸亥	甲子	乙丑	丙寅
절입시각										오전 9시11분																오전 9시28분				

月建	十　月　小																											丁　亥	
절기														小雪															大雪
음력	1	2	3	4	5	6	7	8	9	10	11	12	13	14	15	16	17	18	19	20	21	22	23	24	25	26	27	28	29
양력	11/9	10	11	12	13	14	15	16	17	18	19	20	21	22	23	24	25	26	27	28	29	30	12/1	2	3	4	5	6	7
일진	丁卯	戊辰	己巳	庚午	辛未	壬申	癸酉	甲戌	乙亥	丙子	丁丑	戊寅	己卯	庚辰	辛巳	壬午	癸未	甲申	乙酉	丙戌	丁亥	戊子	己丑	庚寅	辛卯	壬辰	癸巳	甲午	乙未
절입시각										오전 7시2분																오전 2시34분			

月建	十　一　月　大																												戊　子	
절기														冬至															小寒	
음력	1	2	3	4	5	6	7	8	9	10	11	12	13	14	15	16	17	18	19	20	21	22	23	24	25	26	27	28	29	30
양력	12/8	9	10	11	12	13	14	15	16	17	18	19	20	21	22	23	24	25	26	27	28	29	30	31	1/1	2	3	4	5	6
일진	丙申	丁酉	戊戌	己亥	庚子	辛丑	壬寅	癸卯	甲辰	乙巳	丙午	丁未	戊申	己酉	庚戌	辛亥	壬子	癸丑	甲寅	乙卯	丙辰	丁巳	戊午	己未	庚申	辛酉	壬戌	癸亥	甲子	乙丑
절입시각										오후 8시34분																오후 1시54분				

月建	十　二　月　大																												己　丑	
절기														大寒												立春				
음력	1	2	3	4	5	6	7	8	9	10	11	12	13	14	15	16	17	18	19	20	21	22	23	24	25	26	27	28	29	30
양력	1/7	8	9	10	11	12	13	14	15	16	17	18	19	20	21	22	23	24	25	26	27	28	29	30	31	2/1	2	3	4	5
일진	丙寅	丁卯	戊辰	己巳	庚午	辛未	壬申	癸酉	甲戌	乙亥	丙子	丁丑	戊寅	己卯	庚辰	辛巳	壬午	癸未	甲申	乙酉	丙戌	丁亥	戊子	己丑	庚寅	辛卯	壬辰	癸巳	甲午	乙未
절입시각										오전 7시14분																오전 1시30분				

2046년 | 檀紀 4379년　丙寅年

正月 十月 黑中

金神　子丑寅卯午未

子 大將軍　北 三殺　子 吊客　辰 喪門

月建　正 月 大　庚寅

절기	1	2	3	4	5	6	7	8	9	10	11	12	13 雨水	14	15	16	17	18	19	20	21	22	23	24	25	26	27	28 驚蟄	29	30
음력	1	2	3	4	5	6	7	8	9	10	11	12	13	14	15	16	17	18	19	20	21	22	23	24	25	26	27	28	29	30
양력	2/6	7	8	9	10	11	12	13	14	15	16	17	18	19	20	21	22	23	24	25	26	27	28	3/1	2	3	4	5	6	7
일진	丙申	丁酉	戊戌	己亥	庚子	辛丑	壬寅	癸卯	甲辰	乙巳	丙午	丁未	戊申	己酉	庚戌	辛亥	壬子	癸丑	甲寅	乙卯	丙辰	丁巳	戊午	己未	庚申	辛酉	壬戌	癸亥	甲子	乙丑

절입시각: 오후 9시14분　／　오후 7시16분

月建　二 月 小　辛卯

절기	1	2	3	4	5	6	7	8	9	10	11	12	13 春分	14	15	16	17	18	19	20	21	22	23	24	25	26	27	28 清明	29
음력	1	2	3	4	5	6	7	8	9	10	11	12	13	14	15	16	17	18	19	20	21	22	23	24	25	26	27	28	29
양력	3/8	9	10	11	12	13	14	15	16	17	18	19	20	21	22	23	24	25	26	27	28	29	30	31	4/1	2	3	4	5
일진	丙寅	丁卯	戊辰	己巳	庚午	辛未	壬申	癸酉	甲戌	乙亥	丙子	丁丑	戊寅	己卯	庚辰	辛巳	壬午	癸未	甲申	乙酉	丙戌	丁亥	戊子	己丑	庚寅	辛卯	壬辰	癸巳	甲午

절입시각: 오후 7시56분　／　오후 11시43분

月建　三 月 大　壬辰

절기	1	2	3	4	5	6	7	8	9	10	11	12	13	14	15 穀雨	16	17	18	19	20	21	22	23	24	25	26	27	28	29	30 立夏
음력	1	2	3	4	5	6	7	8	9	10	11	12	13	14	15	16	17	18	19	20	21	22	23	24	25	26	27	28	29	30
양력	4/6	7	8	9	10	11	12	13	14	15	16	17	18	19	20	21	22	23	24	25	26	27	28	29	30	5/1	2	3	4	5
일진	乙未	丙申	丁酉	戊戌	己亥	庚子	辛丑	壬寅	癸卯	甲辰	乙巳	丙午	丁未	戊申	己酉	庚戌	辛亥	壬子	癸丑	甲寅	乙卯	丙辰	丁巳	戊午	己未	庚申	辛酉	壬戌	癸亥	甲子

절입시각: 오전 6시37분　／　오후 4시39분

月建　四 月 大　癸巳

절기	1	2	3	4	5	6	7	8	9	10	11	12	13	14	15	16 小滿	17	18	19	20	21	22	23	24	25	26	27	28	29	30
음력	1	2	3	4	5	6	7	8	9	10	11	12	13	14	15	16	17	18	19	20	21	22	23	24	25	26	27	28	29	30
양력	5/6	7	8	9	10	11	12	13	14	15	16	17	18	19	20	21	22	23	24	25	26	27	28	29	30	31	6/1	2	3	4
일진	乙丑	丙寅	丁卯	戊辰	己巳	庚午	辛未	壬申	癸酉	甲戌	乙亥	丙子	丁丑	戊寅	己卯	庚辰	辛巳	壬午	癸未	甲申	乙酉	丙戌	丁亥	戊子	己丑	庚寅	辛卯	壬辰	癸巳	甲午

절입시각: 오전 5시27분

月建　五 月 小　甲午

절기	1 芒種	2	3	4	5	6	7	8	9	10	11	12	13	14	15	16	17 夏至	18	19	20	21	22	23	24	25	26	27	28	29
음력	1	2	3	4	5	6	7	8	9	10	11	12	13	14	15	16	17	18	19	20	21	22	23	24	25	26	27	28	29
양력	6/5	6	7	8	9	10	11	12	13	14	15	16	17	18	19	20	21	22	23	24	25	26	27	28	29	30	7/1	2	3
일진	乙未	丙申	丁酉	戊戌	己亥	庚子	辛丑	壬寅	癸卯	甲辰	乙巳	丙午	丁未	戊申	己酉	庚戌	辛亥	壬子	癸丑	甲寅	乙卯	丙辰	丁巳	戊午	己未	庚申	辛酉	壬戌	癸亥

절입시각: 오후 8시31분　／　오후 1시13분

月建　六 月 小　乙未

절기	1	2	3	4 小暑	5	6	7	8	9	10	11	12	13	14	15	16	17	18	19	20 大暑	21	22	23	24	25	26	27	28	29
음력	1	2	3	4	5	6	7	8	9	10	11	12	13	14	15	16	17	18	19	20	21	22	23	24	25	26	27	28	29
양력	7/4	5	6	7	8	9	10	11	12	13	14	15	16	17	18	19	20	21	22	23	24	25	26	27	28	29	30	31	8/1
일진	甲子	乙丑	丙寅	丁卯	戊辰	己巳	庚午	辛未	壬申	癸酉	甲戌	乙亥	丙子	丁丑	戊寅	己卯	庚辰	辛巳	壬午	癸未	甲申	乙酉	丙戌	丁亥	戊子	己丑	庚寅	辛卯	壬辰

절입시각: 오전 6시39분　／　오전 0시7분

七 月 大　　丙 申

月建	七 月 大																													丙 申
절기						立秋																處暑								
음력	1	2	3	4	5	6	7	8	9	10	11	12	13	14	15	16	17	18	19	20	21	22	23	24	25	26	27	28	29	30
양력	8/2	3	4	5	6	7	8	9	10	11	12	13	14	15	16	17	18	19	20	21	22	23	24	25	26	27	28	29	30	31
일진	癸巳	甲午	乙未	丙申	丁酉	戊戌	己亥	庚子	辛丑	壬寅	癸卯	甲辰	乙巳	丙午	丁未	戊申	己酉	庚戌	辛亥	壬子	癸丑	甲寅	乙卯	丙辰	丁巳	戊午	己未	庚申	辛酉	壬戌
절입시각						오후 4시32분																오전 7시23분								

八 月 小　　丁 酉

月建	八 月 小																												丁 酉
절기							白露																秋分						
음력	1	2	3	4	5	6	7	8	9	10	11	12	13	14	15	16	17	18	19	20	21	22	23	24	25	26	27	28	29
양력	9/1	2	3	4	5	6	7	8	9	10	11	12	13	14	15	16	17	18	19	20	21	22	23	24	25	26	27	28	29
일진	癸亥	甲子	乙丑	丙寅	丁卯	戊辰	己巳	庚午	辛未	壬申	癸酉	甲戌	乙亥	丙子	丁丑	戊寅	己卯	庚辰	辛巳	壬午	癸未	甲申	乙酉	丙戌	丁亥	戊子	己丑	庚寅	辛卯
절입시각							오후 7시42분																오전 5시20분						

九 月 小　　戊 戌

月建	九 月 小																												戊 戌
절기									寒露															霜降					
음력	1	2	3	4	5	6	7	8	9	10	11	12	13	14	15	16	17	18	19	20	21	22	23	24	25	26	27	28	29
양력	9/30	10/1	2	3	4	5	6	7	8	9	10	11	12	13	14	15	16	17	18	19	20	21	22	23	24	25	26	27	28
일진	壬辰	癸巳	甲午	乙未	丙申	丁酉	戊戌	己亥	庚子	辛丑	壬寅	癸卯	甲辰	乙巳	丙午	丁未	戊申	己酉	庚戌	辛亥	壬子	癸丑	甲寅	乙卯	丙辰	丁巳	戊午	己未	庚申
절입시각									오전 11시41분															오후 3시2분					

十 月 大　　己 亥

月建	十 月 大																													己 亥
절기										立冬															小雪					
음력	1	2	3	4	5	6	7	8	9	10	11	12	13	14	15	16	17	18	19	20	21	22	23	24	25	26	27	28	29	30
양력	10/29	30	31	11/1	2	3	4	5	6	7	8	9	10	11	12	13	14	15	16	17	18	19	20	21	22	23	24	25	26	27
일진	辛酉	壬戌	癸亥	甲子	乙丑	丙寅	丁卯	戊辰	己巳	庚午	辛未	壬申	癸酉	甲戌	乙亥	丙子	丁丑	戊寅	己卯	庚辰	辛巳	壬午	癸未	甲申	乙酉	丙戌	丁亥	戊子	己丑	庚寅
절입시각										오후 3시13분															오후 12시55분					

十 一 月 小　　庚 子

月建	十 一 月 小																												庚 子
절기										大雪															冬至				
음력	1	2	3	4	5	6	7	8	9	10	11	12	13	14	15	16	17	18	19	20	21	22	23	24	25	26	27	28	29
양력	11/28	29	30	12/1	2	3	4	5	6	7	8	9	10	11	12	13	14	15	16	17	18	19	20	21	22	23	24	25	26
일진	辛卯	壬辰	癸巳	甲午	乙未	丙申	丁酉	戊戌	己亥	庚子	辛丑	壬寅	癸卯	甲辰	乙巳	丙午	丁未	戊申	己酉	庚戌	辛亥	壬子	癸丑	甲寅	乙卯	丙辰	丁巳	戊午	己未
절입시각										오전 8시20분															오전 2시27분				

十 二 月 大　　辛 丑

月建	十 二 月 大																													辛 丑
절기						小寒																			大寒					
음력	1	2	3	4	5	6	7	8	9	10	11	12	13	14	15	16	17	18	19	20	21	22	23	24	25	26	27	28	29	30
양력	12/27	28	29	30	31	1/1	2	3	4	5	6	7	8	9	10	11	12	13	14	15	16	17	18	19	20	21	22	23	24	25
일진	庚申	辛酉	壬戌	癸亥	甲子	乙丑	丙寅	丁卯	戊辰	己巳	庚午	辛未	壬申	癸酉	甲戌	乙亥	丙子	丁丑	戊寅	己卯	庚辰	辛巳	壬午	癸未	甲申	乙酉	丙戌	丁亥	戊子	己丑
절입시각						오후 7시41분																			오후 1시8분					

正　月　大　　　　壬　寅

月建																														
절기							立春																		雨水					
음력	1	2	3	4	5	6	7	8	9	10	11	12	13	14	15	16	17	18	19	20	21	22	23	24	25	26	27	28	29	30
양력	1/26	27	28	29	30	31	2/1	2	3	4	5	6	7	8	9	10	11	12	13	14	15	16	17	18	19	20	21	22	23	24
일진	庚寅	辛卯	壬辰	癸巳	甲午	乙未	丙申	丁酉	戊戌	己亥	庚子	辛丑	壬寅	癸卯	甲辰	乙巳	丙午	丁未	戊申	己酉	庚戌	辛亥	壬子	癸丑	甲寅	乙卯	丙辰	丁巳	戊午	己未
절입시각							오전 7시16분																		오전 3시9분					

二　月　小　　　　癸　卯

月建																													
절기					驚蟄																				春分				
음력	1	2	3	4	5	6	7	8	9	10	11	12	13	14	15	16	17	18	19	20	21	22	23	24	25	26	27	28	29
양력	2/25	26	27	28	3/1	2	3	4	5	6	7	8	9	10	11	12	13	14	15	16	17	18	19	20	21	22	23	24	25
일진	庚申	辛酉	壬戌	癸亥	甲子	乙丑	丙寅	丁卯	戊辰	己巳	庚午	辛未	壬申	癸酉	甲戌	乙亥	丙子	丁丑	戊寅	己卯	庚辰	辛巳	壬午	癸未	甲申	乙酉	丙戌	丁亥	戊子
절입시각					오전 1시4분																				오전 1시51분				

三　月　大　　　　甲　辰

月建																														
절기							清明																			穀雨				
음력	1	2	3	4	5	6	7	8	9	10	11	12	13	14	15	16	17	18	19	20	21	22	23	24	25	26	27	28	29	30
양력	3/26	27	28	29	30	31	4/1	2	3	4	5	6	7	8	9	10	11	12	13	14	15	16	17	18	19	20	21	22	23	24
일진	己丑	庚寅	辛卯	壬辰	癸巳	甲午	乙未	丙申	丁酉	戊戌	己亥	庚子	辛丑	壬寅	癸卯	甲辰	乙巳	丙午	丁未	戊申	己酉	庚戌	辛亥	壬子	癸丑	甲寅	乙卯	丙辰	丁巳	戊午
절입시각							오전 5시31분																			오후 12시31분				

四　月　大　　　　乙　巳

月建																														
절기							立夏																				小滿			
음력	1	2	3	4	5	6	7	8	9	10	11	12	13	14	15	16	17	18	19	20	21	22	23	24	25	26	27	28	29	30
양력	4/25	26	27	28	29	30	5/1	2	3	4	5	6	7	8	9	10	11	12	13	14	15	16	17	18	19	20	21	22	23	24
일진	己未	庚申	辛酉	壬戌	癸亥	甲子	乙丑	丙寅	丁卯	戊辰	己巳	庚午	辛未	壬申	癸酉	甲戌	乙亥	丙子	丁丑	戊寅	己卯	庚辰	辛巳	壬午	癸未	甲申	乙酉	丙戌	丁亥	戊子
절입시각							오후 10시27분																				오전 11시18분			

五　月　小　　　　丙　午

月建																													
절기								芒種																				夏至	
음력	1	2	3	4	5	6	7	8	9	10	11	12	13	14	15	16	17	18	19	20	21	22	23	24	25	26	27	28	29
양력	5/25	26	27	28	29	30	31	6/1	2	3	4	5	6	7	8	9	10	11	12	13	14	15	16	17	18	19	20	21	22
일진	己丑	庚寅	辛卯	壬辰	癸巳	甲午	乙未	丙申	丁酉	戊戌	己亥	庚子	辛丑	壬寅	癸卯	甲辰	乙巳	丙午	丁未	戊申	己酉	庚戌	辛亥	壬子	癸丑	甲寅	乙卯	丙辰	丁巳
절입시각								오전 2시19분																				오전 7시2분	

閏　五　月　大

月建																														
절기															小暑															
음력	1	2	3	4	5	6	7	8	9	10	11	12	13	14	15	16	17	18	19	20	21	22	23	24	25	26	27	28	29	30
양력	6/23	24	25	26	27	28	29	30	7/1	2	3	4	5	6	7	8	9	10	11	12	13	14	15	16	17	18	19	20	21	22
일진	戊午	己未	庚申	辛酉	壬戌	癸亥	甲子	乙丑	丙寅	丁卯	戊辰	己巳	庚午	辛未	壬申	癸酉	甲戌	乙亥	丙子	丁丑	戊寅	己卯	庚辰	辛巳	壬午	癸未	甲申	乙酉	丙戌	丁亥
절입시각															오후 12시29분															

六 月 小　　丁未

절기: 大暑 (음력 1), 立秋 (음력 16)

음력	1	2	3	4	5	6	7	8	9	10	11	12	13	14	15	16	17	18	19	20	21	22	23	24	25	26	27	28	29
양력	7/23	24	25	26	27	28	29	30	31	8/1	2	3	4	5	6	7	8	9	10	11	12	13	14	15	16	17	18	19	20
일진	戊子	己丑	庚寅	辛卯	壬辰	癸巳	甲午	乙未	丙申	丁酉	戊戌	己亥	庚子	辛丑	壬寅	癸卯	甲辰	乙巳	丙午	丁未	戊申	己酉	庚戌	辛亥	壬子	癸丑	甲寅	乙卯	丙辰

절입시각: 오전 5시54분　　오후 10시24분

七 月 大　　戊申

절기: 處暑 (음력 3), 白露 (음력 19)

음력	1	2	3	4	5	6	7	8	9	10	11	12	13	14	15	16	17	18	19	20	21	22	23	24	25	26	27	28	29	30
양력	8/21	22	23	24	25	26	27	28	29	30	31	9/1	2	3	4	5	6	7	8	9	10	11	12	13	14	15	16	17	18	19
일진	丁巳	戊午	己未	庚申	辛酉	壬戌	癸亥	甲子	乙丑	丙寅	丁卯	戊辰	己巳	庚午	辛未	壬申	癸酉	甲戌	乙亥	丙子	丁丑	戊寅	己卯	庚辰	辛巳	壬午	癸未	甲申	乙酉	丙戌

절입시각: 오후 1시9분　　오전 1시37분

八 月 小　　己酉

절기: 秋分 (음력 4), 寒露 (음력 19)

음력	1	2	3	4	5	6	7	8	9	10	11	12	13	14	15	16	17	18	19	20	21	22	23	24	25	26	27	28	29
양력	9/20	21	22	23	24	25	26	27	28	29	30	10/1	2	3	4	5	6	7	8	9	10	11	12	13	14	15	16	17	18
일진	丁亥	戊子	己丑	庚寅	辛卯	壬辰	癸巳	甲午	乙未	丙申	丁酉	戊戌	己亥	庚子	辛丑	壬寅	癸卯	甲辰	乙巳	丙午	丁未	戊申	己酉	庚戌	辛亥	壬子	癸丑	甲寅	乙卯

절입시각: 오전 11시6분　　오후 5시36분

九 月 小　　庚戌

절기: 霜降 (음력 5), 立冬 (음력 20)

음력	1	2	3	4	5	6	7	8	9	10	11	12	13	14	15	16	17	18	19	20	21	22	23	24	25	26	27	28	29
양력	10/19	20	21	22	23	24	25	26	27	28	29	30	31	11/1	2	3	4	5	6	7	8	9	10	11	12	13	14	15	16
일진	丙辰	丁巳	戊午	己未	庚申	辛酉	壬戌	癸亥	甲子	乙丑	丙寅	丁卯	戊辰	己巳	庚午	辛未	壬申	癸酉	甲戌	乙亥	丙子	丁丑	戊寅	己卯	庚辰	辛巳	壬午	癸未	甲申

절입시각: 오후 8시47분　　오후 9시6분

十 月 大　　辛亥

절기: 小雪 (음력 6), 大雪 (음력 21)

음력	1	2	3	4	5	6	7	8	9	10	11	12	13	14	15	16	17	18	19	20	21	22	23	24	25	26	27	28	29	30
양력	11/17	18	19	20	21	22	23	24	25	26	27	28	29	30	12/1	2	3	4	5	6	7	8	9	10	11	12	13	14	15	16
일진	乙酉	丙戌	丁亥	戊子	己丑	庚寅	辛卯	壬辰	癸巳	甲午	乙未	丙申	丁酉	戊戌	己亥	庚子	辛丑	壬寅	癸卯	甲辰	乙巳	丙午	丁未	戊申	己酉	庚戌	辛亥	壬子	癸丑	甲寅

절입시각: 오후 6시37분　　오후 2시9분

十 一 月 小　　壬子

절기: 冬至 (음력 6), 小寒 (음력 21)

음력	1	2	3	4	5	6	7	8	9	10	11	12	13	14	15	16	17	18	19	20	21	22	23	24	25	26	27	28	29
양력	12/17	18	19	20	21	22	23	24	25	26	27	28	29	30	31	1/1	2	3	4	5	6	7	8	9	10	11	12	13	14
일진	乙卯	丙辰	丁巳	戊午	己未	庚申	辛酉	壬戌	癸亥	甲子	乙丑	丙寅	丁卯	戊辰	己巳	庚午	辛未	壬申	癸酉	甲戌	乙亥	丙子	丁丑	戊寅	己卯	庚辰	辛巳	壬午	癸未

절입시각: 오전 8시6분　　오전 1시28분

十 二 月 大　　癸丑

절기: 大寒 (음력 6), 立春 (음력 18)

음력	1	2	3	4	5	6	7	8	9	10	11	12	13	14	15	16	17	18	19	20	21	22	23	24	25	26	27	28	29	30
양력	1/15	16	17	18	19	20	21	22	23	24	25	26	27	28	29	30	31	2/1	2	3	4	5	6	7	8	9	10	11	12	13
일진	甲申	乙酉	丙戌	丁亥	戊子	己丑	庚寅	辛卯	壬辰	癸巳	甲午	乙未	丙申	丁酉	戊戌	己亥	庚子	辛丑	壬寅	癸卯	甲辰	乙巳	丙午	丁未	戊申	己酉	庚戌	辛亥	壬子	癸丑

절입시각: 오후 6시46분　　오후 1시3분

正　月　小　　甲　寅

절기						雨水														驚蟄									
음력	1	2	3	4	5	6	7	8	9	10	11	12	13	14	15	16	17	18	19	20	21	22	23	24	25	26	27	28	29
양력	2/14	15	16	17	18	19	20	21	22	23	24	25	26	27	28	29	3/1	2	3	4	5	6	7	8	9	10	11	12	13
일진	甲寅	乙卯	丙辰	丁巳	戊午	己未	庚申	辛酉	壬戌	癸亥	甲子	乙丑	丙寅	丁卯	戊辰	己巳	庚午	辛未	壬申	癸酉	甲戌	乙亥	丙子	丁丑	戊寅	己卯	庚辰	辛巳	壬午

절입시각: 오전 8시47분　　오전 6시53분

二　月　大　　乙　卯

절기							春分															淸明								
음력	1	2	3	4	5	6	7	8	9	10	11	12	13	14	15	16	17	18	19	20	21	22	23	24	25	26	27	28	29	30
양력	3/14	15	16	17	18	19	20	21	22	23	24	25	26	27	28	29	30	31	4/1	2	3	4	5	6	7	8	9	10	11	12
일진	癸未	甲申	乙酉	丙戌	丁亥	戊子	己丑	庚寅	辛卯	壬辰	癸巳	甲午	乙未	丙申	丁酉	戊戌	己亥	庚子	辛丑	壬寅	癸卯	甲辰	乙巳	丙午	丁未	戊申	己酉	庚戌	辛亥	壬子

절입시각: 오전 7시32분　　오전 11시24분

三　月　大　　丙　辰

절기							穀雨																立夏							
음력	1	2	3	4	5	6	7	8	9	10	11	12	13	14	15	16	17	18	19	20	21	22	23	24	25	26	27	28	29	30
양력	4/13	14	15	16	17	18	19	20	21	22	23	24	25	26	27	28	29	30	5/1	2	3	4	5	6	7	8	9	10	11	12
일진	癸丑	甲寅	乙卯	丙辰	丁巳	戊午	己未	庚申	辛酉	壬戌	癸亥	甲子	乙丑	丙寅	丁卯	戊辰	己巳	庚午	辛未	壬申	癸酉	甲戌	乙亥	丙子	丁丑	戊寅	己卯	庚辰	辛巳	壬午

절입시각: 오후 6시16분　　오전 4시23분

四　月　小　　丁　巳

절기								小滿												芒種									
음력	1	2	3	4	5	6	7	8	9	10	11	12	13	14	15	16	17	18	19	20	21	22	23	24	25	26	27	28	29
양력	5/13	14	15	16	17	18	19	20	21	22	23	24	25	26	27	28	29	30	31	6/1	2	3	4	5	6	7	8	9	10
일진	癸未	甲申	乙酉	丙戌	丁亥	戊子	己丑	庚寅	辛卯	壬辰	癸巳	甲午	乙未	丙申	丁酉	戊戌	己亥	庚子	辛丑	壬寅	癸卯	甲辰	乙巳	丙午	丁未	戊申	己酉	庚戌	辛亥

절입시각: 오후 5시6분　　오전 8시17분

五　月　大　　戊　午

절기											夏至											小暑								
음력	1	2	3	4	5	6	7	8	9	10	11	12	13	14	15	16	17	18	19	20	21	22	23	24	25	26	27	28	29	30
양력	6/11	12	13	14	15	16	17	18	19	20	21	22	23	24	25	26	27	28	29	30	7/1	2	3	4	5	6	7	8	9	10
일진	壬子	癸丑	甲寅	乙卯	丙辰	丁巳	戊午	己未	庚申	辛酉	壬戌	癸亥	甲子	乙丑	丙寅	丁卯	戊辰	己巳	庚午	辛未	壬申	癸酉	甲戌	乙亥	丙子	丁丑	戊寅	己卯	庚辰	辛巳

절입시각: 오전 0시52분　　오후 6시25분

六　月　大　　己　未

절기												大暑											立秋							
음력	1	2	3	4	5	6	7	8	9	10	11	12	13	14	15	16	17	18	19	20	21	22	23	24	25	26	27	28	29	30
양력	7/11	12	13	14	15	16	17	18	19	20	21	22	23	24	25	26	27	28	29	30	31	8/1	2	3	4	5	6	7	8	9
일진	壬午	癸未	甲申	乙酉	丙戌	丁亥	戊子	己丑	庚寅	辛卯	壬辰	癸巳	甲午	乙未	丙申	丁酉	戊戌	己亥	庚子	辛丑	壬寅	癸卯	甲辰	乙巳	丙午	丁未	戊申	己酉	庚戌	辛亥

절입시각: 오전 11시45분　　오전 4시17분

七 月 小　　庚 申

음력	1	2	3	4	5	6	7	8	9	10	11	12	13 處暑	14	15	16	17	18	19	20	21	22	23	24	25	26	27	28	29 白露
양력	8/10	11	12	13	14	15	16	17	18	19	20	21	22	23	24	25	26	27	28	29	30	31	9/1	2	3	4	5	6	7
일진	壬子	癸丑	甲寅	乙卯	丙辰	丁巳	戊午	己未	庚申	辛酉	壬戌	癸亥	甲子	乙丑	丙寅	丁卯	戊辰	己巳	庚午	辛未	壬申	癸酉	甲戌	乙亥	丙子	丁丑	戊寅	己卯	庚辰

절입시각: 處暑 오후 7시1분　/　白露 오전 7시26분

八 月 大　　辛 酉

음력	1	2	3	4	5	6	7	8	9	10	11	12	13	14	15 秋分	16	17	18	19	20	21	22	23	24	25	26	27	28	29	30 寒露
양력	9/8	9	10	11	12	13	14	15	16	17	18	19	20	21	22	23	24	25	26	27	28	29	30	10/1	2	3	4	5	6	7
일진	辛巳	壬午	癸未	甲申	乙酉	丙戌	丁亥	戊子	己丑	庚寅	辛卯	壬辰	癸巳	甲午	乙未	丙申	丁酉	戊戌	己亥	庚子	辛丑	壬寅	癸卯	甲辰	乙巳	丙午	丁未	戊申	己酉	庚戌

절입시각: 秋分 오후 4시59분　/　寒露 오후 11시25분

九 月 小　　壬 戌

음력	1	2	3	4	5	6	7	8	9	10	11	12	13	14	15	16 霜降	17	18	19	20	21	22	23	24	25	26	27	28	29
양력	10/8	9	10	11	12	13	14	15	16	17	18	19	20	21	22	23	24	25	26	27	28	29	30	31	11/1	2	3	4	5
일진	辛亥	壬子	癸丑	甲寅	乙卯	丙辰	丁巳	戊午	己未	庚申	辛酉	壬戌	癸亥	甲子	乙丑	丙寅	丁卯	戊辰	己巳	庚午	辛未	壬申	癸酉	甲戌	乙亥	丙子	丁丑	戊寅	己卯

절입시각: 霜降 오전 2시41분

十 月 大　　癸 亥

음력	1	2 立冬	3	4	5	6	7	8	9	10	11	12	13	14	15	16	17 小雪	18	19	20	21	22	23	24	25	26	27	28	29	30
양력	11/6	7	8	9	10	11	12	13	14	15	16	17	18	19	20	21	22	23	24	25	26	27	28	29	30	12/1	2	3	4	5
일진	庚辰	辛巳	壬午	癸未	甲申	乙酉	丙戌	丁亥	戊子	己丑	庚寅	辛卯	壬辰	癸巳	甲午	乙未	丙申	丁酉	戊戌	己亥	庚子	辛丑	壬寅	癸卯	甲辰	乙巳	丙午	丁未	戊申	己酉

절입시각: 立冬 오전 2시55분　/　小雪 오전 0시32분

十 一 月 小　　甲 子

음력	1 大雪	2	3	4	5	6	7	8	9	10	11	12	13	14	15	16 冬至	17	18	19	20	21	22	23	24	25	26	27	28	29
양력	12/6	7	8	9	10	11	12	13	14	15	16	17	18	19	20	21	22	23	24	25	26	27	28	29	30	31	1/1	2	3
일진	庚戌	辛亥	壬子	癸丑	甲寅	乙卯	丙辰	丁巳	戊午	己未	庚申	辛酉	壬戌	癸亥	甲子	乙丑	丙寅	丁卯	戊辰	己巳	庚午	辛未	壬申	癸酉	甲戌	乙亥	丙子	丁丑	戊寅

절입시각: 大雪 오후 7시59분　/　冬至 오후 2시1분

十 二 月 小　　乙 丑

음력	1	2 小寒	3	4	5	6	7	8	9	10	11	12	13	14	15	16	17 大寒	18	19	20	21	22	23	24	25	26	27	28	29
양력	1/4	5	6	7	8	9	10	11	12	13	14	15	16	17	18	19	20	21	22	23	24	25	26	27	28	29	30	31	2/1
일진	己卯	庚辰	辛巳	壬午	癸未	甲申	乙酉	丙戌	丁亥	戊子	己丑	庚寅	辛卯	壬辰	癸巳	甲午	乙未	丙申	丁酉	戊戌	己亥	庚子	辛丑	壬寅	癸卯	甲辰	乙巳	丙午	丁未

절입시각: 小寒 오전 7시17분　/　大寒 오전 0시40분

2049년 | 檀紀 4382년　　己巳年

正月 十月 黑中　　　　　　金神 午未申酉
卯 大將軍　東 三殺　卯 吊客　未 喪門

月建　正　月　大　　　丙寅

절기	立春																雨水													
음력	1	2	3	4	5	6	7	8	9	10	11	12	13	14	15	16	17	18	19	20	21	22	23	24	25	26	27	28	29	30
양력	2/2	3	4	5	6	7	8	9	10	11	12	13	14	15	16	17	18	19	20	21	22	23	24	25	26	27	28	3/1	2	3
일진	戊申	己酉	庚戌	辛亥	壬子	癸丑	甲寅	乙卯	丙辰	丁巳	戊午	己未	庚申	辛酉	壬戌	癸亥	甲子	乙丑	丙寅	丁卯	戊辰	己巳	庚午	辛未	壬申	癸酉	甲戌	乙亥	丙子	丁丑

절입시각　立春 오후 6시52분　　雨水 오후 2시41분

月建　二　月　小　　　丁卯

절기	驚蟄																春分												
음력	1	2	3	4	5	6	7	8	9	10	11	12	13	14	15	16	17	18	19	20	21	22	23	24	25	26	27	28	29
양력	3/4	5	6	7	8	9	10	11	12	13	14	15	16	17	18	19	20	21	22	23	24	25	26	27	28	29	30	31	4/1
일진	戊寅	己卯	庚辰	辛巳	壬午	癸未	甲申	乙酉	丙戌	丁亥	戊子	己丑	庚寅	辛卯	壬辰	癸巳	甲午	乙未	丙申	丁酉	戊戌	己亥	庚子	辛丑	壬寅	癸卯	甲辰	乙巳	丙午

절입시각　오후 12시41분　　오후 1시27분

月建　三　月　大　　　戊辰

절기			清明																穀雨											
음력	1	2	3	4	5	6	7	8	9	10	11	12	13	14	15	16	17	18	19	20	21	22	23	24	25	26	27	28	29	30
양력	4/2	3	4	5	6	7	8	9	10	11	12	13	14	15	16	17	18	19	20	21	22	23	24	25	26	27	28	29	30	5/1
일진	丁未	戊申	己酉	庚戌	辛亥	壬子	癸丑	甲寅	乙卯	丙辰	丁巳	戊午	己未	庚申	辛酉	壬戌	癸亥	甲子	乙丑	丙寅	丁卯	戊辰	己巳	庚午	辛未	壬申	癸酉	甲戌	乙亥	丙子

절입시각　오후 5시13분　　오전 0시12분

月建　四　月　小　　　己巳

절기				立夏															小滿										
음력	1	2	3	4	5	6	7	8	9	10	11	12	13	14	15	16	17	18	19	20	21	22	23	24	25	26	27	28	29
양력	5/2	3	4	5	6	7	8	9	10	11	12	13	14	15	16	17	18	19	20	21	22	23	24	25	26	27	28	29	30
일진	丁丑	戊寅	己卯	庚辰	辛巳	壬午	癸未	甲申	乙酉	丙戌	丁亥	戊子	己丑	庚寅	辛卯	壬辰	癸巳	甲午	乙未	丙申	丁酉	戊戌	己亥	庚子	辛丑	壬寅	癸卯	甲辰	乙巳

절입시각　오전 10시11분　　오후 11시2분

月建　五　月　大　　　庚午

절기						芒種																夏至								
음력	1	2	3	4	5	6	7	8	9	10	11	12	13	14	15	16	17	18	19	20	21	22	23	24	25	26	27	28	29	30
양력	5/31	6/1	2	3	4	5	6	7	8	9	10	11	12	13	14	15	16	17	18	19	20	21	22	23	24	25	26	27	28	29
일진	丙午	丁未	戊申	己酉	庚戌	辛亥	壬子	癸丑	甲寅	乙卯	丙辰	丁巳	戊午	己未	庚申	辛酉	壬戌	癸亥	甲子	乙丑	丙寅	丁卯	戊辰	己巳	庚午	辛未	壬申	癸酉	甲戌	乙亥

절입시각　오후 2시2분　　오전 6시46분

月建　六　月　大　　　辛未

절기								小暑															大暑							
음력	1	2	3	4	5	6	7	8	9	10	11	12	13	14	15	16	17	18	19	20	21	22	23	24	25	26	27	28	29	30
양력	6/30	7/1	2	3	4	5	6	7	8	9	10	11	12	13	14	15	16	17	18	19	20	21	22	23	24	25	26	27	28	29
일진	丙子	丁丑	戊寅	己卯	庚辰	辛巳	壬午	癸未	甲申	乙酉	丙戌	丁亥	戊子	己丑	庚寅	辛卯	壬辰	癸巳	甲午	乙未	丙申	丁酉	戊戌	己亥	庚子	辛丑	壬寅	癸卯	甲辰	乙巳

절입시각　오전 0시7분　　오후 5시35분

月建	**七　月　小**																								壬　申				
절기									立秋																處暑				
음력	1	2	3	4	5	6	7	8	9	10	11	12	13	14	15	16	17	18	19	20	21	22	23	24	25	26	27	28	29
양력	7/30	31	8/1	2	3	4	5	6	7	8	9	10	11	12	13	14	15	16	17	18	19	20	21	22	23	24	25	26	27
일진	丙午	丁未	戊申	己酉	庚戌	辛亥	壬子	癸丑	甲寅	乙卯	丙辰	丁巳	戊午	己未	庚申	辛酉	壬戌	癸亥	甲子	乙丑	丙寅	丁卯	戊辰	己巳	庚午	辛未	壬申	癸酉	甲戌
절입시각								오전 9시56분																오전 0시46분					

月建	**八　月　大**																								癸　酉					
절기											白露															秋分				
음력	1	2	3	4	5	6	7	8	9	10	11	12	13	14	15	16	17	18	19	20	21	22	23	24	25	26	27	28	29	30
양력	8/28	29	30	31	9/1	2	3	4	5	6	7	8	9	10	11	12	13	14	15	16	17	18	19	20	21	22	23	24	25	26
일진	乙亥	丙子	丁丑	戊寅	己卯	庚辰	辛巳	壬午	癸未	甲申	乙酉	丙戌	丁亥	戊子	己丑	庚寅	辛卯	壬辰	癸巳	甲午	乙未	丙申	丁酉	戊戌	己亥	庚子	辛丑	壬寅	癸卯	甲辰
절입시각										오후 1시4분															오후 10시41분					

月建	**九　月　大**																								甲　戌					
절기												寒露															霜降			
음력	1	2	3	4	5	6	7	8	9	10	11	12	13	14	15	16	17	18	19	20	21	22	23	24	25	26	27	28	29	30
양력	9/27	28	29	30	10/1	2	3	4	5	6	7	8	9	10	11	12	13	14	15	16	17	18	19	20	21	22	23	24	25	26
일진	乙巳	丙午	丁未	戊申	己酉	庚戌	辛亥	壬子	癸丑	甲寅	乙卯	丙辰	丁巳	戊午	己未	庚申	辛酉	壬戌	癸亥	甲子	乙丑	丙寅	丁卯	戊辰	己巳	庚午	辛未	壬申	癸酉	甲戌
절입시각											오전 5시3분															오전 8시24분				

月建	**十　月　小**																								乙　亥				
절기												立冬															小雪		
음력	1	2	3	4	5	6	7	8	9	10	11	12	13	14	15	16	17	18	19	20	21	22	23	24	25	26	27	28	29
양력	10/27	28	29	30	31	11/1	2	3	4	5	6	7	8	9	10	11	12	13	14	15	16	17	18	19	20	21	22	23	24
일진	乙亥	丙子	丁丑	戊寅	己卯	庚辰	辛巳	壬午	癸未	甲申	乙酉	丙戌	丁亥	戊子	己丑	庚寅	辛卯	壬辰	癸巳	甲午	乙未	丙申	丁酉	戊戌	己亥	庚子	辛丑	壬寅	癸卯
절입시각											오전 8시37분															오전 6시18분			

月建	**十　一　月　大**																								丙　子					
절기													大雪														冬至			
음력	1	2	3	4	5	6	7	8	9	10	11	12	13	14	15	16	17	18	19	20	21	22	23	24	25	26	27	28	29	30
양력	11/25	26	27	28	29	30	12/1	2	3	4	5	6	7	8	9	10	11	12	13	14	15	16	17	18	19	20	21	22	23	24
일진	甲辰	乙巳	丙午	丁未	戊申	己酉	庚戌	辛亥	壬子	癸丑	甲寅	乙卯	丙辰	丁巳	戊午	己未	庚申	辛酉	壬戌	癸亥	甲子	乙丑	丙寅	丁卯	戊辰	己巳	庚午	辛未	壬申	癸酉
절입시각												오전 1시45분														오후 7시51분				

月建	**十　二　月　小**																								丁　丑				
절기								小寒																			大寒		
음력	1	2	3	4	5	6	7	8	9	10	11	12	13	14	15	16	17	18	19	20	21	22	23	24	25	26	27	28	29
양력	12/25	26	27	28	29	30	31	1/1	2	3	4	5	6	7	8	9	10	11	12	13	14	15	16	17	18	19	20	21	22
일진	甲戌	乙亥	丙子	丁丑	戊寅	己卯	庚辰	辛巳	壬午	癸未	甲申	乙酉	丙戌	丁亥	戊子	己丑	庚寅	辛卯	壬辰	癸巳	甲午	乙未	丙申	丁酉	戊戌	己亥	庚子	辛丑	壬寅
절입시각							오후 1시6분																		오전 6시32분				

2050년 | 檀紀 4383년　庚午年

七月 黑中　　　金神 辰巳
卯 大將軍　北 三殺　辰 吊客　申 喪門

月建　正　月　大　　戊寅

절기											立春				雨水														
음력	1	2	3	4	5	6	7	8	9	10	11	12	13	14	15	16	17	18	19	20	21	22	23	24	25	26	27	28	29	30
양력	1/23	24	25	26	27	28	29	30	31	2/1	2	3	4	5	6	7	8	9	10	11	12	13	14	15	16	17	18	19	20	21
일진	癸卯	甲辰	乙巳	丙午	丁未	戊申	己酉	庚戌	辛亥	壬子	癸丑	甲寅	乙卯	丙辰	丁巳	戊午	己未	庚申	辛酉	壬戌	癸亥	甲子	乙丑	丙寅	丁卯	戊辰	己巳	庚午	辛未	壬申

절입시각: 오전 0시42분　오후 8시33분

月建　二　月　小　　己卯

절기							驚蟄				春分																	
음력	1	2	3	4	5	6	7	8	9	10	11	12	13	14	15	16	17	18	19	20	21	22	23	24	25	26	27	28	29
양력	2/22	23	24	25	26	27	28	3/1	2	3	4	5	6	7	8	9	10	11	12	13	14	15	16	17	18	19	20	21	22
일진	癸酉	甲戌	乙亥	丙子	丁丑	戊寅	己卯	庚辰	辛巳	壬午	癸未	甲申	乙酉	丙戌	丁亥	戊子	己丑	庚寅	辛卯	壬辰	癸巳	甲午	乙未	丙申	丁酉	戊戌	己亥	庚子	辛丑

절입시각: 오후 6시31분　오후 7시18분

月建　三　月　小　　庚辰

절기													清明																穀雨
음력	1	2	3	4	5	6	7	8	9	10	11	12	13	14	15	16	17	18	19	20	21	22	23	24	25	26	27	28	29
양력	3/23	24	25	26	27	28	29	30	31	4/1	2	3	4	5	6	7	8	9	10	11	12	13	14	15	16	17	18	19	20
일진	壬寅	癸卯	甲辰	乙巳	丙午	丁未	戊申	己酉	庚戌	辛亥	壬子	癸丑	甲寅	乙卯	丙辰	丁巳	戊午	己未	庚申	辛酉	壬戌	癸亥	甲子	乙丑	丙寅	丁卯	戊辰	己巳	庚午

절입시각: 오후 11시2분　오전 6시1분

月建　閏　三　月　大

절기															立夏															
음력	1	2	3	4	5	6	7	8	9	10	11	12	13	14	15	16	17	18	19	20	21	22	23	24	25	26	27	28	29	30
양력	4/21	22	23	24	25	26	27	28	29	30	5/1	2	3	4	5	6	7	8	9	10	11	12	13	14	15	16	17	18	19	20
일진	辛未	壬申	癸酉	甲戌	乙亥	丙子	丁丑	戊寅	己卯	庚辰	辛巳	壬午	癸未	甲申	乙酉	丙戌	丁亥	戊子	己丑	庚寅	辛卯	壬辰	癸巳	甲午	乙未	丙申	丁酉	戊戌	己亥	庚子

절입시각: 오후 4시0분

月建　四　月　小　　辛巳

절기	小滿															芒種													
음력	1	2	3	4	5	6	7	8	9	10	11	12	13	14	15	16	17	18	19	20	21	22	23	24	25	26	27	28	29
양력	5/21	22	23	24	25	26	27	28	29	30	31	6/1	2	3	4	5	6	7	8	9	10	11	12	13	14	15	16	17	18
일진	辛丑	壬寅	癸卯	甲辰	乙巳	丙午	丁未	戊申	己酉	庚戌	辛亥	壬子	癸丑	甲寅	乙卯	丙辰	丁巳	戊午	己未	庚申	辛酉	壬戌	癸亥	甲子	乙丑	丙寅	丁卯	戊辰	己巳

절입시각: 오전 4시49분　오후 7시53분

月建　五　月　大　　壬午

절기			夏至																小暑											
음력	1	2	3	4	5	6	7	8	9	10	11	12	13	14	15	16	17	18	19	20	21	22	23	24	25	26	27	28	29	30
양력	6/19	20	21	22	23	24	25	26	27	28	29	30	7/1	2	3	4	5	6	7	8	9	10	11	12	13	14	15	16	17	18
일진	庚午	辛未	壬申	癸酉	甲戌	乙亥	丙子	丁丑	戊寅	己卯	庚辰	辛巳	壬午	癸未	甲申	乙酉	丙戌	丁亥	戊子	己丑	庚寅	辛卯	壬辰	癸巳	甲午	乙未	丙申	丁酉	戊戌	己亥

절입시각: 오후 12시31분　오전 6시0분

六 月 小 　　癸 未

月建	六 月 小																			癸 未									
절기				大暑																立秋									
음력	1	2	3	4	5	6	7	8	9	10	11	12	13	14	15	16	17	18	19	20	21	22	23	24	25	26	27	28	29
양력	7/19	20	21	22	23	24	25	26	27	28	29	30	31	8/1	2	3	4	5	6	7	8	9	10	11	12	13	14	15	16
일진	庚子	辛丑	壬寅	癸卯	甲辰	乙巳	丙午	丁未	戊申	己酉	庚戌	辛亥	壬子	癸丑	甲寅	乙卯	丙辰	丁巳	戊午	己未	庚申	辛酉	壬戌	癸亥	甲子	乙丑	丙寅	丁卯	戊辰
절입시각	오후 11시20분																			오후 3시51분									

七 月 大 　　甲 申

月建	七 月 大																				甲 申									
절기							處暑															白露								
음력	1	2	3	4	5	6	7	8	9	10	11	12	13	14	15	16	17	18	19	20	21	22	23	24	25	26	27	28	29	30
양력	8/17	18	19	20	21	22	23	24	25	26	27	28	29	30	31	9/1	2	3	4	5	6	7	8	9	10	11	12	13	14	15
일진	己巳	庚午	辛未	壬申	癸酉	甲戌	乙亥	丙子	丁丑	戊寅	己卯	庚辰	辛巳	壬午	癸未	甲申	乙酉	丙戌	丁亥	戊子	己丑	庚寅	辛卯	壬辰	癸巳	甲午	乙未	丙申	丁酉	戊戌
절입시각	오전 6시31분																				오후 6시59분									

八 月 大 　　乙 酉

月建	八 月 大																					乙 酉								
절기								秋分															寒露							
음력	1	2	3	4	5	6	7	8	9	10	11	12	13	14	15	16	17	18	19	20	21	22	23	24	25	26	27	28	29	30
양력	9/16	17	18	19	20	21	22	23	24	25	26	27	28	29	30	10/1	2	3	4	5	6	7	8	9	10	11	12	13	14	15
일진	己亥	庚子	辛丑	壬寅	癸卯	甲辰	乙巳	丙午	丁未	戊申	己酉	庚戌	辛亥	壬子	癸丑	甲寅	乙卯	丙辰	丁巳	戊午	己未	庚申	辛酉	壬戌	癸亥	甲子	乙丑	丙寅	丁卯	戊辰
절입시각	오전 4시27분																					오전 10시59분								

九 月 小 　　丙 戌

月建	九 月 小																丙 戌												
절기								霜降									立冬												
음력	1	2	3	4	5	6	7	8	9	10	11	12	13	14	15	16	17	18	19	20	21	22	23	24	25	26	27	28	29
양력	10/16	17	18	19	20	21	22	23	24	25	26	27	28	29	30	31	11/1	2	3	4	5	6	7	8	9	10	11	12	13
일진	己巳	庚午	辛未	壬申	癸酉	甲戌	乙亥	丙子	丁丑	戊寅	己卯	庚辰	辛巳	壬午	癸未	甲申	乙酉	丙戌	丁亥	戊子	己丑	庚寅	辛卯	壬辰	癸巳	甲午	乙未	丙申	丁酉
절입시각	오후 2시10분																오후 2시32분												

十 月 大 　　丁 亥

月建	十 月 大																							丁 亥						
절기									小雪															大雪						
음력	1	2	3	4	5	6	7	8	9	10	11	12	13	14	15	16	17	18	19	20	21	22	23	24	25	26	27	28	29	30
양력	11/14	15	16	17	18	19	20	21	22	23	24	25	26	27	28	29	30	12/1	2	3	4	5	6	7	8	9	10	11	12	13
일진	戊戌	己亥	庚子	辛丑	壬寅	癸卯	甲辰	乙巳	丙午	丁未	戊申	己酉	庚戌	辛亥	壬子	癸丑	甲寅	乙卯	丙辰	丁巳	戊午	己未	庚申	辛酉	壬戌	癸亥	甲子	乙丑	丙寅	丁卯
절입시각	오후 12시5분																							오전 7시40분						

十 一 月 大 　　戊 子

月建	十 一 月 大																							戊 子						
절기									冬至															小寒						
음력	1	2	3	4	5	6	7	8	9	10	11	12	13	14	15	16	17	18	19	20	21	22	23	24	25	26	27	28	29	30
양력	12/14	15	16	17	18	19	20	21	22	23	24	25	26	27	28	29	30	31	1/1	2	3	4	5	6	7	8	9	10	11	12
일진	戊辰	己巳	庚午	辛未	壬申	癸酉	甲戌	乙亥	丙子	丁丑	戊寅	己卯	庚辰	辛巳	壬午	癸未	甲申	乙酉	丙戌	丁亥	戊子	己丑	庚寅	辛卯	壬辰	癸巳	甲午	乙未	丙申	丁酉
절입시각	오전 1시37분																							오후 7시1분						

十 二 月 小 　　己 丑

月建	十 二 月 小																			己 丑									
절기								大寒												立春									
음력	1	2	3	4	5	6	7	8	9	10	11	12	13	14	15	16	17	18	19	20	21	22	23	24	25	26	27	28	29
양력	1/13	14	15	16	17	18	19	20	21	22	23	24	25	26	27	28	29	30	31	2/1	2	3	4	5	6	7	8	9	10
일진	戊戌	己亥	庚子	辛丑	壬寅	癸卯	甲辰	乙巳	丙午	丁未	戊申	己酉	庚戌	辛亥	壬子	癸丑	甲寅	乙卯	丙辰	丁巳	戊午	己未	庚申	辛酉	壬戌	癸亥	甲子	乙丑	丙寅
절입시각	오후 12시17분																			오전 6시34분									

부

록

● 대공망일(大空亡日)

이날은 통용에 길하나 기도, 제사 등에는 쓰이지 않는다.

　乙丑　甲戌　乙亥　癸未　甲申　乙酉

　壬辰　癸巳　甲午　壬寅　癸卯　壬子

● 택일법(擇日法) − 합가(合家), 살부(殺夫), 지법(知法)

춘삼삭(春三朔)은 봄 3개월을 말함이니 봄 90일간은 어느 날을 막론하고 아래 일자에 해당되면 살부일(殺夫日)이 된다.

　春三朔 − 甲子　丙寅日　　　夏三朔 − 丙子　丁丑日

　秋三朔 − 庚子　辛丑日　　　冬三朔 − 壬子　癸丑日

● 혼인기일(婚姻忌日)

각 살일(殺日)이 다 불길하나 그 중에서도 더 불길함을 말한다.

　月厭,　厭對,　男女本名日,　禍害,　絶命日,　每月 亥日,

　天賦,　受死,　月殺,　日殺,　月忌,　月破日

● 혼인총기일(婚姻總忌日)

다음에 해당하는 날짜에 결혼하면 부부간에 생사이별(生死離

別)이 있고, 혹 자식이 없거나 병으로 고생하는 자가 많다.

立春, 立夏, 立秋, 立冬, 春分, 十惡, 披麻, 伏斷, 冬至, 端午, 4월 8일, 初4일, 初3일, 12일, 26일, 28일, 天空日, 24일, 地空日

● 십삼살론(十三殺論)

혼인, 장사(葬事)에 보는데, 이에 걸리는 날은 불길하므로 피함이 길하다.

월별 十三殺	1	2	3	4	5	6	7	8	9	10	11	12
天殺	戌	酉	申	未	午	巳	辰	卯	寅	丑	子	亥
披麻	子	酉	午	卯	子	酉	午	卯	子	酉	午	卯
紅紗	申酉	辰巳	子丑	申酉	辰巳	子丑	申酉	辰巳	子丑	申酉	辰巳	子丑
受死	戌	辰	亥	巳	子	午	丑	未	寅	申	卯	酉
羅網	子	申	巳	辰	戌	亥	丑	申	未	子	巳	申
天賊	辰	酉	寅	未	子	巳	戌	卯	申	丑	午	亥
枯焦	辰	丑	戌	未	卯	子	酉	午	寅	亥	申	巳
歸忌	丑	寅	子	丑	寅	子	丑	寅	子	丑	寅	子
往亡	寅	巳	申	亥	卯	午	酉	子	辰	未	戌	丑
十惡	卯	寅	丑	子	辰	子	丑	寅	卯	辰	卯	辰
月厭	戌	酉	申	未	午	巳	辰	卯	寅	丑	子	亥
月殺	丑	戌	未	辰	丑	戌	未	辰	丑	戌	未	辰
黃砂	午	寅	子	午	寅	子	午	寅	子	午	寅	子

● 황흑도일(黃黑道日)

이사, 혼인, 성조(成造), 장례, 기도 등 기타에 관한 일은 다 이날을 쓴다. 그 중 황도일(黃道日)은 길하고, 흑도일(黑道日)은 흉하므로 쓰지 않는다.

황흑도 (黃黑道) \ 월별	1·7월	2·8월	3·9월	4·10월	5·11월	6·12월
청룡황도 (靑龍黃道)	子	寅	辰	午	申	戌
금횡황도 (金橫黃道)	辰	午	申	戌	子	寅
명당황도 (明堂黃道)	丑	卯	巳	未	酉	亥
천덕황도 (天德黃道)	巳	未	酉	亥	丑	卯
천형흑도 (天刑黑道)	寅	辰	午	申	戌	子
주작흑도 (朱雀黑道)	卯	巳	未	酉	亥	丑
백호흑도 (白虎黑道)	午	申	戌	子	寅	辰
옥당황도 (玉堂黃道)	未	酉	亥	丑	卯	巳
천뢰흑도 (天牢黑道)	申	戌	子	寅	辰	午
현무흑도 (玄武黑道)	酉	亥	丑	卯	巳	未
사명황도 (司命黃道)	戌	子	寅	辰	午	申
구진흑도 (句陳黑道)	亥	丑	卯	巳	未	酉

월에 일진을 보는데 다음에 해당되는 날짜는 음양부장길일(陰陽不將吉日)이다. 이날은 각 신살이 해소된다는 날이므로 특별 길일이라 한다. 택일에 가능한 한 이 날짜를 사용함이 길하다.

1월 – 丙寅 庚寅 丁卯 辛卯 戊寅 丁丑 乙丑 己卯 庚子 戊子日

2월 – 丙子 丙戌 丙寅 庚子 庚戌 庚寅 戊寅 戊子 戊戌 乙丑 丁丑 己丑日

3월 – 丙子 丙戌 甲子 甲戌 乙丑 丁丑 丁酉 己丑 己酉 戊子 戊戌日

4월 – 甲子 甲戌 甲申 丙子 丙申 丙戌 戊子 戊申 戊戌 乙酉 丁酉 己酉日

5월 – 甲申 甲戌 丙申 丙戌 戊戌 戊申 乙未 乙酉 癸未 癸酉日

6월 – 甲戌 甲申 甲午 辛巳 辛未 壬辰 壬午 壬申 癸巳 癸未日

7월 – 甲午 甲申 乙巳 乙未 乙酉 壬午 壬申 癸巳 癸未 癸酉日

8월 – 甲辰 甲午 甲申 辛巳 辛未 壬辰 壬午 壬申 癸巳 癸未日

9월 – 庚辰 庚午 辛卯 辛巳 辛未 壬辰 壬午 癸卯 癸巳 癸酉日

10월 – 庚寅 庚辰 庚午 辛卯 辛巳 壬寅 壬辰 壬午 癸卯 癸巳日

11월 – 庚寅 庚辰 辛丑 辛卯 辛巳 丁丑 丁卯 丁巳

己丑　己卯　壬寅日
12월− 庚子　庚寅　丙子　丙寅　丙辰　戊子　戊寅　戊辰
　　　 辛卯　辛酉　丁卯　丁丑　己卯　己丑日

● 삼길성(三吉星)

다음에 표시된 날짜는 특길일이니 택일에 사용함이 가하다.
　1월, 7월, 4월, 10월 − 丙子, 丁丑, 庚辰日

● 옥녀소재방(玉女所在方)

옥녀각시가 절기를 따라 노는 방소(方所)이니 결혼 후 신부가 처음으로 신랑의 집에 갈 때 입문하여 옥녀각시 방소에 앉으면 불상사가 있다.
　春三朔 − 甲寅, 乙卯, 丙子 丁丑方 (신랑 사망)
　夏三朔 − 丙午, 丁未, 丙子 丁丑方 (부모 흉)
　秋三朔 − 庚申, 辛酉, 丙子 丁丑方 (대불길)
　冬三朔 − 壬子, 癸丑, 丙子 丁丑方 (대불길)
　春 卯方,　夏 午方,　秋 酉方,　冬 子方
　春竈,　夏門,　秋井,　冬庭

● 인동일(人動日)

이날에 결혼하면 부부 사이에 풍파가 생기는 날이라 한다. 택일에 피함이 가하다.
　매월 1, 8, 10, 13, 15, 18, 20, 22, 24일

● 삼지방(三支方)

연월일에 다 삼지방이 있으니 결혼, 이사, 기타 경영하는 데에

해당되는 방소는 불길하다.

　연삼지(年三支)

　　甲子辰年 － 亥子丑方,　己酉丑年 － 申酉戌方
　　寅午戌年 － 巳午未方,　亥卯未年 － 寅卯辰方

　월삼지(月三支)

　　1월 － 寅卯辰方　　2월 － 丑辰方　　3월 － 酉方
　　4월 － 子方　　5월 － 卯方　　6월 － 戌方
　　7월 － 申方　　8월 － 子方　　9월 － 卯方
　　10월 － 午方　　11월 － 巳方　　12월 － 子方

　일삼지(日三支)

　　寅午戌日 － 申酉戌方,　甲子辰日 － 寅卯辰方
　　巳酉丑日 － 亥子丑方,　亥卯未日 － 巳午未方

● 태백살(太白殺)

속언에 손걸러 가는 날로, 그 방향에 살(殺)이 있다.

　1일　東方　　　2일　東南間　　3일　南方
　4일　南西方　　5일　西方　　　6일　西北方
　7일　北方　　　8일　東北間　　9일　無殺
　10일　無殺

● 십악패일(十惡敗日)

연(年)에 월의 날짜로 보는데, 택일에 크게 꺼리는 날이다.
　甲己年 － 3월 戊戌日, 7월 癸亥日, 10월 丙申日,
　　　　　11월 丁亥日

乙庚年 － 4월 壬申日, 9월 己巳日

丙辛年 － 3월 辛巳日, 9월 庚辰日, 甲辰日

丁壬年 － 없음

戊癸年 － 6월 己丑日

● 십악일(十惡日)

甲辰日　乙巳日　壬申日　丙申日　丁酉日　庚辰日

戊戌日　己亥日　己丑日　庚寅日　癸亥日　丁亥日

● 고과살(孤寡殺)

이 살은 생년(生年)으로 보니 亥子丑年生이 寅年生이나 寅月生이면 서로 고살(孤殺)이 됨이요, 戌生年이나 戌月生이나 戌日生이면 서로 과살(寡殺)이 됨이니 궁합에도 필요하면서 택일에도 필요하다.(이 살은 두 개가 다 있거나 부부간에 하나씩 있는 것을 꺼린다)

亥子丑生 －寅 孤殺 戌 寡殺,　　寅卯辰生 －巳 孤殺 丑 寡殺

巳午未生 －申 孤殺 辰 寡殺,　　申酉戌生 －亥 孤殺 未 寡殺

天寡殺 －매월 卯日,　　　　　　地寡殺 －매월 酉日

● 오길성일(五吉星日)

해당되는 달에 해당되는 날이 길일로, 택일에 통용 길일이다.

1, 7월 － 丑未辰戌巳日　　　　2, 8월 － 卯子酉午未日

3, 9월 － 巳寅亥申酉日　　　　4, 10월 － 未亥辰酉丑日

5, 11월 － 酉亥未酉丑日　　　　6, 12월 － 亥寅巳申卯日

● 천롱일(天聾日), 지아일(地啞日)

천롱일－ 丙寅, 戊辰, 丙辰, 丙子, 丙申, 庚子, 壬子日

지아일 - 乙丑, 丁卯, 己卯, 辛巳, 乙未, 己亥, 辛丑, 辛亥, 癸丑, 辛酉日

● 상문방(喪門方 – 新婦不入)

다음 해당된 월에 해당된 방향에 신부가 앉으면 불길한 방향이니 피하라.

1월 -未方	2월 -戌方	3월 -子方
4월 -辰方	5월 -未方	6월 -戌方
7월 -丑方	8월 -辰方	9월 -未方
10월 -戌方	11월 -戌方	12월 -辰方

● 가취주당법(嫁娶周堂法)

사계절을 불문하고 대월(大月)이면 부(夫)자에서 일으켜 일수를 세어가되 순거(順去)하라.

가령 대월이라면 夫에서 1, 姑에 2, 堂에 3, 翁에 4, 第에 5, 竈에 6, 婦에 7, 廚에 8하니 다시 夫가 9일이 되니 날짜가 끝지는 대로 세어 끝짓는 자에 주당이 있다. 소월(小月)은 이 법과 동일하나 婦에서부터 역수(逆數)하라. 그러므로 신부가 들어올 때 해당하는 곳에 사람이 피하는 것이다.

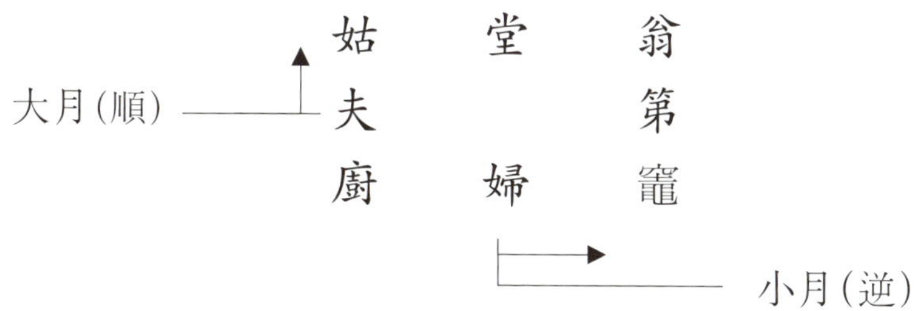

● 28수길흉논병정집길흉(二十八宿吉凶論並定執吉凶)

다음에 표시된 길흉은 책력에 각항(角亢)이 표기되어 있으니 해당 역세(曆歲)를 보라.

角 吉, 亢 空房凶, 氐 離別凶, 房 吉, 心 孫亡凶, 尾 吉, 箕斗 平吉, 牛女 損凶, 虛危 損凶, 室 婚姻和合生貴子, 壁 生貴子吉, 奎婁 吉, 胃 吉, 昴 離別凶, 畢 吉, 觜 凶, 參 凶, 井 凶, 鬼 不久凶, 柳 凶, 星 損凶, 張 吉, 翼 凶, 軫 吉

定執危收閉日 大吉, 除滿平日 平吉, 建破開日 不吉

● 합혼개폐법(合婚開閉法 – 여자에 한함)

대개는 결혼에 대길하고, 반개(半開)는 결혼에 중길(中吉)이요, 폐개(閉開)는 결혼 후에 풍파가 있고 부부 불화하다.

	子午卯酉年生	寅申巳亥年生	辰戌丑未年生
大開	14, 17, 20, 23, 26, 29세	13, 16, 19, 22, 25, 28, 31세	12, 15, 18, 21, 24, 27, 30세
半開	15, 18, 21, 24, 27, 30세	14, 17, 20, 23, 26, 29, 32세	13, 16, 19, 22, 25, 28, 31세
閉開	16, 19, 22, 25, 28, 31세	15, 18, 21, 24, 27, 30, 33세	14, 17, 20, 23, 26, 29, 32세

● 불혼(不婚) 및 혼삼재법(婚三災法)

연월(年月)이 다음에 해당되면 부부 사이에 풍파가 있고 불상사가 있다.

혼삼재(婚三災)

寅午戌生人은 子丑寅生을 忌한다.
亥卯未生人은 酉戌亥生을 忌한다.
巳酉丑生人은 卯辰巳生을 忌한다.
申子辰生人은 午未申生을 忌한다.

불혼(不婚)

1월생 남과 6월생 여	2월생 남과 3월생 여
4월생 남과 1, 10월생 여	5월생 남과 8월생 여
6월생 남과 1, 7월생 여	7월생 남과 11월생 여
8월생 남과 12월생 여	9월생 남과 10월생 여
10월생 남과 1, 4월생 여	11월생 남과 2월생 여
12월생 남과 5월생 여	3월생 남과 7월생 여

● 남녀본명법(男女本命法)

다음에 해당되는 방향에 건축하든가 물품을 두면 혹 질병이 생기거나 사망하는 수가 있다.

1세	坤方	2세	北方	3세	南方
4세	艮方	5세	西方	6세	乾方
7세	中宮	8세	巽方	9세	東方

10세 이상은 九九로 제하고 본다.

● 흑두법(黑頭法)

해당되는 연월에 구들(방)을 고치면 질병이 있거나 사망하는 수가 있다.

子午卯酉年 7월   寅申巳亥年 1, 10월   辰戌丑未年 4월

● 금루사각법(金樓四角法 – 집 짓는 때)

새로 성조(成造)할 때에 사각법을 적용한다. 노소를 불문하고 2, 4, 6, 8, 10세는 우수(隅數)이니 불길하다. 그러나 5세는 기수(奇數)라도 중앙궁(中央宮)이므로 불길하다. 1, 3, 7, 9세는 성조에 대길하다. 乾은 父四角이니 父가 사망하고, 坤은 母四角이니 母가 사망하고, 艮은 妻四角이니 妻가 사망하고, 巽은 子四角이니 子가 사망하고, 4, 5 中宮은 蠶四角이니 누에가 집을 지으면 죽는 의미이다. 그러므로 3년 이내에 자신이 사망한다.

（巽）	（離）	（坤）	（震）	（中）	（兌）	（艮）	（坎）	（乾）
8　53	9　54	1　46	7　52	5　50	2　47	6　51	4　49	3　48
17　62	18　63	10　56	16　61	15　55	11　57	14　60	13　59	12　58
26　71	27　72	19　64	24　70	25　65	20　66	23　69	22　68	21　67
34　80	36　81	28　73	33　79	35　75	29　74	32　78	31　77	30　76
43　89	44　90	37　82	42　88	45　85	38　83	41　87	40　86	39　84
牛馬四角	大　吉	妻子四角	大　吉	蠶四角(凶)	大　吉	自四角(凶)	大　吉	父母四角

성명학(姓名學)

1. 성명의 조직

무릇 성명은 수리(數理)와 삼원오행(三元五行)으로 이루어졌으니 수리라 함은 성명학에서 가장 중시하는 분야로, 성(姓)자의 획수와 이름자의 획수를 계산하여 원(元)·형(亨)·이(利)·정(貞)으로 구분하여 조직되어 있음을 말한다. 삼원오행이라 함은 성이 일원(一元)이요, 성과 윗이름을 합수(合數)하여 이원(二元)이요, 윗이름과 아랫이름을 합수하여 삼원(三元)이라 한다. 금(金)·목(木)·수(水)·화(火)·토(土)의 자연계의 동정(動靜)의 변화를 오행이라 하여 삼원오행으로 조직되어 있음을 말한다.

2. 수리(數理) 구성

원래 수라고 하는 것은 천지개발의 최초 창시이며 삼라만상(森羅萬象)이 모두 수로서 이루어져 있다.

이 수는 무궁한 변화를 일으키는 작용을 하여 그것이 활동변화하여 흥망성쇠와 길흉화복을 나타낸다. 물론 사람의 성명도 이 수리에 의해서 구성되어 있어, 그 획수의 계산으로 원(元)·형(亨)·이(利)·정(貞)으로 구분하여 조직되어 있다. 원(元)은 사계절에 있어 봄으로 비교해서 초년운으로 보고, 형(亨)은 여름이 되니 중년운으로 보고, 이(利)는 가을이 되니 중년후운(中年後運)으로 보고, 정(貞)은 겨울이 되니 말년의 운으로 보게 된다.

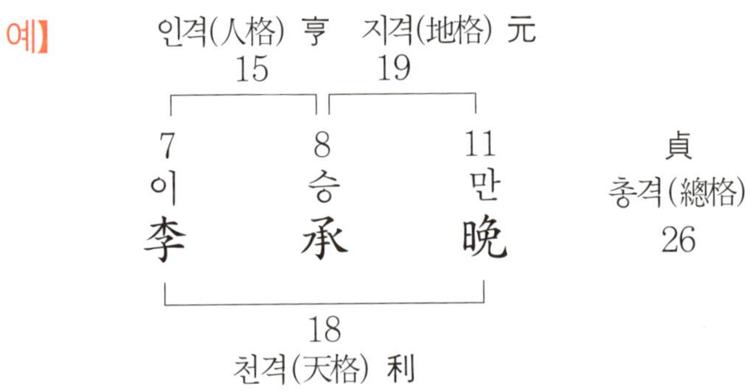

그러나 성자(姓字)가 2자인 경우에는 성자 획수를 합산하여 1자 성과 다름없이 계산하면 된다.

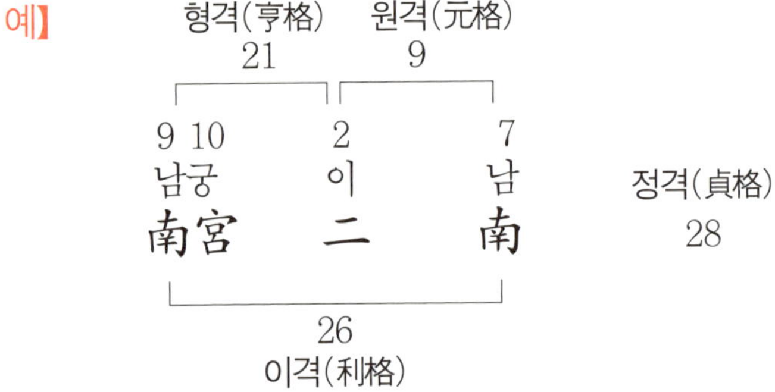

또 이름이 1자일 경우에는 다음의 예와 같다. 즉 원격(元格)이 1이요, 형격(亨格)이 9요, 이격(利格)이 성획(姓劃) 그대로 8이요, 정격(貞格)은 9로 계산하면 된다.

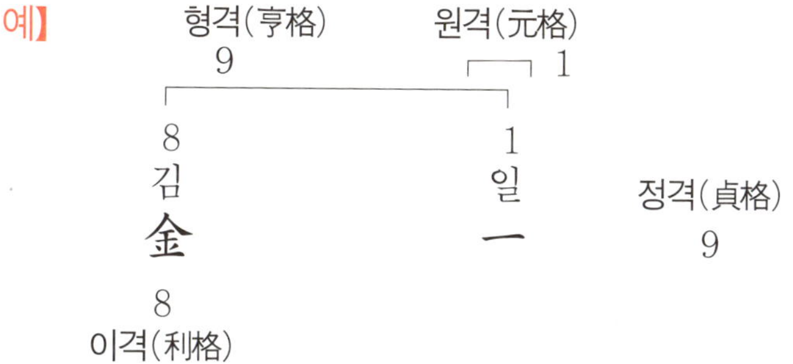

수의 근원은 1부터 9까지가 기본이 되어 10수의 0에서 다하는 것이므로 억천만의 수도 이 기본수의 누적에 불과한 것이니 9×9의 서로 얽힌 81수의 논리 중에 들어 있게 마련이다. 그러므로 성명 역시 이 81수의 수리원칙에 의하여 암시 유도력이 있다. 따라서 작명이나 해명(解明)에 있어서 이 수리조직을 잘 파악하여 각 수에 따른 운평(運評)을 살펴야 함이 성명학에 있어서 우선적이고 절대적인 요결이라 아니할 수 없다.

3. 81 수리 해설

획수	격명(格名)	해 설	획수	격명(格名)	해 설
1	基本格	三陽回春之像	9	窮迫格	大材無用之像
2	分離格	諸川分割之像	10	空虛格	萬般虛無之像
3	成形格	始生萬物之像	11	新成格	自力更生之像
4	不定格	東西各飛之像	12	薄弱格	軟弱失調之像
5	定成格	能成萬物之像	13	智謀格	久而自明之像
6	繼成格	陰德始胎之像	14	離散格	運逆四散之像
7	獨立格	剛健前進之像	15	統率格	天地安全之像
8	開物格	自發自活之像	16	德望格	溫厚有德之像

획수	격명(格名)	해 설	획수	격명(格名)	해 설
17	健暢格	健全暢達之像	40	無常格	徒勞無功之像
18	發展格	進取發展之像	41	大功格	名振四海之像
19	苦難格	鳳鶴傷翼之像	42	苦行格	早節竹丈之像
20	虛望格	萬事空虛之像	43	迷惑格	大海狂風之像
21	頭領格	萬人仰視之像	44	魔障格	平地風波之像
22	中折格	秋風落葉之像	45	大智格	明月光彩之像
23	功名格	開花萬發之像	46	不知格	暗行深夜之像
24	立身格	雨後開花之像	47	出歲格	一攫千金之像
25	安全格	順風航海之像	48	有德格	雨順風調之像
26	英雄是非格	平地風波之像	49	隱退格	一攫千金之像
27	中斷格	落馬切骨之像	50	不幸格	龍變魚成之像
28	波亂格	大海片舟之像	51	春秋格	一笑一恕之像
29	成功格	新綠有實之像	52	能直格	盛林白虎之像
30	浮夢格	無情歲月之像	53	不和格	泰山難月之像
31	隆昌格	萬花芳暢之像	54	辛苦格	落馬折骨之像
32	僥辛格	綠水周遊之像	55	不忍格	百事不成之像
33	昇天格	老龍得雲之像	56	不足格	小心膽大之像
34	破滅格	平地風波之像	57	努力格	一心佛功之像
35	平凡格	安過泰平之像	58	自力格	雨後香花之像
36	英傑是非格	骨肉相爭之像	59	不遇格	意外失眼之像
37	仁德格	枯木生花之像	60	暗黑格	深夜行人之像
38	福祿格	立身揚名之像	61	榮華格	開花萬發之像
39	安樂格	開花迎春之像	62	花落格	雪上加霜之像

획수	격명(格名)	해 설	획수	격명(格名)	해 설
63	順成格	回春東園之像	73	平吉格	枯木回春之像
64	逢霜格	入山修道之像	74	愚昧格	航路忘失之像
65	輝陽格	萬花方暢之像	75	適時格	退守得安之像
66	暗夜格	進退維谷之像	76	先困格	平地風波之像
67	天福格	草木茂盛之像	77	前後格	隨緣果報之像
68	明智格	老人逢杖之像	78	先吉格	日傾西山之像
69	終末格	枯木風雪之像	79	終極格	無翼飛落之像
70	空虛格	空虛寂寞之像	80	終結格	妄動多敗之像
71	見龍格	吉凶相半之像	81	還元格	陽氣來復之像
72	相半格	陰雲覆月之像			

4. 삼원오행(三元五行)

삼원이라 하면 성이 일원(一元)이요, 성과 상명(上名)과 합수(合數)하여 이원(二元)이요, 상명과 하명(下名)을 합수하여 삼원이라 한다. 이 삼원오행도 상생(相生)을 요하고 상극(相剋)을 싫어하는 것이다.

오행이란 금(金)·목(木)·수(水)·화(火)·토(土)의 다섯 가지로 구분하여 자연계의 동정(動靜)과 변화를 오행으로 고찰하였으며, 그 상생 상극에 의하여 풀이하게 되는바 오행에는 서로 돕고 생하여 주는 상생의 원리와, 해를 주며 극하는 상극의 원리와, 서로 같은 상비(相比)의 원리로 구분하게 된다.

오행상생(五行相生)

金生水, 水生木, 木生火, 火生土, 土生金

오행상극(五行相剋)

　金剋木,　木剋土,　土剋水,　水剋火,　火剋金

오행상비(五行相比)

　木比木,　水比火,　土比土,　金比金,　水比水

● 획수오행표(五行表)

천간(天干)	甲 乙	丙 丁	戊 己	庚 辛	壬 癸
숫 자	1, 2	3, 4	5, 6	7, 8	9, 10
오 행	木	火	土	金	水

예】　　　　　金　　土　　土　　　획수오행(五行)
　　　　　　　8　　8　　7

김 동 우 （金　東　佑）
　　　　　　ㄱ　　ㄷ　　ㅇ
　　　　　　木　　火　　土　　　음오행(音五行)

즉, 성자(姓字)가 8획이니 8은 金이요, 상명자(上名字)가 8이니 성 8획과 합하면 16이 된다. 10을 버리고 6만 보면 土가 되며, 하명자(下名字)가 7획이니 상명자 8과 합하면 15가 된다. 10을 버리고 5만 보면 土가 되어 金土土하면 좋다고 할 수 있다. 이와같이 삼원오행을 보는 것이니 성명에 있어서 크게 중요하게는 여기지 않으나 가급적이면 상생 상합이 된다면 길함이 있을 것이다.

● 음오행표(音五行表)

金	사 자 차	ㅅ ㅈ ㅊ	齒　音
木	가 카	ㄱ ㅋ	牙　音
水	마 바 파	ㅁ ㅂ ㅍ	唇　音
火	나 다 라 타	ㄴ ㄷ ㄹ ㅌ	舌　音
土	아 하	ㅇ ㅎ	喉　音

즉, 김만길(金萬吉)이라면 金은 ㄱ이 초음(初音)이니 木에 해당하고, 萬은 ㅁ이 초음이니 水에 해당하고, 吉은 ㄱ이 초음이니 木에 해당하여 木水木이 되어 서로 상생을 이루고 있어 음오행이 대길하다고 하겠다.

5. 음양배치법(陰陽配置法)

성명에 있어서는 8자의 원리와 같이 천지인(天地人) 삼재(三才)의 변화가 있어 음양(陰陽) 획수의 조화를 살펴야 한다. 즉 성명학에는 음양배합이 있어야 하는 것으로, 만약 음양배합이 불교(不交)되면 모든 일이 파패(破敗)되고, 음양배합이 상교(相交)하면 모든 일이 순조롭게 진행되는 것이다. 이를 설명하면 자획(字劃)의 수가 10획 이상인 경우에는 10을 제한 나머지 수와 계산함을 미리 알고 다음의 배합을 보면 된다.

陰格 획수　●　2 4 6 8 10
陽格 획수　○　1 3 5 7 9

음양상교(陰陽相交)

3자 성명

○ ○ ●　　● ○ ○　　○ ● ○
● ● ○　　○ ● ●　　● ○ ●

2자 성명

○　●
●　○

음양불교(陰陽不交)

3자 성명

● ● ●　…………… 3자 純陰
○ ○ ○　…………… 3자 純陽

2자 성명

● ●　…………… 2자 純陰
○ ○　…………… 2자 純陽

이상과 같이 음양이 불교하면 부부 이별, 무자(無子), 불구,
폐질, 형액, 단명하게 된다.

6. 오행 해설

오　행	해　설	오　행	해　설
金　金　金	孤獨災難格	金　金　木	平生病苦格
金　金　水	發展向上格	金　金　火	敗家亡身格
金　金　土	大志大業格	金　木　金	流轉失敗格
金　木　木	秋風落葉格	金　木　水	苦痛難免格
金　木　火	寒山空家格	金　木　土	心身過勞格
金　水　金	富貴功名格	金　水　木	發展成功格
金　水　水	發展平安格	金　水　火	善無功德格

金 水 土	不意災難格	金 火 金	早起晚敗格
金 火 木	欲求不滿格	金 火 水	無主空山格
金 火 火	病苦呻吟格	金 火 土	立身揚名格
金 土 金	意外得財格	金 土 木	平地風波格
金 土 水	災變災難格	金 土 火	枯木逢春格
金 土 土	立身出世格	木 金 金	不和爭論格
木 金 木	骨肉相爭格	木 金 水	萬事不成格
木 金 火	獨坐歎息格	木 金 土	初失後得格
木 木 金	苦難辛苦格	木 木 木	立身出世格
木 木 水	成功發展格	木 木 火	立身出世格
木 木 土	苦難辛苦格	木 水 金	魚變龍成格
木 水 木	富貴雙全格	木 水 水	大富大貴格
木 水 火	速成速敗格	木 水 土	早起晚敗格
木 火 金	平地風波格	木 火 木	春山花開格
木 火 水	先富後貧格	木 火 火	枯木逢春格
木 火 土	大志大業格	木 土 金	敗家亡身格
木 土 木	四顧無親格	木 土 水	枯木落葉格
木 土 火	骨肉相爭格	木 土 土	速成速敗格
水 金 金	順風順成格	水 金 木	暗夜行人格
水 金 水	魚變龍成格	水 金 火	開花狂風格
水 金 土	發展成功格	水 木 金	一吉一凶格

水 木 木	萬花芳暢格	水 木 水	清風明月格
水 木 火	立身出世格	水 木 土	茫茫大海格
水 水 金	春日芳暢格	水 水 木	萬景暢花格
水 水 水	平地風波格	水 水 火	孤獨短命格
水 水 土	百謀不成格	水 火 金	心身波亂格
水 火 木	病難辛苦格	水 火 水	善無功德格
水 火 火	一葉片舟格	水 火 土	先貧後困格
水 土 金	先苦後安格	水 土 木	風前燈火格
水 土 水	病難辛苦格	水 土 火	落馬失足格
水 土 土	江上風波格	火 金 金	四顧無親格
火 金 木	開花風亂格	火 金 水	開花無實格
火 金 火	無主空山格	火 金 土	先苦後吉格
火 木 金	先苦後破格	火 木 木	富貴安泰格
火 木 水	自手成家格	火 木 火	龍得逢運格
火 木 土	萬花芳暢格	火 水 金	雪上加霜格
火 水 木	意外災亂格	火 水 水	病難辛苦格
火 水 火	秋風落葉格	火 水 土	錦衣夜行格
火 火 金	有頭無尾格	火 火 木	日進月加格
火 火 水	平地風波格	火 火 火	開花逢雨格
火 火 土	美麗江山格	火 土 金	花柳長春格
火 土 木	先吉後苦格	火 土 水	大海片舟格

火 土 火	日興中天格	火 土 土	萬花芳暢格
土 金 金	幽谷回春格	土 金 木	鳳鶴傷翼格
土 金 水	錦上有紋格	土 金 火	骨肉相爭格
土 金 土	日光春風格	土 木 金	小事難成格
土 木 木	虛名無實格	土 木 水	有頭無尾格
土 木 火	雪中之月格	土 木 土	枯木落葉格
土 水 金	先貧後苦格	土 水 木	勞而無功格
土 水 水	一場春夢格	土 水 火	風波折木格
土 水 土	敗家亡身格	土 火 金	苦難自成格
土 火 木	日光春城格	土 火 水	進退兩難格
土 火 火	春日芳暢格	土 火 土	立身出世格
土 土 金	古園回春格	土 土 木	先苦後敗格
土 土 水	四顧無親格	土 土 火	錦上有紋格
土 土 土	一慶一苦格		

7. 성명학상 불길 문자

성명학의 요소에 있어서 5대운(五大運)으로 구성하는 것은 역학적(易學的)이요 통계적인 원리원칙을 우리 인생의 행복한 길로 제도(濟度)하고 구제하는 실제 과정이라 할 수 있다.

선명(選名)에 있어서는 반드시 5대운의 원리원칙을 따를 것이며, 이 5대운에서 단 한 가지만 불합리하면 훌륭한 선명이라 할 수 없다. 특히 문자의 자획은 형태, 즉 생김을 주장하는 동시에 강희자전(康熙字典)에 의해야 함을 중시해야 한다.

성명학상 가능한 한 선명(選名)에서 피해야 할 문자를 참고삼아 다음에 예시한다.

● 불용문자(不用文字)

문자	자획	해 설	문자	자획	해 설
天	4	不振, 不成, 薄弱	地	7	災禍, 病苦
日	4	不幸, 遭難	星	9	薄弱, 不運
月	4	不遇, 孤寡	雲	12	散財, 不振
光	6	薄命, 不振	冬	5	不振
玉	5	衰敗, 不幸, 孤獨	石	5	不成, 薄弱
笑	10	不運, 薄弱, 悲哀	花	10	虛榮, 短命, 孤獨
富	12	悲哀, 災禍, 不幸	松	8	不惠, 薄弱
女	3	不幸, 不運, 孤獨	國	11	遭難, 不幸, 薄命
鐵	21	不遇, 薄命	龍	16	不運, 遭難, 薄命
明	8	反對暗示, 不運	壽	14	不幸, 不遇, 薄命
銀	14	不伸, 薄命	勝	12	失敗, 波瀾
童	12	下賤, 不伸, 困窮	福	14	薄弱, 災禍, 孤獨
春	8	薄命, 散財	虎	8	孤獨, 無子, 病苦
德	15	薄德, 不幸	子	3	家庭不惠
夏	15	波瀾, 不成	乭	6	下賤, 不遇
山	3	孤獨, 困窮, 不成	吉	6	不和, 遭難
秋	8	薄命, 不遇	仁	4	薄弱, 不遇, 苦疾
川	3	孤獨, 困窮	榮	14	不伸, 災禍

8. 찬명(撰名) 표준자

성명이라는 것은 숙명(宿命)인 사주팔자(四柱八字)와 부합되어야 좋은 작용을 하게 되므로 사주팔자에 부족한 것이 있으면 이것을 보충해 주어야 한다. 즉 오행, 상생(相生), 상극(相剋)의 조화이므로 예를 들어 사주에 水가 부족하면 한자(漢字)에 정해진 오행상 水에 해당되는 것을 사용해야 한다. 다음에 한자의 오행을 열거하였으니 작명(作名) 때 사용도 하고 획수도 찾아보기를 요한다. 성자(姓字) 다음에 예시한 숫자는 이름 두 글자를 성 획수와 맞추어 놓은 것이다.

姓字 획수	姓　字	上下 名字 획수
2	也 卜 丁	1 14,　16 13,　5 16,　16 15, 14 19,　9 6
3	千	5 10,　8 10,　4 4,　10 8, 14 15
4	方 卞 毛 王 元 孔 尹 文 夫	12 13,　14 11,　9 12,　17 12, 4 9
5	石 玉 片 丘 玄 平 田 申 白 史 皮	8 8,　8 16,　8 10,　6 18, 3 10,　12 12
6	朴 朱 全 吉 牟 安 印	15 10,　7 11,　5 10,　9 9, 12 13,　18 17,　18 5
7	吳 呂 杜 成 延 良 余 李 宋 辛 利	8 9,　6 11,　8 8,　17 14, 8 16,　10 8
8	金 具 林 松 盂 房 沈 明 卓 門 尙 昔 周	10 13,　7 9,　16 19,　8 9,　13 16,　13 8,　5 16,　21 8,　17 7

획수	성씨	오행 수리
9	柳 兪 姜 南 咸 秋 河 禹 表 泗 宣 韋 施	8 7,　8 8,　6 9,　8 15, 8 16,　16 16,　9 14,　12 12
10	洪 高 唐 骨 曺 徐 殷 孫 奏 馬 晋	8 15,　8 7,　14 11,　5 6, 8 5,　5 14
11	許 魚 張 康 梁 扈 崔 章 胡 范	10 14,　7 6,　14 7,　4 14, 2 5
12	景 異 朝 黃 邵 會 閔	12 13,　9 12,　12 5,　9 4
13	廉 溫 琴 楊 賈	8 8,　8 16,　4 12,　12 12
14	裵 連 趙 愼	15 10,　10 7,　9 9,　7 11, 7 10
15	葛 郭 劉 魯 慶	14 10,　8 9,　8 10,　8 8, 8 16,　6 10,　6 17
16	陳 都 龍 陰 問 錢 盧 陸 潘	8 9,　8 7,　8 15,　8 13,　16 9
17	韓 蔣 蔡 鞠	8 16,　8 8,　8 7,　6 12,　12 12
18	簡 魏	7 14,　7 16
19	薛 龐 鄭	6 10,　13 16
20	羅 嚴	5 12,　9 12,　13 12
22	蘇 邊 權	7 9,　10 13,　10 15,　10 3

● 한자(漢字)의 오행

1획

一(일) 土	乙(을) 土				

2획

二(이) 土	乃(내) 火	了(료) 火	人(인) 土	入(입) 土	刀(도) 火
力(력) 火	匕(비) 水	卜(복) 水	又(우) 土	几(궤) 木	丁(정) 金

3획

三(삼) 金	下(하) 土	上(상) 金	万(만) 水	个(가,개) 木	丸(환) 土
久(구) 木	乞(걸) 木	也(야) 土	于(우) 土	亡(망) 水	凡(범) 水
刃(인) 土	千(천) 金	丈(장) 金	口(구) 木	土(토) 火	士(사) 金
夕(석) 金	大(대) 火	女(녀) 火	子(자) 金	寸(촌) 金	小(소) 金
山(산) 金	川(천) 金	工(공) 木	己(기) 木	巳(사) 金	巾(건) 木
干(간) 木	弓(궁) 木				

4획

四(사) 金	丑(축) 金	不(불) 水	中(중) 金	丹(단) 火	付(부) 水
予(여) 土	云(운) 土	互(호) 土	井(정) 金	亢(항) 土	介(개) 木
仇(구) 木	今(금) 木	化(화) 土	仁(인) 土	允(윤) 土	元(원) 土
内(내) 火	公(공) 木	切(절)金土	分(분) 水	勿(물) 水	壬(임) 土
匹(필) 水	午(오) 土	升(승) 金	卞(변) 水	友(우) 土	及(급)木水
收(수) 金	反(반) 水	巴(파) 水	太(태) 火	天(천) 金	夫(부) 水
孔(공) 木	少(소) 金	尤(우) 土	尹(윤) 土	屯(둔) 火	斤(근) 木
幻(환) 土	引(인) 土	心(심) 金	戶(호) 土	手(수) 金	支(지) 金

文(문) 水	斗(두) 火	比(비) 水	方(방) 水	旡(기) 木	日(일) 土
曰(왈) 土	月(월) 火	木(목) 水	欠(흠) 土	止(지) 金	之(지) 金
毛(모) 水	氏(씨) 金	气(기) 木	水(수) 金	火(화) 土	犬(견) 木
爪(조) 金	父(부) 水	片(편) 水	牙(아) 土	牛(우) 土	

5획

五(오) 土	丘(구) 水	且(차) 金	世(세) 金	丕(비) 水	丙(병) 水
主(주) 金	以(이) 土	仔(자) 金	仕(사) 金	仙(선) 金	他(타) 火
代(대) 火	仗(장) 金	令(령) 火	兄(형) 土	充(충) 金	冬(동) 火
出(출) 金	加(가) 木	功(공) 木	包(포) 水	北(북) 水	半(반) 水
占(점) 金	卯(묘) 水	右(우) 土	可(가) 木	句(구) 木	叶(협) 土
古(고) 木	司(사) 金	史(사) 金	只(지) 金	台(대.태) 火	召(소) 金
外(외) 土	央(앙) 土	本(본) 水	尻(고) 木	尼(니) 火	巧(교) 木
巨(거) 木	左(좌) 金	市(시) 金	布(포) 水	平(평) 水	幼(유) 土
弘(홍) 土	必(필) 水	戊(무) 水	旦(단) 火	札(찰) 金	末(말) 水
未(미) 水	正(정) 金	母(모) 水	民(민) 水	永(영)土水	玄(현) 土
玉(옥) 土	甘(감) 木	生(생) 金	用(용) 土	田(전) 金	由(유) 土
甲(갑) 木	申(신) 金	白(백) 水	皮(피) 水	皿(명) 水	目(목) 水
矢(시) 金	石(석) 金	示(시) 金	禾(화) 土	立(립) 火	

6획

六(륙) 土	丞(승) 金	交(교) 木	休(휴) 土	仰(앙) 土	任(임) 土
仲(중) 金	伏(복) 水	光(광) 木	先(선) 金	全(전) 金	共(공) 木
再(재) 金	冲(충) 金	列(렬) 火	匠(장) 金	印(인) 土	各(각) 木
合(합) 土	吉(길) 木	向(향) 土	后(후) 土	吐(토) 火	同(동) 火
名(명) 水	圭(규) 木土	在(재) 金土	地(지) 金	夙(숙) 金	多(다) 火
好(호) 土	如(여) 土	妃(비) 水	宇(우) 土	存(존) 金	安(안) 土
字(자) 金	守(수) 金	宅(택) 火	寺(사) 金	屹(흘) 土	州(주) 金
帆(범) 水	年(년) 火	收(수) 金	旭(욱) 土	早(조) 金	旨(지) 金
旬(순) 金	曲(곡) 木	有(유) 土	机(궤) 木	朱(주) 金木	次(차) 金
此(차) 金	求(구) 木	汀(정) 金水	灰(회) 土	灯(등) 火	牟(모) 水
百(백) 水	竹(죽) 金	米(미) 水	糸(사) 金	羊(양) 土	羽(우) 土
老(로) 火	考(고) 木	而(이) 土	耳(이) 土	臣(신) 金	自(자) 金
至(지) 金	舌(설) 金	舟(주) 金	艮(간) 木	色(색) 金	行(행) 水
衣(의) 土	西(서) 金	亥(해) 土			

7획

七(칠) 金	串(관) 木	況(황) 土	亨(형) 土	位(위) 土	佑(우) 土
何(하) 土	佐(좌) 金	作(작) 金	伸(신) 金	住(주) 金	低(저) 金
伯(백) 水	伴(반) 水	佛(불) 水	体(체) 金	余(여) 土	兌(태) 火
兵(병) 水	冶(야) 土	利(리) 火	助(조) 金	努(노) 火	告(고) 木

吟(음) 土	君(군) 木	吾(오) 土	吳(오) 土	吹(취) 金	呂(려) 火
国(국) 木	均(균)木土	坐(좌) 金	坊(방)水土	坂(판)水土	壯(장) 金
孝(효) 土	宏(굉) 木	完(완) 土	宋(송) 金	局(국) 木	尾(미) 水
岐(기) 木	岑(잠) 金	希(희) 土	床(상) 金	序(서) 金	廷(정) 金
形(형) 土	志(지) 金	忍(인) 土	我(아) 土	成(성) 金	攸(유) 土
改(개) 木	材(재)金木	村(촌) 金木	杜(두) 火木	李(리) 火	步(보) 水
江(강)木水	汝(여)火水	汐(석)金水	池(지)金水	汎(범) 水	炎(염) 土
玎(정) 金	甫(보) 水	男(남) 火	秀(수) 金	究(구) 木	良(량) 火
見(견) 木	角(각) 木	言(언) 土	谷(곡) 木	豆(두) 火	身(신) 金
車(차,거) 金	辰(진,신) 金	里(리) 火	冏(경) 木	夻(운) 土	辛(신) 金
延(연) 土	朹(범)水木				

8획

八(팔) 水	事(사) 金	享(향) 土	京(경) 木	依(의) 土	佳(가) 木
佼(교) 木	佶(길) 木	供(공) 木	侍(시) 金	使(사) 金	侈(치) 金
佩(패) 水	來(래) 火	其(기) 木	具(구) 木	典(전) 金	制(제) 金
到(도) 火	卓(탁) 火	卦(괘) 木	受(수) 金	叔(숙) 金	和(화) 土
周(주) 金	味(미) 水	命(명) 水	坤(곤)木土	垂(수) 金	坡(파)水土
奇(기) 木	奉(봉) 水	姑(고) 木	始(시) 金	季(계) 木	孟(맹) 水
宜(의) 土	官(관) 木	宗(종) 金	宙(주) 金	定(정) 金	尚(상) 金
居(거) 木	岡(강) 木	岸(안) 土	岩(암) 土	帛(백) 水	幸(행) 土

庚(경) 木	征(정) 金	往(왕) 土	忠(충) 金	念(념) 火	所(소) 金
房(방) 水	承(승) 金	扶(부) 水	政(정) 金	易(역) 土	昆(곤) 木
昌(창) 金	昇(승) 金	昔(석) 金	明(명) 水	旺(왕) 土	朋(붕) 水
果(과) 木	松(송) 金	東(동)火木	林(림)火木	欣(흔) 土	炎(염)土火
物(물) 水	牧(목) 水	直(직) 金	知(지) 金	虎(호) 土	金(김,금) 木
長(장) 金	門(문) 水	阜(부) 水	雨(우) 土	靑(청) 金	旻(민) 水
旼(민) 水	侑(유) 土	呟(현) 土	効(효) 土		

9획

九(구) 木	亭(정) 金	亮(량) 火	信(신) 金	俊(준) 金	保(보) 水
兪(유) 土	冠(관) 木	前(전) 金	則(칙) 金	勉(면) 水	勇(용) 土
南(남) 火	厚(후) 土	咸(함) 土	哉(재) 金	垠(은) 土	奎(규) 木
姬(희) 土	姜(강) 木	姸(연) 土	客(객) 木	室(실) 金	宣(선) 金
帝(제) 金	度(도) 火	思(사) 金	性(성) 金	是(시) 金	敃(민) 水
春(춘) 金	星(성) 金	昭(소) 金	昧(매) 水	柴(시)金木	柱(주)金木
柏(백)水木	柄(병)水木	柳(류)火木	泳(영)土水	河(하)土水	泉(천) 金
泰(태)火水	治(치)金水	波(파) 水	法(법) 水	炳(병)水火	皇(황) 土
盈(영) 土	相(상) 金	省(성) 金	秋(추) 金	紅(홍) 土	美(미) 水
致(치) 金	表(표) 水	計(계) 木	貞(정) 金	軍(군) 木	重(중) 金
面(면) 水	音(음) 土	風(풍) 水	飛(비) 水	香(향) 土	昶(창) 金

耶(야) 土	柔(유) 土	拏(라) 火	映(영) 土		

10획

十(십) 金	紋(문) 水	孫(손) 金	倫(륜) 火	剛(강) 木	原(원) 土
哥(가) 木	哲(철) 金	城(성)金土	夏(하) 土	俱(구) 木	席(석) 金
家(가) 木	宮(궁) 木	宰(재) 金	容(용) 土	峨(아) 土	島(도) 火
峯(봉) 水	娥(아) 土	桂(계) 木	庫(고) 木	座(좌) 金	恩(은) 土
恭(공) 木	晃(황) 土	書(서) 金	時(시) 金	師(사) 金	珊(산) 金
根(근) 木	活(활)土水	洪(홍)土水	洋(양)土水	洛(락)火水	烘(홍)土火
烈(렬) 火	桓(환)木土	肥(비) 水	玲(령) 火	益(익) 土	眞(진) 金
祐(우) 土	財(재) 金	祚(조) 金	素(소) 金	珍(진) 金	修(수) 金
芝(지) 金	芳(방) 水	芙(부) 水	虔(건) 木	訓(훈) 土	貢(공) 木
起(기) 木	軒(헌) 土	馬(마) 水	高(고) 木		

11획

乾(건) 木	偉(위) 土	偕(해) 土	健(건) 木	富(부) 水	凰(황) 土
卿(경) 木	啓(계) 木	唱(창) 金	問(문) 水	國(국) 木	基(기) 木
執(집) 金	堂(당) 火	培(배)水土	寅(인) 土	宿(숙) 金	專(전) 金
崔(최) 金	常(상) 金	庵(암) 土	康(강) 木	張(장) 金	彗(혜) 土
彩(채) 金	彬(빈)水木	得(득) 火	敎(교) 木	救(구) 木	晧(호) 土
晨(신) 金	晩(만) 水	曹(조) 金	望(망) 水	朗(랑) 火	梁(량)火木

海(해)土水	浩(호)土水	烽(봉)水火	珠(주) 金	祥(상) 金	章(장) 金
笙(생) 金	紳(신) 金	習(습) 金	英(영) 土	若(약) 土	袈(가) 木
許(허) 土	貫(관) 木	晟(성) 金	野(야) 土	崇(숭) 金	

12획

傑(걸) 木	備(비) 水	傳(전) 金	勝(승) 金	喜(희) 土	敦(돈) 火
堯(요) 土	場(장)金土	堤(제)金土	報(보) 水	弼(필) 水	惠(혜) 土
掌(장) 金	棒(봉) 水	棠(당) 火	景(경) 木	晶(정) 金	晴(청) 金
智(지) 金	普(보) 水	曾(증) 金	朝(조) 金	植(식)金木	湙(역)土水
棹(도)火木	棟(동)火木	棚(붕)水木	棉(면)水木	殖(식) 金	淵(연)土水
涯(애)土水	球(구) 木	淑(숙)金水	淳(순)金水	淸(청)金水	淨(정)金水
涼(량)火水	焰(염)土火	然(연)土火	爲(위) 土	程(정) 金	現(현) 土
琇(수) 金	理(리) 火	琉(류) 火	登(등) 火	閔(민) 水	皓(호) 土
盛(성) 金	善(선) 金	童(동) 火	筍(순) 金	筆(필) 水	粧(장) 金
絢(현) 土	綺(과,고) 木	絮(서) 火	統(통) 火	絡(락) 火	翔(상) 金
翁(옹) 土	舜(순) 金	草(초) 金	茬(치) 金	茜(천) 金	視(시) 金
詞(사) 金	證(증) 金	詔(소) 金	賀(하) 土	貴(귀) 木	軫(진) 金
迪(적) 金	雄(웅) 土	雅(아) 土	順(순) 金	黃(황) 土	詠(영) 土

13획

僅(근) 木	圓(원) 土	園(원) 土	塘(당)火土	廉(렴) 火	意(의) 土

敬(경) 木	新(신) 金	暉(휘) 土	會(회) 水	業(업) 土	揖(읍) 土
楚(초)金木	椿(춘)金木	楓(풍)水木	楠(남)火木	椰(야)土木	楊(양)土木
楡(유)土木	殿(전) 金	溫(온)土水	港(항)土水	渠(거)木水	湖(호)土水
湘(상)金水	測(측)金水	渡(도)火水	渺(묘) 水	輝(휘)土火	熙(희)土火
煌(황)土火	煥(환)土火	照(조)金火	琴(금) 木	琥(호) 土	琢(탁) 火
琳(림) 火	當(당) 火	睦(목) 水	祿(록) 火	筵(연) 土	經(경) 木
義(의) 土	群(군) 木	聖(성) 金	聘(빙) 水	肆(사) 金	臺(대) 火
裕(유) 土	楷(해) 土	詮(전) 金	詹(첨) 火	豊(풍) 水	載(재) 金
鉉(현)土金	鉢(발)水金	頌(송) 金	鼎(정) 金	嫄(원) 土	

14획

嘉(가) 木	壽(수) 金	夢(몽) 水	實(실) 金	對(대) 火	彰(창) 金
慈(자) 金	愼(신) 金	暢(창) 金	榮(영)土木	槐(괴) 木	源(원)土水
準(준)金水	溶(용)土水	瑞(서) 金	碩(석) 金	碧(벽) 水	福(복) 水
箕(기) 木	綺(기,비)木水	綬(수) 金	華(화) 土	誠(성) 金	赫(혁) 土
趙(조) 金	連(련) 火	輔(보) 水	逢(봉) 水	銀(은)土金	鳳(봉) 水
齊(제) 金	署(서) 金				

15획

儀(의) 土	劉(류) 火	增(증)金土	寬(관) 木	廣(광) 木	德(덕) 火
慧(혜) 土	慶(경) 木	暫(잠) 金	樂(락,악) 火	槿(근) 木	漢(한)土水

漲(창)金水	滿(만)土水	篁(황) 土	範(범) 水	羲(희) 土	興(흥) 土
薰(훈) 土	萬(만) 水	賢(현) 土	賞(상) 金	輝(휘) 土	逸(일) 土
郭(곽) 木	養(양) 土				

16획

儒(유) 土	冀(기) 木	勳(훈) 土	壇(단)火土	學(학) 土	憙(희) 土
憲(헌) 土	樺(화)土木	樹(수)金木	潤(윤)土水	潭(담)火水	澄(징)金水
燁(엽)土火	熹(희)土火	燈(등) 火	璃(리) 火	盧(로) 火	穆(목) 水
篤(독) 火	糖(당) 火	翰(한) 土	蓉(용) 土	運(운) 土	遠(원) 土
道(도) 火	達(달) 火	都(도) 火	錦(금)木金	錫(석) 金	陳(진) 金
靜(정) 金	頭(두) 火	龍(룡) 火	澈(철)金水		

17획

優(우) 土	應(응) 土	擇(택) 火	檀(단)火木	澤(택)火水	燦(찬)金火
禧(희) 土	聳(용) 土	聲(성) 金	蓮(련) 火	謝(사) 金	鍾(종) 金
鞠(국) 木	韓(한) 土	鴻(홍) 土			

18획

叢(총) 金	戴(대) 火	曜(요) 土	曛(훈) 土	曙(서) 金	檻(함)土木
櫂(도)火木	濶(활)土水	濟(제)金水	禮(례) 火	簡(간) 木	鎭(진) 金
顓(전) 金	馥(복) 水	燿(요)土火			

19획

寶(보) 水	禱(도) 火	簾(렴) 火	識(식) 金	證(증) 金	鄭(정) 金
麗(려) 火					

20획

嚴(엄) 土	壤(양) 土	寶(보) 水	瀞(정)金水	瀝(력) 火	羅(라) 火
覺(각) 木	譯(역) 土	鐘(종) 金	馨(형) 土	纂(찬) 金	

21획

巍(외) 土	鐸(탁)火金	鐵(철) 金	鶴(학) 土	續(속) 金	

22획

懿(의) 土	權(권) 木	歡(환) 土	蘇(소) 金	蘆(려,로) 火	邊(변) 水
鑑(감) 木金	隱(은) 土				

23획

巖(암) 土	蘭(란) 火	顯(현) 土	欒(란) 火	麟(린) 火	

24획~ 27획

觀(관) 木	欒(란) 火	驥(기) 木	靈(령) 火		

주요 신살(神殺)

● 이사방위 길흉표

남 자

나 이		1	2	3	4	5	6	7	8	9
		10	11	12	13	14	15	16	17	18
		19	20	21	22	23	24	25	26	27
		28	29	30	31	32	33	34	35	36
		37	38	39	40	41	42	43	44	45
		46	47	48	49	50	51	52	53	54
		55	56	57	58	59	60	61	62	63
길흉방		64	65	66	67	68	69	70	71	72
		73	74	75	76	77	78	79	80	81
		82	83	84	85	86	87	88	89	90
天祿方	吉	東方	西南	北方	南方	東北	西方	西北	中央	東南
眼損方	凶	東南	東方	西南	北方	南方	東北	西方	西北	中央
食神方	吉	中央	東南	東方	西南	北方	南方	東北	西方	西北
甑破方	凶	西北	中央	東南	東方	西南	北方	南方	東北	西方
五鬼方	凶	西方	西北	中央	東南	東方	西南	北方	南方	東北
合食方	吉	東北	西方	西北	中央	東南	東方	西南	北方	南方
進鬼方	凶	南方	東北	西方	西北	中央	東南	東方	西南	北方
官印方	吉	北方	南方	東北	西方	西北	中央	東南	東方	西南
退食方	凶	西南	北方	南方	東北	西方	西北	中央	東方	東方

여 자

나이	1	2	3	4	5	6	7	8	9
	10	11	12	13	14	15	16	17	18
	19	20	21	22	23	24	25	26	27
	28	29	30	31	32	33	34	35	36
	37	38	39	40	41	42	43	44	45
	46	47	48	49	50	51	52	53	54
	55	56	57	58	59	60	61	62	63
길흉방	64	65	66	67	68	69	70	71	72
	73	74	75	76	77	78	79	80	81
	82	83	84	85	86	87	88	89	90
天祿方 吉	東南	東方	西南	北方	南方	東北	西方	西北	中央
眼損方 凶	中央	東南	東方	西南	北方	南方	東北	西方	西北
食神方 吉	西北	中央	東南	東方	西南	北方	南方	東北	西方
甑破方 凶	西方	西北	中央	東南	東方	西南	北方	南方	東北
五鬼方 凶	東北	西方	西北	中央	東南	東方	西南	北方	南方
合食方 吉	南方	東北	西方	西北	中央	東南	東方	西南	北方
進鬼方 凶	北方	南方	東北	西方	西北	中央	東南	東方	西南
官印方 吉	西南	北方	南方	東北	西方	西北	中央	東南	東方
退食方 凶	東方	西南	北方	南方	東北	西方	西北	中央	東南

● 천간육신정국(天干六神定局)

天干 日柱	甲	乙	丙	丁	戊	己	庚	辛	壬	癸
甲	比肩	劫財	食神	傷官	偏財	正財	偏官	正官	偏印	正印
乙	劫財	比肩	傷官	食神	正財	偏財	正官	偏官	正印	偏印
丙	偏印	正印	比肩	劫財	食神	傷官	偏財	正財	偏官	正官
丁	正印	偏印	劫財	比肩	傷官	食神	正財	偏財	正官	偏官
戊	偏官	正印	偏印	正印	比肩	劫財	食神	傷官	偏財	正財
己	正官	偏官	正印	偏印	劫財	比肩	傷官	食神	正財	偏財
庚	偏財	正財	偏官	正官	偏印	正印	比肩	劫財	食神	傷官
辛	正財	偏財	正官	偏官	正印	偏印	劫財	比肩	傷官	食神
壬	食神	傷官	偏財	正財	偏官	正官	偏印	正印	比肩	劫財
癸	傷官	食神	正財	偏財	正官	偏官	正印	偏印	劫財	比肩

● 지지육신정국(地支六神定局)

地支 日柱	子	丑	寅	卯	辰	巳	午	未	申	酉	戌	亥
甲	正印	正財	比肩	劫財	偏財	食神	傷官	正財	偏官	正官	偏財	偏印
乙	偏印	偏財	劫財	比肩	正財	傷官	食神	偏財	正官	偏官	正財	正印
丙	正官	傷官	偏印	正印	食神	比肩	劫財	傷官	偏財	正財	食神	偏官
丁	偏官	食神	正印	偏印	傷官	劫財	比肩	食神	正財	偏財	傷官	正官
戊	正財	劫財	偏官	正官	比肩	偏印	正印	劫財	食神	傷官	比肩	偏財
己	偏財	比肩	正官	偏官	劫財	正印	偏印	比肩	傷官	食神	劫財	正財
庚	傷官	正印	偏財	正財	偏印	偏官	正官	正印	比肩	劫財	偏印	食神
辛	食神	偏印	正財	偏財	正印	正官	偏官	偏印	劫財	比肩	正印	傷官
壬	劫財	正官	食神	傷官	偏官	偏財	正財	正官	偏印	正印	偏官	比肩
癸	比肩	偏官	傷官	食神	正官	正財	偏財	偏官	正印	偏印	正官	劫財

소아관살(小兒關殺)

關　殺	凡例	甲	乙	丙	丁	戊	己	庚	辛	壬	癸
落井關	生年 生日	巳	子	申	戌	卯	巳	子	申	戌	卯
鷄飛關	日干-四支	巳酉丑	子	子	子	子	巳酉丑	亥卯未	寅午戌	寅午戌	寅午戌
取命關	日干-柱支	申子辰	申子辰	申子辰	申子辰	亥卯未	亥卯未	亥卯未	寅午戌	寅午戌	寅午戌
雷公關	日干-柱支	丑	午	子	子	戌	戌	寅	寅	酉	亥
斷腸關	日干-柱支	午未	午未	辰巳	辰巳			寅	寅	丑	丑
千日關	日干-柱支	辰午	辰午	申	申	巳	巳	寅	寅	丑	亥
急脚關	生年-生時	申酉	申酉	亥子	亥子	寅卯	寅卯	巳午	巳午	丑	未
鐵蛇關	日干-柱支	辰	辰	未申	未申	寅	寅	戌	戌	丑	丑
白虎關	生年-柱支	酉	酉	子	子	午	午	卯	卯	午	午
背曲關	生年-生時	寅卯申	寅卯申	寅申巳未	寅申巳未	丑寅巳午	丑寅巳午	申午酉亥	申午酉亥	酉戌未申	酉戌未申
多病關	生年-生日	寅	寅	巳	巳	申	申	亥	亥	巳	巳
雷公打腦		丑午	戌	子	子	戌	丑午	寅	寅	子酉	子酉

● 소아관살(小兒關殺)

關　殺	凡例	子	丑	寅	卯	辰	巳	午	未	申	酉	戌	亥
鬼門關		酉	午	未	酉	亥	戌	丑	寅	卯	子	巳	辰
五鬼關	年支月日時	辰	巳	午	未	申	酉	戌	亥	子	丑	寅	卯
天狗關		戌	亥	子	丑	寅	卯	辰	巳	午	未	申	酉
埋兒關		丑	卯	申	丑	卯	申	丑	卯	申	丑	卯	申
天弔關	生年-生時	巳午	子卯	辰午	午申	巳午	子卯	辰午	午申	巳午	子卯	辰午	午申
短命關		巳	寅	辰	未	巳	寅	辰	未	巳	寅	辰	未
和尚關		辰戌丑未	子午卯酉	寅申巳亥	辰戌丑未	子午卯酉	寅申巳亥	辰戌丑未	子午卯酉	寅申巳亥	辰戌丑未	子午卯酉	寅申巳亥
湯火關	年-日	午	未	寅	午	未	寅	午	未	寅	午	未	寅
夜啼關		未	寅酉	未	未	未	未	未	寅酉	未	未	寅酉	未
撞命關		巳	未	巳	子	午	午	丑	丑	午	亥	未	亥
結項關	年-時	壬子	辛酉	庚午	乙卯	壬子	辛酉	庚午	乙卯	壬子	辛酉	庚午	乙卯
巳咬關	年-時	丑	寅	卯	辰	巳	午	未	申	酉	戌	亥	子
背曲		酉卯	辰戌	巳亥	子午	丑未	寅申	卯酉	辰戌	巳亥	子午	丑未	寅申
雷公	生年-月	正	十	七	四	正	十	七	四	正	十	七	四
狗咬		正二三五九十	一二四六七八十十一	正四六七十	一二三四五七	正二三五九十	一二四六七八十十一	一四六七十	一二三四五七	正二三五九十	一二四六七八十十一	一四六七十	一二三四五七
官災	生年-月	卯辰	辰巳	午巳	午未	未申	申酉	酉戌	戌亥	亥子	子丑	丑寅	寅卯

● 소아관살(小兒關殺)

關殺	凡例	1월	2월	3월	4월	5월	6월	7월	8월	9월	10월	11월	12월
直難關		午	午	未	未	卯 戌	卯 戌	巳 申	巳 申	寅 卯	寅 卯	酉 辰	酉 辰
水火關	月-時	未 戌	未 戌	未 戌	丑 辰	丑 辰	丑 辰	丑 戌	丑 戌	丑 戌	未 辰	未 辰	未 辰
沈水關	月-時	寅 申	寅 申	寅 申	未	未	未	酉	酉	酉	丑	丑	丑
百日關	月-時	辰 戌 丑 未	寅 申 巳 亥	子 午 卯 酉	辰 戌 丑 未	寅 申 巳 亥	子 午 卯 酉	辰 戌 丑 未	寅 申 巳 亥	子 午 卯 酉	辰 戌 丑 未	寅 申 巳 亥	子 午 卯 酉
斷橋關	月-時	寅	卯	申	丑	戌	酉	辰	巳	午	未	亥	子
眼育關	月 -日時	丑	丑	丑	申	申	申	未	未	未	寅	寅	寅
四季關		丑 巳	丑 巳	丑 巳	辰 申	辰 申	辰 申	亥 未	亥 未	亥 未	寅 戌	寅 戌	寅 戌
落木關	月-日	丑 未	丑 未	丑 未	辰 戌	辰 戌	辰 戌	寅 申	寅 申	寅 申	巳 亥	巳 亥	巳 亥
夜啼關	生日 -柱支	午	午	午	酉	酉	酉	子	子	子	卯	卯	卯

● 길신(吉神) 및 흉신(凶神)

吉凶神 \ 天干 구분	甲	乙	丙	丁	戊	己	庚	辛	壬	癸
天乙貴人 / 生日-年月時	丑 未	子 申	亥 酉	亥 酉	丑 未	子 申	丑 未	午 寅	巳 卯	巳 卯
建祿 / 日干	寅	卯	巳	午	巳	午	申	酉	亥	子

	구분										
暗祿	日干	亥	戌	申	未	申	未	巳	辰	丑	寅
文昌星	日干	巳	午	申	酉	申	酉	亥	子	寅	卯
學堂	日干 -月時	亥	午	寅	酉	寅	酉	巳	子	申	卯
陽(羊)刃殺	日干	卯	辰	午	未	午	未	酉	戌	子	丑
流霞殺	日干 (客死産亡)	酉	戌	未	申	巳	午	辰	卯	亥	寅
紅艶殺	日干 (淫奔)	午申	午申	寅	未	辰	辰	申戌	酉	子	申
天掃星	年干- 月時 (三妻)	癸未	壬午	辛巳	庚辰	己卯	戊寅	丁丑	丙子	乙亥	甲戌
地掃星	年干 (克三夫)	辰巳卯月	辰巳卯月	子丑寅	子丑寅	辰巳卯月	辰巳卯月	午未申	午未申	酉戌亥月	酉戌亥月

● 길신(吉神) 및 흉신(凶神)

吉凶神 \ 구분	地支	子	丑	寅	卯	辰	巳	午	未	申	酉	戌	亥
將星	日支	子	酉	午	卯	子	酉	午	卯	子	酉	午	卯
驛馬	生年 生日	寅	亥	申	巳	寅	亥	申	巳	寅	亥	申	巳
華蓋	月日支	辰	丑	戌	未	辰	丑	戌	未	辰	丑	戌	未
桃花	月日支	酉	午	卯	子	酉	午	卯	子	酉	午	卯	子
孤辰	生年 -生日	寅	寅	巳	巳	巳	申	申	申	亥	亥	亥	寅
寡宿	生年 -支	戌	戌	丑	丑	丑	辰	辰	辰	未	未	未	戌

神殺	기준												
喪門	生으로 四柱	寅	卯	辰	巳	午	未	申	酉	戌	亥	子	丑
弔客	生으로 柱	戌	亥	子	丑	寅	卯	辰	巳	午	未	申	酉
句絞	生年	卯	辰	巳	午	未	申	酉	戌	亥	子	丑	寅
血刃	生月 (多傷厄)	午	子	丑	未	寅	申	卯	酉	辰	戌	巳	亥
血刃	生年	戌	酉	申	未	午	巳	辰	卯	寅	丑	子	亥
伏吟	生年	子	丑	寅	卯	辰	巳	午	未	申	酉	戌	亥
隔角殺	生年 (虛送歲月)	寅	卯	辰	巳	午	未	申	酉	戌	亥	子	丑
呻吟殺			亥				亥				亥		
返吟殺	生年	午	未	申	酉	戌	亥	子	丑	寅	卯	辰	巳
元嗔殺	生年	未	午	酉	申	亥	戌	丑	子	卯	寅	巳	辰
蠶陷殺	生年 (多災多難)	戌	寅		巳	辰			寅	戌巳		酉子寅	寅
太白星	生年 (貧夭)	巳	丑	酉	巳	丑	酉	巳	丑	酉	巳	丑	酉
暴敗殺	生年 生月	夏	秋	冬	冬	夏	夏	冬	春	秋	秋	春	春
劫殺	生年	巳	寅	亥	申	巳	寅	亥	申	巳	寅	亥	申
災殺	生年	午	卯	子	酉	午	卯	子	酉	午	卯	子	酉
天殺	生年	未	辰	丑	戌	未	辰	丑	戌	未	辰	丑	戌
地殺	生年	申	巳	寅	亥	申	巳	寅	亥	申	巳	寅	亥
年殺	生年	酉	午	卯	子	酉	午	卯	子	酉	午	卯	子
月殺	生支	戌	未	辰	丑	戌	未	辰	丑	戌	未	辰	丑
亡身	生支	亥	申	巳	寅	亥	申	巳	寅	亥	申	巳	寅
六害	生年	卯	子	酉	午	卯	子	酉	午	卯	子	酉	午

● 남녀 생기(生氣) 조견표

<table>
<tr><th>성별</th><th>男</th><th>女</th><th>男</th><th>女</th><th>男</th><th>女</th><th>男</th><th>女</th><th>男</th><th>女</th><th>男</th><th>女</th><th>男</th><th>女</th><th>男</th><th>女</th></tr>
<tr><td rowspan="11">나이
구분</td><td>二</td><td>十</td><td>三</td><td>九</td><td>四</td><td>八</td><td>五</td><td></td><td>六</td><td>七</td><td>七</td><td>六</td><td>八</td><td>五</td><td>九</td><td>四</td></tr>
<tr><td>十</td><td>一八</td><td>一一</td><td>一七</td><td>一二</td><td>一六</td><td>一三</td><td>一五</td><td>一四</td><td>一四</td><td>一五</td><td>一三</td><td>一六</td><td>一二</td><td>一七</td><td>一一</td></tr>
<tr><td>一八</td><td>二六</td><td>一九</td><td>二五</td><td>二十</td><td>二四</td><td>二一</td><td>二三</td><td>二二</td><td>二二</td><td>二三</td><td>二一</td><td>二四</td><td>二十</td><td>二五</td><td>一九</td></tr>
<tr><td>二六</td><td>三四</td><td>二七</td><td>三三</td><td>二八</td><td>三二</td><td>二九</td><td>三一</td><td>三十</td><td>三十</td><td>三一</td><td>二九</td><td>三二</td><td>二八</td><td>三三</td><td>二七</td></tr>
<tr><td>三四</td><td>四二</td><td>三五</td><td>四一</td><td>三六</td><td>四十</td><td>三七</td><td>三九</td><td>三八</td><td>三八</td><td>三九</td><td>三七</td><td>四十</td><td>三六</td><td>四一</td><td>三五</td></tr>
<tr><td>四二</td><td>五十</td><td>四三</td><td>四九</td><td>四四</td><td>四八</td><td>四五</td><td>四七</td><td>四六</td><td>四六</td><td>四七</td><td>四五</td><td>四八</td><td>四四</td><td>四九</td><td>四三</td></tr>
<tr><td>五十</td><td>五八</td><td>五一</td><td>五七</td><td>五二</td><td>五六</td><td>五三</td><td>五五</td><td>五四</td><td>五四</td><td>五五</td><td>五三</td><td>五六</td><td>五二</td><td>五七</td><td>五一</td></tr>
<tr><td>五八</td><td>六六</td><td>五九</td><td>六五</td><td>六十</td><td>六四</td><td>六一</td><td>六三</td><td>六二</td><td>六二</td><td>六三</td><td>六一</td><td>六四</td><td>六十</td><td>六五</td><td>五九</td></tr>
<tr><td>六六</td><td>七四</td><td>六七</td><td>七三</td><td>六八</td><td>七二</td><td>六九</td><td>七一</td><td>七十</td><td>七十</td><td>七一</td><td>六九</td><td>七二</td><td>六八</td><td>七三</td><td>六七</td></tr>
<tr><td>七四</td><td>八二</td><td>七五</td><td>八一</td><td>七六</td><td>八十</td><td>七七</td><td>七九</td><td>七八</td><td>七八</td><td>七九</td><td>七七</td><td>八十</td><td>七六</td><td>八一</td><td>七五</td></tr>
<tr><td>八二</td><td>九0</td><td>八三</td><td>八九</td><td>八四</td><td>八八</td><td>八五</td><td>八七</td><td>八六</td><td>八六</td><td>八七</td><td>八五</td><td>八八</td><td>八四</td><td>八九</td><td>八三</td></tr>
<tr><td>生氣</td><td colspan="2">戌亥</td><td colspan="2">酉</td><td colspan="2">辰巳</td><td colspan="2">未申</td><td colspan="2">午</td><td colspan="2">子</td><td colspan="2">卯</td><td colspan="2">丑寅</td></tr>
<tr><td>天宜</td><td colspan="2">午</td><td colspan="2">卯</td><td colspan="2">丑寅</td><td colspan="2">子</td><td colspan="2">戌亥</td><td colspan="2">未申</td><td colspan="2">酉</td><td colspan="2">辰巳</td></tr>
<tr><td>絶體</td><td colspan="2">丑寅</td><td colspan="2">未申</td><td colspan="2">午</td><td colspan="2">酉</td><td colspan="2">辰巳</td><td colspan="2">卯</td><td colspan="2">子</td><td colspan="2">戌亥</td></tr>
<tr><td>遊魂</td><td colspan="2">辰巳</td><td colspan="2">子</td><td colspan="2">戌亥</td><td colspan="2">卯</td><td colspan="2">丑寅</td><td colspan="2">酉</td><td colspan="2">未申</td><td colspan="2">午</td></tr>
<tr><td>禍害</td><td colspan="2">子</td><td colspan="2">辰巳</td><td colspan="2">酉</td><td colspan="2">午</td><td colspan="2">未申</td><td colspan="2">戌亥</td><td colspan="2">丑寅</td><td colspan="2">卯</td></tr>
<tr><td>福德</td><td colspan="2">未申</td><td colspan="2">丑寅</td><td colspan="2">卯</td><td colspan="2">戌亥</td><td colspan="2">子</td><td colspan="2">午</td><td colspan="2">辰巳</td><td colspan="2">酉</td></tr>
<tr><td>絶命</td><td colspan="2">卯</td><td colspan="2">午</td><td colspan="2">未申</td><td colspan="2">辰巳</td><td colspan="2">酉</td><td colspan="2">丑寅</td><td colspan="2">戌亥</td><td colspan="2">子</td></tr>
<tr><td>歸魂</td><td colspan="2">酉</td><td colspan="2">戌亥</td><td colspan="2">子</td><td colspan="2">丑寅</td><td colspan="2">卯</td><td colspan="2">辰巳</td><td colspan="2">午</td><td colspan="2">未申</td></tr>
</table>

● 공망법(空亡法)

구분	旬　中　干　支										공망
甲子旬	甲子	乙丑	丙寅	丁卯	戊辰	己巳	庚午	辛未	壬申	癸酉	戌亥
甲戌旬	甲戌	乙亥	丙子	丁丑	戊寅	己卯	庚辰	辛巳	壬午	癸未	申酉
甲申旬	甲申	乙酉	丙戌	丁亥	戊子	己丑	庚寅	辛卯	壬辰	癸巳	午未
甲午旬	甲午	乙未	丙申	丁酉	戊戌	己亥	庚子	辛丑	壬寅	癸卯	辰巳
甲辰旬	甲辰	乙巳	丙午	丁未	戊申	己酉	庚戌	辛亥	壬子	癸丑	寅卯
甲寅旬	甲寅	乙卯	丙辰	丁巳	戊午	己未	庚申	辛酉	壬戌	癸亥	子丑

● 삼재법(三災法)

巳酉丑年生은 亥子丑年 三災　　　申子辰年生은 寅卯辰年 三災

亥卯未年生은 巳午未年 三災　　　寅午戌年生은 申酉戌年 三災

● 연상기월법(年上起月法 – 月建잡는 법)

월별／구분	1	2	3	4	5	6	7	8	9	10	11	12
甲己年	丙寅	丁卯	戊辰	己巳	庚午	辛未	壬申	癸酉	甲戌	乙亥	丙子	丁丑
乙庚年	戊寅	己卯	庚辰	辛巳	壬午	癸未	甲申	乙酉	丙戌	丁亥	戊子	己丑
丙辛年	庚寅	辛卯	壬辰	癸巳	甲午	乙未	丙申	丁酉	戊戌	己亥	庚子	辛丑
丁壬年	壬寅	癸卯	甲辰	乙巳	丙午	丁未	戊申	己酉	庚戌	辛亥	壬子	癸丑
戊癸年	甲寅	乙卯	丙辰	丁巳	戊午	己未	庚申	辛酉	壬戌	癸亥	甲子	乙丑

1월	立春節	2월	驚蟄節	3월	淸明節	4월	立夏節
5월	芒種節	6월	小暑節	7월	立秋節	8월	白露節
9월	寒露節	10월	立冬節	11월	大雪節	12월	小寒節

● 일상기시표(日上起時表)

生時 日干	子時	丑時	寅時	卯時	辰時	巳時	午時	未時	申時	酉時	戌時	亥時
甲己日	甲子	乙丑	丙寅	丁卯	戊辰	己巳	庚午	辛未	壬申	癸酉	甲戌	乙亥
乙庚日	丙子	丁丑	戊寅	巳卯	庚辰	辛巳	壬午	癸未	甲申	乙酉	丙戌	丁亥
丙辛日	戊子	己丑	庚寅	辛卯	壬辰	癸巳	甲午	乙未	丙申	丁酉	戊戌	己亥
丁壬日	庚子	辛丑	壬寅	癸卯	甲辰	乙巳	丙午	丁未	戊申	己酉	庚戌	辛亥
戊癸日	壬子	癸丑	甲寅	乙卯	丙辰	丁巳	戊午	己未	庚申	辛酉	壬戌	癸亥

● 지지암장간(地支暗藏干)

地支 勢氣	子	丑	寅	卯	辰	巳	午	未	申	酉	戌	亥
正氣	癸	己	甲	乙	戊	丙	丁	己	庚	辛	戊	壬
中氣	壬	癸	丙	甲	癸	庚	丙	丁	壬	庚	辛	甲
餘氣		辛	戊		乙	戊	己	乙	戊		丁	戊

● 세간길신(歲干吉神)

길신	해설 \ 歲干	甲	乙	丙	丁	戊	己	庚	辛	壬	癸
歲 德	陰陽之交會百福大吉	甲	庚	丙	壬	戊	甲	庚	丙	壬	戊
歲 德 合	建屋及營葬大吉	己	乙	辛	丁	癸	己	乙	辛	丁	癸
天福貴人	公僕富貴	酉	申	子	亥	卯	寅	午	巳	午	巳
文昌貴人	生前富貴死后文章	巳	午	申	酉	申	酉	亥	子	寅	卯
文曲貴人	文章奇麗彩文風流	巳亥	子午	寅申	卯酉	寅申	卯酉	巳亥	辰戌	寅申	卯酉
天官貴人	文章具美富貴雙全	未	辰	巳	寅	卯	酉	亥	申	戌	午
太極貴人	居高官食祿萬種	子	午	酉	卯	巳	午	寅	亥	申	巳

● 세지길신(歲支吉神)

길신	해설 \ 歲支	子	丑	寅	卯	辰	巳	午	未	申	酉	戌	亥
歲天德	百事大吉	巽	庚	丁	坤	壬	辛	乾	甲	癸	艮	丙	乙
天德合	相合諸福竝至	申	乙	壬	巳	丁	丙	寅	己	戊	亥	辛	庚
歲月德	百事皆成	壬	庚	丙	甲	壬	庚	丙	甲	壬	庚	丙	甲
月德合	造葬大吉日家同用	丁	乙	辛	己	丁	乙	辛	己	丁	乙	辛	己
驛 馬	造葬諸事吉	寅	亥	申	巳	寅	亥	申	巳	寅	亥	申	巳
天 倉	修造莊宅倉庫大吉	酉	戌	亥	子	丑	寅	卯	辰	巳	午	未	申
地 倉	修造莊宅倉庫大吉	辰戌	寅申	子午	巳亥	卯酉	寅申	卯酉	丑未	子午	辰戌	卯酉	寅申

길신	해설 \ 월별	1	2	3	4	5	6	7	8	9	10	11	12
天德	造葬上官 百事皆亨	丁	申	壬	辛	亥	甲	癸	寅	丙	乙	巳	庚
月德	作修萬福成至	丙	甲	壬	庚	丙	甲	壬	庚	丙	甲	壬	庚
天德合	天德 同用	壬	巳	丁	丙	寅	巳	戊	亥	辛	庚	甲	乙
月德合	天德 同用	辛	己	丁	乙	辛	己	丁	乙	辛	己	丁	乙
月空	上章修造 取土俱吉	壬	庚	丙	甲	壬	庚	丙	甲	壬	庚	丙	甲
月恩	天恩 同	丙	丁	庚	己	戊	辛	壬	癸	庚	乙	甲	辛
月財	移居造葬 橫財大吉	九	三	四	二	七	六	九	三	四	二	七	六
生氣	一名 天喜	戌	亥	子	丑	寅	卯	辰	巳	午	未	申	酉
天醫	求醫治病 針藥皆驗	丑	寅	卯	辰	巳	午	未	申	酉	戌	亥	子
旺日	宜上樑下棺 忌動土	寅	寅	寅	巳	巳	巳	申	申	申	亥	亥	亥
相日	宜上樑下棺 忌動土	巳	巳	巳	申	申	申	亥	亥	亥	寅	寅	寅
解神	百事吉	申	申	戌	戌	子	子	寅	寅	辰	辰	午	午
五富	造葬倉庫	亥	寅	巳	申	亥	寅	巳	申	亥	寅	巳	申
玉帝赦日	任意作事	丁巳	甲子	乙丑	丙寅	辛卯	壬辰	丁亥	甲午	乙未	丙申	辛酉	壬戌
天赦神	身罪宥赦	戌	丑	辰	未	戌	丑	辰	未	戌	丑	辰	未
皇恩大赦	消災弭患	戌	丑	寅	巳	酉	卯	子	午	亥	辰	申	未
要安日	獲福受生	寅	申	卯	酉	辰	戌	巳	亥	午	子	未	丑

	凡例												
萬通四吉	轉禍爲福	午	亥	申	丑	戌	卯	子	巳	寅	未	辰	酉
天 貴	祭祀上官入學	春	甲	乙	夏	丙	丁	秋	庚	辛	冬	壬	癸
四 相	嫁娶百事吉	春	丙	丁	夏	戊	己	秋	壬	癸	冬	甲	乙
三 合		午戌	亥未	申子	丑酉	戌寅	亥卯	子辰	巳丑	寅午	卯未	辰申	巳酉
六 合		亥	戌	酉	申	未	午	巳	辰	卯	寅	丑	子
時 德	結婚 會友	午	午	午	辰	辰	辰	子	子	子	寅	寅	寅
靑 龍	出行行船	壬子	癸丑	艮寅	甲卯	乙辰	巽巳	丙午	丁未	坤申	庚酉	辛戌	乾亥

● 월가흉신(月家凶神)

흉신	凡例	월별 1	2	3	4	5	6	7	8	9	10	11	12
天 罡	忌百事黃道可用	巳	子	未	寅	酉	辰	亥	午	丑	申	卯	戌
河 魁	忌百事黃道可用	亥	午	丑	申	卯	戌	巳	子	未	寅	酉	辰
地 破	忌動土金井	亥	子	丑	寅	卯	辰	巳	午	未	申	酉	戌
羅 網	忌婚姻出行訴訟	子	申	巳	辰	戌	亥	丑	申	未	子	巳	辰
滅 沒	忌婚姻出行	丑	子	亥	戌	酉	申	未	午	巳	辰	卯	寅
重 喪	忌安葬成服製服	甲	乙	己	丙	丁	己	庚	辛	己	壬	癸	己
天 狗	忌祭祀	子	丑	寅	卯	辰	巳	午	未	申	酉	戌	亥
往 亡	忌出行移徙	寅	巳	申	亥	卯	午	酉	子	辰	未	戌	丑
天 賊	忌移徙開倉庫出行婚姻	辰	酉	寅	未	子	巳	戌	卯	申	丑	午	亥
披 麻	忌入宅嫁娶	子	酉	午	卯	子	酉	午	卯	子	酉	午	卯
紅 紗	忌入宅嫁娶	酉	巳	丑	酉	巳	丑	酉	巳	丑	酉	巳	丑
瘟皇殺	忌嫁娶	未	戌	辰	寅	午	子	酉	申	巳	亥	丑	卯
土 瘟	忌動土破土開金井	辰	巳	午	未	申	酉	戌	亥	子	丑	寅	卯
土 忌	忌動土	寅	巳	申	亥	卯	午	酉	子	辰	未	戌	丑

358

		1	2	3	4	5	6	7	8	9	10	11	12
土　禁	忌破土金井	亥	亥	亥	寅	寅	寅	巳	巳	巳	申	申	申
天　隔	忌出行求官	寅	子	戌	申	午	辰	寅	子	戌	申	午	辰
地　隔	忌栽植安葬	辰	寅	子	戌	申	午	辰	寅	子	戌	申	午
山　隔	忌入山狩獵伐木	未	巳	卯	丑	亥	酉	未	巳	卯	丑	亥	酉
水　隔	忌入山狩獵伐木	戌	申	午	辰	寅	子	戌	申	午	辰	寅	子
遊　火	忌鍼灸服藥	巳	寅	亥	申	巳	寅	亥	申	巳	寅	亥	申
陰　差	忌嫁娶造葬	庚戌	辛酉	庚申	丁未	丙午	丁巳	甲辰	己卯	甲寅	癸丑	壬子	癸亥
陽　錯	忌嫁娶造葬	甲寅	乙卯	甲辰	丁巳	丙午	丁未	庚申	辛酉	庚戌	癸亥	壬子	癸丑
天　火	忌盖屋	子	卯	午	酉	子	卯	午	酉	子	卯	午	酉
氷消瓦解	忌入宅	巳	子	丑	申	卯	戌	亥	午	未	寅	酉	辰
飛廉殺	犯則六畜血財專損	戌	巳	午	未	寅	卯	辰	亥	子	丑	申	酉
歸　忌	忌移徙入宅婚姻	丑	寅	子	丑	寅	子	丑	寅	子	丑	寅	子
受　死	忌嫁娶移徙	戌	辰	亥	巳	子	午	丑	未	寅	申	卯	酉
血　忌	忌鍼灸出血	丑	未	寅	申	卯	酉	辰	戌	巳	亥	午	子
血　支	忌鍼灸刺血	丑	寅	卯	辰	巳	午	未	申	酉	戌	亥	子
獨　火	忌起造盖屋作竈	巳	辰	卯	寅	丑	子	亥	戌	酉	申	未	午
短　星	忌赴任嫁娶	廿一	十九	十六	廿五	廿五	廿一	廿二	十八 十九	十六 十七	十四	廿三	廿五
地囊日	忌起造動土穿井	庚子 庚午	癸丑 癸未	甲子 甲寅	己丑 己卯	戊辰 戊午	癸未 癸巳	丙寅 丙申	丁卯 丁巳	戊辰 戊子	庚子 庚戌	辛酉 辛未	乙未 乙酉
長　星	百事凶	七	四	六	九	十五	十	八	二	四	三	十七	九
月　殺	忌立柱上樑	丑	戌	未	辰	丑	戌	未	辰	丑	戌	未	辰
月　厭	忌嫁娶出行	戌	酉	申	未	午	巳	辰	卯	寅	丑	子	亥

		辰	卯	寅	丑	子	亥	戌	酉	申	未	午	巳
月　對	忌嫁娶出行	辰	卯	寅	丑	子	亥	戌	酉	申	未	午	巳
月　破	忌月忌時德	申	酉	戌	亥	子	丑	寅	卯	辰	巳	午	未

● 세지흉신(歲支凶神)

흉신	凡例　歲支	子	丑	寅	卯	辰	巳	午	未	申	酉	戌	亥
坐山羅候	招官災白食	六	八	三	九	七	二	二	八	一	一	四	六
巡羅山候	忌造葬官災橫厄	乙	壬	艮	甲	巽	丙	丁	坤	辛	乾	癸	庚
皇天灸退	忌作向	卯	子	酉	午	卯	子	酉	午	卯	子	酉	午
羅天大退	犯則不吉	四	七	一	一	一	一	六	六	二	二	九	九
九天朱雀	忌立向修作	卯	戌	巳	子	未	寅	酉	辰	亥	午	丑	申
打劫血刃	忌動土作向	二	八	六	二	九	四	二	八	六	二	九	四
太陰殺	不可作向忌起造	亥	子	丑	寅	卯	辰	巳	午	未	申	酉	戌
劫　殺	三殺以納音制之	巳	寅	亥	申	巳	寅	亥	申	巳	寅	亥	申
災　殺	制之生旺則不側	午	卯	子	酉	午	卯	子	酉	午	卯	子	酉
歲　殺	制之生旺則不側	未	辰	丑	戌	未	辰	丑	戌	未	辰	丑	戌
坐　殺	忌造葬	丙 丁	甲 乙	壬 癸	庚 辛	丙 丁	甲 乙	壬 癸	庚 辛	丙 丁	甲 乙	壬 癸	庚 辛
向　殺	忌造葬	壬 癸	庚 辛	丙 丁	甲 乙	壬 癸	庚 辛	丙 丁	甲 乙	壬 癸	庚 辛	丙 丁	甲 乙
天官符	忌造葬	亥	申	巳	寅	亥	申	巳	寅	亥	申	巳	寅
地官符	忌造葬	辰	巳	午	未	申	酉	戌	亥	子	丑	寅	卯

流　財	損田莊 哭小兒	乾戌	未申	子丑	子丑	子丑	乾戌	乾戌	乾戌	子丑	未申	未申	未申
大將軍	忌修造動土	酉	酉	子	子	子	卯	卯	卯	午	午	午	酉
太　歲	忌修造動土	子	丑	寅	卯	辰	巳	午	未	申	酉	戌	亥
大　耗	忌財出納開倉動土	午	未	申	酉	戌	亥	子	丑	寅	卯	辰	巳
小　耗	忌財出納開倉動土	巳	午	未	申	酉	戌	亥	子	丑	寅	卯	辰
白虎殺	犯之百殺來侵	申	酉	戌	亥	子	丑	寅	卯	辰	巳	午	未
金神殺	忌動土埋葬	巳	酉	丑	巳	酉	丑	巳	酉	丑	巳	酉	丑

● 세간흉신（歲干凶神）

흉신	凡例 ＼ 歲干	甲	乙	丙	丁	戊	己	庚	辛	壬	癸
山家困龍	造葬大凶	乾	庚	丁	巽	甲	乾	庚	丁	巽	甲
山家官符	造葬大凶	亥	酉	未	巳	卯	亥	酉	未	巳	卯
坐山官符	官災是非人丁損亡	戌	申	午	辰	寅	戌	申	午	辰	寅
羅天大退	殺人退財	坎	震	艮	艮	坤	坤	巽	坤	兌	兌
浮天空亡	忌立向招官災	壬	癸	辛	庚	坤	乾	丁	丙	甲	乙
山家血刃	陽宅犯之血財多損	六七	一四	二八	三	九	六七	一四	二八	三	九
將軍箭	主殺人考制例	卯	辰	午	未	午	未	酉	戌	子	丑

● 상부부(傷夫婦) 생리사별(生離死別)의 일진

甲寅, 乙卯, 丙午, 戊申, 辛酉, 己未,

戊辰, 戊戌, 己丑, 壬子, 庚申

● 간지합충(干支合冲)

干　　合	甲己合土,　乙庚合金, 丙辛合水, 丁壬合木, 戊癸合火
支　　合	子丑合土, 寅亥合木, 卯戌合火, 辰酉合金, 巳申合水, 午未合不變
支三合局	寅午戌三合火土局, 申子辰三合水局, 巳酉丑三合金局, 亥卯未三合木局
支半合局	寅午　午寅　戌午　半合火土局,　申子　子辰　辰申　半合水局,　巳酉　酉丑　丑巳　半合金局,　亥卯　卯未　未亥半合木局
干相冲 （七　殺）	甲冲庚　庚冲甲, 乙冲辛　辛冲乙, 丙冲壬　壬冲丙, 丁冲癸　癸冲丁, 戊冲己　己冲戊
支相冲 （返　吟）	子冲午　午冲子, 丑冲未　未冲丑, 寅冲申　申冲寅, 卯冲酉　酉冲卯, 辰冲戌　戌冲辰, 巳冲亥　亥冲巳
支相刑	寅刑巳, 巳刑申, 申刑寅, 丑刑戌, 戌刑未, 未刑丑, 子刑卯, 卯刑子, 辰午酉亥自相刑
支相穿	子午, 丑未, 寅巳, 辰卯, 辛亥, 酉戌
怨　嗔	子未, 丑午, 寅酉, 卯申, 辰亥, 巳戌

● 오행 배치(五行配置)

구분 \ 오행	木	火	金	水	土
천 간	甲 乙	丙 丁	庚 辛	壬 癸	戊 己
지 지	寅 卯	巳 午	申 酉	亥 子	辰戌丑未
수 리	三 八	二 七	四 九	一 六	五 十
방 위	東	南	西	北	中
색	靑	赤	白	黑	黃
사계절	春	夏	秋	冬	四季

● 왕상휴수(旺相休囚) 일주(日柱)나 오행의 강약(强弱)은 12 운성(포태법)으로 판단하도록 되어 있으나 사계절만으로 득령(得令)인지 실령(失令)하여 약한지를 쉽게 보기 위하여 만든 도표이다.

四季 \ 구분	旺	相	休	囚
春木	寅卯辰	亥子丑	巳午未	申酉戌
夏火	巳午未	寅卯辰	申酉戌	亥子丑
秋金	申酉戌	辰戌丑未	亥子丑	寅卯辰
冬水	亥子丑	申酉戌	寅卯辰	巳午未

● 육갑 오행 운용(六甲五行運用)

● 간지 선후천수(干支先後天數)

先天數	甲己 子午 九, 乙庚 丑未 八, 丙辛 寅申 七, 丁壬 卯酉 六, 戊癸 辰戌 五, 巳亥 四
後天數	壬子 一, 丁巳 二, 甲寅 三, 辛酉 四, 戊戌辰 五, 己百, 癸亥 六, 丙午 七, 乙卯 八, 庚申 九, 丑未 十

● 납음오행(納音五行)

甲子 乙丑	海中金	丙寅 丁卯	爐中火	戊辰 己巳	大林木	庚午 辛未	路傍土	壬申 癸酉	劍鋒金
甲戌 乙亥	山頭火	丙子 丁丑	澗下水	戊寅 己卯	城頭土	庚辰 辛巳	白鑞金	壬午 癸未	楊柳木
甲申 乙酉	泉中水	丙戌 丁亥	屋上土	戊子 己丑	霹靂火	庚寅 辛卯	松柏木	壬辰 癸巳	長流水
甲午 乙未	沙中金	丙申 丁酉	山下火	戊戌 己亥	平地木	庚子 辛丑	壁上土	壬寅 癸卯	金箔金

甲辰乙巳	覆燈火	丙午丁未	天河水	戊申己酉	大驛土	庚戌辛亥	釵釧金	壬子癸丑	桑柘木
甲寅乙卯	大溪水	丙辰丁巳	沙中土	戊午己未	天上火	庚申辛酉	石榴木	壬戌癸亥	大海水

● 포태양생법(胞胎養生法)

오행	胞	胎	養	生	浴	帶	冠	旺	衰	病	死	葬
金	寅	卯	辰	巳	午	未	申	酉	戌	亥	子	丑
木	申	酉	戌	亥	子	丑	寅	卯	辰	巳	午	未
水	巳	午	未	申	酉	戌	亥	子	丑	寅	卯	辰
火,土	亥	子	丑	寅	卯	辰	巳	午	未	申	酉	戌

● 추남녀십이생명 신살(推男女十二生命神殺)

神殺	凡例 \ 生年	子	丑	寅	卯	辰	巳	午	未	申	酉	戌	亥
骨破碎	男破女家	二	三	十	五	十二	正	八	九	四	十一	六	七
骨破碎	女破男家	六	四	三	正	六	四	三	正	六	四	三	正
鐵掃帚	男掃女家	正	六	四	二	正	六	四	二	正	六	四	二
鐵掃帚	女掃男家	十二	九	七	八	十二	九	七	八	十二	九	七	八
再婚	女命	五	六	七	八	九	十	十一	十二	正	二	三	四
頭帶		五	六	七	八	九	十	十一	十二	正	二	三	四
減池	則桃花殺	八	五	二	十一	八	五	二	十一	八	五	二	十一

劫　殺	不聚則	四	一	十	七	四	一	十	七	四	一	十	七
相　沖	多産厄	八	九	十	十一	十二	正	八	九	十	十一	十二	正
大　敗		四	七	十	十	四	四	十	正	七	七	正	正
大狼藉		正	八	十一	二	五	十一	二	八	八	十	二	二
八　敗		六	九	十二	十二	六	六	十二	三	三	三	九	九
飛　天		二	正	正	正	三	三	五	十	正	正	十	十
狼　藉		三	七	六	六	二	二	六	十一	七	七	十一	十一
小狼藉		四 九	八 十	十一 十二	四 九	四 九	十一 十二	二 六	八 十	八 十	二 六	二 六	十二
破　碎		四	十二	八	四	十二	八	四	十二	八	四	十二	八
孤　辰	男忌	一	一	四	四	四	七	七	七	十	十	十	一
寡　宿	女忌	九	九	十二	十二	十二	三	三	三	六	六	六	九
重　婚	男女	四	五	六	七	八	九	十	十一	十二	一	二	三
血　刃		丑	未	寅	申	卯	酉	辰	戌	巳	亥	午	子
絶　房		十一	二	七	十一	二	七	十一	二	七	十一	二	七
脚　踏		四	五	六	七	八	九	十	十一	十二	一	二	三
亡　神	主凶惡	十	七	四	一	十	七	四	一	十	七	四	一
胞　胎	又牙胞	二	三	四	五	六	七	二	三	四	五	六	七
男妨妻		金		木		水		火		土			
多　厄		五	六	二	三	八	九	十一	十二	二	三		
望門鰥		七月		四月		十月		正月		四月			

女妨夫		金		木		水		火		土			
多 厄		八	九	十一	十二	二	三	二	三	五	六		
望門寡		十月		正月		正月		四月		七月			

● 태아남녀지법(胎兒男女知法)

子午卯酉生

　　男爲　1·4·7月胎

　　女是　2·5·8月胎

辰戌丑未生

　　男爲　2·5·8月胎

　　女是　3·6·9月胎

寅申巳亥生

　　男爲　3·6·9月胎

　　女是　1·4·7月胎

원치(元置) 49하고 태월수(胎月數)를 더하고 다시 1을 첨부하여 합한 수에서 10을 뺀 후 임신부의 연합(年合)을 합하여 3, 3으로 제한다. 기타 남은 수가 1이면 생남(生男)하고, 2면 생녀(生女)하되 남녀 환생(換生)이면 불구거나, 명이 짧다.

● 오행 신체부위

木		火		土		金		水	
甲	乙	丙	丁	戊	己	庚	辛	壬	癸
肝 頭	膽 項	小腸 肩	心	胃 脇	脾 腸	大腸 臍	肺 股	膀胱 脛	腎臟 足

修正 增補
正 本 萬 歲 曆

初版 發行–1974년 1월 5일
革新 15쇄 發行– 1997년 10월 27일
革新增補14쇄 發行– 2011년 1월 15일
新組修正增補 7쇄 發行– 2025년 12월 5일

편저자 – 金 于 齋

발행인 – 金 東 求

발행처 – 명 문 당(창립 1923년 10월 1일)
　　　　서울특별시 종로구 윤보선길 61(안국동)
　　　　우체국 010579-01-000682
　　　　전 화 (02) 733-3039, 734-4798
　　　　FAX (02) 734-9209
　　　　Homepage www.myungmundang.net
　　　　E-mail mmdbook1@hanmail.net
　　　　등록 1977.11.19. 제1-148호